Gerhard Lehmbruch (Hrsg.)
Einigung und Zerfall

Einigung und Zerfall: Deutschland und Europa nach dem Ende des Ost-West-Konflikts

19. Wissenschaftlicher Kongreß der
Deutschen Vereinigung für Politische Wissenschaft

Im Auftrag der Deutschen Vereinigung
für Politische Wissenschaft
herausgegeben von Gerhard Lehmbruch

Leske + Budrich, Opladen 1995

ISBN: 3-8100-1365-X

Satz: Leske + Budrich
Druck: Druck Partner Rübelmann, Hemsbach

Printed in Germany

Inhalt

Vorwort

Die Deutsche Vereinigung für Politische Wissenschaft hat ihren 19. Wissenschaftliche Kongreß unter dem beherrschenden Eindruck des Zusammenbruchs des Realsozialismus und der deutschen Vereinigung geplant. Daher hat sie die deutsche und europäische Transformation nach dem Ende des Ost-West-Konflikts zu seinem Gegenstand gemacht. Das Thema „Einigung und Zerfall“ sollte nach der Absicht von Vorstand und Beirat die widersprüchliche Dynamik dieses Prozesses zur Sprache bringen. Die Universität Potsdam, das Land Brandenburg und unsere Potsdamer Kollegen haben es auch dankenswerterweise ermöglicht, daß der Kongreß erstmals in einem der ostdeutschen Bundesländer stattfinden konnte.

Entsprechend einem Beschluß von Vorstand und Beirat werden hier die Plenarreferate des Kongresses dokumentiert, die sowohl der Außendarstellung des Faches als auch der Kommunikation über die Grenzen der fachinternen Spezialisierungen hinweg dienen sollen. Dem Herkommen entsprechend gliederten sie sich in drei Themenbereiche, die sich an die geläufige grundlegende Dreiteilung des Faches anlehnen. Das sollte den Teildisziplinen Gelegenheit geben, sich der Fachöffentlichkeit insgesamt darzustellen und mit ihr ins Gespräch zu kommen.

Die Plenarvorträge zur Innenpolitik, für die Heidrun Abromeit und Manfred Schmidt verantwortlich zeichnen, wollen eine Zwischenbilanz des deutschen Einigungsprozesses ziehen. Sie fragen danach, ob ein Zusammenwachsen der politischen Kultur erwartet werden kann (Wilhelm Bürklin und Wolfgang Fach), und wie sich die politischen Institutionen im Prozeß des Institutionentransfers (Christine Landfried und Werner Jann) und bei der finanzpolitischen Bewältigung des Vereinigungsprozesses (Roland Czada und Heinrich Mäding) bewähren.

Die Verantwortung für den zweiten, politiktheoretischen Themenbereich lag bei Jürgen Gebhardt und Michael Greven. Ausgangspunkt war die Überlegung, daß eine tiefgreifende gesellschaftliche Transformation auch die Begriffe, Theorien und Konzepte in Frage stellt, in denen die sich wandelnde Situation reflektiert wird. Im Mittelpunkt standen hier das Totalitarismusproblem (Karl Graf Ballestrem und Rainer Schmalz-Bruns), die Neubelebung eines ethnischen Nationalismus (Margareta Mommsen), und die konzeptionellen Dimensionen des europäischen Integrationsprozesses (Michael Stolleis und Emanuel Richter).

Beate Kohler-Koch und Klaus-Dieter Wolf hatten die Federführung für den Themenbereich zur Internationalen Politik. Die Referate konzentrierten sich hier auf Anforderungen an ein System kollektiver Sicherheit nach dem Ende der Bipolarität (Dieter Senghaas und Harald Müller), ferner auf die Frage, inwieweit die Europäische Union in der neuen Ost-West-Konstellation eine stabilisierende Rolle spielen kann (Gerda Zellentin und Lothar Brock), und auf schließlich den Beitrag, der von Europa im verändertem Gefüge des internationalen Systems zu erwarten ist (Wilfried von Bredow und Hans Maull).

Die DVPW konnte zwei namhafte ausländische Kollegen als Gastreferenten gewinnen. Seymour Martin Lipset (George Mason University) geht in seinem Referat angesichts der neuen Welle der Demokratisierung aufs neue der Frage nach den sozialen Voraussetzungen für Demokratie nach, die er seinerzeit in einer klassisch gewordenen Arbeit untersucht hatte. Und Charles S. Maier (Harvard) erörtert die Prognosefähigkeit der Sozialwissenschaften unter dem doppelten Aspekt, ob sie den Zusammenbruch des Sozialismus hätten vorhersehen müssen, und wie ihr prognostisches Versagen hinsichtlich der Folgen dieses Zusammenbruchs zu beurteilen ist.

In der Frage nach der Rolle der Sozialwissenschaften bei der „Wende" berührt sich Maiers Vortrag mit dem Eröffnungsreferat des Herausgebers, der die Rolle der Politikwissenschaft als institutionalisierter Disziplin im Transformationsprozeß des Wissenschaftssystems untersucht. Da dies zugleich ein Beitrag zur Geschichte der Disziplin und der Vereinigung ist, werden in einem Quellenanhang einige wichtige Dokumente aus diesem Prozeß abgedruckt.

Für tatkräftige Unterstützung bei der Herausgabe habe ich Christian Bässler zu danken.

Zwischenbilanz der deutschen Einigung

Wilhelm Bürklin

Die politische Kultur in Ost- und Westdeutschland: Eine Zwischenbilanz

1. Problemstellung: Veränderte Institutionen – beharrende politische Kultur?

Die deutsche Wiedervereingung hat die über zwei Jahrzehnte geführte und zunächst abgeschlossen geglaubte Diskussion um den Charakter der politischen Kultur Deutschlands wiederbelebt. Gegenstand dieser in den 1960er Jahren einsetzenden Debatte war die Frage, ob Deutschland nach dem Zusammenbruch seiner demokratischen Wertordnung in der Zeit des Nationalsozialismus wieder zu einer demokratischen politischen Kultur zurückfinden könne.[1] Zunächst nur auf den westlichen Teil Deutschlands bezogen, richtete sich das intellektuelle Interesse vor allem auf die Frage, mit welcher Verzögerung sich nach Etablierung der demokratischen Verfassungsordnung auch die politischen Einstellungen, Wertorientierungen, Normen und Verhaltensweisen der Bevölkerung, kurz: die politische Kultur Deutschlands, an die der freiheitlichen westlichen Gesellschaften anpassen würden. In theoretischer Sichtweise ist damit die Frage aufgeworfen, wie lange und in welchem Umfang die traditionelle politische Kultur eines Landes persistent bleibt, nachdem die sie prägende Institutionenordnung verändert oder beseitigt wurde. Im Zusammenhang mit der wiederhergestellten deutschen Einheit stellt sich jetzt erneut die Frage, was nach dem Transfer der Institutionenordnung der Bundesrepublik von der politischen Kultur der DDR noch bleibt und wie lange der Prozeß der Angleichung der beiden Teilkulturen dauern wird.

Schon in ihrer ersten vergleichenden Studie zur politischen Kultur westlicher Gesellschaften stellten Almond und Verba die These auf, daß formale Regierungs- und Verwaltungsstrukturen vergleichsweise leicht geändert werden können, während die ihnen zugrundeliegenden politisch-kulturellen Normen ein davon zum Teil unabhängiges Eigenleben führten und sich daher nur mit Verzögerung anpaßten. Hinsichtlich des Zeitraumes für die Anpassung der politischen Kultur gingen Almond und Verba aufgrund der damaligen Erfahrungen mit der Bundesrepublik Deutschland von einem vergleichsweise langwierigen Prozeß aus.[2] Grundlage ihrer Vermutung war das überraschende Ergebnis ihrer Untersuchung, daß sich in der wirtschaftlich aufstrebenden Bundesrepublik noch im Jahre 1959, d.h. 14 Jahre nach dem Zusammenbruch des NS-Regimes, noch immer deutliche Züge einer vormodernen, parochialen Untertanenkultur empirisch nachweisen ließen. Sie leiteten daraus die These ab, daß die Bundesrepublik vorerst nur als „Schönwetterdemokratie“ einzustufen sei, die in wirtschaftlich rezessiven Phasen erneute Rückschläge in vordemokratische Verhältnisse erleben könne. Diese pessimistische Prognose haben dieselben Autoren erst nach Ablauf weiterer 20 Jahre relativiert; der Rang einer im Kontext der westlichen Demokratien mustergültigen demokratischen politischen Kultur wurde der Bundesrepublik erst in den 1980er Jahren zugesprochen.[3]

2. Beschleunigter politisch-kultureller Wandel.

Legte man bei dem jetzt stattfindenden Prozeß der Veränderung der politischen Kultur im Anschluß an den Zusammenbruch der DDR ähnlich lange Zeiträume zugrunde, dann wäre heute, vier Jahre nach der Übernahme der Institutionenordnung, der Zeitpunkt für eine Zwischenbilanz weit verfrüht. Tatsächlich sprechen eine Reihe von Argumenten aber dafür, daß der sich jetzt beobachtbare Prozeß mit deutlich größerer Geschwindigkeit vollziehen wird.

Zum ersten stand für die neuen Bundesländer im Jahre 1990 nicht nur eine bewährte Institutionenordnung bereit, sondern auch ein ausdifferenziertes System politisch-kultureller Werte und Normen. Den neuen Bundesländern bot sich ein bewährtes und übernahmefähiges Regierungs- und Gesellschaftsmodell an. Im Vergleich dazu gab es nach Gründung der Bundesrepublik keine auch nur annähernde Sicherheit, daß sich das neue politische System und seine Wirtschafts- und Sozialordnung in die gewünschte Richtung entwickeln würde.

Zum zweiten schließt der politisch-kulturelle Wandel in den neuen Bundesländern des Jahres 1990 nicht an die Situation nach der deutschen Teilung an. Vergleichbar zur Bundesrepublik durchlief auch die DDR einen gesellschaftlichen Modernisierungsprozeß. Er war durch die Zerschlagung der traditionellen, vormodernen und autoritären Traditionen und die in weiten Bereichen durchgesetzte gesellschaftliche Gleichheit und ein hohes Maß an öffentlicher Diskussion charakterisiert. In politisch-kultureller Perspektive war daher auch die DDR eine moderne Gesellschaft, allerdings in „moderner Form mit totalitärem Inhalt“.[4] Da ihr Modernisierungsprozeß durch die westdeutschen Medien verstärkt wurde, durchlief die politische Kultur der DDR schon vor dem Fall der Mauer extern verursachte Lernprozesse;[5] sie wies dadurch erheblich größere Ähnlichkeiten mit der westdeutschen als der unmittelbaren Nachkriegskultur auf. Diese Ähnlichkeiten zeigten sich bereits seit einigen Jahren in den Leipziger Jugendstudien, aus denen sich in Relation zur Bundesrepublik zwar verzögerte, grundsätzlich aber gleichgerichtete Veränderungen gesellschaftlicher Wertorientierungen erkennen lassen.[6] Diese Entwicklung belegt darüber hinaus, daß sich auch das SED-Regime der allgemeinen Entwicklungslogik, nach der sich der Wandel der Sozialstruktur in veränderten Einstellungen und Wertorientierungen niederschlägt, nicht entziehen konnte. Wir können das als erneute Bestätigung des von

Inglehart postulierten universalen Trends zur postindustriellen Gesellschaft, dem auch die Länder Osteuropas unterliegen, verstehen.[7]

Zum dritten ist davon auszugehen, daß nicht alle Elemente der politischen Kultur dieselbe hohe Änderungsresistenz aufweisen und sich daher die Änderungsgeschwindigkeit erhöhen dürfte. Schon Almond wies darauf hin, daß politische Orientierungen zumindest danach zu unterscheiden seien, ob sie sich auf die politische Gemeinschaft, das Regierungssystem, die Träger des Systems, d.h. Parteien und Politiker, oder auf den output, d.h. die Leistungen des Systems beziehen. In dieser Abstufung variieren auch die Änderungsresistenzen verschiedener Elemente der politischen Kultur: Am schnellsten ändern sich Einstellungen zu den Regierungsleistungen, während die Einstellungen zu Parteien und Politikern, wenn auch mit abnehmender Tendenz, etwas stabiler sind.[8] Die höchsten Änderungsresistenzen finden sich im Bereich politischer und gesellschaftlicher Grundwerte. Daher richtet sich unser wissenschaftliches Interesse um die Änderung der politischen Kultur der DDR vornehmlich auf die Frage der Fortdauer ihrer gesellschaftlichen Grundwerte.

3. Angleichung oder zwei politische Kulturen?

Aufgrund ihrer unterschiedlichen ideengeschichtlichen Wurzeln unterschieden sich die politischen Grundwerte der beiden deutschen Staaten vor allem in jenen Aspekten, die sich auf den systemischen Gegensatz zwischen freiheitlicher und sozialistischer Gesellschaftsordnung bezogen. Da diese Werte in beiden Systemen, mehr oder weniger nachhaltig, politisch sozialisiert wurden, stellt sich die Frage, welche Konsequenzen die über 40 Jahre getrennte Entwicklung der ost- und westdeutschen Gesellschaft auf die beiden politischen Kulturen hatte. Die bisher vorliegenden Diskussionsbeiträge zu dieser Frage weisen ein breites Spektrum auf: Sie reichen von der Annahme einer raschen und weitreichenden Angleichung der ostdeutschen politischen Kultur an die westdeutsche bis zur Prognose der Fortdauer zweier politischer Kulturen.[9]

Als einer der Ersten, der in dieser Diskussion dezidiert Position bezogen hat, sagte Kurt Sontheimer bereits im Herbst 1990 eine weitgehende Angleichung der politischen Kultur Deutschlands voraus.[10] Analog zur institutionellen Integrationstheorie ('function follows form') folgert er aus der Übernahme der westdeutschen Institutionenordnung eine umfassende Anpassung auch der politischen Kultur: Mit dem Zusammenbruch der DDR würde nicht nur ihre mit den Mitteln der Staatsgewalt implementierte 'offizielle politische Kultur' verschwinden, sondern ebenso die privatistische politische Kultur der sogenannten Nischengesellschaft. Sontheimer begründet dies theoretisch mit einer rational-choice-Erklärung der Übernahme gesellschaftlicher Werte: Da die typischen Werte der DDR Nischengesellschaft, wie etwa der Sinn für Nachbarschaftshilfe, die hohe Bewertung sozialer Gleichheit, Solidarität und Brüderlichkeit, ihre Entfaltung in erster Linie den ökonomischen Zwängen des totalitären Systems verdankt hätten, würden sie unter den Imperativen der liberalen Marktgesellschaft in den Hintergrund treten. Wer seine materiellen Bedürfnisse auf freien Märkten befriedigen kann, ist immer weniger mehr darauf angewiesen, gute Beziehungen aufzubauen und zu pflegen. Hinsichtlich der politischen Orientierungen kam Sontheimer, wohl unter dem Einfluß des überschwappenden Gemeinschaftsgefühls der Ostdeutschen, schon 1990 zum Schluß, daß nach Abdankung der SED von der DDR-Identität so gut wie nichts mehr übriggeblieben sei. Und angesichts der für die SED-Nachfolgeorganisation PDS vernichtenden Wahlergebnisse des Jahres 1990 schloß er: „Die Mehrheit der DDR-Bürger will weder einen eigenen selbständigen deutschen Staat auf demokratischer Grundlage noch ein eigenes Wirtschafts- und Gesellschaftssystem mit gewissen sozialistischen Grundzügen." (ebda.) Die offizielle politische Kultur der DDR ist tot!

Die seither veröffentlichten Diskussionsbeiträge fallen weniger eindeutig aus. Sie basieren allerdings auch auf einer zunehmend breiteren Basis von Umfragen zu den verschiedenen Aspekten der politischen Kultur in Ost- und Westdeutschland. Schließlich haben die Wahlen des Jahres 1994 in den neuen Ländern, bei denen die PDS mit der nostalgischen Betonung einer DDR-Identität unerwartet hohe Gewinne erzielen konnte, die Erwartungen auf eine rasche Angleichung der beiden Teilkulturen merklich abgeschwächt. Diese Wahlergebnisse scheinen all jene Politische-Kultur-Forscher zu bestätigen, die das rational-choice-Modell und den damit implizierten raschen Wandel der politischen Kultur infragestellen und in sozialisationstheoretischer Perspektive von einer langfristigeren Prägung politischer Grundwerte ausgehen. In dieser Perspektive verwiesen etwa Greiffenhagen und Greiffenhagen in ihrer Bilanz der politischen Kultur auf die wertprägende Kraft der über 40 Jahre getrennten Lebenswelten; Irma Hanke dürfte sich in ihrer Vermutung bestätigt sehen, daß sich die politisch-kulturellen Prägungen der beiden Gesellschaften vermutlich noch lange halten werden, und Bürklin stellte 1992 die These auf, daß die Beharrungstendenzen im Grundwertebereich zur Revitalisierung einer sozialdemokratischen Kultur in den neuen Bundesländern führen könnten.[11]

4. Zwischenbilanzen und das Problem der Periodeneffekte

Die verschiedenen bisher vorliegenden Zwischenbilanzen belegen übereinstimmend die These, daß sich die politische Kultur entsprechend der Unterstützungshierarchie zwischen aktuellen Tagesfragen und politischen Grundwerten unterschiedlich schnell geändert hat. Relativ rasch haben sich die Einstellungen zu politischen Sachthemen angeglichen und zeigen seither eine weitgehend gleichgerichtete Entwicklung.[12] Demgegenüber haben sich die Orientierungen gegenüber den neuen politischen Parteien mit leichter Verzögerung und weniger ausgeprägter Intensität herausgebildet,[13] während sich im Bereich politischer Grundwerte offenbar die nachhaltigsten Beharrungstendenzen zeigen. Die Erstellung empirisch unverfälschter Zwischenbilanzen im Bereich der systemspezifischen politischen Verhaltensstile und Wertorientierungen ist in der gegenwärtigen historischen Phase allerdings mit Schwierigkeiten verbunden. Das liegt vor allem daran, daß die langfristigen Entwicklungstrends von mehreren epochespezifischen, kurzfristigen Effekten überlagert werden, die für den Prozeß der Angleichung der beiden politischen Kulturen allerdings charakteristisch sind.

Ein erster kurzfristiger Effekt läßt sich bei den Einstellungen zur politischen Partizipation beobachten. Hier zeigten die ersten vergleichenden Umfragestudien, so etwa die Analysen von Wildenmann oder Bauer eine in Ostdeutschland ausgeprägte Bereitschaft zur politischen Partizipation, die sich von der in Westdeutschland nur durch eine – demokratietheoretisch beachtenswerte – höhere Ablehnung unkonventioneller Beteiligungsformen unterschied.[14] Interpretierte man diese höhere Beteiligungsbereitschaft zunächst als Ergebnis des Modernisierungsprozesses und der Erziehung zum verantwortlichen Staatsbürger in der DDR, so stellt der seither stetige Rückgang der Partizipationsbereitschaft diese Interpretation in Frage. Die Vermutung, daß die Bereitschaft zur Teilnahme an Montagsdemonstrationen und Runden Tischen eine periodenspezifische Abweichung darstellte und wir folglich nach der Vereinigung einen Rückgang der Beteiligungsbereitschaft erleben, ist naheliegend. Für diese Deutung spricht die Tatsache, daß die Beteiligungsbereitschaft im Osten weniger stark durch sozialstrukturelle Merkmale bestimmt ist als im Westen.[15] Das heißt, daß in den neuen Bundesländern die aktuelle Beteiligung viel stärker von situativen Faktoren und Gelegenheitsstrukturen abhängt als im Westen. Die Beteiligungsbereitschaft erweist sich damit als weniger stabil. Ein Rückgang zu parochialen Beteiligungsmustern kann daher auch nicht ausgeschlossen werden.

Ein zweiter epochenspezifischer Effekt zeigt sich in der Frage der nationalen Identität. Er stellt sich als zyklischer Anziehungs- und Abstoßungseffekt dar: Zunächst hohe Zustimmung und dann – mit zunehmender empirischer Erfahrung – wachsende Ablehnung.[16] So erklärten im Jahre 1990 noch 75 Prozent der Ostdeutschen, daß sie stolz seien, Deutscher zu sein.[17] Damit schien die vom SED-Regime beabsichtigte Ersatzidentifikation auf den ostdeutschen Teilstaat, dem sich ohnehin schon in der zweiten Hälfte der 1980er Jahre immer weniger ostdeutsche Jugendliche verbunden fühlten, überwunden[18]. Seit dieser Vereinigungseuphorie stellen wir in der Frage des Nationalstolzes einen Rückgang auf unter 60 Prozent der Bevölkerung fest. Und konnte man noch 1990 den Ruf „Wir sind ein Volk“ als weithin geteilten Wunsch nach einer gemeinsamen, gesamtdeutschen Identität verstehen, so definieren sich heute zwei Drittel der ostdeutschen Bevölkerung (65%) in erster Linie als Ostdeutsche. Diese Einstellungsverteilungen stützen die These, daß in den neuen Ländern – zumindest auf Zeit – ein neues Teilstaatsbewußtsein entstanden ist.

Darüber hinaus unterscheiden sich aber auch die Begründungen des Nationalstolzes und weisen eine in Ostdeutschland bedenkliche Struktur auf. Hat der Nationalstolz in Ost und West gleichermaßen in den Wirtschaftsleistungen seine wichtigste Ursache, so findet sich der „Verfassungspatriotismus“ (Sternberger), d. h. der Stolz auf das politische System und den Sozialstaat, bisher nur im Westen.[19] Diese geringe wertbezogene Verankerung des Nationalstolzes legt für den Osten Deutschlands die Hypothese nahe, daß die neue politische Ordnung zunächst noch den Charakter einer „Schönwetterdemokratie“ hat und damit eine – nicht sehr wahrscheinliche – wirtschaftliche Rezession zur potentiellen Instabilität des Ostens Deutschlands beitragen könnte.

5. Probleme des „fertigen Modells"

Das Problem der gestörten Herausbildung einer gesamtdeutschen politischen Kultur durch die Übernahme des „fertigen Modells" westdeutscher Traditionen läßt sich am Beispiel der nationalen Identifikation exemplarisch verdeutlichen. Die Existenz dieses fertigen Modells könnte einerseits den kulturellen Wandel beschleunigen, weil in der Logik dieses in einem vierzigjährigen Prozeß der Interessenvermittlung ausdifferenzierten Systems, signifikante Änderungen kaum notwendig erscheinen bzw. sich wegen der Beharrungskraft des im Wettbewerb überlegenen Systems nur schwer realisieren lassen.

Aus den selben Gründen produziert die Konfrontation mit diesem Modell aber auch Widerstände, weil die Frustration über den vermeintlich geringen Umfang dessen, was in die deutsche Einheit „eingebracht" werden kann, emotionale Abwehrreaktionen hervorrufen kann. Je schlüssiger auf die westdeutsche Geschichte bezogen sich dieses fertige Modell der politischen Kultur bisher darstellte, umso größer wurde der Wunsch nach Selbstbehauptung und Anerkennung von Geschichte und Traditionen der DDR. Politische Repräsentanten, die sich in dieser Situation zu dieser Tradition bekannten, konnten mit politischer Unterstützung rechnen. In dieser Logik wird auch erklärbar, warum bei den letzten Wahlen in den neuen Ländern selbst jene Kandidaten der PDS, die sich zu ihrer STASI-Vergangenheit bekannt hatten, beachtenswerte Wahlergebnisse erzielen konnten. Ihr Wahlkampfslogan „Meine Biographie beginnt nicht erst 1989" (z.B. bei der Kommunalwahl 1994 in Potsdam) sprach bei vielen Ostdeutschen das Selbstwertgefühl und den Anspruch auf die Geltung auch der ostdeutschen Geschichte an. Dieser symbolische Anspruch wird offenbar höher gewertet als die Erinnerung an die früher als unwürdig empfundene politische Überwachung durch die Staatssicherheit. Verletzte Selbstwertgefühle werden hier zum emotionalen Wählermotiv, das offenbar selbst die Mißachtung grundlegender demokratischer Normen im Nachhinein rechtfertigt. Diese Verhaltensprädisposition wirft allerdings ein fragwürdiges Licht auf die Qualität der demokratischen Einstellungen in Ostdeutschland.

Bei den demokratischen Einstellungen der Bevölkerung zeigen sich vergleichbare, kurzfristige Trends: Fanden die demokratischen Grundwerte und vor allem die Minderheitenrechte zu Beginn des Einigungsprozesses fast einhellige Unterstützung, so läßt sich im Anschluß eine Angleichung an die (allerdings ebenfalls hohe) westdeutsche Akzeptanz demokratischer Normen feststellen. Diese weitreichende Angleichung erscheint aus demokratietheoretischer Perspektive zunächst überraschend, weil das Konzept der 'sozialistischen Demokratie' ein unbedingtes Recht auf politische Opposition, den Vorrang individueller Freiheitsrechte gegenüber Staat und Kollektiv sowie die Existenz pluralistischer Gesellschaftsstrukturen nicht vorsah. Viel eher entsprachen die Verhaltenserwartungen des sozialistischen Staates den als preußisch charakterisierten Tugenden von Gehorsam, Pflichterfüllung und der Loyalität zum absolutistischen Staat, aus deren fortgesetzter Geltung der SED-Staat einen Teil seiner inneren Stabilität herleitete.

Die Tatsache, daß sich die demokratischen Einstellungen gegenüber den Grundwerten des SED-Regimes in kurzer Zeit verändert haben, wirft die Frage auf, ob sich die Ostdeutschen zunächst nur zu 'Fragebogendemokraten' entwickelten, d.h., die demokratischen Normen zwar replizieren können, deren Inhalt aber noch nicht internalisiert haben.[20] Die Berliner Parlamentarierstudie von Rohrschneider, die entsprechende Inkonsistenzen in den Überzeugungssystemen der politischen Eliten sichtbar werden läßt, stützt diese Vermutung.[21] Hinzu kommt der wiederholt festgestellte, charakteristische Unterschied, daß die Unterstützung demokratischer Werte in Ostdeutschland mit dem sozioökonomischem Status kaum korreliert, während im Westen demokratische Einstellungen mit höherer Bildung und höherem Einkommen ansteigen.[22] Aus dieser spezifischen Zusammenhangsstruktur wird erkennbar, daß die ostdeutschen Bildungsschichten den demokratischen Prinzipien noch immer distanziert gegenüberstehen. Am weitesten entfernt sieht sich hier die zur älteren Generation gehörende Intelligenz, die zu Verlierern der deutschen Einheit wurde und vor allem die Wählerschaft der PDS.[23] Wenn wir uns in Erinnerung rufen, daß die Weimarer Republik am fehlenden Elitenkonsens über die demokratische Verfassung scheiterte, erscheint die fehlende Unterstützung demokratischer Grundwerte durch die Anhänger des alten Regimes und Teile der PDS zwar nicht systembedrohend, doch aber als schwerwiegendes Hindernis zur Herausbildung einer demokratischen politischen Kultur in Ostdeutschland. Demgegenüber ist hinsichtlich der demokratischen Einstellungen positiv zu vermerken, daß die jüngere Generation Ostdeutschlands eine ebenso eindeutige Position zu demokratischen Grundwerten einnimmt wie im Westen. Wie die vergleichende Jugendstudie von Jaide und Veen eindrucksvoll belegt, hat die Jugend in Ost- und Westdeutschland die Angleichung der politischen Kultur weitgehend vollzogen.[24] Vor diesem Hintergrund wird sich das Problem – selbst unter der Annahme, daß die frühere DDR-Führungsschicht ihren Frieden mit der demokratischen Ordnung der Bundesrepublik nicht machen sollte – durch den fortschreitenden Generationswechsel auf natürliche Weise entspannen.

6. Politisch-kultureller Wandel – keine Einbahnstraße von West nach Ost.

Die Diskussion um den Wandel der politischen Kultur in der Folge der deutschen Vereinigung war bisher ganz überwiegend von der Erwartung einer Angleichung der ostdeutschen an die westdeutsche Kultur geprägt. Weniger thematisiert wurden dagegen die Veränderungen der westdeutschen politischen Kultur durch ostdeutsche Einflüsse. Ich wage die These, daß von diesen Einflüssen vergleichbar signifikante Wirkungen auf die gesamtdeutsche politische Kultur ausgehen werden. Auf der Grundlage der bisher vorliegenden Einstellungsverteilungen lassen sich im wesentlichen zwei Konfliktfelder identifizieren, die zu den Traditionsbeständen der politisierten Sozialstruktur Deutschlands gehören und die durch die deutsche Vereinigung wieder zu neuer Bedeutung kommen dürften. Es handelt sich hier um die auseinanderdriftenden Einschätzungen über die Rolle des Staates und der Kirchen in der Politik. In theoretischer Generalisierung sind das die Traditionslinien des Klassen- und Religions-Cleavage.[25] In Deutschland hatten diese beiden Konflikte wegen ihres antagonistischen Charakters herausragende Bedeutung für die Entstehung und Tradierung des Parteiensystems. Sie verloren erst im Zuge der deutschen Teilung (Ausgliederung des dominierenden protestantischen Preußen) bzw. durch die Entwicklung zur auch von den Gewerkschaften getragenen Wohlstandsgesellschaft an Bedeutung. Die hier vertetene These, daß es bei diesen politischen Hauptspannungslinien zu einer Revitalisierung politischer Konflikte kommen wird, geht von der Annahme aus, daß sich nach der Vereinigung die Größenverhältnisse der traditionellen Konfliktgegnerschaften verändern werden. So zeigen die bisher bekannten Einstellungsverteilungen in diesen Konfliktfeldern, daß aus den neuen Bundesländern Unterstützung für eine größere Rolle des Staates in Wirtschaft und Gesellschaft, gegen die Gültigkeit des Leistungsprinzips mit der Konsequenz sozialer Ungleichheit und gegen eine größere Verbindlichkeit christlicher/religiöser Werte in der Politik kommt.[26] Diese Unterstützung stärkt die entsprechenden ideologischen Wertgemeinschaften in den westdeutschen politischen Parteien und dürfte bei politisch bisher noch strittigen Themen zu einer Verschiebung der Mehrheitsverhältnisse führen. Alle denkbaren Vorbehalte, die gegenüber der Übernahme von Teilen der politischen Kultur der DDR in den alten Bundesländern formuliert werden könnten, sind für diese beiden Konfliktfelder nicht einschlägig. Das liegt daran, daß die betreffenden ideologischen Grundpositionen nicht neu definiert wurden, sondern an frühere Konfliktlinien anknüpfen und damit nicht prinzipiell für nicht-legitim erklärt werden können.

Die klassischen Vorstellungen des demokratischen Sozialismus, daß die Politik der Wirtschaft übergeordnet sei und entsprechend die wirtschaftlich handelnden Individuen und Unternehmen politisch steuern könne und solle, sind in den neuen Bundesländern noch weit verbreitet. Allerdings sind auch in dieser Frage unterschiedliche Interpretationen der Umfragedaten möglich, weil sich die Einstellungen zur Wirtschaftsordnung und zum Leistungsprinzip in zentralen Punkten widersprechen: Einerseits dokumentieren wiederholte Umfragen eine inzwischen mit dem Westen vergleichbar hohe Akzeptanz des Leistungsprinzips und der Ordnungsform der sozialen Marktwirtschaft;[27] andererseits sprechen sich ebenso große Mehrheiten für umfassende Eingriffe des Staates in Wirtschaft und Gesellschaft auf Kosten der Freiheit des Individuums, sowie gegen die aus der Gültigkeit des Leistungsprinzips resultierende soziale Ungleichheit aus. Dieses Muster beschreibt auf charakteristische Weise die Wertestruktur der sozialistischen Demokratie der DDR: Akzeptanz des Leistungsprinzips und der leistungsgerechten Entlohnung bei gleichzeitigen Forderungen nach Herstellung sozialer Gleichheit, der Garantie des Arbeitsplatzes oder der Bereitstellung angemessener Wohnungen, usw. Das natürliche Spannungsverhältnis von Freiheit und Gleichheit, das in der Bundesrepublik in der Ordnungsform der Sozialen

Marktwirtschaft seine Synthese findet, ist in den neuen Bundesländern noch nicht verstanden. Vor allem wird hier der Widerspruch nicht gesehen, daß eine leistungsfähige marktwirtschaftliche Ordnung durch die Einschränkung individueller Freiheiten oder durch Übertragung ihrer Aufgaben auf staatliche Institutionen nicht erreichbar ist. Die Auflösung dieses Widerspruches ist aus sozialisationstheoretischen Gründen auch nicht sehr rasch zu erwarten, da hier der 'Kern eines egalitären Sozialismuskonzepts' (Hanke) liegt, das qua Sozialisation in den Überzeugungssystemen vermutlich fester verankert ist als die Kritik am Versagen des Sozialismus.

Damit erweisen sich viele Ostdeutsche in Analogie zum Begriff der Fragebogendemokraten auch als Fragebogenmarktwirtschaftler. Ihr Bekenntnis zu einer freiheitlichen Wirtschaftsordnung schließt staatliche Eingriffe in die Wirtschaft und die Einschränkung individueller Freiheiten nicht notwendigerweise aus. Angesichts der großen Bedeutung, die dem wirtschaftlichen Aufschwung Ostdeutschlands und der daran anknüpfenden Ausbildung demokratischer Einstellungen zukommt, droht dieses fehlende argumentative Verbindungsglied zu einer bisher wenig beachteten Schwachstelle in der Entwicklung der politischen Kultur Ostdeutschlands zu werden. Andererseits zeigt sich dieses Einstellungsmuster nicht nur in Ostdeutschland, sondern ist in Ansätzen auch in Westdeutschland zu beobachten. Dort beschränkt es sich allerdings vornehmlich auf die jüngeren Altersgruppen. In der erwachsenen Bevölkerung ist es seit der wirtschaftspolitisch pragmatischen Wende der SPD nach dem Godesberger Programm auf eine kleine Kerngruppe programmatischer Sozialisten, Kommunisten und fundamentalistischer Grüner geschrumpft. Diese Wertgemeinschaft wird künftig durch den ostdeutschen Einfluß auf Parlamente, Interessengruppen und öffentliche Meinung gestärkt werden.

Vergleichbar dazu verändern sich die Mehrheitsverhältnisse im konfessionell/religiösen Cleavage, das mit der Herstellung einer paritätischen Konfessionsstruktur und der Gründung der überkonfessionellen CDU nach der vollzogenen deutschen Teilung beigelegt schien. Zwar konnte sich wegen der drastisch zurückgegangenen Kirchenbindung in der DDR – eine Mehrheit von etwa 60 Prozent der Bevölkerung gehört keiner Kirche an – die traditionelle protestantisch-preußische Dominanz in Deutschland nicht wiederherstellen. Angewachsen ist aber die laizistisch eingestellte Bevölkerungsgruppe, die sich gegen eine Sonderrolle der Kirchen in der Politik und gegen die Verbindlichkeit religiöser/christlicher Werte in Politik und Gesellschaft ausspricht. Im westdeutschen cleavage-System stehen diese Wähler traditionell der laizistischen Linken nahe, in den ostdeutschen Ländern stellen sie in allen Parteien die Mehrheit. Sie zwingen damit auch die anderen westdeutschen Parteien zur Anpassung.

Über diese beiden sozialstrukturell bedingten Veränderungen ist bereits heute absehbar, daß sich über den ostdeutschen Einfluß der seit mehreren Jahrzehnten in Westdeutschland sich graduell vollziehende Rückgang der Kirchenbindung, die Entkonfessionalisierung der Politik und der Wertewandel beschleunigt fortsetzen wird. Der Endpunkt dieser Entwicklung ist der modernisierte, säkularisierte Staat.

7. Zusammenfassung und Bewertung.

Die Zwischenbilanz des politisch-kulturellen Wandels nach vier Jahren deutscher Einheit läßt sich vier Punkten zusammenfassen:

1. Die Einstellungen zu einer Vielzahl politischer Tagesfragen und politischen Problemprioritäten haben sich weitgehend angenähert. Ihre Bezugsgrundlage sind die aktuellen politischen Problemhaushalte, die weitgehend denen der anderen westlichen, bzw. europäischen Gesellschaften entsprechen.
2. Analog dazu haben sich eine Reihe demokratischer Einstellungen ebenfalls an die Überzeugungsstrukturen der alten Bundesrepublik, bzw. an das Modell der liberalen Demokratie angenähert. Als problematisch ist dabei einzuschätzen, daß viele dieser Einstellungen in Ostdeutschland noch relativ instabil sind und sich häufig nicht zu einem geschlossenen Überzeugungssystem verbinden. Aus der Tatsache, daß einige ideologische Kernbestände der sozialistischen Wertordnung neben den demokratischen Einstellungen vertreten werden, läßt sich folgern, daß trotz nomineller Anpassung an westliche Normen signifikante Gruppen der ostdeutschen Bevölkerung noch immer nur als Fragebogendemokraten und Fragebogenmarktwirtschaftler gelten können. Daß man angesichts der schwach ausgeprägten Zusammenhänge zwischen den einzelnen Elementen der demokratischen Ordnung in diesen Einstellungsbereichen überhaupt noch von einer fortexistierenden politischen Kultur der DDR sprechen kann, läßt sich mit Harry Eckstein bezweifeln.[28]
3. Die bisherige Diskussion des politisch-kulturellen Wandels im Zuge der wiederhergestellten deutschen Einheit ist geprägt durch die Annahme der Angleichung der ostdeutschen an die westdeutsche politische Kultur. Demgegenüber ist hier argumentiert worden, daß der politisch-kulturelle Wandel keine Einbahnstraße darstellt. Aufgrund der ausgeprägten Einstellungen zur sozialen Gleichheit, der Rolle des Staates in der Politik und der laizistisch geprägten sozialen Grundwerte ist mit nachhaltigen Einflüssen der neuen Bundesländer auf die politische Kultur des vereinten Deutschland zu rechnen. Sieht man einmal von der alles überragenden Diskussion um die Übertragung der Institutionenordnung ab, dann ließe sich gar die These aufstellen, daß sich signifikante Einflüsse auf die künftige politische Kultur stärker von Ost- als von Westdeutschland ergeben werden.
   Gerade diese zunächst nicht thematisierte Veränderung der politischen Kultur öffnet uns den Blick auf die notwendige Neubewertung des politisch-kulturellen Wandels im vereinten Deutschland. Auch wenn sich dieser Wandel aus ostdeutscher Sicht als Angleichung an westdeutsche Werte und demokratische Normen darstellt, so ist er faktisch als parallele Entwicklung zu einem gemeinsamen gesellschaftlichen Ziel, dem Modell der liberalen Demokratie westlichen Zuschnitts, zu sehen. Akzeptiert man diese Vorstellung und konzediert ferner, daß die alte Bundesrepublik auf diesem Weg bisher nur schneller vorangeschritten ist, so wird man systematisch angemessener nicht von westdeutschen sondern von westlichen Einflüssen auf die politische Kultur der Bundesrepublik sprechen. In dieser Perspektive würde die bisherige Diskussion den belastenden Beigeschmack der symboli-

schen Über- und Unterordnung zwischen den alten und neuen Bundesländern verlieren können.

4. Auf die abschließende Frage der Interpretation auch künftig fortbestehender politisch-kultureller Differenzen sei nur kurz eingegangen: Wie weit soll oder muß sich die politische Kultur der alten und neuen Bundesländer überhaupt aneinander annähern, damit von einem Erfolg nationaler Integration gesprochen werden kann? Von der Idee einer vollständigen Angleichung kann in diesem Zusammenhang schon deshalb nicht ausgegangen werden, weil es auch zwischen den alten Bundesländern ausgeprägte politisch-kulturelle Differenzen gibt. Aus diesen Differenzen, etwa zwischen Bayern und Schleswig-Holstein, wird allerdings kaum auf ein Problem regionaler Integration geschlossen werden. Ganz im Gegenteil werden darin die durch Traditionspflege bewußt aufrechterhaltenen regionalen Identitäten der deutschen Volksstämme erkennbar. Diesen Wunsch zur Bewahrung regionaler Identitäten wird man auch bei den neuen Bundesländern voraussetzen können. Daraus mag man schließen, daß regionale Eigenheiten und politisch-kulturelle Traditionen vielleicht ganz bewußt weiterbestehen müssen, damit es zu einer selbstbewußten Annäherung beider Teile Deutschlands kommen kann.

Anmerkungen

1 Vgl. zu dieser Diskussion ursprünglich Almond/Verba 1963 und 1980; daran anschließend Gabriel 1986; Almond 1987; Korte 1990; Feist 1991; Jesse 1994; sowie zusammenfassend Berg-Schlosser 1990.
2 Siehe Almond/Verba 1963.
3 Siehe Conradt 1980; Dalton 1988.
4 Zapf 1994: 291; ebenso mit empirischen Nachweisen Mayer 1994.
5 So die These Weils 1993a.
6 Siehe Klages/Gensicke 1993; ebenso Friedrich/Griese 1991.
7 Vgl. etwa am Beispiel Polens Inglehart/Siemienska 1988, sowie generell Inglehart 1989.
8 Siehe zu einem umfassenden Überblick Gluchowski/Zelle 1992, Veen 1994.
9 Zu einem Überblick siehe Niedermayer/von Beyme 1994; Rattinger et al. 1994; Weidenfeld/Korte 1993.
10 gl. Sontheimer 1990: 60-88.
11 Siehe Greiffenhagen/Greiffenhagen 1993, 1993a; Hanke 1991; Bürklin 1993.
12 Vgl. umfassend Veen 1994.
13 Vgl. dazu Bluck/Kreikenbom 1991; Schmitt 1994; sowie Kaase und Klingemann 1994.
14 Vgl. Herbert/Wildenmann 1991; Bauer 1991; Herbert 1992.
15 Vgl. dazu etwa Bauer 1991; Bauer-Kaase 1993.
16 In ähnlicher Argumentation fragen Klingemann und Hofferbert (1994) nach der „neuen Mauer in den Köpfen"; die entsprechende Diskussion um die Legitimität der Vereinigung in der intellektuellen Linken Westdeutschlands zeichnet Kielmansegg (1994) nach.
17 Vgl. z.B. Veen 1994: 466.
18 Siehe Westle 1994, 1994a; Friedrich/Griese 1991.
19 Vgl. Westle 1994a: Tab. 9.
20 So etwa Dalton 1994: 11.
21 Siehe Rohrschneider 1994, sowie im Erscheinen
22 Vgl. Dalton 1991; Bauer-Kaase 1994.
23 Vgl. Bürklin 1993; Wegener/Liebig 1993 und zur Wählerschaft Moreau/Neu 1994.
24 Siehe eindrucksvoll Jaide/Veen 1993.
25 Siehe zur cleavage-Theorie Lipset/Rokkan 1967.
26 Zu Einzelheiten siehe die Allgemeine Bevölkerungsumfrage in den Sozialwissenschaften (ALLBUS) 1990, 1992, sowie Roller 1992.
27 So z.B. die jährlichen Umfragen des Instituts für praxisorientierte Sozialforschung (IPOS), 1993: Politik in der Bundesrepublik Deutschland, Mannheim 1993.
28 Siehe dazu Eckstein 1988.

Literatur

Almond, Gabriel A./Sidney Verba, 1963: The Civic Culture. Political Attitudes and Democracy in Five Nations, Princeton.

Almond, Gabriel A./Sidney Verba, 1980: The Civic Culture Revisited, Boston, Toronto.

Almond, Gabriel A., 1987: Politische-Kultur-Forschung. Rückblick und Ausblick, in: Dirk Berg-Schlosser und Jakob Schissler (Hrsg.), Politische Kultur in Deutschland. Bilanz und Perspektiven in der Forschung, Opladen: 25-38.

Bauer, Petra, 1991: Politische Orientierungen im Übergang. Eine Analyse politischer Einstellungen der Bürger in Ost- und Westdeutschland 1990/1991, in: Kölner Zeitschrift für Soziologie und Sozialpsychologie, H. 3: 433-453.

Bauer, Petra, 1991: Freiheit und Demokratie in der Wahrnehmung der Bürger in der Bundesrepublik und der ehemaligen DDR, in: Rudolf Wildenmann (Hrsg.), Nation und Demokratie. Politisch-strukturelle Gestaltungsprobleme im neuen Deutschland, Baden-Baden: 99-124.

Bauer-Kaase, Petra, 1994: German Unification. The Challenge of Coping with Unification, in: W. Donald Hancock and Helga A. Welsh (Hrsg.), German Unification. Process and Outcomes, Boulder: 285-311.

Berg-Schlosser, Dirk, 1990: Entwicklung der Politischen Kultur in der Bundesrepublik Deutschland, in: Aus Politik und Zeitgeschichte, B7.

Bluck, Carsten/Henry Kreikenbom, 1991: Die Wähler in der DDR: nur issue-orientiert oder auch parteigebunden? Zeitschrift für Parlamentsfragen: 495-502.

Bürklin, Wilhelm, 1993: Perspektiven für das deutsche Parteiensystem: Politische Konfliktlinien und die sozialdemokratische Kultur, in: Werner Weidenfeld (Hrsg.), Deutschland. Eine Nation – zwei Gesellschaften – doppelte Geschichte. Materialien zum deutschen Selbstverständnis, Köln: 137-154.

Conradt, David, 1980: Changing German Political Culture, in: Gabriel A. Almond und Sidney Verba: The Civic Culture Revisited, Boston, Toronto, 212-272.

Dalton, Russell, J., 1991: Communists and Democrats: Attitudes toward Democracy in the two Germanies, Paper presented at the Annual Meeting of the American Political Science Association, Washington D.C.

Dalton, Russell J., 1988: Citizen Politics in Western Democracies, Chatham.

Eckstein, Harry, 1988: A Culturalist Theory of Political Change, in: American Political Science Review 82: 789-804.

Feist, Ursula, 1991: Zur politischen Akkulturation der vereinten Deutschen. Eine Analyse aus Anlaß der ersten gesamtdeutschen Bundestagswahl, in: Aus Politik und Zeitgeschichte B11-12: 21-32.

Friedrich, Walter/Hartmut Griese (Hrsg.), 1991: Jugend und Jugendforschung in der DDR, Opladen.

Gabriel, Oscar W., 1986: Politische Kultur, Postmaterialismus und Materialismus in der Bundesrepublik Deutschland, Opladen.

Gabriel, Oscar W., 1993: Institutionenvertrauen im vereinigten Deutschland, in: Aus Politik und Zeitgeschichte, B 43.

Gluchowski, Peter/Carsten Zelle, 1992: Demokratisierung in Ostdeutschland: Aspekte der politischen Kultur in der Periode des Systemwechsels, in: Peter Gerlich, Fritz Plasser und Peter A. Ulram (Hrsg.), Regimewechsel, Demokratie und politische Kultur in Ost- und Mitteleuropa, Wien: 231-274.

Greiffenhagen, Martin/Sylvia Greiffenhagen, 1993: Eine Nation: Zwei politische Kulturen, in: Werner Weidenfeld (Hrsg.), Deutschland. Eine Nation – doppelte Geschichte, Köln: 29-45.

Greiffenhagen, Martin/Sylvia Greiffenhagen, 1993a: Ein schwieriges Vaterland. Zur politischen Kultur im vereinigten Deutschland, München und Leipzig.

Hanke, Irma, 1991: Die ungleiche Nation, in: Bernhard Muszinsky (Hrsg.), Deutsche Vereinigung. Probleme der Integration und Identifikation, in: Gegenwartskunde Sonderheft 7: 45-60.

Herbert, Willi/Rudolf Wildenmann, 1991: Deutsche Identität. Die subjektive Verfassung der Deutschen vor der Vereinigung, in: Rudolf Wildenmann (Hrsg.), Nation und Demokratie. Politisch-strukturelle Gestaltungsprobleme im neuen Deutschland, Baden-Baden: 71-98.

Herbert, Willi, 1993: Die Wertorientierungen der Deutschen vor der Vereinigung, in: BISS public H. 2: 119-132.

Inglehart, Ronald/Renata Siemienska, 1988: Political values and Dissatisfaction in Poland and the West: A comparative analysis, in: Government and Opposition 23.

Inglehart, Ronald, 1989: Kultureller Umbruch. Wertewandel in der westlichen Welt, Frankfurt.

Institut für praxisorientierte Sozialforschung (IPOS), 1993: Politik in der Bundesrepublik Deutschland, Mannheim.

Jaide, Walter/Hans-Joachim Veen, 1993: *Eine* Jugend in Deutschland. Orientierungen und Verhaltensweisen der Jugend in Ost und West, Opladen.

Jesse, Eckard, 1994: Zwei verschiedene politische Kulturen in Deutschland, in: Hartmut Jäckel (Hrsg.), Die neue Bundesrepublik, Baden-Baden: 97-125.

Kaase, Max/Hans-Dieter Klingemann, 1994: The Cumbersome Way to Partisan Orientation in a 'New' Democracy: The Case of the Former GDR, in: M. Kent Jennings und Tom Mann (Hrsg.), Elections at Home and Abroad, Ann Arbor.

Kielmansegg, P. Graf, 1994: Vereinigung ohne Legitimität? in: Hartmut Jäckel (Hrsg.), Die neue Bundesrepublik, Baden-Baden: 9-32.

Klages, Herbert/Thomas Gensicke, 1993: Geteilte Werte? Ein deutscher Ost-West-Vergleich, in: Werner Weidenfeld (Hrsg.), Deutschland. Eine Nation – doppelte Geschichte, Köln: 47-59.

Klingemann, Hans-Dieter/Richard I. Hofferbert, 1994: Germany: A New „Wall in the Mind"?, in: Journal of Democracy, Vol 5, No. 1 : 30-44.

Korte, Karl-Rudolf, 1990: Die Folgen der Einheit. Zur politisch-kulturellen Lage der Nation, in: Aus Politik und Zeitgeschichte, B27: 29-38.

Lipset, Seymour M./Stein Rokkan, 1967: Party Systems and Voter Alignments, New York.

Mayer, Karl-Ulrich, 1994: Vereinigung soziologisch: Die soziale Ordnung der DDR und ihre Folgen, in: Hansgert Peisert und Wolfgang Zapf (Hrsg.), Gesellschaft, Demokratie und Lebenschancen. Festschrift für Ralf Dahrendorf. Stuttgart: 267-290.

Moreau, Patrick/Neu, Viola, 1994: Die PDS zwischen Linksextremismus und Linkspopulismus, Interne Studien Nr. 76/1994 der Konrad-Adenauer-Stiftung, St. Augustin bei Bonn.

Niedermayer, Oskar/Beyme, Klaus von (Hrsg.), 1994: Politische Kultur in Ost- und Westdeutschland, Berlin.

Rattinger, Hans et al. (Hrsg.), 1994: Wahlen und politische Einstellungen im vereinten Deutschland, Frankfurt.

Rohrschneider, Robert, 1994: Cultural Transmissions versus Perceptions of the Economy: The Sources of Political Elites' Economic Values in the United Germany, Manuskript, Berlin.

Rohrschneider, Robert, (im Erscheinen): Notes from the Laboratory: The Influence of Institutions on Political Elites' Democratic Values in Germany, in: American Political Science Review.

Roller, Edeltraud, 1992: Ideological Basis of the Market System: Attitudes toward Distribution Principles and the Role of Government in Western and Eastern Germany, in: WZB-Mitteilungen H. 58, Dez.: 27-30.

Schmitt, Karl, 1994: Im Osten nichts Neues? Das Kernland der deutschen Arbeiterbewegung und die Zukunft der politischen Linken, in: Wilhelm Bürklin und Dieter Roth (Hrsg.), Das Superwahljahr. Deutschland vor unkalkulierbaren Regierungsmehrheiten?, Köln:185-218.

Sontheimer, Kurt, 1990: Deutschlands Politische Kultur, München.

Veen, Hans-Joachim, 1994: Zwei Identitäten in Deutschland? Nationale Zugehörigkeit, politische Prioritäten und Wertorientierungen der West- und Ostdeutschen, in: Wolfgang Jäger, Hans-Otto Mühleisen, Hans-Joachim Veen (Hrsg.), Republik und Dritte Welt. Festschrift für Dieter Oberndörfer zum 65. Geburtstag, Paderborn: 457-478.

Wegener, Bernd/Stefan Liebig, 1993: Eine Grid-Group-Analyse sozialer Gerechtigkeit. Die neuen und die alten Bundesländer im Vergleich, in: Kölner Zeitschrift für Soziologie und Sozialpsychologie, H.4: 668-690.

Weidenfeld, Werner/Karl-Rudolf, Korte, 1993: Deutschland. Eine Nation – zwei Gesellschaften – doppelte Geschichte. Materialien zum deutschen Selbstverständnis, Köln.

Weil, Frederick D., 1993: Will Democracy Survive Unification in Germany? Extremism, Protest, and Legitimization Three Years after the Fall of the Berlin Wall. Paper presented at the Annual Meeting of the American Political Science Association, Miami Beach.

Weil, Frederick D., 1993a: The Development of Democratic Attitudes in Eastern and Western Germany in a Comparative Perspective, in Frederick D. Weil, Mary L. Gautier und Jeffrey S. Huffman (Hrsg.), Democratization in Eastern and Western Europe, Greenwich.

Westle, Bettina, 1992: Unterstützung des politischen Systems des vereinten Deutschlands, in Peter Mohler und Wolfgang Bandilla (Hrsg.), Blickpunkt Gesellschaft 2: Einstellungen und Verhalten der Bundesbürger in Ost und West, Opladen.

Westle, Bettina, 1992: Strukturen nationaler Identität in Ost- und Westdeutschland, in: Kölner Zeitschrift für Soziologie und Sozialpsychologie, H. 3: 461-488.

Westle, Bettina, 1994: Traditionalismus, Verfassungspatriotismus und Postnationalismus im vereinigten Deutschland, in: Niedermayer, Oskar, von Beyme, Klaus (Hrsg.), Politische Kultur in Ost- und Westdeutschland, Berlin.

Westle, Bettina, 1994a: Nationale Identität und Nationalismus. Zur Asymmetrie deutschen Nationalstolzes, in: Hans Rattinger, Wolfgang Jagodzinski, Oskar W. Gabriel (Hrsg.), Wahlen und politische Einstellungen im vereinigten Deutschland, Frankfurt.

Zapf, Wolfgang, 1994: Einige Materialien zu Gesellschaft und Demokratie im vereinten Deutschland, in: Hansgert Peisert und Wolfgang Zapf (Hrsg.), Gesellschaft, Demokratie und Lebenschancen. Festschrift für Ralf Dahrendorf. Stuttgart: 291-312.

Wolfgang Fach

Ko-Referat zu W. Bürklin: Die politische Kultur in Ost- und Westdeutschland. Eine Zwischenbilanz

W. Bürklins Zwischenbilanz atmet den Geist moderater Hoffnung: Die beiden Kulturen bewegen sich tendenziell aufeinander zu, West- und Ost-Elemente werden organisch miteinander verschmelzen – wenn alles so weiter geht wie bisher.

Daß sich, wenn alles so weiter geht wie bisher, die Spaltung (wieder) vertiefen mag: diese skeptische Perspektive wird von einem Datum nahegelegt, das W. Bürklin auch, doch eher am Rande erwähnt. „Wir sind *ein* Volk"? Daran glauben heute nur noch wenige Menschen in den neuen Bundesländern (wenig mehr als ein Viertel; vgl. Siemons 1994).

Das Entfremdungs-Phänomen wird möglicherweise dadurch relativiert, daß hinter dem Rücken der Beteiligten mentale Annäherungsprozesse ablaufen (Bürklin: „Die Einstellung zu einer Reihe politischer Tagesfragen und politische Problemprioritäten haben sich weitgehend angenähert..."). Man kann den Spieß aber auch umdrehen und fragen: Was helfen uns objektive Konvergenzen, wenn sie von den Subjekten nicht wahrgenommen werden? Vielleicht ist die Uniformität des *Programms* genauso ein Fragebogen-Konstrukt wie jene der *Prinzipien* (Demokratie und Marktwirtschaft; vgl. Bürklin)

So gesehen ist erklärungsbedürftig, wie eine Entfremdung, genauer: *Wiederentfremdung* des ostdeutschen Bewußtseins passieren konnte. Dafür genügt es nicht, zeitlich verschobene Umfrageergebnisse seit der Wende gegeneinander zu halten: sie schweigen sich über die *Gründe* des Auf und Ab aus. Ferner muß man wohl den Horizont ausdehnen – „NBL"-Einstellungen haben etwas mit „DDR"-Attitüden zu tun und sind nicht erst nach 89, gewissermaßen aus dem Nichts, entstanden.

Zur Erklärung werden drei Kategorien – Solidarität, Autorität, Rationalität – eingeführt, die, näher spezifiziert, eine mentale Stufenfolge bezeichnen und Vor- mit Nachwende-Mentalität so verknüpfen, daß der Umwandlungsprozeß als „vernünftige" (schlüssige) Verschiebung erscheint.

1. Solidarität

These 1: Die (vor-)politische Kultur des sozialistischen Alltags war in erster Linie durch *solidarische Praktiken* geprägt.

Eigentlich ist das eher ein Resümee, denn gerade solche Analysen, die sich auf Erinnerungen der Menschen stützen, also „Primärquellen" anzapfen, kommen einhellig zu dem Resultat, unter den herrschenden Bedingungen von relativer Gleichheit und absoluter Bescheidenheit sei dem zwischenmenschlichen Zusammenhalt besonders viel Gewicht beigemessen worden (McFalls 1993). So haben einschlägige Fragen immer wieder nostalgische Antworten provoziert, der Art etwa:

> „Da hilft einer dem andern, wenn irgend etwas ist, das ist auch jetzt noch so. Es ist schon ein wenig verschärfter geworden, weil ja jeder versucht, so gut wie möglich rauszukommen." Und: „Geld war ja uninteressant. Untereinander hat die Gemeinschaft jetzt doch gelitten. Die zwischenmenschlichen Beziehungen sind nicht mehr da. Wenn du Geld hast, kannst du alles kaufen. Früher hattest du einen Kollegen, der dir geholfen hat. Und später hast du ihm eben geholfen." (Zwei Antworten ostdeutscher Bürger; in: Gebhardt/Kamphausen 1994: 34, 37)

Neben der Sache selbst ist daran aufschlußreich, wie umstandslos *Hilfe* mit *Geld* in Verbindung gebracht wird. Im Rückblick erscheinen sie den Menschen als funktionale Äquivalente: solange Freunde da waren, bedurfte es keiner Zahlungen, und wo bezahlt wird, hört die Freundschaft auf.

Das impliziert, daß Gefühls- und Tauschwelt noch auf vormoderne Weise miteinander vermischt waren (Silver 1990). Unter solchen Umständen nehmen Gemeinschaften den Charakter von „Umverteilungsnetzen" an, markiert durch eine *funktionale Freundlichkeit*. Hilfe leistet, wer Hilfe braucht – der Nutzen steht im Zentrum, doch ohne erprobte Vertraulichkeit käme kein Handel zustande:

> „Wenn auch der Umgang in den Umverteilungsnetzen menschliche und freundschaftliche Solidarität freisetzen kann, wäre es ein Fehler, den Solidarisierungseffekt in diesen Netzen zu überschätzen. Die spontane, soziale Organisation, die sich hier als Schutz gegen die Dysfunktion des Systems entwickelt, ist vor allen Dingen eine Organisation von Schlechtversorgten." (Srubar 1991: 422)

– also vorzüglich eine pragmatische Veranstaltung. Für nostalgische Schwärmerei, so folgern Beobachter daraus, bestehe deshalb eigentlich kein Anlaß, und sie empfehlen, den rosigen Blick zurück als psychologischen Akt der Selbsttäuschung einzustufen (McFalls 1993, Srubar 1990).

Diese skeptische Sicht der Dinge unterschlägt freilich ein Moment, das unter den heutigen Umständen „reaktionäres Denken" befördert: viele der einstmals „Schlechtversorgten" sind es wieder – mit dem einen, aber wesentlichen Unterschied, daß sie weder über Geld verfügen noch auf Gefühle zurückgreifen können.

Wo *Markt* und *Gemeinschaft* als „Revenuequelle" (weitgehend) ausfallen, drängt sich dem malträtierten Bewußtsein ein dritter Nothelfer auf: der *Staat* – er ist schließlich in letzter Instanz für das Wohlergehen seiner Bürger verantwortlich. Von hier aus entwickelt sich nach 1989 die Ost-Mentalität weiter.

2. *Autorität*

These 2: An die Stelle der funktionalen Freundlichkeit von einst tritt, auf den Staat fixiert, eine *instrumentelle Hörigkeit.*

Diese Haltung gibt dem autoritären Charakter seine spezifische Ost-Färbung. Die Nachwende-Forschung hat ihn bisher nur als allgemeine Selbstverständlichkeit behandelt:

> „62 Prozent autoritäre Bürger in Ostberlin stehen 30 Prozent in Westberlin gegenüber. Dieses Ergebnis entspricht der Vermutung, daß die Sozialisation in nicht-legitimen und autoritären Systemen Einfluß auf solche tiefsitzenden Persönlichkeitsmerkmale hat." (Fuchs/Klingemann/Schöbel 1991: 40)

Doch näher besehen ist der ostdeutsche Untertanengeist nicht nur stärker ausgeprägt, sondern auch anders geladen als sein westliches Pendant – nämlich „possessiv" statt „regressiv":

> „Große Unterschiede charakterisieren", gemäß einer Umfrage kurz nach der Wende, „die Struktur des Institutionenvertrauens in beiden Teilen der Bundesrepublik. Sofern es im Osten überhaupt Vertrauensträger gab, fanden sie sich überwiegend unter den Organisationen der Interessenvermittlung, während im Westen Judikativ- und Exekutivorganisationen diese Rolle spielten." (Gabriel 1993: 10)

Der Unterschied liegt darin: Autorität-West wird zweckfrei, „kategorisch" akzeptiert; von ihr erwartet man nicht mehr, als daß sie abstrakt *Ordnung* garantiert, verbunden mit einem gewissen Maß an Gerechtigkeit, also gleicher Unterworfenheit für alle. Daher stehen Gerichte und Polizei besonders hoch im Kurs.

Autorität-Ost dagegen hängt von *Leistung* ab, sie wird im Austausch gegen empfangene Wohltaten akzeptiert, gilt folglich „konditional". Hohes Ansehen genießen deshalb auch und ganz besonders erfolgreiche Aquisitionsorgane: der Bundesrat (das Instrument, um Länderinteressen wahrzunehmen) oder, anfänglich wenigstens, die wirklich freien Gewerkschaften (als Schutzengel des kleinen Mannes).

Mustergültig drückt sich die berechnende „Verbeugung" vor der wohltätigen Macht in jenem Plakat aus, das ein ostdeutscher Verehrer dem Bundeskanzler präsentiert hat: „Helmut nimm uns an der Hand, zeig uns den Weg ins Wirtschaftswunderland" (Krumrey 1992; Titelfoto). In bezeichnender Weise weicht diese Parole ab von dem verwandten Motto unseliger Zeiten: „Führer befiehl, wir folgen", das totale Unterwürfigkeit signalisiert – Ziele, Mittel, Methoden, einfach alles wird dem Souverän anheimgestellt. Dagegen der berechnende Gehorsam: „Helmut" soll zwar auch führen, doch wie ein fürsorgender Vater und auf vorgegebenem Weg; eben „an der Hand" ins „Wirtschaftswunderland" wollen seine erwartungsfrohen Schützlinge geleitet werden. Versagt er, lassen sie es ihn spüren; Enttäuschung provoziert Vertrauensentzug – binnen kürzester Frist ist die Popularität der Bundesregierung rapide verfallen, um einen Tiefstwert zu erreichen, den nur Presse und Parteien noch unterbieten (Gabriel 1993).

Kurz und gut, die autoritäre Persönlichkeit des Ostens scheint tatsächlich eine (zweck-)*rationale* Seele zu besitzen; ihre Hörigkeit geht durch den Magen, Gehorsam muß sich lohnen – übrigens nicht erst seit gestern (Mühler/Wippler 1993).

3. Rationalität

These 3: Mit der Illusion ist auch die Loyalität abgebröckelt und hat einer *kalkulierten Unverträglichkeit* Platz gemacht.

Die neue Distanz erzeugt einen *passiven Reflex*. Mehr Leute weigern sich, dem System zu geben, was ihm mindestens gebührt: eine informierte Beteiligung an seinen Wahlen. Vergleichsweise wenige nehmen das Recht in Anspruch (die Abstinenz erreicht mancherorts amerikanische Ausmaße), und noch viel weniger sind auf Information aus – wen oder was sie wählen können, ist ihnen gleichgültig (Leipzigs Volkszeitung vom 24.6.94 vermeldet, die Kandidaten seien laut Umfrage lediglich einem Drittel namentlich bekannt).

Einstweilen wird dieser langfristig prekäre Identifikationsschwund noch überschattet vom *aktiven Reflex* des geordneten Rückzugs: dem spektakulären Wahlerfolg der PDS. Freilich, nach gängiger Meinung speist den nachwehenden Sozialismus eine reinweg irrationale Quelle, das Ressentiment:

> „Die Wahlerfolge dieser Partei beruhen vor allem auf einer Mobilisierung des nämlichen Ressentiments – eines Minderwertigkeitsgefühls gegenüber den 'selbsternannten Siegern der Geschichte' (so die PDS in ihrem Programm). Hinzu kommt Zorn über tatsächliche Härten und Ungerechtigkeiten des Einigungsprozesses.“ (Winkler 1994)

Mit zunehmender Nähe wird die Sache immer häßlicher:

> „Die PDS ist eine Partei der Heuchelei. Ihre Wähler und Mitglieder eint ein diffuser, dumpfer, im Grund unpolitischer Haß gegen die demokratische und marktwirtschaftliche Ordnung der Bundesrepublik.“ (Wolle 1994)

Vorsichtigere Diagnosen begnügen sich damit festzustellen, die spätsozialistische Kohorte zeige „wenig Neigung zur Demokratie“ (Noelle-Neumann 1994), verstehe ihre Organisation als traute „Ersatzfamilie“ in einer herzlosen Welt (Leipziger Volkszeitung, 16.6.94). Wie auch immer, unweigerlich schwingt das Odium von Alter und Abschreibung mit: solchen Leuten ist nicht mehr zu helfen, aber sie sterben aus (worauf jener frühe Optimismus ebenfalls setzen dürfte, demnach alles seinen gutdemokratischen Gang gehen werde; vgl. Beyme 1992, Schmidt 1992).

Der Eindruck einer sklerotischen Radikalität stimmt teilweise – er trifft den organisierten Stamm. In dieser Hinsicht ist die PDS tatsächlich „eine Partei der Alten“:

38 Prozent sind über 65 Jahre, weitere 33 Prozent wurden zwischen 1930 und 1939 geboren – rund

> „zwei Drittel der heutigen PDS-Mitglieder könnten mithin als 'Pioniere' des Sozialismus bezeichnet werden, deren Lebenswerk nun gescheitert [ist].“ (Frankfurter Allgemeine Zeitung, 6.8.1994)

Bei den Wählern aber verkehrt sich das Bild: rund zwei Drittel sind noch keine 55, rund ein Viertel ist unter 35 – und je jünger diese Leute werden, umso weniger kann ihr sozialistischer Starrsinn das Resultat entwerteter Pionier- oder Lebensleistungen sein. Da rächen sich wohl keine reaktionären Gesinnungstäter; eher regiert eine *kalkulierte Unverträglichkeit* das Wahlverhalten: Wer enttäuscht, soll enttäuscht werden, wer peinigt, wird gepeinigt.

„PDS wählen heißt, den Nerv zu treffen“ (Prantl 1994); ihr Sozialismus steht weder für *exit* noch *voice*, sie ist die Partei des *punishment* und in dieser Funktion eher ein dauerhaftes Phänomen als das flüchtige Indiz verstockter Verblendung.

4. Fazit: Die „Mentalitätslücke“

Wenn richtig ist, daß sich das demokratische Credo im Westen von *output orientation* zu *system support* entwickelt hat (Conradt 1991), dann verläuft die Mentalitätskurve des Ostens genau anders herum: *system support* war höchstens einen verrückten Augenblick lang zu spüren, seither schimmert immer deutlicher distanzierte *output orientation* durch.

Eine veritable „Mentalitätslücke“ (Lepenies 1993) klafft zwischen den zwei Deutschlands. Daher sind, *pace* Bürklin, Bayern und Schleswig-Holstein eben doch auf einer Seite und Sachsen oder Thüringen auf der anderen.

Literaturverzeichnis

Beyme, K.v., 1992: The Effects of Reunification on German Democracy: A Preliminary Evaluation of a Great Social Experiment. In: Government and Opposition, 27: 158ff.

Conradt, D.P., 1991: From Output Orientation to Regime Support: Changing German Political Culture. In: Hoffmann-Lange, U. (ed.), Social and Political Structures in West Germany. Boulder: 127ff.

Fuchs, D./Klingemann, H.-D./Schöbel, C., 1991: Perspektiven der politischen Kultur im vereinigten Deutschland. Eine empirische Studie. In: Aus Politik und Zeitgeschichte, 32: 35ff.

Gabriel, O.W., 1993: Institutionenvertrauen im vereinigten Deutschland. In: Aus Politik und Zeitgeschichte, 43: 3ff.

Gebhardt, W./Kamphausen, G., 1994: Mentalitätsunterschiede im wiedervereinigten Deutschland. Das Beispiel zweier ländlicher Gemeinden. In: Aus Politik und Zeitgeschichte, 16: 29ff.

Krumrey, H., 1992: Aufschwung Ost. Frankfurt

Lepenies, W. 1993: Three Years After the Revolution. In: Ideas, 2, 15ff.

McFalls, L.H. 1993: Une Allemagne, deux sociétés distinctes: les causes et conséquences culturelles de la réunification. In: Canadian Journal of Political Science, 26: 721ff.

Mühler, K./Wippler, R., 1993: Die Vorgeschichte der Wende in der DDR. Versuch einer Erklärung. In: Kölner Zeitschrift für Soziologie und Sozialpsychologie, 45: 691ff.

Noelle-Neumann, E., 1994: Wenig Neigung zur Demokratie. Ein demoskopisches Porträt der PDS-Anhänger. In: Frankfurter Allgemeine Zeitung, 28.6.94.

Prantl, H., 1994: Das gefährliche Spiel der Union. In: Süddeutsche Zeitung, 10./11.9.1994.

Schmidt, M.G., 1992: Political Consequences of German Unification. In: West European Politics, 15: 1ff.

Siemons, M., 1994: Die Ossis sind wir. Über den DDR-Mief und den blinden Fleck des Westens. In: Frankfurter Allgemeine Zeitung, 14.8.94.

Silver, A., 1990: Friendship in Commercial Society. In: American Journal of Sociology, 95: 1474ff.

Srubar, I., 1991: War der Sozialismus modern? Versuch einer strukturellen Bestimmung. In: Kölner Zeitschrift für Soziologie und Sozialpsychologie, 43: 415ff.

Winkler, H.A., 1994: Das organisierte Vergessen. Die kalkulierte Unschärfe der PDS. In: Frankfurter Allgemeine Zeitung, 30.7.94.

Wolle, S., 1994: Hört die Signale. PDS, DDR-Nostalgie und die Kultur des Ressentiments. In: Frankfurter Allgemeine Zeitung, 27.7.94.

Christine Landfried

Architektur der Unterkomplexität: Politische Willensbildung und Entscheidungsstrukturen im Prozeß der deutschen Einigung

1. Einleitung und These

Die politische Klasse der Bundesrepublik hat den komplexen Prozeß der deutschen Einigung mit unterkomplexen Konzepten zu steuern versucht. Sowohl das eindimensionale Zeitverständnis als auch das eindimensionale Konzept der institutionellen Integration stehen im Widerspruch zur notwendigen dynamischen Komplexität (Bühl 1990: 7) des politischen Wandels in den neuen wie in den alten Bundesländern. Für eine Zwischenbilanz müssen wir daher nicht nur die Frage stellen, ob die politischen Institutionen hinreichend leistungsfähig sind, um die Folgen des Institutionentransfers zu bewältigen, sondern es gilt zu prüfen, ob das realisierte Konzept des Institutionen*transfers* den zu lösenden Problemen überhaupt gerecht werden konnte.

Neugierde für ein unbekanntes Land, wie sie sich Rainer Lepsius für die Sozialwissenschaftler wünschte (Lepsius 1991: 71), ist bei der politischen Klasse der Bundesrepublik nur selten zu finden. Auch sinnvolle Institutionen der ehemaligen DDR gerieten in den „Sog des Negativbildes" und wurden tabuisiert (Kaelble 1994: 561). Die Institutionen der alten Bundesrepublik hingegen wurden ohne Berücksichtigung bekannter Defizite innerhalb sehr kurzer Zeiträume in die neuen Länder übertragen. Nach den nicht-institutionellen Voraussetzungen von Institutionen wurde kaum gefragt (Offe 1994: 47). Die einseitige Betonung der Kontinuität der Institutionen der Bundesrepublik und der Verzicht auf Innovationen und zeitliche Flexibilität sind nicht die Strukturen, die der „Architektur der Komplexität", wie Herbert Simon dies nannte,[1] angemessen sind. Kontinuität und Stabilität sind für den Wandel komplexer Gesellschaftssysteme nur dann geeignet, wenn gleichzeitig das Offenhalten für neue Lösungen und Strukturen gewährleistet ist (Bühl 1990: 43). Im Prozeß der deutschen Einigung wurde Lernfähigkeit freilich vorwiegend von den Bürgerinnen und Bürgern in den neuen Ländern erwartet. Wolf Lepenies bringt es auf den Nenner: „Die politische Klasse der Bundesrepublik hat, mit wenigen Ausnahmen, aus der Vereinigung ein Festival der Selbstbestätigung gemacht ... Eine Selbstprüfung deutscher Politik hat nicht stattgefunden." (Lepenies 1992: 31f)

Das eindimensionale Integrationskonzept der politischen Klasse kann in den beiden Jahren nach dem Zusammenbruch der DDR mit der Krisensituation erklärt werden. Für diese Zeit mit ihren neuartigen Problemen und Unwägbarkeiten waren die

Chancen für Innovationen gering. Die Unsicherheit der politisch Handelnden führt in solchen Situationen in der Regel dazu, daß traditionale Problemlösungen und veraltete Interpretationsmuster der Realität an Bedeutung gewinnen (Landfried 1976: 171ff). Gerhard Lehmbruch hat auf plausible Weise gezeigt, daß das Konzept des Institutionentransfers der politischen Klasse die Möglichkeit eröffnete, die Probleme zu vereinfachen und eine Überforderung durch Handlungskomplexität zu vermeiden (Lehmbruch 1993: 55). Doch das Festhalten der politischen Klasse an einer Politik des Status quo nach 1991 läßt sich nicht mehr allein mit dem improvisatorischen Charakter der Entscheidungsprozesse erklären. Auch auf der Basis des Einigungsvertrages vom 31. August 1990 gab es Optionen, die deutsche Einigung für Teilreformen der westlichen Institutionen zu nutzen. Der Aufbau komplexerer Entscheidungsstrukturen seit April 1991 und die seit 1992 zu beobachtenden „lokalen Innovationen" und die „momentanen Reaktionen auf situative Erfordernisse", wie sie Roland Czada beschreibt (1994: 257ff), waren kein wirklicher Wandel des Integrationskonzeptes. Komplexere Strukturen, die sich im Verlauf des Einigungsprozesses entwickelten, haben mit Ausnahme der geringfügig geänderten Arbeitsmarktpolitik keine komplexeren Strategien zur Folge gehabt.[2] Für ein Gelingen der Integration wäre es darauf angekommen, spätestens bei der Umsetzung des Einigungsvertrages die „verschiedenen Veränderungsgeschwindigkeiten der politischen, der sozialen, der ökonomischen...Geschichte" (Koselleck 1987: 148) und die verbleibenden Möglichkeiten für Reformen zu berücksichtigen. Sowohl für die sachliche Lösung der Probleme als auch für die Akzeptanz des neuen Systems bei den Bürgerinnen und Bürgern in den neuen Ländern durfte die „von außen" kommende (v. Beyme 1994a: 182) politische Klasse die Lebenszusammenhänge in der DDR wie auch die Schwächen der Institutionen der alten Bundesrepublik nicht außer acht lassen. Es ist meine These, daß die Orientierung der politischen Klasse an der eindimensionalen Veränderungsgeschwindigkeit und dem eindimensionalen Integrationskonzept mit dem Interesse an Besitzstandswahrung zu erklären ist.[3] Zur politischen Klasse werden die Inhaber von Spitzenpositionen in Regierungen, Parlamenten, Parteien und Verbänden gezählt.

In drei Schritten werde ich meine These entwickeln: *Erstens* werde ich Zeitstrukturen und Komplexität der Einigungspolitik beschreiben und am Beispiel wichtiger Politikfelder die Realität mit Alternativen konfrontieren. Prämisse einer solchen Gegenüberstellung der faktisch realisierten Integration mit der sachlich gebotenen Integration ist die Annahme, daß es Kriterien zur Beurteilung des deutschen Einigungsprozesses gibt. Für eine wissenschaftliche Evaluation (v. Beyme 1994b: 8) können diese Kriterien nicht der Politik selbst entnommen werden, will man nicht Ideologie betreiben und die Realität wissenschaftlich legitimieren. Im vorliegenden Aufsatz lege ich zwei Kriterien zur Beurteilung der Einigungspolitik zugrunde: Zeitverständnis und Komplexität der realisierten Integration im Verhältnis zur Komplexität der Probleme und den verschiedenen Veränderungsgeschwindigkeiten der politischen, der sozialen und der ökonomischen Strukturen. Es geht nicht um politisches Wunschdenken. Es geht um die Frage, ob die Akteure, die über die politische Mehrheit verfügten und daher die Art der Integration maßgeblich bestimmen konnten, in der Gestaltung der Politik mögliche andere Konzepte und mögliche andere Veränderungsgeschwindigkeiten mit bedacht haben. Politische Kompetenz im Prozeß der deutschen Einigung bedeutete auch, sich vor einer Entscheidung mit anderen Konzepten auseinanderzusetzen und den Zeitfaktor als eigenständige Ressource für Problemlösungen zu nutzen. Beides ist in wichtigen Politikbereichen nicht geschehen. *Zweitens* werde ich die Politik der Besitzstandswahrung als Erklärung für die unterkomplexen Problemlösungen zur Diskussion stellen. Denn mit dem Problem- und Zeitdruck in einer Krise, auf die die politische Klasse mit Problemvereinfachung reagiert habe, läßt sich die inhaltliche Gestaltung der Einigungspolitik nur für eine kurze Phase erklären. *Drittens* werden die Folgen des eingeschlagenen Weges für die Integration der beiden Teilgesellschaften analysiert.

2. *Zeit und Komplexität im Prozeß der deutschen Einigung*

Die Einigungspolitik läßt sich als Rückfall in veraltete Sichtweisen der Natur- und Sozialwissenschaften interpretieren: die Zeit in ihren verschiedenen Dimensionen scheint vergessen, das Kausalitätsprinzip feiert fröhliche Urständ und von einem Verständnis der Komplexität als Zusammenwirken einer Vielzahl von Strukturen, von Gleichgewicht und Ungleichgewicht, keine Spur (Prigogine 1988: 225ff). Das Zeitverständnis in der Einigungspolitik beschränkte sich im wesentlichen auf die Dimension kurzfristiger Politik.[4] Allenfalls kam noch die mittelfristige Perspektive eines Zeitraumes von zwei bis fünf Jahren nach Verabschiedung des Einigungsvertrages in Betracht. Das gewählte Konzept des Institutionentransfers basiert auf der Vorstellung der deterministischen Kausalität: aus den Bedingungen des Funktionierens der Institutionen in den alten Bundesländern schließt man auf die gleichen Wirkungen dieser Institutionen in den neuen Ländern.[5] Statt einer Vielfalt von Integrationskonzepten mit einer Mixtur verschiedener Prinzipien wählte die politische Klasse die Einfalt des Institutionentransfers. Es ist Renate Mayntz zuzustimmen, daß „Problemlösung" im Einigungsprozeß nicht gleichbedeutend sein muß mit einer Veränderung des Status quo (Mayntz 1992: 81). Doch in Politikbereichen, in denen kein institutioneller Konsens wie etwa im bundesdeutschen Forschungssystem existierte, sondern in der alten Bundesrepublik schon lange über Mängel diskutiert wurde, lag es nahe, die Problemlösungen auch bei Reformen der westdeutschen Institutionen zu suchen. Eine weitere Option bestand in einigen wenigen Politikbereichen auch in der Variante, „unter Rückgriff auf östliche wie westliche Elemente die Effektivität" des künftigen deutschen Systems zu optimieren (Mayntz 1992: 79, Anm.6).

Trägt man in eine Matrix die Integrationsgeschwindigkeiten und die Integrationskonzepte für wichtige Politikbereiche ein, dann ergibt sich eine relevante Diskrepanz zwischen der Vielfalt der sachlich gebotenen Art der Integration und der Einfalt der faktisch realisierten Art der Integration. Im folgenden werde ich am Beispiel der Willensbildung und Entscheidungsstrukturen in wichtigen Politikbereichen zeigen, daß Geschwindigkeiten und Konzepte der Einigungspolitik zur Lösung der anstehenden Probleme nicht geeignet waren.

Matrix: Institutionelle Integration im Prozeß der deutschen Einigung

A) Faktisch realisierte Art der Integration

INTEGRATIONSGESCHWINDIGKEITEN

INTEGRATIONSKONZEPTE

	kurzfristig 1990-1991	mittelfristig 1992-1996	langfristig 1996 –
Institutionentransfer	Regierungen Parlamente Parteien, Verbände Arbeitsmarktpolitik Föderalismus Gesundheitspolitik Öffentlicher Dienst Rundfunkpolitik Sozialpolitik Währungspolitik	Finanzausgleich Forschungspolitik Frauenpolitik (§ 218 StGB) Verfassungspolitik Wirtschaftspolitik	
Institutionen-kombination			
Institutionenreform			

B) Sachlich gebotene Art der Integration

INTEGRATIONSGESCHWINDIGKEITEN

INTEGRATIONSKONZEPTE

	kurzfristig 1990-1991	mittelfristig 1992-1996	langfristig 1996 –
Institutionentransfer	Regierungen Parlamente Parteien, Verbände Währungspolitik	Forschungspolitik Wirtschaftspolitik	
Institutionen-kombination	Frauenpolitik (§ 218 StGB)	Gesundheitspolitik	Sozialpolitik
Institutionenreform	Arbeitsmarktpolitik Rundfunkpolitik	Finanzausgleich Verfassungspolitik	Föderalismus Öffentlicher Dienst

a) Verfassungspolitik

Verfassungen enthalten Gestaltungsprinzipien für die Politik, die vom Konsens der Gesellschaft getragen sind. „Was in den Konsens eingeht, ist nicht mehr Thema, sondern Prämisse politischer Auseinandersetzung." (Grimm 1992: 1061) Da moderne Verfassungen nicht nur politischer Herrschaft Schranken ziehen und Verfahren regeln, sondern auch Ziele und materiale Gestaltungsprinzipien enthalten, müssen Verfassungen auf die soziale Wirklichkeit bezogen sein (Grimm 1991: 340). Dieser Bezug zur Realität erfordert bei fundamentalen Änderungen der Wirklichkeit und beim Auftauchen weitreichender neuer Probleme Veränderungen und Ergänzungen der Verfassung. Mit der deutschen Einigung und den entstandenen Transformationsproblemen war daher die Zeit für eine Änderung der Verfassung gekommen. Unter den veränderten Bedingungen mußte der Verfassungskonsens neu verhandelt werden. Für die Integration der beiden deutschen Gesellschaftssysteme war der Prozeß einer gemeinsamen Verfassungsgebung die Chance, die neue Identität neu wahrzunehmen (Preuß 1994: 74). Mit der Einigung waren Themen auf die politische Agenda gelangt, die von grundsätzlicher Bedeutung waren wie z. B. der Lastenausgleich zwischen Ost und West. Es erschien sinnvoll, sich über die Prämissen der Lösung solcher Probleme in der Verfassung zu verständigen.[6] Darüberhinaus gab es grundlegende Fragen wie die Verwirklichung der Gleichstellung von Mann und Frau und die Einführung direktdemokratischer Beteiligung, die bei einer Verfassungsgebung diskutiert werden mußten, um die Verfassung auf eine veränderte Wirklichkeit neu zu beziehen. Es sollte sich jedoch zeigen, daß die einzige Veränderung, die für die Verfassungskommission eine Rolle spielte, die europäische Integration nach Maastricht war.

Die politischen Parteien haben die Revision der Verfassung als Routineangelegenheit noch dazu in einem beschleunigten Verfahren behandelt. Erst am 16. Januar 1992 wurde die Gemeinsame Verfassungskommission konstituiert und nach 26 Sitzungen wurde am 28. Oktober 1993 der Abschlußbericht gebilligt. Nun steigt die Qualität einer Verfassungsrevision nicht unbedingt mit der Dauer der dafür aufgewandten Zeit. Doch bei der Lektüre der Sitzungsprotokolle der Gemeinsamen Verfassungskommission fällt auf, daß die Sitzungen oft im Anschluß an Bundestags- und Bundesratssitzungen stattfanden, und die Abgeordneten auch bei den Anhörungen der Sachverständigen unter enormem Zeitdruck standen, weil die Mitglieder der Kommission oft gleichzeitig andere Termine wahrzunehmen hatten. Am Beispiel der 3. öffentlichen Anhörung zum Thema „Bürgerbeteiligung und Plebiszite" sei dies veranschaulicht. Nach dem Vortrag der Sachverständigen am Vormittag des 17. Juni 1992 und nach der Mittagspause eröffnete der Vorsitzende die erste Fragerunde mit dem Hinweis: „Da noch eine weitere namentliche Abstimmung im Bundestag bevorsteht, ..., und wir ohnehin heute gegen 16 Uhr fertig sein wollten, spricht alles dafür, die Sitzung bis 15.30 Uhr zu beenden." Der erste Redner, der nordrhein-westfälische Minister Herbert Schnoor, begann seine Fragen mit einer Entschuldigung: „Ich werde nicht während der ganzen Anhörung hier sein können. Ich muß noch zwischendurch einen anderen Termin wahrnehmen." Und der Abgeordnete Burkhard Hirsch bat um eine schnelle Fertigstellung des Protokolls, denn: „Mir geht es so wie gestern, daß ich wegen der vielen parallel laufenden Termine und Verpflichtungen, die wir haben, nur einen Teil dessen hören konnte, was hier verdienstvollerweise vorgetragen worden ist....Meine Bitte an Sie, Herr Vorsitzender, ist, bei der Termingestaltung der Probleme eines einfachen Abgeordneten bedacht zu sein."[7]

Mit einem solchen Zeitdruck und parallel laufenden Terminen wurde eine Frage behandelt, die schon in der Diskussion der Arbeitsgruppe „Neue Verfassung der DDR" des Runden Tisches eine wichtige Rolle gespielt hatte und dort zur Einfügung von Volksbegehren und Volksentscheid in Artikel 98 des Verfassungsentwurfes geführt hatte (Preuß 1990: 227-262). Eine Frage, zu der sich 1,1 Millionen Bürgerinnen und Bürger an einer Unterschriftensammlung mit einem Plädoyer für die Einführung direktdemokratischer Elemente beteiligt hatten. Zu Beginn der eben erwähnten Sachverständigenanhörung übergab Gerald Häfner als Vertreter von Bürgerinitiativen weitere Unterschriften von 265 000 Bürgerinnen und Bürgern, die sich ebenfalls für die Aufnahme von Volksbegehren und Volksentscheid aussprachen (Gemeinsame Verfassungskommission, Stenographischer Bericht der 3. öffentlichen Anhörung am 17.6.1992, S.1 u. 3). Ein in der Öffentlichkeit viel diskutiertes Problem von grundsätzlichem Charakter wurde in der Gemeinsamen Verfassungskommission neben anderen und sogar nachrangig zu anderen Terminen der Tagespolitik beraten. Der im Einigungsvertrag formulierte Auftrag an den Bundestag hatte jedoch nicht gelautet, die Empfehlungen für eine Änderung der Verfassung in einem beschleunigten Verfahren zu beschließen. Die Beschleunigungsgesetzgebung setzte im Laufe des Jahres 1991 ein, um Planungen etwa der Verkehrswege in den neuen Ländern zu vereinfachen. Diese Gesetze sind keineswegs unumstritten, weil sie den Rechtsschutz verkürzen und ihn unter einer verengten ökonomischen Betrachtungsweise nur noch als Hindernis für Investitionen betrachten (Rinken 1994). Der Einigungsvertrag, wenn auch schnell zustandegekommen, gab jedoch kein grünes Licht für eine verkürzte Verfassungsdiskussion. Offensichtlich haben die Parteipolitiker den Einigungsvertrag als Beschleunigungsgesetz interpretiert und konsequenterweise die Verfassung wie die Verkehrswegeplanung behandelt.

Nicht nur die Geschwindigkeit, auch das Konzept der Verfassungspolitik war der Bedeutung der Probleme und der Zielsetzung der Integration nicht angemessen. Die ausschließliche Zusammensetzung der Verfassungskommission mit Mitgliedern aus Bundestag und Bundesrat reduzierte das Spektrum der Konzepte auf das von den Parteien tolerierte Maß. Dieses Spektrum wurde zusätzlich durch die strenge Fraktionsdisziplin eingeengt, mit der die Mitglieder der Verfassungskommission auf die Parteilinie festgelegt wurden. Die Leine, an der die Fraktionen ihre Vertreter in der Kommission hielten, war so kurz, daß selbst der Vorsitzende der Kommission bei der Bestimmung zum Umweltschutz zurückgepfiffen wurde und daraufhin für kurze Zeit zurücktrat (Prantl 1994: 9). Die Struktur der Kommission und die derart eng an die Fraktionen angebundene Willensbildung bestimmten die Ergebnisse der Verfassungspolitik. Der Zusammenhang mit der deutschen Einigung ist im Bericht der Gemeinsamen Verfassungskommission kaum noch ersichtlich. Diese Abkopplung der Verfassungsdiskussion vom Prozeß der deutschen Einigung war von der Mehrheit der Mitglieder der Kommission durchaus gewollt. Zur Eröffnung der 2. Verfassungsdebatte im Bundestag am 28. November 1991 sprach ein Abgeordneter der CDU/CSU diese Distanz zur neuen Lage in Deutschland an: „Der zeitliche Abstand zur Revolution in der DDR beträgt mehr als zwei Jahre, und der emotionale Zusammenhang der Verfassungsdiskussion mit diesem umwälzenden Ereignis verliert sich im Bewußtsein der Menschen. Die Probleme des Tages beherrschen das Denken." (Stenographischer Bericht der Verhandlungen des Deutschen Bundestages, 12. Wahlperiode, 61. Sitzung am 28.11.1991: 5250)

Probleme der Tagespolitik beherrschten in der Tat den Willensbildungsprozeß in der Gemeinsamen Verfassungskommission. Dies war kein Gremium, das in der Lage war, die vielfältigen Vorschläge zu Reformen der Verfassung aufzunehmen, die Argumente abzuwägen und dann für oder gegen eine Änderung oder Ergänzung der Verfassung zu entscheiden (Benz 1994: 10). Insbesondere hat die Art und Weise der Willensbildung nicht dazu beitragen können, die neue Identität der deutschen Gesellschaft neu zu begreifen. „Der neue Staat braucht eine neue Verfassung, weil eine Gesellschaft, die sich eine Verfassung gegeben hat, politisch intelligenter, wacher und über sich selbst aufgeklärter ist...als eine Gesellschaft, die in ihrer Abwehr von Veränderungen nicht bereit ist wahrzunehmen, daß sie sich inmitten grundlegender Wandlungen befindet." (Preuß 1994: 73) Das Ergebnis der Verfassungspolitik ist mager: die Empfehlungen der Kommission beschränken sich auf Ergänzungen, die in der Folge des Vertrages von Maastricht notwendig geworden sind (die Artikel 23, 24, 45, 50, 52 und 88), den Artikel zum Schutz der natürlichen Lebensgrundlagen (Art. 20 a), den Artikel zur Achtung der Identität der ethnischen, kulturellen und sprachlichen Minderheiten (Art. 20 b), sowie einen Zusatz zur Gleichberechtigung von Mann und Frau (Bundestags-Drucksache 12/6000 v. 5.11.1993; Rudolph 1995).

b) Föderalismus

Der kooperative Föderalismus der alten Bundesrepublik ist durch die extremen Unterschiede in der Wirtschafts- und Finanzkraft zwischen den alten und den neuen Bundesländern ins Wanken geraten. Die Wirtschaftskraft der fünf neuen Bundesländer beträgt etwa ein Drittel der Wirtschaftskraft des schwächsten westlichen Bundeslandes oder 15% des reichsten westlichen Bundeslandes (Schmidt 1994: 9). Es werde daher, so Arthur Benz, ein „asymmetrischer Föderalismus" mit zwei Geschwindigkeiten entstehen: während die reichen Länder auch weiterhin zu einer dezentralen Infrastruktur- und Entwicklungspolitik in der Lage seien, blieben die armen Länder auf die Bundespolitik angewiesen (Benz 1993: 460). Die Diagnose von Fritz Scharpf ist noch pessimistischer. Er spricht sogar vom Scheitern des deutschen Föderalismus, da der Einfluß der Landesregierungen auf die Politik des Zentralstaates durch die europäische Politik ausgehebelt werde und eine Angleichung der Finanzkraft der Länder nach der deutschen Vereinigung nicht mehr zu leisten sei (Scharpf 1992: 16).

Während die Wissenschaftler für institutionelle Reformen des Föderalismus und des Finanzausgleichs plädieren, heißt die Devise der politischen Klasse auch hier: Kontinuität statt Reformen. In der Praxis werden die bisher praktizierten föderalstaatlichen Routinen fortgesetzt in der Hoffnung, daß sich die neuen Disparitäten langfristig dem föderalen Rahmen anpassen werden. Das System des Finanzausgleichs wird nach den Bestimmungen des Einigungsvertrages mit Beginn des Jahres 1995 für die neuen Bundesländer gelten.

Auch in diesem Bereich bleibt das Konzept der Einigungspolitik unterkomplex. Die Handlungschance, die mit der deutschen Einigung für institutionelle Reformen des Föderalismus verbunden war, hat die politische Klasse nicht genutzt. Dabei gab es schon lange diskutierte Konzepte zur Überwindung der Krise des Föderalismus. Zum einen gewann die Neugliederung des Bundesgebietes durch die Vereinigung wie auch durch die europäische Integration an Aktualität. Die Kommission „Erhaltung und Fortentwicklung der bundesstaatlichen Ordnung innerhalb der Bundesrepublik Deutschland – auch in einem vereinten Europa“ des nordrhein-westfälischen Landtages hält eine Neugliederung wenigstens der alten Bundesländer für eine notwendige Voraussetzung zur Erhaltung des föderalen Systems nach der Vereinigung (Landtag von Nordrhein-Westfalen 1990: 117ff). Auch wenn die Aussichten auf eine politische Realisierung der Neugliederung gering sind (Abromeit 1992: 119), so könnte man daran denken, die Neugliederung schrittweise zu erreichen. Sowohl eine auf westliche Länder begrenzte Neugliederung als auch eine intensivere Kooperation zwischen den Ländern (Benz 1993: 472) als Vorstufe für eine Neugliederung bieten sich an. Mit einer schrittweisen Neugliederung könnte das Konzept eine zeitliche Flexibilität gewinnen, die der gegenwärtigen Situation angemessen ist.

Die realisierte Einigungspolitik im Bereich des kooperativen Föderalismus läßt eine solche zeitliche Flexibilität gerade vermissen. Die politische Klasse vertraut darauf, daß 5 Jahre nach der Verabschiedung des Einigungsvertrages am Tage X das alte Modell des Länderfinanzausgleichs schon wieder funktionieren werde. Mit der im Frühjahr 1993 auf der Klausurtagung der Regierungschefs von Bund und Ländern vereinbarten Neuregelung ist es gelungen, die neuen Länder „finanzausgleichsfähig“ zu machen (Renzsch 1994: 129). Die Erhöhung des Länderanteils an der Umsatzsteuer um 7 Prozentpunkte ermöglicht die Anhebung der Finanzkraft der neuen Länder und damit die Integration in den unveränderten Finanzausgleich. Auch Autoren, die diesen Konsens als ein hohes Maß an Lernfähigkeit der beteiligten Akteure interpretieren, äußern Skepsis über die langfristigen Folgen des Konzeptes. „Die alten Probleme werden sich, vermutlich sogar verschärft wegen der besonders schwierigen Situation der finanzschwachen Länder, in absehbarer Zeit wieder stellen.“ (Renzsch 1994: 132). Experten stimmen darin überein, daß der Finanzausgleich seit langem reformbedürftig ist und nach der Vereinigung an einer Änderung des Systems kein Weg mehr vorbeigehe. Es erscheint plausibel, in den Finanzausgleich zwischen den Ländern auch Bedarfsaspekte einzubeziehen. Allein die Berücksichtigung der Einnahmen ist wegen der unterschiedlichen Finanzbedarfe der alten und neuen Länder nicht länger gerechtfertigt (Mäding 1993: 332). Die politische Klasse hat solche Vorschläge nicht aufgegriffen. „Das Minimum föderaler Homogenität bedarf der nüchternen Kalkulation“ (Koselleck 1994: 70) – diese „Erfahrungsgeschichte“ föderaler Strukturen in Deutschland ist in das politische Handeln während der deutschen Einigung nicht eingegangen. Die Einigungspolitik im Bereich der föderativen Finanzbeziehungen läßt sich geradezu als „Lähmung politischen Denkens“ (Mäding 1993: 320) charakterisieren. Dabei gefährdet die politische Klasse mit dem Föderalismus eine Struktur, die durch die Gleichzeitigkeit mehrerer Entscheidungsebenen das Gesamtniveau der Ressourcen für Problemlösungen erhöht (Mayntz 1990: 235 u. 241).

c) Frauenpolitik

Die Frauenpolitik gehört zu den Politikfeldern, in denen es nicht von vornherein aussichtslos erschien, daß im Prozeß der Einigung aus der Kombination westlicher und östlicher Institutionen innovative Konzepte erarbeitet werden konnten. Denn bei der Frauenerwerbsquote und den Voraussetzungen für die Erwerbstätigkeit von Müttern wies die DDR mehr Ähnlichkeiten mit anderen westlichen Gesellschaften auf als mit der in diesem Bereich ausgesprochen rückständigen alten Bundesrepublik (Merkel 1994: 379).[8] Während die Frauenerwerbsquote in der Bundesrepublik im Zeitraum von 1960 bis 1990 um nur 7% auf 56,6% gestiegen war, stieg diese Quote im gleichen Zeitraum in den USA von 42,6% auf 68,1% und in Schweden von 50,1% auf 81,1% (Schmidt 1993: 276). In der DDR erreichte die Erwerbstätigkeit der Frauen schon 1966 78% und stieg bis auf 90%. Der wirtschaftliche Einbruch in den neuen Ländern mit einem Rückgang des Bruttosozialproduktes von 1990 bis 1991 um 31,4% (OECD 1993: 13) und einer besonders hohen Frauenarbeitslosigkeit (vgl. Abbildung 1) bedeutete ein vorläufiges Ende des hohen Niveaus der Frauenerwerbstätigkeit im Osten Deutschlands.

In einem anderen wichtigen Bereich der Frauenpolitik, der Frage des Schwangerschaftsabbruchs, ist der Versuch des Bundestages, die zum Zeitpunkt der Vereinigung in den alten und neuen Ländern geltenden Regelungen miteinander zu verbinden und damit einen Auftrag des Einigungsvertrages zu erfüllen (Art. 31 Abs. 4 EVertr), am Veto des Bundesverfassungsgerichtes gescheitert. Nachdem es in einem schwierigen Verhandlungsprozeß gelungen war, den überparteilichen Entwurf der Abgeordneten Inge Wettig-Danielmeier, Uta Würfel u.a. im Juni 1992 mit einer Mehrheit von 357 Ja-Stimmen zu 284 Nein-Stimmen bei 16 Enthaltungen im Bundestag zu verabschieden (Bundestags-Drucksache 12/2605), stand auch hier am Ende ein Modell, das für die Frauen in den neuen Ländern wiederum eine Verschlechterung mit sich brachte. Das Bundesverfassungsgericht verkündete am 28. Mai 1993 mit einer Mehrheit von 6 zu 2 Stimmen, daß die vom Bundestag beschlossene Lösung verfassungswidrig sei. In zwei Punkten verlangte das Gericht eine grundsätzliche Änderung: die Beratung müsse dem Ziel dienen, Frauen zu einer Fortsetzung der Schwangerschaft zu ermutigen, und ein Schwangerschaftsabbruch dürfe auch nach Beratung nicht von den Krankenkassen finanziert werden, weil er rechtswidrig sei (BVerfGE 88, 203).

Das Urteil ist ein generelles Mißtrauensvotum gegenüber Frauen, denen man die „notwendigen Bewertungsmaßstäbe...in verständlicher Weise...vermitteln" (BVerfGE 88, 203, 284) müsse. Im Ergebnis bedeutet das Urteil keinen Fortschritt für den wirksamen Schutz des ungeborenen Lebens, wohl aber einen Rückschritt für die Frauen in den neuen Ländern. Für die Frauen in den alten Ländern ist die Einführung der Fristenlösung mit Beratung zwar ein Schritt nach vorn, doch wird die Beratung mit so vielen Kontrollen und Bevormundungen verbunden, daß der Schritt nach vorn kaum wahrnehmbar ist. Die Richter verweisen die Frauen, die die Kosten für einen Schwangerschaftsabbruch nicht selbst aufbringen können, an die Sozialhilfe. Damit wird ausgerechnet den Frauen ein weiterer Stein in den Weg gelegt, die ohnehin wegen ihres geringen Einkommens benachteiligt sind. Inzwischen hat die Regierungskoalition ein neues Gesetz formuliert, das sich eng an die Vorgaben des Verfassungsgerichtes hält. Mit der knappen Mehrheit von 264 Ja-Stimmen zu 260 Nein-Stimmen bei 26 Enthaltungen wurde das Gesetz im Mai 1994 vom Bundestag verabschiedet (Stenographischer Bericht über die Verhandlungen des Deutschen Bundestages, 12. Wahlperiode, 230. Sitzung am 26.5.1994: 20004; für das neue Gesetz s. Bundestags-Drucksache 12/6643). So lautet auch bei der Lösung des Schwangerschaftsabbruchs das Fazit: das westliche Konzept bestimmte die Einigungspolitik.

Abbildung 1:
Frauenarbeitslosigkeit
in den neuen Ländern

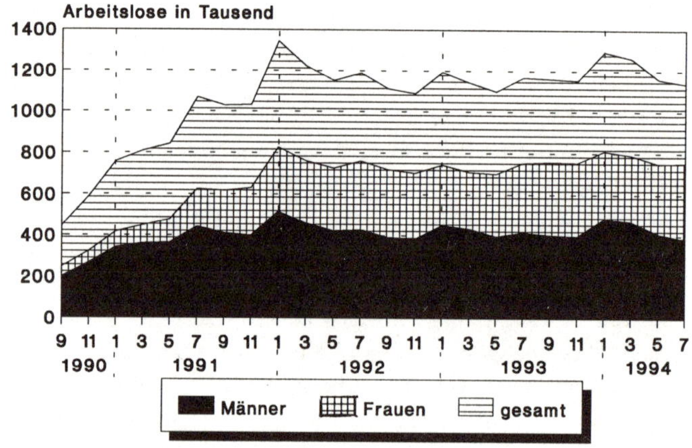

Quelle: Bundesanstalt für Arbeit

d) Gesundheitspolitik

Die Dauerkrise der Gesundheitspolitik in der alten Bundesrepublik läßt sich an der Explosion der Kosten wie an den immer wieder neuen Reformgesetzen ablesen. Das Gesundheitsreformgesetz von 1988 wurde schon 1992 vom Gesundheitsstrukturgesetz abgelöst. Das Gesetz von 1988 wird als „erfolgreich gescheiterte Reform" bewertet (Perschke-Hartmann 1994: 201), und der Erfolg des seit Januar 1993 geltenden Gesundheitsstrukturgesetzes ist umstritten. Die wesentlichen Neuerungen des Strukturgesetzes – die Einführung leistungsorientierter Vergütungen im Krankenhausbereich, die Budgetierung der Pflegesätze parallel zur Entwicklung der beitragspflichtigen Einkommen, die Begrenzung der Zahl der zugelassenen Ärzte sowie die Verzahnung von ambulanter und stationärer Versorgung (Bundestags-Drucksache 12/3608) – machen deutlich, mit welcher Fülle an Problembereichen das Gesundheitssystem konfrontiert ist.

Der globale Transfer des westlichen Gesundheitssystems in die neuen Länder erscheint daher besonders fragwürdig. Im Vordergrund des Transfers stand weniger das Ziel der Versorgungsqualität im Gesundheitswesen, als vielmehr das Interesse der westdeutschen Anbieter, „ordnungspolitischen Grundsatzdebatten über Alternativen der Gesundheitsversorgung einen Riegel vorzuschieben" (Offe 1992: 73). Schon im Einigungsvertrag wurde das Weiterbestehen der Polikliniken und Ambulatorien bis Ende 1995 mit dem Zusatz eingeschränkt, die Niederlassung in freier Praxis sei mit dem Ziel zu fördern, „daß der freiberuflich tätige Arzt maßgeblicher Träger der ambulanten Versorgung wird" (Anlage I zum Einigungsvertrag, Sachgebiet G, Änderung des Sozialgesetzbuches § 311, Absatz 10).

In der Praxis hat sich dann auch sehr schnell gezeigt, daß eine Neustrukturierung der Polikliniken von westlicher Seite verhindert wurde. Der Sachverständigenrat für die Konzertierte Aktion im Gesundheitswesen empfiehlt in seinem Jahresgutachten von 1991, keine zusätzlichen Mittel in die Ausstattung von Polikliniken und Ambulatorien zu investieren (Sachverständigenrat für die Konzertierte Aktion im Gesundheitswesen 1991: 124, Rz.363). Und drei Jahre später stellt der Sachverständigenrat dann fest, was auf der Basis der Realisierung seiner eigenen Empfehlungen gar nicht überrascht: es seien zwar neue Kooperationsformen zwischen ambulanten und stationären Bereichen angezeigt, doch die Institutionen für eine solche Kooperation seien verschwunden. „Derartige Formen der ambulanten Versorgung, die flächendeckend, wenn auch in weiten Teilen reformbedürftig, im Osten Deutschlands unter dem Namen 'Poliklinik' noch vor weniger als drei Jahren vorhanden waren, sind aus strukturellen Gründen weitgehend aufgelöst." (Sachverständigenrat für die Konzertierte Aktion im Gesundheitswesen 1994: 140)

Die hier als „strukturell" qualifizierten Gründe für das Ende der Polikliniken und Ambulatorien waren jedoch finanzielle Restriktionen und die erfolgreiche Interessenpolitik der Kassenärztlichen Bundesvereinigung und der Bundesärztekammer.[9] Das Bundesministerium für Arbeit und Sozialordnung legte Anfang Juli 1990 den Entwurf zur Krankenkassenvertragsverordnung vor. Mit diesem Entwurf wollte das Ministerium vom Weg des schlichten Institutionentransfers abweichen. Der Entwurf sah vor, daß die ambulante Versorgung sowohl durch niedergelassene Ärzte als auch durch staatliche Gesundheitseinrichtungen und das Betriebsgesundheitswesen sichergestellt werden könne. „Insgesamt hätten die Bestimmungen der Vertragsverordnung ...Ambulatorien und Polikliniken in ihrer Funktion als einem bedeutenden Träger der medizinischen Versorgung zunächst entscheidend stabilisiert." (Manow-Borgwardt 1994: 143) Den Verbänden der westdeutschen Ärzteschaft ist es jedoch in kürzester Zeit gelungen, die vom Bundesministerium für Arbeit und Sozialordnung geplante Weichenstellung für eine Kombination des westlichen und östlichen Systems rückgängig zu machen (siehe unten 3. d) (Manow-Borgwardt 1994: 144ff). Es blieb daher beim unterkomplexen Konzept des Institutionentransfers, obwohl keineswegs sicher war, daß dieser Transfer mit der eindeutigen Überlegenheit des westlichen Systems in der Versorgungsqualität zu begründen war.

Inzwischen hat das Gesundheitsministerium eine vergleichende Untersuchung zu möglichen Niveau-Unterschieden im Gesundheitszustand „Ost" und „West" vorgelegt. Die Untersuchung kommt zu dem Ergebnis: „Auf der Basis statistisch vergleichbarer Einzelprobleme läßt sich ein globaler Niveau-Unterschied im Gesundheitszustand West/Ost nicht feststellen. Relativ deutliche Unterschiede sind lediglich bezüglich weniger Einzelprobleme erkennbar, wobei die Unterschiede in beide Richtungen weisen, ... Aus den aus der Vergleichsperspektive West-Ost gewonnenen Erkenntnissen läßt sich also lediglich ein *punktueller* Handlungsbedarf für Ostdeutschland ableiten." (Bundesministerium für Gesundheit 1993: 627)

Die Untersuchung des Ministeriums zur Klärung des Handlungsbedarfes kommt freilich zu spät. Die Weichen wurden gegen eine Reform des Gesundheitswesens im Verlauf des Einigungsprozesses gestellt. Die zeitliche Schonfrist von 5 Jahren für die Polikliniken und Ambulatorien stand nur auf dem Papier des Einigungsvertrages. Diese Entscheidung gegen die Option, im Bereich des Gesundheitswesens ein Konzept der Institutionenkombination zu wählen, steht im Widerspruch zu den Erkenntnissen der Gesundheitsforschung (Badura / Feuerstein 1994: 291ff). Auch in diesem Bereich wäre eine Nutzung verschiedener Zeitdimensionen sinnvoll gewesen. Denn die Polikliniken konnten als Alternative nur dann eine Chance haben, wenn man sie schrittweise reformiert hätte statt sie finanziell auszutrocknen. Für eine Politik der langfristigen Perspektive plädiert auch Bernhard Badura: „Die Gesundheitsversorgung der ehemaligen DDR hat im übrigen bewiesen, daß Ambulatorien und Polikliniken ...bei der Bevölkerung akzeptiert werden. Das dürfte dann um so wahrscheinlicher sein, wenn sie sich frei von den damals gegebenen administrativen Hürden und finanziellen Restriktionen zu entwickeln vermögen." (1994: 292)

Diese Chance zur zeitlich flexiblen Entwicklung hat man dem Gesundheitswesen der DDR nicht zugestanden. Die Krisensituation mit ihrem Problem- und Zeitdruck war dabei nur ein vorgeschobenes Argument, um eine Politik des westlichen Status quo durchzusetzen. Weder war die sofortige Übernahme des westlichen Systems die einzig wählbare Zeitdimension noch das westliche Konzept in der medizinischen Versorgung so „unabweisbar" überlegen wie dies der Sachverständigenrat in seinem Gutachten von 1991 vorgibt (Sachverständigenrat für die Konzertierte Aktion im Gesundheitswesen 1991: Vorwort).

3. Das Interesse der politischen Klasse am institutionellen Status quo

Das beschriebene Muster des eindimensionalen Konzeptes des Institutionentransfers mit der eindimensionalen Zeitperspektive einer vorwiegend kurzfristigen Politik ohne Nutzung der Zeit als einer Ressource für Problemlösungen läßt sich auch für andere Bereiche wie den Öffentlichen Dienst und den Rundfunk belegen.[10] Die Wiedereinführung des Berufsbeamtentums in den neuen Ländern hat einen irreversiblen Prozeß der Verbeamtung eingeleitet, der es langfristig nicht mehr möglich macht, eine Reform des Öffentlichen Dienstes zu realisieren (Studienkommission für die Reform des Öffentlichen Dienstes 1973: 394ff). Von den ca. 1,6 Millionen Beschäftigten im öffentlichen Dienst in den neuen Ländern sind etwa 30.000 (1,8%) (Keller / Henneberger 1993: 182) zu Beamten ernannt worden. Was sprach dagegen, auf eine Verbeamtung in den neuen Ländern zu verzichten und langfristig das Berufsbeamtentum in den alten Ländern in bestimmten Bereichen abzuschaffen? Ebenfalls irreversibel ist die Einigungspolitik im Bereich des Rundfunks. Bei der Errichtung des MDR sind nicht nur die alten Fehler des westlichen öffentlich-rechtlichen Rundfunks wiederholt und verfestigt worden, sondern es wurden pluralismusfeindliche Strukturen bei pluralistischer Rhetorik in der Zusammensetzung des Rundfunkbeirates geschaffen, die den „ungenierten Parteienzugriff" (Hoffmann-Riem 1991a: 606) ermöglichten. Nach der Prognose des Medienexperten Wolfgang Hoffmann-Riem sei der öffentlich-rechtliche Rundfunk in den neuen Ländern mit so vielen Strukturschwächen belastet, daß der öffentlich-rechtliche Rundfunk in der dualen Konkurrenz mit den privaten Anbietern nicht über die 90er Jahre hinaus werde bestehen können (Hoffmann-Riem 1991a: 607; Frank 1992: 463-472).

Der Grund für die unterkomplexe Einigungspolitik liegt nach meiner These im Interesse der politischen Klasse der alten Bundesrepublik, ihre Besitzstände zu wahren.

a) Verfassungspolitik

Das Interesse der politischen Parteien an der Erhaltung des Status quo zeigte sich in der Verfassungspolitik besonders deutlich bei der Behandlung der Frage, ob plebiszitäre Elemente in das Grundgesetz eingefügt werden sollen. Schon eine Befragung der Mitglieder des 11. Deutschen Bundestages hatte ergeben, daß direkt-demokratische Beteiligungsverfahren bei den Abgeordneten mit Ausnahme bei der Partei Die Grünen nicht auf großes Interesse stoßen. Einen Volksentscheid aufgrund eines Volksbegehrens hielten 78% der Mitglieder der CDU, 79% der Mitglieder der CSU, 63% der Mitglieder der FDP und 48% der Mitglieder der SPD für nicht sinnvoll (Herzog et al. 1990: 130). Die seit dieser Umfrage von 1988/89 geführte Debatte über Politikverdrossenheit und Parteienverdrossenheit ist an der Mehrheit der Mitglieder der Gemeinsamen Verfassungskommission vorbei gegangen. Zunächst einmal schien das Interesse der Kommissionsmitglieder am Thema „Bürgerbeteiligung und Plebiszite" nicht sonderlich groß zu sein. Die Anwesenheitsliste bei der öffentlichen Anhörung am 17. Juni 1992 läßt sich treffender als Abwesenheitsliste charakterisieren. In den Beiträgen vieler Abgeordneter wird deutlich, daß die Spielregeln eines strikt repräsentativen Systems nicht angetastet werden sollen. Plebiszitäre Elemente werden als „schleichende Abwertung unseres Parlamentes" bezeichnet (Gemeinsame Verfassungskommission, Stenographischer Bericht zur 3. öffentlichen Anhörung am 17.6.1992: 27). Gefahren, die schon lange als Gefahren des repräsentativen Systems diskutiert werden, erscheinen nun plötzlich als unüberwindbare Hürde bei der Einführung plebiszitärer Elemente. Der Einfluß der Medien, gegen den Parteipolitiker sonst selten etwas einzuwenden haben, gilt nun als Argument gegen Volksbegehren und Volksentscheid. „Geraten wir nicht bei solchen Volksentscheiden auch allzusehr in die Gefahr, daß wir, weil solche Dinge über das Fernsehen laufen müssen, weil sie wirksam präsentiert werden müssen, in eine heillose Verkürzung und Vereinfachung hinein? Setzen wir uns dabei nicht der Gefahr aus, daß letztlich solche Entscheide dann im Fernsehen ausgefochten werden und daß dann zumindest maßgeblich die Kommentatoren oder Berichterstatter die Entscheidungen beeinflussen?" (Gemeinsame Verfassungskommission, Stenographischer Bericht zur 3. öffentlichen Anhörung am 17.6.1992: 27) Diese Frage des Abgeordneten Norbert Geis von der CDU/CSU-Fraktion bezeichnete der Abgeordnete Otto Schily (SPD) als offensichtliches Plädoyer seines Kollegen für eine Reform des Bayerischen Rundfunks (Gemeinsame Verfassungskommission, Stenographischer Bericht zur 3. öffentlichen Anhörung am 17.6.1992: 33). Die Abgeordneten der CDU/CSU und der FDP argumentierten, mit der Befürwortung von Plebisziten probe das Volk den „Aufstand gegen die Professionalität in der Politik" (Gemeinsame Verfassungskommission, Stenographischer Bericht zur 3. öffentlichen Anhörung am 17.6.1992: 31). Dieses Argument zeigt das Interesse, keine neuen Möglichkeiten für einen responsiven politischen Prozeß zuzulassen, in dem eine „permanente Kommunikation zwischen Repräsentierten und Repräsentanten" (Ulrich K. Preuß, Gemeinsame Verfassungskommission, Stenographischer Bericht zur 3. öffentlichen Anhörung am 17.6.1992: 17) durch plebiszitäre Verfahren erleichtert wird. Dieses Argument zeigt zugleich, daß die Politiker, die sich so gern auf das Podest ihrer Professionalität stellen wollen, ein völlig veraltetes Verständnis von Professionalität haben. Die Meinung von Laien zählt in dem Maße, in dem es für immer mehr Gebiete immer weniger Experten gibt und insoweit das Laienwissen an Relevanz gewinnen muß. Laienengagement und rationales Entscheiden sind damit keine Gegensätze mehr.[11] Obwohl sich von neun Sachverständigen in der öffentlichen Anhörung sieben Sachverständige für plebiszitäre Elemente ausgesprochen haben, verfehlte der Antrag der SPD-Fraktion, in das Grundgesetz einen Artikel zu Volksinitiative, Volksbegehren und Volksentscheid einzufügen, in der Gemeinsamen Verfassungskommission die Zweidrittelmehrheit. Die Abstimmungsergebnisse lauteten 29 Ja- zu 27 Nein-Stimmen bei der Volksinitiative, 28 Ja- zu 27 Nein-Stimmen beim Volksbegehren und 26 Ja- zu 27 Nein-Stimmen beim Volksentscheid (Gemeinsame Verfassungskommission Tonbandprotokoll der 17. Sitzung am 11.2.1993: 43).

Das Interesse an der Wahrung des Besitzstandes geltender Spielregeln für die politische Auseinandersetzung prägte die Arbeit der Gemeinsamen Verfassungskommission. Die Parteien waren unter sich und Vorschläge der SPD, auch Persönlichkeiten wie Bärbel Boley und Helmut Simon in die Kommission zu berufen[12], konnten keine Mehrheit gewinnen. Seit dem Rücktritt des Abgeordneten Wolfgang Ullmann wurde das Spektrum noch enger. Auch bei der Verabschiedung der Empfehlungen blieb die politische Klasse unter sich, weil auf ein Referendum über die revidierte Verfassung verzichtet wurde (Mahrenholz 1994: 37-45).

b) Föderalismus

Die Erhöhung der Bundesratsstimmen kann als erfolgreiche Interessenpolitik der westlichen Länder interpretiert werden. Die Entscheidung, den Ländern mit mehr als 7 Millionen Einwohnern nun 6 Stimmen im Bundesrat zuzusprechen (Art. 4 Abs. 3 Einigungsvertrag) hatte das parteipolitisch „ausgewogene" Ergebnis, daß zwei CDU/CSU-geführte Landesregierungen, Baden-Württemberg und Bayern, und zwei SPDgeführte Landesregierungen, Nordrhein-Westfalen und Niedersachsen, je eine Stimme im Bundesrat hinzugewonnen haben. Gleichzeitig hatte die Entscheidung das „unausgewogene" Ergebnis, das Gewicht der West-Länder zu den Ost-Ländern vom Stimmenverhältnis 41:23 auf das Stimmenverhältnis von 45:23 zu verschieben (Mäding 1993: 319).

In den föderativen Finanzbeziehungen ist es den alten Bundesländern zunächst gelungen, ihre Interessen gegenüber Bund und neuen Ländern weitgehend durchzusetzen. Schon bei der Einrichtung des Fonds „Deutsche Einheit" als Sondervermögen des Bundes im Mai 1990 konnten die Westländer ihre finanzielle Beteiligung an diesem Fonds wirksam begrenzen. Die Schonung der Länderfinanzen war möglich, weil man dem Finanzpaket ausgesprochen optimistische Annahmen über die zukünftige Entwicklung der Wirtschaft in den neuen Ländern zugrundelegte. Nur auf der Basis dieser Annahmen war es möglich, die rasche Degression der Fondsmittel zu begründen, die sich auch schon bald in wachsenden Differenzen zwischen der Finanzkraft der alten und neuen Bundesländer niederschlagen sollte (Mäding 1993: 323, Tabelle 2). Heinrich Mäding hält es für denkbar, daß man das Finanzpaket von Anfang an als „sachlich unzureichend" angesehen und die Prognoseunsicherheiten nur dazu benutzt habe, den geschätzten Finanzbedarf gering zu halten (1993: 318). Auf der Klausurtagung der Regierungschefs von Bund und Ländern im März 1993 haben die alten und neuen Länder mit Erfolg eine gemeinsame Position zur Neuregelung des Finanzausgleichs gegenüber dem Bund vertreten. Das gemeinsame Interesse der Länder an einer Neuverteilung der Umsatzsteuer trat jetzt an die Stelle des Interesses an Besitzstandswahrung der alten Länder (Renzsch 1994: 127).

c) Frauenpolitik

Das Interesse an der möglichst weitgehenden Erhaltung der westlichen Regelung des Schwangerschaftsabbruchs konnte von 249 Abgeordneten der CDU/CSU-Fraktion des Bundestages und der Bayerischen Staatsregierung auf dem Umweg über eine abstrakte Normenkontrolle beim Bundesverfassungsgericht durchgesetzt werden. Der Kompromiß, den eine Mehrheit von SPD, großen Teilen der FDP, der PDS, des Bündnisses 90/Grüne und etwa 30 Abgeordneten der CDU im Bundestag gefunden hatte, wurde mit dem Urteil des Gerichtes für verfassungswidrig erklärt. Das Bundesverfassungsgericht hat den Besitzstand einer Politik des Patriarchats mit Bevormundungen und Kontrollen der Frauen in der Frage der Abtreibung gesichert.

Ein solcher Mißbrauch der abstrakten Normenkontrolle ist der Preis, der für eine Verfassungsgerichtsbarkeit mit weitreichenden Kompetenzen und all ihren Vorteilen im „halb-souveränen Staat" (Katzenstein 1987) zu zahlen ist. Im Fall des Vetos gegen den interfraktionellen Kompromiß in der Frage des Schwangerschaftsabbruchs war der Mißbrauch besonders gravierend. Zum einen ging es um eine Frage, die für die Integration der beiden Teilgesellschaften wichtig war. Das Verfassungsgericht freilich ging mit keinem Wort auf die Folgen des Urteils für den Einigungsprozeß ein. Zum anderen wird der Machtmißbrauch des Gerichtes hier so deutlich, daß Wilhelm Hennis zu Recht fragt, ob Bundestag und Bundesregierung die Vorstellung des Staates mittragen können, die in dem Urteil zum Ausdruck kommt (Hennis 1993: 9).

Methodische Mängel eines Urteils sind häufig ein erstes Indiz für den Machtmißbrauch der Richter. Im Urteil zum Schwangerschaftsabbruch steht die generelle Unrechtsvermutung gegenüber allen Abbrüchen nach Beratung im Widerspruch zum Rechtsstaatsprinzip und dem davon abgeleiteten Willkürverbot. Wo in der Verfassung gibt es einen Anhaltspunkt für die Annahme, daß alle Schwangerschaftsabbrüche nach Beratung einheitlich als Unrecht mit den entsprechenden Konsequenzen im Sozialversicherungsrecht zu interpretieren sind? Selbst wenn man den paternalistischen Standpunkt der Richter teilte, daß die Entscheidung einer Frau zum Abbruch nach Beratung nicht in jedem Fall als ihre autonome Entscheidung zu akzeptieren sei, so ließe sich daraus nicht ableiten, daß alle beratenen Schwangerschaftsabbrüche rechtswidrig seien. Allenfalls gäbe es nun rechtmäßige und rechtswidrige Schwangerschaftsabbrüche. Es ist aber eine Verletzung des Rechtsstaatsprinzips, völlig verschiedene Sachverhalte gleich zu behandeln. Auch Bundesverfassungsrichter Böckenförde kritisiert in seinem Sondervotum, daß sich die generelle Unrechtsvermutung (für alle beratenen Schwangerschaftsabbrüche) nicht aus der Verfassung ableiten lasse. Das Fehlen eines formellen Verfahrens zur Feststellung einer Indikation könne kein Grund sein, alle beratenen Abbrüche unterschiedslos als Unrecht zu qualifizieren und in der Folge von den Leistungen der Sozialversicherung auszuschließen. „Mit solchen Konsequenzen würde der Rechtsstaat sich gegen sich selbst wenden." (BVerfGE 88, 203, 361)

In jedem Fall hat sich der Rechtsstaat mit diesem Urteil gegen die Frauen gewandt. Die im Bundestag gefundene Lösung war für die Mehrheit der Richter des 2. Senates politisch nicht hinnehmbar. Verbal akzeptierten die Richter die Fristenlösung mit Beratungspflicht, doch in der Sache machten sie ihre Vorbehalte unter Überschreitung ihrer Kompetenzen geltend. Diese Vorbehalte kommen im Urteil insbesondere in den detaillierten Auflagen für die Beratung zum Ausdruck. Die von den Richtern politisch gewollte Bevormundung der Frauen, die auch nach Abschaffung des Strafrechts durch Auflagen bei der Beratung, durch Kontrollmechanismen, die generelle Unrechtsvermutung und die sozialen Folgen zum Tragen kommt, kann sich nicht auf Verfassungsrecht berufen. Es überrascht daher nicht, wie wenig es den Richtern gelingt, ihr politisches Anliegen im Text zu verbergen (Landfried 1993: 163). Qua Kompetenzüberschreitung bestimmten sechs Richter die Gestaltung der Frauenpolitik im Prozeß der deutschen Einigung. Dabei sind die Verfassungsrichter nur indirekt demokratisch legitimiert. Sie werden nach dem Grundgesetz „je zur Hälfte vom Bundestage und vom Bundesrate gewählt" (Art. 94 GG). Doch der Bundestag hat gegen den Wortlaut des Grundgesetzes die Wahl der Verfassungsrichter an einen kleinen Ausschuß delegiert und damit die demokratische Legitimation der Verfassungsrichter weiter reduziert.[13]

Die Willensbildung zur Regelung des Schwangerschaftsabbruchs im Prozeß der deutschen Einigung zeigt, welche Gefahren der „halb-souveräne Staat" mit dem Gegengewicht des Bundesverfassungsgerichtes birgt und wie wichtig es ist, über Möglichkeiten nachzudenken, auf welche Weise einem Machtmißbrauch des Verfassungsgerichtes entgegenzuwirken ist. Denn der Machtmißbrauch des Gerichtes hat der deutschen Einigung geschadet (Grass / Hildebrandt 1993: 36f).

d) Gesundheitspolitik

Die Ärzteverbände der alten Bundesrepublik waren in der Erhaltung ihrer Besitzstände im Prozeß der deutschen Einigung besonders erfolgreich. Dies kann hier nur an einem Beispiel veranschaulicht werden. Das Beispiel ist jedoch typisch für den Willensbildungsprozeß im Bereich der Gesundheitspolitik.

Nachdem das Bundesministerium für Arbeit und Sozialordnung einen Entwurf zur Kassenvertragsverordnung vorgelegt hatte, der einmal nicht den schlichten Transfer der westlichen Institution zum Inhalt hatte, wurden die Kassenärztliche Bundesvereinigung und die Bundesärztekammer umgehend aktiv. Dabei ging es vor allem um die Frage, ob die niedergelassenen Ärzte in Zukunft ihren Sicherstellungsauftrag für die ambulante Versorgung mit Ärzten der staatlichen Gesundheitseinrichtungen teilen sollten (Manow-Borgwardt 1994: 143). Die Kassenärzte machten das Bundeskanzleramt zur wichtigsten Anlaufstelle für ihre Interessenpolitik. In einem gemeinsamen Brief wandten sich der Vorsitzende der KBV, Oesingmann, und der Präsident der Bundesärztekammer, Vilmar, an Bundeskanzler Kohl. Die Regelungen der geplanten Verordnung seien ein Bestandsschutz für die Polikliniken und verhinderten die Veränderung des ostdeutschen Gesundheitswesens in Richtung des westlichen Modells. Der Vorsitzende der FDP, Graf Lambsdorff, kritisierte in einem offenen Brief an Minister Blüm die Politik des Ministeriums für Arbeit und Sozialordnung. Das Ministerium schaffe im Gesundheitswesen in der ehemaligen DDR Zustände, die „uns durch die Hintertür der DDR eines Tages auch in der Bundesrepublik serviert werden könnten“ (Manow-Borgwardt 1994: 145).

Nicht nur die Ärzteverbände, auch die Ortskrankenkassen distanzierten sich vom Entwurf des Arbeitsministeriums. Dieser Positionswechsel der Ortskrankenkassen, die zuvor für eine Erhaltung der staatlichen Gesundheitseinrichtungen in den neuen Ländern plädiert hatten, ist mit dem Interesse der Kassen zu erklären, „eine umfassende Ablehnungsfront gegenüber ihren kassenpolitischen Initiativen“ zu verhindern (Manow-Borgwardt 1994: 163). Die Übernahme der Polikliniken und Ambulatorien war den Kassen nicht so wichtig, als daß sie einen Konflikt mit den Ärzteverbänden riskiert hätten (Manow-Borgwardt 1994: 130). Die beteiligten Interessengruppen handelten also nach dem Muster der „negativen Koordination“ (Scharpf 1993: 69): kein beteiligter Akteur sollte durch Veränderungen des westlichen Gesundheitssystems einen Nachteil erleiden. Und im Zweifel, etwa wenn Unsicherheit über die Verteilungsimplikationen bestimmter Veränderungen bestand, entschied man sich für den Status quo. So kann es nicht verwundern, daß die „Bestürzung der deutschen Ärzteschaft“ (Manow-Borgwardt 1994: 144) über den Entwurf des Arbeitsministeriums Folgen hatte: die Kassenärzte erhielten den alleinigen Sicherstellungsauftrag für die ambulante Versorgung. Die Bestimmungen des Krankenhausfinanzierungsgesetzes über die staatliche Förderung von Polikliniken und Ambulatorien wurden gestrichen. Damit waren die Weichen für den Transfer des westlichen Gesundheitssystems gestellt.

4. Die politischen Folgen der unterkomplexen Einigungspolitik

Welches sind nun die Folgen der beschriebenen Politik des institutionellen Status quo im Prozeß der deutschen Einigung? Die unterkomplexe Einigungspolitik mit ihrem eindimensionalen Konzept des Institutionentransfers und ihrem eindimensionalen Zeitverständnis einer kurzfristigen Politik hat zunächst einmal die Kontinuität des politischen Systems der alten Bundesrepublik gesichert. Diese Kontinuität der Institutionen und Spielregeln des „halb-souveränen Staates" heißt jedoch nicht, daß auch die Problemlösungskapazitäten in einem vereinten Deutschland unverändert weitergelten. Es konnte ja gerade gezeigt werden, daß in wichtigen Bereichen Kontinuität eben auch bedeutet, daß die Defizite der westlichen Institutionen durch Transfer in die neuen Länder nur noch größer werden und diese Institutionen vor ihrer schwersten Belastungsprobe stehen (Zapf 1992: 17). Das Modell des halb-souveränen Staates, nach dem in der Bundesrepublik wegen der Gegengewichte der Länderregierungen, der Bundesbank und des Bundesverfassungsgerichtes keine tiefgreifenden Reformen und Kursänderungen stattfinden, taugt für die Beschreibung der realisierten Einigungspolitik. Die Folgen dieser Politik sind heute jedoch andere als sie nach dem Modell angenommen werden.[14] Der immer wieder gepriesene Vorteil des halb-souveränen Staates, kurzfristig zwar etwas schwerfällig in seinen Reaktionen zu sein, langfristig jedoch über eine beachtliche Problemlösungskapazität zu verfügen, ist heute nicht mehr gewährleistet. Es scheint Vorsicht geboten, die Folgen des Einigungsprozesses durch die alte Brille des herrschenden Interpretationsmusters vom halb-souveränen Staat zu betrachten (Schmidt 1994: 30). Inzwischen liegen die ersten empirischen Studien über die nicht-intendierten Folgen des Institutionentransfers vor, deren Ergebnisse nicht gerade für die Lernfähigkeit des Systems sprechen (Ettl / Wiesenthal 1994: 25-33). Der bisherige Verlauf des Einigungsprozesses deutet mit seiner unterkomplexen Politikgestaltung nicht darauf hin, daß die Probleme langfristig schon noch gelöst werden. Es könnte genau umgekehrt sein. In wichtigen Bereichen wurde die Chance vertan, die deutsche Einigung für Reformen der Institutionen zu nutzen. Die negativen Folgen der Versäumnisse mögen *kurzfristig* immer wieder zu reparieren sein. Die Welle der „Reparaturgesetze" belegt dies. Die negativen Folgen der Versäumnisse könnten *langfristig* jedoch eher in einer „schleichenden Krise" (Böhret 1990: 64f) enden als nur Begleiterscheinungen auf dem „Schleichweg in die 'Dritte Republik'" zu sein (Czada 1994).

Die Folgen der unterkomplexen Einigungspolitik für die Integration der beiden Teilgesellschaften können inzwischen auf der Basis erster Untersuchungen beurteilt werden. Eine repräsentative Umfrage unter 1.966 westdeutschen und 1.117 ostdeutschen Bürgerinnen und Bürgern durch das Wissenschaftszentrum Berlin für Sozialforschung kommt zu dem Ergebnis, daß nur gut die Hälfte der Ostdeutschen das politische System der Bundesrepublik besser bewerten als das der DDR und 34% der Ostdeutschen das gegenwärtige politische System sogar schlechter bewerten als das der ehemaligen DDR (vgl. Abbildung 2). Die Autoren der Studie interpretieren diesen

Befund als „relativ starke Unzufriedenheit mit den gegenwärtigen politischen Verhältnissen“ (Seifert / Rose / Zapf 1993: 51, s.a. 47, 49).

Abbildung 2:
Bewertung des aktuellen politischen Systems im Vergleich zu dem vor der Vereinigung

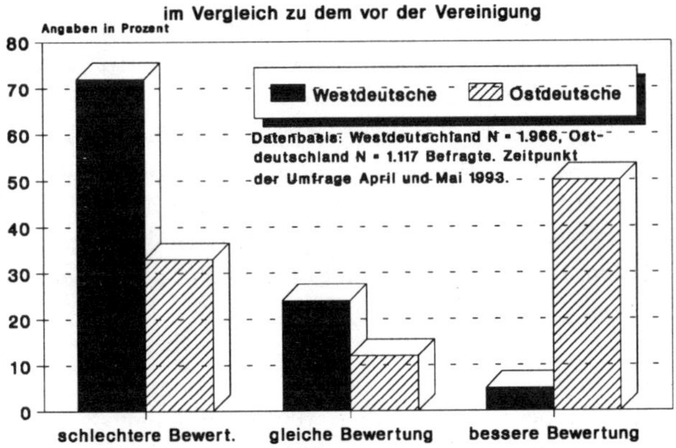

Quelle: Wolfgang Seifert, Richard Rose, Wolfgang Zapf, Ökonomische Verhaltensweisen und politische Einstellungen im vereinten Deutschland, Berlin: Wissenschaftszentrum 1993, S. 52.

Drei Jahre nach der Vereinigung wird von vielen Ostdeutschen die DDR nicht durchweg negativ beurteilt. 74% der ostdeutschen Bürgerinnen und Bürger sprechen der DDR in bezug auf soziale Sicherung mehr Kompetenz zu als der Bundesrepublik (vgl. Tabelle 1).

Tabelle 1:
Vergleich zentraler Merkmale des DDR-Systems mit der Bundesrepublik durch Ostdeutsche (in Prozent)

	Beide Systeme	Nur DDR	Nur Bundesrepublik	Keines der Systeme
Soziale Sicherung	23	74	2	2
Redefreiheit	10	3	73	15
Einfluß auf Regierungsentscheidungen	1	4	14	80
Ordnung	9	72	4	16
Günstig für wirtschaftliche Entwicklung	5	5	38	52
Gerechte Behandlung	7	19	17	57

Datenbasis: Westdeutschland N=1.966, Ostdeutschland N=1.117 Befragte.
Quelle: Wolfgang Seifert, Richard Rose, Wolfgang Zapf, Ökonomische Verhaltensweisen und politische Einstellungen im vereinten Deutschland, Berlin: Wissenschaftszentrum 1993, S.49.

Während in einer Studie von 1991 die wachsende Unzufriedenheit der ostdeutschen Bevölkerung trotz der realen Einkommensverbesserungen die Zukunftserwartungen noch nicht beeinträchtigte und eine Mehrheit der Zukunft „eigentlich recht zuversichtlich“ entgegensah (Zapf 1992: 6), sind auch die Zukunftserwartungen nach der Studie von 1993 nicht mehr so von Optimismus geprägt. Bei einer Bewertung des politischen Systems der gegenwärtigen Bundesrepublik auf einer Skala von minus 10 bis plus 10 geben die Ostdeutschen den Wert – 0,1 und erwarten in Zukunft kaum Veränderungen (Seifert / Rose / Zapf 1993: 50).

So kann es wenig überraschen, daß die Anzeichen eher für einen Prozeß der Desintegration als für einen Prozeß der Integration sprechen. Auf die Frage „Wenn Sie hören: 'Wir sind ein Volk' – stimmt das, empfinden Sie das so, oder empfinden Sie das nicht so?“ antworteten im November 1990 noch 45% der Ostdeutschen, daß sie dies so empfänden. Im Juli 1994 waren es nur noch 28% (Noelle-Neumann 1994: 5):

„Wir sind ein Volk“

Frage: „Eine Frage zur deutschen Einheit. Wenn Sie hören: 'Wir sind ein Volk' – stimmt das, empfinden Sie das so, oder empfinden Sie das nicht so?“ (Angaben in Prozent)

	West		Ost	
	Nov. 1990	Juli 1994	Nov. 1990	Juli 1994
Empfinde ich so	54	47	45	28
Empfinde ich nicht so	33	44	45	61
Unentschieden	13	9	10	11

Quelle: Institut für Demoskopie Allensbach

Dieser Desintegrationsprozeß kann als Folge einer Einigungspolitik interpretiert werden, die beim Transfer westlicher Institutionen in die neuen Länder weder die Defizite der westlichen Institutionen noch die bewahrenswerten Elemente der östlichen Institutionen hinreichend berücksichtigt hat.

Zum Nachdenken über Alternativen fehlte nach der ersten Phase des Einigungsprozesses nicht die Zeit, sondern die Bereitschaft der politischen Mehrheit, Gegenargumente und Gegenentwürfe wirklich in die Willensbildung mit einzubeziehen. Weder fehlten Gegenentwürfe in wichtigen Politikbereichen noch das Interesse der Öffentlichkeit an Innovationen. Oder ist die Beteiligung von 1,1 Millionen Bürgerinnen und Bürgern an einer Unterschriftensammlung zur Einführung von Plebisziten ein Beleg für das Desinteresse der Öffentlichkeit an der Verfassungsdiskussion?

Die politische Klasse hat wegen ihres Interesses an Besitzstandswahrung mit dem zu einfachen Konzept des sofortigen Institutionentransfers die Politik der Einigung gestaltet. Selbstverständlich ist Problemvereinfachung eine Voraussetzung politischen Handelns. Doch in der Einigungspolitik wurde diese Problemvereinfachung zu weit getrieben. Gemessen an der sachlich gebotenen und zeitgemäßen Handlungsmaxime, je nach Politikbereich verschiedene Integrationskonzepte und Integrationsgeschwindigkeiten zu berücksichtigen, erweist sich die realisierte Politik als eine überzogene und unzeitgemäße Vereinfachung politischen Handelns.

Anmerkungen

1 Herbert A. Simon, The Architecture of Complexity. In: Kommunikation III/2, 1967, S.55-83. Für den deutschen Einigungsprozeß ist insbesondere die von Simon betonte Relevanz „stabiler Zwischenformen" für die Evolution komplexer Systeme von Interesse.

2 Zur These der Entwicklung komplexerer Strategien auf der Basis komplexerer Strukturen vgl. Gerhard Lehmbruch, Die deutsche Vereinigung. Strukturen der Politikentwicklung und strategische Anpassungsprozesse. In: Beate Kohler-Koch (Hrsg.), Staat und Demokratie in Europa. 18. Wissenschaftlicher Kongreß der Deutschen Vereinigung für Politische Wissenschaft, Opladen: Leske + Budrich 1992, S.37ff. Zu der Einschätzung, daß es sich bei der Arbeitsmarktpolitik nicht um Reformen des bisherigen Konzeptes handelt, sondern mit der Entscheidung, zum 1.4.1991 die Beiträge zur Arbeitslosenversicherung zu erhöhen, *gerade das alte* und schon lange *umstrittene Konzept* der Finanzierung der Arbeitsmarktpolitik aus Versicherungsbeiträgen fortgesetzt wurde, vgl. jetzt Hubert Heinelt, Kontinuität trotz Veränderung? Arbeitsmarktpolitik nach der Vereinigung. In: ders., Gerhard Bosch, Bernd Reissert (Hrsg.), Arbeitsmarktpolitik nach der Vereinigung, Berlin: Edition Sigma 1994, S. 58-75 sowie im selben Band den Aufsatz von Bernd Reissert, Beitrags- oder Steuerfinanzierung der Arbeitsmarktpolitik? Rückblick und Ausblick auf eine Debatte, S. 43-57.

3 Christian Meier, Halbwegs anständig über die Runden kommen, ohne daß zu viele zurückbleiben. In: Siegfried Unseld (Hrsg.), Politik ohne Projekt? Frankfurt: Suhrkamp 1993, S.171 zu der Gefahr, daß Beamten, Politikern, Intellektuellen nichts besseres als „Besitzstandswahrung" einfalle. Diese Gefahr hat sich m.E. realisiert.

4 Es passierte genau das, was Carl Böhret als typisch für die pluralistische Gesellschaft beschreibt: der Faktor „Zeit" trat nur als Verfahrenskomponente und damit ohne „Eigenwert" auf.. „also fast wie in der 'Newton'schen Welt' der Physik." Carl Böhret, Die Zeit des Politikers. Zeitverständnis, Zeitnutzung, Zeitmandat. Rektoratsrede zum Wintersemester 1989/90, Speyer 1989, S. 27.

5 Vor dieser Kausalität warnte schon M. Rainer Lepsius. Ders., Ein unbekanntes Land. Plädoyer für soziologische Neugierde. In: Bernd Giesen, Claus Leggewie (Hrsg.), Experiment Vereinigung, Berlin: Rotbuch Verlag 1991, S. 72: „Denn nicht notwendigerweise ist das, was sich in der ehemaligen DDR realisiert, identisch mit dem, was in der Bundesrepublik entstanden und eingeübt ist." Inzwischen liegen empirische Analysen über den Institutionentransfer vor, die die Annahme einer Veränderung als Folge des unmodifizierten Transfers bestätigen. Vgl. Wilfried Ettl, Helmut Wiesenthal, Tarifautonomie in de-industrialisiertem Gelände: Report und Analyse eines Institutionentransfers im Prozeß der deutschen Einheit, Berlin, Max-Planck-Gesellschaft zur Förderung der Wissenschaften e.V., Arbeitsgruppe Transformationsprozesse in den neuen Bundesländern an der Humboldt-Universität zu Berlin 1994, S. 25ff.

6 Dieter Grimm, Verfassungsreform in falscher Hand? In: Merkur 46 (1992), S. 1062. Grimm betont, daß gerade ein Problem wie die Lastenverteilung zwischen Ost und West dem Parteienstreit entzogen werden mußte und die Prämissen der Lösung in die Verfassung gehörten. Da aber versäumt wurde, die Prämissen über den Lastenausgleich in der Verfassung zu verankern, fand auch eine Diskussion über alternative Gestaltungen des Lastenausgleichs nicht statt. Vgl. zur Möglichkeit eines Lastenausgleichs durch *Vermögensabgabe* Rudolf Hickel, Jan Priewe, Nach dem Fehlstart. Ökonomische Perspektiven der deutschen Einigung, Frankfurt: Fischer 1994, S. 211-214.

7 Gemeinsame Verfassungskommission, Stenographischer Bericht der 3. öffentlichen Anhörung „Bürgerbeteiligung und Plebiszite", 17.6.1992, S. 25, S. 29 und S. 30. Die unangemessene Eile, mit der die Kommission die Frage einer Einführung von Plebisziten diskutierte, kritisierte der Abgeordnete Wolfgang Ullmann noch einmal in der Sitzung der Kommission am 11.2.1993 und betonte, „daß das, was hier abgelaufen ist, nicht einmal mehr in den Grenzen der Höflichkeit geblieben ist" (Gemeinsame Verfassungskommission, Tonbandprotokoll der Sitzung am 11.2.1993, S. 36).

8 Vgl. die optimistische Einschätzung von Wolfgang Zapf: „...die hiesige Diskussion um Frauenerwerbstätigkeit, um die Vereinbarkeit von Beruf und Familie und um ausreichende öffentliche Betreuungseinrichtungen wird durch die Erfahrungen der DDR-Frauen stärker auf Reformkurs gebracht werden". Wolfgang Zapf, Die DDR 1989/90 – Zusammenbruch einer Sozialstruktur? In: Hans Joas, Martin Kohli (Hrsg.), Der Zusammenbruch der DDR, Frankfurt: Suhrkamp 1993, S. 37.

9 Dies ist auch die These von Claus Offe, Die politischen Kosten der Vereinheitlichung des Gesundheitssystems. In: Winfried Schmähl (Hrsg.), Sozialpolitik im Prozeß der deutschen Einigung, Frankfurt, New York: Campus 1992, S. 68: „Besonders bei der ambulanten und betrieblichen Versorgung fehlte es...an materiell zureichend ausgestatteten Bestandsgarantien und Trägern für die aus dem Gesundheitssystem der DDR übriggebliebenen Einrichtungen."

10 Die Beurteilung der Privatisierungspolitik der Treuhandanstalt ist kontrovers. Während Rudolf Hickel und Jan Priewe, Nach dem Fehlstart, a.a.O., S. 66-68, argumentieren, daß die von der Treuhand verfolgte Strategie der „bedingungslosen und raschen Privatisierung" ein unterkomplexes Konzept war, vertritt Roland Czada die Meinung, daß die Treuhandanstalt durchaus Lernfähigkeit bewiesen habe und es in einer flexiblen Problemanpassung gelungen sei, den „Balanceakt" der Privatisierungstätigkeit zu bestehen. Angesichts der Widersprüchlichkeit und Vielfalt der Aufgaben der Treuhandanstalt sei gerade das pragmatische „Durchwursteln" eine „der dynamischen Problementwicklung angemessene Reaktion" gewesen. Roland Czada, Die Treuhandanstalt im Umfeld von Politik und Verbänden. In: Wolfram Fischer, Herbert Hax, Hans Karl Schneider, Treuhandanstalt. Das Unmögliche wagen, Berlin: Akademie Verlag 1993, S. 169-172, Zitat S. 171.

11 Carl Böhret, Folgen. Entwurf für eine aktive Politik gegen schleichende Katastrophen, Opladen: Leske + Budrich 1990, S. 236ff. Deshalb handelt es sich bei dem „Argument der Vernunft" und dem „Element des Laienhaften" auch nicht um Legitimationsgründe politischer Herrschaft, die „in einer gewissen Spannung zueinander" stehen, wie Ulrich K. Preuß dies in der Anhörung am 17.6.1992 (Protokoll, S. 16) vorgetragen hat.

12 Für die SPD hatte Herta Däubler-Gmelin vorgeschlagen, auch Persönlichkeiten wie Kurt Masur, Bärbel Boley, Richard Schröder, Christa Wolf, Walter Jens, Helmut Simon und Franz Steinkühler zu berufen. Stenographische Berichte der Verhandlungen des Deutschen Bundestages, 12. Wahlperiode, 25. Sitzung am 14.5.1991, S.1715ff.

13 Rolf Lamprecht, Nochmal: Verfassungsrichter. In: DRiZ, Dezember 1993, S. 492. Die Tatsache, daß es nicht im Sinn der Väter und Mütter des Grundgesetzes ist, die Verfassungsrichter von einem kleinen Ausschuß des Bundestages wählen zu lassen, ist in der Öffentlichkeit viel zu wenig bekannt, und sollte auch bei Reformen der Verfassungsgerichtsbarkeit beachtet werden.

14 Vgl. den Beitrag von Charles Maier auf dem DVPW-Kongreß in Potsdam (in diesem Band S. 315). Charles Maier kritisiert zu Recht, daß die Sozialwissenschaftler die Probleme der deutschen Einigung weit unterschätzt haben. Statt Alternativen zu entwickeln und die Analysen auch an unerwarteten Möglichkeiten zu orientieren, hätten die Sozialwissenschaftler in das Loblied auf die „frisch-fröhliche Vereinigung" eingestimmt.

Literatur

Abromeit, Heidrun, 1992: Der verkappte Einheitsstaat, Opladen.

Badura, Bernhard / Feuerstein, Günter, 1994: Systemgestaltung im Gesundheitswesen, Weinheim, München.

Benz, Arthur, 1994: A Forum of Constitutional Deliberation? A Critical Analysis of the Experience of the Joint Commission on the Constitution, Vortrag in Edinburgh.

Benz, Arthur, 1993: Reformbedarf und Reformchancen des kooperativen Föderalismus. In: Wolfgang Seibel, Arthur Benz, Heinrich Mäding (Hrsg.), Verwaltungsreform und Verwaltungspolitik im Prozeß der deutschen Einigung, Baden-Baden: 454-473.

Bericht der Gemeinsamen Verfassungskommission, 1993: Bundestags-Drucksache 12/6000 vom 5.11.1993.

Bericht der Studienkommission für die Reform des öffentlichen Dienstes, 1973: Baden-Baden.

Beyme, Klaus von, 1994a: Systemwechsel in Osteuropa, Frankfurt.

Beyme, Klaus von, 1994b: Verfehlte Vereinigung – Verpaßte Reformen? Zur Problematik der Evaluation der Vereinigungspolitik in Deutschland seit 1989. In: Journal für Sozialforschung, 34: 249-269.

Böhret, Carl, 1990: Folgen. Entwurf für eine aktive Politik gegen schleichende Katastrophen, Opladen.

Böhret, Carl, 1989: Die Zeit des Politikers. Zeitverständnis, Zeitnutzung, Zeitmandat, Rektoratsrede zum WS 1989/90, Speyer.

Bühl, Walter, 1990: Sozialer Wandel im Ungleichgewicht. Zyklen, Fluktuationen, Katastrophen, Stuttgart.

Bundesministerium für Gesundheit, 1993: Indikatoren zum Gesundheitszustand der Bevölkerung der ehemaligen DDR, Baden-Baden.

Bundestags-Drucksachen der 12. Wahlperiode.

Bundesverfassungsgerichtsentscheidung vom 28.5.1993, BVerfGE 88,203.

Czada, Roland, 1994: Schleichweg in die 'Dritte Republik'. Politik der Vereinigung und politischer Wandel in Deutschland. In: PVS 35, Heft 2: 245-270.

Czada, Roland, 1993: Die Treuhandanstalt im Umfeld von Politik und Verbänden. In: Wolfram Fischer, Herbert Hax, Hans Karl Schneider, Treuhandanstalt. Das Unmögliche wagen, Berlin: 148-173.

Ettl, Wilfried/Wiesenthal, Helmut, 1994: Tarifautonomie in de-industrialisiertem Gelände: Report und Analyse eines Institutionentransfers im Prozeß der deutschen Einheit, Berlin.

Frank, Götz, 1992: Rundfunk in den neuen Bundesländern: vom Partei- zum Parteienrundfunk. In: Kritische Justiz 25, 463-472.

Gemeinsame Verfassungskommission: Stenographischer Bericht der 3. Öffentlichen Anhörung „Bürgerbeteiligung und Plebiszite" am 17.6.1992 sowie Protokolle der 6. Sitzung am 14.5.1992 und der 17. Sitzung am 11.2.1993.

Grass, Günter/Hildebrandt, Regine, 1993: Schaden begrenzen oder auf die Füße treten, Berlin.

Grimm, Dieter, 1992: Verfassungsreform in falscher Hand? In: Merkur 46: 1059-1072.

Grimm, Dieter, 1991: Die Zukunft der Verfassung, Frankfurt.

Heinelt, Hubert/Bosch, Gerhard/Reissert, Bernd (Hrsg.), 1994: Arbeitsmarktpolitik nach der Vereinigung, Berlin.

Hennis, Wilhelm, 1993: Die Zumutungen eines Urteils. In: Die Zeit, 38: 9.

Herzog, Dietrich/Rebenstorf, Hilke/Werner, Camilla/Weßels, Bernhard, 1990: Abgeordnete und Bürger. Ergebnisse einer Befragung der Mitglieder des 11. Deutschen Bundestages, Opladen.

Hickel, Rudolf/Priewe, Jan, 1994: Nach dem Fehlstart. Ökonomische Perspektiven der deutschen Einigung, Frankfurt.

Hoffmann-Riem, Wolfgang, 1991: Rundfunk in den neuen Ländern mit alten Schwächen: Der ungenierte Parteienzugriff. In: Archiv für Presserecht, 3/1991: 606-611.

Kaelble, Hartmut/Kocka, Jürgen/Zwahr, Hartmut (Hrsg.), 1994: Sozialgeschichte der DDR, Stuttgart.

Katzenstein, Peter, 1987: Policy and Politics in West Germany. The Growth of a Semisovereign State, Philadelphia.

Keller, Berndt/Henneberger, Fred, 1993: Beschäftigung und Arbeitsbeziehungen im öffentlichen Dienst der neuen Bundesländer. In: Wolfgang Seibel, Arthur Benz, Heinrich Mäding (Hrsg.), Verwaltungsreform und Verwaltungspolitik im Prozeß der deutschen Einigung, Baden-Baden: 177-189.

Koselleck, Reinhart, 1994: Diesseits des Nationalstaats. Föderale Strukturen der deutschen Geschichte. In: Transit, Heft 7: 63-76.

Koselleck, Reinhart, 1987: Geschichte, Recht und Gerechtigkeit. In: Akten des 26. Rechtshistorikertages, Frankfurt: 129-149.

Lamprecht, Rolf, 1993: Nochmal: Verfassungsrichter. In: DRiZ, Dezember: 492.

Landfried, Christine, 1993: Paternalistisches Mißtrauensvotum, in: Sonderheft 1/1993 der Kritischen Vierteljahresschrift für Gesetzgebung und Rechtswissenschaft, Baden-Baden: 160-164.

Landfried, Christine, 1976: Wissenschaft und Politik in der Krise um 1930 in Deutschland, in: Bernhard Badura (Hrsg.), Angewandte Sozialforschung. Studien über Voraussetzungen und Bedingungen der Produktion, Diffusion und Verwertung sozialwissenschaftlichen Wissens, Frankfurt: 151-183.

Landtag von Nordrhein-Westfalen, 1990: Bericht der Kommission „Erhaltung und Fortentwicklung der bundesstaatlichen Ordnung innerhalb der Bundesrepublik Deutschland – auch in einem Vereinten Europa", Düsseldorf, 2 Bde.

Lehmbruch, Gerhard, 1994: Interessen und sektorale Variationen in der Transformationsdynamik der politischen Ökonomie Ostdeutschlands, in: Journal für Sozialforschung, 34: 21-44.

Lehmbruch, Gerhard, 1993: Institutionentransfer. Zur politischen Logik der Verwaltungsintegration in Deutschland, in: Wolfgang Seibel, Arthur Benz, Heinrich Mäding (Hrsg.), Verwaltungsreform und Verwaltungspolitik im Prozeß der deutschen Einigung, Baden-Baden: 41-66.

Lehmbruch, Gerhard, 1992: Die deutsche Vereinigung. Strukturen der Politikentwicklung und strategische Anpassungsprozesse, in: Beate Kohler-Koch (Hrsg.), Staat und Demokratie in Europa. 18. Wissenschaftlicher Kongreß der Deutschen Vereinigung für Politische Wissenschaft, Opladen: 37ff.

Lepenies, Wolf, 1992: Folgen einer unerhörten Begebenheit. Die Deutschen nach der Vereinigung, Berlin.

Lepsius, M. Rainer, 1993: Zum Aufbau der Soziologie in Ostdeutschland, in: KZfSS 45: 305-337.

Lepsius, M. Rainer, 1991: Ein unbekanntes Land, Plädoyer für soziologische Neugierde, in: Bernd Giesen, Claus Leggewie (Hrsg.), Experiment Vereinigung, Berlin.

Mäding, Heinrich, 1993: Die föderativen Finanzbeziehungen im Prozeß der deutschen Einigung, in: Wolfgang Seibel, Arthur Benz, Heinrich Mäding (Hrsg.), Verwaltungsreform und Verwaltungspolitik im Prozeß der deutschen Einigung, Baden-Baden: 309-341.

Mahrenholz, Ernst Gottfried, 1994: Das Volk, abgewickelt. Plädoyer für ein Plebiszit über das erneuerte Grundgesetz, in: Der Spiegel 14/1994: 37-45.

Manow-Borgwardt, Philip, 1994: Gesundheitspolitik im Einigungsprozeß. Dissertation Max-Planck-Institut für Gesellschaftsforschung, Köln.

Mayntz, Renate, 1992: Die außeruniversitäre Forschung im Prozeß der deutschen Einigung, in: Leviathan 20, Heft 1: 64-82.

Mayntz, Renate, 1990: Föderalismus und die Gesellschaft der Gegenwart, in: Archiv des öffentlichen Rechts 115,2: 232-245.

Meier, Christian, 1993: Halbwegs anständig über die Runden kommen, ohne daß zu viele zurückbleiben, in: Siegfried Unseld (Hrsg.), Politik ohne Projekt? Nachdenken über Deutschland, Frankfurt: 152-171.

Merkel, Ina, 1994: Leitbilder und Lebensweisen von Frauen in der DDR, in: Hartmut Kaelble, Jürgen Kocka, Hartmut Zwahr (Hrsg.), Sozialgeschichte der DDR, Stuttgart: 359-382.

Noelle-Neumann, Elisabeth, 1994: Eine Nation zu werden ist schwer. In: FAZ vom 10.8.1994, 5.

OECD, 1993: Economic Surveys 1992-1993, Germany, Paris.

Offe, Claus, 1994: Der Tunnel am Ende des Lichts. Erkundungen der politischen Transformation im Neuen Osten, Frankfurt, New York.

Offe, Claus, 1992: Die politischen Kosten der Vereinheitlichung des Gesundheitssystems, in: Winfried Schmähl (Hrsg.), Sozialpolitik im Prozeß der deutschen Vereinigung, Frankfurt, New York: 59-90.

Perschke-Hartmann, Christiane, 1994: Die Doppelte Reform. Gesundheitspolitik von Blüm zu Seehofer, Opladen.

Prantl, Heribert, 1994: Aus dem Mut der Bürgerrechtler keine Konsequenzen gezogen, in: Das Parlament 44, Nr. 2, 14.1.1994: 9

Preuß, Ulrich K., 1994: Brauchen wir eine neue Verfassung? In: Bernd Guggenberger, Andreas Meier (Hrsg.), Der Souverän auf der Nebenbühne, Opladen: 71-74.

Prigogine, Ilya, 1988: Vom Sein zum Werden. Zeit und Komplexität in den Naturwissenschaften,5. Aufl., München.

Renzsch, Wolfgang, 1994: Föderative Problembewältigung: Zur Einbeziehung der neuen Länder in einen gesamtdeutschen Finanzausgleich ab 1995, in: ZParl 25, Heft 1: 116-138.

Rinken, Alfred, 1994: Verwaltungsgerichtsbarkeit zwischen Rechtsschutzauftrag und Rationalisierungsdruck, Vortrag in Bremen, 16.2.94.

Rudolph, Clarissa, 1995: Frauenpolitik durch Verfassungswandel? Die Verfassungsdiskussion nach der deutsch-deutschen Vereinigung, erscheint 1995.

Sachverständigenrat für die Konzertierte Aktion im Gesundheitswesen, 1994: Gesundheitsversorgung und Krankenversicherung 2000, Sachstandsbericht 1994.

Sachverständigenrat für die Konzertierte Aktion im Gesundheitswesen, 1992: Jahresgutachten 1992: Ausbau in Deutschland und Aufbruch in Europa, Baden-Baden.

Sachverständigenrat für die Konzertierte Aktion im Gesundheitswesen, 1991: Jahresgutachten 1991: Das Gesundheitswesen im vereinten Deutschland, Baden-Baden.

Scharpf, Fritz, 1993: Positive und negative Koordination in Verhandlungssystemen, in: Adrienne Héritier (Hrsg.), Policy-Analyse. Kritik und Neuorientierung, Sonderheft 24/1993, PVS: 57-83.

Scharpf, Fritz, 1992: Europäisches Demokratiedefizit und deutscher Föderalismus. Thesen zur Anhörung vor der Gemeinsamen Verfassungskommission am 22.5.1992, Köln.

Schmidt, Manfred, 1994: The Domestic Political Economy – Germany in the post-1989 period, IPSA Round Table Kyoto.

Schmidt, Manfred, 1993: Erwerbsbeteiligung und Politik. Ein internationaler Vergleich der Frauen- und Männererwerbsquoten, in: Roland Czada, Manfred Schmidt (Hrsg.), Verhandlungsdemokratie, Interessenvermittlung, Regierbarkeit. Festschrift für Gerhard Lehmbruch, Opladen: 275-288.

Schmidt, Manfred, 1992: Political Consequences of German Unification, in: West European Politics, 15, No. 4: 1-15.

Seifert, Wolfgang/Rose, Richard/Zapf, Wolfgang, 1993: Ökonomische Verhaltensweisen und politische Einstellungen im vereinten Deutschland, Berlin.

Simon, Herbert, 1967: The Architecture of Complexity, in: Kommunikation III/2: 55-83.

Stenographische Berichte über die Verhandlungen des Deutschen Bundestages der 12. Wahlperiode.

Zapf, Wolfgang, 1993: Die DDR 1989/90 – Zusammenbruch einer Sozialstruktur? In: Hans Joas, Martin Kohli (Hrsg.), Der Zusammenbruch der DDR, Frankfurt: 29-48.

Zapf, Wolfgang, 1992: Die Transformation in der ehemaligen DDR und die soziologische Theorie der Modernisierung, MPIFG Discussion Paper 92/4.

Werner Jann

Politische Willensbildung und Entscheidungsstrukturen im Prozeß der deutschen Einigung – Im Osten nichts Neues?

I.

Der folgende Beitrag versteht sich als pointierte Ergänzung und Kommentar zu der umfassenden Abhandlung von Christine Landfried. Die dort ausführlich begründeten Thesen zu Ergebnissen und Mängeln des Institutionentransfers im Prozeß der deutschen Einigung werden diskutiert, indem

1. die empirischen Befunde an einem spezifischen Beispiel überprüft werden, nämlich der *Verwaltungspolitik*,
2. der Erklärungsansatz „*Besitzstandswahrung der Politischen Klasse*" kritisch erörtert wird,
3. gefragt wird, inwieweit wir uns, wie so oft behauptet, auf dem Wege in eine andere, *Dritte Republik* befinden, und
4. schließlich bezogen auf zukünftige Entwicklungen spekuliert wird, inwieweit die *Problemlösungsfähigkeit* unserer Institutionen und die Chancen für *Veränderungen* gesunken oder gestiegen sind.

Grundlegende Ausgangsthese ist die Behauptung, daß der Vereinigungsprozeß bisher sensationell wenig politische und politikwissenschaftliche Innovationen hervorgebracht hat:

- Auf der Ebene des *politischen Systems* gibt es keinen grundlegenden Wandel des Institutionengeflechts der Bundesrepublik. Prinzipiell neue Entscheidungsprozesse und institutionelle Arrangements als Folge des Vereinigungsprozesses sind nicht zu erkennen, das Spiel ist unübersichtlicher geworden, aber die Spielregeln bleiben die alten. Anders gewendet muß man konstatieren, daß das politische System der alten Bundesrepublik sich als ausgesprochen robust und flexibel erwiesen hat.
- Das gleiche gilt aber auch für unser Fach. Die bisherigen Analysen des Vereinigungsprozesses bestätigen – trotz der singulären Ereignisse und des Umfangs der Veränderungen – im Kern etablierte Erklärungsansätze der *Politikwissenschaft*. Die Vereinigung bringt uns zumindest bisher keine grundlegend neuen Erkenntnisse über Möglichkeiten und Grenzen politischer Reformen im „semisouveränen" System der Bundesrepublik Deutschland.

Die Vereinigung ist ohne Zweifel ein ungeheures „ungeplantes Experiment", aber die intendierten und unintendierten Wirkungen sowohl für die politischen Institutionen wie für die politische Wissenschaft der alten Bundesrepublik sind überraschend gering. Aus diesem Grund auch der etwas flapsige Untertitel, der sprachlich korrekter wohl „Durch den Osten nichts Neues" heißen müßte.

II.

Christine Landfrieds zentrale *empirische These* besagt, die Politische Klasse habe den komplexen Prozeß der deutschen Einigung durch unterkomplexe Prozesse zu steuern versucht: durch ein eindimensionales Zeitverständnis und verkürzte Veränderungsgeschwindigkeiten sowie durch eindimensionale Konzepte ohne Alternativen. Die Institutionen der alten Bundesrepublik wurden

- ohne Berücksichtigung bekannter Defizite,
- ohne Beachtung der Umweltbedingungen und nicht-institutioneller Voraussetzungen,
- ohne zeitliche Flexibilität,
- ohne Offenhalten für neue Lösungen
- und ohne an sich mögliche Innovationen

auf die neuen Länder übertragen.

Diese These soll am Beispiel einer besonderen Spezies der politischen Institutionen, nämlich der der öffentlichen Verwaltung, kurz überprüft werden[1]. Das Verwaltungssystem oder m.a.W. die administrativen Institutionen bieten sich als Untersuchungsobjekt an, da man bekanntlich davon ausgehen kann, daß die politischen Prozesse in Regierungen, Parlamenten, Parteien, Verbänden und Öffentlichkeit – das womit sich die Politikwissenschaft mit Vorliebe beschäftigt – nur einen Teil, und vermutlich den kleineren Teil der insgesamt vom politisch-administrativen System produzierten Entscheidungen und Leistungen bestimmen können (Scharpf 1973). Die öffentliche Verwaltung ist der „arbeitende Staat", und wenn es generell Institutionentransfer im Sinne der Übertragung überkommener Problemlösungen auf neue Sachverhalte gegeben hat, dann vermutlich gerade in diesem Bereich.

Wie sehen die Befunde bezüglich der administrativen Institutionen, also bezüglich der im Osten verfolgten Verwaltungspolitik aus? Tatsächlich wurde das westdeutsche Verwaltungssystem einschließlich aller bekannten Schwächen (Überregelung, Bürokratisierung, Kameralistik, Haushaltsrecht, Dienstrecht, BAT) innerhalb kürzester Zeit auf die neuen Länder übertragen – verkündet und umgesetzt von einer großen Schar westlicher Verwaltungsmissionare (Bosetzky 1992). Ausgangspunkt war auch in diesem Fall der Einigungsvertrag, durch den von einem Tag auf den anderen fast das gesamte Verwaltungsrechtssystem der alten Bundesrepublik in den neuen Ländern eingeführt wurde – übrigens gegen den ausdrücklichen Willen und das Votum des Bundesinnenministeriums, das sich in diesem Fall in der zweiten Verhandlungsrunde der Position des Justizministeriums beugen mußte (Schäuble 1991, S. 120). Daraus folgte, so jedenfalls die Interpretation der meisten Verwaltungsmissionare, daß auch alle organisatorischen, verfahrensmäßigen und personellen Merkmale der westlichen Verwaltung möglichst umgehend einzuführen waren.

Um diesen *Blaupausenansatz* (Reichard/Röber 1993) an einem Beispiel zu erläutern: Die Bundesakademie für öffentliche Verwaltung, die diesen Umstellungsprozeß zu Recht als riesige Herausforderung begriff und durch eine Fülle von begleitenden Veranstaltungen unterstützte, bot u.a. Kurse an, in denen an vier Tagen umfassend die Feinheiten des bundesdeutschen kommunalen Haushaltsrechts vermittelt wurden. Thema des fünften Tages war dann, wie man die restriktiven rechtlichen Festlegungen „kreativ anwendet" (sprich: umgeht). Das ist Institutionentransfer reinsten Wassers.

Insoweit stimmt der empirische Befund. Aber er gilt uneingeschränkt nur für die erste Phase der Transformation. Der Transformationsprozeß ist ja keineswegs abgeschlossen, er besteht aus unterscheidbaren Phasen, und wenn man so will, fängt er jetzt erst richtig an. Transfer ist nur die erste Phase der Transformation. Ganz banal kann man zumindest drei Phasen des Transformationsprozesses unterscheiden[2]:

- *Übertragung*: Diese erste Phase ist durch Einigungsgesetzgebung und Verwaltungsmissionare gekennzeichnet; zentrales Ziel war, möglichst schnell vergleichbare Strukturen und Ansprechpartner zu schaffen;
- *Konsolidierung*: In der zweiten Phase werden die ersten eigenen verwaltungspolitischen Grundlagen geschaffen, insbesondere durch Landesverfassungen, Kommunalverfassungen und durch eigenes Landesrecht. Diese Phase wird zur Zeit gerade beendet;
- *Entwicklung*: In der dritten Phase geht es schließlich darum, die etablierten Rahmenbedingungen mit eigenständigem Leben zu erfüllen, sie an vorhandene Umweltbedingungen und nicht-institutionelle Voraussetzungen anzupassen und aus den inzwischen erworbenen Erfahrungen eigene Lehren zu ziehen.

Eine genauere Betrachtung zeigt, daß selbst die Übertragungsphase und auf jeden Fall die Konsolidierung keineswegs durch sklavisches Kopieren der westlichen Vorbilder und Partnerländer (auch: „neuen Besatzungsmächte") gekennzeichnet ist. Vielmehr hat der Institutionentransfer zu einer erheblichen Differenzierung zwischen den neuen Ländern geführt (siehe auch Goetz 1993, Wollmann 1994).

Dabei haben die neuen Länder aus Erfahrungen der alten Länder gelernt, wie z.B. im Bereich der kommunalen Gebietsreform und der Kommunalverfassung ganz deutlich wird. Die in einigen Alt-Ländern in den siebziger Jahren favorisierten großen Einheitsgemeinden wurden nirgends eingeführt, statt dessen wurde die Ämterverfassung aus Schleswig-Holstein in drei der neuen Länder übernommen. Ähnliches gilt für plebiszitäre Elemente in den Landesverfassungen oder die Direktwahl der Bürgermeister. Immerhin hat Brandenburg die Direktwahl bereits verwirklicht, während diese Reform in seinem Partnerland Nordrhein-Westfalen noch etwas auf sich warten läßt.

Die neuen Bundesländer haben von der Vielfalt des bundesdeutschen Verwaltungsföderalismus profitiert, der keineswegs überall einheitliche Lösungen hervorgebracht hat, und haben in Ansätzen durchaus so etwas wie „best practice“ praktiziert. Sie haben sich umgesehen und versucht, die für sie „beste“ Alternative zu etablieren, gelegentlich indem sie Lösungen aus verschiedenen Alt-Bundesländern kombiniert haben – das Ergebnis mit seinen vielfältigen Brüchen ist übrigens nicht selten ein Eldorado für Verwaltungsjuristen. Wenn dieser Vergleich vorhandener Lösungen nicht häufiger vorgenommen wurde, liegt dies nicht notwendigerweise am fehlenden guten Willen der Akteure in den neuen Bundesländern, sondern eher daran, daß es bisher kaum systematisches Wissen über Spezifika und Vor- und Nachteile unterschiedlicher Lösungen gibt. Politik- und Verwaltungswissenschaft haben die vergleichende Untersuchung der erheblichen Varianzen der bundesrepublikanischen Verwaltungssysteme und ihrer jeweiligen Vor- und Nachteile sträflich vernachlässigt. Beratung war von dieser Seite nicht zu erhalten, statt dessen dominierten Praktiker und Juristen. Daß von diesen oft nicht ganz jungen Beratern kaum die großen Innovationen zu erwarten waren, ist kein Wunder.

Immerhin hat aber das Zusammentreffen von Verwaltungsmissionaren unterschiedlichster Glaubensrichtungen, sprich von Beratern aus großen und kleinen Bundesländern, aus Süd- und Norddeutschland, aus Stadtstaaten, Kommunen und der Bundesverwaltung, zumindest in einigen Ministerien der neuen Bundesländer durchaus innovatives Potential freigesetzt. Professionelle Mobilität über Verwaltungsebenen und Verwaltungszweige hinweg gehört nicht gerade zu den Stärken des westdeutschen öffentlichen Dienstes (König 1993, S. 44), und so war es nicht selten, daß unterschiedlich sozialisierte Experten sich zum ersten Mal in den neuen Bundesländern intensiv über die Meriten ihres jeweils favorisierten Systems auseinandersetzten und gemeinsam mit einheimischen Kollegen neue Lösungen hervorbrachten.

Der weitere Verlauf hat gezeigt, daß der Verwaltungstransfer schon in der Konsolidierungsphase keineswegs nur statisch zu interpretieren ist. So haben die meisten neuen Länder die kommunale Gebiets- und Kreisreform schneller als erwartet – und auch viel schneller als in den siebziger Jahren in den alten Bundesländern – durchgeführt. Offensichtlich war politischer Gestaltungsspielraum vorhanden und wurde auch genutzt.

Und offensichtlich geht dieser Reformprozeß weiter, denn inzwischen hat fast überall eine Phase der eigenständigen Entwicklung angefangen: Brandenburg ist dabei, eine anspruchsvolle Funktionalreform durchzuführen und engagiert sich in der Einführung neuer Steuerungsinstrumente, Sachsen ist eines der ersten Länder, das seine Ministerialorganisation einer Prüfung durch Unternehmensberater unterzogen hat, und in Sachsen-Anhalt hat eine Enquete-Kommission einen sehr fortschrittlichen Bericht zur Verwaltungsreform vorgelegt. Wieviel davon die neue Regierung umsetzen wird, ist offen – aber das ist nur ein weiteres Stück bundesrepublikanischer Normalität.

Für die Ebene der Kommunen und Kreise beobachtet Hellmut Wollmann bei vielen Akteuren eine vorsichtige inkrementale und sogar experimentelle Vorgehensweise im Rahmen der Restrukturierung und Reorganisation der jeweiligen Verwaltungen. Die Organisationsschemata befinden sich seit 1990 in ständiger Veränderung und zeigen damit organisatorische Flexibilität und Pragmatismus, die mit der pauschalen Charakterisierung der „Blaupause" kaum übereinstimmen. In einigen Bereichen ist sogar unverkennbar, daß Kommunen und Kreise nach eigenen, neuartigen Lösungen suchen, die offensichtlich nicht auf einem westlichen Rezept beruhen, so z.B. in den Politikfeldern Umwelt und lokale Arbeitsmarktpolitik (Wollmann 1993, 1994b).

Natürlich hat die weitgehende Übertragung der westlichen Verwaltungsmodelle zu erheblichen Verwerfungen und Aufbauschwierigkeiten geführt, aber das sind Probleme, die sich nur graduell von denen im Westen unterscheiden. Die Probleme im Osten sind schlimmer, aber sie sind nicht anders:

- Auf der Ebene der *Programme* kämpft die Verwaltung im Osten genauso wie die im Westen mit Überregelung und Verwirrung – sie hat oft nur noch nicht so gut gelernt, wie eine „pragmatische Vorschriftenreduzierung im Vollzug" (Frido Wagener) gehandhabt wird.
- Bei der *Organisation* orientiert man sich an hochgradig differenzierter Arbeitsteilung und Hierarchie wie im Westen – mit allen bekannten Auswüchsen und Problemen, denn alternative Organisationsmodelle werden zwar auch im Westen diskutiert, liegen aber als übertragbare „Prototypen" einfach nicht vor – auch hier sollte sich die Wissenschaft an ihre eigene Nase fassen.
- Auch bei den *Verfahren* hat man zunächst die westlichen bürokratischen Steuerungsinstrumente übernommen, denn im Westen diskutiert man zwar intensiv seit ein paar Jahren über neue Steuerungsinstrumente (Banner 1991, Reichard 1994), aber auch hier gab es zumindest bisher nichts, was unmittelbar in den Osten exportiert werden konnte.
- Das entscheidende Problem, darin sind sich alle Beobachter einig, liegt auf der Ebene des *Personals*. Die Erwartung, daß sich Mitarbeiter in der ostdeutschen Verwaltung sofort „wie im Westen" verhalten werden, war unrealistisch, wenn nicht naiv. Es bestehen erhebliche Divergenzen in den grundlegenden Wertmustern und Einstellungen, in der „Verwaltungskultur" (Reichard/Schröter 1993), und diese werden sicherlich noch über einen längeren Zeitraum erhalten bleiben, denn kulturelle Orientierungen ändern sich nicht von heute auf morgen. Aber Personal ist auch im Westen Schlüsselfaktor der administrativen Leistungsfähigkeit.

Es gibt gute Argumente für und viel berechtigte Kritik am Blaupausenansatz der Verwaltungstransformation (Reichard/Röber 1993). Aber hier geht es zunächst nicht um Bewertung, ob wir den eingeschlagenen Weg gut oder schlecht finden, sondern um Erklärung: Warum wurde dieser Ansatz des „zuerst kopieren, dann konsolidieren, dann – vielleicht – innovieren" (ebd. S. 238) verfolgt? Berechtigte Kritik am Blaupausenansatz und an seinen Ergebnissen bedeutet ja noch nicht, daß es realistische Alternativen gegeben hätte und daß diese durch den bösen Willen oder die Unfähigkeit relevanter Akteure verhindert worden wären.

III.

Die *erklärende* Landfriedsche These lautet: Der Grund dafür, daß in wichtigen Bereichen die Chance vertan wurde, die deutsche Vereinigung für Reformen der Institutionen zu nutzen, liegt im Interesse der politischen Klasse an Besitzstandswahrung.

Mir scheint, daß die Politikwissenschaft bessere Erklärungshypothesen bereithält, die auch durch neuere Untersuchungen unterstützt werden. Zunächst ist offenkundig, daß die von Christine Landfried beispielhaft angeführten Problembereiche (plebiszitäre Elemente in der Verfassung, Finanzausgleich, Länderneugliederung, Föderalismus in Europa, Frauenpolitik, Gesundheitspolitik) durch die Vereinigung allenfalls verschärft wurden, aber nicht neu auf die Tagesordnung kamen. Diese Fragen haben wir vor der Vereinigung diskutiert, und wir würden sie wohl auch diskutieren, wenn es keine Vereinigung gegeben hätte. Es handelt sich um gute alte ungelöste Probleme des politischen Systems der alten Bundesrepublik, und es drängt sich der Verdacht auf, daß hier der Vereinigungsprozeß als Handlungschance für Reformen genommen wird, „die man eigentlich schon immer mal versuchen wollte" (Seibel 1993, S. 23). Wenn man so will, sind die Übertragung „hergebrachter Grundsätze" und der Export „hergebrachter Reformvorstellungen" zwei Seiten der gleichen Münze.

Schon bei den aufgeführten Beispielen ergeben sich erhebliche Fragen, ob die im Vereinigungsprozeß versäumten – auch aus meiner Sicht im Prinzip notwendigen – Reformen tatsächlich nur oder in erster Linie durch Besitzstandsdenken der politischen Klasse verhindert wurden:

- Kann man das totale Desinteresse der Öffentlichkeit an der Verfassungsdiskussion der politischen Klasse in die Schuhe schieben? Es gab in der Verfassungskommission eine Mehrheit für plebiszitäre Ergänzungen des Grundgesetzes, aber die notwendige 2/3 Mehrheit wurde verfehlt. Der notwendige Konsens war nicht vorhanden, weil die notwendige politische Diskussion nicht stattgefunden hatte. Man könnte genau umgekehrt argumentieren, daß dieses Thema vorrangig die politische Klasse beschäftigt hat, während eine allgemeine öffentliche Diskussion über eine solch weitreichende Verfassungsänderung kaum stattfand. Auch in der folgenden Bundestagswahl hat dieses Thema bezeichnenderweise überhaupt keine Rolle gespielt.
- Hat sich die politische Klasse nicht gerade in Fragen des Finanzausgleichs als ausgesprochen flexibel und lernfähig erwiesen? Die politische Klasse hat für die alten Bundesländer und für die dortigen Bürger ausgesprochen belastende und unpopuläre Entscheidungen getroffen, und es ist durchaus realistisch anzunehmen, daß die Länderneugliederung, wie das Beispiel Brandenburg befürchten läßt, eher durch die Wähler, als durch die politische Klasse verhindert wird.
- War der Bundestag bezüglich § 218 nicht überraschend konsensfähig? Trotz erheblicher weltanschaulicher Gegensätze war die politische Klasse, sprich der Bundestag, in der Lage, einen tragbaren Kompromißvorschlag zu erarbeiten und zu verabschieden. Wenn dieser vom Verfassungsgericht zurückgewiesen wurde, kann

dies nicht als Besitzstandswahrung der politischen Klasse interpretiert werden, denn wessen Besitzstände sollte das Gericht verteidigen?

- War nicht in der Gesundheitspolitik die Bundesregierung reform- und experimentierwillig, und wurde sie nicht durch die – wie schon so oft vorher – erfolgreiche Interessenpolitik der Kassenärztlichen Vereinigungen und der Bundesärztekammer gestoppt? Daß die Ärzte und ihre Vereinigungen seit Beginn der Bundesrepublik zu den erfolgreichsten Besitzstandswahrern und -verteidigern gehören, mag man ihnen vorwerfen, aber das ist sicherlich kein Defizit der politischen Klasse. Diese Interessen werden ja nicht von hyperaktiven Verbandsfunktionären gegen die Mehrheit ihrer Mitglieder durchgedrückt, eher im Gegenteil[3].

Offenbar hat in diesen und vielen anderen Fällen Besitzstandswahrung und Interessenpolitik eine erhebliche Rolle gespielt, aber sicherlich nicht allein Besitzstandswahrung der politischen Klasse. Sicherung der eigenen Interessen und die damit einhergehende Status-quo-Orientierung und Immobilität sind klassische Merkmale unseres pluralistischen und neo-korporatistischen politischen Systems. Diese Merkmale verschwanden nicht während oder im Gefolge des Vereinigungsprozesses, aber warum sollten sie auch? Erhebliche Widerstände gegen einheitsbedingte Veränderungen gab es nicht nur in der politischen Klasse, sondern vermutlich noch viel stärker in der Bevölkerung. Zapf hat die Situation schon 1990 folgendermaßen charakterisiert: „Man gibt die gegenwärtige Stimmung sicher nicht falsch wieder, wenn man sagt, daß die Mehrheit der Westdeutschen den Beitritt der DDR gerade noch bejaht und auch unterstützt, aber keine wesentlichen Änderungen an 'ihrer' Bundesrepublik hinzunehmen bereit ist“ (Zapf 1991, S. 31), und ein wohlmeinender ausländischer Beobachter äußerte die Ansicht, die Westdeutschen reagierten auf die Wiedervereinigung wie eine spießbürgerliche Familie, die sich beim sonntäglichen Kaffeetrinken durch unerwartete Gäste in ihrem gewohnten Einheitstrott gestört fühlt.

Wie sieht die Frage der Besitzstandswahrung der politischen Klasse im Bereich der Verwaltungspolitik aus? Die Gründe für den Blaupausenansatz sind vielfach diskutiert worden (vgl. Reichard/Röber 1993):

- Problemdruck: Die Verwaltungen mußten möglichst schnell arbeitsfähig werden, nicht zuletzt um bereitgestellte Mittel abrufen zu können, – zum Nachdenken über Alternativen war schlicht keine Zeit;
- Politikverflechtung: Um profitieren und mitmischen zu können, war schnelle Anpassung an die üblichen institutionellen Voraussetzungen notwendig;
- Angst vor Experimenten: Man befürchtete, daß eine zwischengeschaltete Experimentierphase zu Effizienzverlusten und vielleicht auch zur Perpetuierung alter Seilschaften führen könnte;
- Berater: Schließlich haben die Berater nicht nur ihre Sicht der Wirklichkeit, sondern mit dem Beharrungsvermögen der etablierten Institutionen auch – mehr oder weniger bewußt – ihre Besitzstandsinteressen exportiert (Lehmbruch 1994a, S. 26).

Hinzu kam der oben schon angesprochene Mangel an realistischen Alternativen, der keineswegs nur ein Nachfrageproblem, sondern in vielen Fällen ein Problem des fehlenden Angebots war. So hat einer der wichtigsten Protagonisten des „neuen Steuerungsmodells“ für Kommunen, der damalige Vorstand der KGSt Gerhard Banner, inzwischen verschiedentlich bedauert, daß die KGSt 1990/91 nicht in der Lage war, den Kommunen in den neuen Ländern eine Alternative zu den herkömmlichen Haushalts- und Organisationsplänen anzubieten[4]. Statt dessen wurden die Kommunalverwaltungen mangels realistischer Alternativen binnen kürzester Zeit anhand der alten Vorgaben aufgebaut, obwohl man sich innerhalb der KGSt und auch in der Praxis ihrer Problematik durchaus bewußt war. Das mag man kritisieren, aber man kann es wohl kaum den handelnden Akteuren vorwerfen, die kurzfristig gravierende Umstellungsprobleme bewältigen mußten. Es gab im Westen – und das gilt für viele, wenn nicht die meisten Politikbereiche – zwar erhebliche Kritik am bestehenden System und der überkommenen Praxis, aber es gab kaum ausgearbeitete und erprobte Alternativen, nicht einmal Prototypen von Innovationen, die man den neuen Bundesländern hätte anbieten können.

Insgesamt haben sich im Bereich der Verwaltungspolitik institutionelle und interessengeleitete Faktoren gegenseitig verstärkt, wie man am Beispiel der Verbeamtungspolitik sehen kann. Hier hat z.B. Brandenburg versucht, eigene Wege zu gehen und ist auf erheblichen Widerstand gestoßen. Offensichtlich dient Verbeamtung der Besitzstandswahrung und Interessenpolitik, aber nicht unbedingt der politischen Klasse, und auch nicht nur den etablierten westdeutschen Interessen (sprich Beamtenbund), die Angst vor einem Reformexport von Ost nach West haben. Es gibt eine „endogene Unterstützung“ dieser Politik – natürlich wollen die Lehrer in Brandenburg auch Beamte werden – und gleichzeitig eine nicht unerhebliche Konkurrenz zu den übrigen Bundesländern. Die neuen Bundesländer haben gar nicht die Chance, aus dem System des Beamtenrechts zum jetzigen Zeitpunkt auszubrechen, wenn sie nicht erhebliche Wettbewerbsnachteile in Kauf nehmen wollen.

Die Hochschulen sind eine gute Illustration: Welcher etablierte Professor wäre bereit, in die neuen Länder zu wechseln, wenn er dort seine Beamtenprivilegien aufgeben müßte? Oder anders: Welche Assistentin oder welcher Assistent geht in die neuen Bundesländer, wenn dort schlechtere Konditionen geboten werden als im Westen, wenn z.B. C1 oder C2 Stellen nicht möglich sind, während sie im Westen weiter die Grundlage der Beschäftigung bilden? Das Gleiche gilt für den BAT. Beamtenrecht und mindestens ebenso der BAT sind ohne Zweifel erhebliche Barrieren jeglicher Verwaltungsreform und seit langem reformbedürftig, aber das bedeutet keineswegs, daß sie einseitig nur im Osten der Republik, außer Kraft gesetzt werden könnten. Die Vorstellung, man könnte im Osten auf Verbeamtungen verzichten, entspricht der Idee, in den neuen Bundesländern Tarifverträge „zweiter Klasse“ abzuschließen. Natürlich werden die Gewerkschaften in den alten Bundesländern alles tun, dies zu verhindern, und selbstverständlich setzen sich der Beamtenbund wie die Kassenärztliche Vereinigung oder der Hochschullehrerverband dafür ein, daß in den neuen Bundesländern die gleichen Bedingungen herrschen wie in den alten.

Die Übertragung des westdeutschen Hochschulsystems auf die neuen Länder hat wenig mit den Interessen der politischen Klasse und viel mit den Interessen der herrschenden Stellenbesitzer zu tun. Auch in diesem Fall unterscheiden sich die Professoren oder die Beamten wenig von den Zahnärzten.

Der Vereinigungsprozeß ist offensichtlich denkbar ungeeignet, nicht paretooptimale Reformen mit hohem Konsensbedarf, die man zwar schon immer angestrebt aber nie politisch durchgehalten hat, jetzt durchzusetzen. Dies gilt gerade auch dann, wenn Akteuren in den neuen Ländern durch neue Verteilungen Verluste zugemutet werden sollen.

Alles in allem bestätigen die Analysen des Vereinigungsprozesses in den verschiedensten Politikbereichen nur klassische Einsichten und Erklärungsansätze der Politikwissenschaft:

- *Inkrementalismus*: Beharrungsvermögen, kleine Schritte und gegenseitige Anpassung sind rationale Überregelung, da sie eine Situationsbeherrschung, die mit Überregelung kurzfristigen Risiken behaftet ist, garantieren. Dies gilt insbesondere in Situationen mit erheblicher Unsicherheit. Umbruchsituationen schaffen keine erweiterten Gelegenheitsstrukturen, sondern erschweren im Gegenteil Veränderungen. Wenn man nicht absehen kann, welche Folgen bestimmte Aktionen haben werden, ist es rational, Störungen der Akteurssysteme so gering wie möglich zu halten (Czada 1994). Problemvereinfachung und „bounded rationality" sind Voraussetzungen allen politischen Handelns, denn nach Lindblom bedeutet etwas vernachlässigen, es überhaupt erst analysierbar zu machen. Dies gilt besonders in Situationen, die durch erhebliche Informationsdefizite und Zeitdruck gekennzeichnet sind.
- *Konkurrenzdemokratie*: Der erhöhte Konsensbedarf nicht pareto-optimaler Lösungen, insbesondere die Selektionskriterien des Parteienwettbewerbs, verhindern Umverteilungen zu Lasten relevanter Gruppen. Keine Regierung und keine Partei kann es sich leisten, bestimmten Akteuren über längere Zeit größere Opfer abzuverlangen und insbesondere in etablierte Besitzstände einzugreifen. Umverteilungspolitik ist nur in engen Grenzen (geringe Veränderungen) und nur sehr umfassend (viele Beteiligte) möglich, distributive Policies sind viel wahrscheinlicher als redistributive.
- *Politiknetzwerke*: Bestätigt wird auch die überragende Bedeutung und die überlegene Lern- und Steuerungsfähigkeit von segmentierten Politiknetzwerken, die ein erhebliches Beharrungsvermögen aufweisen, wechselseitige Erwartungen über zulässige Optionen des Handelns stabilisieren und schließlich durch die damit erfolgte Entlastung von Unsicherheit effektives und zielgerichtetes kollektives Handeln erst möglich machen (Lehmbruch 1994, S.42). Je enger und umfassender Netzwerke geknüpft wurden, desto mehr weichen Illusionen einer realistischen Einschätzung (Czada 1994), oder anders gewendet, desto eher gelingt es, einen Konsens über „realistische Politik" zu etablieren.
- *Politische Kultur*: Entscheidend für die Funktionsfähigkeit politischer Institutionen sind nicht-institutionelle Voraussetzungen, also problemadäquate Verhaltensweisen der Eliten und kollektiven Akteure, intermediäre Beziehungsgeflechte und nicht zuletzt sozialpsychologische Meinungen, Einstellungen und Befindlichkeiten (Reißig 1994). Dies sind genau die Faktoren, die in der Civic-Culture-Diskussion,

die nach dem 2. Weltkrieg in Verbindung mit den Bemühungen der Re-Education entwickelt wurde, als entscheidende Voraussetzungen demokratischer Systeme identifiziert wurden.

Während die Policy-Forschung spätestens seit den Erkenntnissen der Implementations- und Evaluationsforschung weiß, daß politische Prozesse nicht nach dem schematischen Phasenmodell der Politikformulierung, -implementierung und -evaluierung ablaufen, daß politische Programme keineswegs in der Lage sind, den Politikvollzug hinreichend zu steuern, daß Politik vielfach im Vollzug gemacht wird, Ergebnisse fast immer nicht-intendierte Wirkungen aufweisen und sich grundlegende Änderungen von Politikinhalten i.d.R. erst nach langwierigen Lernprozessen in „advocacy coalitions" durchsetzen[5], scheint die Kritik der Vereinigungspolitik davon auszugehen, daß „wenn man – d.h. die politische Klasse – nur gewollt hätte", der Vereinigungsprozeß grundsätzlich anders verlaufen wäre.

Der Einigungsprozeß war sicherlich unterkomplex gemessen an der Komplexität der Situation. Aber er hat eine unglaubliche Menge an Komplexität verarbeitet, weil er weitgehend dezentral und ungesteuert in sich gegenseitig kontrollierenden und „belehrenden" Politiknetzwerken, eben weitgehend inkrementalistisch abgelaufen ist. Die Politikwissenschaft läuft – wieder einmal – Gefahr, die komplexitätsverarbeitenden Leistungen und die Lernfähigkeit dezentraler, inkrementalistischer Entscheidungsstrukturen zu unterschätzen. Gleichzeitig wird die Fähigkeit des politischen Systems zur „Ereignisbeherrschung" überschätzt. Wenn man die Geschichte der politischen Planung und der „aktiven Politik" in der Bundesrepublik kennt, kann diese Konstellation leichte Déjà-vu-Gefühle hervorrufen.

Eine Reduktion der Erklärung auf „Interessen der politischen Klasse" wäre also, wenn dieses Wortspiel erlaubt ist, unterkomplex. Nicht die politische Klasse verhindert Innovationen, sondern ein etabliertes und komplexes politisches System, das gekennzeichnet ist durch inkrementalistische Entscheidungsprozesse, Parteienkonkurrenz und vor allem Netzwerke mit prekären Gleichgewichtslagen, die sich aus einem langen Prozeß der Institutionenbildung ergeben haben und die am ehesten durch längerfristige Lernprozesse zu ändern sind (Lehmbruch 1994, S.29).

In diesem Zusammenhang sollte man achtsam sein, wenn von „verpaßten Chancen" geredet wird. Es ist nicht ausgeschlossen, daß sich mit historischem Abstand zumindest bei einigen Beobachtern die Ansicht festsetzt, der Prozeß der Einigung habe große Reformchancen eröffnet, die durch eine unwillige oder unfähige politische Elite verspielt worden seien. Eine ähnliche Legende gibt es ja bezüglich der Ausgangsbedingungen und der traurigen Geschichte der Weimarer Republik. Aber die Weimarer Republik ist nicht an verpaßten Chancen ihres Beginns, sondern an mangelndem Reformwillen ihrer Eliten und einem Mangel an Demokraten gescheitert. Auch die Zukunft unseres politischen Systems hängt entscheidend davon ab, ob es lern- und veränderungsfähig ist, es also genügend Akteure gibt, die sich für notwendige Reformprozesse engagieren und Mehrheiten etablieren, anstatt über verpaßte Chancen zu lamentieren. Davon mehr im letzten Abschnitt.

IV.

Die bisherigen Befunde legen als nächstes die Frage nahe, ob sich denn durch den Vereinigungsprozeß überhaupt nichts geändert habe? Wenn die Vereinigung ein riesiges ungeplantes Experiment war, welches sind die intendierten und vor allem unintendierten Rückwirkungen auf das Institutionengeflecht der alten Bundesrepublik? Eine weitere These von Christine Landfried – aber durchaus nicht nur von ihr (z.B. Lehmbruch 1990, S. 464; Seibel 1992, S. 196; Reißig 1993, S. 42) – besagt, die unterkomplexe Einigungspolitik habe zwar zunächst die Kontinuität des politischen Systems der alten Bundesrepublik gesichert, aber dennoch befänden wir uns auf dem unaufhaltsamen Weg in eine ganz andere „3. Republik", das alte Interpretationsmuster des halb-souveränen Staates gelte nicht mehr.

Seibel argumentiert z.B. (1992, S. 178), der Vereinigungsprozeß sei – entgegen dem normalen Politikprozeß in der Bundesrepublik – weder inkrementalistisch, noch korporatistisch und auch nicht semi-souverän gewesen (z.B. hätten die Gerichte nicht interveniert). Aber diese Beschreibung trifft allenfalls für die kurze Phase 1990 bis zur Vereinigung zu, denn – und das wird ja gerade von Landfried beklagt – sobald der Vereinigungsvertrag unter Dach und Fach war, ging alles überraschend schnell wieder seinen normalen inkrementalistischen, korporatistischen und bürokratischen Gang. Es mag sein, daß die allererste Phase der Vereinigung untypisch war, alle weiteren Phasen bestätigen aber die klassischen Merkmale unseres komplizierten politischen Systems mit seinem bekannt hohen Konsensbedarf. Die Gegenthese erscheint inzwischen eher plausibel: Nachdem auf der Regierungsebene die gröbsten Rahmenbedingungen geschaffen wurden (Zwei-plus-Vier, Einigungsvertrag), lief die Vereinigung (zum Teil schon während der Vorbereitungen des Einigungsvertrages) in fast allen Politikbereichen weitgehend in der etablierten Autodynamik des westdeutschen politischen Systems in ausgefeilten Politiknetzwerken von Parteien, Bürokratien, Interessengruppen und Rechts- und Wissenschaftssystem.

Eine weitere Argumentation besagt, der Vereinigungsprozeß führe zu einer Stärkung von Zentralismus und Parteien, spiegelbildlich zur Schwächung professioneller Orientierungen, Föderalismus und kommunaler Selbstverwaltung. Die Übertragung des alten typisch osteuropäisches Herrschafts- und Sozialmodell der DDR auf die gesamte Bundesrepublik, der traditionelle Regierungsstil in den neuen Ländern, die Trennung des Staates von sozialen Strukturen und eine „stubbornly backward social and political culture" (Seibel 1992, S. 195) würden das Regierungssystem entscheidend verändern und wären der Preis, den die alte Bundesrepublik für die Vereinigung in Kauf nehmen müsse.

Zu großer Einfluß politischer Parteien, Aushöhlung von Föderalismus und kommunaler Selbstverwaltung sind wiederum Phänomene, die schon seit langem die Diskussion über unser Regierungssystem bestimmen. Wenn die Prognose zutreffen sollte, würden damit allenfalls Tendenzen unseres Regierungssystems verstärkt, nicht umgekehrt werden. Gegen diese Annahme spricht allerdings, daß sich bisher die Anpassungsreserven der föderalen Politikverflechtung, des korporatistischen Verbändesystems und nicht zuletzt der überkommenen Verwaltungsstrukturen als weit größer erweisen, als Kritiker befürchtet und zum Teil prognostiziert haben (Czada 1994, S. 265). Insgesamt wurde der Reformbedarf überschätzt, die Reichweite der kleinschrittigen Strukturanpassungen – d.h. die Leistungsfähigkeit des Inkrementalismus – unterschätzt (vgl. Renzsch 1994).

Eine operationale Frage bezüglich des Weges in die 3. Republik müßte lauten, inwieweit sich nicht nur die Probleme, sondern vor allem die institutionellen Arrangements und Entscheidungsprozesse der alten Bundesrepublik in den fünf Jahren seit der Vereinigung merkbar verändert haben – etwa vergleichbar mit Entwicklungen des „Congressional Government" in den USA der 70er und 80er Jahre oder mit der Umstrukturierung des öffentlichen Sektors in Großbritannien in der Ära Thatcher – oder auch vergleichbar mit dem, was zur Zeit in Skandinavien in Verbindung mit der Modernisierung des Wohlfahrtsstaates zu beobachten ist? Gibt es ähnlich deutlich erkennbare Rückwirkungen auf das Institutionengefüge der Bundesrepublik?

Die Antwort aus meiner Sicht ist nein. Wenn grundlegende Strukturveränderungen mit langfristigen Folgen zu erkennen sind, dann haben sie mit der Vereinigung wenig zu tun, etwa die Privatisierung von Bahn und Post. Der Vertrag von Maastricht erfordert strukturelle Anpassungen, aber vereinigungsbedingte institutionelle Veränderungen sind schwer zu entdecken.

Der Föderalismus wird schwieriger, weil es mehr Länder gibt, das Parteiensystem hat sich geändert, aber das Institutionengefüge, in dem Föderalismus und Parteienkonkurrenz ablaufen, bleibt überraschend stabil. Wenn etwas die Parteien auf Dauer verändern wird, ist es nicht die Vereinigung, sondern die Einführung von Vorwahlen auf immer mehr Ebenen, aber auch diese institutionelle Änderung ist keineswegs eine Folge der Vereinigung.

Das gleiche gilt für die verschiedensten Politikbereiche. Die zu bewältigenden Probleme sind schwieriger geworden (soziale und wirtschaftliche Disparitäten, Staatsverschuldung, soziale Sicherung, Außen- und Sicherheitspolitik), also müssen sich *Policies* ändern. Selbstverständlich wird *Politik* mühsamer, da mehr Akteure an komplizierteren Verteilungskämpfen teilnehmen. Aber nichts spricht dafür, daß sich die *Polity*, in der diese Probleme abgearbeitet werden, bisher geändert hat oder auf absehbare Zeit abrupt ändern wird. Das Spiel ist schwieriger geworden (z.B. mehr und komplexere Problemlagen, mehr relevante Akteure, mehr Länder, mehr Parteien), aber die Spielregeln sind nach allem, was zur Zeit zu erkennen ist, die gleichen geblieben. Dies bedeutet keineswegs, daß sich das politische System nicht geändert hat oder nicht ändern wird. Unser Institutionengefüge ist durchaus anpassungs- und lernfähig, wir haben seit 1949 eine „constitution in flux" (obwohl diese Veränderungen von der Politikwissenschaft viel zu wenig systematisch registriert und interpretiert werden), und diese Veränderungen werden auch in Zukunft stattfinden, sich vielleicht sogar beschleunigen. Aber es gibt keine radikalen Brüche, keine dritte Republik.

V.

Daraus ergibt sich die letzte Frage: Sind die überkommenen Strukturen in der Lage, die verschärften Probleme zu verarbeiten? Christine Landfrieds These besagt, die Problemlösungskapazitäten werden geringer, weil die Defizite der westlichen Institutionen durch Transfer in die neuen Länder weiter zunehmen. Das habe negative Folgen für die Integration der beiden Teilgesellschaften und führe zu einem Desintegrationsprozeß. Ähnlich argumentieren Reichard/Röber für den Bereich der Verwaltungspolitik, der Blaupausenansatz des Institutionentransfers verschütte alle Möglichkeiten der Verwaltungsinnovation und drehe auch die Uhr der Verwaltungsreformentwicklung in der alten Bundesrepublik zurück (Reichard/Röber 1993, S. 222).

Diesem Negativszenario möchte ich ein vorsichtiges Positivszenario entgegensetzen. Die Defizite demokratischer Institutionen, Probleme rechtzeitig zu erkennen, nennenswerte Veränderungen vorzunehmen, überzeugende Antworten zu entwickeln und vor allem durchzusetzen, sind kein neues Phänomen und sind auch nicht auf Deutschland beschränkt. Diese „Unfähigkeit zur Reform“ gilt für viele Politikbereiche und ist besonders oft in Verbindung mit Verwaltungspolitik in Deutschland konstatiert worden (vgl. Ellwein 1994). Es gibt also keinen Grund sich zurückzulehnen in der Gewißheit, unser politisches System werde alles schon richten.

Das politisch-administrative System, insbesondere die Organisationsstrukturen und Steuerungsinstrumente des öffentlichen Sektors, sind dringend reformbedürftig und werden sich in den nächsten Jahren – auch in Deutschland – entscheidend verändern. Im Ausland hat diese Reform bereits vor einigen Jahren begonnen, in Deutschland steht sie erst am Anfang (als Übersicht siehe Naschold 1993). Die Politikwissenschaft, die immer noch viel zu sehr auf die Input-Strukturen des politischen Systems fixiert ist – oder auch einseitig auf die Outputs, die Policies – droht diesen Veränderungsprozeß zu verschlafen.

Im internationalen Vergleich ist die Bundesrepublik, was die überfällige Modernisierung des Staates angeht, ein absoluter Nachzügler. In der neuesten Übersicht der OECD zu diesem Thema wird sie nicht ein einziges Mal erwähnt (OECD 1994). Kritiker unseres Systems sprechen von der Realitätsverweigerung eines sich selbst überschätzenden und überfordernden Staates: „Staat, das bedeutet heute kaum Rationalität, Effizienz, Verteilungsgerechigkeit oder klare Vorausschau, sondern eher Schwerfälligkeit, Schematismus, bürokratische Verschwendung, wirre Überregulierung, Fremdheit und Kälte. Mit dem Staat, den wir haben, ist kein Staat zu machen. Diese Situation ist lähmend und für jede Reformpolitik erschreckend“ (Pfeiffer 1994, S. 5). Aber das hat alles nichts mit dem Vereinigungsprozeß zu tun, die Probleme sind älter und gehen tiefer. Man kann darüber spekulieren, inwieweit die Verspätung der Bundesrepublik durch den Vereinigungsprozeß geschuldet ist. Es mag sein, daß wir ohne Vereinigung etwas weiter wären, aber es spricht nicht sehr viel dafür.

In Verbindung mit der Modernisierung des Staates, oder besser des öffentlichen Sektors, stellt sich – wie in allen anderen Politikbereichen – die Frage, ob unsere Institutionen hinreichend leistungs- und lernfähig sind, in den nächsten Jahren einen

Modernisierungsprozeß ingang zu setzen, der sowieso fällig gewesen wäre. Man kann die Frage auch anders stellen: Sind die vorhandenen Reformkoalitionen gestärkt oder geschwächt aus dem Vereinigungsprozeß hervorgegangen?

Die Tatsache, daß lang etablierte Politiknetzwerke jetzt durch ostdeutsche Interessen verstärkt werden, besagt noch nicht, daß insgesamt die Innovationsbremser und Status-Quo-Verteidiger die Gewinnler der Vereinigung sind. Es gibt zunehmend Hinweise, daß im Gegenteil durch neue Akteure und zugespitzte Problemlagen die Positionen der Reformer gestärkt werden, daß die Vereinigung Lernprozesse verschärft und zur Stärkung neuer „advocacy coalitions" führt.

Auf der einen Seite ist z.B. richtig, daß der typische westdeutsche Ressortegoismus (oder Ressortchauvinismus), die auf möglichst große Unabhängigkeit und Abschottung gerichtete Politik der einzelnen Fachressorts, auch in den neuen Ländern weitgehend repliziert wurde, und zwar nicht nur auf der Ministerialebene, sondern auch durch die Schaffung eigener Unterbehörden (Halstenberg 1993). Auf der anderen Seite ist nicht zu verkennen, daß diese Politik der Ressorts gerade in den neuen Ländern auf erhebliche Kritik stößt. Alte Diskussionen der Bundesrepublik über Sinn und Zweck von Sonderbehörden, Mittelinstanzen oder Zweckzuweisungen bekommen durch neue Erfahrungen und vor allem neue Akteure eine neue Aktualität. Kommunalpolitiker und kommunale Verwaltungseliten, die nicht durch die langjährige Zwangssozialisation der westdeutschen Kommunalpolitik gegangen sind, die im bisherigen System nicht bereits lange Jahre verantwortliche Positionen innehatten und daher auch keinen Anlaß haben, sich mit dem überkommenen System zu identifizieren, und die oft über untypische Berufserfahrungen verfügen, sind offensichtlich weniger als ihre westdeutschen Kollegen geneigt, problematische Besitzstände und Gewohnheiten zu akzeptieren. Auch die im Westen so oft zu hörende resignative Haltung, „...da wird sich sowieso nie etwas ändern lassen...", ist im Osten kaum anzutreffen – sie widerspricht ja auch eklatant den Erfahrungen, die diese neuen politisch-administrativen Eliten in den letzten Jahren gemacht haben.

Auch die Neugliederungsdiskussion ist durch die Vereinigung nicht verzögert oder behindert, sondern im Gegenteil wieder angestoßen worden. Genauso macht die Einführung des Berufsbeamtentums in den neuen Ländern, die wie oben gezeigt insbesondere durch endogene Prozesse vorangetrieben wird, es keineswegs unmöglich, eine Reform des Öffentlichen Dienstes in Angriff zu nehmen. Diese Reform war in der alten Bundesrepublik seit 1973 offensichtlich unerreichbar, gerade die Vereinigung hat dieser Diskussion wieder Aktualität verschafft, indem neue Argumente und neue Akteure in den Konflikt eingetreten sind.

Obwohl, oder vielleicht auch gerade weil die Mehrzahl unserer Institutionen exportiert wurde, ist Ostdeutschland nicht in dem Maße durch Besitzstände zugestellt wie Westdeutschland. Bestimmte Strukturen können hier eher zur Disposition gestellt werden als im Westen – mit entsprechenden Rückwirkungen in der alten Bundesrepublik. Biedenkopf hat mehrfach betont, daß wir im Osten eine ganze Menge leisten können, von dem behauptet wird, es sei in Westdeutschland politisch nicht durchsetzbar. Der proportionale Anteil und die Durchsetzungsfähigkeit der Besitzstandswahrer hat durch die Vereinigung nicht zugenommen, im Gegenteil.

In der Verwaltungspolitik, wie in vielen Politikbereichen, kumuliert zur Zeit eine *Anpassungskrise* der „importierten Institutionen“ in den neuen Bundesländern[6] mit einer verschleppten *Modernisierungskrise* der politischen Institutionen der alten Bundesrepublik (Glaeßner 1994). Transformation, verstanden als Prozeß der Modernisierung überkommener Institutionen einschließlich damit verbundener kultureller Umorientierungen (z.B. innerhalb des öffentlichen Sektors), steht im Osten wie im Westen auf der Tagesordnung. Es spricht vieles dafür, daß das Zusammentreffen beider Transformationsprozesse sich auf Dauer eher als Chance denn als Belastung erweisen wird.

Anmerkungen

1 Vgl. hierzu auch Lehmbruch 1993, S.41, der folgende zu transformierende institutionelle Voraussetzungen unterscheidet: politische Institutionen i.e. Sinne (Parteien, Parlamente), administrative Institutionen, Institutionen des Wohlfahrtsstaates, der Marktwirtschaft und der Interessenvermittlung.

2 Für andere Phaseneinteilungen siehe Brzezinski 1994 und Czada 1994. Wenn man so will, geht auch Landfried von so einem Phasenmodell aus, die Frage ist dann nur, ob ihr "ideales" Schema "B" nicht die Empirie besser trifft als das Schema "A".

3 Zu den Spannungen zwischen Mitgliedschaftslogik und Einflußlogik siehe Lehmbruch 1994b.

4 So zum Beispiel auf der Veranstaltung des brandenburgischen Innenministeriums "Brandenburgs Kommunen auf dem Weg" am 29.11.1994, einem Erfahrungsaustausch von über 300 kommunalen Amt- und Mandatsträgern über die Einführung neuer Steuerungsinstrumente in Brandenburg.

5 Siehe die Zusammenfassung und die Beiträge in Heretiér 1993.

6 Zu den Gründen, insbesondere den Kontextdiskrepanzen zwischen übertragenen Institutionen und den sozialen Umweltbedingungen siehe Reißig 1994a und 1994b. Reißig spricht in diesem Zusammenhang von einem Staat mit zwei Gesellschaften.

Literatur

Banner, Gerhard, 1991: Von der Behörde zum Dienstleistungsunternhmen. Die Kommunen brauchen ein neues Steuerungsmodell, in: VOP 1/91, 6-11.

Bosetzky, Horst, 1992: „Verwaltungsmissionare“. Über den Einsatz westlicher Verwaltungsmitarbeiter in Ostberlin, Verwaltungsrundschau 11/92, 381-385.

Brzezinski, Zbigniew, 1993: The Great Transformation, in: The National Interest, Fall 1993.

Czada, Roland, 1994: Schleichweg in die „Dritte Republik“. Politik der Vereinigung und politischer Wandel in Deutschland, PVS 35. Jg, Heft 2, 245-270.

*Ellwein, Thomas,*1993: Tradition – Anpassung – Reform. Über die Besonderheit der Verwaltungsentwicklung in den neuen Bundesländern, in: *Seibel/ Benz/ Mäding* (Hrsg.) 1993, 30-39.

Ellwein, Thomas, 1994: Das Dilemma der Verwaltung. Verwaltungsstruktur und Verwaltungsreform in Deutschland, Mannheim, Leipzig, Wien, Zürich (= Schriftenreihe Meyers Forum, Bd. 22).

Glaeßner, Gert-Joachim (Hrsg.), 1993: Der Lange Weg zur Einheit. Studien zum Transformationsprozeß in Ostdeutschland, Berlin.

Glaeßner, Gert-Joachim, 1994: Modernisierung von Staat und Gesellschaft. Herausforderung für sozialdemokratische Politik im vereinten Deutschland., in: Perspektiven ds – Zwischenbilanz der deutschen Einigung, 11. Jg., 193-198.

Goetz, Klaus H., 1993: Rebuilding Public Administration in New German Länder: Transfer and Differentation, West European Politics, Vol.16, No.4, 447-469.

Halstenberg, Friedrich 1993: Anmerkungen zum Aufbau der staatlichen Verwaltung in den neuen Bundesländern, DNV, 14f.

Heritiér, Adrienne, 1993: Policy-Analyse. Elemente der Kritik und Perspektive der Neuorientierung, in: dies. (Hrsg.) Policy-Analyse. Krise und Neuorientierung, PVS-Sonderheft 24/1993, 9-36.

Hill, Herrmann, 1993: Die neue Verwaltung nachhaltig entwickeln. Perspektiven nach zwei Jahren Aufbauarbeit, DÖV, 1993, Heft 2, 54-60.

Hill, Hermann, 1994: Konzentration und Beweglichkeit als Leitprinzipien für den weiteren Aufbau der Verwaltung in den neuen Ländern, Verwaltungs-Archiv, 85. Band, Heft 1, 1-21.

König, Klaus, 1991a: Zur Transformation einer real-sozialistischen Vewaltung in eine klassisch-europäische Verwaltung, Speyer (= Speyerer Forschungsberichte 99).

König, Klaus, 1991b: Verwaltung im Übergang. Vom zentralen Verwaltungsstaat in die dezentrale Demokratie, DÖV, 44. Jg., Heft 5, 177-184.

König, Klaus, 1993: Administrative Transformations in Eastern Germany, Public Administration Vol. 71, 135-149.

König, Klaus/ Pitschas, Rainer, 1993: Die Transformation der öffentlichen Verwaltung: Ein neues Kapitel der Verwaltungswissenschaft, in: *Pitschas* (Hrsg.) 1993, 29-46.

Lehmbruch, Gerhard, 1990: Die improvisierte Vereinigung: Die dritte deutsche Republik, Leviathan 18, 462-486.

Lehmbruch, Gerhard, 1993: Institutionentransfer. Zur politischen Logik der Verwaltungsintegration in Deutschland, in: *Seibel/ Benz/ Mäding* (Hrsg.) 1993, 41-66.

Lehmbruch, Gerhard, 1994: Institutionen, Interessen und sektorale Variationen in der Transformationsdynamik der politischen Ökonomie Deutschlands, Journal für Sozialforschung, 34. Jg. (1994), Heft 1, 21-44.

Lehmbruch, Gerhard, 1994a: Sektorale Variationen in der Transformationsdynamik der politischen Ökonomie Ostdeutschlands, MS Universität Konstanz.

Lehmbruch, Gerhard, 1994b: Dilemmata verbandlicher Einflußlogik im Prozeß der deutschen Vereinigung, in: *Streeck, Wolfgang* (Hrsg), PVS-Sonderheft 1994.

Merkel, Wolfgang (Hrsg.), 1994: Systemwechsel 1. Theorien, Ansätze und Konzeptionen, Opladen.

Munck, Gerardo L., 1994: Democratic Transitions in Comperative Perspective, Comperative Politics Vol. 26, No. 3,355-375.

Naschold, Frieder, 1993: Modernisierung des Staates. Zur Ordnungs- und Innovationspolitik des öffentlichen Sektors, Berlin (= Schriftenreihe Modernisierung des öffentlichen Sektors, Bd. 1).

OECD, 1994: Governance in Transition. Public Management Reforms in OECD Countries, Paris.

Pfeiffer, Ulrich/ Amman, Michael/ Zeitzen, Bernd, 1994: NRW 2000 Plus. Wirtschaftsentwicklung und Modernisierung des Staatssektors in Nordrhein-Westfalen, Bonn.

Pitschas, Rainer (Hrsg.), 1991: Rechtsvereinheitlichung und Verwaltungsreform in den neuen Ländern der Bundesrepublik, Speyer (= Schriftenreihe des Wissenschaftlichen Institut Öffentlicher Dienst, Bd. 12).

Pitschas, Rainer (Hrsg.), 1993: Verwaltungsintegration in den neuen Bundesländern, Berlin (= Schriftenreihe der Hochschule Speyer, Bd. 110).

Püttner, Günter/ Bernet, Wolfgang (Hrsg.), 1992: Verwaltungsaufbau und Verwaltungsreform in den neuen Ländern, Köln.

Reichard, Christoph/ Manfred Röber, 1993 : Was kommt nach der Einheit? Die öffentliche Verwaltung in der ehemaligen DDR zwischen Blaupause und Reform, in: *Glaeßner* (Hrsg.), 1993, 215-245.

Reichhard, Christoph/ Eckhard Schröter, 1993: Verwaltungskultur in Ostdeutschland. Empirische Befunde und personalpolitische Ansätze zur Akkulturation ostdeutscher Verwaltungsmitarbeiter, in: *Pitschas* (Hrsg.), 1993, 191-222.

Reichard, Christoph, 1994: Umdenken im Rathaus. Neue Steuerungsmodell in der deutschen Kommunalverwaltung, Berlin (= Schriftenreihe Modernisierung des öffentlichen Sektors, Bd. 3).

Reißig, Rolf (Hrsg.),1993: Rückweg in die Zukunft. Über den schwierigen Transformationsprozeß in Ostdeutschland, Frankfurt/Main, New York.

Reißig, Rolf, 1994a: Ostdeutscher Transformationsprozeß Zwischenbilanz, Konflikte, Gestaltungspotentiale, in: Perspektiven ds – Zwischenbilanz der deutschen Einigung, 11. Jg., 186-192.

Reißig, Rolf, 1994b: Ostdeutschland – Der „deutsche Sonderweg" der Transformation, in: Die realexistierende postsozialistische Gesellschaft. Chancen und Hindernisse für eine demoratische politische Kultur. Wissenschaftliche Konferenz der Brandenburgischen Landeszentrale für politische Bildung, Berlin, 8-18.

Renzsch, Wolfgang, 1994: Föderative Problembewältigung: Zur Einbeziehung der neuen Länder in einen gesamtdeutschen Finanzausgleich ab 1995, in: Zeitschrift für Parlamentsfragen 25, 116-138.

Scharpf, Fritz W., 1973: Planung als politischer Prozeß. Aufsätze zur Theorie der plandenden Demokratie, Frankfurt.

Schäuble, Wolfgang, 1991: Der Vertrag. Wie ich über die deutsche Einheit verhandelte. Stuttgart.

Schmidt, Manfred G., 1992: Political Consequences of German Unification West European Politics, Vol.15, No.4, 1-15.

Seibel, Wolfgang/ Benz,Arthur/ Mäding, Heinrich (Hrsg.) 1993: Verwaltungsreform und Verwaltungspolitik im Prozeß der deutschen Einigung, Baden-Baden.

Seibel, Wolfgang, 1991: Verwaltungsreform in den ostdeutschen Ländern. DÖV März 1991, Heft 5, 189-204.

Seibel, Wolfgang, 1992: Necessary Illusions: The Transformation of Governance Structures in the New Germany, La Revue Tocqeville, 1992, Vol. XIII No.1, 177-197.

Seibel, Wolfgang, 1993: Zur Situation der öffentlichen Verwaltung in den neuen Bundesländern. Ein vorläufiges Resümee, in: *Seibel/Benz/Mäding* (Hrsg.), 1993, 477-498.

Windhoff-Héritier, Adrienne (Hrsg.), 1991: Policy-Analyse. Kritik und Neuorientierung, PVS Sonderheft 24, Opladen.

Wollmann, Hellmut, 1993a: Kommunalpolitik und -verwaltung in Ostdeutschland im Umbruch und Übergang, in: *Roth/Wollmann* (Hrsg.): Kommunalpolitik. Politisches Handeln in den Gemeinden, 20-33 (= Schriftenreihe der Bundeszentrale für politische Bildung, Bd. 320).

Wollmann, Hellmut, 1993b: Local Government Reform in the New Länder: Imitation or Innovation?, Paper to be presented to the Workshop on „German Public Sector Reform in Light of the British Experience“ September 1993 at European Institute, LSE, London.

Wollmann, Hellmut, 1994: The transformation of political and administrative institutions in East-Germany between external determinants and „endogenous“ factors, Paper to be given to the Workshop on „Institutional Transformation in East-Germany: 'Unique' or comparable case of post-socialist transformation?“, August 1994 within the 16th IPSA World Congress.

Zapf, Wolfgang (Hrsg.), 1991: Die Modernisierung moderner Gesellschaften: Verhandlungen des 25. Deutschen Soziologentages in Frankfurt am Main 1990, hrsg. im Auftrag der Deutschen Gesellschaft für Soziologie, Campus Verlag, Frankfurt/Main, New York.

Roland Czada

Der Kampf um die Finanzierung der deutschen Einheit*

1. Einleitung

Das Bruttosozialprodukt der Bundesrepublik erreichte in der ersten Hälfte des Jahres 1990 knapp 20 000 DM pro Einwohner. Nach der zum 1. Juli in Kraft getretenen Währungs-, Wirtschafts- und Sozialunion mit der DDR waren es für die andere Jahreshälfte – wenn man West und Ost zusammenlegt und auf die gestiegene Bevölkerungszahl umrechnet – nur noch 17 700 DM je Einwohner.[1] Entsprechend ist die Bundesrepublik im Folgejahr vom zweiten auf den sechsten Platz der europäischen Wohlstandsskala zurückgefallen. Eine ähnliche Rechnung präsentierte der Bundesfinanzminister am 18. Januar 1993 der CDU/CSU-Fraktion im Bundestag, um sie auf die Solidarpaktverhandlungen einzustimmen. Als Ziel nannte er, die sozialen Standards der verringerten ökonomischen Leistungsfähigkeit anzupassen.[2] Bis 1992 hatte nämlich die westdeutsche Bevölkerung nur minimale Einbußen erfahren,[3] während in den jungen Bundesländern die Einkommen schon seit 1990 kräftig wuchsen. Dies lag daran, daß die deutsche Einheit in den ersten Jahren hauptsächlich durch Sozialversicherungshaushalte, öffentliche Kredite, die Aussetzung geplanter Steuererleichterungen und konjunkturbedingte Steuermehreinnahmen (1991) finanziert wurde. 1990 bestand sogar noch Hoffnung, ihre Kosten ließen sich rasch und sämtlich aus dem Steuersegen eines unmittelbar folgenden Wirtschaftswunders sowie aus Privatisierungserlösen der Treuhandanstalt aufbringen. Wie viele Erwartungen der Vereinigungspolitik mußte auch diese enttäuscht werden. Der Aufschwung-Ost ließ auf sich warten, und die Privatisierung der DDR-Wirtschaft erbrachte bis 1994 nur knapp 30 Mrd. DM (Priewe 1994, 24) – dies bei Schulden allein der Treuhandanstalt von mehr als 250 Mrd. DM. Die Gesamtverbindlichkeiten einigungsbedingter Nebenhaushalte in Höhe von 420 Mrd. DM wurden zum 1. Januar 1995 einem „Erblastentilgungsfonds" zugeschlagen, mit dessen Ausgleich in 30 Jahren gerechnet wird (Jahreswirtschaftsbericht 1993, 15).[4] An der Gesamtentwicklung der öffentlichen Verschuldung zwischen 1989 und 1995 (Tabelle 1) hat allein die Treuhandanstalt einen Anteil von knapp 25 Prozent (vgl. Deutsche Bundesbank 1994: 29).

Der Sachverständigenrat zur Begutachtung der gesamtwirtschaftlichen Lage (SVR) beziffert die von regulären Budgets der Gebietskörperschaften und Sozialversicherungen getragenen „Öffentlichen Leistungen für das Beitrittsgebiet" nach Abzug des dortigen Steuer- und Beitragsaufkommens seit 1991 auf etwa 150 Mrd. DM jährlich (SVR 1991, 136; SVR 1992, 146; SVR 1993, 121, 187). Diese Belastung nimmt nicht etwa ab, wie ursprünglich erwartet, sondern zu – erstens, weil sich der Aufschwung-Ost verzögert, zweitens, weil die Abzinsung und Tilgung der einigungsbedingten Schulden erst ab 1995 ansteht. Zunächst sind nämlich auch die Zinszahlungen der Nebenhaushalte durch Neuverschuldung finanziert worden. Im Jahr 1995 hat nun allein der Bund Leistungen in Höhe von 150 Mrd. DM vorgesehen; darunter 40 Mrd. DM zur Bedienung des „Erblastentilgungsfonds".

Die öffentliche Hand wird 1995 eine Verschuldung von 2 100 Mrd. DM verzeichnen. Das ist mehr als das Doppelte des Jahres 1989 in Höhe von 916 Mrd. DM. Tabelle I zeigt, in welcher Weise die deutsche Vereinigung bis heute hauptsächlich aus Krediten finanziert wurde. Neben den parafiskalischen Sonderhaushalten – ERP, Fonds „Deutsche Einheit", Kreditabwicklungsfonds, Treuhandanstalt und ostdeutsche Wohnungswirtschaft – mußten sich auch Bund, Länder und Gemeinden verschulden, um aus dem Stand die notwendigen Mittel aufbringen zu können. Das heißt aber auch, daß nachfolgende Steuermehreinnahmen bzw. Ausgabenkürzungen zur Haushaltskonsolidierung unumgänglich sind.

Tabelle I: Entwicklung der öffentlichen Verschuldung (Mrd. DM)

	1989	1990	1991	1992	1993	1994*	1995*
Bund	490,5	542,2	586,4	606,7	685,3	726,0	795,5
Länder West	307,6	326,4	344,6	364,7	391,5	423,0	456,0
Länder Ost	-	-	3,6	19,3	37,3	56,0	62,0
Gemeinden West	111,5	114,4	121,0	126,8	135,6	144,5	152,5
Gemeinden Ost		6,2	6,2	12,2	17,2	20,5	22,5
ERP-Sondervermögen	6,8	9,3	16,3	24,3	28,1	33,5	40,5
Fonds „Deutsche Einheit"	-	19,8	50,5	74,4	87,7	91,0	89,0
Kreditabwicklungsfonds	-	27,6	27,5	91,7	101,2	111,0	-
Erblastentilgungsfonds	-	-	-	-	-	-	382,5
Bundeseisenbahnvermögen	-	-	-	-	-	72,0	78,5
sonst. Verbindlichkeiten**		6,2	9,9	11,4	12,2	12,0	19,5
Öffentlicher Gesamthaushalt	**916,4**	**1 039,7**	**1 166,0**	**1 331,5**	**1 496,1**	**1 689,5**	**2 098,5**
Nachrichtlich:							
Wohnungswirtschaft Ost	-	39,0	42,0	47,0	52,0	52,0	21,0
Treuhandanstalt***	-	14,0	57,1	110,2	169,3	230,0	-
Ausgleichsfonds zur Sicherung des Steinkohleeinsatzes	k.A.	k.A.	4,4	4,5	5,3	5,5	5,5
Unternehmen:							
Dt. Bundesbahn	44,1	47,0	38.0	44,9	53,1	-	-
Dt. Reichsbahn	-	k.A.	5,1	8,5	12,9	-	-
Dt. Bundespost	66,1	71,0	81,3	96,6	104,5	116,0	126,0

* Stand September 1994

** ab 1990: einschl. Zweckverbände und Schulden gesellschaftlicher Einrichtungen.

*** Einschließlich der im Zuge von Unternehmensveräußerungen übernommenen Altschulden der DDR-Wirtschaft. Nicht enthalten sind 1994 etwa 40 Mrd. DM, die erst nach 1994 ausgabenwirksam werden (Rückstellungen), so daß sich für 1995 ein voraussichtlicher Gesamtschuldenstand von 270 Mrd. DM ergibt.

Quelle: BMF, Fuest/Kroker (1993, 24).

Die Verschuldung des öffentlichen Gesamthaushaltes erreicht 1995 etwa 26 000 DM pro Einwohner oder 62,5 Prozent des Bruttosozialproduktes (BSP). 1991 hatte sie noch 14 500 DM. bzw. 41,4 Prozent des BSP betragen.[5] Damit belegt die Bundesrepublik im Industrieländervergleich der öffentlichen Schuldenquoten immer noch einen günstigen Platz vor Japan (72 Prozent) oder den USA (64 Prozent) und weit vor Belgien, das mit über 100 Prozent des BSP öffentlich verschuldet ist. Beispiellos ist allerdings der einigungsbedingt rasche Anstieg der Staatsverschuldung. Die kurzfristige Vervielfachung der Ausgaben für Zinsen und Tilgung erfordert empfindlichere Umschichtungen und Einschnitte auf der Ausgabenseite als eine langsam aufgebaute Verschuldung.

Nachdem die Budgetsanierung über eine fiskalische Wachstumsdividende auf den Aufbau-Ost vorerst Illusion blieb, führte an einer großangelegten Lastenumverteilung durch höhere Steuersätze, Kürzungen öffentlicher Leistungen und budgetäre Umschichtungen kein Weg vorbei. In diesem Zusammenhang stellt sich die Frage, wie die abrupte und anhaltende finanzielle Mehrbelastung von bis zu 10 Prozent des BSP der alten Bundesrepublik (1989) im Verlauf der Vereinigungspolitik letztlich auf die öffentlichen Haushalte und einzelnen Bevölkerungsgruppen verteilt wurde. Man kann annehmen, daß eine solch einschneidende Herausforderung, wie sie die Finanzierung der deutschen Einheit darstellt, nicht ohne entsprechende Konflikte und Anpassungen der herkömmlichen verteilungspolitischen Konzepte zu bewältigen ist. So waren denn auch die meisten Experten bis 1993 der Ansicht, die Umverteilungsprobleme, die sich zwischen den Gebietskörperschaften ergeben hatten, könnten nur durch eine grundlegende Finanzreform bewältigt werden (Scharpf 1990, Mäding 1991, Lehmbruch 1991, SVR 1992).

Ehe ich mich der Frage der Lastenverteilung zuwende, möchte ich die Situation des Vereinigungsjahres 1990 in Erinnerung rufen, um das Außergewöhnliche des hier behandelten Problems hervorzuheben. Dies auch deshalb, weil man sonst allzuleicht frühe Entscheidungen nach heutigem Wissen beurteilt, ohne zu berücksichtigen, daß damals ganz andere Bedingungen vorlagen.

2. *Zur Problemlage*

Die deutsche Einheit barg von Anfang an finanzielle Risiken. Von denen, die es früh geahnt hatten, wagten nur wenige, es öffentlich auszusprechen. Als der damalige Bundesbankpräsident Karl-Otto Pöhl im Frühjahr 1990 die finanzpolitischen Folgen der Wirtschafts-, Währungs- und Sozialunion als drohende Katastrophe bezeichnet hatte[6], wurde er, wie er selbst sagte, „abgekanzlert" und mußte demissionieren. Zwischen der Bundesregierung – genauer: dem Kanzleramt – und der Bundesbank hatte sich damals die erste Front im Kampf um die Finanzierung der deutschen Einheit eröffnet (Hartwich 1992, 261). Die zweite war wenig später im Regierungsapparat selbst entstanden. Als der Finanzminister Theo Waigel – so berichtet Wolfgang Schäuble in seinem Buch zu den Einigungsvertragsverhandlungen – im Sommer 1990 auf ihn zukam, um mitzuteilen, „daß nach dem Stand seiner Informationen die mit dem Einigungsvertrag verbundenen finanziellen Risiken völlig unabsehbar seien" (Schäuble 1993: 121), mußte Schäuble ihn darauf hinweisen, daß der Einigungsvertrag im Vergleich zu dem vom Finanzministerium ausgehandelten Staatsvertrag über die Währungs-, Wirtschafts- und Sozialunion wesentlich geringere finanzielle Risiken bergen würde (ebenda: 121-122). Der Einigungsvertrag sei, im Gegenteil, ein Instrument, die zuvor von Waigels Haus eingegangenen unbeherrschbaren Haushaltsrisiken wieder in den Griff zu bekommen. Das Finanzministerium hatte nämlich den Staatsvertrag konzipiert, der die Bundesrepublik in den drei Monaten zwischen seinem Inkrafttreten und der staatsrechtlichen Vereinigung in eine finanzpolitisch äußerst prekäre Situation brachte: sie finanzierte einen anderen Staat, ohne daß sie die Kontrolle und Rechtsaufsicht über dessen Mittelverwendung besaß (vgl. Czada 1993a, 157).

Bei der Formulierung des Einigungsvertrages hatte sich eine Konfliktfront zwischen Kanzleramt und Finanzministerium angekündigt, die später immer wieder aufbrechen sollte. Es ist ein offenes Geheimnis, daß die Aufbaugruppe-Ost im Bundeskanzleramt bei jeder wichtigen Entscheidung der Vereinigungspolitik mitmischte, während sich Wirtschafts- und Finanzministerium in unterschiedlichen, oft parteipolitisch begründeten Einschätzungen gelegentlich paralysierten. So plädierte der FDP-Wirtschaftsminister wiederholt für Steuerpräferenzen, bis hin zu einem Sondersteuergebiet Ost, und für drastische Subventionskürzungen in den Bereichen Landwirtschaft, Kohlebergbau und Werften. Dem Finanzministerium erschien ein Sondersteuergebiet-Ost zu riskant, zumal dadurch Standortverlagerungen und Steuermindereinnahmen auch im Westen drohten.[7] „Die Etablierung einer neuen 'Ost-Zone' als Steueroase" (Singer 1991: 57) hätte zudem die politische und ökonomische Integration verzögert. Waigel setzte vielmehr auf den Abbau von Steuervergünstigungen, höhere Verbrauchsteuern und die (Wieder-)Einführung des Solidaritätszuschlages auf Arbeitnehmereinkommen, der zwischen Juli 1991 und Juni 1992 schon 24,2 Mrd. DM erbracht hatte und aus dem ab 1995 knapp 30 Mrd. DM jährlich erwartet werden.

Wolfgang Schäuble bestätigt in seinem Bericht zur Entstehung des Einigungsvertrages implizit Pöhls frühe Einschätzung der finanziellen Risiken der Wirtschafts-, Währungs- und Sozialunion. Tatsächlich waren diese „unübersehbar". Im Jahre 1990 konnte man nur ahnen, was die Herstellung der deutschen Einheit letztendlich kosten würde, und wie sie zu finanzieren sei. Galt diese Unsicherheit auch für das Folgejahr 1991? Wenn wir die Schätzungen dieses Jahres betrachten, dann zeichnet zum Beispiel das Institut der Deutschen Wirtschaft (DIW) bereits ein wirklichkeitsnahes Bild auch der späteren Entwicklung (Tabelle I: Synopse der Schätzungen der **Netto**transfers öffentlicher Haushalte an die neuen Bundesländer).

Tabelle II: Synopse der Schätzungen der Nettotransfers öffentlicher Haushalte an die neuen Bundesländer (Mrd. DM)

	1990	1991	1992	1993	1994
Karl-Bräuer Inst. (1991)		134	162,5	134,5	
Institut der deutschen Wirtschaft (1991)		152,6	170	168	
Dresdner Bank (1992)	45	140	183		
Deutsche Bundesbank ((1992)		139	180		
Sachverständigenrat (1991, 1992, 1993)		125	150		
Forschungsinstitute (1993)		129,2	150,3	162,9	165,5

Quelle: Fuest/Kroker (1993, 9)

Die Varianz der Schätzungen bewegt sich im Rahmen der in der Ökonometrie üblichen Abweichungen und Schätzfehler. Deshalb ist es um so bemerkenswerter, daß bereits im Februar 1990 eine sehr realistische Gesamtkostenschätzung der damaligen EG-Kommission vorlag, die von Bruttotransfers – also ohne Einnahmen im Osten und einigungsbedingte Einsparungen – in Höhe von knapp 200 Mrd. DM. ausging, die jährlich bis 1994 in gleicher Höhe, dann mit linear abnehmender Tendenz bis zum Jahr 2000 anfallen würden (Tabelle II: Gesamtkostenschätzungen). Um ein realistisches Bild der West-Ost Finanzströme zu erhalten, wären die Bruttotransfers um die Steuer- und Beitragseinnahmen in den neuen Ländern zu kürzen, die indes wiederum zum Teil aus öffentlichen Mitteln, etwa kreditfinanzierten Löhnen in Treuhandunternehmen, stammten und darüber hinaus vom Erfolg des Aufbaues-Ost abhängen (vgl. Fußnote 12).

Tabelle III: Gesamtkostenschätzungen (Bruttotransfers in Mrd. DM)

	1990	1991	1992	1993	1994	1995
EG-Kommission (1990)	190	190	190	190	190	dann abnehmend
Bundesbank (1992)	170	218				
Bundeskanzleramt (1993)	139	152	177	174		
Hickel/Priewe (1994, 141)		200	200	200		

2.1 Umverteilungsszenario der Europäischen Kommission

Das Brüsseler Szenario einer Wirtschafts-, Währungs- und Sozialunion war am Wochenende des 17./18. Februar 1990 bei einer Klausurtagung im belgischen Gent den 17 EG-Kommissaren erörtert worden.[8] Dort hatte man eine ganz einfache Rechnung aufgemacht: Man ging davon aus, daß das reale mittlere Einkommen je Beschäftigtem in Ostdeutschland gerade ein Viertel des westdeutschen Reallohns erreichte. Um die damalige Ost-West Migration zu stoppen, hielt man es für notwendig, die Einkommen im Osten auf zwei Drittel des Westniveaus anzuheben. Zwei Drittel, so glaubte man, würden zu Anfang genügen, unter der Voraussetzung daß die DDR-Bürger auf stetige Besserung im eigenen Land hoffen könnten.

Unter Berücksichtigung der Zahl der Beschäftigten ergab sich aus der Anhebung im Osten eine Belastung der westdeutschen Einkommen von zehn Prozent, die aufzubringen wären, bis Ostdeutschland sein eigenes „Wirtschaftswunder“ erleben würde.[9] Die Europäische Kommission prognostizierte damals, daß zwei, drei Jahre lang der „Zehnte“ entrichtet werden müsse, mit abnehmender Tendenz in den Folgejahren bis hin zur Jahrtausendwende. Zehn Prozent Lohnabgabe entsprachen zum damaligen Zeitpunkt 6,5 Prozent des Bruttosozialproduktes, auf die 1,5 Prozent öffentliche Transfers aufgeschlagen wurden; also insgesamt 8 Prozent oder etwa 200 Mrd. DM pro Jahr bis 1995. Heute wissen wir, daß die West-Ost Transferleistungen öffentlicher Haushalte und Parafisci etwa 10 Prozent des BSP von 1989 ausmachen. Und anders, als in dem damaligen EG-Papier vorgesehen, ist davon der größte Teil durch Schulden finanziert worden. Doch auch für diesen Fall gab es in Brüssel ein Szenario.

Wenn die Bundesbürger ihre „DDR-Abgabe“ nicht durch Einkommens- und Konsumverzicht leisten wollten, so das Brüsseler Papier, müsse man mit Inflationsgefahr und entsprechender Geldverknappung der Bundesbank rechnen. Das Ergebnis wäre eine Aufwertung der D-Mark und ein ziemliches Durcheinander im Europäischen Währungssystem. Genau so ist es später auch gekommen. Dies zeigt: Schon früh hat sich eine Konfliktfront zwischen der Bundesregierung und den europäischen Partnerstaaten aufgetan, wobei letztere auf eine gemeinschaftsverträgliche Finanzierung des Aufbaues-Ost hinzuwirken suchten. Und das Papier zeigt weiterhin, daß es schon im Februar 1990 sehr hellsichtige Prognosen zur Vereinigungspolitik gegeben hat.

Gleichwohl findet sich auch hier immer wieder der Hinweis, daß alles auch anders kommen könnte, weil man zum Beispiel nicht wußte, in welchen Relationen die DDR-Bürger die mit der Währungsunion erhaltenen 40 Milliarden DM zum sofortigen Konsum verwenden oder sparen würden. Eine Unsicherheit der ökonomischen Vereinigungspolitik bestand auch in der Unkalkulierbarkeit der Wirtschaftssubjekte und der aus ihrem Verhalten resultierenden Aggregatgrößen, die wiederum auf individuelle Handlungsdispositionen zurückwirkten. Hier bestand die Gefahr von Niedergangsspiralen um so stärker, je mehr das Vertrauen in den Aufschwung-Ost zurückging. Das politische Versprechen, den Wirtschaftsstandort Ost unter Aufbringung aller Kräfte zu stützen und letztlich zur Blüte zu bringen, muß unter diesem Gesichtspunkt gesehen werden. Die Europäische Kommission war eine der ersten politischen Instanzen, die in ihren Transformationsszenarien diesen Zusammenhang sehr deutlich herausstellte.

2.2 Die Kosten verschiedener Modernisierungsstrategien

Bereits im Vorfeld der Währungs-, Wirtschafts- und Sozialunion kannte man die Brisanz rascher Lohnsteigerungen bei nur langsamen Produktivitätszuwächsen im Osten. Aus der Notwendigkeit von Einkommenssteigerungen schloß die EG, die westliche Industrie werde eine Rentabilitätsprämie verlangen, ehe sie in den neuen Ländern investieren würde. Dies sei durch die Ansiedlung von Niedriglohn-Industrien in den neuen Bundesländern am kostengünstigsten zu bewerkstelligen. Wie wir inzwischen wissen, haben Bundesregierung und Treuhandanstalt den umgekehrten, teureren Weg gewählt; soweit möglich, wollten sie in den neuen Bundesländer die modernste Industrie Europas entstehen lassen. Auf diesem Weg haben sie auch die westdeutschen Produktionsstätten – etwa in den Sektoren Stahl, Maschinenbau, Feinmechanik, Automobil, Chemie – unter Konkurrenzdruck gesetzt und so die Modernisierung der Wirtschaft im ganzen Land beschleunigt – was sich bereits 1994 in einem bemerkenswerten gesamtwirtschaftlichen Produktivitätszuwachs niederschlug.

Die beispiellose Vernichtung niedrigproduktiver Anlagen und Arbeitsplätze im Vereinigungsprozeß und negative Kaufpreise bei der Privatisierung der DDR-Wirtschaft sind die andere Seite dieser Medaille. Betrachtet man die Verträge der Treuhandanstalt, so wird deutlich, daß hier nicht Unternehmen *ver*kauft wurden, sondern Unternehmenskonzepte, produktive Investitionen und Arbeitsplätze *ein*gekauft. Die THA fungierte insofern als eine Modernisierungsagentur des Staates – und zwar in historisch beispielloser Größenordnung; vor allem was ihre finanzielle Ausstattung betrifft (Lichtblau 1993, 35).

Das Volumen und die Verteilungsströme im Vereinigungsprozeß haben enorme industriepolitische und gesellschaftspolitische Implikationen. Es wird sehr oft vergessen, daß hier mehr als nur die Verteilungssphäre tangiert ist. Zwar betonten Bundesbank und Wirtschaftsverbände, daß der größte Teil – etwa zwei Drittel – der anfänglichen Transferzahlungen in den Konsum geflossen sei (Bundesbank 1992, 20, Fugest/Kroker 1993, 15). Andererseits haben die öffentlichen Hände und von ihnen geförderte Privatunternehmen Jahr für Jahr zunehmend, bis heute insgesamt 450 Mrd. DM, in Ausrüstungen und Bauten im Osten investiert. Den Übertragungen von 60 bzw. 85 Mrd. DM in den Jahren 1992 und 1993 an private Haushalte der neuen Bundesländer stehen zudem nicht nur Direktsubventionen an Unternehmen und öffentliche Investitionen gegenüber, sondern auch eine Vielzahl indirekter Investitionshilfen – von negativen Kaufpreisen für Treuhandunternehmen über Zinssubventionen und Bürgschaften bis hin zur Finanzierung von Beschäftigungsgesellschaften. Sofern etwa mit Lohnkostenzuschüssen nach § 149h AFG die Demontage von Altanlagen, Großflächensanierung im Braunkohlenbergbau und ähnliche Infrastrukturprojekte finanziert werden, handelt es sich eben nicht nur um konsumptive Ausgaben. Die Finanzierung der deutschen Einheit greift stärker und direkter als jede andere Umverteilungspolitik in die produktive Sphäre der Wirtschaft ein. Ein beachtlicher Umverteilungsstrom ist folgerichtig der zwischen Unternehmer- und Arbeitnehmereinkommen. Die bereinigte Lohnquote, die nach der Gewinnexplosion der 80er Jahre ihr Nachkriegstief von 52,25 Prozent erreicht hatte, ist in den ersten vier Jahren der Vereinigung noch weiter gesunken; nach Steuern – also unter Einbeziehung der sekundären Verteilungssysteme über Steuern und Transfers – würde sich die Entwicklung noch ausgeprägter darstellen.

Der SVR hatte in seinem Jahresgutachten 1989/90 einen „Lohn-Nachschlag" angeregt, um die Arbeitnehmer „an der unerwartet guten Gewinnentwicklung" der vorangegangenen Jahre teilhaben zu lassen. Die Lohnrunde 1990 war dann auch durch eine Zurückstellung qualitativer Forderungen zugunsten von Einkommenssteigerungen gekennzeichnet. Schon mit der ökonomischen Vereinigungskrise des Jahres 1992 kam es aber zu einem erneuten Kurswechsel zugunsten der Unternehmereinkommen.

Zwischen den Tarifparteien verläuft seitdem eine der entscheidensten Fronten im Kampf um die Finanzierung der deutschen Einheit.

Die Umverteilungskanäle der Vereinigungspolitik, zu denen die Tarifpolitik zweifellos gehört – sind vor allem im sekundären, staatlichen und parafiskalischen Bereich sehr komplex strukturiert, und es erscheint nahezu unmöglich – und zudem politisch unerwünscht – eine Verteilungsbilanz aufzumachen, aus der die einigungsbedingten Belastungen von Einkommensgruppen und Sozialleistungsempfängern detailliert hervorgingen. Gleichwohl zeigen die politischen Konfliktlinien der Einigungspolitik, welche Verteilungsinteressen hier auf dem Spiel stehen.

3. Die Umverteilungskanäle der Vereinigungspolitik

Die Finanzierung der deutschen Einheit hat sich grob unterteilt in sieben Verteilungsarenen abgespielt:

1. *Sozialversicherungshaushalte/Parafisci* (Sie sind Teil der sekundären – sozialpolitischen – Einkommensverteilung).
2. *Staatsverschuldung/Sonderhaushalte* (Hier handelt es sich um ein intergenerationelles und funktionales Verteilungsproblem)
3. *Steuer- und Sozialpolitik* (sekundäre Einkommensverteilung).
4. *Föderale Finanzbeziehungen* (Föderales Konsolidierungsprogramm).
5. *Solidarpakt* (Bankeninitiative, Einkaufsoffensive-Ost etc.).
6. *Tarifpolitik* (Primäre, funktionale Einkommensverteilung / Arbeitsmarkt)
7. *Öffentliche Dienstleistungen/Gebührenhaushalte* (Kostendeckungsprinzip, Leistungskürzung bzw. Staatsentlastung durch Privatisierung).

Diese Verteilungsarenen unterscheiden sich mehrfach, vor allem aber sind sie in unterschiedlichem Maße politisiert. Während die Finanzierung über Sozialversicherungshaushalte und öffentliche Verschuldung sehr rasch und ohne größere Verteilungskonflikte in Gang kam, sind die Bereiche Steuerpolitik, Einsparungen bzw. Leistungskürzungen und Tarifpolitik durch erhebliche politische Friktionen und langsame Anpassungen an die neue finanzpolitische Problemlage der Vereinigung gekennzeichnet. In diesem Zusammenhang ist bemerkenswert, daß bis heute über Parafisci und öffentliche Verschuldung der größte Teil der Mittel aufgebracht wurde. Die Belastung der Sozialversicherungen wird auch im europäischen Vergleich deutlich. In keiner anderen europäischen Volkswirtschaft ist zwischen 1990 und 1993 der Anteil der parafiskalischen Sozialabgaben am Bruttoinlandsprodukt so stark angestiegen wie in der Bundesrepublik (Tabelle II).

Tabelle IV: Anteil der Sozialabgaben am Bruttoinlandsprodukt (1990-93 in %)

	Sozialabgaben				
	1990	1991	1992	1993	93-90
Deutschland	15,8	17,2	17,5	18,1	**2,3**
Frankreich	19,3	19,4	19,6	19,6	**0,3**
Großbritannien	6,7	6,7	6,7	6,5	**-0,2**
Italien	12,9	13,1	13,3	13,5	**0,6**

Quelle: Schweizerischer Bankverein, Der Monat 11/1994, 18

3.1 Parafiskalischer Finanzausgleich

Der *parafiskalische Finanzausgleich* zwischen Ost und West basiert auf Regeln, die unabhängig von der besonderen Situation der Vereinigungspolitik geschaffen wurden. Von besonderer Bedeutung sind hier die beitragsfinanzierten sozialen Sicherungssysteme: Krankenversicherung, Rentenversicherung und Arbeitslosenversicherung. Die Finanzströme verlaufen zwischen den Trägern der gesetzlichen Sozialversicherungen, zwischen diesen Trägern und dem Bundeshaushalt und innerhalb einzelner Zweige der Sozialversicherung.

Die Gesetzlichen Rentenversicherungsträger zahlten an die Krankenversicherung der Rentner in den neuen Ländern: 1991: 3,714 Mrd.; 1992: 2,5 Mrd. (ohne knappschaftliche Rentenversicherung); 1993: 3 Mrd. Die Bundesanstalt für Arbeit (BA) zahlte an die Krankenversicherung der Arbeitslosen in den neuen Ländern: 1991: 4,191 Mrd.; 1992: 5,62 Mrd.; 1993: 5,65 Mrd. (Henke, Klaus-Dirk/Leber, Wulf-Dietrich 1993, 36).

In der Rentenversicherung beziffert das Bundesministerium für Arbeit und Sozialordnung (BMA) den Defizitanteil der Rentenversicherung im Osten, der durch westliche Beitragszahler gedeckt wird, mit 11 bis 12 Mrd. für die Jahre 1993 und 1994 (ebenda). Im übrigen schreibt der Einigungsvertrag die Kompensation der Rentenversicherungsträger für einen Großteil ihrer Mehraufwendung im Osten aus dem Staatshaushalt vor (vgl. Andel 1993: 99). Zu einem Kassenverbund mit partiellem Solidarausgleich kam es erst mit dem Renten-Überleitungsgesetz zum 1.1.1992, daher setzten reguläre Transfers aus Versicherungsbeiträgen erst ab 1992 ein, die dann aber sogleich 14 Prozent der im Westen geleisteten Rentenzahlungen ausmachten. Finanziert wurden die Transfers aus Schwankungsreserven der Rentenversicherung – ein Vorgang, der den Spielraum für Beitragssenkungen begrenzte und spätere Erhöhungen zu Folge hatte (Hickel/Priewe 1994, 165). Eine 1990 aufgelaufene Schwankungsreserve von 40 Mrd. DM ermöglichte 1991 die Absenkung des Beitragssatzes in der Rentenversicherung um einen Prozentpunkt auf 17,7 Prozent des beitragspflichtigen Einkommens, die freilich infolge einer großteils einigungsbedingten Erhöhung auf 19,2 Prozent im Jahre 1994 mehr als kompensiert wurde.[10]

Die Bundesanstalt für Arbeit hatte unter den Sozialversicherungsträgern die weitaus höchsten Nettotransfers zu bestreiten (Kühl 1993). Sie ist nach dem Bund (einschließlich Treuhandanstalt) der bedeutendste Finanzier der Einheit, weit vor dem „Fonds Deutsche Einheit“, den alten Bundesländern und der Europäischen Gemeinschaft.

Die Transferströme der BA belaufen sich 1991 auf 30 Mrd. bei 6. Mrd. Beitragsaufkommen im Osten; 1992 auf 46 Mrd. bei 10 Mrd. Beitragsaufkommen im Osten und 1993 auf etwa 52 Mrd. bei etwa 12 Mrd. Beitragsaufkommen im Osten (SVR 1991, 136; SVR 1992, 146; SVR 1993, 121). Die Beitragszahler der Arbeitslosenversicherung finanzierten diese Transfers nach Erhöhung der Beitragssätze von 4,3 (1990) auf 6,8 (1991), 6,3 (1992) und 6,5 Prozent (1993) zu zwei Dritteln.[11] Der Rest entfiel auf Bundeszuschüsse, die 1993 trotz gleichzeitiger Leistungskürzungen auf nahezu 25 Mrd. D-Mark anstiegen. Hierbei ist anzumerken, daß ein Großteil des Beitragsaufkommens im Osten vor allem in den ersten Jahren ebenfalls aus öffentlichen Mitteln bestritten wurde. Soweit die Löhne der in Treuhandunternehmen und Beschäftigungsgesellschaften tätigen Arbeitnehmer subventioniert waren, beruhen die davon abgeführten Steuern und Beiträge zur Sozialversicherung nicht auf einer Wertschöpfung im Osten, wie es das von der Bundesregierung zur Ermittlung der West-Ost Transfers angewandte Nettoprinzip suggerieren könnte.[12]

Hinsichtlich ihrer interregionalen Verteilungswirkungen handelt es sich bei den Sozialversicherungsträgern um einen *„versteckten Finanzausgleich“* (Mackscheid 1993, 132). Es ist ein regelgebundener Mechanismus, bei dem sich die interregionale Umverteilung als Nebeneffekt einstellt. Die BA leitet ihre Ausgaben in Regionen mit großen Arbeitsmarktproblemen und erzielt ihre Einnahmen überproportional dort, wo die wirtschaftliche Leistungsfähigkeit am größten ist. Nun funktioniert ja der Länderfinanzausgleich nach einem ähnlichen Solidarprinzip, mit dem Unterschied, daß hier explizit territoriale Ungleichgewichte anstelle individueller Bedarfslagen ausschlaggebend sind. Zugleich ist – aus diesem Grund – die Politisierung und der Einfluß diskretionärer Verhandlungslösungen im föderalen Finanzausgleich sehr stark ausgeprägt, während der „versteckte Finanzausgleich“ der Sozialversicherungssysteme vor der Vereinigung kaum zur Kenntnis genommen wurde. Dabei zeigen jüngste Berechnungen, daß die Ausgleichsintensität der Leistungen vor der Vereinigung genauso hoch oder gar noch höher gelegen haben als danach. Mackscheid (1993, 129) hat die „fiktiven Überzahlungen“, die unter der Annahme gleicher Arbeitslosenquoten in allen Bundesländern ermittelt werden, für die alte Bundesrepublik errechnet.[13] Dabei stellt sich heraus, daß der relative Transfer der Bundesanstalt für Arbeit des Jahres 1989 nach Bremen die Ergebnisse von 1991 in einzelnen der neuen Bundesländer übertroffen hat.

Im Bereich der Sozialversicherungsträger, insbesondere der Bundesanstalt für Arbeit, findet sich ein enormes Ausgleichsvolumen zwischen den Gebietskörperschaften – mehr als 50 Mrd. DM Umverteilung zwischen den Bundesländern pro Jahr – bei minimaler Politisierung! Eine solche Minimierung politischer Konflikte kann nicht einmal durch Schuldenfinanzierung erreicht werden, die immerhin von der Opposition und vom Bund der Steuerzahler bisweilen harsch kritisiert wurde. Aber auch um die Schuldenfinanzierung gab es keine größeren Auseinandersetzung, obwohl dieser Posten den Löwenanteil der Vereinigungskosten trägt. Im Rückblick war zum Beispiel 1980 die Kritik des Kanzlerkandidaten Franz-Josef Strauß an dem von ihm so genannten „Schuldenkanzler“ Helmut Schmidt weit schärfer, als alles was man in der Vereinigungspolitik zu diesem Thema gehört hat – ein Hinweis darauf, daß alle Parteien und gesellschaftlichen Gruppen, die Kreditfinanzierung der Vereinigungskosten gebilligt haben.

3.2 Staatsverschuldung, Nebenhaushalte

Die Kosten der Einheit über eine Erhöhung der Staatsschuld aufzubringen, erschien als ein bequemer und – soweit es sich um investive Aufbauleistungen handelt – auch angemessener Finanzierungsweg; zumal die öffentliche Verschuldung der Bundesrepublik im internationalen Vergleich gering ist, und die Haushaltskonsolidierung der 80er Jahre Spielräume geschaffen hatte, die – wäre die Vereinigung nicht gekommen – weitere Steuersenkungen ermöglicht hätten.[14] Das Problem der Staatsverschuldung lag auf einem ganz anderen, währungspolitischen Feld. Die Defizitfinanzierung eines Großteils der Aufbaukosten bei gleichzeitigem Inflationsdruck, verursacht durch einen Kaufkraftüberhang im Osten nach dem Währungsumtausch und eine kurze Vereinigungskonjunktur im Westen, zwang die Bundesbank zu einer Hochzinspolitik. Der damit verbundene Aufwertungseffekt hat 1992 das Europäische Währungssystem fast in den Ruin geführt. Als der Zentralbankrat im Juli 1992 den Leitzins auf die historische Höchstmarke festsetzte, sahen sich Bundesbank und Bundesregierung massivem außenpolitischem Druck ausgesetzt. Der damalige französische Premierminister (Bérégovoy) beschwerte sich, Frankreich und ganz Europa müßten die deutsche Einheit mit Arbeitslosigkeit bezahlen. Die deutsche Zinspolitik hatte die Schwäche der italienischen Volkswirtschaft und die Überbewertung des britischen Pfundes im EWS offengelegt. Der Zinsentwicklung der Ankerwährung zu folgen, bedeutete für beide Länder eine Verlängerung der Wirtschaftskrise mit entsprechenden Abwertungstendenzen, denen wiederum ihre Notenbanken durch DM-Verkäufe und die Hartwährungsländer – nach EWS-Regeln – durch Stützungskäufe der bedrohten Währungen entgegenwirken mußten. Devisenhändler hatten in Kenntnis dieses Zusammenhanges die Flucht aus Pfund und Lira angetreten, mit der Folge, daß Großbritannien und Italien am 17. September 1992 nach mehreren Spekulationswellen aus dem europäischen System der festen Wechselkurse ausscheiden mußten. Die Bundesbank war bis zuletzt nur dem französischen Franc beigestanden. Dafür übernahm die später autonomisierte Banque de France die deutsche Geldmengensystematik und spricht heute ihr Geldmengenziel mit der Bundesbank ab, die wiederum ihre Mindestreservesätze den französischen angepaßt hat. Die Herausbildung einer „DM-Franc Zone“ in Europa war einer von zahlreichen Nebeneffekten der einigungsbedingten Hochzinspolitik.

Ein anderer Effekt lag im Druck auf die Bundesregierung zur Ordnung der föderalen Finanzbeziehungen sowie zur Haushaltskonsolidierung und auf die Tarifparteien zur Zurückhaltung bei den Lohnforderungen.[15] Die Bundesbank nannte dies als Voraussetzung für Zinssenkungen. Dabei war die von einem einigungsbedingten Geldüberhang und öffentlichen Haushaltsdefiziten ausgehende Inflationsgefahr nicht der einzige Grund für die Hochzinsstrategie der Bundesbank.[16] Daneben ging es um die Sicherstellung der zum Aufbau-Ost notwendigen Kapitalimporte. Die Neuverschuldung der öffentlichen Hand hat nach Berechnungen des Bundesverbandes der Deutschen Industrie (BDI) 1992 bereits 90 Prozent der Ersparnisse privater Haushalte

(Fuest/Kroker 1993, 44) und mehr als 20 Prozent der gesamten Kapitaltransaktionen im Inland ausgemacht. Angesichts zugleich steigender, oft ebenfalls einigungsbedingter privater Investitionskredite[17], fortdauernder Kapitalflucht und nahezu ungebremster Auslandsinvestitionen der deutschen Wirtschaft wurden zunehmende Kapitalimporte unerläßlich. Sie lassen sich prinzipiell nur erreichen, wenn dem ausländischen Anbieter ein attraktives Zinsniveau sowie die Aussicht auf einen stabilen, besser noch steigenden Außenwert der Währung geboten werden. In dieser Lage war die Hochzinspolitik das Instrument einer fundamentalen Umsteuerung in der Kapitalverkehrsbilanz (ebenda). Noch 1988 verzeichnete die Bundesrepublik den höchsten Kapitalexport ihrer Geschichte: 120 Mrd. DM flossen ins Ausland; Zeitungen schrieben damals von einem „Rekordvolumen bei der Kapitalflucht" aufgrund der nahenden Quellensteuer.[18] Die Bundesbank mußte durch ihre Zinspolitik diese Verhältnisse nahezu umkehren.

Zu dieser Zeit befand sich die Finanzpolitik der Vereinigung auf einer gefährlichen Gratwanderung. Daß sie durchhielt und letztlich doch Zinssenkungen möglich wurden, liegt zum einen an dem Vertrauen, daß die Akteure auf dem internationalen Kapitalmarkt in die D-Mark und die deutsche Volkswirtschaft, nicht zuletzt aber auch in den Erfolg der Transformationspolitik im Osten, gesetzt hatten. Zum anderen lag es an der im Frühjahr 1993 mit dem Föderalen Konsolidierungsprogramm und Solidarpakt erreichten Kompromiß zur Verteilung der Einigungslasten, die bereits 1995 eine spürbare Reduktion der öffentlichen Neuverschuldung erwarten ließ. Zwar hatte die Bundesbank schon im Herbst 1992 ein eher symbolisches Zinssenkungsschrittchen vorgeleistet, eine wirksame Senkung der Leitzinsen folgte indessen erst nach Verabschiedung des föderalen Konsolidierungsprogrammes. Am 11.09.1992 hatte Finanzminister Waigel ein „Thesenpapier" zur Neuordnung der föderalen Finanzausgleichs vorgelegt. Am übernächsten Tag senkte die Bundesbank den Diskontsatz von 8,75 auf 8,25 Prozent. Auf dem Höhepunkt der Solidarpaktgespräche beschloß der Zentralbankrat am 4.2.1993 eine Rücknahme auf 8 Prozent und schließlich am 18.3.1993, wenige Tage nach der entscheidenden Klausurtagung der Regierungschefs aus Bund und Ländern, auf 7,7 Prozent.

Die Hochzinspolitik und ihre langsame Lockerung waren mehr als der konditionierte Reflex eines institutionalisierten Währungshüters. Die Politik der Bundesbank war zunächst, ehe sie wie mit „Zuckerbrot und Peitsche" auf die Solidarpaktverhandlungen einwirkte, Teil einer Kapitalimportstrategie, wie man sie auch in anderen ökonomischen Aufholprozessen, z.B. spätindustrialisierter europäischer Staaten beobachten konnte. Sie kann ebenso in ihrer ersten Phase, vor den Solidarpaktgesprächen, als eine durch öffentliche Verschuldung finanzierte Angebotspolitik interpretiert werden – analog zu den amerikanischen „Reaganomics" der achtziger Jahre (Singer 1991, 56). Erfolgsvoraussetzung einer solchen, auf einer Sonderprämie für Kapital basierenden Wirtschaftspolitik sind eine starke Währung und schwache Gewerkschaften. Dadurch können negative Auswirkungen großer Kapitalimporte und öffentlicher Verschuldung sowie steigender Lohneinkommen auf die Geldwertstabilität begrenzt werden. Was die Gewerkschaften betrifft, so ist ihre ökonomische und politische Verhandlungsmacht durch die Vereinigung erheblich geschwächt worden. Sie hatten mit den neuen Bundesländern ein Niedriglohngebiet im eigenen Organisationsbereich erhalten und wurden zudem in die ökonomische Transformationspolitik zunehmend eingebunden (Czada 1994b, Lehmbruch 1994).

Die Treuhandanstalt, die zentrale ökonomische Transformationsagentur des Staates, hat sich auf Weisung des Finanzministers und mit Rat und Hilfe der Bundesbank so weit als möglich im Ausland refinanziert. 1993 hatte sie nach aktiver Werbung an allen wichtigen ausländischen Finanzplätzen – die Präsidentin Birgit Breuel hatte die Anstalt an den Börsen von Tokio, Singapur, New York, Paris, Wien etc. vorgestellt – 40 Prozent ihrer auf DM lautenden Schuldverschreibungen dort abgesetzt – bis heute mit steigender Tendenz (vgl. Czada 1993a, 167-169). Im Gegensatz zum Bund kennt sie viele ihrer Geldgeber, die große Tranchen der Treuhandanleihen erworben haben – darunter Pensionsfonds in Korea, Taiwan und den USA. Dies gelang natürlich nur auf der Basis attraktiver Zinsen und eines festen DM-Kurses, für den die Bundesbank verantwortlich ist. Anders als sie befand sich die THA aber in einem besonderen Zielkonflikt: Sie war einerseits an einer konjunkturellen Wachstumspolitik zur Erleichterung ihrer Privatisierungsbemühungen interessiert, andererseits diente die Hochzinspolitik der Verbesserung ihrer Refinanzierung auf dem internationalen Kapitalmarkt (vgl. Sinn/Sinn 1993). Keine dieser beiden Strategien war von ihr selbst zu entscheiden. Die entscheidende Stelle war die Bundesbank, mit der die THA täglichen Kontakt hielt.[19] Sie war es auch, die die Bundesregierung zum Solidarpakt drängte. Diese Rolle als „Nebenregierung" der Transformationspolitik erscheint insofern bemerkenswert, als die Währungsunion gegen den erklärten Willen der Bundesbank und fast aller Mitglieder des Zentralbankrates beschlossen wurde. Daraus konnte eine Schwächung ihrer Rolle herausgelesen werden. Da sie zur Währungsunion, die sie abgelehnt hatte, weder konkret gehört noch rechtzeitig informiert worden war, folgert Hartwich (1992, 272): „Die Bundesbank wurde bisher politisch überschätzt". Das tatsächlich anfangs unbedeutende, später jedoch um so größere Gewicht der Bundesbank kann nur durch einen Wechsel der Problemebenen erklärt werden: Bei den Beschlüssen zur Währungsunion und staatsrechtlichen Vereinigung handelte es sich um rein politische Entscheidungen, die von der Bundesregierung gegen manchen Expertenrat autonom gefällt wurden (Lehmbruch 1990), während der spätere Aufbau-Ost sachlich-technischen Erfordernissen genügen mußte, denen sich wiederum die Politik zu fügen hatte. Im operativen Vereinigungsmanagement konnten Bundesbank, Treuhandanstalt und die weitläufigen Netzwerke der Transformationspolitik in technischer Autonomie tätig werden. So wurden die Modalitäten der Finanzierung der Treuhandanstalt zwischen ihr, der Bundesbank und dem Finanzministerium auf gleicher Ebene erörtert (Czada 1993a: 167-169).

3.3 Föderaler Finanzausgleich und Solidarpakt

Da die Bundesbank nur unter der Voraussetzung einer Senkung der Neuverschuldung und längerfristigen Sanierung der Staatsfinanzen zu einer Zinssenkungsrunde bereit war, gerieten Bund und Länder unter Entscheidungsdruck. Hinzu kam ein Urteil des Bundesverfassungsgerichtes (BVerfG), das eine Änderung des föderalen Finanzausgleichs zur Überwindung der Haushaltsnotlagen im Saarland und in Bremen verlangte. Zum dritten mußte nach dem Einigungsvertrag über die Einbeziehung der neuen Länder in den Finanzausgleich entschieden werden. So waren Bund und Länder ab 1992 dreifach unter Druck gesetzt, eine Regelung herbeizuführen – zu einem Zeitpunkt, als die meisten Kommentatoren glaubten, eine Einigung würde noch lange auf sich warten lassen, nachdem die SPD im Bundesrat die Mehrheit erlangt hatte und demnach fast jeden Vorschlag der Bundesregierung in dieser Sache blockieren konnte. Die Politikverflechtungsfalle, die bei der Ausdehnung des bundesstaatlichen Finanzausgleichs auf die neuen Bundesländer drohte, konnte indes nicht zuschnappen, weil Bundesbank, BVerfG und die Vorgaben des Einigungsvertrages für enormen Konsensdruck gesorgt hatten. Er bestand darin, daß für den Fall der Nichteinigung eine für alle Beteiligten nachteilige Situation eingetreten wäre. Neben einer Verengung der wirtschafts- und finanzpolitischen Spielräume aller Gebietskörperschaften drohte ein Verlust der Situationsbeherrschung, die dann vollends auf die Bundesbank und das BVerfG überzugehen drohte. Wie kam es nun im Einzelnen zum Kompromiß?

Noch in den Vorgesprächen der Bundesministerien zum Föderalen Konsolidierungsprogramm (FKP) hatte Finanzminister Waigel eine harte Gangart gegenüber den Ländern angekündigt. Den Bundeskanzler ließ dies ein Scheitern der Verhandlungen befürchten und er sorgte dafür, daß – wie vielfach in der Vereinigungspolitik – die Initiative auf das Kanzleramt überging. Dies wurde durch regelmäßige Treffen des Bundeskanzlers mit den Ministerpräsidenten der neuen Bundesländer sowie durch Abstimmungen der Aufbaugruppe-Ost des Bundeskanzleramtes mit den Chefs der Staatskanzleien der neuen Bundesländer im Rahmen der „Ludewig-Runde" erleichtert (vgl. Czada 1993a: 157-159). Die endgültige Einigung über das „Föderale Konsolidierungsprogramm" erzielten der Bundeskanzler mit dem Bundesfinanzminister und die Regierungschefs der Länder bei einer Klausurtagung vom 11.-13. März 1993 – die Einigung wurde in der Presse als eine überraschende Wendung dargestellt, bei der der rheinland-pfälzische SPD-Regierungschef Scharping sich als sachkundiger Experte herausstellte und dem Bundesfinanzministerium einen Rechenfehler in der Vorlage präsentiert hatte, was ihm das allseits registrierte Lob des Kanzlers einbrachte. Aus Hessen und Nordrhein-Westfalen waren indessen schon im Februar unvollständige Berechnungen des BMF kritisiert und teilweise widerlegt worden. Vor allem in der Öffentlichkeit erschien es aber, als hätten Kohl und Scharping die verfahrene Situation gerettet. Die Klausurtagung zum FKP kann so im Nachhinein als eine wichtige Station auf dem Weg zu Scharpings Kanzlerkandidatur betrachtet werden.

Der verfassungsmäßige Gesetzgebungsprozeß zum Föderalen Konsolidierungsprogramm und die informellen Vorverhandlungen dauerten jeweils nur wenige Monate. Üblicherweise hätte man für ein Paket dieses Umfangs mehrere Jahre veranschlagen müssen. Es wäre in Verwaltungen konzipiert, in Parteigremien, Bundestag und Länderkammer langatmig erörtert, mehrfach hin- und hergeschoben worden. Da der Bund, einzelne Länder und vor allem die Parteien stark abweichende Vorstellungen hatten, hätte das Vorhaben zuletzt in dem formalisierten Verfahren im Vermittlungsausschuß an der dort normalerweise stark ausgeprägten Parteienkonkurrenz leicht scheitern können.[20] Der Weg über eine als verfassungsmäßiges Entscheidungsgremium nicht vorgesehene Klausurtagung aller Regierungsorgane hat demgegenüber die Parlamentsfraktionen weitgehend ausgeschaltet. Sie durften am Rande teilnehmen, als der Bundeskanzler und die Regierungschefs der Länder berieten und endgültig beschlossen, was die Spitzen der Exekutiven zunächst in bilateralen, dann in einer Serie multilateraler (A-, B-Länder, neue Länder, alle Länder, Bundesressorts) Gespräche vorverhandelt und entscheidungsreif gemacht hatten. Der Vorgang bestätigt die gängige Einschätzung des „kooperativen Föderalismus" als Veranstaltung der Exekutiven zu Lasten parlamentarischer Mitwirkung und Kontrolle (Lehmbruch 1976, Scharpf 1993, Schmidt 1994, 41). Die Parlamente geraten dabei zu Ratifizierungsorganen intergouvernementaler Verhandlungsnetzwerke. Der Vorgang markiert zugleich den Höhepunkt einer Informalisierung des politischen Prozesses, wie sie die Vereinigungspolitik insgesamt kennzeichnet (Czada 1994a: 247ff., 1994b: 37-42). Ihre Triebfeder liegt an dem außergewöhnlichen Problem- und Zeitdruck, dem sich die Regierungen in Bund und Ländern gleichermaßen ausgesetzt sahen. Ihre institutionellen Voraussetzungen sind allerdings in den Erfahrungen mit den föderalen und korporatistischen Proporz- und Verhandlungssystemen zu suchen. Im Westminster-Modell der alleinverantwortlichen Mehrheitsregierung hätten sich Problem- und Zeitdruck vermutlich anders ausgewirkt.

Das Argument, Informalisierung sei das Produkt sich prekärer politischer Kräfteverhältnisse sowie einer daraus folgenden Proporzpraxis (Schulze-Fielitz 1984: 46-98, vgl. Lehmbruch 1967) gilt auch für die Vereinigungspolitik. Hier spielt die 1991 beginnende Kräfteverschiebung im Bundesrat eine gewisse Rolle. Im April dieses Jahres verloren die der Bundesregierung nahestehenden A-Länder ihre absolute Stimmenmehrheit, waren aber noch relativ stärker als die B-Länder (das Stimmenverhältnis zwischen A-, B- und C-Ländern betrug 31:26:11). Ein Jahr später, im Mai 1992, war auch die relative Stimmenmehrheit der A-Länder verloren gegangen (21:26:21).[21] Die Notwendigkeit weiterer Finanztransfers zur Rettung industrieller Kerne in den Sektoren Chemie, Stahl, Braunkohle und Maschinenbau wurde erst offenkundig, nachdem die SPD die Mehrheit im Bundesrat erlangt hatte. Gleichzeitig war die Bundesregierung durch die Vereinigungskrise des Jahres 1992 erheblich geschwächt[23]. Hinzu kam, daß die neuen Bundesländer ihr verfassungsmäßiges Gewicht im Zuge des Verwaltungsaufbaues immer stärker zu Geltung bringen konnten. Insofern waren die politischen Kräfteverhältnisse im vereinigten Deutschland sowohl in der Arena des Parteienwettbewerbs als auch im Bund-Länderverhältnis stets im Fluß. Darauf mußte die Bundesregierung Rücksicht nehmen. Sie warb in mehreren Gesprächen des Bundeskanzlers mit dem saarländischen Ministerpräsidenten, Oskar Lafontaine, als Sprecher der SPD regierten und der Westländer und mit dem sächsischen Ministerpräsidenten Kurt Biedenkopf als Sprecher der CDU regierten und der Ostländer um eine einvernehmliche langfristige Regelung der Finanzierungsfrage.[22] Dadurch wurde parallel zu Verhandlungen der Finanzressorts der Boden für eine politische Lösung vorbereitet.

Wenige Tage vor der entscheidenden Klausurtagung gingen die von Fachbeamten erarbeiteten Positionen zur Verfahrensstruktur des künftigen Finanzausgleichs noch weit auseinander. Eine Lösung ergab sich unter anderem, weil die Spitzenpolitiker nicht die Strukturen des künftigen Finanzausgleiches zuerst diskutierten, sondern direkt bei Verteilungsfragen ansetzten, die dann von den Fachexperten in Verfahrensmodalitäten rückübersetzt wurden. Daß daraus keine Strukturreform des Finanzausgleichs folgen konnte, liegt auf der Hand. Es war eine Folge des Primats der hohen Politik vor der in Fragen des Bund-Länderverhältnisses ansonsten oft als vorrangig betrachteten Ebene der Fachverwaltungen.

Die *Konfliktfront zwischen Regierung und SPD-Opposition* entsprach im wesentlichen der Konstellation, die sich nach dem Regierungswechsel 1982 ergeben hatte. Die Regierung argumentierte moderat angebotspolitisch, wie seinerzeit ihr Finanzminister Stoltenberg, als er die Kürzung von Sozialleistungen und gleichzeitige Umschichtung gesparter Mittel in investive Bereiche betrieben hat. Die SPD widersetzte sich gegen Einsparungen im Sozialbereich mit dem keynesianischen Argument, daß Geringverdienende und Sozialhilfeempfänger aufgrund einer gezwungenermaßen hohen Konsumneigung die Konjunktur stützten.[23] Einige Forderungen der SPD-Opposition waren indessen selbst in der eigenen Bundestagsfraktion und deren „Arbeitsgruppe Wirtschaft“ umstritten. Die SPD-Wirtschaftsexperten fürchteten, durch eine Investitionsabgabe für Unternehmer, eine Ergänzungsabgabe für Arbeitnehmer und eine besondere Arbeitsmarktabgabe für Beamte, Freiberufler und Abgeordnete könnte die Konjunktur im Westen abgewürgt werden und zugleich sei fraglich, ob die Ost-Wirtschaft mit so kräftigen Kapitalspritzen von zusätzlichen 30 Mrd. D-Mark jährlich überhaupt sinnvoll umgehen würde. Hinter diesen Argumenten darf man auch Sorge um die Einkommen der eigenen Klientel vermuten, die vor allem von einer Arbeitsmarktabgabe (2 Prozent des Bruttoeinkommens bis zur Beitragsbemessungsgrenze in der Arbeitslosenversicherung) und Ergänzungsabgabe (10 Prozent ab 60000/120000 led./verh.) empfindlich getroffen worden wäre. Letztlich hat sich die SPD in der Steuerpolitik kaum durchgesetzt. Dabei hatten einige ihrer Forderungen zum Abbau steuerlicher Subventionen sogar in Teilen der CDU Sympathien gefunden, z.B. die Abschaffung des Vorsteuerabzugs für Dienst-Pkw oder Änderungen der Steuer- und Vermögensbilanzvorschriften. Der Bundesverband der Deutschen Industrie intervenierte indessen scharf gegen diese Vorschläge: da die Wirtschaft solche Maßnahmen voll gegenfinanzieren müsse, seien sie als Beitrag zum Aufbau Ost ungeeignet. Nachdem die mitregierende FDP und ihr Wirtschaftsminister Rexrodt die Belastung der Wirtschaft ebenfalls scharf ablehnten, war das Thema Abbau steuerlicher Subventionen mit Ausnahme der Landwirtschaft vom Tisch. Bei der Neuordnung des föderalen Finanzausgleichs waren indessen die SPD und die von ihr regierten Länder insofern auf der Siegerseite, als sie die von den westdeutschen Ländern gemachten Vorschläge zur Verlagerung einigungsbedingter Mehrausgaben und Haushaltsrisiken auf den Bund von Anfang an unterstützt hatten.

3.3.1 Überlagerung des Parteienkonflikts

Zwischen den Ländern gab es im Rahmen der Solidarpaktverhandlungen Interessengegensätze, die zum geringsten Teil parteipolitischer Natur waren. Die jungen Bundesländer stimmten in einer gemeinsamen Stellungnahme mit den meisten Vorschlägen des Bundes überein. Der Bund und die finanzstarken Zahlerländer Baden-

Württemberg und Hessen wollte zum Beispiel einige Verfahrensänderungen durchsetzen, die unerwünschte Anreizwirkungen des horizontalen Länderfinanzausgleichs ausschalten und das System der Bundesergänzungszuweisungen vereinfachen sollten. Anders als die Westländer befürworteten die neuen Länder weitgehend diese Vorschläge des Bundes, wollten aber zugleich – und hier im Gegensatz zum Bund und den alten Ländern – die Ausgleichsintensität höher ansetzen.[24] Baden-Württemberg hatte als maßgebliches Zahlerland in Anlehnung an eine früher mit Hessen geteilte Forderung eine Strukturreform vorgeschlagen, die auf Zustimmung der Bundesregierung rechnen konnte. Der Vorschlag Bayerns, der im Grundsatz von den übrigen westlichen Bundesländern gestützt wurde, bezog sich dagegen lediglich auf die Finanzierung des Finanzausgleichs. Im Bezug auf das Verfahren sowie auf die Ausgleichsintensität wurden keine Änderungen vorgeschlagen (Renzsch 1994). Diese Position hat sich letztlich mit der Maßgabe durchgesetzt, daß Bund und Länder die Kosten im Verhältnis zwei zu eins aufbringen. Der Bund hatte sich das zuvor noch in etwa umgekehrt vorgestellt, und galt daher als Verlierer der Neuregelung. Voraussetzung für dieses Ergebnis war die Einheit der Länderfront, die, nachdem man auf Ressortebene zunächst nicht vorankam, auf höchster Ebene der Regierungschefs hergestellt wurde.

Die Ministerpräsidenten der 16 Bundesländer hatten ihre *Klausurtagung* am 26./ 27. Februar 1993 in Potsdam. Vorangehende Beratungen der Länderfinanzminister in Bonn hatten mit einem Eklat geendet – Baden-Württemberg drohte mit Verfassungsklage, wenn die über 110 Prozent der Ausgleichsmeßzahl liegenden Ländereinnahmen weiterhin voll abgeschöpft würden. Ein hessischer Vorschlag zur Einführung eines progressiven Tarifs, der auch die knapp über dem Durchschnitt liegenden Länder erfasst und dafür die ganz reichen entlastet, fand nur verhaltene Zustimmung. Dies wäre auf eine Umverteilung zugunsten Baden-Württembergs und Hessens und zu Lasten von Hamburg, Nordrhein-Westfalen und Bayern hinausgelaufen. Die bayerische Antwort, Struktur und Verfahren des Finanzausgleichs möglichst unverändert zu lassen, war insofern folgerichtig, und konnte sich auf eine „natürliche“ Koalition mit den finanzstarken SPD-Ländern – NRW und Hamburg – stützen. Der bayerische Vorschlag fand zuletzt – bei der Klausurtagung der Ministerpräsidenten in Potsdam – die Zustimmung der SPD-Länder, nicht zuletzt weil auf seiner Basis ein rascher Konsens für Steuererhöhungen, für die Wiedereinführung eines Solidarzuschlages und gegen die von der Bundesregierung geplanten Streichungen bei den Sozialleistungen möglich war.

Am 25. Februar, einen Tag vor Beginn der Länderkonferenz in Potsdam, hatte die SPD-Bundestagsfraktion in einer Sondersitzung einen 20-Punkte-Katalog zum Solidarpakt und Föderalen Konsolidierungsprogramm formell verabschiedet. Seine Hauptziele waren, mehr Mittel für den Aufbau-Ost zu mobilisieren ohne die sozial Schwächsten zu belasten sowie die übrigen Einkommen nach Kriterien der sozialen Gerechtigkeit zu verpflichten.

3.3.2 Überlappende Konfliktlinien

Die von Einigungszwängen diktierte Kompromißbereitschaft auf Länderebene ist durch parteipolitische Erwägungen nicht konterkariert worden, wie man es aufgrund der Konfliktlage und nach dem Theorem der Politikverflechtung erwarten würde (Lehmbruch 1976). Dies liegt neben dem teils politisch erzeugten (Bundesbank, Bundesverfassungsgericht) Zeit- und Einigungsdruck, an der vielfältigen Koalitionslandschaft, die sich in den Länder nach der Vereinigung ergeben hat. Ampelkoalitionen in Bremen und Brandenburg, die sozialliberale Koalition in Rheinland-Pfalz und große Koalitionen in Baden-Württemberg und Berlin führten dazu, daß die Regierungen dieser Länder jeder parteipolitische Konflikteskalation entgegenwirkten. Vielfältige Koalitionen im Bundesstaat begünstigen offenkundig die Konsensbildung auf Länderebene, weil eine Parteipolitisierung im Bund-Länderverhältnis insbesondere von koalitionsregierten Ländern gefürchtet wird. Um den Parteienwettbewerb in Grenzen zu halten, informierten die Regierungen und Parteizentralen die nachgeordneten Parteigremien und Parlamentsabgeordneten oft nicht in dem Umfang, wie diese es wünschten. Die Meinungsbildung auf Partei- und Fraktionsebene unter Zeitdruck zu setzen schien eine Strategie der Länder gewesen zu sein. So ließ sich der Verhandlungsführer der SPD, Lafontaine, sein Konzept einen Tag vor den entscheidenden Verhandlungen der Länder von der SPD-Bundestagsfraktion absegnen, um gleich anschließend mit der Aussage „Die Linien der SPD sind geschlossen“ nach Potsdam weiterzureisen.[25] Die meisten Landesregierungen haben die sie tragenden Parteien und Fraktionen erst nach der Potsdamer Klausurtagung der Länderministerpräsidenten informiert und Unterstützung für die weitere Auseinandersetzung mit dem Bund eingefordert.

Die Länder hatten sich nach mehreren Seiten abzusichern: einmal gegenüber der Gefahr, daß ihnen die Situation entgleiten könnte, wenn ein Land gegen eine Mehrheitslösung beim Bundesverfassungsgerichtes klagen sollte, dann gegen die Inanspruchnahme durch den Bund bei der Finanzierung der deutschen Einheit und schließlich gegen störende Einflüsse des Parteienwettbewerbs. Alle drei Aspekte bewirkten einen Zwang zum Zusammenhalt, der allfälligen Risiken der Nichteinigung in der Sache entgegenwirkte.

Das föderale Konsolidierungsprogramm ist ein typischer „package-deal“, in dem Steuererhöhungen und innerstaatliche Verteilungsprobleme zwischen den Gebietskörperschaften und – im Rahmen der Solidarpaktgespräche – mit den organisierten Großgruppen der Gesellschaft abgestimmt wurden. Es enthält eine Vielzahl fester Vereinbarungen und daraus folgender informeller Verpflichtungen. Seine formalen Kernelemente lassen eine komplizierte Verteilungsmaschinerie erkennen, die eine Ressourcenverschiebung von insgesamt 100 Mrd. DM (genau: 94,795 Mrd.) zwischen den politischen Ebenen von Bund, Länder und Gemeinden und zwischen Ost- und West bewerkstelligt (Schaubild I).

Schaubild I: Änderungen der bundesstaatlichen Finanzbeziehungen nach dem Gesetz zur Umsetzung des Föderalen Konsolidierungsprogrammes.

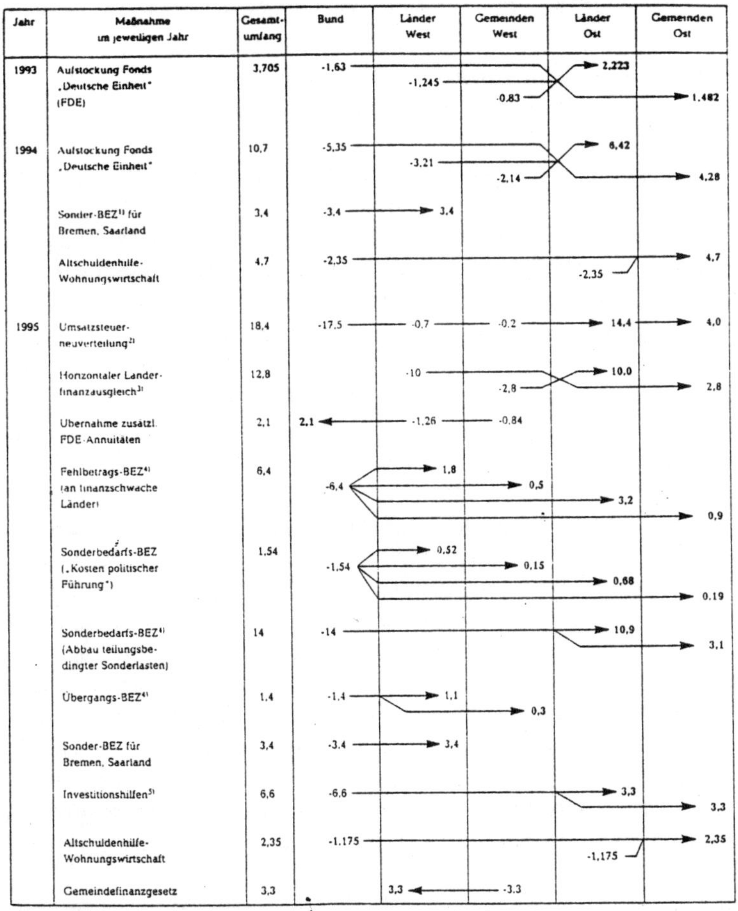

1) BEZ = Bundesergänzungszuweisungen.
2) Gemeindeanteil 20 vH (unterstellter durchschnittlicher Steuerverbund).
3) Gemeindeanteil West 20 vH, Ost 40 vH.
4) Gemeindeanteil West 20 vH, Ost 22 vH.
5) Gemeindeanteil 50 vH.

Quelle: BMF, SVR (1993: 153)

Dazu kommen Vereinbarungen, die mit den Gewerkschaften und Wirtschaftsverbänden geschlossen wurden (Sally/Webber 1994) sowie die Erwartung von Zinssenkungen an die Bundesbank. Die Anlage als „package-deal" hatte zwei wichtige Implikationen: 1. Aufgrund der großen Tauschmenge waren kompensatorische Verhandlungslösungen zwischen der Vielzahl der Beteiligten leichter möglich (vgl. Benz 1993). 2. Die Bindekräfte bzw. die Kosten des Scheiterns waren für alle Beteiligten sehr groß geworden. Es gab keine „default condition", die den Interessen auch nur eines der Beteiligten entgegengekommen wäre; allen drohte bei Nichteinigung ein Verlust der wirtschaftspolitischen Steuerungsfähigkeit und eine abermalige Entscheidung des Bundesverfassungsgerichtes zum Finanzausgleich – vor allem da Baden-Württemberg und Hessen im Vorfeld der Länderverhandlungen mit Verfassungsklage gedroht hatten. Die ohnehin prekäre Situationsbeherrschung hätte in diesem Fall allen Beteiligten auf Dauer entgleiten können (vgl. Renzsch 1994).

Insgesamt kann man erkennen, daß die Bevölkerung zur Finanzierung der Vereinigung an sehr vielen Stellen beiträgt. Sei es über Sozialversicherungsbeiträge, Steuern, Gebühren oder als Opfer von Einsparungen in den öffentlichen Haushalten. Im steuerlichen Bereich folgten auf die deutsche Vereinigung zweimalige Erhöhungen der Mineralölsteuer und der Versicherungssteuer, ein befristet erhobener und nach einer Pause wieder eingeführter unbefristeter Solidarzuschlag von 7,5 Prozent der Steuerschuld ab 1.1.1995 – hinzu kamen Erhöhungen der Mehrwertsteuer, Tabaksteuer und der Erdgassteuer. Mit Ausnahme des Solidarzuschlages handelt es sich nicht um Steuererhöhungen, die einen spezifischen Bezug zur Vereinigungspolitik aufweisen. Diese Verbindung wird allein auf der Ausgabenseite durch vereinigungsbedingte West-Ost Transfers hergestellt. Das Flußdiagramm des FKP zeigt auch, daß die West- Gemeinden erhebliche Finanzzuweisungen einbüßen, die sie an anderer Stelle wieder hereinholen müssen. Insofern schlagen sich die Kosten der Vereinigung auch in höheren Gebührensätzen der Gemeinden nieder. Über den kommunalen Finanzausgleich tragen die sie 40 Prozent des Pakets mit. Man kann hier von einer Einigung auf Kosten Dritter insofern sprechen, als den Kommunen, trotz entsprechender Forderungen ihrer Spitzenverbände, die Teilnahme an den Solidarpaktverhandlungen versagt war.

Auf die Kürzung von Subventionen und Sozialleistungen werde ich nicht weiter eingehen, nicht zuletzt weil auch auf diesem Feld die Verbindung zur Vereinigungspolitik oft nicht direkt auftritt – wenn man etwa an das Gesundheitsstrukturgesetz oder an Leistungskürzungen in den Sozialetats denkt. Die Vereinigung dient hier oft auch der Durchsetzung älterer verteilungspolitischer Forderungen.

Nicht nur in der gesetzlichen Sozialversicherung ergeben sich aus der Fortwirkung älterer, von der Vereinigung kaum tangierter interessenpolitischer Einflußstrukturen unintendierte Ost-West Verteilungseffekte. Ein randständiges, gleichwohl illustratives Beispiel sind Trockenheitshilfen des Bundes an die Landwirtschaft – jährlich 300 bis 400 Mio. DM – die zu 90 Prozent den neuen Bundesländern zukommen, ohne daß sie im Transferetat erfaßt würden. Solche versteckten West-Ost Transferströme machen die Sache zwar noch interessanter, gleichzeitig aber auch zu ausladend für eine konzentrierte Überblicksdarstellung.

Eine wichtige indirekte Finanzierungsquelle stellt die primäre Einkommensverteilung dar. Hier geht es darum, den Standort Deutschland und damit insbesondere die neuen Bundesländer für Investitionen attraktiv zu machen und zugleich den Staat als Arbeitgeber zu entlasten. Zum wirtschaftspolitischen Teil der Solidarpaktgespräche gehörte schließlich die Vorklärung des Standortsicherungsgesetzes, das eine Senkung der Steuersätze in der Einkommen- und Körperschaftssteuer vorsieht.

3.4 Primäre Einkommensverteilung

Zur Finanzierung des FKP sind neben Einsparungen bzw. Leistungskürzungen (12,6 Mrd. DM) und Steuererhöhungen (30 Mrd. DM) auch Minderausgaben der öffentlichen Arbeitgeber aufgrund von moderaten Lohnabschlüssen vorgesehen. Sie werden mit 10 Mrd. DM beziffert und tragen mit 9 Prozent zur Gesamtfinanzierung des FKP bei. Allein dies zeigt schon die hohe Bedeutung der Tarifpolitik für die Finanzierung des Aufschwungs-Ost. Das tatsächliche Gewicht dieser Verteilungsarena ist aber noch viel größer. Die Bundesbank forderte nicht nur Haushaltskonsolidierung als Voraussetzung von Zinssenkungen, sondern ebenso moderate Abschlüsse der Tarifparteien. Auch diese in einigen Tarifbereichen erst 1994 eingelöste Forderung gehörte zum Solidarpakt des Jahres 1993 (Jahreswirtschaftsbericht 1993, 12, 18).

Es wurde aus dem eingangs skizzierten EG-Papier schon erkennbar, daß die Finanzierung der Einheit sich hauptsächlich auf eine Belastung der Arbeitnehmereinkommen stützen mußte. Eine zusätzliche Belastung der Unternehmergewinne hatten alle Experten übereinstimmend als kontraproduktiv zurückgewiesen, weil dann die nötigen Investitionsanreize gefehlt hätten. Die einzigen Möglichkeiten, daran etwas zu ändern, bestanden darin, einen zentralen Lastenausgleichsfonds einzurichten, eine allgemeine Investitionsabgabe zu erheben, die mit Investitionen im Osten verrechnet wird – wie es die SPD vorschlug –, oder die Treuhandprivatisierungen mit einem Arbeitnehmer-Beteiligungsmodell anzureichern, wie es Sinn und Sinn (1993, 157ff.) in ihrem Buch „Kaltstart“ skizziert haben.

Die Konfliktfront zwischen Gewerkschaften und dem Staat als Eigentümer der ostdeutschen Wirtschaft, wurde in den Tarifauseinandersetzungen des Jahres 1993 besonders deutlich. Der Justitiar der IG Metall, Prof. Dr. Michael Kittner, argumentierte damals in einem Gutachten gegen die mit der desolaten Wirtschaftslage begründete Kündigung der Metalltarifverträge in den Tarifbezirken der neuen Bundesländer: „Die Grundlage dieses Tarifvertrages war die politische Übereinstimmung der Tarifvertragsparteien, daß insbesondere die Treuhandbetriebe, die auch damals schon die Löhne nicht aus eigener Kraft zahlen konnten, dafür von der Treuhandanstalt mit den notwendigen Mitteln ausgestattet werden sollten“ (HB v. 16.2. 1993). Die Vereinbarung über Stufentarifverträge aus dem Jahre 1991 sah für 1993 eine 26prozentige Tariflohnsteigerung vor. Sie war, so Kittner, rein politisch bestimmt, weil allen klar gewesen sei, daß die Lohnerhöhungen betriebswirtschaftlich nicht zu erwirtschaften waren. „*Der Steuerzahler ist der wirkliche Tarifpartner*“ (ebenda, Hervorhebung, RC), insofern als die Löhne in den Treuhandbetrieben und – indirekt – in notleidenden Ex-Treuhandbetrieben aus Steuermitteln aufgebracht werden.[28] Dies ist eine immense Lohnsubvention, die bewußt in Kauf genommen wurde: einerseits weil anders die Treuhandunternehmen nicht zur Privatisierung geführt werden konnten, andererseits weil abrupte Massenentlassungen größten Ausmaßes die einzige Alternative gewesen wären. Die Gewerkschaften haben in der Frage, ob der Aufbau-Ost durch niedrige Löhne oder öffentliche Ausgaben finanziert werden solle, aus verteilungspolitischen Gründen immer zugunsten der öffentlichen Mittel argumentiert, weil man den Arbeitnehmern nicht die ganzen Kosten der politisch erwünschten Stabilisierung von Industriestandorten aufbürden dürfe.[29]

Tabelle V: Konfliktfronten im Kampf um die deutsche Einheit:

Akteure	Konfliktthemen
1. Bundesregierung – DDR-Regierung	Einbeziehung des Beitrittgebietes in eine künftige Finanzverfassung (Rücktritt v. Min. Romberg).
2. Bundesregierung – Bundesbank	Währungsunion, Staatsverschuldung (Rücktritt Pöhl)
3. Kanzleramt – Finanzministerium	Einschätzung von Haushaltsrisiken. Bundesanteil am föderalen Finanzausgleich.
4. EU-Kommission – Bundesregierung/Bundesbank	Grad der Verschuldung und Leitzinserhöhung Niedriglohn vs. High-Tech Strategie GA-Vergabekriterien
5. Gewerkschaften – Arbeitgeberverbände	Funktionale, primäre Einkommensverteilung Finanzierung von Beschäftigungmaßnahmen Verteilungseffekte der Fiskal- und Sozialpolitik Einkommensentwicklung im öffentlichen Dienst.
6. Gewerkschaften – Bundesbank	Zinssenkungen gegen moderate Tarifpolitik.
7. Bundesregierung – SPD-Opposition	Verhältnis von Steuererhöhungen und Leistungskürzungen, Investitionsabgabe Ergänzungsabgabe, Arbeitsmarktabgabe für Beamte und Freiberufler statt Solidarzuschlag
8. Bundesregierung – Länderregierungen	Föderaler Finanzausgleich: Verfahren, Umfang und Kostenverteilung, bes. Umsatzsteuerverteilung Kürzung und Überwälzung von Sozialleistungen auf Länder und Kommunen. Erblastentilgungsfonds.
9. Bundesregierung – Alte Bundesländer	Neugestaltung der Bundesergänzungszuweisungen (Sonder-BEZ Ost). Reform des (horizontalen) Länderfinanzausgleichs.
10. Bundesregierung – Junge Bundesländer	Ausgleichsintensität. Transfervolumen.
11. Alte Bundesländer – Junge Bundesländer	Treuhandpolitik, Ausgleichsintensität, Transfervolumen. Berücksichtigung der kommunalen Finanzkraft.
12. Unterschiedlich finanzstarke Länder	Strukturreform, Zahlertarif (linear vs. stufig).
13. A-Länder – B-Länder	Sozialleistungen, Volumen der Steuererhöhungen.

Die Politisierung der Lastenverteilung ist im Bereich der primären und sekundären Einkommensverteilung – Tarifpolitik, Subventionen, Sozialtransfers, Steuerpolitik – am größten. Wenn man von einem „Kampf" um die deutsche Einheit sprechen kann, dann hat er sich in diesen Arenen abgespielt. Dabei sind Auswirkung der Vielfalt und Verflechtungsformen dieser Arenen auf den Verlauf der Auseinandersetzung besonders bemerkenswert (Tabelle IV).

4. Fazit und theoretische Schlußfolgerungen

Im Kampf um die Finanzierung der deutschen Einheit war ein enormes Mittelaufkommen zu mobilisieren und dabei eine Vielzahl konfligierender Ziele simultan zu erreichen. Dies gelang – entgegen vieler Erwartungen – ohne Gesamtkonzept einigermaßen. In dem dezentralen „kooperativen Staat" (E.H. Ritter) der Bundesrepublik waren anfängliche Verzögerungen bei Bearbeitung neuartiger und komplexer Probleme unumgänglich. Dies lag daran, daß sich eine Vielzahl voneinander abhängiger, unterschiedlich informierter und interessierter Akteure aufeinander abstimmen mußten. Auf diesem Wege konnte sich unter dem Eindruck von Unsicherheit und Erfolgsdruck eine kollektive Problemsicht entwickeln, die letztlich handlungsleitend geworden ist (vgl. Czada 1994a). Zugleich begünstigte das verflochtene Regierungssystem die Ausblendung bestimmter Themen, insbesondere der institutionellen Reform, und die Verlagerung spezifischer Problemaspekte an die Stellen, wo sie situationsgerecht und erstaunlich reibungslos bearbeitet werden konnten. Das politische System arbeitete unter Entscheidungsdruck als ein gigantischer Problemzerstäuber. Der institutionell verkettete Mehrebenenmechanismus, in dem Bundesbank und Treuhandanstalt neben Sozialversicherungsträgern und Nebenhaushalten als unerläßliche Zwischenglieder fungieren konnten, ermöglichte es, die Gesamtkosten der Einheit kaskadenartig so zu verteilen, daß die Steuer- und Beitragszahler aufgrund der Schuldenfinanzierung zunächst kaum eine Belastung gespürt haben, daraufhin aber stetig ansteigend und an zahlreichen Stellen damit konfrontiert wurden – bis hinunter zu Kommunalgebühren, zu deren Erhöhung sich manche Kommunen aufgrund von Belastungen aus dem Solidarpakt (Einzahlungen in den „Fonds Deutsche Einheit" und Transfers nach dem Gemeindefinanzgesetz) gezwungen sahen. Davon waren besonders die Gebühren betroffen, die zumeist aus sozialen Gründen, einen niedrigen Kostendeckungsgrad aufwiesen, z.B. Kindergartengebühren, Eintrittspreise in Museen, Bestattungsgebühren etc.

Das Verfahren das schließlich eine Lösung der Finanzierungsprobleme erlaubte, bestand aus einer Reihe ineinander verschachtelter Verhandlungen. Dabei ergänzten sich Formen positiver und negativer Koordination: Die Interessenvermittlung in Verhandlungen konnte auf eine vorgängige, aus der Kenntnis wechselseitiger Störpotentiale folgende Rücksichtnahme aufbauen (vgl. Mayntz/Scharpf 1975: 145-150). Im Verlauf der Verhandlungen kam es zur Aufreihung, Sequenzialisierung von Teilproblemen entlang spezifischer Konfliktlinien. Dabei wurden die Präferenzordnungen und Kompromißlinien der maßgeblichen Parteien nach und nach allgemein bekannt. Auf Länderebene gab es sogar eine Dissensliste, in der alle Positionen verzeichnet waren. Auf der Basis solchermaßen hergestellten „common knowledge" konnten die Beteiligten die Umrisse einer Einigung voraussehen. Als die Ministerpräsidenten am 26. Februar 1993 nach Potsdam kamen, nachdem bereits die Expertenrunden und Wirtschaftsministerkonferenz getagt hatten, wußten sie, welche Lösung sich auf dieser Basis abzeichnete. Daß in den Medien dennoch ein Scheitern vorausgesagt wurde, mag damit zusammenhängen, daß am Vortag des Treffens Sondersitzungen der Parteien und Parlamentsfraktionen in Bund und Ländern stattgefunden hatten, bei denen die strittigen Punkte im Vordergrund standen.[30] Dieser Ablauf entstammt nicht einer Dramaturgie zur Täuschung der Öffentlichkeit, sondern dem Kalkül der Länder, Parteigremien erst unmittelbar vor der entscheidenden Klausurtagung zu informieren. Auf diese Weise sollte eine den Länderkompromiß störende parteipolitische Diskussion insbesondere über Sparmaßnahmen und Steuererhöhungen vor der entscheidenden Sitzung verhindert werden.

Das wesentliche Merkmal des Entscheidungsprozesses ist seine *informelle Zentralisierung* und Abschließung gegen störende Außeneinflüsse vor allem aus dem parteipolitischen Bereich einschließlich der an den Verhandlungen nicht beteiligten FDP. Im formellen Verfahren für Zustimmungsgesetze wäre das Gesetz über die Umsetzung des Föderalen Konsolidierungsprogrammes aufgrund vielfach möglicher Blockaden und wegen der Mühsal des formellen Ablaufs bis hin zum Vermittlungsausschuß nicht in wenigen Monaten zustandegekommen. Die Informalisierung des Verfahrens ermöglichte eine Problemlösung, die bei strikter Orientierung an der Legalordnung diese Ordnung selbst zur Disposition gestellt hätte. So aber konnte die Frage der institutionellen Reform ausgeklammert bleiben, weil sich die Akteure außerhalb der normalen administrativen und parlamentarischen Verfahren einigten und ex post die Formalstruktur der Willensbildung lediglich instrumentell als Vollzugsrahmen einsetzten. Damit ist die Prognose eines institutionellen Reformdrucks widerlegt worden. Sie beruhte offenkundig auf einer falschen Einschätzung der situativen Anpassungsreserven im Akteursystem (vgl. Czada 1994a). Darüber hinaus ließe sich verallgemeinern: Wo drängende Probleme auf höchster politischer Ebene im Wege eines situationsspezifischen, außerinstitutionellen Verfahrens gelöst werden, stehen institutionelle Reformen nicht zur Debatte.

Die vor allem 1992 und auch noch 1993 geäußerte Kritik an der Vereinigungspolitik, sie berge zu große Risiken, sei nicht verläßlich, zu sprunghaft und biete keine langfristige Perspektive für Investoren, trifft zweifellos zu. Dies ist tatsächlich ihr Defizit, das aber solange in Kauf genommen wurde, wie man die tatsächliche Belastung und den Verlauf des ostdeutschen Transformationsprozesses einschließlich seiner innen- und außenpolitischen Begleiterscheinungen nur schwer abschätzen konnte. Insofern erschien das „Durchwursteln“ in einer föderalen Mehrebenenstruktur geeignet, Zeit zu gewinnen und durch Unbestimmtheit die Manövrierfähigkeit der Fiskalpolitik zu steigern – zumal infolge hoher Kapitalzuflüsse aus dem Ausland zu keinem Zeitpunkt ernsthafte Ressourcenprobleme auftraten.

Diese Vereinigungspolitik funktioniert nur dann, wenn genügend dezentrale Intelligenz vorhanden ist und Ressourcenknappheit nicht als wesentliches Problem auftritt, d.h., wenn sich die operative Ebene nicht um den Nachschub kümmern muß. Während das politische System dafür sorgte, den sozialen Verteilungskonflikt zu dämpfen und rasche, dezentrale Problemlösungen förderte, lag es an der wirtschaftliche Leistungsfähigkeit der Bundesrepublik, daß sich die benötigten Ressourcen umgehend mobilisieren ließen. Sinn/Sinn (1993, 59) argumentieren, bei einer Rückholung des in der Nachkriegszeit angesammelten Nettoauslandsvermögens, sei schon die Hälfte des zum Aufbau-Ost nötigen Kapitals gesichert. Dies ist der große Unterschied zu den ost- und mitteleuropäischen Reformstaaten. Dort mußten sich Betriebe und Verwaltungen nicht vornehmlich darum kümmern, wie der Aufbau am besten zu bewerkstelligen wäre, sondern darum, woher sie die bescheidenen Mittel bekommen sollten, die eine Überlegung zur Mittelverwendung erst sinnvoll erscheinen ließen. Es wird in diesen Ländern oft argumentiert, in Deutschland könne die Transformation gar nicht schiefgehen, weil die Ressourcen so reichlich seien, daß auch falsche Strategien zum Erfolg führten. Dem wäre zu entgegnen, daß es in der ökonomischen Transformationspolitik überhaupt keine strategische Planung gegeben hat. Niemand wollte den Weg vom Plan zum Markt planen. Vielfach war es einfach Glück, daß etwa die Haushaltskonsolidierung der 80er Jahre Spielräume für neue Kreditaufnahmen eröffnet hatten oder daß die Sozialversicherungsträger quasi automatisch mehrstellige Milliardenbeträge pro Jahr (bis Mitte 1994 120 Mrd. DM netto[31]) in den Osten umleiten konnten, ohne daß es vom westdeutschen Wähler registriert wurde. Die Leistung des politischen Institutionensystems bestand darin, daß es zeitliche Verzögerungen und anfängliche Unübersichtlichkeiten bei der Lastenumverteilung erzwungen hat, die, wären sie politisch gewollt gewesen, den Parteienwettbewerb aufs schärfste entfacht hätten. In einem System, in dem die Bundestagsopposition in Gestalt von Landesregierungen stets mitbetroffen ist, ergeben sich Schwebelagen, non-decisions oder komplizierte Problemlösungen, die allesamt kleinschrittige situative Anpassungen ermöglichen.

Allerdings – und das mag man den Kosten der Informalisierung zurechnen – lassen sich damit keine größeren Reformschritte als unbedingt nötig bewerkstelligen (Renzsch 1994, Czada 1994a). Die formalen Verfahren etwa des föderalen Finanzausgleichs und der Tarifpolitik blieben im Kern unangetastet. Die Verfahrensstabilität war größer, als man angesichts der Herausforderung erwarten konnte. Andererseits bewiesen die föderalen und korporatistischen Verhandlungssysteme eine bemerkenswerte Flexibilität im Umgang mit völlig neuen Problemlagen. Eine besondere Eigenschaft dieser komplexen Lenkungsstruktur besteht darin, daß formelle und informelle Verfahren fließend und nahezu widerspruchsfrei ineinander übergehen. Während zum Beispiel in hierarchischen Lenkungssystemen von der Art der früheren DDR-Planwirtschaft informelle Strukturen die Formalstruktur infolge situativen Problemdrucks unterlaufen und ab einer bestimmten Distanz schließlich zerstören können, handelt es sich hier um einen Vorgang wechselseitiger Unterstützung. Die institutionell verursachte Komplexität der politischen Konfliktlinien fördert die Informalisierung der Politik, wie aus der Vielfalt und Verflechtung der Arenen und am Verlauf der Auseinandersetzungen des Kampfes um die Finanzierung unschwer zu erkennen ist (Tabelle V). Sie erschwert zugleich jede Änderung der Formalstruktur, weil dies mit hohen Risiken für alle Akteure verbunden wäre. Auf diese Weise bleibt das System in seiner Grundstruktur stabil und erlaubt den Akteuren dennoch, sich auf eine veränderte Problemumwelt langsam zwar, aber doch in einer für sie akzeptablen Weise einzustellen.

Die Politik der Finanzierung der deutschen Einheit zeigt beispielhaft, wie institutionelle Stabilität durch informelle Flexibilität gewonnen wird. Dieser Vorgang beruht auf der funktionalen Polyvalenz komplexer Institutionensysteme. Mit zunehmender Komplexität verlieren Institutionen ihre normrationale Bindung und werden für bestimmte Zwecke instrumentalisierbar.[32] Sie ermöglichen den Akteuren eine rationale Wahl institutioneller Handlungsräume. Dadurch wird die Menge der möglichen Problemlösungen eingeschränkt. Für die Akteure erscheint das gewählte Verfahren insofern als Teil einer spezifischen Problemlösung. Das unterscheidet diese, von einem spezifischen Sachproblem beherrschte Institutionenwahl von Vorgängen der reinen Institutionenbildung, die von allgemeinen Kriterien der Allokation von Werten bestimmt wird – etwa bei der Verfassungsgebung. Während die von spezifischen Sachproblemen losgelöste politische Institutionenbildung und -reform regelmäßig ein formelles Verfahren und sehr hohen Legitimations- und Konsensbedarf bis hin zur Einstimmigkeit erzeugt, kommen in dem hier untersuchten Fall die Präferenzen, Ressourcen und Orientierungen der Akteure unverfälscht zum Tragen, und strategische Konstellationen entscheiden letztlich über das Ergebnis (vgl. Manow 1994).

Man kann die anfängliche Einigungspolitik als „Fehlstart" bezeichnen und die Geschichte ihrer Finanzierung als eine Korrektur von Irrtümern (Hickel/Priewe 1994: 138). Zweifellos ist auch der Solidarpakt unter Aspekten einer gerechten Lastenverteilung als eher unsozial zu bezeichnen (ebenda). Dies widerspricht aber nicht der hier vorgetragenen These einer hohen, institutionell bedingten Flexibilität der Politik im deutschen Regierungssystem. Im Gegenteil, die Kapazität zur Konfliktbearbeitung, Lernperformanz und sachlichen Anpassungsleistung wird angesichts wiederholter Fehlentscheidungen und einer in Kauf genommenen Gerechtigkeitslücke noch deutlicher.

Es ist zu früh, die Ergebnisse der Vereinigungspolitik am ökonomischen Erfolg des Aufbaues-Ost zu messen. Gleichwohl ist festzustellen, daß die primäre Funktion der Politik, auch die extremsten Interessengegensätze zu verarbeiten, ohne den „politologischen Frieden" (Sternberger) der Verfassung aufs Spiel zu setzen, nahezu beispielhaft erfüllt wurde. Dies ist ein politisches Leistungskriterium, das sich nur unzureichend in einer ökonomischen Wohlfahrtsfunktion ausdrücken läßt. Unter Anwendung ökonomischer Kriterien würde man nämlich den Solidarpakt nicht an der Akzeptanz der Opfer messen, die er den Beteiligten aufbürdet, sondern daran, ob diese Opfer so verteilt und umverteilt werden, daß sie ökonomische Wachstumsdividenden abwerfen, die letztlich wiederum alle besserstellen. Während die Leistung der politischen Konfliktbewältigung evident ist, bleibt die Frage nach dem ökonomischen Erfolg offen.

Anmerkungen

* Für wertvolle Hinweise danke ich Jens Altemeier, Andreas Keller, Heinrich Mäding, Stefan Mette und Raymund Werle.

1 Jeweils Halbjahreszeiträume – für das Vereinigungsjahr insgesamt ergeben sich rd. 38 000 DM BSP pro Einwohner anstelle von 40 000 DM, die in der alten Bundesrepublik ohne Vereinigung der Volkswirtschaften erreicht worden wären; eigene Berechnungen nach SVR (1993, 295, 323), Sinn/Sinn (1993, 269-271).

2 Wirtschaftswoche 47/4 v. 22. Jan. 1993, 21.

3 Vor 1993 gab es lediglich einen von Juli 1991 bis Juni 1992 befristeten Solidarzuschlag und einige kleinere Verbrauchssteuererhöhungen.

4 Die Einrichtung des Erblastentilgungsfonds ist Bestandteil des Föderalen Konsolidierungsprogrammes, vgl. „Gesetz über Maßnahmen zur Bewältigung der finanziellen Erblasten im Zusammenhang mit der Herstellung der Einheit Deutschlands zur langfristigen Sicherung des Aufbaues in den neuen Ländern, zur Neuordnung des bundesstaatlichen Finanzausgleichs und zur Entlastung der öffentlichen Haushalte" vom 26. Juni 1993 (BGBl I 933).

5 Interessanterweise berichtet die weisungsunabhängige Bundesschuldenverwaltung stets eine höhere Verschuldungsquote als das Bundesfinanzministerium. Die von dem aus dem Präsidenten des Bundesrechnungshofes, drei vom Bundestag gewählten Abgeordneten und drei Mitgliedern des Bundesrates im Rahmen des Bundesschuldenausschusses kontrollierte Behörde beziffert zum Beispiel die Gesamtschuld pro Einwohner im Jahre 1992 ex post auf exakt 18 340 DM pro Einwohner. Das Bundesfinanzministerium nennt dagegen 16 400 DM pro Einwohner. Die Differenz resultiert aus der Einbeziehung des Steinkohlenausgleichsfonds und der Sondervermögen Bundesbahn, Reichsbahn, Bundespost und Treuhandanstalt durch die Bundesschuldenverwaltung. Mit der 1994 erfolgten Gründung des Bundeseisenbahnvermögens und dem 1995 errichteten Erblastentilgungsfonds wird diese Differenz kleiner, um mit der Privatisierung der Bundespost und dem Ende der Steinkohlensubvention ganz zu verschwinden.

6 In einem Vortrag bei einer Sitzung des Wirtschafts- und Währungsausschusses des Europaparlamentes am 19.3.1990 in Brüssel.

7 Hickel/Priewe (1994, 75) meinen, Steuerpräferenzen-Ost seien von der westdeutschen Wirtschaft abgelehnt worden, weil sie Preisvorteile für Ost-Unternehmen bedeuteten und damit die Standortkonkurrenz zwischen Ost- und Westdeutschland intensiviert hätten. Tatsächlich sind Steuerpräferenzen jedoch nicht am Einspruch der Industrie im Westen gescheitert – der BDI hatte sie ja selbst vorgeschlagen. Vielmehr spielte die Befürchtung – auch der Gewerkschaften – eine Rolle, daß Steuerpräferenzen lediglich fiskalisch schädliche Mitnahmeeffekte erzeugten und eine dem Aufbau-Ost förderliche Integration der Wirtschaftsregionen behindern könnten. Wo eine Mehrwertsteuerpräferenz Ost zur Stillegung westdeutscher Produktionskapazitäten geführt hätte, wären zudem gesamtwirtschaftliche „dead-weight-losses" entstanden. Genutzt hätte die Maßnahme nur jenen Wirtschaftsinteressen, die hier den Einstieg in Steuersenkungen für ganz Deutschland gewittert hatten.

8 „Vereinigung kostet die Bundesbürger den Zehnten", Süddeutsche Zeitung v. 19. Feb. 1990, 21.

9 Die Erhöhung der Einkommen von einem Viertel auf zwei Drittel des aktuellen Westniveaus entspricht mehr als eine Verdopplung der Ost-Einkommen. Die auf der 100 Prozent Basis liegenden Westeinkommen werden dadurch mit 40 Prozent belastet. Verteilt man diese 40 Prozent auf die etwa vier mal soviel Einkommensempfänger im Westen, so bleibt für jeden von ihnen eine Belastung von 10 Prozent. Würde der Reallohn im Westen durch die Umverteilung um diesen Anteil geringer, würde die Differenz zum Osten weiter abnehmen; sie betrüge dann 90 Prozent West zu 65 Prozent Ost im Bezug auf ein fiktives, früheres 100 Prozenteinkommen im Westen; vgl. „Vereinigung kostet die Bundesbürger den Zehnten", Süddeutsche Zeitung v. 19. Feb. 1990, 21.

10 Quelle: BM für Arbeit und Sozialordnung, Verband der Rentenversicherungsträger.

11 Die 1990 beschlossene Erhöhung des Beitragssatzes war die größte eines Sozialversicherungszweiges seit der Rentenreform 1957 (Heinelt 1994).

12 Insbesondere die Treuhandanstalt ist als eigenständig kreditfinanzierter Sonderhaushalt nicht in der Transferbilanz des Bundesfinanzministeriums enthalten. Soweit sie mit Lohnsubventionen an Treuhandunternehmen die Sozialbeiträge der Mitarbeiter finanziert hat, verliert dadurch die Gegenrechnung der Bundesanstalt für Arbeit an Aussagekraft. In einer volkswirtschaftlichen Kreislaufbetrachtung kann die tatsächliche Nettobelastung erst ermittelt werden, wenn das zur Abzinsung und Tilgung vereinigungsbedingter öffentlicher Kredite künftig beitragende Steueraufkommen aus dem gesamtwirtschaftlichen Wertschöpfungsanteil der neuen Bundesländer bekannt ist. Solange dort Konsum und Einkommen besteuert werden, die aus dem Währungsumtausch, subventionierten Löhnen und Sozialtransfers herrühren, beschönigen gängige Berechnungen von Nettotransfers, noch dazu ohne Einbeziehung kreditfinanzierter Sonderhaushalte, nur die tatsächliche volkswirtschaftliche Transferbilanz.

13 Als Meßgröße der interregionalen Umverteilung dient der Vergleich eines hypothetischen Falles gleicher Arbeitslosigkeit mit den tatsächlichen Verteilungsströmen.

14 Im Jahr vor der deutschen Vereinigung, 1989, befand sich die Neuverschuldung der öffentlichen Haushalte mit knapp 0,5 Prozent des BSP auf einem Tiefpunkt (Monatsberichte der Deutschen Bundesbank 2/1992: 24). 1993 erreichte die Neuverschuldung mit 132,2 Mrd. DM bereits 4,3 Prozent des BSP, wobei etwa ein Viertel davon nicht als einigungsbedingt, sondern als konjunkturell verursacht anzusehen ist (vgl. Klodt et.al. 1994: 258f.).

15 Dies ist kein einigungsspezifischer Zusammenhang. Er bestimmte vielmehr bereits die nachkeynesianische Wirtschaftspolitik der achtziger Jahre (Scharpf 1987). Die angebotsorientierte Grundlinie der makroökonomischen Vereinigungspolitik folgt insofern einer vorgängigen Politikstrategie (Fuest/Kroker 1993,7).

16 Der Wissenschaftliche Beirat beim Bundeswirtschaftsministerium befürchtete schon vor der Währungsunion 1990 „mehrheitlich nicht, daß bei den Bestandsgrößen ein Umstellungssatz von 1:1 zwischen Mark der DDR und D-Mark Inflationsgefahren in sich birgt" (zit. nach Sinn/Sinn 1993: 87). Er stand damit im Gegensatz zur Bundesbank, die mit einer solchen Befürchtung gegen die Währungsunion argumentiert hatte. Später zeigte sich, daß nicht ein zu hoher Geldumlauf das Problem war, sondern Kapitalknappheit.

17 Allein die privaten Großbanken vergaben von 1990 bis 1993 Kredite in Höhe von 250 Mrd. DM in Ostdeutschland; vgl. Informationsdienst des Bundesverbandes deutscher Banken, März 1994: Die privaten Banken in den neuen Bundesländern: 3. Hinzu kommen Kredite der öffentlichen Kreditinstitute (Sparkassen und Landesbanken) sowie der Genossenschaftsbanken.

18 Süddeutsche Zeitung v. 14. Feb. 1989, 23.

19 Interview mit Dr. Paul Hadrys, stv. Leiter der THA-Abt. Finanzen am 6.4.1993

20 Vgl. zur Mühsal des parlamentarischen Harmonisierungsgremiums Vermittlungsausschuß: Hasselsweiler (1981).

21 Entgegen dem in der politischen Praxis üblichen Gebrauch werden A-Länder von den in der Bundesregierung vertretenen Parteien regiert, B-Länder von einer oder mehreren Oppositionsparteien im Bund und C-Länder von Koalitionsparteien, die auf Bundesebene sowohl zur Regierung als auch zur Opposition zählen. In der politischen Praxis werden jedoch meist die SPD-geführten Länder als A-Länder und die CDU-geführten Länder als B-Länder bezeich-

net, entsprechend der bikameralen Kräfteverteilung zur Zeit der sozialliberalen Bundesregierung der siebziger Jahre, auf die diese Unterscheidung zurückgeht (vgl. Schindler 1994: 4853ff.).

23 Das Institut für Demoskopie Allensbach hatte in einer Umfrage bei 674 Führungskräften in Wirtschaft, Verwaltung und Politik einen dramatischen Ansehensverlust der Bundesregierung festgestellt, „so schlecht wie noch bei keiner Vorgängerregierung" („Die Mächtigen halten wenig vom Kabinett Kohl", Süddeutsche Zeitung v. 29. Juli 1992, 5). Im Juni 1992 hielten 60 Prozent der Befragten die Regierung für zu schwach, die Probleme der Vereinigung zu bewältigen. In einer Befragung des Wirtschaftsmagazins „impulse" sagten Spitzenmanager, es gebe Politiker, „die sehr gutwillig sind aber keine Ahnung haben" und forderten, sie sollten erst eine Ausbildung absolvieren, „ehe man sie an die Schalthebel der Macht läßt" (ebenda).

22 „Kohl sucht das Gespräch über den Solidarpakt", FAZ v. 23.1.1993, 1.

23 So äußerte sich im Zusammenhang mit den Solidarpaktverhandlungen wiederholt der stellvertretende SPD-Fraktionsvorsitzende und Sozialexperte Rudolf Dreßler, Wirtschaftswoche 47/4 v. 22. Jan. 1993, 21.

24 Die Übereinstimmung zwischen Bund und neuen Ländern reichte aber letztlich so weit, daß es bei den Westländern hieß, einige Länderfinanzminister im Osten müßten noch lernen, daß sie nicht Provinzgouverneure der Bundesregierung seien. Die westlichen Bundesländer hatten schon bei den ab 1991 regelmäßigen Treffen des Bundeskanzlers mit der Ministerpräsidenten der neuen Länder und der unterhalb dieser Ebene angesiedelten „Ludewig-Runde" aus Kanzleramt, Treuhandanstalt und Chefs der Staatskanzleien der neuen Länder die Befürchtung, hier könne sich eine neue Qualität von Bund-Länderbeziehungen einschleichen (vgl. Czada 1983).

25 Der Tagesspiegel v. 26. Feb. 1993, 4.

28 Sinn/Sinn (1993, 213) zufolge war offenkundig, daß die Vereinbarungen von Arbeitgebern und Gewerkschaften über die Westangleichung der Osteinkommen (z.B. im Stufentarifvertrag der Metallindustrie am 1.3.1991) vom westdeutschen Steuerzahler zu finanzieren wären. „Sie waren die 'Dritten', zu deren Lasten die Tarifverhandlungen im Osten geführt wurden" (ebenda, 214).

29 Süddeutsche Zeitung v. 28. 5. 1993, 23., ebenda, vgl. Handelsblatt v. 16.2.1993.

30 Von den Parteien hatten FDP-Politiker, insbesondere ihr Vorsitzender Lambsdorff und der Fraktionsvorsitzende im Bundestag, Solms, diesen Pessimismus verbreitet. Die FDP war offenkundig über die partei- und länderübergreifenden Vorgespräche unzureichend informiert worden, um die Stoßrichtung steuerfinanzierte Mehrausgaben bei geringem Einsparvolumen nicht durch ihr Veto zu gefährden (vgl. FAZ. v. 15.3.1993, 3). Zudem erhoffte die FDP von einem Scheitern die Verlagerung des Verfahrens in den Vermittlungsausschuß, um dadurch an einer Paketlösung beteiligt zu werden, die nach ihrer Vorstellung auch andere ausgabenwirksame Programme wie die Pflegeversicherung umfassen sollte.

31 Diese Summe nennt ein gemeinsames Papier der Bundesvereinigung der Deutschen Arbeitgeberverbände und des Deutschen Gewerkschaftsbundes, in dem die Finanzierung der Einheit durch Sozialbeiträge der Unternehmen und Arbeitnehmer kritisiert wird, vgl. Kölner Stadt-Anzeiger v. 16.8.1994.

32 Ein ähnlicher Zusammenhang läßt sich im Vollzug komplizierter Verwaltungsvorschriften feststellen. Ellwein (1992: 23-25) zeigt, wie die Diskrepanz zwischen der Komplexität von Regelwerken und restriktiven Vollzugsmöglichkeiten in der Verwaltung den Handlungsspielraum der mit dem Vollzug Beauftragten erweitert. Die institutionellen Regeln werden mit zunehmendem Umfang und wachsenden Querverbindungen disponibel.

Literatur

Andel, Norbert, 1993: Die Rentenversicherung im Prozeß der Wiedervereinigung Deutschlands. In: Hansmeyer, Karl-Heinrich (Hrsg.), Finanzierungsprobleme der deutschen Einheit II. Berlin: Duncker & Humblot, 63-111.

Andersen, Uwe, 1992: Die Finanzierung der deutschen Einheit. In: Hartwich, Hans-Hermann/Göttrick Wewer (Hrsg.): Finanz- und wirtschaftspolitische Bestimmungsgründe des Regierens im Bundesstaat unter besonderer Berücksichtigung des deutschen Vereinigungsprozesses, Regieren IV. Opladen, 227-244.

Deutsche Bundesbank, 1994: Die Finanzen der Treuhandanstalt, in: Monatsberichte der Deutschen Bundesbank 46/4, 17-31.

Bundeskanzleramt 1993: Leistungsbilanz der Bundesregierung für die neuen Bundesländer, BK-Arbeitsstab neue Länder, Bonn.

Czada, Roland, 1993a: Die Treuhandanstalt im Umfeld von Politik und Verbänden. In: Fischer, Wolfram/Herbert Hax/Hans Karl Schneider (Hrsg.): Treuhandanstalt. Das Unmögliche wagen, Berlin, 148-173.

Czada, Roland 1993b: Das scheue Reh und die Kröte. Investition und Beschäftigung im Kalkül der Treuhandanstalt. In: Bosch, Gerhard/Bernd Reissert/Hubert Heinelt (Hrsg.): Arbeitsmarktpolitik nach der Vereinigung, Berlin, 214-233.

Czada, Roland, 1994a: Schleichweg in die „Dritte Republik". Politik der Vereinigung und politischer Wandel in Deutschland. In: Politische Vierteljahresschrift 35, 245-270.

Czada, Roland 1994b: Die Treuhandanstalt im politischen System der Bundesrepublik. In: Aus Politik und Zeitgeschichte B 43-44/94, 31-42.

Derlien, Hans-Ulrich, (Hrsg.) 1993: Programm „Gemeinschaftswerk Aufschwung-Ost" – Planung, Vollzug, Evaluation, (Werkstattbericht der Gesellschaft für Programmforschung in der Öffentlichen Verwaltung e.V.), München.

Ellwein, Thomas, 1992: Norm, Normalität und das Anormale. Entwurf einer Problem und Forschungsskizze. In: Benz, Arthur/Wolfgang Seibel (Hrsg.): Zwischen Kooperation und Korruption. Abweichendes Verhalten in der Verwaltung, Baden-Baden, 19-30.

Fuest, Winfried/Rolf Kroker, 1993: Die Finanzpolitik nach der Wiedervereinigung. Beiträge zur Wirtschafts- und Sozialpolitik. Köln: Deutscher Instituts-Verlag.

Hartwich, Hans-Hermann, 1992: Die Beziehungen zwischen Bundesregierung und Bundesbank im deutschen und westeuropäischen Einigungsprozeß. In: Hartwich, Hans-Hermann/Wewer, Göttrik (Hrsg.): Finanz- und wirtschaftspolitische Bestimmungsgründe des Regierens im Bundesstaat unter besonderer Berücksichtigung des deutschen Vereinigungsprozesses, Regieren IV. Opladen, 247276.

Heinelt, Hubert, 1994: Arbeitsmarktpolitik nach der Vereinigung – Überforderung und Substantzverlust des Beitragsfinanzierungsprinzips. In: Olk, Thomas/Barbara Riedmüller (Hrsg.), Grenzen des Sozialversicherungsstaates (Leviathan-Sonderheft 15), Opladen, i.E.

Henke, Klaus-Dirk/Wulf-Dietrich Leber, 1993: Territoriale Erweiterung und wettbewerbliche Neuordnung der gesetzlichen Krankenversicherung (GKV). In: Hansmeyer, Karl-Heinrich (Hrsg.), Finanzierungsprobleme der deutschen Einheit II. Berlin: Duncker & Humblot, 11-62.

Herkner, Klaus 1981: Zur Stellung der Bundesrepublik iminternationalen Handel. In: DIW-Vierteljahreshefte 2/3 (1981), 166-198.

Hasselsweiler, Ekkehardt 1981: Der Vermittlungsausschuß. Verfassungsgrundlagen und Staatspraxis, Berlin.

Hickel, Rudolf/Jan Priewe, 1994: Nach dem Fehlstart. Ökonomische Perspektiven der deutschen Einigung. Frankfurt/M.

Hüther, Michael, 1993: Integration der Transformation. Überlegungen zur Wirtschaftspolitik für das vereinigte Deutschland. In: Jahrbuch für Sozialwissenschaft 44(1), 31-52.

Jahreswirtschaftsbericht 1993: Jahreswirtschaftsbericht der Bundesregierung. BT Drucksache 12/4330, 1993, Bonn.

Jochimsen, Reimut, 1993: Current Issues on the Policy of the Bundesbank. In: German Politics 2, 341-357.

Klodt, Henning/Stehn, Jürgen et.al. 1994: Standort Deutschland: Strukturelle Herausforderungen im neuen Europa. Kieler Studien Bd. 265, Tübingen.

Korte, Karl-Rudolf, 1994: Die Chance genutzt? Die Politik zur Einheit Deutschlands. Frankfurt: Campus.

Kühl, Jürgen 1993: Beitragszahler tragen die Hauptlast der vereinigungsbedingten Arbeitsmarktkosten (IAB-Kurzbericht 11/1993), Nürnberg.

Lehmbruch, Gerhard, 1976: Parteienwettbewerb im Bundesstaat, Stuttgart.

Lehmbruch, Gerhard, 1990: Die improvisierte Vereinigung: die dritte deutsche Republik. In: Leviathan 18, 462-486.

Lehmbruch, Gerhard, 1991: Die deutsche Vereinigung: Strukturen und Strategien. In: Politische Vierteljahresschrift 32, 585- 604.

Lehmbruch, Gerhard, 1994: Dilematta verbandlicher Einflußlogik im Prozeß der deutschen Vereinigung. In: Streeck, Wolfgang (Hrsg.) Staat und Verbände (PVS-Sonderheft 25). Opladen, 370-392.

Mackscheidt, Klaus, 1993: Die Transferaktivität der Bundesanstalt für Arbeit nach der Deutschen Einigung – Dynamik und Effizienz. In: Hansmeyer, Karl-Heinrich (Hrsg.), Finanzierungsprobleme der deutschen Einheit II. Berlin: Duncker & Humblot, 113-153.

Manow, Philip 1994: Strukturinduzierte Politikgleichgewichte: Das gesundheitsstrukturgesetz (GSG) und seine Vorgänger. Discussion-Paper 94/4. Max-Planck-Institut für Gesellschaftsforschung. Köln.7

Mäding, Heinrich, 1992: Die föderativen Finanzbeziehungen im Prozeß der deutschen Vereinigung: Erfahrungen und Perspektiven. In: Hartwich, Hans-Hermann/Wewer, Göttrik (Hrsg.): Regieren IV.

Finanz- und wirtschaftspolitische Bestimmungsgründe des Regierens im Bundesstaat unter besonderer Berücksichtigung des deutschen Vereinigungsprozesses, Opladen, 183214.

Mayntz, Renate/Fritz W. Scharpf, 1975: Policy Making in the German Federal Bureaucracy, Amsterdam.

Nullmeier, Frank 1992: Der Zugriff des Bundes auf die Haushalte der Gemeinden und Parafisci. In: Hartwich, Hans-Hermann/Wewer, Göttrik (Hrsg.): Regieren IV. Finanz- und wirtschaftspolitische Bestimmungsgründe des Regierens im Bundesstaat unter besonderer Berücksichtigung des deutschen Vereinigungsprozesses, Opladen, 147-180.

Pilz, Frank/Heike Ortwein, 1992: Das vereinte Deutschland. Wirtschaftliche, soziale und finanzielle Folgeprobleme und die Konsequenzen für die Politik, Stuttgart, Jena.

Priewe, Jan, 1994: Die Folgen der schnellen Privatisierung der Treuhandanstalt. In: Aus Politik und Zeitgeschichte B 43-44/94 (28. Oktober 1994), 21-30.

Priewe, Jan/Rudolf Hickel, 1991: Der Preis der Einheit, Frankfurt.

Renzsch, Wolfgang, 1994: Föderative Problembewältigung: Zur Einbeziehung der neuen Länder in einen gesamtdeutschen Finanzausgleich ab 1995. In: Zeitschrift für Parlamentsfragen 25, 116-138.

Rosenschon, Astrid, 1992: Finanzreform 1995 – Was tun ?, Institut für Weltwirtschaft an der Universität Kiel: Arbeitspapier 518.

RWI 1992: Wer finanziert die deutsche Einheit? Zur Diskussion um die Gerechtigkeitslücke. In: RWI Konjunkturbrief 3/92.

Sally, Razeen/Douglas Webber, 1993: The German Solidarity Pact: A Case Study in the Politics of the Unified Germany. In: German Politics 3, 18-46

Scharpf, Fritz, W. 1987: Sozialdemokratische Krisenpolitik in Westeuropa. Frankfurt/New York.

Scharpf, Fritz W., 1991: Entwicklungslinien des bundesdeutschen Föderalismus. In: Blanke, Bernhard/Hellmut Wollmann (Hrsg.), Die alte Bundesrepublik, Opladen, 146-159.

Schäuble, Wolfgang, 1993: der Vertrag. Wie ich über die deutsche Einheit verhandelte, München[3].

Schindler, Peter 1994: Datenhandbuch zur Geschichte des deutschen Bundestages 1983-1991. Baden-Baden.

Schmidt, Manfred G., 1994: Politikverflechtung zwischen Bund, Ländern und Gemeinden, Studienbrief FernUniversität Hagen.

Schulze-Fielitz, Helmuth, 1984: Der informale Verfassungstaat. Aktuelle Betrachtungen des Verfassungslebens der Bundesrepublik Deutschland im Lichte der Verfassungstheorie, Berlin.

Schuppert, Gunnar Folke 1992: Finanzbeziehungen im Föderalismus als Problem des Regierens. In: Hartwich, Hans-Hermann/Wewer, Göttrik (Hrsg.), Souveränität, Integration, Interdependenz – Staatliches Handeln in der Aussen- und Europapolitik; Regieren V, Opladen, 263-278.

Finanz- und wirtschaftspolitische Bestimmungsgründe des Regierens im Bundesstaat unter besonderer Berücksichtigung des deutschen Vereinigungsprozesses, Opladen, 263-278.

Singer, Otto, 1991: Die Finanzierung der Einheit. Oder warum kann der Staat nicht mit Geld umgehen? In: Die Kommune 9: 56-60.

Sturm, Roland/ Charlie Jeffrey, 1993: German Unity, European Integration and the Future of the Federal System: Revival or permanent Loss of Substance?. In: Jeffrey, Charlie, Roland Sturm (Hrsg.), Federalism, Unification and European Integration, London: 164-176.

SVR 1992: Jahresgutachten 1992/93 des Sachverständigenrates zur Begutachtung der gesamtwirtschaftlichen Entwicklung (BT Drs. 12/3774), Bonn.

SVR 1993: Jahresgutachten 1993/94 des Sachverständigenrates zur Begutachtung der gesamtwirtschaftlichen Entwicklung (BT Drs. 12/6170), Bonn.

Wegner, Eckhard (Hrsg.), 1992: Finanzausgleich im vereinten Deutschland. Marburg: Metropolis.

Heinrich Mäding

Reform oder Rekonstruktion: föderative Finanzkonflikte im Einigungsprozeß und ihre Beurteilung

1. Vorbemerkung

Czada (1994) gibt einen breiten Überblick über Arenen und Akteure, Interessen und Konfliktlinien, Ideen, Taten und monetäre Folgen im „Kampf um die Finanzierung der deutschen Einheit". Seine Faktenfülle kann hier nicht in einem kürzeren Koreferat überboten werden. Ich werde stattdessen

- eine seiner sieben „Verteilungsarenen", nämlich die föderativen Finanzbeziehungen, herausgreifen,
- diese stärker in eine zeitliche Perspektive rücken, da er erst 1993 einsetzt (Abschnitt 2),
- dabei die Betroffenheit und Rolle der Gemeinden in Ost und West stärker betonen, was man vom Leiter des Deutschen Instituts für Urbanistik sicher auch so erwartet (Abschnitt 3)
- und schließlich versuchen, die Ansatzpunkte für eine Beurteilung anzureichern (Abschnitt 4).

2. Föderative Finanzbeziehungen im Prozeß der deutschen Einigung

Die Geschichte der föderativen Finanzbeziehungen in der Bundesrepublik Deutschland kann heute grob in drei Phasen eingeteilt werden:

(1) die 20 Jahre vor der Finanzreform von 1969,
(2) die gut 20 Jahre bis zur Vereinigung von 1990,
(3) die Übergangsordnung der Jahre 1990 bis 1994, auf die mit dem 1.1.1995 eine neue Phase folgen wird.

Für die 40 Jahre bis zur Vereinigung kann etwa folgendes verkürztes Gesamturteil über die föderativen Finanzbeziehungen in der Bundesrepublik Deutschland vertreten werden:

1. Im Zeitablauf hatte sich eine bemerkenswerte Flexibilität **der** Finanzverfassung gezeigt, sowohl hinsichtlich der Beseitigung erkannter Fehlentwicklungen (so hat

beispielsweise die Finanzreform 1969 einerseits die unerwünschte regionale Streuung, andererseits die unerwünschte Konjunkturreagibilität der Gemeindeeinnahmen reduziert), als auch hinsichtlich des Aufgreifens „neuer" gedanklicher Konzepte (so wurde damals ebenfalls die gesamtstaatliche Finanzpolitik in den Dienst einer Keynesianischen, nachfrageorientierten Konjunkturpolitik gestellt oder das Konzept des kooperativen Föderalismus mit Finanzplanungsrat, Gemeinschaftsaufgaben etc. institutionell umgesetzt). Daneben diente die Flexibilität **in** der Finanzverfassung (Umsatzsteuerverteilung auf Bund und Länder, Länderfinanzausgleich) der Anpassung an vertikale Belastungsverschiebungen und die horizontal unterschiedliche Finanzkraftentwicklung.

2. Die Grundregeln der Finanzverfassung waren in Praxis und Wissenschaft von allen anerkannt. Die Ergebnisse der im Prinzip hochgradig konfliktträchtigen Einnahmenverteilung – eines Kernstücks des Finanzausgleichs – fanden dennoch weitgehenden Konsens, auch weil das Wirtschaftswachstum Verteilungskonflikte entschärfte. Erst in den 80er Jahren nahmen die expliziten Konflikte zu, wofür Entscheidungsblockaden bei der vertikalen Umsatzsteuerverteilung und die wiederholte Befassung des Bundesverfassungsgerichts mit grundlegenden Fragen der Finanzverfassung als Indikator dienen können (vgl. die Entscheidungen vom 24. 6. 1986 und vom 27. 5. 1992 BVerfGE 72, 330 ff., BVerfGE 86, 148 ff.).
   Vor allem das im internationalen Vergleich charakteristische Element der deutschen Finanzverfassung – der horizontale Länderfinanzausgleich nach Art. 107 Abs. 2 GG – war unangefochten, nicht zuletzt deshalb, weil er trotz hoher Ausgleichsintensität (95 %, mit Bundesergänzungszuweisungen sogar 97 % und mehr) mit einem überraschend geringen Volumen auskam (1989: 3,5 Mrd. DM, das sind nur 1,3 % der gesamten Ländereinnahmen). Dies lag einerseits an der doch relativ ausgeglichenen Wirtschaftsstruktur der Länder, die teilweise eine Folge des Föderalismus ist, andererseits an der Ausgleichsleistung der vorgeschalteten Stufe der Verteilung der Umsatzsteuereinnahmen nach Art. 107 Abs. 1 GG auf die Länder.
3. In mehreren Stufen war das Gewicht des Bundes in Gestalt der Mitfinanzierung von Länderaufgaben angewachsen: Gemeinschaftsaufgaben (ab 1969), Dynamisierung der Bundesergänzungszuweisungen (ab 1974) und Strukturhilfegesetz (von 1988) sind Marksteine dieser Entwicklung.

Flexibilität, hohe Ausgleichsintensität und dennoch relativ geringes sichtbares horizontales Transfervolumen bestimmten die insgesamt positive Einschätzung, den „Erfolg" dieser Finanzordnung in den 40 Jahren ihres Bestehens.

Vor diesem Hintergrund mußte die deutsche Einigung – wie politisch erwünscht sie auch immer war – als finanzpolitischer Schock für das prekäre Gleichgewicht der föderativen Finanzbeziehungen wirken. Das hohe Tempo des Prozesses (knapp 11 Monate zwischen dem Fall der Mauer und der staatlichen Vereinigung), die Komplexität der Probleme, der Umbruch in allen wirtschaftlichen, gesellschaftlichen und politischen Verhältnissen in Ostdeutschland, Unkenntnis über Wirtschaftsdaten und die fehlende gedanklich-planerische Vorbereitung in den Jahren der Trennung machten es unmöglich, in einem Anlauf eine Neuordnung der öffentlichen Finanzwirtschaft zu erreichen. Vielmehr wurde zunächst für eine begrenzte Zeit von ca. 4 Jahren eine Übergangsordnung geschaffen und in diesem Zeitraum dann die endgültige Neuordnung durch politische Konsensbildung erarbeitet.

Schon im Frühjahr 1990 drangen Ergebnisse von Proberechnungen aus Landesfinanzministerien an die Öffentlichkeit, daß die Einbeziehung der DDR in den bisherigen Länderfinanzausgleich Transfers bis 35 Mrd. DM, d. h. bis zum Zehnfachen des aktuellen Volumens, auslösen müßte und fast alle westlichen Empfängerländer zu Zahlerländern machen würde (Mäding 1992, S. 188). Das Veto der Westländer bestimmte dann die zentralen finanzpolitischen Festsetzungen im Staatsvertrag (vom 18. 5.1990) und im Einigungsvertrag (vom 31. 8. 1990) zwischen BRD und DDR:

- Keine volle Einbeziehung der Ostländer in die Umsatzsteuerverteilung,
- keine Einbeziehung in den horizontalen Länderfinanzausgleich,
- stattdessen Übergangsfinanzierung über den Fonds „Deutsche Einheit" außerhalb des Bundeshaushalts und
- Vertagung der Neuordnung auf den 1. 1. 1995.

Diese Übergangsordnung mit ihrem hohen Kreditanteil am Fonds (95 von 115 Mrd. DM) sollte einerseits den Westen (Länder, Gemeinden, Bürger) finanzwirtschaftlich zunächst schonen, sie sollte andererseits in verschiedene Richtungen auf der symbolischen Ebene politisch beruhigende Signale geben:

- Vor allem die Fonds-Degression von 35 Mrd. DM (1991) auf 10 Mrd. DM (1994), die nur dann angebracht ist, wenn im Osten ein sehr rascher Aufschwung stattfindet, sollte Finanzmärkte und (östliche) Wähler beruhigen.
- Auch die Vertagung der Neuordnung auf den 1.1.1995 wirkte beruhigend, ließ gründliches Nachdenken über eine „Reform" erwarten und weckte allenthalben Hoffnungen, in diesem Prozeß dann eigene Interessen noch rechtzeitig einbringen und durchsetzen zu können. Daß nachher faktisch keine grundlegende Finanzverfassungsreform stattgefunden hat, bildet ein sicherlich nicht zufälliges Parallelphänomen zu den Ergebnissen der Verfassungsreformkommissionen insgesamt.

Die faktische Suspendierung der Finanzverfassung des Grundgesetzes, die „unbegründete Ausgrenzung der Ostländer vom bundesstaatlichen Finanzausgleich", die von einigen Verfassungsrechtlern sogar als verfassungswidrig bezeichnet wurde (vgl. Selmer in Stern, 1991), ist als solche ebenfalls ein Zeichen von „Flexibilität". Dies verweist aber schon darauf, daß in der Debatte die „materiellen" Kriterien zur Beurteilung unserer jüngsten Geschichte neben den „formalen" oder „prozeduralen", wie Flexibilität, hinreichend gewichtet werden müssen (vgl. Abschnitt 4). Hier unterscheidet sich meine Position von der von Czada, der in seinem Fazit die Flexibilität der Politik, ihre „Lernperformanz und sachliche Anpassungsleistung" m. E. zu stark positiv hervorhebt.

Auch in der Zwischenzeit zwischen Staatsvertrag (1990) und Föderalem Konsolidierungsprogramm (FKP, 1993) zeigten die Akteure Flexibilität. In vielfältigen Einzelschritten wurden die Regelungen durch notwendige Nachbesserungen revidiert.

(1) Beispielhaft sei auf die Entwicklung des Fondsvolumens hingewiesen, die ex post betrachtet nach zwei Korrekturen nun gerade keine Degression mehr zeigt, sondern Quasi-Konstanz (vgl. Tabelle 1).

(2) Ein anderes Beispiel ist das Bundesprogramm „Gemeinschaftswerk Aufschwung Ost" vom März 1991 mit einem zusätzlichen Finanzvolumen von je 12 Mrd. DM für 1991 und 1992, das ebenfalls in prozeduraler Hinsicht und verglichen mit „normaler" Programmentwicklung eine bemerkenswerte, situationsangepaßte Innovation darstellte, auch wenn es in inhaltlicher Hinsicht und verglichen mit „idealer" Programmentwicklung manche Wünsche offenließ (Mäding 1993).

Diese „Anpassungen" innerhalb der Übergangsordnung waren relativ „kleine Fische" im Verhältnis zur notwendigen Neuregelung der föderativen Finanzbeziehungen zum 1.1. 1995. Einige Autoren – darunter auch ich selbst (Mäding 1992, S. 210) – hatten mit guten Gründen bezweifelt, ob diese Neuregelung überhaupt rechtzeitig oder anders als in letzter Minute und unter äußerstem politischen Druck erreichbar sei. Bei dieser Überlegung spielten vor allem zwei Kompromisse erschwerende, situative Faktoren eine Rolle:

- daß der Koalitionsmehrheit im Bundestag eine Mehrheit SPD-geführter Länder im Bundesrat gegenüberstand und
- daß West-Ost-Umverteilung weitgehend zu einer Umverteilung von SPD-geführten Ländern (Ausnahmen: Baden-Württemberg – aber große Koalition! – und Bayern) zu CDU-geführten Ländern (Ausnahme: Brandenburg) darstellt.

Umso überraschter mußte man sein, daß nach einer kurzen öffentlichen Debatte von ca. 10 Monaten[1] schon in der Klausur der Regierungschefs vom 11. bis 13. März 1993 ein umfassender Kompromiß über die neue Finanzordnung möglich war, der dann zum „Gesetz zur Umsetzung des föderalen Konsolidierungsprogramms – FKPG" vom 23. 6. 1993 führte, einem Artikelgesetz von 90 Seiten Länge, in dessen Rahmen gleichsam unter anderem auch die föderativen Finanzbeziehungen neu geregelt wurden.

Die wesentlichen Elemente sind die folgenden (vgl. BMF 1993, Färber 1993, Renzsch 1994):

1. Ein zweites Mal wurde der „Fonds Deutsche Einheit", diesmal um 14,4 Mrd. DM aufgestockt (vgl. Tabelle 1) auf 1993 35,2 Mrd. DM und 1994 34,6 Mrd. DM.
2. Durch die erneute Erhöhung des Länderanteils an der Umsatzsteuer von 37 % auf 44 %, durch die Einbeziehung der neuen Bundesländer in den Länderfinanzausgleich und durch sogenannte Fehlbetrags-Bundesergänzungszuweisungen fließen 1995 36 Mrd. DM in die neuen Länder und nach Berlin. Dafür entfallen die Zahlungen aus dem „Fonds Deutsche Einheit" (1994: 34,6 Mrd. DM).
3. Für eine Laufzeit von 10 Jahren erhalten die davon besonders betroffenen finanzschwachen westlichen Bundesländer zusätzliche Bundeszuweisungen. Daneben erhalten die neuen Bundesländer auf 10 Jahre befristet Transferzahlungen von je 20,6 Mrd. DM p. a. vom Bund. Durch die Ausdifferenzierung und quantitative Ausweitung der Bundesergänzungszuweisungen wird das vertikale Element im

bundesstaatlichen Finanzausgleich zu Lasten des horizontal-bündischen weiter verstärkt.
4. An den Lasten der alten Bundesländer werden die Gemeinden zu ca. 40 % durch Anhebung der Gewerbesteuerumlage und Absenkung des kommunalen Finanzausgleichs beteiligt.
5. Die Schulden der Treuhandanstalt und des Kreditabwicklungsfonds und Teile der Altschulden der kommunalen Wohnungswirtschaft werden in einem „Erblastentilgungsfonds" zusammengeführt (ca. 450 Mrd. DM), den allein der Bund verzinst und tilgt.[2]
6. Zur Finanzierung werden Ausgaben eingespart (11 Mrd. DM) und Steuern erhöht (34,6 Mrd. DM, davon allein 28 Mrd. DM aus dem „Solidaritätszuschlag" für den Bund).

Ursache für die zügige Einigung war wohl die Fähigkeit der Länder zu einem materiellen Kompromiß im Vorfeld der Verhandlungen mit dem Bund. „Die Länder konnten sich gegen den Bund durchsetzen, weil es ihnen gelang, horizontale Interessengegensätze weitestgehend aus den Verhandlungen auszuschalten" (Renzsch 1994, S. 132). Hierbei mußten die Konflikte zwischen West- und Ostländern, armen und reichen Ländern, sowie CDU/CSU oder SPD-geführten Landesregierungen überwunden werden. „Technisch" half die erhebliche Ausweitung der Verhandlungsmasse (auf ca. 100 Mrd. DM) und die Ausdifferenzierung der Instrumente, vor allem bei den Bundesergänzungszuweisungen nach Ländergruppen. Materiell ermöglicht wurde dieser Kompromiß

- in erster Linie durch die Verlagerung wichtiger Finanzlasten auf den Bund (vgl. Neuverteilung der Umsatzsteuer, Erblastentilgungsfonds, Bundesergänzungszuweisungen) und
- ergänzend durch die dauerhafte Einbeziehung der Westgemeinden in die Finanzierung der deutschen Einigung,

also durch Externalisierung aus der Sicht der Länder insgesamt.

3. Betroffenheit und Rolle der Gemeinden

Wegen der Verflechtung der Finanzströme zwischen den drei Ebenen im föderativen Staat Bundesrepublik Deutschland betreffen die Ergebnisse staatlicher Entscheidungen über die föderativen Finanzbeziehungen direkt oder indirekt stets auch die Gemeinden und Gemeindeverbände (Vgl. u. a. die Gemeindefinanzberichte in der Zeitschrift „Der Städtetag", H. 2/1991, 2/1992, 2/1993 und 3/1994). Die westdeutschen Kommunen profitieren – als Teile der Länder – zunächst von den politisch erfolgreichen Verhandlungen der Westländer mit dem Bund im Vorfeld des Staatsvertrages vom Mai 1990 und wurden wie diese von der Vereinigung im Oktober 1990 anfangs kaum betroffen:

- Bis zum Jahr 1992 kann die Beteiligung der westdeutschen Gemeinden an der Aufbringung des Transfers in den Osten quantitativ als gering eingestuft werden (1991: 0,4 Mrd. DM; 1992: 2,8 Mrd. DM). Zum Schuldendienst des „Fonds Deutsche Einheit" tragen sie 20 Prozent bei, bzw. 40 Prozent der Belastung der Länder, teils durch Erhöhung der Gewerbesteuerumlage an die Länder, teils durch Absenkung der Länderleistungen im kommunalen Finanzausgleich. Daneben unterstützen sie bilateral Partnerkommunen in Ostdeutschland vor allem mit Personalhilfe, aber auch mit Sachmitteln, und multilateral den Aufbau der kommunalen Selbstverwaltung, z. B. durch eine Sonderumlage des Deutschen Städtetages.
- Insgesamt entlastet aber der kurze Vereinigungsboom in den Weststädten wie in den Westländern die Haushalte zunächst deutlich. Die Steuereinnahmen der Gemeinden steigen 1991 um 9,5 %, 1992 um 6,8 %. Dadurch ist per saldo eine Belastung der kommunalen Haushalte nicht entstanden.

Wiederholt wurde den Gemeinden (z.B. in der Presse) vorgeworfen, die Steuermehreinnahmen 1991 und 1992 verausgabt und nicht zur „Vorsorge" bzw. zur Haushaltskonsolidierung genutzt zu haben und trotz absehbarer zukünftiger Lasten (spätestens ab 1. 1. 1995) z. B. weiteres Personal eingestellt zu haben. Diese – aus gesamtwirtschaftlicher Sicht schon früher oft – kritisierte „Parallelpolitik" der Gemeinden (Fuest, Kroker 1993, S. 42) hat tiefsitzende Wurzeln, die u. a. in institutionellen Regelungen, z. B. bei der Schuldenaufnahme, zu suchen sind. Sie erscheint auch politisch oft rational. Dabei muß nicht nur an die Wählerorientierung der Kommunalpolitik gedacht werden, sondern auch an föderative Besonderheiten. Die in der Verfassung verankerte Deckungsquotenberechnung vor der Neuverteilung der Umsatzsteueranteile von Bund und Ländern (vgl. Art. 106 Abs. 3 und 4 GG) wird in der finanzpolitischen Argumentation oft auch auf die Gemeinden ausgedehnt. So äußerte beispielsweise Finanzminister Waigel (CSU) wiederholt, die hohe Kreditfinanzierungsquote des Bundes und die niedrige der Gemeinden zeigten, wo Lasten leichter getragen werden könnten. Vor diesem Hintergrund ist es nicht nur nicht verwunderlich, daß die Gemeinden darauf aus sind, im Finanzierungssaldo nicht so gut dazustehen, es kann sogar in Zeiten harter Verteilungskämpfe taktisch rational sein, sich als „nackter Mann" zu präsentieren, dem man nicht in die Tasche greifen kann. Die Betrachtungsweise des Bundes muß sich im übrigen notgedrungen an Durchschnittswerten orientieren. Charakteristisch für die Gemeindeebene ist aber gerade die – verglichen etwa mit der Länderebene – weit größere Streuung in der Einnahmen- und Ausgabensituation der einzelnen Gemeinde. Der Duisburger Oberstadtdirektor Klein hat vor Jahr und Tag daher im Zusammenhang mit aggregierten Gemeindedaten von „aggregiertem Unsinn" gesprochen (Klein 1986, S. 61).

In den Folgejahren ist die Belastung merklich angewachsen (1993: 5,5 Mrd. DM, 1994: 5,8 Mrd. DM). Ab 1995 besteht sie aus drei Komponenten:

1. Mit der Regelung des FKP werden die Westländer durch die Einbeziehung der Ostländer in den Länderfinanzausgleich ab 1995 trotz der Erhöhung ihres Anteils an der Umsatzsteuer von 37 % auf 44 % mit ca. 17,8 Mrd. DM belastet. 40 Prozent dieser Last sollen nun erneut ihre Gemeinden erbringen. Damit zeigt sich, daß

die Westgemeinden dauerhaft damit rechnen müssen, ca. 40 Prozent der Länderlasten zu übernehmen. Zusammen mit weiteren Änderungen wird die direkte Beteiligung der Gemeinden am West-Ost-Transfer ab 1995 auf fast 9 Mrd. DM pro Jahr geschätzt (Karrenberg/Münstermann 1994, S. 138). Diese Lasten fallen überproportional bei den Großstädten an.

2. Die Belastung des Bundes und der Länder aus dem „Solidarpakt" und die ab 1992 deutlich werdende wirtschaftliche Rezession bewirkten eine ausgeprägte Sparpolitik auf der staatlichen Ebene, deren quantitativ bedeutsamste Maßnahmen im Spar-, Konsolidierungs- und Wachstumsprogramm des Bundes vom 13. 7. 1993, vorrangig die Arbeitsmarktpolitik und den Sozialsektor betrafen. Aber immer wenn der Staat beispielsweise bei der Arbeitslosenhilfe spart und die Zahlungen an die Arbeitslosen sinken, werden die Kommunen belastet, die für die gesetzliche Sozialhilfe zuständig sind. Ursprünglich geplante erhebliche Lastabwälzungen vor allem durch die zeitliche Befristung der Arbeitslosenhilfe konnten zwar zunächst u. a. nach einer Protest-Hauptversammlung des Deutschen Städtetages am 18. 10. 1993 (der ersten seit 25 Jahren!) im Dezember 1993 im Vermittlungsausschuß politisch weitgehend abgewehrt werden. Die westdeutschen Kommunen müssen dennoch langfristig mit Versuchen zur Mehrbelastungen ihrer Haushalte rechnen: Nur ein Jahr später präsentierte Bundesfinanzminister Waigel im Juli 1994 dasselbe Konzept wieder, das nach seinen eigenen Worten die Kommunen mit 3 Mrd. DM belasten würde (FAZ 25. 7. 94).
3. Zu den dargestellten direkten und indirekten Belastungen westdeutscher Kommunen muß als dritte Komponente die „entgangene Unterstützung" hinzugezählt werden. Hierbei geht es in Westdeutschland um solche Effekte wie das Auslaufen der Strukturhilfen, den Rückgang von Finanzhilfen nach Art. 104 a Abs. 4 GG, z.B. im Städtebau, den Rückgang von Bundesinvestitionen, z. B. in Verkehrswege, oder den Rückgang von Bundessubventionen, z. B. in wirtschaftsschwachen Regionen, als Folge regionaler Verlagerung und vermehrter Investitionen, Finanzhilfen und Subventionen in Ostdeutschland oder den Rückgang von Länderleistungen im kommunalen Finanzausgleich als Folge der Sparpolitik auf Länderebene. Diese Wirkungen sind kaum quantifizierbar, da ihre Berechnung die Kenntnis bzw. Definition einer fiktiven Referenzentwicklung (Leistungen ohne Einigung) voraussetzte.

Schließlich muß aus der Perspektive der Kommunen betont werden, daß die Vereinigungsfolgen nicht nur durch die Überlagerung mit dem schweren konjunkturellen Einbruch ab 1992 für viele besonders hart ausfallen, sondern auch durch die Überlagerung mit einer zeitgleichen diskretionären Politik des Bundes, die die Ausgabelasten der Gemeinden erhöht. Ich meine hier vor allem das Schwangeren- und Familienhilfegesetz (vom 27.7. 1992, BGBl.I S. 1398), das den Gemeinden mit der Gewährung eines Rechtsanspruchs auf einen Kindergartenplatz zusätzliche Investitionsausgaben von ca. 21 Mrd. DM und zusätzliche laufende Ausgaben von ca. 4 Mrd. DM p.a. abverlangt (Karrenberg/Münstermann 1994, S. 153).

Der faktischen Betroffenheit entspricht aber keine angemessene Berücksichtigung der Kommunen in den entsprechenden Entscheidungsprozessen. Beispielsweise hatte schon 1991 der damalige Präsident des Deutschen Städtetages, der Stuttgarter Oberbürgermeister Rommel (CDU), einen Gesamtfinanzplan der drei Ebenen zur Bewältigung der finanziellen Folgen der deutschen Einigung gefordert (FAZ 4. 6. 1991). 1992 führte er aus: „...ein föderativer Staat (braucht) in Fragen von so fundamentalem Gewicht wie der Verwirklichung der Wiedervereinigung in einem veränderten Europa eine strategische Planung, an der alle Ebenen mitgearbeitet haben." (Der Städtetag 8/1992, S. 566) Ohne Erfolg. In der Arbeitsgruppe „Finanzreform 1995" der Länderfinanzministerkonferenz, und im Unterausschuß „Kommunalfinanzen" der Länderinnenministerkonferenz, selbst bei den Solidarpaktverhandlungen, nie saßen die Gemeinden mit am Tisch, obwohl sie ja 40 % der Ländermittel aufzubringen haben. Darin spiegelt sich die verfassungsrechtliche Situation der Gemeinden als Teile der Länder wider, die, wenn es eng wird, die politische und politikwissenschaftliche Sicht der Gemeinden als „3. Ebene"im föderativen Staat stets in den Hintergrund treten läßt.

Wenn man die neueren theoretischen Konzepte zu Verhandlungssystemen und Netzwerken (Benz 1991, Mayntz 1993, Scharpf 1993) auf die finanzpolitischen Entscheidungsprozesse anwendet – was m. E. fruchtbare Ergebnisse verspricht –, läßt sich u. a. feststellen,

- daß der „Kampf" im Netz eine spezifische Mischung aus Konkurrenz und Kooperation darstellt, wobei die als legitim akzeptierten Interessen der Verhandlungspartner respektiert werden und keiner dauerhaft zum Verlierer gemacht wird,
- daß die Gemeinden aber nicht selbst im Netzwerk präsent sind, sondern nur Dritte (nämlich die Länder) dort ihre Interessen mitvertreten, dies aber nur nachrangig tun,
- daß daher einerseits die im Netzwerk gefundenen Lösungen von der Lösungsqualität her voraussichtlich suboptimal bleiben, aber die etablierten Netzwerkakteure andererseits diese „Kosten" offenkundig geringer einschätzen als die politischen Kosten weiterer Interessenberücksichtigung und weiterer Entscheidungsverzögerung („Problem der großen Zahl").

Die paternalistische Politik der Länder, die Gemeinden möglichst nicht selbst zu Wort kommen zu lassen, zeigt sich bekanntlich nicht nur hier, sondern auch in den parallelen Auseinandersetzungen auf der europäischen Ebene (Ausschuß der regionalen und lokalen Gebietskörperschaften bei der EU). Sie hat zudem eine längere Tradition, wie beispielsweise die Geschichte des Strukturhilfegesetzes belegt (vgl. Mäding 1990).

4. Beurteilung

Meine abschließende Bewertung bezieht sich nur auf die finanziellen Transfers von West- nach Ostdeutschland im Zeitraum 1990 bis 1994 und ihre Finanzierung.

1. Das Transfervolumen von etwa 150 bis 170 Mrd. DM jährlich (Fuest/Kroker 1993, S. 9) war und ist quantitativ ausreichend, um offene soziale Konflikte zu

vermeiden. Es hat den meisten Bürgern der früheren DDR – zu den politischen und bürgerlichen Rechten und Freiheiten – einen Zuwachs an Nettoeinkommen und an bestimmten öffentlichen Leistungen gebracht. Allerdings muß vor allem einschränkend beachtet werden, daß der West-Ost-Transfer an Arbeitslosenunterstützung für die Arbeitslosen psychologisch nicht den Verlust des Arbeitsplatzes aufwiegt und daß allen West-Ost-Transfers ein Ost-West-Vermögenstransfer entgegenläuft, so schwer dieser auch zu beziffern und zu beurteilen ist. Das Transfervolumen war selbstverständlich nicht ausreichend, um im Betrachtungszeitraum die Ausstattung mit öffentlichem und privatem Kapital auf das Westniveau zu heben oder alle bedeutenden Umweltschäden auf Westniveau zu senken.

2. Die regionale Verteilung der Transfers auf Länder und Gemeinden im Osten und jeweils auf die einzelnen Länder und die einzelnen Gemeinden blieb bisher ohne schwerwiegende Einwände. Die häufige Orientierung an Einwohnerzahlen hat – ganz in der Tradition des bundesstaatlichen Finanzausgleichs, der tendenziell „nur" ein Finanzkraftausgleich ist (vgl. Mäding 1992) – allerdings Bedarfsschwerpunkte (Großstädte, industrielle Zonen, umweltbelastete Regionen) unterversorgt gelassen. Zugleich wird die regionalpolitische Effizienz dieser gleichmäßigen Mittelverteilung als geringer eingeschätzt als bei einer stärkeren Mittelkonzentration in regionalen Entwicklungszentren („Wachstumspolen").
3. Die Beurteilung der Verteilung der Mittelaufbringung im Westen auf Bund, Länder und Gemeinden ist sicher abhängig von Einschätzungen über die relative Aufgabendringlichkeit, doch wird man insgesamt sagen können, daß der Bund bisher absolut und relativ im Verhältnis zum Haushalt in allen Jahren wesentlich mehr Mittel aufbringen mußte als Länder und Gemeinden. Allgemein herrscht das Urteil vor, daß sich der Bund zumindest 1990 von den Ländern hat „ausmanövrieren" lassen (z.B. Heun 1992, S. 217). Dabei ist jedoch zu berücksichtigen, daß der Bund bestimmte Einnahmen zur Ausgabenfinanzierung asymmetrisch zu seinen Gunsten erhöht hat (u.a. Mineralölsteuer, Solidaritätszuschlag, Umsatzsteuer) und daß beim Bund bestimmte Ausgaben im Vereinigungsprozeß leichter reduziert werden konnten (z.B. Verteidigung, regionale Subventionen, speziell: die Berlinhilfe). Dadurch ist seine tatsächliche „Last" noch geringer als selbst bei einer Netto-Transferbetrachtung ausgewiesen.
4. Was die regionale Gerechtigkeit der Mittelaufbringung im Westen zwischen den Ländern und zwischen den Gemeinden angeht, sind keine erheblichen Ungerechtigkeiten erkennbar, auch wenn die Anpassung einigen armen Ländern wie Schleswig-Holstein, Niedersachsen, Bremen und Saarland besonders schwerfallen dürfte. Nur muß auch hier betont werden, daß durch die gewählte Form der Einbeziehung der Gemeinden (über eine Erhöhung der Gewerbesteuerumlage) bisher die Großstädte und Gewerbezentren überproportional zur Mittelaufbringung beitragen.
5. Die Frage nach der sozialen Gerechtigkeit bei Mittelaufbringung und -verwendung läßt sich schwer beantworten. Das geringe Gewicht der Steuerfinanzierung (im Verhältnis zu Kreditaufnahme und Transfer von Beiträgen der Sozialversicherung) und die Struktur der Steuerfinanzierung (z.B. Mineralölsteuererhöhung) haben im

Westen den Vorwurf der „sozialen Unausgewogenheit“ zu Lasten der Arbeitnehmer, bzw. der Personen mit niedrigen Einkommen hervorgerufen. Wichtiger noch dürfte die Richtung der sparpolitischen Maßnahmen sein, bei denen ebenfalls Arbeitsmarkt- und Sozialpolitik stärker betroffen sind als beispielsweise Subventionen für Landwirtschaft oder gewerbliche Unternehmen. Im Osten hat sich die Lebenslage vieler Menschen durch die „Zufälle“ der Arbeitslosigkeit und der Restitution und durch einzelne Leistungseinschränkungen im Sozialsektor verschlechtert.

6. Die föderative Ordnung hat sich insgesamt als leistungsfähig erwiesen. Im Osten wurden Länder errichtet, die arbeitsfähig sind, wurden den Gemeinden die im Westen üblichen Rechte der kommunalen Selbstverwaltung eingeräumt und beide wurden mit beachtlichen Finanzmitteln ausgestattet[3].

Daß im Prozeß der Vereinigung der Bund die politisch dominante Kraft war und daß sich damit politische Vorstellungen der Bundesregierung und der sie tragenden Parteien gegenüber den Vorstellungen der Opposition und der SPD-regierten Länder durchsetzten, ist wenig verwunderlich. Sicher hat auch der große Umfang der Transfers im Verhältnis zu den geringen eigenen Einnahmen die Autonomie der Länder und Gemeinden im Osten begrenzt, wiederholt wirkten sie wie Akteure begrenzten Rechts (vgl. Abromeit 1992). Vor allem ist von vielen kritisiert worden, daß der Länderfinanzausgleich von den Westländern den Ostländern nicht von Anfang an angeboten wurde. Ob dieser Schaden für den Bundesstaat nach der mühsamen Wiederherstellung eines eindeutig verfassungsgemäßen Zustandes im Länderfinanzausgleich aber über den 1. 1. 1995 hinauswirkt, wenn dann das neue System eine gleichberechtigte Stellung der Ostländer garantiert, ist eher zu bezweifeln. Die neue Ordnung gleicht im übrigen weitgehend der alten und kommt ohne Grundgesetzänderung aus. Insofern ist es nicht zu einer „Totalrevision“ (Scharpf 1991, S. 154), sondern eher zur Wahl der „Rekonstruktionsoption“ (Mäding 1992, S. 201) gekommen. Falls man überhaupt glaubt, daß der erwartete „neue Zentralisierungsschub“ (Scharpf 1991, S. 154) auch eingetreten sei, dann spiegelt sich dieser nicht in einem Machtzuwachs des Bundes wider, der insgesamt überproportional zur Finanzierung der Einheit herangezogen wurde, sondern in einer weiteren allgemeinen Entscheidungszentralisierung in einem Netzwerk-Kern, für die die Klausur der Regierungschefs im März 1993 charakteristisch war.

Zusammenfassend zeigen sich auch bei der Betrachtung der föderativen Finanzkonflikte im Einigungsprozeß Charakteristika der Finanzpolitik, die sich in ihrer spezifischen Widersprüchlichkeit und demokratietheoretischen Problematik darstellt. Damit meine ich zweierlei:

– die Gleichzeitigkeit von Undurchsichtigkeit der Prozesse und Politikrelevanz der Ergebnisse: diese Undurchsichtigkeit basiert beim Finanzausgleich einerseits auf der hochgradigen Abstraktheit und Komplexität, die ihn zur „Geheimwissenschaft“ von ein paar Dutzend Experten macht, andererseits auf der Verlagerung aus der Öffentlichkeit des Parlaments.

- die Gleichzeitigkeit von Rechenbarkeit (in DM) und Unberechenbarkeit (Prognoseunsicherheit, fiktive Referenzentwicklungen), die ganze täuschende Klarheit der Zahlen.

Es ist bedauerlich, daß der zentralen Rolle des Geldes in der Gesellschaft, des öffentlichen Haushalts in der Volkswirtschaft, der Finanzpolitik in der Gesamtpolitik keine adäquate Beschäftigung der Politikwissenschaft mit finanzpolitischen Fragestellungen, mit den Eigenarten der Finanzpolitik entspricht.

Tabelle 1: Fonds Deutsche Einheit (in Mrd. DM)

		1990	1991	1992	1993	1994
16.5.90	115,0	22,0	35,0	28,0	20,0	10,0
14.2.92	146,3	(22,0)	(35,0)	33,9	31,5	23,9
	+31,3			+5,9	+11,5	+13,9
13.3.93	160,705	(22,0)	(35,0)	(33,9)	35,205	34,6
	+14,405				+3,705	+10,7

Finanzierung:	Kredit	95,0	Mrd. DM
	Haushalt	65,7	Mrd. DM
	davon Bund	49,6	Mrd. DM
	Länder	16,1	Mrd. DM

Anmerkungen

1 Am 12.9.1991 hatte die Konferenz der Landesfinanzminister eine Arbeitsgruppe "Finanzreform 1995" eingesetzt. Im Mai 1993 wurde ein Bayern-Modell vorgelegt, es folgten weitere Ländervorschläge und im September 1993 ein Positionspapier des BMF (vgl. Renzsch 1994, S. 121 ff.)

2 Im Einigungsvertrag war - unter zu optimistischen Annahmen - eine Lastenteilung zwischen Bund und neuen Ländern vorgesehen.

3 Nur ein Indikator: Der Anteil von laufenden Zuweisungen, Zuschüssen und Vermögensübertragungen vom Bund beträgt in den Länderhaushalten des Ostens über 70 % und denen des Westens unter 10 % (BMF-Dokumentation 1993, S. 15,19)

Literatur

Abromeit, H., 1992: Der verkappte Einheitsstaat, Opladen.

Benz, A., 1991: Umverteilung durch Verhandlungen? Kooperative Staatspraxis bei Verteilungskonflikten, in: Staatswissenschaft und Staatspraxis, 2: 46 – 75.

Bundesministerium der Finanzen, 1993: Die neue Finanzverteilung, Bonn.

Bundesministerium der Finanzen, 1993: Die Entwicklung der Haushalte der alten Länder und der fünf neuen Länder im Jahre 1991, BMF-Dokumentation 5/93, Juli 1993.

Czada, R., 1994: Der Kampf um die Finanzierung der deutschen Einheit, Ms. Köln.

Färber, G., 1993: Reform des Länderfinanzausgleichs, Wirtschaftsdienst 73: 305-313.

Fuest, W./Kroker, R., 1993: Die Finanzpolitik nach der Wiedervereinigung, Köln.

Heun, W., 1992: Strukturprobleme des Finanzausgleichs, Finanzverfassungsrechtliche Integration der neuen Bundesländer und die Frage einer Reform der grundgesetzlichen Finanzverfassung, in: Der Staat, 31: 205-232.

Karrenberg, H./Münstermann, E, 1994: Gemeindefinanzbericht 1994, in: Der Städtetag 3/1994: 134-220.

Klein, R., 1986: Stadtfinanzen am Ende oder kommunalfinanzpolitische Wende?, in: Hesse, J. J. (Hrsg.), Erneuerung der Politik 'von unten'?..., Opladen: 61 – 91.

Mäding, H., 1990: Autonomie und Abhängigkeit in finanzpolitischen Entscheidungsprozessen im föderativen Staat: das Beispiel Strukturhilfe, PVS 31: 567-584.

Mäding, H., 1992: Die föderativen Finanzbeziehungen im Prozeß der deutschen Vereinigung – Erfahrungen und Perspektiven, in: Hartwich, H.-H./Wewer, G. (Hrsg.), Regieren in der Bundesrepublik IV, Opladen: 183-213.

Mäding, H., 1993: Gemeinschaftswerk Aufschwung Ost: Programm ohne Programmierung?, in: Derlien, H.-U. (Hrsg.), Programm „Gemeinschaftswerk Aufschwung Ost" – Planung Vollzug Evaluation – GfP-Werkstattbericht 15, München: 5 – 16.

Mayntz, R., 1993: Policy-Netzwerke und die Logik von Verhandlungssystemen, in: Héritier, A. (Hrsg.), Policy-Analyse – Kritik und Neuorientierung, PVS-Sonderheft 24/1993: 39 – 56.

Renzsch, W., 1994: Föderative Problembewältigung: Zur Einbeziehung der neuen Länder in einen gesamtdeutschen Finanzausgleich ab 1995, in: Zeitschrift für Parlamentsfragen 25, H. 1: 116-138.

Rommel, M., 1992: Der Gesamtstaat als Gegenstand gemeinsamer Verantwortung, Der Städtetag 8/1992: 564-566.

Scharpf, F.W., 1991: Entwicklungslinien des bundesdeutschen Föderalismus, in: Blanke, B./Wollmann, H. (Hrsg.), Die alte Bundesrepublik, Opladen: 146-159.

Scharpf, F.W., 1993: Positive und negative Koordination in Verhandlungssystemen, in: Héritier, A. (Hrsg.): Policy-Analyse – Kritik und Neuorientierung, PVS-Sonderheft 24/1993: 57-83.

Selmer, P., 1991: Die bundesstaatliche Finanzverfassung und die Kosten der deutschen Einheit, in: Stern, K. (Hrsg.), Deutsche Wiedervereinigung. Die Rechtseinheit, Bd. 1 Eigentum – Neue Verfassung – Finanzverfassung, Köln u.a.: 189-210.

Transformationsprozesse in Deutschland und Europa

Karl Graf Ballestrem

Der Totalitarismus in Osteuropa und seine Folgen – eine theoretische Betrachtung

Die Revolution von 1989 hat auch die ideologischen Fronten erschüttert. Manche beklagen die neue Unsicherheit, die mit dem Verschwinden des gemeinsamen Feindes im Osten in den westlichen Demokratien ausgebrochen ist. Aber vielleicht enthält sie auch eine Chance, mit alten Vorurteilen aufzuräumen und von neuem Themen zu diskutieren, die bisher in ideologischen Schubladen fest verschlossen waren. In dieser Hoffnung habe ich 1991 einen Artikel über „Aporien der Totalitarismustheorie" geschrieben (in V. Gerhardt u.a. 1991), in dem es darum ging zu überlegen, ob diese Theorie oder dieser Ansatz etwas zur Erklärung des Zusammenbruchs und der weiteren Entwicklung der von Kommunisten regierten Staaten Mittel- und Osteuropas beitragen kann. Diese Gedanken möchte ich heute wieder aufgreifen und mit Blick auf die Ereignisse der letzten drei Jahre fortführen.

Auf den ersten Blick muß dieser Versuch als unplausibel erscheinen. Die Totalitarismustheorie mit ihrem Akzent auf der Monopolisierung der Macht und der Gleichschaltung des gesellschaftlichen und privaten Lebens betont die Stärke von Diktaturen, nicht ihre Schwäche; ihr reibungsloses Funktionieren, nicht ihre Erschütterung; die Unterdrückung jeglicher Opposition, nicht den möglichen Widerstand. Auch in den Romanen, die – wie z.B. Huxleys *Brave New World* und Orwells *1984* – unsere Vorstellungen mehr geprägt haben als alle Theorien, erscheinen totalitäre Systeme als geschlossene Kreisläufe, aus denen es kein Entrinnen gibt. Woher also sollten in einer totalitären Diktatur die Kräfte zu ihrer Überwindung kommen?

Bemerkenswert ist jedoch, daß diejenigen, die unter solchen Regimen zu leben hatten, immer wieder ganz bewußt den Begriff des Totalitarismus verwenden, um ihre Erfahrungen zu artikulieren (und zwar ihre Erfahrungen bis kurz vor der Wende, keineswegs nur die der Stalinzeit). Wer früher betonte, wie wichtig es sei, vom offiziellen Selbstverständnis der Regime auszugehen und sie an ihren eigenen Zielen zu messen, sollte bei seiner Beurteilung heute wenigstens das Selbstverständnis derer einschließen, die unter diesen Regimen zu leiden hatten, und die Frage nach der Relevanz des Totalitarismusansatzes nicht entscheiden, bevor er sich den Grad reflektierter Erfahrung zueigen gemacht hat, wie er etwa in den Essays und Reden Vaclav Havels zum Ausdruck kommt. Von ehemaligen Dissidenten (aber keineswegs nur von ihnen) wird ja der Totalitarismusbegriff nicht deshalb verwendet, um in einem Streit zwischen Politikwissenschaftlern Partei zu ergreifen, sondern um das historisch Neue und Einmalige einiger Diktaturen des 20. Jh. hervorzuheben, deren Machtanspruch und Machtmittel scheinbar unbegrenzt waren und vor keinem Lebensbereich haltmachten. Immer wieder betonen sie, wie allumfassend und alles durchdringend, eben: wie totalitär diese Systeme waren. Dafür zwei Beispiele. „Der Totalitarismus", schreibt Karl Jaspers noch unter dem unmittelbaren Eindruck der Naziherrschaft (Phil. u. Welt, 77), „ist nicht Kommunismus, nicht Faschismus, nicht Nationalsozialismus, sondern ist in allen diesen Gestalten aufgetreten ... Ihn zu durchschauen ist nicht leicht. Er ist wie eine Apparatur, die sich in Gang setzt, indem sogar die Akteure sie oft nicht begreifen, während sie sie schon verwirklichen ... Der Totalitarismus ist wie ein Gespenst, das das Blut der Lebenden trinkt und dadurch wirklich wird, während die Opfer als eine Masse lebender Leichname ihr Dasein fortsetzen." Weniger dramatisch Vaclav Havel, der in seiner Neujahrsansprache 1990 als Präsident der Tschechoslowakei eine „verdorbene sittliche Atmosphäre" als das schlimmste Erbe des Totalitarismus bezeichnet und davon niemanden ausnimmt. „Ich spreche von uns allen. Alle nämlich haben wir uns an das totalitäre System gewöhnt, es als eine unabänderliche Tatsache hingenommen und es so eigentlich am Leben erhalten. Mit anderen Worten: Wir sind alle – wenn auch selbstverständlich jeder in anderem Maße – für den Gang der totalitären Maschinerie verantwortlich, niemand ist nur ihr Opfer, sondern alle sind wir zugleich ihre Mitschöpfer." (Havel 1991).

Fast paradox muten diese Sätze deshalb an, weil diejenigen, die sie aussprechen, gerade keine bewußtlosen Rädchen in der totalitären Maschinerie, keine lebenden Leichname oder angepaßten Mittäter waren. Im Gegenteil: Sie waren unkorrumpierbar und haben Tugenden entwickelt, die gegen totalitäre Versuchungen resistent machten. Ähnliche Paradoxien scheinen in Gesprächen mit Osteuropäern öfter auf. Auf ihre Vergangenheit angesprochen, beklagen sie in subtilen Analysen alles, was der Totalitarismus ihren Seelen und ihrem Volkscharakter angetan habe - und widerlegen doch mit jedem Wort und jeder Einsicht und vielem, was sie tun, die Prämissen, von denen sie ausgehen.

Ein erstes Ergebnis ist also zweideutig. Diejenigen, die es am besten wissen müßten, betonen den totalitären Charakter der Diktaturen, unter denen sie zu leben und zu leiden hatten – und beweisen doch durch ihr Dasein und Sosein, daß die Macht nicht unbegrenzt war. Die Frage nach der Fruchtbarkeit des Totalitarismus-Ansatzes, um den Wandel in Osteuropa zu deuten, muß also konkreter gestellt werden: Inwiefern sind die Kategorien und Unterscheidungen, die zum Verständnis der *Funktionsweise* totalitärer Diktaturen entwickelt wurden, auch geeignet, den *Zusammenbruch* und die weiteren *Entwicklungschancen* dieser Systeme zu beleuchten? Um diese Frage zu beantworten, halte ich mich an die bekannten Merkmale, die C.J. Friedrich und Z. Brzezinski in den fünfziger Jahren herausgearbeitet haben und überlege, inwiefern diese *Herrschaftskategorien* zugleich *Ursachen des Zusammenbruchs* und *Hypotheken für die Zukunft* anzugeben imstande sind. Oder in anderen Worten: Inwiefern die Merkmale totalitärer Unterdrückung selbst verständlich machen können, wie exzessive Macht in Ohnmacht umschlägt; aber auch, warum in posttotalitären Gesellschaften nicht allein die Zeichen der neuen Freiheit, sondern auch noch die Spuren der alten Herrschaft vorzufinden sind. Dabei müssen die Stichpunkte, die ich im folgenden unter Einparteienherrschaft, Planwirtschaft, Terror, Ideologie, Nachrichtenmonopol (das Waffenmonopol habe ich ausgelassen) gesammelt habe, in einem weiteren Zusammenhang gesehen werden, den spätere Totalitarismustheoretiker (z.B. J. Linz, R. Löwenthal) herausgearbeitet haben: (1) Die fünf

Merkmale stehen nicht unvermittelt nebeneinander, sondern sind einander zugeordnet. Im Mittelpunkt steht die Partei, die sich und ihren Machtanspruch mit Hilfe der Ideologie interpretiert und legitimiert. Daraus ergibt sich ein Primat der Politik, deren große Aufgabe – den Sozialismus/Kommunismus aufzubauen – die strikte Unterordnung des gesellschaftlichen Lebens erfordert und den Einsatz aller Machtmittel rechtfertigt. (2) Das Modell ist in einem radikalen Sinne dynamisch zu verstehen. Aufgabe der Partei ist es, die Gesellschaft auf ein von der Ideologie vorgegebenes Ziel hin zu mobilisieren. Der Totalitarismus ist daher im Ansatz revolutionär (im Gegensatz zum Autoritarismus, der in der Regel konservativ ist). Mit der Zeit kann diese Bewegung freilich erlahmen und das System erstarren.

1. Einparteienherrschaft:

Eine Partei, die das Machtmonopol im Staat besitzt, gehört zu den Merkmalen totalitärer Herrschaft. Auf sie konzentriert sich der gesamte Opportunismus einer Bevölkerung, denn sie übt eine ungeheure Anziehungskraft auf alle aus, die etwas werden wollen. Dieser Ansaugemechanismus hat zweifellos machtverstärkende Wirkungen. Z.B. verfügt die Partei über einen Großteil der in der Gesellschaft vorhandenen Kompetenzen. Er hat aber langfristig auch machtzerstörende Wirkungen. Eine Folge ist, daß die Partei- und Staatsbürokratie zu einem schwerfälligen Wasserkopf der Gesellschaft wird, dem zwar – in Form von Mobilisierungskampagnen und Säuberungen – immer wieder Kuren verordnet werden, in dem sich aber Ineffizienz und Korruption auf Dauer unvermeidlich ausbreiten. Eine andere Folge ist weniger offensichtlich: es entstehen moralische Gegeneliten, deren Ansehen gerade darauf beruht, daß sie sich dem Sog der Zentralmacht entziehen. Typischerweise gehören dazu Künstler, Wissenschaftler und Geistliche.

Nun hat sich, beim Versuch einer letzten, entscheidenden Radikalkur namens „Perestrojka", der große Wasserkopf im Zentrum des Imperiums selbst enthauptet. Und die kleinen Wasserköpfe an der Peripherie, die längst wackelten, sind mitgefallen. Die „Macht der Machtlosen", die Vaclav Havel in seinem gleichnamigen Essay von 1978 beschrieb, trat offen zutage. Die moralischen Gegeneliten engagierten sich in der Politik. Eine Vielzahl neuer Parteien trat an die Stelle der alten Monopolpartei. Und doch sind in der neuen Parteienlandschaft die Spuren der totalitären Vergangenheit überall zu sehen. Dazu gehört die Art, wie sich Parteien bilden. Häufig sind es – um David Humes Unterscheidung heranzuziehen – nicht „parties from interest", sondern „parties form principles" oder „from affection". Also nicht Parteien, die den Pluralismus von Interessen in einer „civil society" widerspiegeln (kein Wunder, da es totalitäre Gesellschaften waren), sondern Parteien, deren Zusammenhalt durch gemeinsame Überzeugungen oder durch die Anziehungskraft von Personen geprägt wird, deren flüchtiges Charisma oft in keinerlei positivem Verhältnis zu ihrer Kompetenz steht. Typisch ist auch, wie deren Parteiführer agieren: Nicht verhandlungs- und kompromißbereit wie die Vertreter von Interessengruppen, die miteinander auskommen müssen; sondern dogmatisch und kompromißlos, wie die alleinigen Besitzer der Wahrheit und des Gemeinwohls.

Zu den Folgen der Einparteienherrschaft gehört auch das Ansehen, das die Nachfolgeparteien der alten KPen bei den Wählern weiterhin genießen. In manchen Ländern, wie Kasachstan oder Rumänien, sind sie nie von der Spitze der Macht verdrängt worden. In anderen sind sie, nach einer Zeit in der Opposition, wieder in die Regierung zurückgekehrt (so in der Slowakei, in Polen, in Ungarn, zuletzt in Weißrußland und der Ukraine). In Rußland sind sie, obgleich in der Opposition, ein unübersehbarer Machtfaktor geblieben (wie das mit großer Mehrheit angenommene Amnestiegesetz vom 23. Februar dieses Jahres zeigt, das alle Beteiligten an den Staatsstreichversuchen von 1991 und 1993 begnadigt).

2. Planwirtschaft:

Daß die Partei- und Staatsführung die Volkswirtschaft entweder als zentrale Planwirtschaft selbst betreibt, oder doch entscheidend reguliert, gehört zu den Merkmalen totalitärer Herrschaft. Rückblickend mag vor allem das Schwerfällige und Ineffiziente dieses ökonomischen Regimes in Erinnerung bleiben, ja zuletzt das Absurde einer „Kommandowirtschaft", deren Arbeiter offenbar nicht dazu gezwungen werden konnten, mehr als drei oder vier Stunden am Tag zu arbeiten. Andererseits darf nicht vergessen werden, daß es sich um ein Unterdrückungssystem kollosalen Ausmaßes handelte, das aus seinen Arbeitssklaven ungeheure Leistungen zur Industrialisierung des Landes herauspreßte und dabei vor Massenmord nicht zurückschreckte (Kollektivierung der Landwirtschaft, GULAG).

Die Revolution von 1989, die durch die polnischen Arbeiter 10 Jahre zuvor begonnen wurde, war auch eine „Expropriation der Expropriateure". Die Enteignung der Staatskapitalisten durch die Arbeiter, die gelernt hatten, die Lüge vom „sozialistischen Eigentum" zu durchschauen und solidarisch für ihre Interessen zu kämpfen. Fünf Jahre danach bleibt es aber vielerorts fraglich, ob und wie weit diese Expropriation gelungen ist. Rußland etwa bietet das Beispiel einer Reformpolitik, die widersprüchlich konzipiert und/oder halbherzig durchgesetzt wird (vgl. Götz 1994). Überall mangelt es an Voraussetzungen und Bereitschaft, wirtschaftliche Verantwortung und Risiken zu übernehmen. Die es können und tun, sind allenfalls die leitenden Wirtschaftsfunktionäre des alten Systems. Hinzu kommt die weit verbreitete Sehnsucht nach den „Fleischtöpfen Ägyptens". Der Pendelschlag zurück zu den Reformkommunisten, der inzwischen fast überall in Mittel- und Osteuropa zu beobachten ist, hat natürlich auch ökonomische Gründe. Damals hatte man sein sicheres Auskommen, diese Sicherheit ist heute verloren. Ein weiterer Faktor ist der neue Reichtum, der als Skandal empfunden wird. Mit Blick auf die Geschichte könnte man fragen: Eine Zeit der ursprünglichen Akkumulation zusammen mit allgemeinem Wahlrecht – wann hat es das in Europa je gegeben? Kein Wunder, wenn viele, denen es schlecht geht, ihre Stimme denen geben, die die alte Sicherheit versprechen und die Reformen zumindest verlangsamen wollen.

3. Terror und Rechtsunsicherheit:

Nach Montesquieu ist das Prinzip der despotischen Regierung der Terror, das Motiv des Gehorsams ihrer Bürger die Angst. Das gilt a fortiori für die totalitäre Diktatur. Ihr Terror ist teils systematisch, der Theorie gemäß (so die Vernichtung des Rassen- oder Klassenfeindes); teils mit Absicht willkürlich, unvorhersehbar (er kann jeden treffen, auch den treuesten Anhänger des Regimes).

Mit der Zeit haben totalitäre Diktaturen einen Teil ihres Schreckens verloren. Willkürliche Verhaftungen, nächtliche Verhöre, Folter, Arbeitslager verschwanden weitgehend; der Durchschnittsbürger konnte ruhig leben. Manche Interpreten haben diese Entwicklung als Liberalisierung gedeutet. Totalitarismustheoretiker haben auf die zwei Seiten dieses Prozesses aufmerksam gemacht: Bei den Führern der Bewegung, zumal der zweiten und dritten Generation, nimmt die Entschlossenheit zum offenen Terror ab je weniger er fruchtet. Sie sind gezwungen, herkömmliche Motive und Interessen zu berücksichtigen, sie neigen zu Kompromissen. Auf der anderen Seite passen sich die Untertanen an, verinnerlichen die Regeln des Systems, verlieren ihre alten Traditionen und Überzeugungen, lasen sich von ihrer Mutlosigkeit und Denkfaulheit verführen. Offener Terror erübrigt sich, wenn der Freiheitsdrang einmal verschwunden ist (vgl. Havel 1977 und 1980).

Zurückblickend läßt sich nicht nur die Funktionsweise, sondern auch das Scheitern kommunistischer Terrorregime besser verstehen. Systematischer Terror kann effektive Opposition verhindern und die Privilegien der Machthaber sichern. Aber Terror kann weder Herrschaft legitimieren, noch Leistung motivieren, erst recht nicht auf Dauer eine Bevölkerung mit revolutionärem Elan beflügeln. Lähmung und Stillstand sind die langfristigen Folgen des Terrors auf Seiten der Bevölkerung. Wenn die Führer daraufhin mehr Freiheit gewähren, riskieren sie Opposition. Der Apparat der Geheimpolizei muß bestehen bleiben, um alle zu überwachen, die negativen Folgen der neuen Freiheit zu kontrollieren und notfalls individuellen Terror exemplarisch vorzuführen. Aber dieser Apparat verliert langsam seinen Schrecken, zumal wenn er an der Fülle seiner meist trivialen Erhebungen zu ersticken droht und die Qualität der Überwachung abnimmt. Die Bürger leben immer noch in einer Atmosphäre des Mißtrauens und der Rechtsunsicherheit. Aber an die Stelle der Furcht tritt immer mehr die Verachtung, mit der Zeit auch die Bereitschaft, diese Verachtung zu zeigen und sich mit anderen zu solidarisieren. Dabei spielt das Vorbild der wenigen Mutigen und Integren, der trotz ihrer Verfolgung zu Mitleid und Menschenliebe Fähigen, eine große Rolle. Das Beispiel von Adam Michnik und Lech Walensa, von Vaclav Benda und Vaclav Havel, von Jelena Bonner und Andrej Sacharow hat viel zur Überwindung der Lähmung ganzer Völker beigetragen (vgl. Ash 1989 und Weigel 1992).

Inzwischen sind Terror und Willkür durch rechtsstaatliche Institutionen ersetzt worden. Neue Verfassungen haben Grundrechte der Bürger und Verfahren zu ihrer effektiven Sicherung festgelegt. Aber mit dem Verschwinden der Terrorregime ging häufig ein Verlust staatlicher Autorität einher. Unsichtbare Machtzentren bestehen, wo sie die Verfassung nicht vorsieht. Die Bürger werden zwar nicht vom Staat, aber von ihresgleichen terrorisiert (z.B. Geschäftsleute von Schutzgelderpressern). Inwiefern die alten Seilschaften der Geheimpolizei dabei ihre Hände im Spiel haben, kann nur vermutet werden; viele glauben es. Auch übermäßiges Mißtrauen, Vorsicht, Apathie der Bevölkerung, die plötzlich in offene Aggression umschlagen können (z.B. beim stundenlangen Schlangestehen vor Geschäften und Behörden), werden von langjährigen Beobachtern zu den Spätfolgen des Terrors gerechnet (vgl. zu diesem ganzen Komplex das faszinierende Buch von R. Kapuscinski: Imperium. Sowjetische Streifzüge, Frankfurt 1993).

4. Ideologie:

Ohne Zweifel war der Versuch, den Marxismus-Leninismus als eine für alle Bürger verpflichtende Staatsideologie vorzuschreiben, in seinem Anspruch totalitär. Und die Parteispitze, die ihr Monopol auf Macht und Wahrheit ideologisch rechtfertigen mußte, unternahm vieles, um diesen Anspruch durchzusetzen. Das ergibt sich aus den ungeheuren Mitteln, die eingesetzt wurden, um den Marxismus-Leninismus zu propagieren, aber auch aus der Verfolgung Andersdenkender.

Die langfristigen Folgen dieses Versuchs einer Gleichschaltung des Denkens sind bekannt. Einerseits ist offensichtlich, daß verordnetes Denken nicht geglaubt wurde; andererseits aber auch, daß die Sprache der Ideologie beibehalten und entsprechende Bekenntnisse regelmäßig abgegeben wurden. Daraus ergibt sich zum einen das „Leben in der Lüge“ (Havel), zum anderen die unwillkürliche Übernahme von Denkgewohnheiten (z.B. das Bedürfnis einer kollektiven Orientierung im Denken).

Seit Mitte der 80er Jahre konnten wir beobachten, wie nicht nur der Marxismus-Leninismus in seiner alten Textbuch-Form, sondern der marxistische Ansatz überhaupt, mit rasanter Geschwindigkeit über Bord geworfen wurde. Dies ist einerseits kein Wunder, weil er schon zuvor nicht überzeugte. Andererseits ist es unheimlich, weil es weitgehend ohne Auseinandersetzung oder Widerlegung geschah. Der Versuch, sich an Denk- und Sprachgewohnheiten des Westens zu orientieren, muß – angesichts des dort vorhandenen Pluralismus – oft zu Frustrationen führen. Was bleibt, ist die Flucht in andere Ideologien, die – wie der Nationalismus – ebenfalls eine Unterordnung des Einzelnen unter das Kollektiv fordern. Oder die Rückkehr zum Alten in leicht modifizierter Form. So zeigen Umfragen in ehemals totalitären Staaten, daß viele die Idee des Sozialismus/Kommunismus weiterhin für wahr und gut halten, sie sei nur von einzelnen Personen (wie Stalin) mißbraucht oder verraten worden (71% in Ostdeutschland nach *Spiegel 33 /1994*). Kurzum, die Folgen des Totalitarismus werden auch auf dem Gebiet der Ideologie noch länger zu spüren sein.

5. Nachrichten und Propaganda:

Der Gegensatz von Anspruch und Wirklichkeit, von Zielen und Wirkungen, wie er beim Versuch der ideologischen Gleichschaltung zu beobachten ist, findet sich auch in der Informationspolitik der kommunistisch regierten Staaten. Die Partei beansprucht ein Informationsmonopol und setzt es, nach Propagandagesichtspunkten, durch zentral gelenkte öffentliche Medien weitgehend durch. Eine Folge ist, daß die Glaubwürdigkeit der zensierten Medien bei allen, die noch einen Rest kritischen Bewußtseins übrigbehalten haben, gegen Null sinkt und das Interesse an alternativen

Informationen ansteigt. Ausländische Nachrichten werden bereitwillig aufgenommen. Eine andere Folge dieser Informationspolitik ist eine Atmosphäre der Irrationalität. Wo Nachrichten nicht frei diskutiert und objektiv überprüft werden können, entsteht ein Nährboden für alle Arten von Gerüchten und Vorurteilen, Wunschphantasien und Konspirationstheorien.

Trotz weitgehender Abschaffung der Zensur und einer neuen Vielfalt von Printmedien sind die Spuren des Totalitarismus auch auf diesem Gebiet in Mittel- und Osteuropa bis heute nicht verschwunden. Der direkte Einfluß der Regierungen auf das Fernsehen ist in der Regel groß und Versuche, die Zensur auf Umwegen wieder einzuführen (etwa durch Besteuerung mißliebiger Zeitschriften), werden aus mehreren Staaten berichtet (zuletzt Bulgarien und Kroatien). Und noch immer scheint die Bevölkerung privat gestreuten Gerüchten oft mehr zu trauen als öffentlichen Nachrichten.

Zusammenfassend läßt sich also sagen: Auf allen Gebieten des politischen, ökonomischen und geistigen Lebens der Völker, die von kommunistischen Parteien beherrscht wurden, läßt sich eine eigenartige Dialektik beobachten. Unkontrollierte Macht wird machtlos, zentrale Planung planlos, verordneter Glaube unglaubwürdig. Was an dieser sowohl totalen, als auch kontraproduktiven Form von Herrschaft zunächst als paradox erscheint, erweist sich als eine Reihe wechselseitige Kausalverhältnisse. Totale Macht erzeugt Ohnmacht – zunächst bei den Untertanen, indirekt aber auch bei den Herrschern. Versuche, diese Ohnmacht zu überwinden, führen zu weiterem Machtverlust – sei es, daß Angst und Lethargie der Bevölkerung umso ausgeprägter werden; sei es, daß die notwendige Infusion von Freiheit Auflösungserscheinungen zur Folge hat und Gegenmächte auf den Plan ruft. Diese können, unter günstigen Umständen, den Kreislauf unterbrechen und aus dem System herausführen. Doch alles, was danach kommt, trägt die Spuren des Totalitären noch lange Zeit an sich.

Diese Dialektik totaler Herrschaft entspricht durchaus den Prämissen der Totalitarismustheorie. Obwohl sie erst im Rückblick klar zu erkennen ist, wurde sie von manchen Totalitarismus-Forschern schon erstaunlich früh gesehen. Durch Hinweise auf die unzerstörbare menschliche Natur (z.B. Arendt 1951, Buchheim 1962), oder auf die „Paradoxien des Totalitarismus" (Deutsch 1952), oder auf die „Inseln der Absonderung" (Friedrich/Brzezinski 1956) haben sie die Gegenkräfte thematisiert, die überall dort bestehen bleiben oder entstehen, wo totale Herrschaft nicht bis zur physischen Vernichtung führt.

Freilich ist das, was bisher über diese Dialektik gesagt wurde, höchst abstrakt und keineswegs geeignet, irgendwelche sozialwissenschaftlichen Erklärungen oder Prognosen abzuleiten. Es ist nur ein begrifflicher Rahmen, der dazu dienen könnte, unter Berücksichtigung konkreter Umstände die Ereignisse und Entwicklungen in bestimmten Ländern zu deuten. Die Anzahl von Faktoren, die dabei zu berücksichtigen sind, insbesondere um die Chancen der Entwicklung von Zivilgesellschaften in einzelnen Ländern Mittel- und Osteuropas zu beurteilen, ist potentiell unendlich. Aus der Perspektive der Totalitarismustheorie sind es vielleicht vor allem zwei Faktoren, die zu beachten sind:

Erstens das, was Friedrich und Brzezinski „Inseln der Absonderung“ genannt haben. Also die Institutionen und Traditionen, die sozialen Gruppen und Lebensbereiche, die sich als mehr oder weniger resistent gegen den massiven Versuch der Gleichschaltung erwiesen haben. Hier wäre die soziale, ökonomische und kulturelle Ausgangslage der Länder zu untersuchen, in denen totalitäre Regime zur Macht kamen. Hierzu gehört die vergleichende Analyse des Verhaltens von Parteien, Kirchen, Universitäten usw. in totalitären Systemen. Hieraus ergäbe sich z.B. eine Erklärung dafür, daß es in der Sowjetunion kaum eine Institution oder Gruppe gab, die als solche der Gleichschaltung widerstanden (wie vergleichweise die Kirche und ein Großteil der Intellektuellen in Polen).

Zweitens wäre gewiß der Zeitfaktor zu beachten. Es wird oft gesagt, es bedeute einen großen Unterschied, ob eine Gesellschaft 40 oder 70 Jahre lang totalitär beherrscht worden sei. Daran möchte ich nicht zweifeln. Es ist für die Zukunftschancen posttotalitärer Gesellschaften wichtig, ob bei den Lebenden noch Erinnerungen an vortotalitäre Zeiten vorhanden sind und Möglichkeiten des Anknüpfens an alte Traditionen bestehen. Aus den hier vorgetragenen Überlegungen ergibt sich jedoch, daß der Zeitfaktor auch positive Bedeutung haben kann. Erlebt zu haben, was eine totalitäre Diktatur war, aber auch: wie sie an ihr Ende kam, wie die Macht der Machtlosen wuchs; daß eine friedliche Revolution möglich ist; das alles sind Erfahrungen, die – trotz aller hier geäußerten Skepsis – auch als Voraussetzungen dafür gewertet werden müssen, daß die Bürger Mittel- und Osteuropas an der gewonnenen Freiheit festhalten werden.

Wenn wir die Gesellschaften und Staaten in Mittel- und Osteuropa heute als *posttotalitär* bezeichnen, so gehe ich also davon aus, daß dies mehr als eine gedankenlose Redensart ist; daß wir vielmehr dreierlei damit meinen können: (1) Sie waren einmal – mit Ausnahme Polens, dessen Regime autoritär war – von totalitären Diktaturen beherrscht; (2) sie haben sich in einer Endphase, die wir als *spättotalitär* bezeichnen können, von diesen Diktaturen befreit; (3) die Spuren dieser Zeit sind, im Positiven wie im Negativen, noch vorhanden und beeinflussen ihre Zukunftschancen. Dabei wird vorausgesetzt, daß der Totalitarismusansatz etwas zur Deutung der Vergangenheit, des revolutionären Umbruchs und der Entwicklungsmöglichkeiten dieser Länder beitragen kann.

Literatur

Arendt, Hannah, 1951: The Origins of Totalitarism, New York.

Ash, Timothy G., 1989: The Uses of Adversity. Essays on the Fate of Central Europe, New York.

Buchheim, Hans, 1962: Totalitäre Herrschaft, München.

Deutsch, K.W., 1952: in: Friedrich, C.J., 1953: Der Verfassungsstaat der Neuzeit, Berlin.

Gerhard, Volker/Ottmann, Henning/Thompson, Martyn P. in Verbindung mit der „Deutschen Gesellschaft zur Erforschung des Politischen Denkens“ (Hrsg.), 1991: Politisches Denken, Jahrbuch 1991.

Götz, R., 1994: Analysen 6/1994 und 8/1994, in: Bundesinstitut für Ostwissenschaftliche und Internationale Studien.

Havel, Vaclav, 1977: Offener Brief an Gustav Husak, in: Havel, Vaclav: Drei Stücke, Reinbeck bei Hamburg.

Havel, Vaclav, 1980: Versuch, in der Wahrheit zu leben. Von der Macht der Ohnmächtigen, Reinbeck bei Hamburg.

Havel, Vaclav, 1991: Angst vor der Freiheit. Reden des Staatspräsidenten. Essay, Reinbeck bei Hamburg.
Jaspers, Karl, 1963: Der Totalitarismus in Philosophie und Welt, München.
Kapuscinski, R.,1993: Imperium: Sowjetische Streifzüge, Frankfurt.
Weigel, George, 1992: The Final Revolution: The Resistance Church & the Collapse of Communism, New York.

Rainer Schmalz-Bruns

Totalitarismustheorie – eine vergessene oder verlassene Stufe der Reflexion?

Anmerkungen zu Graf Ballestrem

Die Totalitarismustheorie, im Laufe ihrer Geschichte schon vielfach totgesagt, hat augenscheinlich wieder an Vitalität und Attraktivität gewonnen. Zu diesem Eindruck muß man jedenfalls kommen, wenn man den Vorschlag ernstnimmt, den politisch-praktischen wie wissenschaftlich-konzeptionellen Verunsicherungen, wie sie durch die osteuropäischen Revolutionen des Jahres 1989 und die nachfolgenden Transformationsprozesse ausgelöst worden sind, durch eine Aktualisierung der Totalitarismustheorie entgegenzutreten. Nun sprechen, wie ich zu zeigen hoffe, allerdings (nach wie vor) durchaus gute Gründe gegen die Vermutung, daß gerade die Totalitarismustheorie in der Lage sein sollte, der vielfach diagnostizierten Orientierungskrise von Politik und Forschung abzuhelfen. Einschränkend ist aber zu betonen, daß sich diese Kritk primär auf die analytisch-empirische Gebrauchsfähigkeit dieses Konzepts richtet: obwohl hier nach wie vor eine der Stärken des Totalitarismus-Ansatzes liegen könnte, werde ich mich nicht auf Fragen einlassen, wie sie demgegenüber im Zusammenhang eines eher kulturkritischen Gebrauchs entstehen. In dieser Perspektive ging und geht es um eine Sensibilisierung für die inhärenten Selbstgefährdungen moderner Gesellschaften durch die selektive Radikalisierung oder Totalisierung der sie prägenden Formmomente von instrumenteller Vernunft, von Markt, Staat, Bürokratie und Technologie – das ist auch demokratietheoretisch ein zweifellos wichtiges Thema, und in dieser Hinsicht hat der Antitotalitarismus auch auf der Linken eine Renaissance erfahren (vgl. Fritze 1994: 63 f.).[1] Stattdessen werde ich versuchen, mich auf den engeren sozialwissenschaftlichen Anwendungsbereich im Rahmen einer komparativen Analyse von Transformationsprozessen in Osteuropa zu konzentrieren.

Gerade in dieser Perspektive nun scheint einiges dafür zu sprechen, daß die typologischen, analytischen und explanatorischen Schwächen wie die Blindstellen des Totalitarismus-Konzepts, die in der Folge hervortreten, unmittelbar damit zusammenhängen, daß das Konzept von vornherein in Reaktion auf die Legitimationsbedürfnisse westlicher Demokratien auf die Stilisierung einer polar entgegengesetzten Herrschaftsform (Sartori 1992 und 1993) zugeschnitten war. Schon seit Mitte der 50er Jahre war aber die in dieser Einstellung vorgenommene Kartographierung von Herrschaftsformen insofern obsolet geworden, als dem „polaren Idealtypus" des Totalitarismus auch in den Augen seiner Verfechter nach dem historischen Ende des NS-Regimes und des Stalinismus kaum noch eine zurechenbare Wirklichkeit entsprach – es handelte sich in der Matrix der Herrschaftsformenlehre um eine „empty box". Während also, wie auch Sartori im Rückblick auf die Entwicklung einräumt, der Totalitarismus-Theorie von Anfang an eine wissenschaftliche Modell-Qualität (Sartori 1993) i.S. einer kausalen Erklärung der Entwicklung, des Wandels (und ggf. des Verfallls) dieser Herrschaftsform fehlte, war es schon bald auch als typologisches Konstrukt ausgesprochen diffus geworden. Was angesichts einer sich in der bunten Vielfalt der Anwendungsfälle verlierenden Distinktionskraft dieses typologischen Konstrukts[2] im Kern erhalten blieb, war die Erwartung, es könne für die im Namen des demokratietheoretischen Realismus vorgenommene normative Diät der liberalen Demokratie eine Art negative Bürgschaft übernehmen – daß diese Erwartung konstitutiv in die Entwicklung der Theorie eingegangen ist, kann man schon an der ursprünglichen Anlage des Arguments von Friedrich (1954: 56 ff., 57) erkennen, mit dem er die historische Einzigartigkeit des Phänomens des Totalitarismus auf das Zusammenwirken von moderner Technologie, Christentum (i.S. einer „broad predilection for convictional certainty") und der totalitären Massendemokratie i.S. Talmons zurückzuführen gedachte.[3]

An dieser Grundkonstellation hat sich im Laufe der 70er und 80er Jahre durch die sporadischen Revitalisierungsversuche der Totalitarismus-Theorie hindurch augenscheinlich nicht viel geändert[4] – und was die empirisch-analytische Brauchbarkeit des Konzepts angeht, sehen sich etwa Backes und Jesse noch 1992 (!) genötigt, erneut darauf zu dringen, die kennzeichnenden Elemente totalitärer Herrschaft zu benennen, und – „ein bisheriges Desiderat der Forschung" (!) – Theorie und Empirie stärker zusammenzuführen (Backes/Jesse 1992: 24). Deshalb bleibt auch in der nunmehr jüngsten Runde der Aktualisierung des Konzepts das normative Motiv (dessen Erläuterung Backes und Jesse denn auch den weitaus größten Raum geben) für die Vertreter dieser Position ausschlaggebend. Nun ist dieses Motiv in gewisser Hinsicht ja durchaus respektabel, wie etwa Jesse zu Recht reklamiert, wenn er darauf hinweist, daß die Fixierung eines „antitotalitären Konsenses" gerade dann wieder wichtig wird, wenn mittlerweile Konservative wie etwa Armin Mohler das Totalitarismus-Konzept dadurch unter Verdacht stellen, daß „die Totalitarismus-Theorie nur die Funktion habe, die Gleichursprünglichkeit von Liberalismus und Marxismus im Rationalismus der Aufklärung zu verschleiern".[5] Doch auch diese Respektabilität kann am Ende nicht darüber hinwegtäuschen, daß ein solcher Konsens weder für westliche Demokratien noch für die demokratischen Transformationsprozesse in Osteuropa, für dessen normative Begleitung er diesmal gedacht ist, eine ausreichende Reflexionsbasis bereithält.

Aus diesen Gründen halte ich die Aktivierung der Totalitarimus-Theorie, selbst wenn man der Einschätzung von Beymes über die konzeptionelle und begriffliche Verunsicherung der augenblicklichen Transformationsforschung zustimmt,[6] eher für ein Symptom dieser Krise als für einen Beitrag zu ihrer Überwindung. Um sich dies klar zu machen, bedarf es nicht des (ideologiekritischen) Hinweises auf den Ge- oder vielmehr Mißbrauch des Konzepts, wie er etwa bei Kristol hervortritt, der angesichts der Schieflage der amerikanischen Sowjetunionforschung und deren „Appeasement" dafür eintritt, nunmehr die „Revision des Revisionismus"[7] auch personalpolitisch durchzusetzen und den kalten Krieg innenpolitisch fortzusetzen: „Weit entfernt davon beendet zu sein, hat mein kalter Krieg an Intensität zugenommen, da immer weitere

Bereiche des amerikanischen Lebens rücksichtslos durch liberale Überzeugungen verdorben werden. Jetzt, da der kalte Krieg vorüber ist, hat der eigentliche Krieg erst begonnen“ (zitiert nach Noetzel 1994: 71) – es ist deutlich, daß Kristol die Totalitarismus-Theorie durchaus für eine für diese Zwecke gebrauchsfähige Waffe hält. Vielmehr geht es primär um die Frage, ob mit der Totalitarismus-Theorie ein Angebot vorliegt, das geeignet sein könnte, einen Beitrag zur sozial- und politikwissenschaftlichen Aufarbeitung der Transformationserfahrungen in Osteuropa zu leisten. Wenn das der ausdrücklich erhobene Anspruch ist, so sprechen dagegen Gründe, die einerseits in der konzeptionellen Tiefengrammatik (1), zum anderen – und damit zusammenhängend – in der deskriptiven (2) und normativen Unangemessenheit (3) des Totalitarismus-Begriffs in bezug auf diese Prozesse liegen. Am Ende wird man sich, was ich abschließend nur noch ganz knapp andeuten möchte, anderen Theorie- oder Modellkandidaten zuwenden müssen (4).

1.

Die Totalitarismus-Theorie kann ihre Kandidatur sicher nicht damit begründen, daß sie es schon immer und zumindest besser als alle anderen gewußt habe – mit der Annahme einer im exzessiven, vollständig entgrenzten staatlichen Gewaltgebrauch stabilisierten Ordnung, die keinesfalls von innen her zu verändern war, hatten sich Vertreter der Totalitarismus-Theorie genauso getäuscht wie viele andere; zusätzlich hat dieser Ansatz mit seiner rigiden Axiomatik den Blick auf die inneren Verhältnisse wie die zukünftige Entwicklung eher verstellt, weil er für das Phänomen einer selektiven und partiell durchaus erfolgreichen Modernisierung (Bildung, Säkularisierung, Entideologisierung von Ersatzreligionen, Bildung von Großorganisationen) der kommunistischen Regime Osteuropas eher unsensibel war (vgl. v. Beyme 1994 b: 28 ff. und 46 ff.). Diese analytischen Fehlleistungen lassen sich grob auf vier konzeptionelle Mängel zurückführen:

– Unter typologischen Gesichtspunkten war das Totalitarismus-Konzept von Anfang an relativ diffus, was sich schon daran zeigt, daß es in der Literatur der 50er und 60er Jahre über eine relativ disparate Menge von Regimen so gestreut wurde, daß es insgesamt fast jegliche Distinktionskraft einbüßen mußte. Das kann man sehen, wenn man sich die Liste der Anwendungsfälle vor Augen hält, die Barber (1969: 6 f.) zusammengestellt hat: als totalitär wurden danach nicht nur die prototypischen Systeme des Nationalsozialismus, Stalinismus und des italienischen Faschismus ausgewiesen, sondern u.a. auch Rußland in seiner caesaro-papistischen Phase unter den Zaren, das traditionale Indien, das Römische Reich, Platos ideale Republik, China schon in der Phase der Chin-Dynastie, die USA in den 60ern, die antike Polis von Sparta, Japan unter der Meji-Dynastie. Vor diesem Hintergrund nun läßt sich die Kritik am Totalitarismus-Ansatz knapp in acht Punkten resümieren (vgl. Amann 1986: 475): danach ist der Begriff alles andere als eindeutig und steht beliebigen Füllungen offen; er ist ein ideologisches Produkt des kalten Krieges und in diesem Sinne eine Residualkategorie, unter die sich alle negativen Aspekte der als „totalitär" gekennzeichneten Systeme subsumieren lassen; behauptet ohne ausreichende Gründe die spezifische Modernität des Totalitarismus; induziert ein 'schwarz-weiß'-Denken und eine Tendenz zur Übergeneralisierung, die für strukturelle Differenzen zwischen unterschiedlichen Regimen (NS und Kommunismus) wie innerhalb kommunistischer Regime unempfindlich macht und verschleiert schließlich mit der polaren Orientierung 'totalitär/nicht-totalitär' die totalitären Elemente jeder modernen Herrschaft, auch der liberal-kapitalistischer, westlicher Provenienz.

Nun kommt diesen Einwänden sicher nicht allen ein gleich großes Gewicht zu; zum Teil wirken sie sogar etwas gekünstelt und reichen deshalb nicht hin, ein generellen Verzicht auf das Konzept nahezulegen.[8] Dennoch bleiben auch die Argumente, wie sie etwa Sartori oder auch Ballestrem (1992: 54 ff.) zur Verteidigung des Ansatzes mobilisieren, relativ blaß. Im wesentlichen kann man drei Verteidigungsstrategien ausmachen: erstens wird reklamiert, daß die Möglichkeit des ideologischen Mißbrauchs für sich genommen nicht gegen die Brauchbarkeit des Konzepts spricht (was hier nicht trifft, weil die Behauptung ja ist, daß die ideologische Voreingenommenheit zu einer systematisch verzerrten Kategorienbildung und Wahrnehmung führt); zweitens wird gegen den Einwand der Unschärfe das Argument mobilisiert, daß das beispielsweise auch für den Demokratiebegriff gilt (was überhaupt kein Argument in eigener Sache ist); und drittens wird in Anspruch genommen, daß starke normative Wertungen dem Informationsgehalt von Theorien nicht unbedingt entgegenstehen müssen (was generell richtig ist, in diesem Fall aber gerade behauptet war).

– Entsprechend bestand und besteht zweitens auch kein Konsens über die wesentlichen Kriterien, an denen sich Klassifikationsversuche orientieren könnten: die von Carl J. Friedrich herausgehobenen Gesichtspunkte (totalitäre Ideologie, Einparteienherrschaft, Terror, staatliches Informationsmonopol und Planwirtschaft) waren im einzelnen zu unspezifisch; und auch in der Interpretation als „Syndrom" (Sartori 1992: 197 f.) mußten sie solange untauglich bleiben, wie es nicht gelang, ein definierendes Moment zu isolieren. Diese Unsicherheit, die sich bis heute in der Diskussion darüber erhält, ob man sich etwa auf das Merkmal der (terroristischen) Gewaltentgrenzung (so Hans Mayer) konzentrieren sollte oder nicht doch besser den Totalitarismusbegriff von der Großverbrechensvorstellung abkoppeln und auf die ideologische Durchdringung der Gesellschaft abstellen sollte (so Lutz Niethammer)[9], läßt sich auch dann kaum abbauen, wenn man sich an den Kern des Totalitarismus, die Semantik von Totalität hält. Zwar kann man Totalisierung durchaus als „das Einspannen der gesamten Gesellschaft *innerhalb* (Herv. i.O.) des Staates, eine alles durchdringende politische Beherrschung auch des außerpolitischen menschlichen Lebens" (Sartori 1992: 200 f.) begreifen. Doch mit dieser Auslegung von Totalität wird übersehen, daß Prozesse der Totalisierung nicht nur in Staat und Politik ihren Ausgang nehmen können (sondern auch in technisch-instrumenteller Vernunft oder im Markt), daß sie sich eher schleichend einstellen können (wie in der bürokratischen Involution des Wohlfahrtsstaates) und daß sie sich schließlich auch der Übergeneralisierung anderer Medien als jener von Macht und Gewalt (also auch der des Geldes) bedienen können – in diesen notwendigen Differenzierungen verliert sich aber bis zu einem gewissen Grade jene Distinktionskraft, die Sartori dieser Kategorie zumißt, so daß sie nicht ohne weitere Spezifizierungen kriterial zu komparativen Zwecken eingesetzt werden kann.[10]

– Diese Unsicherheiten wie die damit verbundenen analytischen und explanatorischen Schwächen lassen sich drittens, wie schon erwähnt, durchaus auf den klassisch liberalen Einheitsfokus der Totalitarismustheorie zurückführen. In dieser Einstellung kann man dann die begrifflichen Grundentscheidungen freilegen, die die Plausibilität und Anwendbarkeit der darauf aufbauenden typologischen Konstrukte von vornherein begrenzen. Einen solchen Versuch hat Barber schon 1969 unternommen, und ich kann hier seine detaillierte Analyse nicht im einzelnen nachvollziehen. Als entscheidend aber stellt Barber zu Recht heraus, daß sich die liberale Orientierung der Totalitarismus-Theorie auch einer weitgehend obsoleten Intuition verdankt: die Abwehr einer Überdehnung des Bereichs des Politischen und der Widerspruch gegen Tendenzen zur Absorption des gesellschaftlichen Lebens in staatlich-administrativer Politik speisen sich eben aus dem klassisch liberalen Paradigma eines abstrakten Dualismus von atomisiertem Individuum und monolithischem Staat – ein Dualismus, in dem sich die konkrete Analyse unterschiedlicher Herrschaftsformen nicht organisieren läßt, weil er ganz grundlegend das Phänomen moderner Politik verfehlt. Schon deshalb, so Barber, ist es schwierig, eine überzeugende Begründung für die Beibehaltung des Totalitarismus im Vokabular der vergleichenden Regimeanalyse zu finden. Selbst wenn man die Vielzahl sich widersprechender Definitionen noch wohlwollend übergeht und sich auf den eher kulturkritischen Kern der Sensibilsierung für die freiheitsgefährdenden Totalisierungen des gesellschaftlichen Reproduktionszusammenhangs konzentriert, „we are still confronted with at least three quite distinctive forms of totalism (statist, communitarian, involuntary, der Verf.) that the concept of totalitarianism is thus guilty of concealing. If, finally, to put an end to these escalating ambiguities, we restrict totalism ... to its statist variant, a different but equally troublesome weakness is revealed: the dependence of the concept on a theoretical perspective few political scientists regard as relevant to the problems of modern politics..." (Barber 1969: 37).

Vor diesem Hintergrund ist es kaum ein Zufall, daß die wissenschaftliche und wissenschaftspolitische Karriere, die der Ansatz ab Ende der 50er Jahre in der Bundesrepublik genommen hat, sich recht gut als eine Reaktion auf die von Barber stilisierten konzeptuellen Ungereimtheiten begreifen läßt. Das hat Hubertus Buchstein am Beispiel der Berliner Politikwissenschaft eindrucksvoll belegt. In einer Studie, in der er der Verwendung des Totalitarismus-Begriffs bei Fraenkel und Flechtheim einerseits wie in der empirischen Totalitarismus-Forschung am IFPW in den Gruppen um Bracher, Sauer und Schulz und der SBZ/DDR-Forschung um Richert, Lange, Stammer und Ludz andererseits nachgeht, kann er jedenfalls zeigen, wie zunehmend der wissenschaftliche Anspruch des Konzepts auf die Formierung einer ideologischen Verteidigungslinie des liberal-konstitutionellen, pluralistischen Modells der Demokratie zurückgenommen wurde (Buchstein 1994).

– Diese Instrumentalisierung des Totalitarismuskonzepts zu einer Art Umweglegitimation der liberalen, konstitutionellen Demokratien des Westens, in deren Rahmen „die sogenannte realistische Theorie der liberalen Demokratie, welche diese zu einem System geregelter Elitenkonkurrenz abmagerte, ... jene im Namen des Realismus durchgeführte normative Diät nur dehalb durchhalten (konnte), weil mit dem totalitären Sozialismus ein Herrschaftsmodell vor Augen stand, das für die normative Substanz der liberalen Demokratie eine Art negativer Bürgschaft übernahm" (Dubiel 1994: 93), nötigt zu einer Art Negativprojektion des normativen Selbstbildes des Liberalismus, die weder zur Aufklärung über das kommunistische Herrschaftssystem noch zur Selbstaufklärung westlicher Gesellschaften geeignet war. Lediglich in dieser Funktion aber hat die Totalitarismustheorie die 70er und 80er Jahre überdauert, was noch einmal deutlich wird, wenn Backes und Jesse in dem bereits zitierten Aufsatz aus dem Jahr 1992, mit dem sie zur „Renaissance einer lange tabuisierten Konzeption beitragen wollen", abschließend Bracher mit dem Hinweis zitieren, daß es nach wie vor gelte, „einer Betrachtungsweise weiterhin Gehör zu verschaffen, die nach 1945 so wesentlich die Neubegründung und *Entfaltung einer freiheitlich-demokratischen Politikwissenschaft* (Herv. der Verf.) getragen hat" (Backes/Jesse 1992: 26).

2.

Nun gründet sich der erneuerte Anspruch der Totalitarismus-Theorie sicherlich nicht nur auf derartig stilisierte Erinnerungen. Aber die eben vorgestellte, geraffte Skizze der wissenschaftlichen Vergangenheit des Konzepts gibt doch hinreichend Anlaß zu der Vermutung, daß die Totalitarismus-Theorie auf ihre Revitalisierung im Zuge der Analyse der Regimezusammenbrüche und der Verarbeitung der anschließenden Transformationserfahrungen nicht besonders gut vorbereitet ist. So muß auch Ballestrem (1992: 57 ff.) im Rückblick einräumen, daß der analytische Zugriff auf die Entwicklung Ausgang der 80er Jahre in Osteuropa im Lichte der schon genannten Kriterien Carl J. Friedrichs mehr Ungereimtheiten als Einsichten zu Tage fördert. Diesen Mangel möchte er durch eine Art hermeneutischer Raffinierung der Theorie in Gestalt seiner These einer „Dialektik des Totalitarismus" ausgleichen. Dabei entdeckt er – vor dem Hintergrund der obigen Ausführungen: wohl nicht zufällig – gerade im auch mit ideologischen und terroristischen Mitteln nicht reduzierbaren privaten Bereich der „Familien und Freundschaften" jene moralischen Kräfte, aus denen sich die demokratische Zukunft dieser Länder soll speisen können (Ballestrem 1992: 64 ff.).

Gegen eine solche Sichtweise lassen sich nun mehrere Einwände geltend machen, von denen ich nur drei nennen möchte. Zum einen ist der (zugegebenermaßen: erzwungene) moralische Privatismus gerade der intellektuellen Eliten in vielen Ländern Osteuropas mit ein Grund dafür, daß sich die politischen Energien der Oppositionsbewegungen im Prozeß der „institutionellen Normalisierung" vielfach sehr bald erschöpft haben; zum anderen lenkt diese Optik davon ab, daß dieser Privatismus oft eher einen konsumistischen als moralischen Charakter hat und damit Einstellungen befördert, die einer vollständigen Demokratisierung eher im Wege stehen resp. diese großen Belastungen aussetzen (auf dieses Phänomen weist von Beyme etwa mit dem

Begriff des „amoral famialism" hin: vgl. v. Beyme 1994 b: 350); drittens schließlich treten auf deskriptiv-analytischer Ebene so die Strukturvariablen, die die Entwicklung maßgebend beeinflussen, gar nicht erst in den Blick: Elitenkonstellationen, unterschiedliche Kommunikationsmodi der Gestaltung des Übergangs, soziale Konfliktlinien und Parteien-Cleavages, die Ergänzung des bestehenden Institutionensystems und die Vernetzung überkommener institutioneller Bestände mit neuen Institutionen und nicht zuletzt die Aufgabe der Synchronisierung von politischer und wirtschaftlicher Transformation (vgl. insgesamt v. Beyme 1994 b). Eine bessere Optik ergibt sich denn auch erst in einer komplexer angelegten Systematik, die in der Lage ist, den Aufbau eines politischen Systems auf drei Ebenen zugleich zu erfassen und die Momente dieses „hierarchischen" Konstitutionsprozesses in ihrer Wechselwirkung zu analysieren (Offe 1994: 60 ff.; vgl. auch Kollmorgen 1994: 392 f.). In Anlehnung an Easton unterscheidet Offe deshalb eine unterste Ebene, auf der Entscheidungen „über Identität, Bürgerrechte, und die territorialen, historisch und kulturell begründeten Grenzen eines national verfaßten politischen Gemeinwesens" (Offe 1994: 60) getroffen werden müssen; erst wenn dieses gesichert und stabilisiert ist, besteht eine begründete Erwartung, daß sich auch die formalen Regeln, Verfahren und Rechte, die für das kollektive Handeln gelten sollen, im Bewußtsein des einzelnen und in den Alltagsroutinen verankern lassen; erst wenn das gewährleistet ist, kann auch den Entscheidungen auf einer dritten Ebene, Entscheidungen über die „Verteilung politischer Entscheidungsbefugnis und materieller Ressourcen", die regelmäßig einen gewissen Streß erzeugen, eine in Legitimität gründende Anerkennung zuwachsen.

Insbesondere wenn, wie gegenwärtig in Osteuropa, der Übergang zur Demokratie Transformationen auf allen drei Ebenen verlangt, werden die moralischen und sittlichen Kräfte wie die Fähigkeit zu rationalen Bewertung ihrer Interessen bei allen Beteiligten in besonderer Weise strapaziert (und insofern hat Ballestrem recht, wenn er die moralisch-sittliche Dimension des Übergangs in den Vordergrund rückt); und erst in dieser Einstellung lassen sich die Risiken wie die institutionellen Anforderungen, denen der Prozeß der Transformation unterliegt, genauer erfassen (was Ballestrem vollständig ausblendet). Das vielzitierte „Dilemma der Gleichzeitigkeit" (Offe 1994: 64 ff.) bringt sich nun insbesondere in den Spannungen zwischen politischer Demokratisierung und ökonomischer Modernisierung zur Geltung[11]; und genau diese Struktur eines „asymmetrischen Antagonismus" (vgl. auch von Beyme 1994 b: 80 ff. und 192 ff.) muß dem Totalitarismus-Ansatz entgehen, weil er grundbegrifflich an einem strengen Dualismus von Staat und bürgerlicher Gesellschaft festhält und einer entpolitisierten, über Markt und Recht vermittelten gesellschaftlichen Handlungssphäre die Fiktion einer Konzentration und Kondensation von Politik und politischer Macht in staatlicher Herrschaft gegenüberstellt. Kurz: wir haben es mit einer ansatzspezifischen Blindheit gegenüber diesen Widersprüchen und Spannungen zu tun, die schon auf deskriptiv-analytischer Ebene zu einer erheblichen Einschränkung der Beobachtungsfähigkeit führen muß.

3.

Damit hängt dann schließlich zusammen, daß der Totalitarismus-Ansatz auch sein so hochgehaltenes normatives Beweisziel verfehlen muß: das normative Projektionsideal bleibt zu schwach, zu blaß und zu kurzschlüssig, um in ein konstitutionelles, institutionelles Design übersetzt werden zu können, das den Belastungen der spezifisch osteuropäischen Demokratisierungsprozesse auch standhält. Kurz: der Totalitarismus-Ansatz verfehlt die eigentlichen Probleme auch in normativer Hinsicht, weil es nicht um Totalitarismus geht, sondern um die ausstehende Antwort auf das Problem einer post-pluralistischen Gesellschaft, also um die Frage, wie es zu einer neuen Balance zwischen liberalem Individualismus und politischer Gemeinschaftlichkeit kommen kann. Eine solche Balance kann gewiß nicht allein (und nicht einmal primär) in Familienpolitik (im doppelten Sinne) oder in der Unterstellung einer „unzerstörbaren menschlichen Natur“ (Ballestrem 1992: 66) gründen.

Was m.E. gefunden und institutionell stabilisiert werden muß, ist eine Art neues „Optimierungsmodell“ demokratischer Politik, das schon deshalb nicht einfach „importiert“ werden kann, weil auch der Exportartikel „liberale Demokratie“ sich diesbezüglich in einem keineswegs beneidenswerten Zustand befindet. Und hier kommt der Idee einer politisch handlungsfähigen Zivilgesellschaft[12], dem Aufbau einer entsprechenden Infrastruktur und der Herausbildung bürgerschaftlicher Einstellungen eine entscheidende Bedeutung zu (vgl. Thomas 1994), weil sonst die Gefahr besteht, daß (ökonomischer) Liberalismus und Demokratie erneut in einen asymmetrischen, unvermittelten Antagonismus geraten, dem das Demokratisierungsziel leicht zum Opfer fallen könnte. Um wenigstens kurz anzudeuten, was gemeint ist, wenn man von diesem „Problem einer politisch-institutionellen Motivation der Zivilgesellschaft“ (von Beyme 1994 b: 123) ausgeht, möchte ich noch einmal kurz auf Offe zurückgreifen, der immerhin einen Versuch der Bestimmung eines endogenen Anspruchsprofils des post-kommunistischen Übergangs zur Demokratie unternommen hat. Der hier entscheidende Gedanke geht von der Frage aus, ob es institutionelle Gegenmittel gegen den Opportunismus strategisch gesonnener Akteure („die sich ausrechnen können, welche proklamierten kollektiven Identitäten zu welchen Verfahrensregeln und welche Verfassungsbestimmungen zu welchen politischen Ergebnissen führen werden“ – Offe 1994: 63 f.) wie gegen die politische Kultur eines „autoritären Egalitarismus“ gibt, in dessen Licht weder die Demokratie noch die Marktwirtschaft „als selbstverständliche und alternativlose Zielvorgabe für den Transformationsprozeß“ (Offe 1994: 70) erscheinen. Diese Gegenmittel müßten im Gegenzug zu verbreiteten Einstellungen[13] „Tugenden der Flexibilität, des geduldigen Abwartens und der Toleranz für ungleiche Einkommensentwicklung“ – kurz: Geduld – und politische Zivilisiertheit erzeugen. Auf dieses Problem gibt es unterschiedliche Antworten. Eine besteht in der Mischung aus positiven und negativen internationalen Sanktionen – eine Lösung, die von Beyme unter dem Stichwort der „Requisitentheorie“ für die wahrscheinlichste und aussichtsreichste hält. So läßt sich vielleicht die notwendige Geduld kompensieren (oder in Form von Krediten o.ä. „subventionieren“), keinesfalls aber lassen sich auf diesem Wege Prozesse der Selbstzivilisierung auch initiieren. Diese stellen sich (wie auch die Geschichte der Bundesrepublik belegt) auch ansatzweise nur dann ein, wenn die Möglichkeit institutionell eingeräumt wird, ein bürgerschaftliches Selbstbewußtsein nicht nur in großen konstitutionellen Momenten (Verfassungsdiskussion und -plebiszite), sondern im Routinemodus alltäglicher Politik zu entwickeln und zu reproduzieren. Das aber scheint nur auf dem Boden einer repolitisierten Zivilgesellschaft, durch entschiedene Schritte hin zu einer mehr „assoziativen Demokratie“ (vgl. Cohen/Rogers 1992 und 1994; Hirst 1994) unter der Voraussetzung möglich, daß diese assoziativen Strukuren nicht nur privaten, klientelistischen oder „sonstwie opportunistischen“ (Offe 1994: 79) Zwecken dienen, sondern die Chance einer breiten Teilhabe an einer gemeinwohlbezogenen politischen Willensbildung eröffnen und entsprechende reflexive Kompetenzen fördern und prämiieren.

Wenn man die bisherigen Überlegungen zusammenfaßt und dieses andere normative Projektionsideal in Rechnung stellt, dann bleibt die Frage, was man von einem Ansatz erwarten soll und kann, der die Analyse der Transformationsprozesse zwischen die Konstruktion eines polaren Idealtyps ohne ausreichenden Wirklichkeitsbezug und ein ebenso unzuverlässiges wie unzureichendes normatives Projektionsideal einspannt – diese Frage kann, wie mir scheint, eigentlich nur noch einen rhetorischen Charakter haben.

4.

Tritt man aber doch noch einmal einen Schritt hinter diese normativen Überlegungen zurück und konzediert in einer eher empirisch-analytischen Einstellung, daß man keineswegs von einem teleologischen, liberal-demokratisch abgezweckten Grundmuster der Transformationsprozesse in Osteuropa ausgehen kann, dann stellt sich die Frage, ob es nicht vielleicht aussichtsreichere Vorschläge zur Modellbildung in Hinblick auf die Erklärung der Formen und des möglichen Verlaufs dieser spezifischen Transformationsprozesse gibt – dafür könnten in erster Linie Ansätze kandidieren, die im Zusammenhang der sog. „3. Demokratisierungswelle“ (Huntington 1991) entwickelt wurden.

Auf einen solchen Ansatz, der zu jenen „neo-institutionalistischen“ Ansätzen gehört, denen auch von Beyme (1994 a: 115) eine wieder verstärkte Resonanzfähigkeit bescheinigt, möchte ich mit Blick auf Guillermo O'Donnell's Modell der „Delegative Democracy“ (1994: 55 ff.) abschließend wenigstens knapp hinweisen. Seine Stärke liegt – vor dem Hintergrund des bisher Gesagten – nicht nur in dem Gewicht, das er dem „institution-building“ als Kernstück der Modernisierung zuweist, sondern darin, daß er die Pfadabhängigkeit institutioneller Entwicklungen wie insbesondere den Einfluß sozioökonomischer Streßfaktoren im Zusammenhang des Übergangs zur Demokratie in Rechnung stellt. O'Donnell geht dabei im Kern von drei Annahmen aus: daß sich der Übergang von autoritären Regimes zur (parlamentarischen) Demokratie aufgrund des auch von Offe diagnostizierten asymmetrischen Antagonismus in Stufen vollzieht; daß sich – zweitens – in einem ersten Schritt ein eigenständiger Typus der delegativen Demokratie herausbildet, der drittens keineswegs zwangsläufig zur parlamentarischen Demokratie weiterentwickelt wird, sondern nur dann, wenn „governmental policies and the political strategies of various agents ... embody the recognition of a paramount shared interest in democratic institution building“ (O'Donnell 1994: 56). Gerade diese Dispositionen sind aber umso unwahrscheinlicher, je länger und tiefgreifender die ökonomische und soziale Krise, die in der politischen Transformation mitverarbeitet werden muß. Unter solchen Bedingungen werden interessenpartikularistische und klientelistische Einstellungen prämiiert, schrumpft der Zeithorizont, in dem das Handeln steht, extrem zusammen, und es stabilisiert sich die Erwartung, daß jeder in der gleichen Weise egoistisch handeln wird (O'Donnell 1994: 65). Das ist dann schließlich der Boden, auf dem eine brisante Mischung aus extremem Individualismus einerseits und organizistisch-technokratischen Vorstellungen des politischen Prozesses andererseits entstehen kann, die auf demokratisch gewählte Führer projiziert werden, die als Retter des Landes auftreten – eben das, was O'Donnell als „delegative Demokratie“ begreift. Dieses majoritäre Delegationsmodell weist indessen entschiedene Schwächen auf, die einerseits in der extremen Anfälligkeit gegenüber Prestigeverlusten, andererseits darin gründen, daß persönlicher Autoritätsverfall nicht durch die Mobilisierung legislativer Mehrheiten kompensiert werden kann, weil eine solche Mehrheitsbildung wiederum an den strukturell beförderten rational-egoistischen Handlungsdispositionen abprallt. In dieser Konstellation kann es zu instutionellen Lernprozessen bei den Akteuren kommen (s.o.), die dann die zweite Phase des Übergangs einleiten; das ist jedoch, wie gesagt, kontingent, und es kann genauso gut zu einer Reiteration des eben charakterisierten Krisenzyklus kommen.

Die Ähnlichkeit der hier am Beispiel der lateinamerikanischen Entwicklung verzeichneten Phänomene mit den Beobachtungen, die wir auch im Zusammenhang der osteuropäischen Transformationsprozesse machen können, sind nicht zu übersehen. Und insofern diese Empirie auch im Rahmen eines kohärenten handlungstheoretischen Ansatzes verarbeitet wird, weist der Vorschlag O'Donnells eher als der Totalitarismus-Ansatz Qualitäten auf, die Sartori von einer informierten sozialwissenschaftlichen Modellbildung erwartet – also von „theoretischen“ und nicht „Beobachtungs“-Begriffen auszugehen, die einen Schlüssel zur Entzifferung der empirischen Phänomene bereithalten und „bring out the underlying 'nerves', skeleton, structure or interplay (the mechanics) of something“ (Sartori 1993: 10.) Deshalb scheint er mir – anders als der Totalitarismus-Ansatz – gut geeignet, dem hier zu verzeichnenden Phänomen einer selektiven, antagonistischen Modernisierung auch in ihren politisch-institutionellen Implikationen und Konsequenzen auf die Spur zu kommen.

Anmerkungen

1 Entsprechend macht Fritze geltend, daß der Totalitarismusbegriff so gefaßt ein nach wie vor unversichtbares Instrument der Selbstaufklärung auch moderner westlicher Gesellschaften darstellt.

2 Darauf komme ich weiter unten noch einmal zurück.

3 Diesen Zusammenhang hat Talmon etwas später dann in folgender Definition zum Ausdruck gebracht: "The totalitarian democratic school ... is based upon the assumption of a sole and exclusive truth in politics. It may be called political Messianism in the sense that it postulates a preordained, harmonious and perfect scheme of things, to which men

are irresistibly driven, and at which they are bound to arrive. It recognizes ultimately only one plane of existence, the political. It widens the scope of politics to embrace the whole of human existence ... it is vital to add that much of the totalitarian democratic attitude was contained in the ... eighteenth-century pattern of thought" (J.L. Talmon, The Origins of Totalitarian Democracy. New York (Praeger) 1961. 2 f.).

4 So faßt Lothar Fritze den Gesamteindruck einer jüngst vom Hamburger Institut für Sozialforschung veranstalteten Konferenz zum Thema "Totalitarismus und Modernitätskritik" dahingehend zusammen, "daß die mutmaßliche Leistungsfähigkeit des Totalitarismuskonzepts letztlich nicht detailliert aufgezeigt werden konnte. Zudem wird der klassifikatorische Nutzen des Totalitarismusbegriffs durch kontroverse Annahmen darüber, welche Merkmale für totalitäre Systeme angeblich charakteristisch seien, in Frage gestellt" (Fritze 1994: 61).

5 So jüngst mündlich auf einer Tagung des Hamburger Instituts für Sozialforschung, die zu Fragen der "Totalitarismustheorie und Modernitätskritik" abgehalten wurde (vgl. auch Fritze 1994).

6 "Es gibt keine einheitliche Theorie der Transformation. Wo Theorien fehlen, dominiert die Begriffsindustrie. Das typische theoretische Halbfertigfabrikat ist die Typologie (Herv. i.O.)" (v.Beyme 1994a: 117).

7 Vgl. Markus Wehner: Revisionismus revidiert. In: Frankfurter Allgemeine Zeitung Nr. 190 vom 17. August 1994. Seite N 5.

8 Das betrifft vor allem seine kulturkritische Funktion und die Forderung, in der Besinnung auf den semantischen Kern der Totalität den Begriff so zu definieren, daß er auch der Selbstaufklärung der bürgerlichen Demokratien des Westens dienen könne (Rytlewski). Vgl. Fritze 1994: 62.

9 Vgl. dazu Lothar Fritze (1994): "Totalitarismus und Modernitätskritik". Anmerkungen zu einer Konferenz des Hamburger Instituts für Sozialforschung.

10 Auf dieses Problem macht auch Barber (1969: 27 ff.) aufmerksam, wenn er darauf hinweist, daß der totalitarismustheoretische Gebrauch von Totalität zu unempfindlich für die unterschiedlichen Formen ist, in denen sich Prozesse der Totalisierung vollziehen können, um dann mit einer "statist", einer "communitarian" und einer "involuntarist" Form drei Varianten von politischer und sozialer Totalisierung zu unterscheiden.

11 Pickel (1993: 150 ff.) versucht demgegenüber zu zeigen, daß sich diese skeptische Diagnose der (falschen) Konstrastierung von (autoritärer) ökonomischer Modernisierung und (demokratischer) politischer Modernisierung verdankt: auch seine These der Komplementarität von politischer Demokratisierung und marktwirtschaftlicher Reform, die er auf einen Bedarf an Strukturen zurückführt, die kontrollierte gesellschaftliche Lernprozesse verbürgen können, läuft am Ende auf die Empfehlung zu, „(to rethink) the assumption that East European democracies can at best hope to approximate, but in no way surpass, the level and quality of democracy reached in Western countries...“ (159).

12 Bezüglich der Dringlichkeit dieser Frage scheint in der Transformationsforschung weitgehend Übereinstimmung zu herrschen – Skepsis besteht allerdings gegenüber der Vermutung, daß die Idee der Zivilgesellschaft für sich genommen eine entsprechende konzeptionelle Scharnierfunktion schon übernehmen könnte (vgl. auch Reißig 1994 und 1995, Kollmorgen 1994, Glaeßner 1994 und in demokratietheoretischer Perspektive Schmalz-Bruns 1995).

13 Zur Empirie vgl. überblicksartig von Beyme 1994 b: 333 ff.

Literatur

Amann, Ronald, 1986: Searching for an Appropriate Concept of Soviet Politics. In: British Journal of Political Science 16 (No. 4). 475-494.

Backes, Uwe/Eckhard Jesse, 1992: Totalitarismus und Totalitarismusforschung – Zur Renaissance einer lange tabuisierten Konzeption. In: Ds. (Hg.), Jahrbuch Extremismus und Demokratie 4: 7-27.

Ballestrem, Karl Graf, 1992: Aporien der Totalitarismus-Theorie. In: Volker Gerhardt/Henning Ottmann/Martyn P. Thompson (Hg.), Politisches Denken. Jahrbuch 1991. Stuttgart: 50-67

Barber, Benjamin R., 1969: Conceptual Foundations of Totalitarianism. In: Carl J. Friedrich/Michael Curtis/Benjamin Barber, Totalitarianism in Perspective: Three Views. London: 3-52.

Beyme, Klaus von, 1994a: Transformationstheorie – ein neuer interdisziplinärer Forschungszweig? In: Geschichte und Gesellschaft 20: 99-118.

Beyme, Klaus von, 1994b: Systemwechsel in Osteuropa. Frankfurt.

Buchstein, Hubertus, 1994: Die Totalitarismustheorie in der Formierungsphase der Berliner Politikwissenschaft (Ms: Beitrag für die Konferenz 'Totalitarismustheorie und Modernitätskritik' am Hamburger Institut für Sozialforschung am 8./9. Juli).

Cohen, Joshua/Rogers, Joel, 1992: Secondary Associations and Democratic Governance. In: Politics and Society 20 (No. 4). 393-472.

Cohen, Joshua/Rogers, Joel, 1994: Solidarity, Democracy, Association. In: Wolgang Streeck (Hg.), Staat und Verbände (PVS Sonderheft 25). Opladen. 136-159.

Dubiel, Helmut, 1994: Ungewißheit und Politik. Frankfurt.

Friedrich, Carl J., 1954: The Unique Character of Tatalitarian Society. In: Ds. (Hg.), Totalitarianism. New York: 47-60.

Fritze, Lothar, 1994: „Totalitarismus und Modernitätskritik". Anmerkungen zu einer Konferenz des Hamburger Instituts für Sozialforschung. In: Mittelweg 36. Jg. 3 (Nr. 4): 60-64.

Glaeßner, Gert-Joachim, 1994: Demokratie nach dem Ende des Kommunismus. Regimewechsel, Transition und Demokratisierung im Postkommunismus. Opladen.

Hirst, Paul, 1994: Associative Democracy. New Forms of Economic and Social Governance. Oxford.

Huntington, Samuel P., 1991: The Third Wave. Democratization in the Late Twentieth Century. Norman/London.

Kollmorgen, Raj, 1994: Auf der Suche nach Theorien der Transformation. Überlegungen zu Begriff und Theoretisierung der postsozialistischen Transformation. In: Berliner Journal für Soziologie 4 (H. 3). 381-399.

McSweeny, Dean/Clive Tempest, 1993: The Political Science of Democratic Transition in Eastern Europe. In: Political Studies 41: 408-419.

Morin, Edgar 1992: The Anti-totalitarian Revolution. In: Peter Beilharz/Gillian Robinson/John Rundell (Hg.), Between Totalitarianism and Postmodernity. A Thesis Eleven Reader. Cambridge/London: 88-103.

Noetzel, Thomas, 1994: Die angelsächsische Totalitarismusdiskussion. In: Mittelweg 36. Jg. 3 (Nr. 3): 66-71.

O'Donnell, Guillermo, 1994: Delegative Democracy. In: Journal of Democracy 5 (No. 1): 55-69.

Offe, Claus, 1994: Der Tunnel am Ende des Lichts. Erkundungen der politischen Transformation im Neuen Osten. Frankfurt/New York.

Pickel, Andreas, 1993: Authoritarianism or democracy? Marketization as a political problem. In: Policy Science 26 (No. 3). 139-163.

Reißig, Rolf, 1994: Transformation – theoretisch-konzeptionelle Ansätze und Erklärungsversuche. In: Berliner Journal für Soziologie 4 (H. 3). 323-343.

Reißig, Rolf, 1995: Transformationsforschung zum (ost-)deutschen Sonderfall – Blockade und Chancen theoretischer Innovation. In: Soziologische Revue 18 (H. 2). 147-153.

Sandschneider, Eberhard, 1995: Stabilität und Transformation politischer Systeme. Stand und Perspektiven politikwissenschaftlicher Transformationsforschung. Opladen

Sartori, Giovanni, 1992: Demokratietheorie. Darmstadt.

Sartori, Giovanni, 1993: Totalitarianism, Model Mania and Learning from Error. In: Journal of Theoretical Politics 5 (No. 1): 5-22.

Schmalz-Bruns, Rainer, 1995: Reflexive Demokratie. Die partizipatorische Transformation moderner Politik. Baden-Baden (im Erscheinen).

Talmon, J.L., 1961: The Origins of Totalitarian Democracy. New York.

Thomas, Paul, 1994: Civil Society and the Preconditions of Democracy. (Paper presented at the IPSA 16th World Congress, August 21-25, Berlin).

Wehner, Markus, 1994: Revisionismus revidiert. In: Frankfurter Allgemeine Zeitung Nr. 190 vom 17. August. N 5.

Margareta Mommsen

Funktionen von Nationalismen im Systemwandel Osteuropas

1. Koinzidenz von Staats- und Nationsbildung in Osteuropa

Der Zusammenbruch des Kommunismus in Osteuropa wurde von Nationalismen und sezessionistischen Bestrebungen begleitet. Nach der Implosion der Regime zerfielen die multinationalen Staaten UdSSR, CSFR und Jugoslawien. In den Nachfolgestaaten, die zum Teil erstmals in den Genuß der Eigenstaatlichkeit kamen, haben Prozesse der Nationsbildung und der Staatsschöpfung ebenso Hochkonjunktur wie harte Verteilungskämpfe bis hin zu blutigen Bürgerkriegen unter den verschiedenen staatlichen Erben. Auseinandersetzungen unter den Nationen und Völkerschaften, die nun unter einem neuen staatlichen Dach miteinander verbunden sind, kommen hinzu. Die Prozesse des Staatszerfalls und der Staatsgründungen sind eng mit Nationalismen der unterschiedlichsten Inhalte, Provenienz und Zielsetzung verknüpft. In diesem Beitrag sollen Aspekte der Funktionalisierung von Nationalismen zur Legitimitätsbeschaffung alter und neuer politischer Führungsgruppen und zur Untermauerung von Staatsbegründungstheorien Erörterung finden.

Ein anschauliches Beispiel für die Überlappung von Staats- und Nationsbildung bieten die GUS-Republiken. Die gegenwärtige Häufung des Phänomens und die Möglichkeit, die wechselseitige Beeinflussung von Nations- und Staatsbildung geradezu unter labormäßigen Bedingungen beobachten zu können, erscheinen einzigartig. Hinzu treten die Experimente der politisch-institutionellen und ökonomischen Transformation; der ordnungspolitische Wandel, der programmatisch auf Marktwirtschaft und demokratischen Rechtsstaat ausgerichtet ist, vollzieht sich in engem Zusammenhang mit Nationsbildung und Staatsschöpfung.

Sowohl bei den regierenden Staatsarchitekten, als auch bei gesellschaftlichen Gruppen gelangen dabei Nationalismen der unterschiedlichsten Schattierung zur Geltung. Wenn man die Inhalte der in Rußland propagierten nationalen Werte und die damit von ihren Verkündern jeweils verbundenen Zielvorstellungen betrachtet, so tritt ein höchst uneinheitliches, ja widersprüchliches Bild entgegen. Die Palette reicht vom demokratisch orientierten Patriotismus der Systemveränderer vom Schlage Jelzins bis zum demokratiefeindlichen Neoimperialismus etwa der August-putschisten, von Solschenizyns konservativem Neoslawophilismus bis zu den rot/braunen nationalistischen Phantasien der Neobolschewiki und hin zu Schirinowskijs rechtsextremen, chauvinistischen und antisemitischen Parolen.

Der Erfolg der jeweils propagierten, demokratisch oder antidemokratisch gemünzten nationalen Inhalte wandelt sich in Funktion zur Entwicklungsdynamik des Transformationsprozesses; in den unterschiedlichen Konjunkturen nationaler Befindlichkeiten spiegeln sich die ökonomischen Veränderungen, die Wechselfälle der politischen Machtkonstellationen in Moskau und im Verhältnis zwischen dem Zentrum und den „Subjekten" der Rußländischen Föderation. Angesichts dieser Gegebenheiten erscheint es wenig zweckdienlich, mit einem engen Nationalismus-Begriff, der sich auf organisierte nationale Bewegungen beschränkt, zu operieren. Vielmehr erweisen sich in einem weiteren Sinne alle nationalen Sinnstiftungen relevant, die von Herrschaftsträgern oder gesellschaftlichen Akteuren mit verschiedenen ideologischen Ausrichtungen zu je unterschiedlichen politischen und staatsbildenden Zwecken propagiert und rezipiert werden.

In diesem Beitrag werden in einem kursorischen Überblick zunächst Inkubation und Instrumentierung nationaler Werte im Systemwandel der UdSSR bzw. Rußlands dargelegt. Anschließend sollen Aspekte der Nations- und Staatsbildung in der Ukraine, in Weißrußland und in Zentralasien gestreift werden. Den Ausführungen liegt die Beobachtung zugrunde, daß Staatsbildung neben der Hochhaltung neuer Verfassungswerte auch auf nationale Sinnstiftung nicht verzichten kann, wobei die Prägung neuer Staats(bürger)nationen in durchweg multinationalen Staaten und unter den Bedingungen eines gleichzeitigen nationalen und ethnischen Frühlings äußerst schwer zu gestalten ist. Weiter zeigt sich, daß nationale Werte von den politischen Eliten als primäre oder sekundäre Legitimationsquelle im politischen Wettbewerb funktionalisiert werden, wodurch der nationale Virus große Verbreitung findet. In einer Umwelt, die durch äußerst schwach entwickelte zivilgesellschaftliche Strukturen gekennzeichnet ist, suchen so vor allem die trägsten sozialen Schichten, die schon für die Perestroika nicht mobilisierbar waren, in einem diffusen Nationalismus Halt und Identifikation (Gudkow 1994: 169).

Ausgehend von solchen Überlegungen liegt die Annahme nicht ganz fern, daß übersteigerte, fortschritts- und demokratiefeindliche Nationalismen im Systemwandel Osteuropas einen weitgehend transitorischen Charakter haben und sich im Zuge der Entfaltung zivilgesellschaftlicher Strukturen und einer Konsolidierung des Transformationsprozesses zurückbilden. Ähnliche Annahmen wurden von der polnischen Soziologin Jedwiga Staniszkis vertreten (Staniszkis 1991: 326-347).

2. Inkubation und Instrumentierung nationaler Werte im Systemwandel der UdSSR/Rußlands

Ein Wechselspiel von „offiziellen" und gesellschaftlichen Nationalismen trat bereits in der früheren UdSSR ein und fand im Übergang zum nachsowjetischen Rußland seine Fortsetzung. Schon in der Breschnew-Zeit manifestierten sich verschiedene nationale Strömungen im russischen Kernland. Unter ihnen suchte die nationalbolschewistische Richtung, traditionale russische Werte mit kommunistischen Glaubenssätzen zu verbinden. Solche Vorstellungen, die auch in offiziellen Journalen ihren Ausdruck fanden, gehörten zum „offiziellen Nationalismus", den Andrej Amalrik schon 1968 als Nebenstrang des „offiziellen Marxismus-Leninismus" erkannt hatte (Amalrik 1981: 17 ff. u. 38 ff.). Dieser „offizielle" Nationalismus diente angesichts der schwindenden Attraktivität des Marxismus-Leninismus der sowjetischen Führung als Legitimationssurrogat. Vaterländische Ideen, eine Verherrlichung des Dorfes und der „Bodenständigkeit" wurden im übrigen in Spielfilmen und von den sogenannten „Dorfschriftstellern" breit propagiert. Wegen ihrer rückwärtsgewandten, nationalistischen und volkstümelnden Tendenz handelte sich die Dorfliteratur die ironische Bezeichnung einer „Iwangarde", im Unterschied zu der kommunistischen „Avantgarde", ein (Lebedewa 1994: 66).

Während in den ersten Jahren von Glasnost und Perestroika breite nationale Strömungen und Bewegungen („Volksfronten") in den kleinen baltischen und kaukasischen Unionsrepubliken rasch aufkamen, bildeten sich in der größten Unionsrepublik, der RSFSR, erst 1989 allmählich gesamtnationale russische Strömungen heraus. Sie waren vorwiegend eine Reaktion auf die nichtrussischen nationalen Bewegungen. Als der politische Wettbewerb in Rußland anläßlich der Wahlen zum Volksdeputiertenkongreß der RSFSR im März 1990 debütierte, kamen nationale Themen in allen Lagern ins Spiel, auch bei Jelzins Radikaldemokraten, die den konservativen Kommunisten und der „patriotischen" Konkurrenz nicht allein die Sorge um die 25 Millionen Russen in den anderen Unionsrepubliken überlassen wollten. Die „Souveränitäts-Erklärung" des russischen Volksdeputiertenkongresses vom 12.Juni 1990 fand ein breites Mehrheitsvotum, da auch viele kommunistische Abgeordnete eine stärkere Emanzipation der RSFSR vom Unionszentrum wünschten (Mommsen 1992: 40 f.).

Ähnliche Vorgänge waren in den anderen Unionsrepubliken zu beobachten. In der Presse kam der Begriff der „Souveränitätsparade" in Mode. Fjodor Burlazkij beklagte in der Literaturnaja Gaseta (1.7.90), daß „viele Bewegungen im Lande eine falsche Richtung eingeschlagen haben. Sie waren hinter dem Wolf her – dem administrativen Kommandosystem –, verirrten sich aber und jagen nun den Fuchs – die nationale Souveränität". Tatsächlich gelang es den „Souverän"-Kommunisten, im Unterschied zu den imperiumstreuen „Imper"-Kommunisten, sehr rasch, die politisch schwach differenzierten Massen unter dem nationalen Banner zu mobilisieren. (Schejnis 1993: 45).

Um die Sezession und die Begründung einer eigenen Nationalstaatlichkeit zu betreiben, inszenierten die „Souverän"-Kommunisten einen Kreuzzug gegen das Unionszentrum, dem Kolonialismus, Imperialismus und Totalitarismus vorgeworfen wurde; dies ungeachtet der Tatsache, daß die „Demokratisazija" in so manchen Unionsrepubliken keineswegs so weit gediehen war wie unter der Ägide Gorbatschows im Zentrum. Die Führer der Titularnationen stilisierten sich zu den Rettern ihrer Republiken vor dem Moskauer „Reich des Bösen"; zugleich suchten sie glauben zu machen, daß die bloße Abkoppelung von der Union auf dem schnellsten Wege die Segnungen von Demokratie und Wohlstand gewährleisten könnte (Wolkow 1991: 39 f.). Mit der Instrumentalisierung von Nationalismus zur erfolgreichen Vermittlung dieser Illusionen verschafften sich Wendekommunisten vom Schlage Krawtschuks eine zugkräftige neue politische Legitimation.

Im Unterschied zu diesem gängigen Muster der nationalen Selbstbehauptung gegenüber der Union vollzog sich der Emanzipationskampf Rußlands auf der Grundlage einer demokratischen Bewegung. Jelzin und das „Demokratische Rußland" stemmten sich in erster Linie gegen die Machtstrukturen der KPdSU und der Unionsbürokratie; durch Propagierung demokratischer und rechtsstaatlicher Werte wollten sie Gorbatschow in den Zugzwang einer radikaleren Perestroika des Zentralstaats bringen (Morrison 1991: 199). Mit der Gründung eines russischen Verfassungsgerichts sollte der Union der rechtsstaatliche Marsch geblasen werden. Mit der Volkswahl des russischen Präsidenten, den ersten demokratischen Wahlen in der Geschichte des Landes überhaupt, sollte dem Unionspräsidenten auch ein demokratisches Exempel statuiert werden.

Für den gleichzeitigen Kampf um eine größere Eigenstaatlichkeit Rußlands wurden verstärkt nationale Werte und Symbole zur Geltung gebracht. So fand die Inauguration des Präsidenten Rußlands im Gepränge alter und neuer russischer Symbole und im Beisein des Oberhaupts der russischen Orthodoxie statt. Jelzin würdigte den Staatsakt mehr noch als eine Zeremonie „russischer Wiedergeburt" demonstrativ als Aufbruch zur Demokratie. Er sagte: „Das große Rußland erhebt sich von den Knien! Wir werden es unbedingt in einen blühenden, demokratischen, friedliebenden, souveränen Rechtsstaat verwandeln." (Meißner 1992: 38).

3. Rußlands „Wiedergeburt" und der Zerfall der UdSSR

Das politische Ringen zwischen Rußland und der Unionsgewalt um mehr Demokratie auf Unionsebene und um mehr Eigenstaatlichkeit für Rußland wuchs sich immer mehr zu einer politischen Kraftprobe zwischen Gorbatschow und Jelzin aus und beschleunigte den Autoritätsverfall des Zentrums beträchtlich. Dabei spielte die politische Manipulation der autonomen Republiken keine unerhebliche Rolle. Denn sowohl der Reichsverwahrer Gorbatschow, der alle seine Bemühungen darauf setzte, die UdSSR als Staat zu erhalten, als auch der russische Staatserbauer, Jelzin, buhlten auf der Suche nach politischer Unterstützung um die Gunst der zumeist innerhalb der RSFSR gelegenen autonomen Republiken. Während Gorbatschow ihren Status zum Nachteil der Einheit Rußlands aufwerten wollte, ließ sich Jelzin im August 1990 in Tatarstan zu dem folgenschweren Satz hinreißen: „Nehmt Euch so viel Macht, wie Ihr vertragen könnt! Den Rest gebt per Vertrag an Rußland ab!" (Halbach 1994: 30).

Die Folgen dieses Verhaltens blieben nicht aus; der nationale Virus und die „Parade der Souveränitäten" breiteten sich rasch unionsweit aus. Der Sezessionswille Tatarstans signalisierte dies ebenso wie die Proklamation einer Gagausen- und einer Dnjestrrepublik. Die Vorgänge zeigen, welche Gefahr mit der Funktionalisierung der nationalen Frage im Machtkampf zwischen den politischen Blöcken verbunden war. Als sich bei den sogenannten 9+1-Verhandlungen in Nowo-Ogarjewo über einen neuen Unionsvertrag auch ein Kompromiß in der Statusfrage der autonomen Republiken herausbildete, waren Jelzin und Gorbatschow mit ihren jeweiligen Rollen in dem beabsichtigten neuen Staatsverband zufrieden. Jelzin schreibt in seinen „Aufzeichnungen“: „Gorbatschow blieb an der Spitze, und ich (gemeint ist Rußland!) erhielt meine Unabhängigkeit. Das war für uns beide die ideale Lösung“. (Jelzin 1994: 43)

Bekanntlich kam die „ideale Lösung“ nicht mehr zum Tragen, da die Putschisten im August deren Unterzeichnung zuvorkommen wollten. Während des Moskauer Machtvakuums sahen die „souverän“-kommunistischen Führer die Gunst der Stunde zur Aufkündigung ihrer Loyalität gegenüber der UdSSR gekommen. Nachdem ein Referendum in der Ukraine eine Zustimmung von über 90% zur staatlichen Unabhängigkeit erbracht hatte, gab es in Kiew kein Zurück mehr. Der Slawische Dreibund und später die Gründung der GUS kamen als eine Verlegenheitslösung zustande.

Für das ohnehin fragile postsowjetische Rußland erwies sich das nationale Erwachen in den autonomen Republiken während der Perestroika als eine schwere Hypothek. Hinzu gesellten sich Regionalismen in einer Reihe von territorialen Verwaltungseinheiten (Segbers 1994; Karaganow 1993: 12 ff.). Die Träume von der Entstehung einer Primorje-, Ural-, Jenissej- und Wolga-Ural-Republik waren nicht zuletzt auf dem Hintergrund des Moskauer Machtkampfes erwachsen, wo die Widersacher, die sich diesmal unversöhnlich in Exekutive und Legislative gegenüberstanden, wieder nicht davor zurückschreckten, die Frage von nationaler und regionaler Autonomie zur Mobilisierung von politischer Unterstützung zu funktionalisieren.

4. Nationalismus im heutigen Rußland als „ideologischer Schatten der Reformen“

Zu dem fatalen Erbe der Moskauer „Doppelherrschaft“ 1992/93 gehört auch, daß ein „extremer Nationalismus“, der bis 1991 nur für kleine Gruppen charakteristisch war, enttabuisiert und offen in Parlamentsdebatten vertreten wurde. Dies provozierte im demokratischen Lager eine Art „demokratischen Patriotismus“ mit „nationalistischen Untertönen“ (Luchterhand 1994: 127). Die erfolgreiche Mobilisierung eines militanten Nationalismus bescherte dem Demagogen Schirinowskij und seiner rechts-radikalen „Liberal-Demokratischen Partei“ im Dezember 1993 22,8% der abgegebenen Stimmen. Allerdings findet in neueren Umfragen der wendige Vereinfacher politischer Probleme, die „Karikatur eines russischen Patrioten“, so Solschenizyn über Schirinowskij (Der Spiegel 29/1994), beträchtlich weniger Unterstützung (Gudkow 1994: 168).

Generell sind Militanz und Verbreitung nationalistischer Strömungen in Rußland heute schwer einzuschätzen. Umfrageuntersuchungen bringen Antisemitismus und Fremdenfeindlichkeit, vor allem gegenüber den „Schwarzen“ aus dem Kaukasus und Mittelasien, zutage. Eine Art „negativer Massenidentifikation“ (Gudkow 1994: 160) resultiert aus verbreiteten Stereotypen, etwa der Annahme, daß die Russen ein Volk der Gekränkten, Betrogenen und Ausgebeuteten seien, ob seitens des Kommunismus, des Westens, der Kaukasier und Usbeken. Zu der Vorstellung, daß „Alle auf dem armen Iwan herumreiten“, kommt die Furcht vor einem Ausverkauf der nationalen Reichtümer Rußlands, die sich mit der Phobie gegenüber allem Ausländischen und allen Neuerungen verbindet, hinzu. Antiwestliche Einstellungen ließen sich vor allem gegen die vom IWF und der G7 beeinflußte Wirtschaftsreformpolitik Jegor Gajdars leicht abrufen.

Von einem starken Staat träumen russozentrische wie „eurasische“ Imperialisten gleichermaßen. Der Ruf nach dem starken Staat scheint nicht zuletzt ein Echo auf den schwachen, ja anokratischen Zustand des post-sowjetischen Rußlands zu sein. Auch die Nostalgie nach der UdSSR ist weit verbreitet. Umfragen zufolge bedauern heute über 60% der befragten Russen deren Zerbrechen. Viele setzen den Verlust der Identifikation mit der Sowjetunion als Supermacht und als „Raumordnung zweier Kontinente, die Völker und Kulturen zusammengeführt hat“ (Eichwede 1994: 28), mit dem Gefühl eines verlorenen Krieges gleich. Die öffentliche Kritik an den „Putschisten“ von Beloweschskaja Puschtscha, wo das Ende der UdSSR förmlich besiegelt wurde, nimmt zu. In Anspielung auf den Ort „Putschtscha“ wurde „Puschtschisti“ zum geflügelten Wort.

Ungeachtet der weiten Verbreitung der beschriebenen Einstellungen und erhitzter Intellektuellendebatten über das Für und Wider von „russischer Idee“ und „Eurasismus“ scheint die nationalistische Gefahr in Rußland insofern nicht unmittelbar bedrohlich, als es an einer breiten, ideologisch einheitlichen und organisierten Bewegung fehlt. Bei aller massenpsychologischen Virulenz ist der vorhandene diffuse Nationalismus dem Moskauer Soziologen Lew Gudkow zufolge nur „der ideologische Schatten der Reformen, eine konservative Rhetorik, die sich negativ auf die jeweilige Politik der Liberalen bzw. die konkreten sozialen Veränderungen fixiert hat und die sich auf eine unspezifische Ablehnung von Innovationen, auf eine Art Phobie in bezug auf alles Neue gründet.“ (Gudkow 1994: 160; Heinemann-Grüder 1994: 54). Diese Einschätzung stimmt mit dem Urteil anderer Autoren überein, die in den nationalistischen Befindlichkeiten breiter Kreise der russischen Bevölkerung „eine anachronistische Reaktion auf gegenwärtige Modernisierungsprozesse“ sehen (Lebedewa 1994: 67).

5. Die Instrumentalisierung von Nationalismus in der Außenpolitik und in neuen Geschichtsbildern

Eine der Besonderheiten des in der Ukraine eng mit der Staatsbildung verknüpften „offiziellen“ wie des gesellschaftlich verankerten Nationalismus kann in dem Verlangen gesehen werden, die staatliche Selbstbehauptung in der Welt, im Westen zumal, und last, but not least, gegenüber dem großen russischen Bruder, demonstrativ, rasch und erfolgreich durchzusetzen. Angesichts dieses weitreichenden Ziels bot sich vor allem die Außenpolitik als Instrument nationaler Interessenartikulation an (Alexandrowa 1993: 255-268). Die abrupten Kehrtwendungen in der ukrainischen Sicherheitspolitik werden nur vor diesem Hintergrund verständlich. Kiew hatte sich zunächst (1990/91) auf Kernwaffenfreiheit verpflichtet, um damit der Ukraine einen guten Einstand als zivilisierte, neue europäische Mittelmacht zu sichern. Als sie dafür nur „Schulterklopfen" erntete, wuchs die Zahl derer, die für eine politische und finanzielle Kapitalisierung des sowjetischen Atomwaffenerbes eintraten. Tatsächlich ist es der nun kraft „historischer Fügung" als „dritte Atommacht der Welt" figurierenden Ukraine schließlich gelungen, das Interesse der Vereinigten Staaten auf sich zu lenken und die gewünschten Kompensationen für die Aufgabe seines nuklearen Faustpfands zu erreichen (Kuzio 1993: 202-214; Morrison 1993: 677-703).

Der ins Absurde reichende Streit mit Rußland über die Schwarzmeerflótte erscheint verständlicher, wenn man die Bedeutung der Flotte für die ukrainische Nations- und Staatsbildung in Rechnung stellt. Aus den gleichen Gründen ist die Flotte auch für russische Nationalisten unverzichtbar. Historische Argumente mobilisieren beide Seiten; wurde von russischer Seite herausgestellt, daß die Vorläufer der Flotte schon unter Peter dem Großen die Türken zurückdrängten, sah man in Kiew die Zaporoger Kosaken als die eigentlichen Ahnherren der Schwarzmeerflotte, da sie noch früher das Schwarze Meer befahren hätten. Als zwischenzeitlich Krawtschuk einen Teil der Flotte gegen einen Schuldenerlaß an Rußland zu „verkaufen" beabsichtigte, wurde er in Kiew von dem Ruch-Vorsitzenden Tschernowil gar des „Hochverrates" bezichtigt (SZ 20.9.93).

Über außenpolitische Themen hinaus spielen in allen Nachfolgestaaten der UdSSR Bemühungen eine Rolle, neue Geschichtsbilder in den Dienst der Nations- und Staatsbildung zu stellen. Dabei betonen vor allem Historiker in der Ukraine und in Weißrußland die jeweilige nationale und kulturelle Eigenständigkeit gegenüber den Großrussen seit den Anfängen der slawischen Fürstentümer. Ein interessantes Beispiel dafür, wie durch veränderte Geschichtsbilder die neue Staatlichkeit untermauert werden kann, stellt Belarus dar. In einer Vielzahl neuer Geschichtsbücher werden Tradition, kulturelle Eigenständigkeiten und die Perioden in der Geschichte hervorgehoben, in denen sich weißrussische Nationalität und Eigenstaatlichkeit schon sehr nahegekommen seien. Dafür bieten sich die Stadt Polazk als Residenz des ältesten ostslawischen Fürstentums und das mittelalterliche, multiethnische Großfürstentum Litauen an (Lindner 1994: 585). Schließlich hat man – wohl um die herkömmliche westeuropäische Orientierung Weißrußlands zu dokumentieren – die Bezeichnung „belaja (weiß) Rus", deren unklarer Ursprung am ehesten auf die Exemption des Territoriums von tatarischer Abgabenpflicht gedeutet worden war, mit der Farbsymbolik der alten Welt zu interpretieren versucht, derzufolge „weiß" immer „westlich" bedeutet habe.

Während in Weißrußland und der Ukraine die Neuschöpfungen der nationalen Geschichte ganz auf den Nachweis von früherer Staatlichkeit und, in Abgrenzung zu dem für „eurasisch" erklärten Rußland, die Zugehörigkeit zum westeuropäischen Kulturkreis besonders betont wird, sind beispielsweise die Kasachen bemüht, durch die Kreation einer neuen Staatstheorie den Kasachen wie den Russen – der Anteil der Kasachen an der Bevölkerung beträgt 40%, derjenige der Russen 38% – eine gemeinsame politische Heimat in Kasachstan zu verschaffen. Hier und in den zentralasiatischen Republiken wird den neuen Präsidenten, die vormals meist die Stellung des Ersten kommunistischen Republikparteisekretärs innehatten, die jeweilige Abstammung von höchstrangigen Clans und Stämmen bescheinigt. Dies gilt für den „Turkmenbaschi" Saparmurad Nijasow in Turkmenistan und für Nursultan Nasarbajew in Kasachstan; der nicht der kommunistischen Nomenklatura entstammende kirgisische Präsident, Askar Akajew, konnte die Deszendenz von Chan Schabdan ins Treffen führen. Islam Karimow, der Präsident Usbekistans, begnügte sich damit, die Geschichte Usbekistans direkt an das Reich der Timuriden von Buchara anzuknüpfen und diese für die Ahnengalerie des heutigen Usbekistans zu vereinnahmen (Mursaliyev 1994: 6; Portnikow 1994: 5).

Die aufgeführten Beispiele verdeutlichen, daß Nationen nicht einfach nur historisch gewachsene, sondern gutteils auch „imaginierte Gemeinschaften" (Anderson 1988; Elwert 1989: 442) oder menschliche „Artefakte" (Gellner 1991: 16) sind. Die Berufung auf dynastische Stammbäume stellt nur einen augenfällig atavistischen Aspekt in einigen der Staatsbegründungstheorien dar, die sich mit den neuen Geschichtsbildern verweben. Darüberhinaus werden in den Werkstätten der Nations- und Staatsbildung aber auch moderne Verfassungen ausgearbeitet, wobei man sich an den besten westlichen Modellen orientiert. Dieser Mut zum Fortschritt wie auch die Bereitschaft zu innovativen Wirtschaftsreformen ist bei nicht wenigen Repräsentanten der politischen und intellektuellen Eliten zu finden; ihre Aufgeschlossenheit für Modernisierungsprozesse und -experimente steht im krassen Widerspruch zu den gesellschaftlichen Schichten und Kräften, die es vorziehen, mithilfe nationalistischer Mythen in eine rückwärtsgewandte Utopie zu flüchten.

Die in diesem Beitrag gewährten Einblicke in das Laboratorium der Nations- und Staatsbildungsprozesse auf dem Gebiet der früheren Sowjetunion sind zwangsläufig ausschnitthaft und bieten, über die Anschauung hinaus, nur erste Anregungen zu weiterreichenden Untersuchungen. Trotz der aufgezeigten Bedingtheit und der daraus gefolgerten Zeitweiligkeit von Nationalismen ist nicht auszuschließen, daß angesichts der Härten der ökonomischen Transformation und der schleppenden zivilgesellschaftlichen Strukturierung Nationalismen als behelfsweise Übergangsideologien oder Politikersatz noch lange Nahrung erhalten und insofern der Teufelskreis von nationalistischer Aufheizung und demokratischer Unterentwicklung schwer zu durchbrechen sein wird.

Literatur

Alexandrowa, Olga 1993: Die Entwicklung außenpolitischer Konzeptionen in Rußland und der Ukraine, in: Bundesinstitut für ostwissenschaftliche und internationale Studien (Hrsg.): Aufbruch im Osten Europas, 255-268.

Amalrik, Andrej, 1981: UdSSR – 1984 und kein Ende. Essays, Frankfurt-Berlin-Wien.

Anderson, Benedict, 1988: Die Erfindung der Nation. Zur Karriere eines erfolgreichen Konzepts, Frankfurt/M., New York

Eichwede, Wolfgang, 1994: Wohin treibt Rußland? Vom Glanz und Elend der Reformen, in: ders. (Hrsg.): Der Schirinowski-Effekt, Reinbek bei Hamburg, 11-13.

Elwert, Georg, 1989: Nationalismus und Ethnizität. Über die Bildung von Wir-Gruppen, in: Kölner Zeitschrift für Soziologie und Sozialpsychologie, Jg.41, 440-464.
Gellner, Ernest, 1991: Nationalismus und Moderne, Berlin.
Geyer, Dietrich, 1993: Der Zerfall des Sowjetimperiums und die Renaissance der Nationalismen, in: Winkler, H.A. (Hrsg.): Nationalismus – Nationalitäten – Supranationalität, Stuttgart, 156-186.
Grobe-Hagel, K., 1992: Rußlands Dritte Welt: Nationalitätenkonflikte und das Ende der Sowjetunion, Frankfurt/M.
Gudkow, Lew, 1994: Nationalismus ohne Bewegung, in: Eichwede, Wolfgang (Hrsg.): Der Schirinowski-Effekt, Reinbek bei Hamburg, 157-169.
Halbach, Uwe/Götz, Roland, 1994: Politisches Lexikon Rußland, München.
Heinemann-Grüder, Andreas, 1994: Nationalismus und Transformation in Rußland, in: Berliner Debatte, 3/1994, 53-60.
Jelzin, Boris, 1994: Auf des Messers Schneide. Tagebuch des Präsidenten, deutsche Ausgabe, Berlin.
Kappeler, Andreas, 1992: Rußland als Vielvölkerreich: Entstehung, Geschichte, Zerfall, München 1992.
Karaganow, Sergej, 1993: Russia – the State of Reforms, Gütersloh.
Kuzio, Taras, 1993: Die Ukraine in Europa. Außen- und Sicherheitspolitik einer neuen Nation, in: Europa-Archiv, Folge 7/1993, 202-214.
Laqueur, Walter, 1993: Der Schoß ist fruchtbar noch. Der militante Nationalismus der russsichen Rechten, München.
Lebedewa, Katja, 1994: Neoslawophile Tendenzen in der russischen Gegenwartskultur, in: Berliner Debatte 3/1994, 65-69.
Lindner, Rainer, 1994: Nationsbildung durch Nationalgeschichte. Probleme der aktuellen Geschichtsdiskussion in Weißrußland, in: Osteuropa 6/1994, 578-590.
Linz, J.Juan, 1994: Staatsbildung, Nationbildung und Demokratie, in: Transit 7/1994, 43-62.
Luchterhand, Galina, 1994: Die Entfesselung der Marionette. Wladimir Schirinowski und seine LDPR, in: Eichwede, W. (Hrsg.), Der Schirinowski-Effekt, 117-142.
Meißner, Boris, 1992: Gorbatschow, Jelzin und der revolutionäre Umbruch in der Sowjetunion (II), in: Osteuropa 1/1992, 21-40.
Mommsen, Margareta, 1992: Von der Union der Sozialistischen Sowjetrepubliken zur Gemeinschaft Unabhängiger Staaten, in: dies. (Hrsg.), Nationalismus in Osteuropa, 18-46.
Morrison, John, 1991: Boris Jelzin. Retter der Freiheit, Berlin-Frankfurt/M.
Morrison, John, 1993: Pereyaslaw and after: the Russian-Ukrainian relationship, in: International Affairs (London) 4/1993, 677-703.
Mostov, Julie, 1994: Democracy and the Politics of National Identity, in: Studies in East European Thought, 1-2/1994, 9-31.
Mursaliyev, Azer, 1994: Presidents in search of lost legitimacy, in: Moscow News, No 15, 15.-21.April, 6f.
Portnikow, Witalij, 1994: Wlast lic ili lico wlasti? Eskizy k polititscheskim portretam (Die Macht der Gesichter oder das Gesicht der Macht? Skizzen zu politischen Porträts), in: Nezawisimaja Gazeta, 28.1.1994, 5.
Schejnis, Wiktor, 1993: Nacionalnyje problemy i konstitucionnaja reforma w Rossijskoj Federacii (Die nationalen Probleme und die Verfassungsreform in der Rußländischen Föderation), in: Polis 3/1993, 45-50.
Staniszkis, Jadwiga, 1991: Dilemmata der Demokratie in Osteuropa, in: Deppe,R./Dubiel,H./Rödel,U. (Hrsg.): Demokratischer Umbruch in Osteuropa, Frankfurt/M., 326-347.
Segbers, Klaus, (Hrsg.) 1994: Rußlands Zukunft: Räume und Regionen, Baden-Baden.
Simon, Gerhard und Nadja, 1993: Verfall und Untergang des sowjetischen Imperiums, München.
Wolkow, Wladimir, 1991: Ethnokratie – ein verhängnisvolles Erbe in der postkommunistischen Welt, in: APuZ, Heft B 52-53, 35-43.

Michael Stolleis

Gemeineuropäisches Verfassungsrecht – historisch entwickelt?

I.

Auf einem Kongreß der Vereinigung für Politische Wissenschaft rechtshistorische Ausführungen zu machen, ist ein riskantes Unternehmen. Der Rechtshistoriker pflegt den paradox erscheinenden Standpunkt einzunehmen, daß aus der Geschichte nichts zwingend gefolgert werden, daß es aber möglich sei, in begrenztem Umfang aus ihr zu „lernen". Man sollte von ihm nicht erwarten, daß er konkrete Vorschläge für die verfassungsrechtliche Konstruktion des zukünftigen Europa macht und diese Vorschläge dann historisch so untermauert, daß sie „zwingend" erscheinen. Redlicher und realistisch scheint mir vielmehr, die bescheidene Rolle eines Beobachters einzunehmen, der die aktuelle Entwicklung reflektiert und dabei seine (rechts-)historischen Erfahrungen einbringt. Gefragt wird, was die Vergangenheit der europäischen Rechtskultur für die ungewisse Zukunft Europas zu sagen haben könnte. Diese Perspektive vermeidet das inakzeptable und platte „historia docet", gestattet sich aber ein auf historischem Material ruhendes Weiterfragen.

Dabei wird vorausgesetzt, daß Europa nicht nur Mythos[1], Kulturgemeinschaft, politische Streit- und Schicksalsgemeinschaft, sondern auch auf eine sehr entschiedene Weise Rechtsgemeinschaft war und gegenwärtig noch ist. Man mag sogar normativ sagen: Wenn es nicht noch einmal im Strudel eines alles zerstörenden Konflikts versinken will, muß es Rechtsgemeinschaft sein.

Die Perspektive des Rechts und der Rechtsgeschichte ist zwar einseitig; denn nicht alles in Europa läßt sich als Funktion von Recht erklären, aber sie ist auch nicht illegitim. Sie läßt jedenfalls Sachverhalte erkennbar werden, die einer rein wirtschafts- oder politikwissenschaftlichen Sicht verborgen bleiben.

Offenkundig treten durch die gegenwärtigen dramatischen Umgruppierungen wieder alte Bruchlinien hervor, die nur mit historischen und rechtshistorischen Informationen zu deuten sind[2]. Die bisherigen Grenzen lösen sich auf, die älteren Muster treten wieder ans Licht. Das in der Nachkriegszeit herrschende Einverständnis, Europa sei das westliche Abendland mit einer durch die Machtverhältnisse definierten Ostgrenze, erweist sich als ebenso zeitbedingt und unter politischem Druck entstanden wie die älteren Abgrenzungsversuche nach Süden und Osten. Die Auflösung der gewohnten südöstlichen und östlichen Begrenzungslinien Europas nötigt zu neuer Orientierung. Die Anrainerstaaten des Mare Balticum (Estland, Lettland, Litauen, Finnland und Skandinavien) treten hinzu, ebenso Polen, Ungarn, Tschechien und

Slowakei als „Assoziierte“. Hier scheinen die Schwierigkeiten der Integration im Prinzip überwindbar. Aber in anderen Fällen, etwa des Balkans, Rumäniens und Bulgariens sollte man in bezug auf die politische Integration in die Europäische Union nicht allzuschnell antworten, vor allem nicht bei der Türkei sowie im schwierigen Fall der westlichen Nachfolgestaaten der Sowjetunion (Weißrußland, Rußland, Ukraine). Daß solche Langsamkeit der verfassungspolitischen Antwort nicht den höchst wünschenswerten Kulturaustausch und die wirtschaftliche Zusammenarbeit berührt, sei vorweg als selbstverständlich angemerkt[3].

Die europäische Geschichte zeigt ein historisch variables Selbstverständnis, eine gewisse Plastizität des Umfangs und der Inhalte, aber gleichzeitig doch über lange Zeiträume hinweg Stabilitäten und Wiederholungen. Europa hat immer aus der Spannung zwischen starker Pluralität und und einer halb im Unbewußten steckenden Verwandtschaft und Schicksalsgemeinschaft seiner Teilelemente gelebt. Es war niemals unter einer politischen Herrschaft geeint, aber es hat durch wechselnde Allianzen und Umschichtungen immer wieder eine gewisse labile Balance erreicht. Seine Kennzeichen sind Vielfarbigkeit, Pluralität, Wettbewerb und die Dialektik von Konflikt und Befriedung mit den Mitteln des Rechts[4]. Häufig wurde die Vermutung geäußert, daß gerade die Zusammendrängung verschiedener Ethnien auf engem und geographisch zerklüftetem Raum eine imperiale Gesamtstruktur verhindert und gleichzeitig jene Kräfte mobilisiert habe, die es zur Wiege der modernen Weltzivilitation und Welttechnik werden ließen.

II.

Fragt man allgemein nach den geopolitischen, ethnischen, ökonomischen und geistigen Voraussetzungen für jenen offenbar immer wieder erneuerten innereuropäischen Wettbewerb, für die den Zusammenhalt stimulierenden Konflikte[5], dann gerät man trotz aller möglichen zutreffenden Teilantworten schnell auf das Feld der Spekulation. Empfehlenswert für eine durch „Recht“ vorgeprägte Perspektive ist daher die Konzentration der Beobachtungen auf die allmähliche Hegung jener Konflikte durch Recht, auf die Feststellung und den Vergleich derjenigen europäischen Rechtsformen, mit deren Hilfe Herrschaft konstituiert, legitimiert, kontrolliert und erneuert worden ist. Die Frage ist also, ob es Grundfiguren des politisch-juristischen Denkens gibt, die, ungeachtet aller Pluralität, europäisches Erbe sind. Gibt es Bausteine eines „europäischen Verfassungsrechts“[6]? Diese Frage ist für gegenwärtige politische Entscheidungsprozesse unausweichlich; wenn es wirklich eine Revitalisierung überwunden geglaubter Nationalismen[7] und Regionalismen gibt, wenn die ethnischen, sprachlichen und religiösen Probleme Großrußlands, des Balkans, Böhmens und des Baltikums samt ihren Verfassungsdebatten in einem friedlichen Transformationsprozeß überführt werden sollen, ist es entscheidend, daß die gemeinsamen Fundamente, die jedenfalls kurzfristig nicht verändert werden können, geklärt werden[8].

Vor allem in den osteuropäischen Ländern geht es nicht nur um die „Wiederkehr der bürgerlichen Gesellschaft und ihres Rechts“[9]; denn Wiederkehr setzt vorherige Anwesenheit voraus. Viele dieser Länder hatten aber weder eine bürgerliche Epoche noch ein bürgerliches Recht. Manche haben jahrhundertelang nur Autokratie oder Fremdherrschaft kennengelernt. In diesem Kontext ist eine Marktwirtschaft nicht ohne einen effektiven verfassungsrechtlichen Rahmen denkbar. Investitionen setzen ein Minimum an Regelhaftigkeit und Kontrolle und auf der Verfassungs- und Justizebene sowie eine auf Unabhängigkeit, Distanzierung und Neutralisierung trainierte Juristenschaft voraus. Freie Wahlen, Gewaltenteilung, Grundrechte und Verfassungs- und Verwaltungsgerichtsbarkeit sind die Eckpunkte dieses ordnungspolitischen Rahmens[10]. Um sie zu implantieren, wird es mehr oder weniger gelingende Rezeptionen westlicher Modelle geben, die nach Maßgabe der jeweiligen politischen Kultur umgemodelt werden. Dabei wird es nicht genügen, sich auf das 19. und 20.Jahrhundert zu beschränken, jene beiden Jahrhunderte also, die Demokratie, Selbstverwaltung, Grundrechte, Rechts- und Sozialstaat samt Marktwirtschaft hervorgebracht haben. So unzweifelhaft groß die Bedeutung der beiden Jahrhunderte seit der Französischen Revolution für die Entstehung des modernen Verfassungsstaat westlichen Typus ist, so wenig kann auf die Verankerung in den älteren Epochen verzichtet werden. Jedes der genannten Stichworte hat eine weitaus ältere Vorgeschichte im Europa des Mittelalters und des sog. Ancien Régime[11]. Nehmen wir diese Dimension nicht wahr, dann haben wir nicht nur ein Wissensdefizit, sondern ein gewichtigeres Steuerungsdefizit; denn die Verankerung der politischen Kultur in der Geschichte, ihr allmähliches Einsickern in das Unterbewußtsein, die allmähliche Verwandlung der vom allgemeinen Konsens getragenen Gewohnheiten in ungeschriebene normative Signale – das ist es, was hier „Steuerung“ genannt wird und was das tägliche Funktionieren eines Gemeinwesens und die praktizierte Staatsethik[12] weit mehr bestimmt als Verfassungs- und Gesetzesrecht[13]. Der in der „Kommunitarismus-Debatte“ gesuchte sozial übergreifende Wertzusammenhang wird nicht am Reißbrett entworfen, sondern ist nur als historisch eingeprägtes kollektives Verhaltensmuster denkbar[14]. Was eine Gesellschaft zusammenhält, ist nicht durch logische Operationen zu ermitteln, sondern durch behutsame Ermittlung früherer gemeinsamer Erfahrungen, gemeinsam bewältigter Konflikte und ihrer Umprägungen in Verhaltenserwartungen[15]. In diesem Sinne sei in knappster Form an die typischen Basiserfahrungen im Bereich der „europäischen“ Rechtsgeschichte erinnert.

1. Weltliches gemeines Recht und Kirchenrecht

Europa verfügte vom 13. bis zum 18. Jahrhundert über eine prinzipiell homogene Wissenschaftskultur des Rechts[16], nicht aber über eine homogene Rechtsordnung. Für letztere war vielmehr gerade die unendliche Zersplitterung lokaler und ständischer Rechtskreise sowie Verworrenheit und Verderbtheit der Rechtstexte typisch[17]. Das in den meisten europäischen Gebieten „rezipierte“ römische Recht war „gemeines Recht“ (ius commune)[18], das erst langsam die Praxis erreichte und dessen prägende Wirkung vor allem in seiner indirekten Homogenisierung des Rechtslebens lag. Die Juristen studierten es in Bologna und Padua, in Prag, Heidelberg, Köln und Wien, in

Bourges, Paris und Orléans, später in Leiden, Uppsala, Krakau und anderswo. Die gelehrte Welt sprach Latein, nationale Grenzen und Zulassungsschranken gab es nicht. Die Studienordnungen glichen sich weitgehend. Die Bildungslandschaft war frei begehbar[19]. Ausbildungsziele, Methodik, Gegenstände und das Wanderleben der Scholaren waren einheitlich und stilbildend für einen selbstbewußten Juristenstand, der seit dem 15.Jahrhundert überall in städtischen, fürstlichen und königlichen Verwaltungen und Gerichten das Bild bestimmte[20].

Sinngemäß gilt dies auch von der parallel zum römischen (gemeinen) Recht von der römischen Weltkirche seit dem 12.Jahrhundert entwickelten umfassenden Rechtsmasse des ius canonicum. Sie kann in ihrer Wirksamkeit für die Entstehung einer spezifisch westlichen Rechtstradition kaum überschätzt werden[21]. Das Kirchenrecht hat das weltliche Recht auf dem Kontinent tief durchdrungen und es hatte mindestens eine ebenso starke Klammerfunktion für das „lateinische Europa" wie das römische Recht[22]. Da es selbst starke Wurzeln im römischen Recht hat, war es auch geeignetes Transportmittel für das römische Recht in die von ihm sonst nicht erfaßte englische Rechtsordnung[23].

An jener kirchenrechtlichen „Verklammerung" des lateinischen Europa haben auch die lutherische und die calvinistische Reformation nichts geändert. Das evangelische Kirchenrecht hat die gemeinsamen Grundlagen stets akzeptiert und das römische Kirchenrecht als subsidiär fortgeltend angesehen[24]. Unter dem hier verfolgten Aspekt bildet deshalb das Kirchenrecht aller drei Hauptkonfessionen eine Einheit. Es ist einer der wesentlichen Faktoren europäischer Identitätsbildung geworden[25]. Es bewirkte jene für das „lateinische Europa" so typische Verwissenschaftlichung und Verrechtlichung des kirchlichen, d.h. des gesamten öffentlichen Lebens. Weltliches und kirchliches Recht (das „utrumque ius") verliehen dem Individuum scharfumrissene Rechtspositionen und ließen ihm die Existenz gerichtlicher Verfahren samt der Verbindlichkeit richterlicher Entscheidungen als selbstverständlich erscheinen.

Hier liegt nach meiner Überzeugung die wichtigste Voraussetzung für die spätere Entwicklung zu einer vom Recht gesteuerten Staatsbürgergesellschaft – und hier liegen auch die Differenzen zum nichtlateinischen Europa. Der Blick auf das von der orthodoxen Kirche tief geprägte Rußland macht deutlich, was damit gemeint ist. Die russische Religiosität ist bekanntlich stark vom Eremiten- und Mönchswesen mit eschatologischer Perspektive sowie von einem weitgehend unliterarischen Popentum bestimmt worden. Anders als im Westen sind Mönchstum und Kirche viel weniger Träger der antiken Überlieferung, der Wissenschafts- und Schriftkultur gewesen und sie haben nicht jenen Weg einer wissenschaftlich angeleiteten Verrechtlichung genommen[26]. Weltliche und geistliche Gewalt trennten sich im Westen seit dem Investiturstreit – mit weitreichenden Folgen für die Entfaltung des freien Denkens –, während die geistliche Gewalt im Osten der Autokratie untergeordnet wurde[27].

2. Natur- und Völkerrecht

Römisches Recht und Kirchenrecht entfalteten sich nicht nur als parallel geltende Normkomplexe, sondern speisten gemeinsam das neuzeitliche Natur- und Völkerrecht (ius naturale, ius gentium europaeum), das einerseits die Entstehung von Nationalstaaten begleitete und andererseits eine rechtstheoretische Klammer jenseits der streitenden Konfessionen sowie eine universal angelegte Sozialphilosophie aus christlicher Wurzel bot[28]. Natur- und Völkerrecht konnten dort ordnend wirken, wo römisches Recht und Kirchenrecht nicht hinreichten, vor allem im Bereich der Verfassung des weltlichen Gemeinwesens der frühen Neuzeit. Dort konnte die politische Ordnung zum Zweck ihrer Legitimierung als „Rechtsordnung" gedeutet und auf ihre naturrechtlichen Basissätze zurückgeführt werden. Die Außenbeziehungen des Staates konnten in Normen beschrieben werden, die nicht nur in Europa, sondern auch für Christen und Heiden gleichermaßen galten (ius belli ac pacis). Die innere Ordnung konnte durch naturrechtliche Vorgaben kritisiert, vereinheitlicht und rationalisiert werden (ius publicum universale). Der aufsteigende Absolutismus bediente sich auf diese Weise des Naturrechts zur Abschaffung „mittelalterlicher" Rechtszustände und zur Installierung einer direkten Herrschaftsbeziehung zwischen Obrigkeit und Untertan.

3. „Politik"

Parallel zu dieser von der Antike über die mittelalterliche Scholastik verlaufenden Naturrechtstradition verläuft die der aristotelischen Politik über deren thomistische Aneignung bis zum Neuaristotelismus des 16. und 17. Jahrhunderts. Anhand der Kommentierungen seiner „Politik" lernte man die Unterscheidung guter und schlechter Staatsformen, hörte von den Vorzügen der „gemischten" Verfassung, definierte das gute Regiment und den Staatszweck „Gemeinwohl", erörterte die „Staatskrankheiten" und ihre Heilung. Die aristotelische „Politik" war das staatstheoretische Grundlagenbuch des 16. und 17.Jahrhunderts, vor allem auch in der literarisch führenden protestantischen Welt. Die Editionen, Kommentare und Lehrbücher gehen in die Hunderte und finden sich in nahezu allen Ländern Europas[29].

Nimmt man zu Aristoteles' Politik noch die gesamte antike Staatsliteratur, insbesondere Cicero und Tacitus[30] sowie die staatsrechtlichen Bruchstücke des römischen Rechts hinzu[31], dann hat man die Fragen, die das europäische politisch-juristische Denken bewegten: Wie entsteht der Staat und wie läßt er sich legitimieren, was ist die beste Verfassung, was ist die Souveränität und wer ist Träger der Staatsgewalt, welchen Bindungen unterliegt er, wer hat das Gesetzgebungs- und wer das Steuererhebungsrecht? Die um diese Fragen kreisende Debatte war länderübergreifend und überkonfessionell. Sie leistete, was sich für das gesamteuropäische Bewußtsein als zentral erweisen sollte, eine Verständigung über die Elementarsätze einer wissenschaftlichen Politik, über die Rechtsgrundlagen legitimer Herrschaft sowie über deren Begrenzung durch übergeordnete Normen, einschließlich des (höchst umstrittenen) Widerstandsrechts gegen den illegitimen Herrscher[32]. Ohne diese gewissermaßen zur Selbstverständlichkeit gewordene Rechtsbindung der Obrigkeit wäre die Verfassungsbewegung des 18. und 19. Jahrhunderts gar nicht denkbar gewesen. Ohne die Lehre von der „respublica mixta" und ohne die Einübung des Satzes „rex regnat, sed non gubernat" seit dem 16.Jahrhundert[33] wäre die Trennung von Regierung und Verwaltung, und damit auch die moderne Gewaltenteilungsdoktrin nicht akzeptiert worden. Ohne die jahrhundertelange Einübung genossenschaftlicher Selbstverwaltung[34] und ohne die Grundidee des Gesellschaftsvertrags[35] gäbe es keine moderne Demokratie. Ohne die auf dem Hintergrund aristotelischer Staatszwecklehre entfaltete Formel des „bonum commune" (Gemeinwohl), ohne die dadurch vermittelte Überzeugung, die Obrigkeit müsse den Witwen und Waisen, den Armen und Bedrängten beistehen, wäre der heutige europäische Sozialstaat mit seiner Dialektik von Zwang und Fürsorge nicht geschaffen worden[36]. Gerade diese im 19. Jahrhundert noch lebendige Tradition hat den Übergang zur Sozialversicherung kraft gesetzlichen Zwangs erleichtert[37]. Alle Versuche der Neustrukturierung der sozialen Sicherung haben von diesem historischen Befund auszugehen[38].

III.

Richtet man nun den Blick auf die konkreteren Grundfiguren des Staatsrechts, an denen sich erweist, welchem „Typus" ein Gemeinwesen zuzurechnen ist, dann zeigen sich der heutigen politikwissenschaftlichen Komparatistik starke europäische Gemeinsamkeiten in institutionellen und normativen Bereichen, stärkere jedenfalls als in politischen Einstellungen[39]. Die institutionellen und normativen Gemeinsamkeiten sind keineswegs neu, ja nicht einmal Kinder des konstitutionellen Zeitalters. Sie reichen vielmehr durchweg in die frühe Neuzeit zurück.

1. Das wohl älteste und zugleich zukunftsträchtigste Beispiel ist der *Bundesstaat*. Die griechischen Stammes- und Städtebünde der Antike, das Netz von Schutz- und Unterwerfungsbündnissen (foedera), mit denen die Römer die damals bekannte Welt überzogen haben[40], sowie die Städte- und Territorialbünde des Mittelalters bildeten jene Grundstruktur aus, die man dann auch in der Binnengliederung größerer Staaten wiedererkannte: begrenzte Autonomie für die Teile, zentrale Leitung für übergreifende Aufgaben. Speziell im alten Deutschen Reich mit seinen vielen teilautonomen, ja quasisouveränen Untereinheiten wurde die Idee des Bundesstaates theoretisch ausgearbeitet und an das 19.Jahrhundert weitergegeben, wo sie in charakteristische Spannungen mit einer rein durchgeführten Souveränitätsdoktrin geriet[41].

Heute, nach den deprimierenden Erfahrungen mit zentralistischen Herrschaftsformen aller Art, erscheinen der Bundesstaat und die Idee des Föderalismus als eine der intelligentesten Lösungen des Problems, wie man rivalisierende Energien einbindet, ohne sie zu lähmen[42]. Nur im Bundesstaat und in übergreifenden Föderationen scheint es zu gelingen, kulturelle, wirtschaftliche, religiöse oder ethnische Autonomiewünsche zu kanalisieren und für ein größeres Ganzes zu nutzen[43]. Daß vor allem die Deutschen dies in der Europäischen Gemeinschaft propagieren[44], während andere europäische Länder mit Regionalismen und stärker zentralistischer Vergangenheit eher vorsichtig bis ablehnend reagieren (Frankreich), zeigt noch einmal, wie sich Langzeiterfahrungen in das kollektive Bewußtsein eingraben[45].

2. Die Spannungen zwischen Fürsten- und Volkssouveränität, aber auch zwischen Teilstaaten und Gesamtstaat werden seit dem 19.Jahrhundert durch *Verfassungen* festgeschrieben. Verfassungen enthalten politische Grundentscheidungen in Rechts-

form, Verbürgungen von Individual- und Minderheitenrechten sowie von prinzipieller Distanz zwischen Staat und Gesellschaft, Kompetenzkataloge, instititutionelle und prozedurale Verbürgungen. Sie sind notifizierte Kompromisse, sie sichern die Friedlichkeit des Gemeinwesens durch Festlegung der Grundregeln in einem Text mit erhöhter Festigkeit und sie steuern (heute meist über das Medium der Verfassungsgerichtsbarkeit) die Auslegung des Rechts.

Gewiß gab es sie nicht in dieser Form vor dem 18.Jahrhundert. Sieht man aber das Kriterium einer Verfassung in der Herrschaftsbegrenzung durch normative Rückbindung, dann kann man von Verfassungen auch in vorkonstitutionellen Zeiten sprechen. Eine der Wurzeln jener normativen Rückbindung ist die Vorstellung, das Volk habe dem Herrscher die Gewalt vertragsweise und unter bestimmten Bedingungen übertragen (lex regia). Eine zweite Wurzel ist die Unterwerfung des Herrschers unter Gottes Gebot, eine dritte möglicherweise die Tradition genossenschaftlich-egalitärer Rechtserzeugung, so wie sie von Otto von Gierke gedeutet worden ist[46]. Jedenfalls erklärten die europäischen Juristen der frühen Neuzeit einmütig, der Herrscher könne als Souverän zwar Gesetze erlassen, aufheben, ändern und authentisch interpretieren, aber er dürfe bestimmte Schranken nicht übersteigen, nämlich die des göttlichen Rechts (ius divinum)[47], des Rechts der Natur (ius naturae) und der Grundgesetze (leges fundamentales)[48]. Solche Fundamental- oder Grundgesetze gab es in allen europäischen Ländern, sie regelten die Thronfolge bzw. die Königswahl, bestimmten das Verhältnis zu den Landständen sowie die Unteilbarkeit des Landes und begleiteten auf diese Weise die „Verstaatlichung des dynastischen Verbandes" (R. Vierhaus)[49]. Im Wechselspiel zwischen Europa und Amerika[50] sind aus ihnen die modernen Verfassungen erwachsen, die dann allerdings nicht nur herrschaftsbegrenzende, sondern auch herrschaftsbegründende, legitimatorische Funktionen übernommen haben[51]. Die Bezeichnung unserer Verfassung als „Grundgesetz" ist nicht nur eine Verlegenheitslösung, als es ein Provisorium zu benennen galt, sondern ein letzter Reflex jener langen vormodernen Geschichte.

3. Europäischer ideeller Gemeinbesitz ist auch die Vorstellung, daß es gegenüber dem Zugriff der Herrschergewalt gewisse umzäunte, unantastbare Bereiche geben müsse, also *Grundrechte*. Grundrechte sind zu Schutznormen geronnene üble Erfahrungen. Sie sind die rechtliche Antwort auf religiöse Intoleranz, willkürliche Verhaftungen und Verurteilungen, Mißachtung des Hausfriedens, rechtswidrige Enteignungen, übermäßige Berufsbeschränkungen, Auswanderungs- und Heiratsverbote, politische Zensur usw. Auch diese üblen Erfahrungen sind europäisch, wie nicht weiter belegt zu werden braucht. Allein die leidvolle Geschichte der Glaubens- und Bekenntnisfreiheit ist ein Lehrstück für die rechtliche Hegung weltanschaulich motivierter Aggressionen durch kunstvolle rechtliche Sicherungen, durch Ausklammern, Formelkompromisse und Verfahrensgarantien.

Die langsam entstehende bürgerliche Gesellschaft suchte und fand in diesen Schutznormen ihre Entfaltungsräume gegenüber dem Absolutismus, sie fand in ihnen ihre geistige Identität, lange bevor sie die Chance erhielt, diese Normen in modernen Verfassungen festzuschreiben[52].

Heute sind es auf breiter Front die Rechtsprechung der nationalen Verfassungsgerichte[53], der Menschenrechtsschutz auf europäischer Ebene[54] und die Rechtsprechung des Europäischen Gerichtshofes[55], die den gemeineuropäischen Grundrechtsstandard sowie „Prinzipien des europäischen Verfassungsstaats“[56] ausprägen und in bemerkenswert effektiver Weise umsetzen.

4. Als drittes Beispiel eines der tragenden gemeineuropäischen Grundelemente sei die Rückbindung der Entscheidungen an einen „allgemeinen Willen“ genannt. „Was alle angeht, soll von allen gebilligt werden“ (quod omnes tangit, ab omnibus approbetur) tönt es scheinbar radikaldemokratisch aus dem Mittelalter. Daß die Königsgewalt sich (auch) aus dem Volkswillen legitimiere, lehrt Marsilius von Padua im frühen 14. Jahrhundert[57], ebenso der calvinistische Jurist Johannes Althusius im frühen 17. Jahrhundert[58]. Auch diejenigen Theoretiker, die das Herrscherrecht nur aus dem göttlichen Willen legitimieren, müssen Adels-, Notablen- und Ständeversammlungen akzeptieren, die Mitsprache verlangen, jedenfalls soweit sie finanziell belastet werden. Erst recht ist die Idee der Mitentscheidung durch die Betroffenen in den republikanisch regierten Gemeinwesen Europas lebendig[59]; speziell im neuerdings so genannten „Stadtrepublikanismus“[60].

So wurden auf allen Ebenen Prozeduren parlamentarischer Verfahren eingeübt, das Mehrheitsprinzip wurde zur Entscheidungsregel von Repräsentativkörperschaften[61], es bildeten sich Geschäftsordnungen und Zeremonialregeln[62]. Überall entwikkelte sich in der frühen Neuzeit eine Binnengliederung dieser Ständeversammlungen, ein Zwei- oder gar Dreikammersystem, und langsam bildete sich auch ein Katalog von Gegenständen, über die sich Herrscher und Stände einigen mußten, wenn etwas entschieden werden sollte. Kurzum: alle wesentlichen Themen des modernen Parlamentarismus waren vor dem 19.Jahrhundert auch außerhalb Englands präsent, alle europäischen Völker haben – in einem weiteren Sinne – „parlamentarische“ Erfahrungen, die den Übergang in den demokratischen Parlamentarismus erleichterten[63].

5. Zu den Stichworten Föderalismus, Verfassung und Grundrechte gehört schließlich die schon mehrfach berührte gemeinsame Tradition des Rechtsschutzes durch richterliche Entscheidung. Auf dem jahrhundertelangen Weg von der archaischen Rechtsfindung durch magische Handlungen und Gottesurteile über eine allmähliche Verschriftlichung und Verwissenschaftlichung entwickelten sich in Spätmittelalter und früher Neuzeit in ganz Europa in Permanenz tagende Gerichtshöfe. Gleichzeitig entstand ein professionelles Richtertum. Das Parlement de Paris, der Große Rat von Mechelen, das englische Krongericht, das schwedische Högsta Domstolen, die spanischen Königsgerichte, das Reichskammergericht in Speyer und Wetzlar, der Reichshofrat in Wien und viele andere bildeten die Spitzen eines unendlich vielfältigen, aber von einem einfachen Grundgedanken beherrschten Rechtsschutzsystems[64]. Dieser Gedanke lautet: alle politische Gewalt ist rechtlich gebunden, sie muß „dem Rechte gemäß“ handeln und „dem Rechte gemäß“ Schutz gewähren, sie entscheidet Streitigkeiten kraft der ihr verliehenen Gewalt mit bindender Wirkung. Auf diese Weise sind Landfriedensbrüche, Fehdewesen und unerlaubte Selbsthilfe langsam zurückgedrängt worden. Der „Prozeß der Zivilisierung“, um Norbert Elias abzuwandeln, hat auch die europäische Geschichte der „Rechtsfindung“ (Normdurch-

setzung) geprägt. Das System ist immer dichter, formelhafter und sicherer geworden, weitgehend hat sich eine Dreistufigkeit der Instanzen durchgesetzt, die Verfahrensregeln sind im Kern relativ ähnlich, ebenso das Vollstreckungswesen – gleichviel, ob das Entwicklungen aus eigener Wurzel sind, wie in England, oder auf wechselseitigen „Rezeptionen" beruhen. Ohne Zweifel vermittelt dieser historisch gewachsene Standard des Rechtsschutzes einen wesentlichen Teil jener Homogenisierung, die Europa als ideelle Einheit konstituiert.

IV.

Was folgt aus alledem? Ich formuliere im folgenden lediglich thesenhaft Aussagen über historische sedimentierte Verhaltensstandards[65], kollektive Gewohnheiten und Erwartungen gegenüber Gesellschaft und Staat. Diese in Jahrhunderten eingeprägten Muster sind nur schwer veränderbar, weil sie normalerweise gar nicht als Besonderheit erkannt werden. Nur mit dem verfremdenden „historisch-ethnologischen Blick" können sie wahrgenommen werden:

1. Die heutigen europäischen Kerngebiete sind geprägt durch jahrhundertelange Erfahrung im Umgang mit adaptierter antiker Staatstheorie, mit weltlichem und kirchlichem Recht aus römischrechtlicher Wurzel. Die kommentierende Aneignung dieser Texte durch die geistigen Eliten hat bestimmte unverwischbare Einstellungen über Diesseits und Jenseits, Gut und Böse, Recht und Unrecht vermittelt. Dazu gehört im Kern, daß Gesellschaften als rechtlich verfaßt verstanden werden. Ihre politischen Gewalten handeln weder auf magischer oder charismatischer Grundlage noch auf der Grundlage purer Gewalt, sondern sie suchen ihre Legitimität stets im „guten Recht". In einem langen historischen Prozeß findet eine Umgründung dieser Legitimität von der sakralen Grundlage auf die Volkssouveränität statt, letztere „dargestellt" (repräsentiert) in Ständeversammlungen bzw. Parlamenten[66].
2. Die Rechtsordnungen dieser Gesellschaften werden als „gebunden" angesehen, sei es durch demokratische Legitimation oder durch Rückbezug auf Rechtsnormen höherer Art (positives Verfassungsrecht, rationales Naturrecht, Basisethik).
3. Sie verstehen sich im Prinzip als „Rechtsstaaten", auch die heutige Europäische Gemeinschaft/Union[67]. Die Elemente dieses „Rechtsstaats" sind partiell wandelbar, nicht aber ihr Kern[68], der in der Moderne vor allem durch das Prinzip der „Öffentlichkeit" ergänzt wurde[69]. Es gibt inzwischen so etwas wie einen ordre public européen[70].
4. Die europäische Rechtskultur hat bestimmte Grundfiguren entwickelt (Herrschaftsvertrag, Bundesstaat, lex fundamentalis = Grundgesetz, Grundrechte und Minderheitenschutz, Gewaltenteilung in horizontaler und vertikaler Hinsicht, Mehrheitsprinzip, Öffentlichkeit, gerichtsförmige Kontrolle usw.).
5. Daraus ergibt sich immerhin so viel, daß auch die künftigen Mitglieder der Europäischen Union nach Theorie und Praxis demokratische Verfassungsstaaten sein

müssen[71]. In ihren Verfassungen müssen die europäischen Grundrechtsstandards und die Minima des Rechts- und Sozialstaats enthalten sein[72]. Das bedeutet: Gleichheit vor dem Gesetz, ein Minimum an ausgleichender sozialer Gerechtigkeit, Schutz der Autonomie kleinerer gesellschaftlicher und staatlicher Einheiten (Minderheitenschutz) sowie demokratische Verfahrensweisen im breitesten Sinn. Das sind Postulate, hinter die eine künftige Verfassung der Vereinigten Staaten von Europa keinesfalls zurückgehen kann, und zwar auch dann nicht, wenn ökonomische Vorteile winken sollten.

V.

Mehrere Einwände gegen diese typisierenden Thesen liegen auf der Hand:

1. Der erste lautet, es handle sich um verfassungsrechtliche Selbstverständlichkeiten, die auch ohne Rekurs auf die Geschichte verbindlich gemacht werden könnten. Darauf ist zu sagen, daß geschichtliche Informationen ohnehin nichts normativ verbindlich machen können. Aber sie können bei der Entscheidung helfen. Die aktuellen politischen Positionen sind voll von Geschichte. Politische Kollektive leben überwiegend von jahrhundertelang angesammelten Ideenvorräten. Deren kontinuierliche Modernisierung und Umschichtung sind es, die uns bestimmen. Insofern sind – gerade auf dem alten Kontinent Europa – politische Neubauten ernsthaft nur im System der historischen Determinanten sinnvoll und aussichtsreich.
2. Der zweite mögliche Einwand, hier werde in romantisierender Attitüde der Rückweg ins „Mittelalter“ oder jedenfalls in die vorindustrielle Zeit gepredigt, ist schlichter. Die Industriegesellschaft, das Zeitalter demokratischer Gleichheit und Öffentlichkeit entlassen uns nicht. Rückwendungen und Ausstiegsphantasien helfen nicht. Im Gegenteil: Die Gegenwartsprobleme können nur richtig ins Auge gefaßt werden, wenn man ihre ganze Geschichte einbezieht. Verkürzte und nationalistisch interpretierte Geschichte vermittelt ein falsches Bild.
3. Der dritte mögliche Einwand wiegt am schwersten. Er richtet sich gegen die Betonung der Trennlinien gegenüber dem „byzantinischen“ Europa, gegenüber der russisch-orthodoxen Welt, aber auch dem Islam, etwa in der Türkei. Das scheint nach „Abendländerei“, christ-katholischer Abgrenzung und nach alten Frontlinien aus dem Kalten Krieg zu riechen. Ganz entschieden möchte ich sagen, daß dies nicht so ist.
   a) Zunächst ist zu trennen zwischen kultureller Interaktion und wirtschaftlicher Verflechtung einerseits, Integration in eine Verfassungsordnung und politische Willensbildung andererseits. Skepsis gegenüber einer Verfassungs-Integration islamisch geprägter Länder oder der russisch beherrschten Staaten in eine Verfassung der „Vereinigten Staaten von Europa“ schließt den in jedem Fall unterstützenswerten kulturellen und wirtschaftlichen Austausch nicht aus. Hier erscheinen fremd- und eigennützige Kooperationsverträge klüger als eine m.E. chancenlose Integtration in eine europäische Verfassungsordnung, wie immer sie aussehen mag.

b) Es erscheint mir z.B. ausgeschlossen, etwa den mittel- und osttürkischen Raum, der an den Irak und an Syrien angrenzt, von Brüssel aus regieren zu wollen. Das gleiche gilt für Sibirien, um es abkürzend zu sagen.

Das großrussische und das sowjetische Reich war ein russisch beherrschter Vielvölkerstaat auf der Achse Kiew, Moskau, St.Petersburg. Die Versuche vor allem des 19. Jahrhunders, die Herrschafts- und Rechtsformen nach westlichen Mustern auszugestalten, sind nicht erfolgreich zu Ende geführt worden. Herrschaftsbegrenzung und effektive Staatskontrolle, Gewaltenteilung, Selbstverwaltung und staatsbürgerliche Partizipation wurden angestrebt, aber nicht wirklich erreicht[73]. Ohne die Traditionen der rechtlichen Herrschaftsbegrenzung und Gewaltenteilung, ohne Selbstverwaltung und staatsbürgerliche Partizipation scheint der Übergang in den demokratischen Parteienstaat des Industriezeitalters kaum möglich. Die derzeit verstärkt vernehmbaren antiwestlichen „altrussischen" Affekte verheißen nichts Gutes. Auch hier ist m.E. die ökonomische und politisch-militärische Kooperation der vorerst sinnvollere Weg, während ein Versuch der verfassungspolitischen Integration dieser geographisch riesigen und politisch instabilen Räume in die Europäische Union mit ziemlicher Sicherheit zum Scheitern verurteilt wäre. Das schließt selbstverständlich nicht aus, daß die Europäische Union schon im eigenen Interesse alles tut, um am Aufbau sozialer Marktwirtschaften mit den entsprechenden Infrastrukturen helfend mitzuwirken. Das gleiche gilt für eine möglichst breite und lebendige kulturelle Verflechtung.

Ich möchte dieses Plädoyer für eine Kenntnisnahme und Einbeziehung der mittelalterlichen und frühneuzeitlichen Geschichte, für eine Wahrnehmung historisch gewachsener Strukturen, und das gleichzeitige Bekenntnis zu einem skeptischen Realismus für die Konstruktion der europäischen Verfassung nicht schließen, ohne mich bei den versammelten Spezialisten der Politischen Wissenschaft für das Gastrecht zu bedanken, das sie einem Rechtshistoriker gewährt haben.

Anmerkungen

1 Vgl. hierzu den eindrucksvollen Text von Steiner 1994
2 Siehe insbesondere den vieldiskutierten Ansatz von Huntington, 1993.
3 Erst recht geht es im folgenden nicht um eine „Renaissance Westroms" oder gar um katholische „Re-Evangelisierung" des christlichen Ostens (Kallscheuer 1993).
4 G.Tellenbach 1950.- Umfassend nunmehr Schulze 1993 (15: „Das Gemeinsame Europas liegt in seiner inneren Vielfalt und Widersprüchlichkeit, in seinen Brüchen und Dissonanzen"; 17: „Vielfalt der Ideen, Kulturen, Regionen und Staaten").
5 Zur Rolle von Konflikten als „eminent effizienter Produzent von Integration und Kohäsion" vgl. Gauchet 1980; Dubiel 1991.
6 J.Schwarze/R.Bieber (Hrsg.) 1984; Häberle 1991; Willoweit 1991.
7 Winkler (Hrsg.) 1978; Boerner (Hrsg.) 1986; Korte 1993; Weißmann 1993 (dort auch Beiträge von Mayer, T., K.-R.Korte, K.-R., Gebhardt, J.).
8 Mommsen (Hrsg.) 1992.
9 Mestmäcker 1991; Stolleis 1992.
10 Ebenso Beyme 1992.
11 Fuhrmann 1992.
12 Stolleis 1995.
13 Schindler 1990.
14 Frankenberg (Hrsg.) 1994.
15 Hirschmann 1993.
16 Koschaker 1947; Wieacker 1967; Coing (Hrsg.) 1973; Coing 1989,1991; Quaglioni 1991.
17 Hierzu jüngst Siems 1992.
18 Zum Wandel der Beurteilung der Rezeption vgl. Wolter 1992.

19 Coing 1973.
20 Martines 1968; Fried 1974; Horn 1976; Horn 1978; H.H.Hofmann/G.Franz (Hrsg.) 1980; Prest 1981; Schnur (Hrsg.) 1986; Ascheri 1989.
21 Berman 1983. Siehe dazu Mayali 1991.
22 Mochi Onory 1951; Liermann 1958; Wolter 1975; Göbel 1990; Landau 1992.
23 Plucknett 1956.
24 Helmholz (Hrsg.) 1992; insbes. im Beitrag von Wolter: 13-47.
25 Siehe dazu die Beiträge auf dem Trierer Symposion 1993, insbesondere Hünermann 1993.
26 Torke 1974; Dralle 1982; Hartmann 1983; Alef 1986.
27 Szücs 1990.
28 Knapper Überblick bei Wieacker; Ilting 1978: 245-313; Chroust 1943.
29 Petersen 1921; Schmitt 1983; Lohr 1988; hierzu auch Dreitzel 1988.
30 Stackelberg 1960; Etter 1966; Schellhase 1976.
31 Stolleis 1988.
32 Link 1976: 55 ff.; Schneider 1973: 383; Kaufmann (Hg.) 1972.
33 Der Satz wird Jan Zamoyski (1542-1605) gegenüber König Sigismund III. v.Polen (1587-1632) zugeschrieben. Später findet er sich bei Adolphe Thiers(1797-1877) „Le roi regne, il ne gouverne pas" gegenüber Karl X. in: Le National v.19.2.1830.
34 Stolleis 1990.
35 Gough 1967; Näf 1949; d'Addio 1954; Vierhaus (Hrsg.) 1977.
36 Maier 1980; Link (1979: 138) nennt „die Idee einer umfassenden Daseinsvorsorge als öffentliche Aufgabe den eigentlichen Beitrag des Luthertums zur modernen Staatsidee".
37 Stolleis 1979.
38 Vgl. dazu die Verhandlungen des 55. Deutschen Juristentags 1984 zum Thema „Möglichkeiten der Fortentwicklung des Rechts der Sozialen Sicherheit zwischen Anpassungszwang und Bestandsschutz" (M.Heinze, Stolleis).
39 Jennings/van Delth u.a. 1990; Gabriel (Hrsg.) 1992.
40 Nörr 1989, insbes. zur „deditio" und zur „fides".
41 Zum 19.Jahrhundert siehe Welcker 1834; Waitz 1862; Brie 1874; Frantz 1879; zusammenfassend Rehm 1899; Triepel 1907.
42 Kramer (Hrsg.) 1993.
43 Siehe oben Anm.17 sowie Czybulka 1990; Mayntz 1990; Häberle 1991; Häberle 1992.
44 Bohr (Hrsg.) 1992a, dort insbes. der Beitrag von Bohley 1992.
45 Zum Stand der staatsrechtlichen Diskussion siehe Steinberger/Klein/Thürer 1991: 9-195. Die EG selbst wird heute wohl überwiegend als ein zwischen Bundesstaat und Staatenbund pragmatisch entwickelter Kompromiß angesehen.
46 Gierke 1868; vgl. dazu Oexle 1988.
47 Link 1973.
48 Mohnhaupt 1972; Stolleis 1990; Link (Anm. 32): 33 ff.zum Naturrecht, zur Bindung an den Staatszweck: 132 ff. und zur Bindung an das ius divinum: 203 ff.
49 Kunisch 1979; Mohnhaupt 1982.
50 Welzel 1952; Augat 1985; Unruh 1990.
51 Grimm 1988.
52 Oestreich 1978; Schnur (Hrsg.) 1964; Birtsch (Hrsg.) 1981; Birtsch (Hrsg.) 1987; Hofmann 1989; Kühne.
53 Pina (Hrsg.) 1991.
54 Weidmann 1985; Frowein 1986.
55 Schwarze (Hrsg.) 1983; Pernice 1990; Bleckmann 1990; Zuleeg 1992.
56 Haverkate 1992.
57 Zusammenfassend Miethke 1989.
58 Winters 1987; Duso 1990.
59 Marongiu 1962; d'Agostino (Hrsg.) 1980; Koenigsberger (Hrsg.) 1987.
60 Schilling 1987; Schilling 1984; Schilling 1991.
61 Gierke 1915; Elsener 1956; Scheuner 1973; Heun 1983.
62 Vgl. dazu Vec 1995.
63 Bosl (Hrsg.) 1977, dort insbesondere der Beitrag von Vierhaus 1977.
64 van Rompaey 1973; de Scheper (Hrsg.) 1985; Stolleis 1988.
65 Siehe etwa Elias 1990.
66 Hartmann 1979; Hofmann 1990; Hofmann 1986.
67 Delors 1993.
68 Stolleis, in: Erler/Kaufmann (Hrsg.)
69 Habermas 1976.
70 Mosler 1968.
71 Siehe oben Steinberger/Klein/Thürer (Anm.45).
72 Lenz 1988.
73 Meduscevskij 1990. Siehe Baberowski 1993; Liessem 1993.

Literatur

d'Addio, M., 1954: L'Idea del contratto sociale dei sofisti alla riforma e il „De principatu“ di Mario Salamonio.

d'Agostino, G. (Hrsg.), 1980: Istituzioni parlamentari dell'Ancien Régime, Napoli.

Alef, G., 1986: The Origins of Muscovite Autocracy. The Age of Iwan III, Wiesbaden.

Ascheri, M., 1989: Tribunali, giuristi e istituzioni dal medioevo all'età moderna.

Augat, A., 1985: Die Aufnahme der Lehre Samuel von Pufendorfs (163-1694) in: Das Recht der Vereinigten Staaten von Amerika, Diss., Kiel.

Baberowski, J., 1993: Autokratie und Justiz. Zum Verhältnis von Rechtsstaatlichkeit und Rückständigkeit im ausgehenden Zarenreich, 1864-1914, phil. Diss., Frankfurt.

Berman, H.J., 1983: Law and Revolution. The Formation of the Western Legal Tradition, Cambridge Mass. (dt. Ausgabe 1991).

Beyme, Klaus von, 1992: in: Münkler, H.: Die Chancen der Freiheit. Grundprobleme der Demokratie. Für Iring Fetscher zum 70. Geb., München-Zürich.

Birtsch, G. (Hrsg.), 1981: Grund- und Freiheitsrechte im Wandel von Gesellschaft und Geschichte.

Birtsch, G. (Hrsg.), 1987: Grund- und Freiheitsrechte von der ständischen zur spätbürgerlichen Gesellschaft.

Bleckmann, A, 1990: Europarecht, 5. Aufl.: RZ. 295-302.

Boerner, P. (Hrsg.), 1986: Concepts of National Identity – an interdisciplinary Dialogue, Baden-Baden.

Bohley, P., 1992: Chancen und Gefährdung des Föderalismus, in: Bohr 1992.

Bohr, K. (Hrsg.), 1992: Föderalismus – Demokratische Struktur für Deutschland und Europa, München.

Bosl, K. (Hrsg.), 1977: Der moderne Parlamentarismus und seine Grundlagen in der ständischen Repräsentation.

Brie, S., 1874: Der Bundesstaat. Eine historisch-dogmatische Untersuchung.

Coing, H., 1973: Die Juristische Fakultät und ihr Lehrprogramm, in: Coing 1973ff: 39ff.

Coing, H. (Hrsg.), 1973 ff: Handbuch der Quellen und Literatur der europäischen Privatrechtsgeschichte, 9 Bde 1973 ff.

Coing, H., 1989,1990: Europäisches Privatrecht, 2 Bde.

Czybulka, D., 1990: Zur Entwicklung des Föderalismus in der DDR und in Deutschland, ZRP: 269-274.

Delors, J., 1993: Entwicklungsperspektiven der Europäischen Gemeinschaft, in: Aus Politik und Zeitgeschichte, B 1/93: 6.

Dralle, L., 1982: Die Wurzeln der Moskauer Autokratie, in: Ludat, H./Schwinges, R.Ch. (Hrsg.): Politik, Gesellschaft, Geschichtsschreibung. Gießener Festgabe für F. Graus: 362-379.

Dreitzel, H., 1988: in: Aristoteles und Renaissance. In memoriam Charles B. Schmitt, Wolfenbütteler Forschungen Bd. 40: 163-192.

Dubiel, H., 1991: Konsens oder Konflikt.

Duso, G., 1990: Althusius. Pensatore per una società post-moderna ?, in: Filosofia politica IV: 163-175.

Elias, N., 1990: Studien über die Deutschen, 3. Aufl.: 33 ff: „Veränderungen europäischer Verhaltensmuster im 20. Jahrhundert“.

Elsener, F., 1956: Zur Geschichte des Majoritätsprinzipes (Pars major und Pars sanior), insbesondere nach schweizerischen Quellen, in: ZRG 73, Kan. Abt. 42: 73 ff, 560 ff.

Etter, E.L., 1966: Tacitus in der Geistesgeschichte des 16. und 17. Jahrhunderts.

Frankenberg, G. (Hrsg.), 1994: Auf der Suche nach der gerechten Gesellschaft: 7ff.

Frantz, C., 1879: Der Föderalismus als das leitende Prinzip für die sociale, staatliche und internationale Organisation.

Fried, J., 1974: Die Entstehung des Juristenstandes im 12. Jahrhundert.

Frowein, J.A., 1986: Der europäische Menschrechtsschutz als Beginn einer europäischen Verfassungsrechtssprechung, JUS: 845 ff.

Fuhrmann, M., 1992: Herodot kommt bis Brüssel. Eurogenese, in: FAZ v. 20.3.1991: S.N.3.

Gabriel, O.W. (Hrsg.), 1992: Die EG-Staaten im Vergleich. Strukturen, Prozesse, Poltikinhalte.

Gauchet, M., 1980: Tocqueville, l'Amerique et nous, in: Libre Nr. 7/1980: (deutsch in: Rödel, U. (Hrsg.), 1990: Autonome Gesellschaft und Libertäre Demokratie, Frankfurt.

Gierke, O.v., 1868: Das deutsche Genossenschaftsrecht, Bd. I.

Gierke, O.v., 1915: Über die Geschichte des Majoritätsprinzipes, in: Schmollers Jb. 39 (1915): 565 ff.

Grimm, D., 1988: Deutsche Verfassungsgeschichte 1776-1866: 10ff.

Göbel, G., 1990: Der Beitrag des kanonischen Rechts zur europäischen Rechtskultur, in: Archiv für Katholisches Kirchenrecht 159: 19-35.

Gough, J.W., 1967: The Social Contract, 2. Ausfl., Oxford.

Habermas, J., 1976: Strukturwandel der Öffentlichkeit, 8.Aufl, Neuwied.

Häberle, P., 1991: Aktuelle Probleme des Deutschen Föderalismus, in: Die Verwaltung 24: 169 ff.

Häberle, P., 1991a: Gemeineuropäisches Verfassungsrecht, EuGrRZ 18: 261-274.

Häberle, P., 1992: Föderalismus, Regionalismus, Kleinstaaten – in Europa, in: Die Verwaltung 25: 1-19.

Hartmann, V., 1979: Repräsentation in der politischen Theorie und Staatslehre in Deutschland.

Hartmann, J., 1983: Politik und Gesellschaft in Osteuropa.

Haverkate, G., 1992: Verfassungslehre.

Helmholz, R.H. (Hrsg.), 1992: Canon Law in Protestant Lands

Heun, W., 1983: Das Mehrheitsprinzip in der Demokratie.

Hirschmann, A.O., 1993: Wieviel Gemeinsinn braucht die liberale Gesellschaft, in: 100. Bergedorfer Gesprächskreis: 18-29.

Hofman, H.H./Franz, G. (Hrsg.), 1980: Deutsche Führungsschichten in der Neuzeit.

Hofmann, H., 1986: Parlamentarische Repräsentation in der parteienstaatlichen Demokratie, in: Hofmann, H.: Recht, Politik, Verfassung.

Hofmann, H., 1990: Repräsentation. Studien zur Wort- und Begriffsgeschichte von der Antike bis ins 20. Jahrhundert, 2. Auflage.

Horn, N., 1976: Bologneser doctores und judices im 12. Jahrhundert und die Rezeption der studierten Berufsjuristen, in Zeitschrift für Historische Forschung: 221ff.

Horn, N., 1978: Soziale Stellung und Funktion der Berufsjuristen in der Frühzeit der Europäischen Rechtswissenschaft, in: Dilcher, G./Horn, N. (Hrsg.): Sozialwissenschaften im Studium des Rechts: 125ff.

Hünermann, P., 1993: Die Wurzeln europäischer Identität. Der Zusammenhang von Philosophie, Religion und Ideologie in der Geistesgeschichte Europas.

Huntington, Samuel P., 1993: The Clash of Civilizations ? in Foreign Affairs, 1993: 22ff, 29ff.

Ilting, K.-H., 1978 Naturrecht, in: Geschichtliche Grundbegriffe 4: 245-313.

Jennings, K.M./Delth, J.W. van/u.a., 1990: Continuities in Political Action, a longitudinal study of political Orientations in three western democracies.

Kallscheuer, O.: 1993: Überleben lernen in einer pluralistischen Welt. Der gemeinsame Markt der Religionen in Europa, in: Süddeutsche Zeitung v. 9.3.1993.

Karageorgos, Basileios, 1992: in: Deutsches Archiv für Erforschung des Mittelalters, 48, Heft 1.

Kaufmann, A. (Hrsg.), 1972: Widerstandsrecht.

Kramer, J. (Hrsg.), 1993: Föderalismus zwischen Integration und Sezession. Chancen und Risiken bundesstaatlicher Ordnung, Baden-Baden.

Koenigsberger, H.G. (Hrsg.), 1987: Republiken und Republikanismus im Europa der frühen Neuzeit.

Korte, K.-R., 1993: Nation und Nationalstaat. Bausteine einer europäischen Identität, Melle.

Koschaker, P., 1947: Europa und das Römische Recht.

Kühne, J.D., 1990: Die französischen Menschen- und Bürgerrechtserklärungen im Rechtsvergleich mit den Vereinigten Staaten und Deutschland, in: Jahrbuch d. öff. Rechtes der Gegenwart, NF 39: 1-53.

Kunisch, J., 1979: Staatsverfassung und Mächtepolitik.

Landau, P., 1992: Ius commune und ius Proprium aus der Sicht des klassischen kanonischen Rechts, in: Hamza, G. (Hrsg.): Studien zum römischen Recht in Europa I., Budapest: 338-360.

Liessem, P., 1993: Verwaltungsgerichtsbarkeit im Zarenreich, 1864-1917, phil. Diss., Freiburg.

Lenz, C.O., 1988: Gemeinsame Grundlagen und Grundwerte des Rechts der europäischen Gemeinschaften, ZRP : 449 ff.

Liermann, H., 1958: Das kanonische Recht als Grundlage europäischen Rechtsdenkens, in: ZevKR 6: 37ff

Link, Ch., 1973: „Jus divinum" im deutschen Staatsdenken der Neuzeit, in: Festschrift Scheuner, u.: 377ff.
Link, Ch., 1976: Jus resistendi. Zum Widerstand im deutschen Staatsdenken, in: Festschrift Dordett,A. : 55 ff.
Link, Ch., 1979: Herschaftsordnung und Bürgerliche Freiheit. Grenzen der Staatsgewalt in der älteren deutschen Staatslehre.
Lohr, Ch.H., 1988: Latin Aristotele Commentaries II: Renaissance Authors, Firenze.
Maier, H., 1980: Die ältere deutsche Staats- und Verwaltungslehre, 2.Aufl.
Marongiu, A., 1962: Il Parlamento in Italia nel Medioevo e nell'età moderna. Contributo alla storia delle istituzioni parlamentari dell'Europa occidentale.
Martines, L., 1968: Lawyers and Statecraft in Renaissance Florence, Princeton.
Mayali, L., 1991: Rechtshistorisches Journal 10: 78-83.
Mayntz, R., 1990: Föderalismus und die Gesellschaft der Gegenwart, in AöR 115: 232 ff.
Meduscevskij, A.N., 1990: Die theoretischen Grundlagen des Konstitutionalismus: Die staatliche Schule in der russischen Historiographie, in : Wiss. Zeitschrift d. Friedrich-Schiller-Universität Jena, Gesellschaftswisse. Reihe 39: 109-129.
Mestmäcker, E.-J., 1991: Die Wiederkehr der bürgerlichen Gesellschaft und ihres Rechts, in: Rechtshistor. Journal 10.
Miethke, J. , 1989: Marsilius von Padua. Die politische Philosophie eines lateinischen Aristotelikers des 14. Jahrhunderts.
Mohnhaupt, H., 1972: Potestas legislatoria und Gesetzesbegriff im ancien Régime, in: Ius Commune 4: 188-239.
Mohnhaupt, H., 1982: Die Lehre von der „Lex Fundamentalis" und die Hausgesetzgebung der europäischen Dynastien, in: Kunisch, J. (Hrsg.): Der dynastische Fürstenstaat.
Mommsen, M. (Hrsg.), 1992: Nationalismus in Osteuropa, Gefahrvolle Wege in die Demokratie.
Mosler, H., 1968: Begriff und Gegenstand des Europarechts, in: Zeitschrift für ausl. öffentliches Recht und Völkerrecht 28: 481 ff.
Näf, W., 1949: Herrschaftsvertragslehre und Lehre vom Herrschaftsvertrag.
Nörr, D., 1989: Aspekte des römischen Völkerrechtes. Die Bronzetafel von Alcántara.
Oestreich, G., 1978: Geschichte der Menschenrechte und Grundfreiheiten im Umriß, 2. Aufl.
Oexle, O.G., 1988: Otto von Gierkes „Rechtsgeschichte der deutschen Genossenschaft". Ein Versuch wissenschaftsgeschchtlicher Rekapitulation, in: Hammerstein, N. (Hrsg.): Deutsche Geschichtswissenschaft um 1900: 193-217.
Onory, Mochi S., 1951: Fonti canonistiche dell'idea moderna dello stato.
Pernice, I., 1990: Gemeinschaftsverfassung und Grundrechtsschutz, in: NJW: 2409 ff.
Petersen, P., 1921: Geschichte der aristotelischen Philosophie im protestantischen Deutschland, Leipzig.
Pina, Lopez (Hrsg.), 1991: La Garantia constituional de los Derectos Fundamentales.
Plucknett, Th.F.T., 1956: A Concise History of the Common Law, 5. Aufl.: 301ff
Quaglioni, D., 1991: „Civilis sapientia". Dottrine giuridiche e dottrine politiche fra medioevo ed età moderna. Saggi per la storia del pensiero giuridico moderno.
Rehm, H., 1899: Allgemeine Staatslehre, Freiburg: § 25.
Rompaey, J. van, 1973: De Groote Raad van de hertogen van Boergondie en het Parlament van Mechelen, Brüssel.
Schellhase, K.C., 1976: Tacitus in Renaissance Political Thought, Chicago.
Scheper, H. de, 1985: Höchste Gerichtsbarkeit im Spätmittelalter und der frühen Neuzeit, Amsterdam.
Scheuner, U., 1973: Das Mehrheitsprinzip in der Demokratie.
Schilling, H., 1984: Der libertär-radikale Republikanismus der holländischen Regenten, Ein Beitrag zur Geschichte des politischen Radikalismus der frühen Neuzeit, in GuG 10: 498-533.
Schilling, H., 1987: Gab es im späten Mittelalter und zu Beginn der Neuzeit in Deutschland einen städtischen „Republikanismus" ? in: Koenigsberger 1987.
Schilling, H., 1991: Stadt und frühmoderner Territorialstaat: Stadtrepublikanismus versus Fürstensouveränität, in: Stolleis 1991: 19-39.

Schindler, D., 1990: Über die Notwendigkeit gemeinsamer Grundüberzeugungen in der Demokratie und die Versuche, sie rechtlich zu verankern, in: Kritik und Vertrauen. Peter Schneider zu ehren: 487-500.
Schmitt, Ch.B., 1983: Aristotele and the Renaissance, Cambridge, Mass. /London.
Schneider, H.P., 1973: Das „ius resistendi" als rechtstheologisches Problem der Geschichte und Gegenwart, ZRG Kan. Abt. 59: 383.
Schnur, R., (Hrsg.), 1964: Zur Geschichte der Erklärung der Menschenrechte.
Schnur, R., (Hrsg.), 1986: Die Rolle der Juristen bei der Enstehung des modernen Staates.
Schulze, Hagen: 1993: Was ist eigentlich Europa? Duisburg.
Schwarze, J. (Hrsg.), 1983: Der EuGH als Verfassungsgericht.
Schwarze, J./Bieber, R. (Hrsg.), 1984: Eine Verfassung für Europa.
Siems, H., 1992: Handel und Wucher im Spiegel frühmittelalterlicher Rechtsquellen: 6, 850f.
Stackelberg, J.von, 1960: Tacitus in der Romania.
Steinberger, H./Klein, E./Thürer, D., 1991: Der Verfassungsstaat als Glied einer europäischen Gemeinschaft, Veröff. d. Vereinigung der Dt. Staatsrechtslehrer 50: 9.195.
Steiner, Georg, 1994: Sind unsere Kräfte erschöpft ? Europa ist müde, der Stier gefährlich geworden: Am Ende eines Jahrtausends sucht der Kontinent einen neuen Mythos, in: Frankfurter Allgemeine Zeitung: Beilage „Bilder und Zeiten", v. 27.8.94.
Stolleis, M., 1979: Die Sozialversicherung Bismarcks, in: Zacher, H.F. (Hrsg.): Bedingungen für die Entstehung und Entwicklung von Sozialversicherung: 387ff.
Stolleis, M., 1988: Geschichte des öffentlichen Rechts in Deutschland, Bd. 1: 58-79.
Stolleis, M., 1990: Selbstverwaltung, in: Erler,A./Kaufmann,E. (Hrsg.): Handwörterbuch zur Deutschen Rechtsgeschichte IV.
Stolleis, M., 1990a: Condere leges et interpretari. Gesetzgebungsmacht und Staatsbildung in der frühen Neuzeit, in: Stolleis, M.: Staat und Staatsräson in der frühen Neuzeit: 167-196.
Stolleis, M. (Hrsg.), 1991: Recht, Verfassung, und Verwaltung in der frühneuzeitlichen Stadt.
Stolleis, M., 1992: Auferstanden aus der Wende: Die bürgerliche Gesellschaft und ihr Recht ? in: Rechtshistor. Journal 11: 500-507.
Stolleis, M., 1995: Staatsethik, in: Evangelisches Kirchenlexikon (1995).
Stolleis, M., Rechtsstaat, in: Erler, A./Kaufmann,E. (Hrsg.), Handwörterbuch zur Deutschen Rechtsgeschichte, Bd IV.: Sp. 367-375.
Szücs, Jano, 1990: Die drei historischen Regionen Europas.
Tellenbach, G., 1950: Zum Zusammenleben der abendländischen Völker im Mittelalter, in: Festschrift für Ritter, G., 1950: 1ff.
Torke, H.-J., 1974: Die staatsbedingte Gesellschaft im Moskauer Reich. Zar und Zemlja in der altrussischen Herrschaftsverfassung, Leiden: 1613-1689.
Triepel, H., 1907: Unitarismus und Föderalismus im Deutschen Reiche, Tübingen.
Trierer Symposium „Christentum und europäische Identität", 1993: vom 18.-21.1.1993.
Unruh, G.Chr.v., 1990: Die amerikanische Verfassung und europäisches Verfassungsdenken- Ausstrahlung und Vergleich: Polen, Norwegen, Deutschland, in: Amerikastudien 34: 135-148.
Vec, M., 1995: Zeremonialrecht, in: Erler-Kaufmann (Hrsg.): Handwörterbuch zur Deutschen Rechtsgeschichte.
Vierhaus, R., 1977a: Von der altständischen zur Repräsentativverfassung, in: Bosl 1977: 177-194.
Vierhaus, R. (Hrsg.), 1977b: Herrschaftsverträge, Wahlkapitulationen, Fundamentalgesetze.
Waitz, G., 1862: Das Wesen des Bundesstaates, in: Waitz, G.: Grundzüge der Politik, Kiel: 153-218.
Weißmann, K., 1993: Wiederkehr eines Totgesagten: Der Nationalstaat am Ende des 20. Jahrhunderts, in: Aus Politik und Zeitgeschichte, B 14/93: 3-10.
Welcker, C.Th., 1834: Über Bundesverfassung und Bundesreform, über Bildung und Gränzen der Bundesgewalt, Leipzig und Stuttgart.
Welzel, H., 1952: John Wise und Samuel Pufendorf, in: Rechtsprobleme in Staat und Kirche, Festschrift R. Smend: 387ff.
Wieacker, F., 1967: Privatrechtsgeschichte der Neuzeit, 2. Aufl..

Willoweit, D., 1991: Aufgaben und Probleme einer europäischen Verfassungsgeschichtsschreibung, in: Schulze, R. (Hrsg.), 1991: Europäische Rechts- und Verfassungsgeschichte.

Winkler, H.A. (Hrsg.), 1978: Nationalismus, Königstein/ Taunus.

Winters, P.J., 1995: Johannes Althusius, in: Stolleis, M.(Hrsg.): Staatsdenker in der frühen Neuzeit, 3. Aufl.: 29ff.

Wolter, U., 1975: Ius Canonicum in Iure Civili. Studien zur Rechtsquellenlehre in der neueren Privatrechtsgeschichte.

Wolter, U., 1992: La reception du droit romain dans les pays germaniques a la fin du moyen age et ses repercusions sur la pensée juridique européenne, in: Revue d'histoire des facultés de droit et de la science juridique, Bd.I: 39ff.

Zuleeg, M., 1992: Der Schutz der Menschenrechte im Gemeinschaftsrecht, in: Die Öffentliche Verwaltung, 45.

Emanuel Richter

Superstaat Europa oder Ende der Integration?

Die Europäische Union aus der Perspektive der neuen Kleinteiligkeit

Fragen nach dem Staats- und Verfassungscharakter europäischer Integration erweisen sich seit vielen Jahren als heikles analytisches Unternehmen. Die ambivalente Entwicklung zwischen fortschreitender Integrationsdichte und unauslöschlicher Beharrungskraft des Nationalstaatsprinzips, die sich neuerdings durch das zunehmende machtpolitische Selbstbewußtsein lokaler und regionaler Entscheidungsbenen zu einer verwirrenden Vielfalt auswächst, macht integrationstheoretische Bewertungen schwer. So herrscht anhaltende Ratlosigkeit hinsichtlich der angemessenen Klassifikation von Richtungsverlauf, Herrschaftscharakter und Zielorientierung der europäischen Integration. Sie wird vermehrt durch die demokratietheoretische Unsicherheit über die Bewertung der legitimatorischen Grundlagen und die Ansatzpunkte für eine „Demokratisierung“ des europäischen Einigungswerks.

Freilich hat seit Abschluß des Vertrages von Maastricht 1993 wieder eine lebhafte Verfassungs- und Finalitätsdebatte eingesetzt und eine offenherzige Auseinandersetzung über die Legitimationsstrukturen der Europäischen Union begonnen. Unter den veränderten Vertragsvorgaben drängen sich aus demokratietheoretischem Blickwinkel alte Fragestellungen in neuem Zuschnitt auf: Wie steht es um die demokratische Legitimation der Europäischen Union, welche Herrschaftsintensität prägt sich aus, auf welchen Verfassungscharakter zielt die Integration, was bedeuten die neuen Schlagworte der „Bürgernähe“, „Subsidiarität“ oder der vertraglich festgeschriebenen „Unionsbürgerschaft“? Wie läßt sich schließlich mit alledem der bei den europäischen Bürgern zu beobachtende Schwund von Identifikation mit dem europäischen Einigungswerk und die teilnahmslose Akzeptanz der ständig wachsenden Herrschaftsgewalt vereinbaren? Können wir überhaupt noch von „Integration“ auf europäischer Ebene sprechen, wo „Integration“ doch eigentlich Subjektcharakter besitzt und die Bereitschaft zu einer voluntaristischen Gemeinschaftsbildung voraussetzt – die wir den Europabürgern schwerlich zuschreiben können? Ist mit Maastricht der „europäische Superstaat“ aus der Taufe gehoben, markiert er nur ein verfassungspolitisches Ablenkungsmanöver vom schleichenden Ende europäischer Integration oder können wir gar ein Nebeneinander beider widerstreitenden Tendenzen beobachten?

Das komplexe Vertragswerk von Maastricht und die unübersichtliche Gemengelage der verschiedenen Herrschaftsebenen der Politikverflechtung in Europa machen die Antworten keineswegs leicht. Eine zusätzliche analytische Erschwernis markieren neue Formen einer politischen „Kleinteiligkeit“, die den politischen Wahrnehmungshorizont auf das Lokale, die Heimat oder die Region richtet, sowie zweck- und problemorientierte Formen grenzüberschreitender europäischer Zusammenarbeit. Natürlich bleiben auch die ethnischen, wirtschaftspolitischen oder religiösen Ausgrenzungsprozesse in den postkommunistischen Regimes, die auf unterster Ebene ein segregatorisches Nationalstaatsprinzip wiederbeleben, in die Bewertung einzubeziehen.

Europa präsentiert sich in verwirrender Vielfalt, wenn es um integrationstheoretische Klassifikationen geht. Der folgende Versuch, aus diesem Geflecht Leitfäden für eine Analyse und demokratietheoretische Bewertung zu entwirren, orientiert sich an zwei Polen integrationspolitischer Verlaufsformen: an dem Staats- und Verfassungscharakter der Europäischen Union nach Maastricht und an neuen Tendenzen kleinteiliger Integration in grenzüberschreitenden Zweckverbänden.

Auf der Basis dieses analytischen Blickwinkels ergeben sich vier Fragenkomplexe: Zunächst bedarf die vorherrschende Legitimationsgrundlage der Europäischen Union einer knappen Erläuterung. Dann sollte der Blick auf den Versuch der Demokratisierung durch das im Maastrichter Vertrag verankerte Subsidiaritätsprinzip gerichtet werden. Diesen „klassischen" integrationspolitischen Untersuchungsfeldern sollte die Darstellung einer neuen, „problemorientierten" Zusammenarbeit als Beispiel kleinteiliger Integration gegenübergestellt werden. Schließlich bleibt in einer abschließenden demokratietheoretischen Bewertung die Integration im Rahmen der Europäischen Union gegenüber den kleinteiligen Integrationsformen abzuwägen. In diesem Vierschritt soll einer neuer Zugang zu jener alten Frage nach dem Staats- und Verfassungscharakter europäischer Integration sowie nach ihren demokratischen Legitimationsgrundlagen geschaffen werden.

1. Die Legitimationsgrundlagen europäischer Integration

In diesem Beitrag können die Legitimationsgrundlagen europäischer Integration natürlich nur resümierend dargestellt werden. Für den Argumentationszusammenhang erscheint es freilich wichtig, einige legitimatorische Grundpfeiler zu kennzeichnen, die sich in mehr oder weniger scharfer Ausprägung durch den gesamten Integrationsprozeß seit Ende des Zweiten Weltkriegs ziehen.[1]

Ein beachtliches Maß an Legitimationspotential schöpft die supranationale Staatengemeinschaft zunächst aus ihrem friedenspolitischen, später mehr und mehr ökonomischen Leistungsvermögen. Je mehr sie durch kooperativen Fortschritt die tiefen Kriegswunden der politischen Entzweiungen und der wirtschaftlichen Instabilität heilt, je mehr sie sich als friedliches und effizientes Hilfsmittel für den verstärkten und erweiterten Handelsaustausch erweist, desto größerer Akzeptanz darf sie sich bei den Bürgern der beteiligten Staaten sicher sein. Die europäische Integration entfaltet sich auf den Bahnen einer Art „international welfare community" (Svennilson 1963, 10). Die *demokratische* Einverständniserklärung wird in doppelter Hinsicht *mittelbar* geleistet: Das supranationale Gebilde benötigt einerseits ein demokratisches Repräsentationsorgan, das als parlamentarische Institution die Mechanismen der demokratischen Willensbildung auf höherem Niveau fortführt – freilich über 25 Jahre hinweg ohne unmittelbare Wahl, bloß auf der Grundlage einer Delegation von Abgeordneten nationaler Parlamente. Andererseits berufen sich die Organe der Europäischen Gemeinschaft auf die nationalstaatlich geleistete demokratische Legitimation ihrer Mitglieder: Die „Hohe Behörde“ (die spätere „Kommission“), der Ministerrat oder der Europäische Rat setzen sich aus Repräsentanten zusammen, die selbst zumeist mittelbar in ihren jeweiligen Nationalstaaten aus demokratischen Wahlakten hervorgegangen sind.

Während die demokratische Legitimationsgrundlage also von Anfang an nur mittelbar die europäische Integration trägt, gewinnt eine *materielle* Legitimationsgrundlage mehr und mehr an Bedeutung. Diese besteht aus dem allgemeinen Konsens über die effizientere Durchsetzung von ökonomischen Zieldefinitionen der Industriegesellschaften auf europäischer Ebene. Mit der Gründung der Europäischen Wirtschaftsgemeinschaft (EWG) 1957 gelangt diese Legitimationsgrundlage voll zur Geltung. Die supranationale Organisation übernimmt eine flexibel zu handhabende Herrschaftsgewalt in einem ganzen Bündel von grundsätzlichen Aufgabenbereichen der ökonomischen Modernisierung. Das Legitimationspotential der *Effizienz* des Systems kann sich zunehmend entfalten, und der Funktionalismus dieser Effizienz schwingt sich zum tragenden Prinzip der Integrationspolitik auf. Er gewinnt freilich in Hinblick auf die Dynamik der Herrschaft eine merkwürdige legitimatorische Gestalt. Das funktionalistische Element zehrt ja in hohem Maße von der konsensfähigen Definition der Zielvorgaben und überträgt vertrauensvoll der europäischen Institution eine weitreichende Flexibilität und Wahlfreiheit hinsichtlich der passenden Mittel.

Auf der Basis dieser Zieldefinitionen erhält das funktionalistische Element weitreichende Entfaltungsmöglichkeiten, die zu einer Herrschaftsdynamik im Sinne einer erweiterten Regelungsdichte führen. Die Europäische Gemeinschaft erhält die Aufgabe, möglichst effizient den definierten Zielvorgaben zu genügen. Das geschieht einerseits auf der Basis einer Ausschöpfung der in den Gründungsverträgen festgeschriebenen Mittel. Zugleich bergen jedoch die Gründungsverträge eine eigentümliche, genuin funktionalistische Dynamik: Die Europäische Gemeinschaft erhält zur Erfüllung der ursprünglichen Zielvorgaben eine je nach Entscheidungsbedarf zugeschriebene Herrschaftskompetenz – die ihrerseits wieder zu neuen Zielvorgaben führen kann. Diese machtpolitische Expansion läßt sich unter demokratischen Gesichtspunkten kaum mehr überschauen. Artikel 235 des EWG-Vertrags faßt diese eigentümliche Dynamik erweiterter Regelungskompetenz zu einer juristischen Formel zusammen: „Erscheint ein Tätigwerden der Gemeinschaft erforderlich, um im Rahmen des gemeinsamen Marktes eines ihrer Ziele zu verwirklichen, und sind in diesem Vertrag die hierfür erforderlichen Befugnisse nicht vorgesehen, so erläßt der Rat einstimmig auf Vorschlag der Kommission und nach Anhörung der Versammlung die geeigneten Vorschriften.“[2] Diese Formel ist immer wieder als Legitimationshilfe für die Erweiterung der EG-Regelungskompetenz verwendet worden und hat eine zentralistische Auslegung des Entscheidungsgefüges begünstigt. Dem entsprach die Rechtsprechung des Europäischen Gerichtshofs, der kontinuierlich zu einer „extensiven Auslegung der EG-Kompetenzen“ neigte (Heintzen 1991, 319).

Obwohl in Art. 235 ursprünglich lediglich erweiterte *Durchführungsvorschriften* umrissen worden sind, deutet diese Formel gewissermaßen unbeabsichtigt auch auf neue Politikbereiche, die sich von der legitimatorischen Basis der Gründungsverträge abheben. Eine genauere Betrachtung dieser neuen „Tätigkeitsbereiche" der Europäischen Gemeinschaft zeigt nämlich, daß die supranationale Integration nicht lediglich eine Umschichtung des ökonomisch bedingten Herrschaftsquantums in Westeuropa vollzieht, sondern durch ihre *Koordinationsfunktion* neue Formen der Regelungskompetenz an sich zieht, die im nationalstaatlichen Rahmen nicht erforderlich schien. Der Anspruch der Zusammenarbeit und Vereinheitlichung mündet unversehens in eine *vermehrte* Herrschaftsgewalt, die nationalstaatliche Entscheidungsprozesse nicht nur in supranationale umwandelt, sondern sie auch im Interesse der Effizienz des europäischen Systems anreichert.

Diese Dynamik schafft allein durch die Koordination auf der „höheren" europäischen Ebene ein expansives Maß an Herrschaftsakten und Normen, die auf den Einzelnen durchgreifen. Herrschaftsquanten werden nicht bloß gebündelt, sondern vermehrt. Aus der supranationalen Umschichtung von Herrschaftskompetenz gehen *neue Zielbestimmungen* hervor, die schließlich den Rahmen der Gründungsverträge sprengen und damit eine legitimatorische Neuschöpfung darstellen, die nicht mehr vom demokratischen Gründungskonsens umschlossen wird. Der normative systembildende – und in der Hoffnung vieler überzeugter Europäer sogar „staatsbildende" – Charakter dieses Funktionalismus darf nicht unterschätzt werden. Keineswegs handelt es sich selbstredend um „low politics".[3]

Die Integrationsfunktion auf europäischer Ebene setzt mit der Übernahme von Herrschaftsgewalt in *einem* Politikbereich den Zugriff auf eine *ganze Reihe* von anderen Politikbereichen in Gang und führt zu neuen, genuin aus der Kooperationsaufgabe resultierenden Entscheidungskompetenzen. Diese Eigendynamik mutet demokratietheoretisch wie das unvollkommene Werk eines Zauberlehrlings an, der magische Kräfte entfesselt, ohne ihrer Entwicklung Herr werden zu können. Die europäische Integration leidet an einem „Machtbegrenzungsdefizit" (Evers 1994, 126). In Gestalt der erweiterten Regelungsdichte von Herrschaftsakten vollzieht sich eine quantitative *Expansion der Herrschaft* (Richter 1994). Diese dynamische Herrschaftsgewalt der Europäischen Gemeinschaft gründet sich bloß auf Formen einer *materiellen* Legitimation: Je besser das supranationale System den in den Gründungsverträgen eröffneten und ergänzbaren Aufgabenkatalog erfüllt, desto „begründeter" erscheint ihre Herrschaftsgewalt und deren flexible Erweiterung. Soweit diese Rationalität dem Standard der *Effizienz* entspricht, erscheint sie grundsätzlich akzeptabel. Dementsprechend hat die Europäische Gemeinschaft mancherlei Krisen vor allem in den siebziger und frühen achtziger Jahren erfahren, aber lediglich *Effizienzkrisen*, keine ernsthaften Krisen ihrer demokratischen Legitimität. So kam es mehrfach zu bedrohlichen Grundsatzzweifeln an ihrer Leistungsfähigkeit als supranationales Kooperationsinstrument, aber kaum zu demokratisch motivierten Rechtfertigungszwängen für den Funktionalismus ihrer Herrschaftsgewalt. Der Europäischen Gemeinschaft drohte nie ein Umbruch auf der Basis von demokratischen Partizipationspostulaten, sondern allenfalls ein Austritt von Mitgliedstaaten auf der Basis von ökonomischen Nutzenkalkülen. Es herrscht ein legitimatorisch gewissermaßen großzügiger „permissive consensus" vor (Inglehart 1971). Die supranationale Integration ist in ihrer funktionalistischen Eigengesetzlichkeit als Streitobjekt politisch engagierter Bürger über unterschiedliche Wege der Politikgestaltung überhaupt nicht disponibel.

Der Vertrag von Maastricht hat diese Legitimationsstruktur nur vordergründig geändert – obwohl er in der europäischen Öffentlichkeit immer als entscheidender Schritt zur „Bürgernähe“ lanciert worden war. Das mit dem Vertrag von Maastricht verknüpfte Motto der „Bürgernähe“ bleibt eher bloße Beschwörungsformel, die inhaltlich mit dem Subsidiaritätsprinzip verbunden wird und dadurch eine salbungsvolle Titulierung erhält. Sehr bezeichnend ist nämlich der hilflos wirkende Versuch, mittels des Maastrichter Vertrages eine „Unionsbürgerschaft“ zu etablieren, die gewissermaßen die verfassungsrechtliche, aber auch gesellschaftliche Relevanz der Europäischen Union hervorheben soll. Nicht ohne eine gewisse Süffisanz sollen die entsprechenden Formulierungen zitiert werden. Artikel 8 des Maastrichter Vertrages lautet schlicht: „Es wird eine Unionsbürgerschaft eingeführt“ [!](Europäische Gemeinschaft 1992, 26). Das erinnert begrifflich an europäische Richtlinien, die sich auf Regelungen von Importgütern beziehen. Die Formulierung ist verräterisch und zeigt, daß bislang alle Symbole einer im Bewußtsein der Bürger verankerten Integration und Kohärenz aufgepropft werden müssen, statt „von unten“ zu wachsen, wie es mit dem Subsidiaritätsprinzip nahegelegt wird. Das europäische Volk soll durch einen konstitutionellen Akt wie Phönix aus der Asche erschaffen werden, statt schrittweise durch politische Prozesse der Identitätsbildung. Juristisch läßt sich daher prägnant und nüchtern entgegenhalten: Es gibt kein „europäisches Volk“ (Simson 1991, 8). Allenfalls gibt es eine Auflösung von Identitätsmustern, jenseits von „national“ und „cosmopolitan identity“, in Richtung einer „multiple identity“, die sich als transnationales, aber zugleich auch als regionales Identitätsmuster zu artikulieren vermag (vgl. Meehan 1993; Münch 1993). Natürlich repräsentiert der Maastrichter Vertrag einen Demokratisierungsschub gegenüber dem status quo ante der Europäischen Gemeinschaft und anderen Formen zwischenstaatlicher Kooperation durch ein Mehr an Rechtsstaatlichkeit und parlamentarischer Kontrolle (Wessels 1993, 69f). Aber der von der Effizienz zehrenden Herrschaftsdynamik ist dadurch nicht Einhalt zu gebieten, weil sie im gleichen Maße voranschreitet wie die institutionellen Mechanismen der Demokratisierung.

Insofern bleibt als aktuelle Lagebeschreibung der Europäischen Union der nüchterne Verweis auf eine ambivalente Herrschaftsstruktur, die ein effizientes System, aber keinen verfassungspolitisch konturierten Staat und erst recht keine politische Gemeinschaft im Sinne eines „europäischen Volkes“ hervorbringt. Die neueren integrationstheoretischen Systematisierungsversuche tun sich daher mit Klassifikationen äußerst schwer. Unübersehbar ist, daß die Europäische Union in ihrer Gestalt seit Maastricht kaum Anhaltspunkte für eine „etatistische Finalität“ beinhaltet, sondern „intergouvernemental und regional-funktionalistisch aufgelockert wird“ (Zellentin 1992, 73). Der Schwebezustand zwischen Internationalität und Supranationalität ist dominant, die Europäische Union präsentiert sich unter klassischen verfassungspolitischen Bewertungsversuchen als „Zwischenregime“ (Leggewie 1994, 26). Die Europäische Union scheint „ein im Dienste der Staaten stehendes System des korporativen Interdependenzmanagements“ zu sein (Schneider 1992, 10). Wessels versucht, die

Ambivalenz zwischen europäischer Herrschaftsgewalt und nationalstaatlicher Beharrungskraft in der umständlichen Titulierung der Europäischen Union als „fusionierten Föderalstaat" einzufangen.[4] Im einzelnen heißt das: „Regierungen und Verwaltungen interdependenter westeuropäischer Wohlfahrts- und Dienstleistungsstaaten verflechten und verschmelzen ihre staatlichen Handlungsinstrumente horizontal und vertikal mit denen der EG." (Wessels 1993, 67). Diese „Fusionsthese" unterläßt aus Ratlosigkeit bewußt den Versuch einer Bewertung der Dynamik, die in dem europäischen Integrationsprozeß angelegt ist. Auch wenn es also überaus frappierende europäische Gemeinsamkeiten in der Geschichte der Rechts- und Verfassungsentwicklung gibt (vgl Stolleis in diesem Band) – eine kontinuierliche Verfassungsentwicklung in Richtung der föderalistischen Staatswerdung scheint, entgegen den Annahmen früher Integrationstheorien, für die europäische Integration nicht vorgezeichnet zu sein. Europa ist nicht auf dem Weg, einen klar kategorisierbaren Konstitutionalismus auszuprägen. Natürlich gründet sich auch die Europäische Union auf einer europäischen „Rechtskultur", die sich im Einverständnis über einen allgemeinen Grundrechtsschutz, über spezifische demokratische Legitimationsverfahren politischer Entscheidungsgewalt und Verpflichtungserklärungen gegenüber dem sozialpolitischen „bonum commune" ausweist. Aber diese Rechtskultur entspringt einer allgemeinen europäischen Rechtstradition (siehe dazu Stolleis in diesem Band) und ist kein Produkt von Integrationsprozessen auf europäischer Ebene. Die Europäische Union ist keine „Rechtsgemeinschaft" auf der Basis einer „unio civilis". Zudem tritt sie als Bezugssytem einer europäischen „Rechtskultur" in Konkurrenz zu anderen Formen von Trans- und Internationalität: zu privaten transnationalen Akteuren wie politischen und philanthropen Verbänden, zu internationalen Organisationen wie dem Europarat oder der KSZE. Auch vor dem Hintergrund dieser Befunde besteht wenig Anlaß, der Europäischen Union Staatlichkeit zuzuschreiben.

Darüber hinaus fehlen der Europäischen Union, trotz ihres ausgeprägten Herrschaftscharakters, nach wie vor die Merkmale eines politischen Gemeinwesens. Auf dieses Manko hat die geschilderte Dominanz des Effizienzprinzips ja bereits hingedeutet. Die Unionsbürger empfinden über die vertraglich zugeschriebenen Attribute hinaus keine „politische Identität" in der Europäischen Union. Statt einer „political community" ist die Europäische Union aus der Perspektive der demokratischen Identität mit dem jeweiligen Gemeinwesen eine „invisible community" (Neunreither 1976, 252).

Freilich läßt sich einwenden, daß in den modernen Industriegesellschaften die Identitätsaspekte politischer Gemeinwesen in ihrer Bedeutung allgemein schwinden. Die Europäische Union wäre unter diesen Ausgangsbedingungen eine Art Vorreiter für den allgemeinen Bedeutungsverlust des parlamentarischen Verfassungsstaats. Es besteht jedenfalls geringer Anlaß zu der ursprünglich neofunktionalistischen Mutmaßung, die supranationalen Verfassungsmerkmale der Europäischen Union könnten von sich aus den Charakter einer politischen Gemeinschaft ausprägen. Wenn Verfassungen politische Gemeinschaften herstellen könnten, statt als kodifizierte Identität allererst aus ihnen hervorzugehen, wäre von einer Art „konstitutioneller Selbstgründung", einem „constitutional bootstrapping" auszugehen (Elster, zit. nach Preuß

1994, 282). Historischen Analogien entspräche lediglich die Errichtung einer politischen Gemeinschaft auf der Basis einer geschichtlich vorgängigen, *vor*politischen Gemeinschaft, etwa ethnischer Identität. Diese Voraussetzung ist im Falle der Europäischen Union nicht gegeben. Für Preuß leitet sich daraus die Klärungsbedürftigkeit der bislang unbeantworteten – und vielleicht vorerst unbeantwortbaren – integrationspolitischen Frage für Europa ab, „...ob und unter welchen Bedingungen seine Bewohner die Bürger einer europäischen *unio civilis* sein wollen..." (ebd., 287). Dafür, daß die Bürger Europas auf eine solche „unio civilis" im Rahmen der Europäischen Union hinsteuern, spricht jedenfalls wenig.

2. *Der Versuch der Demokratisierung durch Subsidiarität*

Mit dem Vertragswerk von Maastricht hat die Diskussion um das gemeinschafts- und identitätsbildende Potential europäischer Integration einen neuen Höhepunkt erreicht. Der Vertrag verfolgt unter Berufung auf Bürgernähe und Subsidiarität das Ziel, die Kluft zwischen dem von der europäischen Herrschaftsgewalt betroffenem Bürger und der europapolitischen Entscheidungsfindung zu verringern. Dadurch soll die Identifikation des Einzelnen mit dem Gesamtsystem erhöht werden – die Europäische Union soll doch noch der Gemeinschaftlichkeit einer „unio civilis" nähergebracht werden.

Einer Prüfung, inwieweit der Vertrag von Maastricht dieser Zielvorstellung genügt, soll ein kurzer Blick auf das bisherige Verhältnis zwischen kleinteiligen politischen Ebenen und europäischer Herrschaftsgewalt vorausgeschickt werden. Das ursprüngliche Vertragswerk der Europäischen Gemeinschaft und die Europapolitik bis hinein in die achtziger Jahre haben den unteren Entscheidungsebene, etwa den Kommunen, Gebietskörperschaften und Regionen, dem Grad ihrer integrationspolitischen Betroffenheit und den entsprechenden Forderungen nach größerer Mitentscheidungsbefugnis kaum Beachtung geschenkt. Im „traditionellen" Integrationsverständnis haben jene Elemente, die im Eigeninteresse der „Demokratisierung" auf den Stufenbau von Entscheidungsabläufen zielen, einen geringen Stellenwert. Dominierend war die Institutionalisierung des Machtgewinns der supranationalen Ebene, nicht die subsidiäre Machtdifferenzierung unter Berücksichtigung der unterschiedlichen Mitwirkungs- und Betroffenheitsgrade.

Im bisherigen Verlauf der europäischen Integration ist also kein geeignetes Mittel vorgesehen, um der Tendenz des stetigen Kompetenzzuwachses auf europäischer Ebene und einer zentralistischen Auslegung des Machtmonopols Einhalt zu gebieten. Je mehr Politikbereiche die Brüsseler Bürokratie vereinnahmte und je mehr Regelungskompetenz sie in allen möglichen Lebensbereichen erhielt, desto größer wurde das Machtgefälle zwischen den Europabürgern, den kleinteiligen politischen Verbänden und der europäischen Ebene. Daraus ergab sich ein schleichender Verlust an Möglichkeiten der Machtkontrolle und Einflußnahme auf den subnationalen Ebenen wie den Gebietskörperschaften und Gemeinden. Jener Machtverlust ist ja allererst zum Anlaß skeptischer Aufmerksamkeit und nachdrücklicher Partizipationsforderungen geworden. Dem entsprach, daß die Europäische Gemeinschaft nicht den Charakter eines politischen Gemeinwesens erlangt hat, mit dem sich das europäische „Volk" als politischer Souverän identifizieren konnte und das die Individuen mit dem hohen Machtanspruch des europäischen Gesamtverbandes zumindest teilweise versöhnt hätte. „Bürgernähe" war eine Beschwörungsformel im Sinne der Betroffenheit, keine integrationspolitische Realitätsbeschrebung im Sinne des Verursacherprinzips.[5] Erst im letzten Jahrzehnt, das geprägt ist von weitreichenden integrationspolitischen Reformen und einem demonstrativen Selbstbewußtsein kleinteiliger politischer Entscheidungsebenen gleichermaßen, ist Bewegung in das starre hierarchische Entscheidungsgeflecht gekommen. Zumindest deklamatorisch kreisen Begriffe wie „Bürgernähe" und – durch den Vertrag von Maastricht kodifiziert und rechtlich aufgewertet – „Subsidiarität" in den integrationspolitischen Debatten und Entwicklungen.

Das „Subsidiaritätprinzip" kommt eigentlich aus der katholischen Theorieschule des christlichen Personalismus und besagt, daß Gesellschaft und Staat in einen Stufenbau gegliedert sind, bei dem die jeweils kleinere Einheit die nächst höhere legitimiert. Was die kleinere und untergeordnete Einheit leisten kann, darf nicht von der nächst höheren Ebene beansprucht werden. Die höhere Ebene darf nur dann eingreifen, wenn die kleinere nicht leistungsfähig erscheint. Das Subsidiaritätsprinzip repräsentiert im Vertrag von Maastricht einen Schlüsselbegriff, der stellvertretend für einen ganze Reihe von integrationspolitischen Neuerungen und Reformen steht: für die Kohärenz der angezielten Europäischen Union, für eine neue Machtverteilung zwischen den europäischen Institutionen, für einen weitreichenden Demokratisierungsschub, schließlich für größere Bürgernähe. In der Erklärung des Europäischen Rats in Birmingham vom 16. Oktober 1992 wird das Subsidiaritätsprinzip explizit mit der größeren Bürgernähe verknüpft: „Ein Tätigwerden auf Gemeinschaftsebene sollte nur dann erfolgen, wenn dies angemessen und notwendig ist; der Maastrichter Vertrag stellt hierfür den richtigen Rahmen dar und enthält die entsprechenden Zielvorgaben. Wenn die Gemeinschaft sich mit Unterstützung ihrer Bürger weiterentwickeln soll, so ist es von wesentlicher Bedeutung, daß dieser Grundsatz – das Subsidiaritätsprinzip oder der Grundsatz der Bürgernähe mit Leben erfüllt wird" (Europäischer Rat 1992, 2).

Der Vertrag von Maastricht beruft sich wörtlich auf das Subsidiaritätsprinzip. In Artikel 3 b heißt es: „In den Bereichen, die nicht in ihre ausschließliche Zuständigkeit fallen, wird die Gemeinschaft nach dem Subsidiaritätsprinzip nur tätig, sofern und soweit die Ziele der in Betracht gezogenen Maßnahmen auf Ebene der Mitgliedstaaten nicht ausreichend erreicht werden können und daher wegen ihres Umfangs oder ihrer Wirkungen besser auf Gemeinschaftsebene erreicht werden können." (Europäische Gemeinschaft 1992, 23). Diese Formulierungen entsprechen freilich nicht jener politischen Stoßrichtung, wie sie in der Katholischen Soziallehre angezielt worden ist. Die Europäische Union ist ja dadurch definiert, daß sie Zuständigkeiten in denjenigen Bereichen erhält, die von den Mitgliedstaaten nicht sinnvoll und effektiv alleine bewältigt werden können. Die im ersten Satz unterstellte „Offenheit" des Entstehens von ausschließlichen Zuständigkeiten besteht also gar nicht, sondern ist gewissermaßen unionslastig zugunsten der gemeinschaftlichen Regelungskompetenz vorgegeben.

Das Subsidiaritätsprinzip im Vertrag von Maastricht dient daher auch als Legitimationshilfe supranationaler Entscheidungsgewalt, die allenfalls nach dem Muster bundesstaatlicher Kompetenzabgrenzung Machtbefugnisse dann nach unten abgibt, wenn aus der Perspektive der Zentralgewalt kein Entscheidungsbedarf besteht. Das Subsidiaritätsprinzip wird zum normativ ausgehöhlten „Effizienzprinzip" zurechtgestutzt, das zunächst die heikle Frage nach den Kriterien der Effizienz und den Interpretationsspielräumen offen läßt (vgl. Pieper 1993, 709).

Das Subsidiaritätsprinzip im Vertrag wird daher auch treffend als „Formelkompromiß" tituliert, der dazu dienen soll, Vorbehalte gegenüber einer föderalistischen Ausgestaltung des Einigungswerks zu einer bundesstaatlichen „Europäischen Union" abzumildern. Oder es läßt sich in ein demonstratives Argument für „Zentralisierungsschübe" der europäischen Ebene ummünzen (Rentzsch 1993, 109).[6] Freilich muß hervorgehoben werden, daß in der integrationspolitischen Interpretation des Subsidiaritätsprinzips große Willkür herrscht. Die britische konservative Regierung hat beispielsweise das Subsidiaritätsprinzip unter der Maßgabe befürwortet, es restituiere nationalstaatliche Entscheidungskompetenz und schiebe der Entwicklung zu einem europäischen Bundesstaat einen entschiedenen Riegel vor. Zwischen den einzelnen Mitgliedstaaten und der europäischen Kommission lassen sich also eine Reihe von Interpretationen des Subsidiaritätsprinzips ausfindig machen, die sich zum Teil klar widersprechen. Erneut bricht die offene Frage der Systemcharakterisierung zwischen Internationalität und Supranationalität auf. „Maastricht hat, so scheint es, die grundlegende Ambivalenz des Systems stabilisiert." (Schneider 1992, 26).

Größere inhaltliche Nähe zum klassischen Subsidiaritätsprinzip entwickelt der Vertrag von Maastricht eigentlich dort, wo er das Subsidiaritätsprinzip gar nicht wörtlich erwähnt. Das zeigt sich in den Formulierungen von Artikel 198 a bis c, in dem es um den „Ausschuß der Regionen" geht. Dieser Ausschuß hat zwar in seinen äußerst rudimentären Rechten keine unmittelbaren machtpolitischen Konsequenzen, denn es heißt in Artikel 198 c lapidar: „Der Ausschuß der Regionen wird vom Rat oder von der Kommission in dem von diesem Vertrag vorgesehenen Fällen und in allen anderen Fällen gehört [!], in denen eines dieser beiden Organe diese für zweckmäßig erachtet." (Europäische Gemeinschaft 1992, 148). Der Rat der Regionen ist eine Art „Minimalkonsens zwischen nationalstaatlicher Besitzstandswahrung, europäischer Regionenkonzeption und subnationalen Forderungen nach Einrichtung einer eigenen Kammer" (Fechtner, Hannes 1993, 136). Aber als verfassungsrechtliche Anerkennung eines gesellschaftlich und politisch bedeutungsvollen Unterbaues jenseits der platten Dichotomie „Nationalstaat – Europäische Union" erscheint dieser Ausschuß doch recht bedeutsam. Er leistet einer machtpolitischen Differenzierung des europäischen Unterbaus Vorschub, die es in der bisherigen Integrationspolitik so nicht gegeben hat. Diese Neuorientierung markiert die vertragliche Festschreibung jener integrationspolitischen Wachsamkeit der Kommunen, Regionen und Länder, die bereits beschrieben worden war. Es verwundert daher nicht, daß die Kommunen in diesem Ausschuß ein entscheidendes Instrument zur Erweiterung ihres integrationspolitischen Einflusses sehen und erbittert um eine angemessene Repräsentation in diesem Gremium kämpfen.

Bislang war auf der kommunalen Ebene das Bewußtsein über das Ausmaß dieser integrationspolitischen Betroffenheit eher gering ausgeprägt. Dementsprechend werden erst in jüngerer Zeit angestammte oder verbriefte Rechte reklamiert und in Anspruch genommen, die zum Schutze kommunaler Entscheidungsfreiheit geschaffen worden sind. Aufgrund der föderalen Staatskonstruktion haben die Gemeinden in der Bundesrepublik Deutschland ein besonders exponiertes Instrument integrationspolitischer Kontrollmöglichkeiten in Gestalt von Artikel 28 des Grundgesetzes. Dort heißt es in Absatz 2: „Den Gemeinden muß das Recht gewährleistet sein, alle Angelegenheiten der örtlichen Gemeinschaft im Rahmen der Gesetze in eigener Verantwortung zu regeln." Diese verfassungsrechtliche Garantie besitzt als europapolitisches Kontrollinstrument eine starke, bislang unausgeschöpfte Stoßkraft. So verwundert es nicht, daß kommunale Interessenvertreter die Forderung erheben, ein entsprechender Grundsatz kommunaler Selbstverwaltung müsse in einer „künftigen europäischen Verfassung" verankert werden (vgl. Burger 1993, 770).

Solche weitgreifenden Postulate entspringen einem Erkenntnisschub, der vor allem seit den achtziger Jahren auf der Ebene subnationaler Politikebenen fehlende europapolitische Entscheidungsbefugnisse ausfindig macht. Die ersten Schritte entsprechender Aufmerksamkeit haben sich in einer verstärkten europapolitischen Informations- und Kommunikationsbereitschaft auf der politischen Ebene unterhalb der Nationalstaaten niedergeschlagen. Zahlreiche informelle Direktkontakte zu Europapolitikern und europäischen Institutionen wurden geschaffen; „Verbindungsbüros" einzelner Gebietskörperschaften und Regionen sind in Brüssel wie Pilze aus dem Boden geschossen; geographisch benachbarte Städte und Regionen haben Gemeinschaftsbüros in Brüssel gegründet („Hanse-Office" für Hamburg und Schleswig-Holstein; „Grand Est" für Bourgogne, Champagne-Ardenne, Lorraine, Alsace). Viele Großstädte haben in ihrer kommunalen Verwaltung einen „Europa-Beauftragten" ernannt, der die europäische Entscheidungsebene beobachtet, Auswirkungen auf den kommunalen Bereich kontrolliert und Möglichkeiten der Einflußnahme sondiert (vgl. Lwowski 1993, 778). Aufgrund ihrer föderalistischen Verfassung ist die Bundesrepublik Deutschland erneut Vorreiter entsprechender Initiativen. Besonders auf der Ebene der europapolitisch zunehmend starken und selbstbewußten Bundesländer sind eine Reihe von integrationspolitischen Beobachtungs- und Kontrollinstrumenten installiert worden: Ministerien für Europaangelegenheiten, die europapolitischen Treffen der Ministerpräsidenten oder Beamten der Ministerialbürokratien, „Europools" als Dienststellen für Europaangelegenheiten, oder die Entsendung von Länderbeamten in die Kommission der Europäischen Union (vgl. Gerster 1993). In rund 300 Ausschüssen bei der Kommission in Brüssel sind Fachbürokraten der deutschen Bundesländer tätig. Schon hat sich für die zahlreicher werdenden Ministerialbeamten, die als europapolitische Mittler und skeptische Beobachter zwischen Regionen, Ländern und Brüssel pendeln, die bissige Titulierung als „Föderasten" eingeschlichen (Hauser 1993, 6).

Mit der Entstehung des Vertrages von Maastricht verbindet sich ein weiterer Schub der Beteiligung subnationaler Ebenen an der integrationspolitischen Entscheidungsfindung. Die deutschen Länder haben ihre Zustimmung zu dem Vertragswerk an eine Änderung des Grundgesetzes gebunden, die ein Anhörungsrecht der Länderkammer in allen Fällen vorsieht, in denen Beschlüsse der Europäischen Union Länderinteressen berühren. Zudem wird eine „Europakammer" des Bundesrates geschaffen, die als Kontrollinstanz fungiert. Die „Ländervertretungen" in Brüssel werden erweitert und verstärkt (Fechtner, Hannes 1993, 139).

Die subnationalen Ebenen sind demnach europapolitisch erstaunlich wachsam geworden und haben Instrumente entwickelt, um sich dauerhafte Formen der Einflußnahme auf die integrationspolitischen Entscheidungsprozesse zu verschaffen. Ist der Vertrag von Maastricht nun die hoffnungsfrohe Zementierung dieser Einflußnahme, die Europa zugleich die fehlende Bürgernähe verschafft? Ist das vielbeschworene „Subsidiaritätsprinzip" der integrationstheoretisch aufbereitete Schlachtruf einer verstärkten Beteiligung von Kommunen, Regionen und Ländern an der europapolitischen Entscheidungsfindung?

Die im Zusammenhang mit dem Subsidiaritätsprinzip beschworene „Bürgernähe" der Europäischen Union ist insgesamt mit größter Vorsicht zu bewerten. Zur legitimatorischen und politischen Verankerung der Union im Bewußtsein der Bürger fehlen die beschriebenen Aspekte der „politischen Gemeinschaftlichkeit". Die Bürger empfinden sich als Organisationsbürger der Europäischen Union im Sinne der Betroffenheit, nicht als Legitimationsstifter im Sinne des Verursacherprinzips. Die europäischen Bürger sind mehr denn je „Marktbürger". Es deutet sich an, daß die Union schon jetzt als politisches System zu groß und zu komplex ist, um solch eine Gemeinschaftsbildung überhaupt erreichen zu können. Jede Erweiterungsrunde verschärft diese Problematik, zumal sich durch die Türkei oder osteuropäische Staaten andere Kulturkreise als Beitrittsaspiranten ankündigen. Das Subsidiaritätsprinzip weist eigentlich auf das Problem der Heterogenität und Komplexität erst hin, das mit seiner Berufung verfassungspolitisch schon bewältigt werden soll. Das Subsidiaritätsprinzip dient daher vornehmlich als Beschwichtigungsformel oder bestenfalls als Absichtserklärung, von der man nicht zu sagen weiß, wie sie in dem bestehenden Integrationsgefüge entfaltet und umgesetzt werden soll.

Die integrationspolitische Bedeutung der subnationalen Ebenen und der Anwendungsproblematik des Subsidiaritätsprinzips ist damit freilich noch keineswegs abgehandelt. Es lassen sich durchaus Ansatzpunkte für eine Aktivierung des Subsidiaritätsprinzips und der Bürgernähe finden. Diese stehen jedoch quer zum politischen System der Europäischen Union. Es bleibt daher auf einige aufschlußreiche Entwicklungen zu verweisen, die sehr wohl Schlußfolgerungen über bürgernahe Formen grenzüberschreitender Kooperation zulassen.

3. Die „problemorientierte" Zusammenarbeit als neue kleinteilige Integration

In den europäischen Industriestaaten ist ein verstärktes Bedürfnis nach Identität in kleinen, überschaubaren Räumen zu beobachten. Unter dem Banner von neuer Heimatlichkeit, regionalistischen Bewegungen, lokaler oder kleinteiliger Interessenpolitik finden sich alle diejenigen zusammen, die sich verdrossen von dem komplexen politischen Herrschaftsgeflecht auf nationaler, europäischer und internationaler Ebene abwenden, ohne in einen apolitischen Individualismus abgleiten zu wollen (vgl. Richter 1994). Trotz aller Gefahren eines die Makropolitik vernachlässigenden „Provinzialismus“, die dieser Trend mit sich bringt, scheint diese kleinteilige „Erwachen“ politischer Subjekte noch die größte Nähe zu jenem Subsidiaritätsprinzip aufzuweisen, das im Maastrichter Vertrag beschworen wird. An dieser Stelle kann den Ursachen, Facetten und Problemen dieser kleinteiligen Politisierung nicht nachgegangen werden. In Anknüpfung an die Auseinandersetzung mit dem Subsidiaritätsprinzip sollen jedoch entsprechend kleinteilige *Integrations*bewegungen zur Sprache kommen, die offenkundig quer zur Integrationsstruktur im Rahmen der Europäischen Union stehen.

Es lassen sich auf der Ebene kleinteiliger politischer Verbände verstärkt Tendenzen einer Integrationsbereitschaft beobachten, die offen oder verdeckt auf größere Bürgernähe zielen. Seit den achtziger Jahren installieren und pflegen mehr und mehr kommunale und regionale Körperschaften eine „problemorientierte“ grenzüberschreitende Kooperation, die Aufschluß über „neue“ Formen europäischer Integration gibt und zu Aussagen über einen europapolitischen Bedeutungswandel kleinteiliger politischer Entscheidungsebenen ermächtigt. Diese problemorientierte Kooperation besteht aus der Zusammenarbeit zumeist räumlich benachbarter Verbände in ausgewählten Politikfeldern, die aus der Perspektive der beteiligten Körperschaften gemeinsamen Regelungsbedarf aufwerfen. Die Zusammenarbeit dient einem meist erklärten Ziel, das im Interesse aller Beteiligten liegt und gemeinsam besser erreicht werden kann. Auf diese Art bilden sich „Zweckverbände“ aus unter Beteiligung von zwei oder mehreren Akteuren. Zwar können solche Zweckverbände keineswegs automatisch als Hort jener „political community“ gelten, der die Europäischen Union so offenkundig entbehrt. Aber vom Ansatz der subsidiären Gestaltungsbereitschaft überschaubarer Politikfelder verdienen sie größte Aufmerksamkeit.

In dieser Rubrik der problemorientierten Zusammenarbeit sind zuallererst die Städtepartnerschaften zu nennen. Natürlich haben sich die Ziele der Städtepartnerschaften im Laufe der Jahrzehnte deutlich gewandelt. Aber immer hat es in der europäischen Integrationsgeschichte diese Zielvorstellungen, die eine Verbindung zwischen geographisch entfernten Gemeinden und Städten sinnvoll erscheinen ließen, gegeben. In der Gründungsphase der Städtepartnerschaften nach dem Zweiten Weltkrieg stand das Ziel der Aussöhnung zwischen ehemals verfeindeten Völkern im Vordergrund, was eine breite Welle deutsch-französischer Städtepartnerschaften nach sich zog. Später kamen transnationale Freundschaftskontakte, Bildungsprogramme und touristische Veranstaltungen als Zielorientierungen hinzu, die Vereine und spezifische soziale Gruppen zu wichtigen Akteuren der Städtepartnerschaften erhoben. Eine weitere „problemorientierte“ Zielvorstellung der Städtepartnerschaften wurde der themenspezifische Erfahrungsaustausch unter einzelnen Berufsgruppen, Kommunalpolitikern, sozialen, politischen und ökonomischen Verbänden. In dem jüngsten Schwall westlicher Partnerschaften mit ostdeutschen und osteuropäischen Gemeinden und Städten spielt schließlich das Ziel der Aufbauhilfe, der kommunalpolitischen und wirtschaftlichen Beratung und wiederum der Aussöhnung unter ehemals verfeindeten ideologischen Lagern eine herausgehobene Rolle. Immer ist es also ein erkennbares Ziel, das den Anstoß zur Kooperation liefert (vgl. Jünemann, Richter, Ullrich 1994). Die problemorientierte Zusammenarbeit ist der Impuls, der Integrationsprozesse in Gang setzt.

Städtepartnerschaften zwischen zwei Gemeinden oder Städten repräsentieren die überschaubarste Variante dieser über ein Ziel definierten Zusammenarbeit. Mittlerweile haben sich auch schon komplexere Formen entsprechender Verbindungen ausgeprägt wie „Städtepools" zwischen mehr als zwei Kommunen oder „Verschwisterungen" einer Gemeinde oder Stadt mit den übrigen Partnerstädten ihrer Partnerkommune. Eine andere Form der Integration repräsentiert die grenzüberschreitende Zusammenarbeit. „Zweckverbände" zwischen geographisch benachbarten Gemeinden und Regionen, die wie Pilze aus dem Boden schießen, sind dieser Kategorie zuzuschlagen. Sie dienen einer Reihe von wirtschaftspolitischen Zielen, die sich aus gleichen strukturellen Voraussetzungen und Interessenlagen ergeben und eine beträchtliche Integrationskraft entwickeln können.

Auch in größerem geographischen Umfang gibt es in Europa eine Reihe solcher Kooperationsformen, die problemorientiert angelegt sind. Anschauliche Beispiele dafür repräsentieren die zahlreicher werdenden „EUREGIOS". So gibt es entsprechende Gemeinschaften zwischen den Kommunen im Raum Rhein, Ems und Ijssel; den „Eurodistrikt" zwischen Metz und Saarbrücken; die Gemeinschaft „Saar-Lor-Lux" zwischen Saarland, Lothringen und Luxemburg vor allem im Bereich der Stahlpolitik; „Europas vier Tiger" als Zusammenarbeit der reichen Regionen Baden-Württemberg, Katalonien, Lombardei und Rhônes Alpes (vgl. Bullmann/Eißel 1993, 12).

Auch außerhalb des Rahmens der europäischen Zwölfergemeinschaft haben sich entsprechende Kooperationsformen entfaltet. So gibt es die „AG Alpen-Adria"; eine enge Kooperation zwischen Elsaß, Baden-Württemberg und der Nordwestschweiz; die Euroregion „Neiße" als grenzüberschreitende Zusammenarbeit zwischen Gebieten in Tschechien, Polen und der Bundesrepublik Deutschland (vgl. Zörner 1993). Gerade an der deutsch-polnischen und deutsch-tschechischen Grenze sind eine Reihe von weiteren Euroregionen im Enstehen.

Diesen konkreten Formen der Zusammenarbeit in ausgewählten Politikfeldern entsprechen institutionalisierte Gremien, die dem Informationsaustausch und der Interessenvertretung kleinteiliger politischer Verbände dienen. So gibt es eine Reihe von interregionalen Konferenzen wie die Konferenz „Europa der Regionen"; den Rat der Gemeinden und Regionen Europas; den jetzt neu titulierten „Kongreß der Gemeinden und Regionen Europas"; die Versammlung der Regionen Europas (VRE) seit Mitte der achtziger Jahre mit inzwischen ca. 180 Mitgliedern; oder die Arbeitsgemeinschaft der europäischen Grenzregionen (AGEG), die für kleinere grenzüberschreitende Zusammenschlüsse auf kommunaler Ebene zuständig ist. Zum Teil bleibt hier auch jene Spielart des vornehmlich westeuropäischen Regionalismus zu subsumieren, die sich als Autonomiebewegung artikuliert. Sie etabliert Formen der Zusammenarbeit und sogar der politischen Identität, die sich auf überschaubare Kleinteiligkeit beschränken.

Diese Kooperationsformen sind deshalb gesondert hervorzuheben, weil sie sich als ausschließlich problemorientierte Zusammenarbeit der funktionalistischen Dynamik „traditioneller" europäischer Integration zu entziehen versuchen. Außerhalb der vertikalen Machthierarchie „Kommune-Region-Nationalstaat-Europäische Union" suchen sie sich punktuelle Felder und themenspezifische Formen der Zusammenarbeit. Im Bereich der verfassungsrechtlichen Festschreibung solcher Kooperationsmuster trägt dabei die Bundesrepublik Deutschland zu einer bemerkenswerten Neuorientierung bei. Durch die Revision des Grundgesetzes wird im neuen Artikel 24, Absatz 1 a festgeschrieben, daß die Länder im Rahmen ihrer bundesstaatlichen Zuständigkeiten ermächtigt werden, „mit Zustimmung der Bundesregierung Hoheitsrechte auf grenznachbarschaftliche Einrichtungen zu übertragen". Das stellt eine beachtliche Stärkung der Länder dar, die ihnen jenseits der bisherigen Integrationsformen erlaubt, „integrationsrechtlich kondominiale Einrichtungen zu begründen" (vgl. Scholz 1993, 1692).

Solche Kooperationsformen zwischen kleinteiligen Verbänden stellen integrationspolitische Entwicklungen dar, die dem Imperativ der „Bürgernähe" eine eigene Dynamik zu verleihen versprechen. Zunächst sind sie stark an lokalen Interessenlagen und den lokalspezifischen Interessengruppen orientiert. Das Bedürfnis nach Kooperation und Handlungskoordination wird von kleinteiligen Akteursebenen gespeist und gepflegt. Zudem herrschen thematisch und geographisch überschaubare Rahmenbedingungen. Interessierte kleinteilige Interessengruppen können das Kooperationsgeflecht durchschauen, können die Formen und Wege der Handlungskoordination nachvollziehen und gegenenenfalls kompetent intervenieren. Dies bürgernahe Kleinteiligkeit wird in entsprechenden Kooperationsvereinbarungen immer wieder demonstrativ hervorgehoben. In der „Monschauer Erklärung" der Kommunen des Kreises Aachen und ihrer Partnerstädte wird betont, daß die beteiligten Kommunen am besten die Bedürfnisse der Bürger nach Kooperation abschätzen könnten und daher sinnvollerweise das Integrationsgeschehen selbständig steuern (vgl. Utz 1993, 49). Diese Praxis korrespondiert mit den demokratietheoretischen Postulaten nach zeitgemäßen Partizipationsformen: „Die politisch-administrativen Steuerungsprozesse sind immer mehr auf die Mitwirkung der im jeweiligen Politikfeld Betroffenen angewiesen." (Zilleßen/Barbian 1993, 12).

Die problemorientierte Zusammenarbeit ist darüber hinaus inhaltlich genau definiert und in ihrer Handlungsvollmacht räumlich auf einen engen Rahmen begrenzt. Hier wird im Grunde Subsidiarität in jener „Reinform" proklamiert, die in den Ursprüngen in der Katholischen Soziallehre angelegt ist: Nur das, was die einzelnen Kommunen, Gebietskörperschaften oder Regionen allein nicht mehr leisten können, sollen sie an die nächst höhere Ebene übertragen – in Gestalt eines überschaubaren und kontrollierbaren Regionalverbundes. Diese auf Kompetenzübertragung ausgerichtete Beschaffenheit der Zusammenarbeit ermächtigt auch zu der Kategorisierung als „Integration" im Sinne eines machtpolitisch konturierten, von klar erkennbaren Akteuren bewußt betriebenen Zusammenwachsens.

Die „klassische" integrationspolitische Ebene der Europäischen Union spielt allenfalls eine Rolle als Instrumentarium, nicht jedoch als Bezugspunkt. Sie soll unter Umständen finanzielle oder logistische Hilfestellung leisten. Der Integrationsdynamik mit der Tendenz zentralistischer Machtkonzentration auf höchster europäischer Ebene soll jedoch entgegengewirkt werden. Die traditionelle EG-„Grundphilosophie" der funktionalistischen Zusammenarbeit mit „spill over"-Effekten auf neue Politikfelder und Kompetenzen soll ja gerade eingeschränkt werden. Es soll bei der problemorientierten Zusammenarbeit nicht mehr darum gehen, in einem Feld europäischer Integration zu beginnen, um weitere Felder zu erschließen und im Zuge dessen schrittweise ein europäisches politisches Gemeinwesen auszubilden, das bundesstaatlichen Charakter gewinnt. Es handelt sich gewissermaßen um eine *Integration begrenzter Reichweite*, die den Handlungsrahmen der Kleinteiligkeit nicht sprengt. Freilich besteht damit die Gefahr, daß dieser Hang zur Kleinteiligkeit den legitimatorischen Blick auf die Makrostrukturen trübt.

4. Die Expansion europäischer Herrschaftsgewalt und die legitimatorische Aufladung der Kleinteiligkeit

Es stellt sich abschließend die Frage, welcher Stellenwert der problemorientierten Zusammenarbeit im Rahmen der bisherigen Verlaufsformen europäischer Integration zukommt. Lassen sich „Subsidiarität" und „Bürgernähe" nur auf der Basis kleinteiliger Kooperationsformen etablieren und entfalten? Hat die Verbreitung solcher problemorientierter Zusammenarbeit Auswirkungen auf den Stellenwert der Europäischen Union als politischer Verband und Identifikationsgemeinschaft? Ist durch die neue Kleinteiligkeit das Ende der Integration im Rahmen der Europäischen Union eingeläutet – im Sinne einer bewußt gewählten „unio civilis" der Europabürger?

Die problemorientierte Zusammenarbeit ist zweifelsohne dazu angetan, größere Bürgernähe zu erzeugen. Lokale Eliten, Interessengruppen und Verbände werden stark in diese Integrationsform eingebunden, das lokale Potential an politischem Engagement kann sich integrationspolitisch entfalten. Elemente korporatistischer Interessenartikulation sind natürlich auch auf dieser Ebene nicht auszuschalten. Immer ist es die Identität wirtschaftspolitisch einflußreicher Gruppen, die Partizipationsangebote prägt und Vorgaben für deren Ausnutzung leistet. Zugleich repräsentiert die problemorientierte Zusammenarbeit anscheinend ein Höchstmaß dessen, was an politischer Selbstorganisationsfähigkeit in kleinteiligen Einheiten realistisch erscheint.

Dem Anliegen der Subsidiarität und Bürgernähe im Integrationsgefüge der Europäischen Union ist damit freilich kaum gedient. Die problemorientierten Ebenen und Rahmenbedingungen für Bürgernähe und Bürgerpartizipation haben sich aus dem integrationspolitischen Kontext der Europäischen Union ausgeklinkt. Nicht das hierarchische Gefüge von der Gemeinde bis zur Brüsseler Bürokratie wird bürgernah ausgestaltet, sondern die Form der Zusammenarbeit unter weitgehend homogenen kleinteiligen Verbänden in überschaubaren Räumen. Es bilden sich Gegensätze zwischen einer vertikalen Kooperationsebene im Rahmen der Europäischen Union und einer horizontalen Kooperationsebene im Rahmen von problemorientierten Zweckverbänden heraus. Es könnte also sein, daß sich die Gegensätze zwischen einer „greifbaren“ Kooperation im Rahmen kleinteiliger, überschaubarer Einheiten und bürgerferner bürokratischer Integrationspolitik im Rahmen des traditionellen Gefüges der Europäischen Union noch verschärfen. Jener könnte mit dem wachsenden Erfolg der problemorientierten Zusammenarbeit das „partizipatorisch-expressive Element“ in verstärktem Ausmaß verlorengehen (Preuß 1993, 133).

Aus diesen Entwicklungen läßt sich die demokratietheoretische Empfehlung ableiten, die Homogenität sozialer, ökonomischer und ethnischer Gruppierungen und Kleinverbände und ihre „Partizipationsbedürfnisse von begrenzter Reichweite“ viel ernster als bisher zu nehmen – sie aber auch gleichzeitig mit aller Skepsis zu beobachten. Diese Empfehlung gewinnt zusätzliches Gewicht durch die Entwicklungen in Osteuropa, wo zumindest vom Ergebnis her vergleichbare Prozesse der Segmentierung stattfinden, die sich zunächst einmal in den sehr aggressiv auftretenden ethnisch, religiös oder wirtschaftspolitisch legitimierter Segregation äußern. Dieser Partikularismus zielt auf kleinteilige Wir-Gefühle, auf die Aktivierung der „Innenwelt“ gegenüber der „Außenwelt“. Gerade auch in der gesamteuropäischen Perspektive schüren die von einem starken wirtschaftspolitischen Gefälle durchzogenen Entwicklungen natürlich die Sorge vor einem „Wohlstandschauvinismus“ der Regionen in Europa: daß nämlich den reichen Regionen die problemorientierte Kooperation weiteren Abstand vor den ärmeren Regionen verschafft und es ihnen ermöglicht, ihre Interessen auch im im Rahmen der Europäischen Union rücksichtslos gegenüber den ärmeren Regionen durchsetzen.[7] Das mindert aber nicht die Bedeutung der sich allerorten ausbreitenden Kleinteiligkeit, sondern nötigt vielmehr zu ihrer aufmerksamen Beobachtung.

Auch das weitverbreitete, als „Politikverdrossenheit“ titulierte Phänomen veränderter Partizipationsmuster ist zum Teil dadurch erklärbar, daß den kleinteiligen Identitätsbedürfnissen zu wenig Beachtung geschenkt wird. In den kleinteiligen Räumen äußert sich eben ein „angestiegenes Bedürfnis nach Transparenz, Responsivität und Repräsentativität“, das in den Makrostrukturen der modernen, komplexen Industriegesellschaften verlorengeht (Fechtner, Hannes 1993, 142). Die Bürger sehnen sich nach einer „sensitiven Politik“: nach einer Politik zum Anfassen, nach greifbaren und begreifbaren Entscheidungsprozessen und Machtverhältnissen – der freilich die Übersicht über demokratisch unzureichende Entwicklungen auf der Makroebene verlorenzugehen droht.

Das Ausspielen der Kleinteiligkeit gegen die Komplexität der Makroebene verweist auf das ungelöste Problem, daß sich in unserer vernetzten Welt nicht alles in sensitive Politikbröckchen kleinteilen läßt. Die problemorientierte Zusammenarbeit unter kleinteiligen politischen Verbänden ist als Anstoß zu einer bürgernahen, partizipatorischen Politikgestaltung sehr aufschlußreich. Sie vermindert zunächst nicht die Ratlosigkeit, wie die Problematik der fehlenden Bürgernähe und -beteiligung auf der traditionellen Ebene der europäischen Integration einzuschätzen ist. Die partizipatorischen Erwartungen an die kleinteilige Kooperation sollten auf keinen Fall von den

Problemen der Bürgernähe und Partizipation ablenken, die auf der Makroebene der Europäischen Union fortbestehen. Die problemorientierte Kooperation – selbst noch fragwürdig genug in Hinblick auf bürgernahe Politikgestaltung – darf kein Ablenkungsmanöver von den demokratischen Problemen der Integration im Rahmen der Europäischen Union sein, sondern sollte umgekehrt einen kritischen Maßstab zur Entlarvung allgemeiner demokratischer Fehlbestände und partizipatorischer Mängel in der traditionellen europäischen Integrationspolitik repräsentieren. Damit ist noch keine plausible Integrationstheorie umrissen, sondern allenfalls der Problemhorizont aufgezeigt, in dem sich zeitgemäße integrationstheoretische Bewertungen zu bewegen haben.

Anmerkungen

1 Vgl. als detaillierteren Einblick Richter 1991.
2 Artikel 235 des EWG-Vertrags, in: Europa 1978: 172.
3 Der Gefahr dieser Einschätzung unterliegt Zellentin 1992: 65: „Wichtigster Grundsatz dieser Interessenverflechtung ist die funktionale Auflösung kapitalen zwischenstaatlichen Konfliktpotentials in "leichte„ politisch und ideologisch unkontroverse technische, wirtschaftliche und soziale Fragen, die administrativ auf internationaler Ebene geregelt werden können (low politics)."
4 „...der Begriff "Fusion„ soll einen Prozeß charakterisieren, bei dem zunehmend staatliche Handlungsinstrumente gemeinsam, das heißt im Rahmen von Verfahren mit hoher Beteiligung mehrerer Ebenen, genutzt werden. Er soll jedoch kein totales Aufgehen bestehender staatlicher Einheiten signalisieren; vielmehr wird mit den Begriffen "föderal„ und "fusioniert„ auf ein fortdauerndes Spannungsverhältnis verwiesen." Wessels 1992: 41.
5 Zur näheren Erläuterung dieser hier nur plakativ angedeuteten Zuammenhänge vgl. Richter 1991.
6 So auch Jachtenfuchs 1992, S. 282. Für die umgekehrte Erwartung, die Europäische Union werde prinzipiengetreu nur noch das aufgreifen, „was Staaten, Regionen und gesellschaftliche Gruppen nicht ausreichend regeln können", besteht unter der Praxis der bisherigen Ausschöpfung des Subsidiaritätsprinzips geringe Hoffnung, vgl. Zellentin 1993: 55.
7 Vgl. Bullmann, Eißel 1993: 5; Engel 1991; Hrbek/Weyand 1994.

Literaturverzeichnis

Bullmann, Udo/Eißel, Dieter, 1993: Europa der Regionen. Entwicklung und Perspektiven, in: Aus Politik und Zeitgeschichte B 20-21, S. 3-15

Burger, Norbert, 1993: Interview mit dem Präsidenten des Deutschen Städtetages, Norbert Burger, in: Der Städtetag, Dezember, S. 770.

Engel, Christian, 1991: Die Regionen in Europa – eine integrationspolitische Rollensuche, in: Integration, 14. Jg., S. 9-20.

Europa, 1978: Europa. Verträge und Gesetze. Mit dem Akt zur Direktwahl und dem deutschen Europawahlgesetz. Herausgegeben und eingeleitet von Claus Schöndube, 4. Auflage, Bonn.

Europäische Gemeinschaft, 1992: Europäische Gemeinschaft – Europäische Union. Die Vertragstexte von Maastricht, bearbeitet und eingeleitet von Thomas Läufer, Bonn

Europäischer Rat, 1992: Erklärung des Europäischen Rats in Birmingham am 16. Oktober 1992, in: Kommission der Europäischen Gemeinschaft (Hg.), EG-Information 8/1992, S. 2.

Evers, Tilman, 1994: Supranationale Staatlichkeit am Beispiel der Europäischen Union: Civitas civitatum oder Monstrum, in: Leviathan, 22. Jg., S. 115-134.

Fechtner, Detlef/Hannes, Matthias, 1993: Lessons from american federalism.Länder und Regionen in der Europäischen Gemeinschaft, in: Zeitschrift für Parlamentsfragen 1, S. 133-152

Gerster, Florian, 1993: Die Europaministerkonferenz der deutschen Länder: Aufgaben – Themen – Selbstverständnis, in: Integration, 16. Jg., S. 61-66.

Hauser, Erich, 1993: Die Angst vor den „Föderasten", in: Frankfurter Rundschau, 26. 6., S. 6.

Heintzen, Markus, 1991: Subsidiaritätsprinzip und Europäische Gemeinschaft, in: Juristen-Zeitung, 46. Jg., S. 317-323.

Hrbek, Rudolf/Weyand, Sabine, 1994: betrifft: Das Europa der Regionen. Fakten, Probleme, Perspektiven, München.

Inglehart, Ronald, 1971: Public Opinion and Regional Integration, in: Leon N. Lindberg, Stuart A. Scheingold (Hrsg.), Regional Integration, Theory and Research, Cambridge Mass., S. 160-191.

Jachtenfuchs, Markus, 1992: Die EG nach Maastricht. Das Subsidiaritätsprinzip und die Zukunft der Integration, in: Europa-Archiv, Folge 10, S. 279-287.

Jünemann, Annette/Richter, Emanuel/Ullrich, Hartmut (Hrsg.), 1994: Gemeindepartnerschaften im Umbruch Europas, Frankfurt/Main.

Leggewie, Claus, 1994: Europa beginnt in Sarajevo. Gegen den Skeptizismus in der europäischen Wiedervereinigung, in: Aus Politik und Zeitgeschichte, B 42, S. 24-33

Lwowski, Harald, 1993: „Europa-Beuaftragte" für die Städte? in: Der Städtetag, Dezember, S. 778-782.

Meehan, Elizabeth, 1993: Citizenship and the European Community, London, Newbury Park, New Delhi.

Münch, Richard, 1993: Das Projekt Europa. Zwischen Nationalstaat, regionaler Autonomie und Weltgesellschaft, Frankfurt/Main.

Neunreither, Karlheinz, 1976: Legitimationsprobleme der Europäischen Gemeinschaft, in: Zeitschrift für Parlamentsfragen, Jg. 7, S. 245-258.

Pieper, Ulrich, 1993: Subsidiaritätsprinzip – Strukturprinzip der Europäischen Union, in: Deutsches Verwaltungs-Blatt, S. 705-712.

Preuß, Ulrich K., 1993: Plebiszite als Formen der Bürgerbeteiligung, in: Zeitschrift für Rechtspolitik, S. 131-138.

Preuß, Ulrich K., 1994: Europäische Einigung und die integrative Kraft von Verfassungen, in: Jürgen Gebhardt, Rainer Schmalz-Bruns (Hrsg.), Demokratie, Verfassung und Nation. Die politische Integration moderner Gesellschaften, Baden-Baden, S. 271-287.

Renzsch, Wolfgang, 1993: Die Subsidiaritätsklausel des Maastrichter Vertrages: Keine Grundlage für die Kompetenzabgrenzung in einer Europäischen Politischen Union, in: Zeitschrift für Parlamentsfragen 1, S. 104-116.

Richter, Emanuel, 1991: Die Komplexität der Herrschaft und die Reduktion von Legitimität. Machtstrukturen der Europäischen Gemeinschaft, in: Michael Th. Greven (Hrsg.), Macht in der Demokratie. Denkanstöße zur Wiederbelebung einer klassischen Frage in der zeitgenössischen politischen Theorie, Baden-Baden, S. 271-292.

Richter, Emanuel, 1994: Die Expansion der Herrschaft. Eine demokratietheoretische Studie, Opladen.

Schneider, Heinrich, 1992: Europäische Integration: die Leitbilder und die Politik, in: Politische Vierteljahresschrift, Sonderheft 23, S. 3-35.

Scholz, Rupert, 1993: Europäische Union und Verfassungsreform, in: Neue Juristische Wochenschrift, Heft 27, S. 1690-1692.

Simson, Werner von, 1991: Was heißt in einer europäischen Verfassung "Das Volk", in: Europarecht, 26. Jg., S. 1-18

Subsidiarity, 1991: Subsidiarity: The Challenge of Change, Maastricht.

Svennilson, I., 1963: The Concept of the Nation and its Relevance to Economic Analysis, in: Edward A. G. Robinson (Hrsg.), Economic Consequences of the Size of Nations, London 1963, S. 7-15.

Utz, Stefanie, 1993: „Monschauer Erklärung", in: Europa Kommunal 1, S. 49.

Wessels, Wolfgang, 1992: Staat und (westeuropäische) Integration. Die Fusionsthese, in: Politische Vierteljahresschrift, Sonderheft 23, S. 36-61.

Wessels, Wolfgang, 1993: Auf dem Weg zur Staatswerdung? in: Rudolf Hrbek (Hrsg.), Der Vertrag von Maastricht in der wissenschaftlichen Kontroverse, Baden-Baden, S. 65-75.

Zellentin, Gerda, 1992: Der Funktionalismus – eine Strategie gesamteuropäischer Integration? in: Politische Vierteljahresschrift, Sonderheft 23, S. 62-77.

Zellentin, Gerda, 1993: Staatswerdung Europas? Politikwissenschaftliche Überlegungen nach Maastricht, in: Rudolf Hrbek (Hrsg.), Der Vertrag von Maastricht in der wissenschaftlichen Kontroverse, Baden-Baden, S. 41-63.

Zilleßen, Horst/Barbian, Thomas W. J., 1993: Einleitung, in: Zilleßen, Horst, Dienel, Peter C., Strubelt, Wendelin (Hrsg.), Die Modernisierung der Demokratie, Opladen: 11-16.

Zörner, Hendrik, 1993: Euroregion Neiße: „Wir mußten unsere Erwartungen dämpfen", in: Demokratische Gemeinde 4, S. 14-17.s

Internationale Aspekte von Einigung und Zerfall in Deutschland und Europa

Dieter Senghaas

Frieden in Europa – ein Komplexprogramm

Warum tut sich die praktische Politik, aber auch die Wissenschaft mit dem Umbruch, den das Jahr 1989/90 für Europa bedeutet, so schwer? Warum wirkt vieles, was getan, aber auch gedacht wird, so wenig perspektivenreich und kleinmütig, nur dem jeweiligen tagespolitischen Durchwursteln verhaftet? Die Antwort auf diese und gleichgelagerte Fragen ist eine zweifache: Der Umbruch in Europa war unvergleichlich tiefgreifend und beendete eine politische Epoche, die nach dem Zweiten Weltkrieg entstandene und vierzig Jahre dauernde Ordnung der Nachkriegszeit. Und die Anforderungen an friedenspolitisch-konzeptuelles Denken und entsprechendes Handeln sind in der Folge dieses Umbruches und angesichts eher verdeckter, säkularer politischer Entwicklungstrends, die nunmehr offenkundig werden, erheblich gewachsen. Friedensdenken und Friedenspolitik gleichen deshalb heute einem mehrfachen Komplexprogramm.

1. Die Tiefe des Umbruchs und die Folgen

Die Spaltung Europas seit dem Ende der vierziger Jahre dieses Jahrhunderts und bis 1989/90 war Ausdruck eines weltpolitischen Konfliktes, der aus vier Komponenten bestand: aus einem ideologischen Systemantagonismus, einem machtpolitischen Konflikt, wie er zwischen „großen Mächten“ in aller Regel üblich ist, einem zugespitzten Sicherheitsdilemma und einer pathologisch zugespitzten Rüstungsdynamik. Das Ende des Systemantagonismus zwischen demokratischen Verfassungsstaaten und politischen Regimen mit dem Monopolanspruch einer einzigen Partei bedeutete auch das Ende des machtpolitischen Konfliktes in Europa (und an dritter Stelle, insbesondere in den Ländern der Dritten Welt), und dieses Ende implizierte auch eine weitgehende Abschwächung des Sicherheitsdilemmas zwischen den europäischen Staaten und demzufolge auch der vierzig Jahre lang aufgeheizten Rüstungsdynamik. Am Rande sei bemerkt: Die alte Konstellation in all ihren Komponenten gibt es heute (1994) nur noch auf der koreanischen Halbinsel, und sollte der Konflikt dort anhalten, so wird man einer nachwachsenden Generation in Europa am koreanischen Beispiel die nunmehr vergangene Konfliktstruktur Europas erläutern können.

Die Tiefe des weltpolitischen Umbruchs zeigt sich im Zusammenbruch dieser vierzig Jahre lang dominanten weltpolitischen Konfliktstruktur und folglich in allen maßgeblichen friedenspolitischen Strategien, die im Hinblick auf diese Konfliktstruktur für relevant gehalten wurden und zu einem erheblichen Teil die politische Praxis motivierten. Einige Illustrationen mögen den sprichwörtlich „umwerfenden" Sachverhalt erläutern:

Die alte Konfliktstruktur wurde korrekt auch als bipolare Abschreckungskonstellation etikettiert. *Abschreckung* in ihren verschiedenen Modalitäten war in gewisser Hinsicht das Signum der Nachkriegszeit. Wie im Europa nach 1815 das „Konzert der Mächte" zur politischen Leitidee wurde, so die Abschreckung nach 1950. In theoretischer und praktischer, apologetischer und kritischer Absicht wurden in- und außerhalb von Denkfabriken ganze Bibliotheken über sie verfaßt. Mit dem Umbruch 1989/90 konnten die Abhandlungen über die Vernichtungs- und Kriegführungsabschrekkung, über „Eskalationsdominanz" und vergleichbare Konzepte archiviert werden. Auch die Formel *„Abschreckung und Entspannung"* („Harmel-Formel") machte nunmehr keinen Sinn mehr, denn ohne Blockkonfrontation wurde auch *Entspannungs*politik gegenstandslos, da die aus dem ehemaligen Antagonismus und der Konfrontation einst entstandenen Spannungen ausblieben.

Auch das Konzept *„systemöffnender Kooperation"* hatte keinen Bezugspunkt mehr, nachdem die geschlossenen Systeme des Ostens sich in pluralistisch-offene geöffnet hatten und – paradoxerweise – gerade diese Öffnung und ihre Folgen (wie z.B. Migrationsschübe) neue Ängste provozierten.

Auch die alte *KSZE-Philosophie* griff nicht mehr, nachdem es nicht mehr darum gehen konnte, einen ordnungspolitischen Grundkonflikt zu mäßigen und in verschiedenen Teilbereichen (drei Körbe) kleinzuarbeiten. Selbst das Konzept der *„gemeinsamen Sicherheit"*, so wie es einst formuliert wurde (Palme-Kommission), bedurfte, wollte man an ihm festhalten, einer erneuten Begründung, denn auch diese friedenspolitische Programmatik ging von einem Grundkonflikt aus, um dann zu fragen, wie trotz allem eine vernünftige Sicherheitspolitik betrieben werden könnte. *„Friedliche Koexistenz"* war die Devise sowjetischer Politik, und dieses Konzept wurde, weniger in der Theorie, so doch in der Praxis von allen maßgeblichen Staaten übernommen, da es zu friedlicher Koexistenz keine praktische Alternative gab. Dieses Konzept ging von der Existenz antagonistischer Systeme aus und es brach zusammen, als der Antagonismus selbst zusammenbrach. Auch die Vorstellungen eines *„Disengagements"*, der *Neutralität* zwischen den Blöcken und der Bewegung der *Blockfreiheit* in Europa (aber auch außerhalb davon) waren in die Konstellation eines weltpolitischen Antagonismus eingebunden. Diese Konzepte verloren ihren bisherigen Stellenwert, wie Debatten in den neutralen und blockungebundenen Ländern Europas über eine neue „Sinnstiftung" von Außenpolitik noch vier Jahre nach dem Umbruch dokumentieren.

Punktuell formulierte Großkonzepte wie dasjenige der *Konvergenz*, der *Kommutation* und der *Koevolution* gingen selbstverständlich von der konfrontativen Ausgangslage aus, um eine Perspektive darüber zu entwickeln, wie eine konflikt- und potentiell kriegsträchtige Konstellation grundlegend zu überwinden sei.

Wieviel wurde in den zwanzig Jahren vor dem Umbruch über Sinn oder Unsinn *atomwaffenfreier* und/oder *panzerfreier* Zonen in Europa gestritten! Eine ganze Denkschule entstand über sog. *Defensivkonzepte*. Zonenkonzepte waren aber nur von Bedeutung, solange es eine hautnahe zugespitzte Konfrontation entlang einer „Zonengrenze" gegeben hatte.

Auch die Prämissen der *„sozialen Verteidigung“* wurden erschüttert, und die subtilen, vor allem sozialpsychologischen Überlegungen des sog. *Unilateralismus, Gradualismus* und der *„risikofreien Induktion“* hatten nunmehr, mit dem Ende des Ost-West-Konfliktes, keinen Bezugspunkt mehr, denn die maßgeblichen politischen Akteure bedurften nicht mehr eines *Graduated Reciprocation In Tension Reduction* (GRIT), denn sie bewegten sich ganz ungezwungen-„entspannt“ auf dem diplomatischen Parkett, um die Nachkriegsordnung abzuwickeln und eine Neuordnung zu konzipieren (beispielsweise in Gestalt der „Charta von Paris“ der neuen KSZE).

Diese abrupte Aufräumaktion durch die Weltgeschichte ist wahrscheinlich in ihrer Gründlichkeit und Geschwindigkeit historisch ohne Beispiel: Die genannten Konzepte, zugespitzt in einer zugespitzten Konfliktstruktur, sind irrelevant geworden, was nicht heißt, daß sie nicht in mäßigeren und kleinkarierteren Konfliktkonstellationen, in denen es immer Momente von Abschreckung und Entspannung, von systemöffnender Kooperation u.s.f. gibt, von punktueller und partieller Bedeutung sein können. Auch ist die Übertragbarkeit mancher Konzepte, wie z.B. dasjenige der Vertrauens- und Sicherheitsbildenden Maßnahmen (VSBM) auf andere, vor allem ethnopolitische Konfliktlagen, noch gar nicht entdeckt.

Die konzeptuellen Überbelichtungen während der Abschreckungskonstellation hatten natürlich Unterbelichtungen hinsichtlich von friedenspolitischen Konzepten zur Folge, die nach dem Ende des Ost-West-Konfliktes plötzlich von grundsätzlicher, aber auch praktisch-politischer Relevanz wurden. Daß diese Konzepte vor 1989/90 nicht angemessen breit und tief thematisiert wurden, ist verständlich, weil sie konstellationsbedingt im Umfeld praktischer Politik und in dieser selbst keine Wurzeln schlagen konnten. Zu denken ist in diesem Zusammenhang an das Konzept der *Abrüstung*, für das es seit den frühen 60er Jahren keine systematische Forschung mehr gegeben hatte. Die Abschreckungskonstellation erlaubte bestenfalls eine die Rüstungsdynamik mäßigende, oft aber auch diese nur umpolende *Rüstungskontrolle*. Die einzige wirkliche Abrüstungsmaßnahme vor 1989/90, das Abkommen über die Beseitigung der nuklearen Mittelstreckenraketen in Europa, war nicht Teil eines Abrüstungskonzeptes, denn ein solches hätte die umfassende Skizzierung einer friedenszuträglichen Sicherheitsstruktur in Europa im Hinblick auf die Dislozierung von Potentialen und Mannschaften, von Inspektion und Verifikation zur Voraussetzung gehabt.

Wollte man verhindern, daß mit dem Umbruch 1989/90 jeder der europäischen Staaten für sich selbst seine eigene Sicherheitspolitik definiert, woraus wildwüchsige sicherheitspolitische Renationalisierungstendenzen erwachsen können und damit Trends in Richtung auf Allianzen und Gegenallianzen und eine Gleichgewichtspolitik alter Art, mußte man friedenspolitische Planungen in Richtung auf das Konzept *Kollektiver Sicherheit* ausrichten. Aber dieses Konzept wurde vor 1989/90 nur in akademischen Kreisen diskutiert und selbst dort nur, von ganz wenigen Ausnahmen abgesehen, flüchtig und allermeist fundamental-kritisch. Das Konzept selbst hat mehrere Komponenten: die präventive Diplomatie und Konfliktprophylaxe, die Medien der friedlichen Streitbeilegung, die Vorkehrungen über Zwangsmaßnahmen friedlicher, polizeilicher und militärischer Art im Falle von Aggression: Alle diese Dimensionen waren nunmehr gefragt. Außer den meist etwas politikfernen Beiträgen des Völkerrechts war eine abfragbare, gleichermaßen erfahrungswissenschaftlich wie praktisch-politisch relevante Expertise nicht verfügbar. Die derzeitige mühselige Debatte über „humanitäre Intervention" ist ein deutliches Indiz hierfür.

Andere Expertisen waren von potentieller Relevanz, aber wenig auf den neuen Sachverhalt ausgerichtet, z.B. die Debatte über die Herausbildung *„internationaler Regime"*, also von Regelwerken, die im Spektrum von Staatenanarchie einerseits und relativ integrierten Staatenverbünden (wie beispielsweise der EU) andererseits angesiedelt sind. Die sog. Regime-Diskussion hatte ihren Ursprung im Hinblick auf die Herausbildung von Regelwerken über internationale „Gemeingüter" (commons) wie Weltraum, offene Meere, Klima, Antarktis usf.. Und ihr zweiter Ursprung, die Herausbildung von weltwirtschaftlichen Regimen (wie das Welthandels- und das Weltwährungssystem), gab in den 70er und 80er Jahren der Regimedebatte einen großen Aufschwung, weil die in der unmittelbaren Nachkriegszeit entstandenen Regime durch den „Hegemonieverlust" der USA an Funktionskraft verloren hatten und es nunmehr um die Frage ging, welche Zukunft solche weltwirtschaftlichen Regelwerke nach dem Ende amerikanischer Hegemonie haben würden. Die Regimebildungsdebatte im Hinblick auf den Ost-West-Konflikt stand erst am Anfang und war natürlich 1989/90 mit der Problematik konfrontiert, daß mit dem Wegbruch des Kerns des Ost-West-Konfliktes, also des Systemantagonismus, auch der in Europa springende Punkt für Regimebildungsprozesse – die Einhegung und Fraktionierung des Konfliktes mit Hilfe von internationalen Regimen in den Dimensionen Sicherheit, Wohlfahrt und Herrschaft – an politischer Virulenz und Dramatik verloren hatte. Der beste Beleg für diesen Sachverhalt ist die relative Ruhe in der Debatte über Regimebildungsprozesse in den gesamteuropäischen Beziehungen nach 1990/91. Soweit sie stattfinden, haben sie nichts mehr Aufregendes an sich; sie sind, wie nicht anders zu erwarten, nunmehr Ausdruck von politischer Routine.

Konfliktbearbeitungsforschung (*conflict resolution*) folgte selbst in ihren kühnsten Projekten niemals der Illusion, man könne mit Hilfe von gängigen Instrumentarien der Konfliktbearbeitung (gute Dienste, Vermittlung, Schlichtung, *facilitation*), den großen weltpolitischen Makrokonflikt „lösen". Aber mit dem Ende dieses großen Konfliktes und mit dem nachfolgenden „Aufblühen" vieler kleiner und häßlicher Konflikte war plötzlich die aus solcher Forschung resultierende Expertise gefragt – eine Expertise, die, anders als in angelsächsischen Ländern, auf dem europäischen Kontinent niemals wirklich breit Wurzeln schlagen konnte. Erst neuerdings ändert sich hier die Lage.

Der entscheidende Punkt war also, daß nicht nur die Politik (wie vielfach beobachtet und beklagt), sondern auch die Wissenschaft am „Morgen danach", geistig und affektiv immer noch an die alte Konstellation angenabelt, relativ nackt dastand: unvorbereitet und ohne Konzeptionsangebote. Es rächte sich die Fixierung auf das „si vis pacem, para bellum", eine Fixierung, die, wenngleich in kritischer Absicht, auch noch von Abschreckungskritikern geteilt wurde. Die neue Konstellation machte aber ein *para pacem*-Denken erforderlich: *Was macht man, wenn man, um Frieden zu erreichen, den Frieden vorbereitet?* Was hat eine Wissenschaft, wie zum Beispiel die Friedensforschung, in einer Konstellation zu sagen, die mehrere Optionen – politische

Evolution oder Regression – in sich birgt und in der es unter friedenspolitischen Gesichtspunkten darum geht, regressive Tendenzen in Richtung auf nationalistische Politik abzuwehren und den Trend in Richtung auf institutionalisierte Kooperation zu befördern?

Die systematischen allgemeinen, also nicht-europaspezifischen Angebote aus der Wissenschaft, auch der Friedensforschung für die Beantwortung dieser Fragen waren und sind begrenzt, aber es lohnt sich, sich vor allem jener zu erinnern, die sich der Problematik nicht monothematisch, sondern differenziert-konfigurativ annähern, wo also die Komplexität der Aufgabe, die ganz offensichtlich ist, einigermaßen in der Komplexität des Denkens über die Aufgabe wiederzufinden ist (Senghaas 1995).

2. Angebote aus der Wissenschaft

Was hat die Wissenschaft zu sagen über ein Gebilde, das man als „Friedensstruktur" bezeichnen könnte, also eine *Struktur dauerhaften Friedens*, in der die Wahrscheinlichkeit militant-militärischer Auseinandersetzung über Interessenkonflikte minimiert ist? Was weiß die Wissenschaft über die Voraussetzungen im Hinblick auf die Herausbildung einer solchen Struktur? Und worin liegen die aktuellen Probleme?

2.1. Friedenspolitisches Komplexprogramm I

„Zonen stabilen Friedens", wie Kenneth Boulding (1978) ein Gebilde verläßlich dauerhaften Friedens bezeichnete, haben wenigstens fünf Strukturmerkmale, die sich relativ einfach kennzeichnen lassen (s. Galtung 1973):

1. *Positive Interdependenz*: Die Beziehungen zwischen den kollektiven Akteuren (heute immer noch den Staaten) muß in den wesentlichen Dimensionen von Ökonomie, Kommunikation und Kontakten eine Größenordnung von hoher *wechselseitiger* Relevanz erreichen, so daß potentiell konfrontatives Verhalten einer Seite nicht nur zur Schädigung der anderen Seite führt, sondern auch zu einer erheblichen Selbstschädigung. Der Sachverhalt läuft auch unter dem Begriff der „positiven Kovarianz" (Karl W. Deutsch 1979).
   Soll eine solche positiv-interdependente Struktur von Dauer sein, ist jedoch ein zweites Merkmal erforderlich:
2. *Annähernde Symmetrie*: Interdependenzen sind höchst unterschiedlich gelagert; sie können symmetrisch, asymmetrisch, konfrontativ und anders ausgestaltet sein (Senghaas 1994b). Für eine Struktur dauerhaften Friedens ist die *symmetrische Interdependenz* von entscheidender Bedeutung, insbesondere in ökonomischer Hinsicht. Hier ist sie auch einfach zu operationalisieren: Wenn jede Seite über gleiche Kompetenzen in der Produktion und der Vermarktung von Wissen und Waren verfügt und solche Denk- und Warengüter ausgetauscht werden, also *substitutive* Arbeitsteilung vorliegt, besteht Symmetrie. Das pure Gegenteil hierzu wä-

re eine koloniale Austauschstruktur in der Folge von komplementärer Arbeitsteilung: Wissen und wissensintensive Güter gegen Rohstoffe.
Positive Interdependenz unter symmetrischen Vorzeichen legt ein weiteres Merkmal einer Friedensstruktur nahe:

3. *Homologie*. Der Sachverhalt wurde vor mehr als hundert Jahren zugespitzt von Lorenz von Stein (1921, S. 428) wie folgt formuliert: „Erst dann, wenn wirklich neben der Anerkennung seiner selbst als einer selbständigen Macht die Anerkennung und Gültigkeit seiner eigenen Lebensgesetze auch *innerhalb* der anderen Teile des Staatensystems erfolgt ist, kann ein wahrer Friede eintreten. Erst alsdann ist die Bedingung des allgemeinen Friedens, die Gleichartigkeit der allgemeinen sozialen und politischen Zustände, wirklich vorhanden." So gesehen war die Lage vor 1989/90 die genau gegenteilige, nämlich eine solche der Unvereinbarkeit der allgemeinen politischen und sozialen Zustände. Homologie bedeutet also *vergleichbare Strukturen*, die auch im Hinblick auf pragmatische Gesichtspunkte von Bedeutung sind. Denn unter den Vorzeichen vergleichbarer Strukturen findet jeder auf der jeweiligen Gegenseite seinen vergleichbaren *counterpart*: der Unternehmer den Unternehmer, der Gewerkschaftler den Gewerkschaftler, der freischaffende Künstler andere freischaffende Künstler u.s.f. Das erleichtert ungemein freizügige Beziehungen. Und was solch vergleichbare Strukturen wirklich bedeuten, kann man sich noch einmal in Rückerinnerung an jene Zeit vor 1989/90 vergegenwärtigen, als nämlich die Unternehmer, Gewerkschaftler, Wissenschaftler, Sportler u.s.f. der einen Seite immer mit Partei- und Staatsfunktionären der anderen Seite zu tun hatten.

Das Merkmal Homologie legt eine weitere, in gewisser Hinsicht damit zusammenhängende Kategorie nahe:

4. *Entropie*. Was ist damit gemeint? Wiederum sei ein Rückgriff auf eine alte Beobachtung erlaubt: 1667 interpretiert Samuel Pufendorf in seiner Abhandlung „De statu imperii Germanici" das Heilige Römische Reich Deutscher Nation als „irregulare aliquod corpus et monstro simile", also als ein Gebilde, das sich durch einen Mangel an Hierarchie und Zentralisierung, durch, wie man heute sagen würde, ausgeprägte Subsidiarität, weiterhin durch vielerlei Kompetenzüberlappungen, einen Mangel an institutioneller Synchronisation, kurz: durch „Unordentlichkeit" und eine daraus erforderlich werdende politische Kunst des sich Arrangierens auszeichnete (hierzu Evers 1994). Wenn man so will, war das die Vorwegnahme des Entropie-Gedankens, der heute in den Überlegungen über eine lebensfähige Friedensstruktur von erheblicher Bedeutung ist: die vielfältigen Kreuz- und Querbezüge (das Gegenteil von Gleichschaltung), im grenzüberschreitenden Verkehr die freie Wahl der Partner, das erhebliche Maß an Selbstregulierung ohne zentralistische hierarchisch-abgestufte Vorgaben u.s.f., also wiederum das schiere Gegenteil einer bipolaren systemantagonistischen Abschreckungskonstellation (Galtung 1975).

Natürlich droht in einer solchen lockeren Struktur immer auch ein Umkippen in Chaotisierung, weshalb kluge Autoren heute von der Gefahr eines „nouveau moyen âge" (A. Minc) sprechen. Aber da Friedenstheoretiker, unterstellen wir einmal, kluge Köpfe sind, haben sie natürlich ein fünftes Merkmal einer Struktur dauerhaften Friedens vorgesehen:

5. *Gemeinsame Institutionen*, also ein institutionelles Dach, von dem her, wenngleich in der Vorstellung der Theoretiker eher zurückhaltend und samtpfötig steuernd, regulierend und kontrollierend auf das Gesamtgeschehen eingewirkt wird, so daß die Gefahr der Chaotisierung ohne wirkliche Virulenz ist.

Ohnehin müssen, wie in jedem konfigurativen Denken und in jedem praktischen Komplexprogramm, die genannten Merkmale, obgleich nacheinander aufgezählt, zusammen gedacht werden. Was ist nun die Wirklichkeit in Europa im Hinblick auf dieses Komplexprogramm?

Das Europa der 12 (EU), das Europa des Europäischen Wirtschaftsraumes (EWR = EU plus EFTA) entspricht weitgehend den genannten Kriterien. Diese Teile von Europa zeichnen sich durch hohe Interdependenz (positive Kovarianz), durch symmetrisch-substitutive Arbeitsteilung, homologe Binnenstrukturen, entropisch strukturierte Beziehungen und durch ausreichende gemeinsame Institutionen aus. Im Hinblick auf Gesamteuropa ist die Lage der Dinge hinsichtlich einzelner Kriterien und hinsichtlich ihrer Summe eher problematisch: Der Westen des Kontinents ist für den Osten weit lebenswichtiger als umgekehrt. Die Arbeitsteilung zwischen West und Ost ist weithin noch komplementär und nur in Ausnahmefällen (wie in Tschechien) in ersten Ansätzen substitutiv; homologe Gesellschaftsgebilde sind im Osten erst im Entstehen (die anhaltende Debatte über die mangelnde „Zivilgesellschaft" ist ein Indiz hierfür); Entropie liegt eher im Sinne von Chaotisierung und mafiosen Beziehungen vor; und die gemeinsamen Institutionen, die es gibt, leiden an Kompetenz- und insbesondere an Effizienzschwäche.

Damit stellt sich die Frage, wie kommt man zu Voraussetzungen, die schließlich und endlich der Herausbildung einer Friedensstruktur der genannten Art förderlich wären?

2.2. Friedenspolitisches Komplexprogramm II

Ein zweites friedenstheoretisches Angebot aus der Wissenschaft bemüht sich gerade um die analytische Herausarbeitung solcher Voraussetzungen. Man könnte es das friedenspolitische Komplexprogramm II bezeichnen. Gemeint sind historisch-vergleichende Studien über die Prozesse politischer Vergemeinschaftung bzw. über den Zerfall von politischen Gemeinschaften, was nur die Kehrseite des erstgenannten Prozesses ist, also Studien über Einigungsvorgänge, Integration, Assoziation, *community-building* – Vorgänge, die dann, wenn die förderlichen Faktoren umkippen und zu Sprengsätzen werden, in Desintegration, Verfall/Zusammenbruch, Dissoziation und community-decay münden (s. vor allem Karl W. Deutsch u.a. 1957).

Die harten Erkenntnisse und die weicheren Einsichten weisen im Hinblick auf förderliche Voraussetzungen für Vergemeinschaftungsprozesse auf zehn Punkte:

1. *Vereinbarkeit von hauptsächlichen Werten*. Der Sachverhalt ist im Hinblick auf Gesamteuropa einfach und plakativ zu bezeichnen: Der Slogan „Rückkehr nach Europa", wie er vor und nach 1989/90 in Osteuropa von maßgeblichen Akteuren

des Umbruchs (V. Havel u.a.) zu hören war, deutet auf den politischen Willen, die eigenen politischen und Gesellschaftsordnungen an den Errungenschaften des demokratischen Verfassungsstaates des Westens auszurichten. Der „Schirinowski-Effekt" weist in eine gegenteilige Richtung. Wohin Europa sich insgesamt entwikkeln wird, wird ganz wesentlich davon abhängen, auf welche Option seine Gesellschaften sich festlegen werden. Plakativ formuliert: Havel oder Schirinowski. Da Abstufungen innerhalb Europas zu erwarten sind (Ost-Mittel-Europa wird aller Wahrscheinlichkeit der Havel-Option folgen, beim wirklich östlichen Europa kann man sich da nicht sicher sein), wird das künftige Europa ein von Westen nach Osten und Südosten hin abgestuftes sein.

2. *Erweiterung von grenzüberschreitenden Kommunikations- und Transaktionsvorgängen, die für beide Seiten von Gewicht werden.* Der Sachverhalt wurde oben schon als positiv-symmetrische Interdependenz umschrieben. Im Hinblick auf das östliche Europa bedeutet dies konkret: Wird Osteuropa den „ostasiatischen Weg" der letzten 40 Jahre wiederholen, d.h. einen Entwicklungsweg, der mit relativ einfachen Wirtschafts- und Güterstrukturen einsetzt und Schritt für Schritt ein „upgrading" durchläuft, oder wird das westliche Europa (EWR) das Zentrum, das östliche Europa die Peripherie sein? Wenn im östlichen Europa (in Ostmitteleuropa sicher eher als im östlichen Europa jenseits Ostmitteleuropas) eine „Peripherisierung" vermieden werden kann, besteht die Chance seiner allmählichen Integration in den Club der hochindustrialisierten westeuropäischen Gesellschaften und Ökonomien, wobei, nach aller Erfahrung zu urteilen, aus der Tatsache, daß Osteuropa zu einem markanten Konkurrenten für Westeuropa würde, eher integrierende als desintegrierende Folgen zu erwarten wären.

   Als förderliche Voraussetzung für die Herausbildung einer Friedensstruktur ist also nicht die Quantität, sondern das qualitative „upgrading" von Bedeutung. Da aber „upgrading" einem langwierigen Vorgang zum Abbau von Asymmetrie gleichkommt, ist für den Übergang ein weiterer Punkt von essentieller Bedeutung:

3. *„responsiveness"*, d.h., die Aufgeschlossenheit stärkerer Partner für die Belange anderer, insbesondere die Bereitschaft, auf die Nöte von Schwächeren einzugehen. „Responsiveness" ist das Gegenteil von Macht-, Kompetenz-, Wirtschafts- und Kulturarroganz und der sie kennzeichnenden Insensibilitäten. Was Mangel an „responsiveness" oder an Empathie bedeutet, wird ausführlich im innerdeutschen Kontext diskutiert und kann von dort aus ohne Schwierigkeit auf die gesamteuropäische Szene übertragen werden.

   Nach aller Erfahrung stellt sich „responsiveness" als Einstellung leichter ein, wenn ökonomische Substanz verfügbar ist. Deshalb ist für einen Vergemeinschaftungsprozeß ein vierter Sachverhalt von großer Bedeutung:

4. *Akzentuiertes Wachstum und die Erwartung von gemeinsamen Vorteilen.* Der Sachverhalt ist banal: Wenn der Kuchen wächst, kann mehr verteilt werden, können auch mehr Transferleistungen getätigt werden, und dem Lastesel fällt es leichter, eine solche Rolle zu übernehmen, zumal, wenn die Nutznießer der Transferleistungen in absehbarer Zeit „nützlich" werden und die einseitigen Transferleistungen allmählich von Strukturen gemeinsamen Vorteils („joint rewards") ab-

gelöst werden, die Rollen des Lastesels einerseits und der Nutznießer andererseits also nicht auf Dauer rollenmäßig fixiert bleiben.

Mehr ökonomische Substanz bedeutet auch mehr Chancen für Problemlösungsfähigkeit. Und das ist der fünfte Punkt:

5. *Steigerung von Problemlösungsfähigkeit*. Solche Fähigkeiten sind natürlich nicht nur in ökonomischen Sachverhalten begründet, sondern auch in politisch-administrativen; und sie sind in allen relevanten Politikfeldern von Bedeutung. Die diesen Punkt begründende Philosophie ist unmittelbar einsichtig: Wenn zusammenwachsende politische Gemeinschaften sich als fähig erweisen, gemeinsam wahrgenommene Probleme gemeinsam zu lösen, entfalten sich neue Loyalitäten gegenüber solchen Institutionen der Problemlösung, die zu verläßlichen Agenturen der Koordination politischen Handelns werden. Wo Unfähigkeit sich herausstellt, wie das derzeit beispielsweise im westeuropäischen Kontext oder auf der Ebene der KSZE hinsichtlich friedlicher Streitbeilegung und kollektiver Sicherheit der Fall ist, verlieren alte oder neue Institutionen an Respekt, und es stellt sich, wenn man ein historisches Beispiel bemühen soll, das „Abessinien-Syndrom" ein: erinnernd daran, daß das faschistische Italien den Völkerbund laufend so vorführte, wie es in den vergangenen Jahren Serbien vergleichbar gegenüber der KSZE, der EG, der NATO und der UNO tat.
6. *Kerngebiete mit Zugpferd-Funktion*: Wo eine Vielzahl von kollektiven Akteuren sich in Wahrnehmung und Verhalten auf einen gemeinsamen Nenner zubewegen will (oder soll), bedarf es nach aller Erfahrung bestimmter Aktionspole mit Ausstrahlungskraft. Die theoretische Diskussion spricht in diesem Zusammenhang von „core areas". Politische Führung ist also gefragt, weil ohne Führung Drift-Prozesse obsiegen können.

   Natürlich trägt politische Führung, auf Dauer von einem einzelnen Akteur oder von wenigen übernommen, die Gefahr einer hegemonialen Zentrumsbildung bzw. der Herausbildung eines oligopolistischen Konzerts in sich. Deshalb hat sich in historischer Erfahrung ein weiterer Faktor als wichtig herausgestellt:
7. *Rollenwechsel*: In einer größeren Gemeinschaft ist es wichtig, daß nicht immer der gleiche Akteur die gleiche Rolle übernimmt, daß es vielmehr einen Wechsel von Rollen gibt, die einzelne Akteure bzw. politische Einheiten gruppenweise spielen: einmal Teil der Mehrheit, ein ander Mal Teil der Minderheit zu sein, ohne rigidfixierten Rollenzuschreibungen zu folgen. Also Rollenrotation. Solcher Rollenwechsel bringt Flexibilität in eine sich herausbildende politische Gemeinschaft, und sie erzeugt politische Manövriermasse für die im politischen Bereich unerläßlichen bargaining-Prozesse.

   Ähnliche Erfahrungen sind auch im Hinblick auf den achten Punkt festzuhalten:
8. *Erweiterung der Eliten im Sinne der Chance für Aufwärtsmobilität*: Offensichtlich muß eine sich herausbildende politische Gemeinschaft erhebliche Kooptationsräume schaffen, in die neue und junge Eliten hineinwachsen können, so wie eine grenzüberschreitende Mobilität der Bürger für den Zusammenhalt eines solchen Gebildes von Bedeutung ist. Also an Stelle von Abkapselung: Öffnung und Auf-

wärtsmobilität. Das garantiert und erhöht Lebenschancen und schafft auf gesellschaftlicher Ebene Loyalität. Das verweist auf einen neunten Punkt:

9. *Chancen eines neuen/alternativen Lebensstils*: Mit ihm übersetzt sich eine neu sich herausbildende politische Gemeinschaft in Alltagserfahrung. Die neue Umwelt wird zu einem selbstverständlichen Teil von Sozialisationsprozessen, und es macht einen deutlichen Unterschied, ob man Teil einer sich herausbildenden Gemeinschaft ist oder außerhalb von ihr steht. Die derzeitige Diskussion in der östlichen Hälfte Europas, von den Entwicklungen auf gesamteuropäischer Ebene nicht abgekoppelt zu werden, an ihnen teil zu haben und in ihren Sog zu geraten, weist darauf hin, daß in- oder außerhalb dieses Prozesses der Vergemeinschaftung zu leben einen erheblichen Unterschied für das Leben des einzelnen macht. Eine solche Wahrnehmung ist auf affektiv-emotionaler Ebene wie ein Lackmus-Test der Gemeinschaftsbildung .
10. *Voraussagbarkeit der Motive und des Verhaltens (Erwartungsstabilität)*. Zu den chronischen Problemen der Staatenanarchie gehört die Ungewißheit und Unsicherheit im Hinblick auf das Verhalten der anderen Seite, die mit der eigenen Seite dasselbe Problem hat. Das Sicherheitsdilemma ist deshalb ein Kernsyndrom der Staatenanarchie. Erwartungsstabilität oder Erwartungsverläßlichkeit ist das Fazit des Kontrastprogrammes zur Staatenanarchie, nämlich der politischen Gemeinschaftsbildung. Das heißt nicht, daß in solchem Umfeld nicht Interessen- und andere Konflikte massiv vorhanden sind, aber sie übersetzen sich nicht in autistisch-eskalatorische Konfliktstrukturen. Das ist der Unterschied, und es ist ein Unterschied ums Ganze, insbesondere im Hinblick auf die Gewaltanfälligkeit von Konfliktbezügen, die als Ergebnis von Vergemeinschaftungsprozessen praktisch eliminiert würde.

Das friedenspolitische Komplexprogramm II gleicht also einem komplexen kollektiven Lernprozeß mit normativen, institutionellen, materiellen und emotionalen Dimensionen solcher Gemeinschaftsbildung. Es ist ein friedenspolitisches Aufbereitungsprogramm. Wo Gemeinschaftsbildung sich erfolgreich aufbaut, könnte die Chance für die Entwicklung einer stabilen Friedensstruktur im Sinne des friedenspolitischen Komplexprogramms I gegeben sein. Man sieht an den zehn formulierten (durch empirische Betrachtungen abgesicherten) Punkten, wie voraussetzungsvoll ein solcher Prozeß ist (Senghaas 1992).

Jedoch wurde in der vorangehenden Darlegung ein Kernproblem noch gar nicht angesprochen. Dieses 10-Punkte-Programm setzt handlungsfähige Akteure im Sinne von Staaten und Gesellschaften voraus. Und eine solche Voraussetzung ist auch dann erforderlich, wenn die Gemeinschaftsbildung nur eine begrenzte sein sollte: wenn also das Ergebnis der Vergemeinschaftungsprozesses nicht, wie es in der Sprache der Theorie heißt, eine amalgamiert-integrierte neue politische Einheit sein soll (so wie aus den englischen Kolonien in Nordamerika einst die USA erwachsen sind), sondern nur eine begrenzte konföderative oder pluralistische Sicherheitsgemeinschaft (Deutsch u.a. 1957). Historisch-vergleichende Forschung hat gezeigt, daß man eine solche in ihrer Reichweite begrenzte Gemeinschaft erreichen kann, wenn sich wenigstens drei der vorgenannten 10 Faktoren bündeln: die Vereinbarkeit in den Grundwerten, die Voraussagbarkeit der Motive und des Verhaltens und die Fähigkeit, auf die Belange der Partner („responsiveness“) einzugehen. Aber selbst in diesem begrenzteren Fall, der für Gemeinschaftsbildungen auf internationaler Ebene der repräsentativere sein wird, sind vorgängig *leidlich konsolidierte politische Akteure* erforderlich. Unter den Vorzeichen von Führungsschwäche und Unregierbarkeit ist es unwahrscheinlich, daß selbst begrenztere Vorhaben, wie dasjenige einer pluralistischen Sicherheitsgemeinschaft, erfolgreich sein können.

Handlungsfähigkeit der betroffenen kollektiven Akteure ist also in gewisser Hinsicht eine stillschweigende Metavoraussetzung für Vergemeinschaftungsprozesse, höchst problematisch unter den Voraussetzungen eines nicht nur in Europa, sondern weltweit beobachtbaren Trends zur Fundamentalpolitisierung, die darin besteht, daß alle gesellschaftlichen Auseinandersetzungen sich als politische und alle politischen sich als gesellschaftliche Auseinandersetzungen darstellen, sozial mobile Gesellschaften sich hinsichtlich von Interessen, Identitäten, aber auch von Leidenschaften politisieren und damit die innere Koexistenzproblematik akzentuiert wird, überdies sich das Problem von Regierbarkeit stellt (Senghaas 1993).

Im westlichen Teil Europas sind die genannten Probleme, wenn man sie aus einer europaweiten oder sogar einer weltweiten Perspektive betrachtet, nur milde akut. In der östlichen Hälfte sind sie (wie in weiten Teilen der übrigen Welt) von dramatischer Virulenz, weshalb auf ein drittes friedenstheoretisches Angebot aus der Wissenschaft zurückzugreifen ist.

2.3 Friedenspolitisches Komplexprogramm III

Dieses dritte Komplexprogramm bezieht sich auf die Konsolidierung von Gesellschaften hinsichtlich ihrer politischen Ordnung, die oft vor dem Zusammenbruch steht, vielleicht auch nur leidlich überlebt und bestenfalls in einem (neuen) Aufbauprozeß sich befindet. Worum es geht, ist, nicht unähnlich zur ordnungspolitischen Problematik beim Beginn der Neuzeit: nämlich eine innere Friedensformel zu finden, um mit deren Hilfe die „hobbesianische Situation“, also einen politischen Zustand, in dem Bürgerkriege drohen oder ausbrechen, einer friedenszuträglichen Lösung zuzuführen. Allerdings ist der Unterschied zum Beginn der Neuzeit der, daß die hobbesianische Lösung, nämlich der Leviathan pur und simpel, nicht mehr zureichend ist. Die hobbesianische Formel, das Gewaltmonopol, ist immer noch eine Teilantwort, allerdings nur eine von sechsen, die überdies innerhalb der sechs qualitativ umfunktioniert wird; und in diesen sechsen, dem „zivilisatorischen Hexagon“ (Senghaas 1994a, S. 20ff.), besteht das dritte friedenspolitische Komplexprogramm.

1. Ohne *Gewaltmonopol* ist eine Zivilisierung öffentlicher Konflikte nicht möglich, aber gleichermaßen gilt
2. ohne *rechtsstaatliche Kontrolle des Gewaltmonopols* ist das Gewaltmonopol selbst nicht erträglich. Aus Gewaltmonopol und rechtsstaatlicher Kontrolle erwächst der Verfassungsstaat.
3. Hilfreich für die Konsolidierung potentiell konflikt- und gewaltträchtiger Gesellschaften ist die Herausbildung eines *arbeitsteilig-differenzierten Sozialkörpers*,

insbesondere einer entsprechend arbeitsteiligen Ökonomie, die den „homo sociologicus" hervorbringen hilft, also einen in differenzierte Interdependenzstrukturen eingebundenen, nur mit erheblicher *Affektkontrolle* überlebensfähigen mehrfachen Rollenspieler.

4. Die Transformation traditionaler Gesellschaften in sozial mobile bedeutet einen erheblichen Umbauprozeß mit der Folge der Herausbildung neuer, nach Schichten und Klassen differenzierter, je spezifischer Interessen und Identitäten. Dieser Emanzipationsprozeß macht mittel- und langfristig Demokratisierungsschübe bzw. *Demokratisierung* unabweisbar, mit Zeitverzug auch
5. die Auseinandersetzung um *Verteilungsgerechtigkeit*, zumal in solchen sich modernisierenden Gesellschaften eher Ungleichheit als Gleichheit das natürlich Ergebnis von Wettbewerbswirtschaft ist.
6. Wenn alles gut geht, entsteht aus solchen vorgängigen Entwicklungen eine *politische Kultur konstruktiver Konfliktbearbeitung*, die sich in entsprechenden Tiefenbindungen – „Ligaturen" – sedimentieren.

Das „zivilisatorische Hexagon" ist, abgekürzt formuliert, ein Komplexprogramm für inneren Frieden: „rendre la paix *interne* perpétuelle" – ein Projekt, das in der Westhälfte Europas spätestens in etwa zu Beginn des 13. Jahrhunderts mit dem Kampf um die Magna Charta beginnt.

In diesem Westeuropa hat dieses Komplexprogramm eine jahrhunderte-lange Aufbauphase durchlaufen, und es gab immer nur vorläufige Ergebnisse: Das Hexagon war erosionsanfällig und einbruchsgefährdet, und zwar von allen sechs Komponenten her. Man hat den Eindruck, daß im westlichen Teil Europas dieses Gebilde erst nach 1950 eine gewisse Stabilität angenommen hat; zumindest scheint es derzeit weniger einbruchsgefährdet zu sein als noch in den Jahrzehnten davor.

Nun ist oft zu hören, daß dieses Komplexprogramm, westlich geprägt und durchtränkt, auf die östliche Hälfte Europas nicht mit Erfolg übertragbar sei, und daß, falls es übertragbar wäre, die Zeit hierfür nicht vorhanden sei. Diese auf das östliche Europa bezogene Aussage wird aber durch jüngste ostasiatische Erfahrungen dementiert. Insbesondere in den ostasiatischen Schwellenländern Korea und Taiwan zeigt sich, daß ein diktatoriales Gewaltmonopol in Kombination mit einer sich aufbauenden effizienten Ökonomie unabweisbare Demokratisierungsprozesse provoziert, die ihrerseits über heftige politische Konflikte zur Herausbildung von Rechtsstaatlichkeit und damit zur Domestizierung des Gewaltmonopols führen. Knappheit auf den Arbeitsmärkten und Demokratisierung bringen die Verteilungsgerechtigkeit politisch ins Spiel; der erfolgreiche Entwicklungsweg drängt konfuzianisch-konfliktscheue Kulturen in Richtung auf die Herausbildung von politischen Kulturen mit neu entstehendem Sinn für offene Konflikte und deren offene Bearbeitung.

Die ostasiatische Erfahrung muß sich natürlich nicht in der östlichen Hälfte Europas wiederholen, aber das prinzipielle Argument, die westeuropäische Erfahrung sei nicht wiederholbar, wird durch Ostasien überdeutlich dementiert – und dies eben nicht nur hinsichtlich entsprechender Konkurrenzfähigkeit von Technologien und Gütern, sondern auch hinsichtlich gesellschaftlicher und politischer Veränderungsprozesse.

3. Ausblick:

Friedenspolitische Komplexprogrammen gleichen, theoretisch nicht anders denkbar, Vorstellungen über das Optimum. Das Optimum in Europa heute wäre ein Aufbau- und Konsolidierungsprogramm hinsichtlich fragiler gesellschaftlicher, ökonomischer und politischer Ordnungen in der östlichen Hälfte Europas im Sinne des zivilisatorischen Hexagon; darauf aufbauend gliche das Optimum einem Szenario im Sinne der tendenziellen Herausbildung der zehn Voraussetzungen, die einer politischen Gemeinschaftsbildung jenseits einzelner Akteure zuträglich wären; und durch die flächendeckende Gleichläufigkeit des Vorgangs würde sich schließlich ein solches Szenarios in eine stabile Friedensstruktur mit den aufgezeigten fünf Dimensionen übersetzen.

Nichts kann einen hindern, im Lichte des theoretisch definierbaren Optimum auch über das praktisch realisierbare zureichende Minimum nachzudenken. Doch die Wissenschaft sollte sich nicht zu frühzeitig mit dem Minimum begnügen; das Optimum bei der Konzipierung eines Friedensprojektes muß so etwas wie eine regulative Idee bleiben.

4. „Responsiveness" – der Sinn für die Belange der Schwächeren ist jetzt gefragt

Was kann dieses westliche Europa *hic et nunc* vor allem tun, um dem östlichen Europa in seinen Um- und Aufbauprozessen hilfreich zu sein?

Die folgenden Vorhaben scheinen von unmittelbarer Dringlichkeit zu sein (s. auch Senghaas 1992):

1. *Abwehr der „kleinen Gewalt"*: Was für das gesamte Europa Ausdruck einer „kleinen Gewalt" ist – Minderheitenkonflikte, Sezessionskämpfe, lokal begrenzte Bürgerkriege u.s.f. – ist für die Betreffenden vor Ort oft einem totalen Krieg vergleichbar. Deshalb sind alle Maßnahmen, die diese Gewalt eindämmen und abwehren und die die konstruktiven Lösungen für ethnopolitische Konflikte aufbereiten und anregen, von Wichtigkeit. Zu denken ist an Frühwarnung, vorbeugende Diplomatie, an vertrauensbildende Maßnahme und Instrumentarien der friedlichen Streitbeilegung, ergänzend aber auch und vor allem an eine Minderheitencharta und entsprechende Instrumentarien (sei es des Europarates und/oder der KSZE) für Beschwerden, für *fact finding*, für Mediation, woraus zuträgliche kollektive Lernprozesse erwachsen können. Zu lernen ist dabei vor allem auch, daß in einem zusammenwachsenden Europa die Einmischung in innere Angelegenheiten ein legitimes Unternehmen ist.
   Hier gibt es, aus historischen Erfahrungen, aber auch jenen der jüngsten Zeit Konsequenzen zu ziehen: Konfliktparteien sind in aller Regel *nicht* imstande, ethno-

politische Konflikte in angemessener Zeit konstruktiv zu bearbeiten, und da die Toleranz für Zeitverzug in der Konfliktbearbeitung schwindet, ist höchste Dringlichkeit für Dritte Parteien geboten.

2. *Abwehr der „großen Gewalt"*: Dies ist jene Gewalt, die ein Nichtstun, ein Entweichen vor der Verantwortung bei den nicht unmittelbar Betroffenen nicht mehr erlauben würde. Man muß nicht an einen Krieg denken, in den Europa insgesamt und vom ersten Augenblick an verwickelt würde. Aber ein Konflikt beispielsweise zwischen Rußland und der Ukraine könnte solche Folgewirkungen haben. Zu seiner Verhinderung sind vom Generalsekretär der Vereinten Nationen Instrumentarien auf weltweiter Ebene vorgelegt worden, die auch in den regionalen Kontext übersetzt werden können: „Agenda für den Frieden". Wiederum geht es, wie bei der „kleinen Gewalt", um Frühwarnung, Konfliktprophylaxe, vertrauens- und sicherheitsbildende Maßnahmen, friedliche Streitbeilegung, aber auch um kollektive Sicherheit hinsichtlich von Zwangsmaßnahmen. Sie aber sind nicht zu denken ohne eine Kasuistik legitimer Intervention.

   Im Grunde genommen gibt es beispielsweise im Kontext der KSZE schon alle institutionellen Vorkehrungen für eine konstruktive Auseinandersetzung mit entsprechenden Eventualfällen, so eine Reihe von sog. Dringlichkeitsmechanismen. Aber was immer noch fehlt, nicht anders als zu Zeiten der großen Friedenspläne des ausgehenden Mittelalters und der Neuzeit, in denen *in nuce* Ansätze kollektiver Sicherheit vorgesehen waren, ist der politische Wille der politischen Akteure, norm- und regelgerecht zu handeln, d.h. Vereinbarungen und Abkommen wirklich in politisches Handeln zu übersetzen (s. auch Schlotter u.a. 1994).

3. *Sanierungshilfe*: Auch im Verhältnis zu Osteuropa gilt, daß Hilfe eine Hilfe zur Selbsthilfe sein muß, aber man sollte durchaus erkennen, daß solche Hilfe auch aus wohlverstandenem Eigennutz getätigt werden sollte. Denn für das westliche Europa ist ein östliches Europa im Sinne eines armen Hinterhofes wirtschaftlich ganz uninteressant und voller problematischer Konsequenzen. Nur ein sich konsolidierendes und wettbewerbsfähiges Osteuropa wäre ein interessanter Wirtschaftspartner. Es würde dadurch die OECD-Erfahrung auf Osteuropa erweitert. Denn kompetente Ökonomien tätigen Geschäfte vor allem untereinander, interessanterweise gerade weil sie untereinander die stärksten Konkurrenten sind. Die Voraussetzungen dafür sind: politische Stabilität, Rechtssicherheit, gute Infrastruktur, gut ausgebildete Menschen, Erfindergeist und potente Binnenmärkte, die bekanntlich nicht in Niedriglohnländern, sondern in Hochlohnländern existieren.

   Ein halbes Prozent des Bruttosozialprodukts der OECD, das wären 100 Milliarden DM pro Jahr, in die östliche Hälfte Europas transferiert und dieses verläßlich zehn Jahre lang (also insgesamt 1.000 Milliarden DM) würde sich mehrfach bezahlt machen. Und ein solcher Transfer hätte mit einer Zehn-Jahres-Perspektive eine weit über die Kapitalsumme hinausgehende politisch-psychologische Bedeutung für diejenigen, die „nach Europa zurückkehren" wollen. Die politische Konditionierung solchen Transfers im Sinne von Junktims zwischen Transferzahlungen und der Durchführung von vereinbarten Abrüstungsmaßnahmen, des Schutzes von

Menschenrechten und insbesondere von Minderheiten hätte dann auch eine andere Legitimität als entsprechende Forderungen ohne Transferleistungen.

4. *Der Schutz der Freiheit*: Aus den Übergangsprozessen vom faschistischen in das demokratische Spanien und Portugal ist zu lernen, daß Aufbauhilfen hinsichtlich des demokratischen Verfassungsstaates besonders wichtig sind. Die Machtlagen in Umbruch- und Umbauprozessen sind nie eindeutig geklärt, schon gar nicht zu Gunsten der demokratischen Kräfte, und deshalb macht es oft einen Unterschied ums Ganze, ob flankierende Hilfestellung von außen im Sinne von Rückversicherungen für interne Vorgänge „abrufbar" sind. Die inzwischen historischen Vorgänge der 70er und 80er Jahre zeigen auch, wie wichtig eine frühzeitige Einbindung solcher Vorgänge in europäische Institutionen ist, denn solche Institutionen dienen den Demokraten als Rückversicherung.

Ein solches Dringlichkeitsprogramm muß Perspektive haben, ansonsten wird es tagespolitisch versumpfen. Theorie im Sinne der friedenspolitischen Komplexprogramme wird dabei in einer Lage noch nicht strukturell verbauter, also offener Möglichkeiten zu einem Inbegriff von Praxis.

Literatur

Boulding, Kenneth, 1978: Stable Peace. Austin: University of Texas Press.

Deutsch, Karl W., 1979: Macht und Kommunikation in der internationalen Gesellschaft, in: Wolfgang Zapf, Hg., Theorien des sozialen Wandels, Meisenheim: 471-483.

Deutsch, Karl W./u.a., 1957: Political Community and the North Atlantic Area. International Organization in the Light of Historical Experience. Princeton.

Evers, Tilman, 1994: Supranationale Staatlichkeit am Beispiel der Europäischen Union. Civitas civitatum oder Monstrum? in: Leviathan, Bd. 22, Heft 1: 115-134.

Galtung, Johan, 1973: Europa – bipolar, bizentrisch oder kooperativ? in: Johan Galtung und Dieter Senghaas, Hg., Kann Europa abrüsten? München: 9-61.

Galtung, Johan, 1975: Entropy and the General Theory of Peace. Essays in Peace Research, Bd. 1. Kopenhagen: 47-75.

Schlotter, Peter/Ropers, Norbert/Meyer, Berthold, 1994: Die neue KSZE. Zukunftsperspektiven einer regionalen Friedensstrategie. Opladen.

Senghaas, Dieter, 1992: Friedensprojekt Europa. Frankfurt.

Senghaas, Dieter, 1993: Frieden und Krieg in dieser Zeit, in: Sicherheit und Frieden, Bd. 11: 159-165.

Senghaas, Dieter, 1994a: Wohin driftet die Welt? Über die Zukunft friedlicher Koexistenz. Frankfurt.

Senghaas, Dieter, 1994b: Interdependenzen im internationalen System, in: Gert Krell und Harald Müller, Hg., Frieden und Konflikt in den internationalen Beziehungen. Frankfurt: 190-222.

Senghaas, Dieter, Hg. 1995. Den Frieden denken. Si vis pacem, para pacem. Frankfurt.

Stein, Lorenz von, 1921 (Neuausgabe). Geschichte der sozialen Bewegung in Frankreich von 1789 bis auf unsere Tage. München, Bd. I.

Harald Müller

Frieden in Europa – Versagen der Institutionen?*

Können Institutionen „versagen"?

Haben die Institutionen europäischer Sicherheit versagt? Folgt man der öffentlichen Diskussion über den Konflikt im ehemaligen Jugoslawien, so drängt sich der Eindruck auf, daß zumindest die Medien diese Frage mit einem deutlichen Ja beantworten.[1] Angesichts der Massaker in Bosnien, so die herrschende Meinung, wäre es zynisch, von einem „Erfolg" der institutionalisierten Sicherheit in Europa zu sprechen.

Aus wissenschaftlicher Sicht erweckt jedoch bereits die Fragestellung Bauchschmerzen. „Versagen" beinhaltet ein moralisches Urteil über einen Akteur, der eine gestellte Aufgabe, deren Lösung möglich gewesen wäre, verpatzt hat. Versagen ist also ein typischer Akteursbegriff.[2] Nun ist unstreitig, daß Organisationen, die eine bestimmte Qualität erreicht haben, Akteurscharakter annehmen. Regierungen, Unternehmen, Parteien etc. erfüllen die Kriterien einer hierarchischen Organisation, eines Entscheidungszentrums, klarer, formalisierter Entscheidungsstrukturen und der Fähigkeit der Organisation, ihre Mitglieder auf getroffene Entscheidungen zu verpflichten und Abweichungen gegebenenfalls zu sanktionieren.

Läßt sich den Institutionen, von denen hier die Rede ist, eine solche Akteursqualität zuschreiben, daß sich ihnen ein derartiges moralisches Urteil wie „Versagen" zurechnen läßt? Eine kurze Übersicht zeigt, daß diese Frage verneint werden muß, obwohl alle hier behandelten Institutionen auch in Organisationen verkörpert sind. Die Europäische Union ist zwar bereits als „korporativer Akteur" gekennzeichnet worden.[3] Die fragliche Analyse bezog sich allerdings auf den Bereich außenwirtschaftlicher Kompetenzen, für die das Gemeinschaftsrecht gilt. In unserem Gebiet, der Außen- und Sicherheitspolitik, ist die Union ein koordinierendes Akteurs-Aggregat. Die Gemeinsame Außen- und Sicherheitspolitik (GASP) ist ein institutionelles Netzwerk von Regeln, die Entscheidung und die Ausführung liegen aber noch bei den individuellen Akteuren, den Staaten; so auch bei der WEU.[4] Gleiches gilt in noch stärkerem Maße für die KSZE: Ihr organisatorischer Apparat ist vorerst schwach und zu selbständigem Handeln kaum fähig. Die Entscheidungsprozeduren lassen in vielen Fällen eindeutige verpflichtende Entscheidungen nicht zu.[5] Die einzige europäische Organisation, die sich in der europäischen Sicherheitspolitik der Akteursqualität annähert, ist die NATO mit ihrem starken zivilen und militärischen Organisationsapparat. Akteur ist die NATO jedoch nur in ihrem eingegrenzten, ureigensten Gebiet, der militärischen Selbstverteidigung ihrer Mitgliedsländer und der dazugehörigen Vorbereitung.

In den Fragen, die die europäische Sicherheit heute prägen, ist auch sie nur ein koordinierendes institutionelles Gefüge, innerhalb dessen die Akteure, nämlich die Mitgliedsstaaten, handeln.

Damit ist schon deutlich, daß die Ausgangsfrage nicht mit ja oder nein beantwortet werden kann, sie ist falsch gestellt. Um sie richtig zu stellen und dann zu beantworten, gilt es, zunächst das institutionalistische Grundargument zu diskutieren.

Welche Friedensleistungen können Institutionen erbringen?

Wie alle Institutionen, so sind auch die internationalen durch kontinuierliche Praxis geschaffene und perpetuierte soziale Artefakte, deren Wirken auf lange Dauer abgestellt ist.[6] Institutionen verwirklichen und reproduzieren sich durch das Verhalten der in ihnen und durch sie wirkenden Akteure, gleich ob sie als reine, informelle Konventionen, rechtsförmig, wie internationale Regime hybride oder – wie alle relevanten sicherheitspolitischen Institutionen Europas – gar organisationsförmig ausgestaltet sind.[7] Die Akteure sind, wie gesagt, im Falle Europas in allererster Linie die Staaten, nachgeordnet die Sekretariate der Organisationen (mit dem Sonderfall der Europäischen Kommission) und gelegentlich nichtstaatliche Akteure. Es muß also zwischen der rechtlichen und der organisatorischen Seite von Institutionen und dem Verhaltensaspekt unterschieden werden. Was auf dem Papier steht (als Satzung, Aufgabenstellung usw. einer Organisation), was sich in einem bestimmten Gebäude als Organisation physisch manifestiert, ist nur eine und nicht die wichtigste Seite der Institutions-Medaille. Das Einschleifen von Verhaltensroutinen ist die andere, über Zeit weitaus wirksamere und entscheidendere.[8] Diese „Verinnerlichung" vereinbarter Normen und Regeln schafft im Idealfall das Gerüst einer zwischen den teilnehmenden Ländern gemeinsamen politischen Kultur.[9]

In diesem „Sozialisationsprozeß" liegt letztlich auch die sozialwissenschaftliche Begründung für die Hoffnung, Institutionen könnten sich als nützlich für die internationale Sicherheit erweisen. Dieser Nutzen ergibt sich aus ihrer Einwirkung auf die Grundkonstellation der Staatenwelt, auf das Sicherheitsdilemma. In einem durch die Abwesenheit einer höheren Instanz gekennzeichneten internationalen System wird es ausgelöst durch die Ungewißheit über die künftigen Absichten der Partner/Gegner. Die Dilemmasituation ergibt sich aus den unerwünschten Handlungsfolgen der sicherheitspolitischen Alternativen: die unilaterale Maximierung von Sicherheitsressourcen – im Klartext: ungehemmte Aufrüstung – wird von den Partnern als Indikator für Aggressionsabsichten interpretiert und führt in einen endlosen, gegebenenfalls instabilen Rüstungswettlauf; der unilaterale Rüstungsverzicht eröffnet opportunistischen oder aggressiven Nachbarn Chancen für eine expansive Politik.[10]

Kooperative sicherheitspolitische Institutionen helfen diesem Dilemma auf zweierlei Weise ab. Ihr Regelwerk schafft Erwartungsgewißheit über das künftige Verhalten der anderen Seite und setzt andererseits verbindliche Standards für eigene politische Entscheidungen. Das Dilemma wird somit auf beiden Seiten reduziert. Informations- und Kommunikationsflüsse tragen das ihre zur weiteren Verminderung von Ungewißheit bei. Die Bereitstellung von Entscheidungs- und Konfliktlösungsverfahren wirkt dem unilateralen Instinkt nationalstaatlicher Politik entgegen. Schließlich schafft die normative Konvergenz im Rahmen von Institutionen die Voraussetzungen für ein korrekteres Verstehen von Denken und Handeln der Partner und leistet damit einer vertieften Empathie Vorschub, die als wichtiger Bestandteil friedlicher Beziehungen identifiziert worden ist.[11] Durch das Einschleifen institutionell vorgegebener Routinen werden das Interesse und die Standpunkte der Partner, die ihrerseits durch die gemeinsamen Prinzipien, Normen und Regeln geprägt sind, Teil des eigenen internen Entscheidungsprozesses. Konflikte bleiben bestehen, ihre gewaltsame Lösung jedoch wird undenkbar – und auch unnötig.[12]

Mit der weitaus selteneren Ursache gewaltsamer Konflikte – der ungehemmten Aggressivität eines der beteiligten Staaten – wird eine institutionalistische Friedensstrategie schwerer fertig; die massive theoretische und praktische Kritik an Systemen kollektiver Sicherheit haben deren Ansprüche zwar nicht zweifelsfrei widerlegt, die Erwartungsverläßlichkeit eines auf institutionalisierter kollektiver Aktion gegen einen isolierten Aggressor beruhenden Sicherheitssystems aber doch in Zweifel gestellt.[13] Immerhin bietet eine institutionalistische Friedensstrategie auch hier zumindest Teillösungen. Ein dichtes sicherheitspolitisches Regelwerk enthält eindeutige Kriterien für richtiges und falsches Verhalten und ermöglicht insoweit die Identifizierung von sanktionswürdigem, aggressivem Fehlverhalten. Und Allianzen sind Institutionen, die für den Fall eines Zusammenbruchs kooperativer Sicherheit zumindest multilaterale Rückfallpositionen darstellen, die den Staaten eine Alternative zum Rückgriff auf gänzlich unilaterale, nationalstaatliche Verteidigungspolitiken bieten. Zugleich können Allianzen befriedend auf das Sicherheitsdilemma zwischen Allianzpartnern einwirken.[14]

Damit sind die vom liberalen Institutionalismus postulierten Friedensleistungen internationaler Institutionen idealtypisch umrissen. Dabei gilt es nochmals daran zu erinnern, was über das Zeitmaß von Institutionen gesagt wurde. Institutionen wachsen und bewähren sich in Zeiträumen, die über das akzidentelle Interesse von Journalisten oder die tagespolitischen Aufmerksamkeitsspannen weit hinausgreifen. Leider gilt dies auch für ihre Fähigkeit zur prompten Anpassung an revolutionär – das heißt: höchst rapide – geänderte Rahmenbedingungen und Aufgabenstellungen. Institutionen werden also immer dann Probleme haben, wenn 1. neue Aufgaben plötzlich auftreten und 2. neue Akteure, die den „Sozialisationsprozeß" erst noch durchlaufen müssen, gleichberechtigt auf der Bühne erscheinen.

Die Problemstellungen nach 1989: Das Beispiel Jugoslawien

Daran wird nun bereits das grundsätzliche Problem deutlich, dem die europäischen Institutionen zwangsläufig nach 1989, noch mehr nach 1991 ausgesetzt waren: Sie waren konstruiert für eine andere, die bipolare, vom Kalten Krieg geprägte europäische Ordnung. Mit dem Erlöschen dieser Ordnung blieb nur ihre organisatorische Hülle intakt und konnte genutzt, erweitert oder verändert werden, um die plötzlich neu anstehenden Aufgaben in Angriff zu nehmen.

Die sicherheitspolitischen Risiken, denen Europa nunmehr ausgesetzt ist, lassen sich wie folgt umreißen: Die Restauration eines russischen Imperialismus mit zunehmendem Druck auf die Nachbarn [15]; die Neuentwicklung von Großmachtrivalitäten auch im Westen des Kontinents; die Zerfaserung der europäischen Friedensordnung in chaotische interethnische Auseinandersetzungen nach dem Muster Jugoslawiens; die höchst geringe, aber nicht auszuschließende Möglichkeit einer externen Bedrohung des europäischen Raumes, namentlich durch die Weiterverbreitung von Massenvernichtungswaffen und ballistischen Trägersystemen; schließlich die Implosion selbst stabiler politischer Systeme durch wirtschaftliche Krise, Migration und „Unregierbarkeit".[16]

Neue Verhaltensroutinen benötigen aber weitaus länger, um verläßlich und wirksam zu werden. Dies gilt für internationale Institutionen noch in erhöhtem Maße, da hier Verhaltensänderungen zweistufig – innerhalb der Institution und in den nationalen Politiken der Mitgliedsstaaten – durchgesetzt werden müssen.[17] Typischerweise ist daher die Wirksamkeit institutioneller Gründungen und Veränderungen erst mit erheblicher Verzögerung feststellbar.

Wir können nun die Frage nach dem „Versagen" neu und korrekter formulieren. Tatsächlich sind zwei Fragen relevant:

1. Haben die europäischen Institutionen angesichts der neuen Herausforderungen wenigstens diejenigen Aufgaben erfüllt, für die sie ursprünglich geschaffen wurden?
2. Haben die europäischen Institutionen die erforderliche Flexibilität gezeigt, ihre Strukturen an die neuen Herausforderungen anzupassen?[18]

Besieht man sich den Jugoslawien-Konflikt und die Leistungen der europäischen Institutionen, so wird schnell verständlich, warum ein durchschlagender „Erfolg" hier kaum zu erwarten war. Es handelte sich um einen Konflikt der neuen Epoche, der in der Phase des Ost-West-Konflikts nicht hätte entstehen können. Überdies entwickelte er sich aus mehreren im strengen Sinne innerstaatlichen Disputen, die nur durch den Willensakt anderer Länder – die völkerrechtliche Anerkennung – politisch in einen internationalen Konflikt umdefiniert wurden. Die vorhandenen Institutionen waren aber darauf ausgerichtet, vorbeugend die zwischenstaatlichen – genauer: zwischen den Blöcken bestehenden – Divergenzen abzuarbeiten. Die Kollision zweier in den Institutionen verankerten Normen – der territorialen Integrität der Staaten in der KSZE-Welt einerseits, dem Selbstbestimmungsrecht der Völker andererseits – machte von vornherein komplexe und diffizile Erwägungen erforderlich, die schon von der Natur der Sache her schnelle und eindeutige Lösungen erschwerten, wenn nicht unmöglich machten.[19] Der vierfache Schock: neue Konfliktlage, Entgrenzung innerstaatlicher/zwischenstaatlicher Konflikt, Eingriff in Gewalthandlungen und Normenkollision – stellte die Institutionen vor ein kurzfristig nicht befriedigend lösbares Problem. Hinzu trat, daß die Nachfolgestaaten der zerfallenen Vielvölkerimperien mit wenigen Ausnahmen eben nicht in die europäischen Institutionen integriert waren; sie mußten „institutionalisierte Politik“ sozusagen in nachholender Entwicklung erst erlernen.

Dennoch läßt sich gerade für den Jugoslawien-Konflikt behaupten, daß die europäischen Institutionen im Rahmen ihrer Möglichkeiten Positives geleistet haben; Jugoslawien liefert einen zwar im Ergebnis keineswegs befriedigenden, aber dennoch unübersehbaren Nachweis für die Anpassungsfähigkeit des unter anderen Umständen und für andere Zwecke konstruierten Gefüges:

- Die Europäische Union strafte all jene Lügen, die im Anerkennungsdisput vom Dezember 1991 den Anfang vom Ende der gemeinsamen Außen- und Sicherheitspolitik zu erkennen glaubten. Seither haben sich die Zwölf – trotz fortbestehender Einschätzungsunterschiede – stets zu gemeinsamen Kompromißpositionen durchgerungen. Seit Herbst 1992 haben sie ihre Rolle als Mitverantwortliche für die Internationale Jugoslawienkonferenz sowie in der Kontrolle des Embargos ohne größere Friktion spielen können. Ein gefährliches geopolitisches Auseinanderdriften der großen Mitgliedsländer in der Balkanfrage konnte vermieden werden.[20] Demgegenüber läßt sich das lautstarke Ausscheren Athens noch verschmerzen. Daß die Konfliktparteien, vor allem die serbischen, die Möglichkeiten der Vermittlung nicht wahrgenommen haben, ist der Union nicht anzulasten. Die WEU – unter dem Maastricht-System der militärische Arm der Union – machte sich bei der Embargo-Überwachung in der Adria und auf der Donau nützlich.[21]
- Die NATO hat – im Auftrag der UNO – die See- und Luftraumüberwachung übernommen und Luftunterstützung für die Blauhelme in Bosnien bereitgestellt. Sie hat damit kurz nach dem Ende des Ost-West-Konflikts demonstriert, daß sie in der Lage ist, neue Aufgaben außerhalb des bisherigen Geltungsbereichs des Bündnisvertrages wahrzunehmen, sofern ein entsprechendes Mandat vorliegt.[22] Die zunächst eifersüchtige Konkurrenz zwischen WEU und NATO, wer die „bessere Allianz“ für derartige Missionen sei, wich nach einiger Zeit einer sinnvollen Arbeitsteilung und Koordination. Zugleich hat die NATO jedoch der Versuchung widerstanden, den Konflikt zu eskalieren. Zwar hat es viele – auch gute – Argumente für ein massives militärisches Eingreifen gegeben, jedoch auch zahlreiche bedenkenswerte Einwände hinsichtlich der zu befürchtenden Opfer und der mangelnden Erfolgsaussichten.[23] Angesichts dieses Für und Wider kann man die Selbstbeschränkung der westlichen Allianz nicht einfach als Schwäche verbuchen; vielmehr folgten die Bündnispartner der Vorsichtsregel, die sie letztlich auch während des Ost-West-Konflikts in der Auseinandersetzung mit der Sowjetunion aus gutem Grund eingehalten hatten.[24]
- Die KSZE hat ihr Krisensystem an Jugoslawien versucht und mit der Einführung des „Konsens minus eins“ einen wesentlichen Schritt vorwärts gemacht, um eine Entscheidungsblockade zu verhindern. Daß die operative Führung des Vermittlungsprozesses der EU und der UNO überlassen wurde, entsprang der völlig richtigen Einsicht, daß der Apparat der Organisation sowie die Konsensbildungsprozesse in der Übergangsphase nach 1991 nicht ausreichend belastbar waren, um selbst schon diese Aufgaben übernehmen zu können. Zudem führte die KSZE

nützliche Beobachtermissionen in der Woiwodina, im Sandschak und in Albanien aus. Angesichts des fortgesetzten Regelbruchs durch Restjugoslawien suspendierte die KSZE in einem „Konsens-minus-eins-Beschluß“ dessen Mitgliedschaft und erwies sich damit als sanktionsfähig, büßte freilich auch ihre Unparteilichkeit ein.[25]

- Jugoslawien gab auch den Anlaß, das präzedenzlose, ungeübte Zusammenspiel zwischen regionalen Organisationen und UNO zu erproben. Dies lief natürlich nicht reibungslos ab; es funktionierte jedoch im großen und ganzen, wenn auch angesichts der Länge des Konflikts die Obstruktionspolitik der bosnisch-serbischen Seite diese Reibungen immer wieder geschickt instrumentalisierte. Unstimmigkeiten zwischen der UNO und der NATO über das erforderliche Ausmaß der Vergeltung serbischer Waffenstillstands-Verletzungen sind vermutlich dem jeweils ausgeprägten Organisationscharakter – hier die militärische Verteidigungsallianz, dort die unter dem unbedingten Vorrang friedlicher Konfliktlösungsinstrumente operierende Weltorgansation – geschuldet und insofern unvermeidbar.[26]

Zur Rede vom Versagen der Institutionen trägt ein Mangel an kontrafaktischer Phantasie bei. Es lohnt sich, auf eine vergleichbare Umbruchszeit – die Zeit nach Beendigung des ersten Weltkrieges – zurückzublicken. In der Zeit zwischen der deutschen Kapitulation und Mitte 1923 – das entspricht der Zeitspanne seit dem Fall der Berliner Mauer – gab es die russische Revolution mit der externen Intervention dreier Großmächte; den Einmarsch Frankreichs ins Ruhrgebiet; den polnisch-russischen Krieg sowie das Niederwalzen der Selbständigkeitsbestrebungen in der kaukasischen Region und in Zentralasien.

Was an dieser kurzen Übersicht ins Auge sticht, ist die große Zahl an grenzüberschreitenden Konflikten mit Beteiligung der europäischen Großmächte. Vor diesem Hintergrund lassen sich die beiden wichtigsten Leistungen der heutigen europäischen Institutionen ablesen, die in der scharfen Kritik angesichts des bosnischen Desasters häufig übersehen werden:

- Trotz unterschiedlicher Interessen und Einschätzungen kam es nicht zu einem europäischen Großmachtkonflikt. Im Gegenteil, ungeachtet verschieden akzentuierter Parteinahme bemühten sich die europäischen Akteure, Rußland und die USA, den Konflikt einzugrenzen, die Gewalthandlungen zu dämpfen und eine einvernehmliche Lösung herbeizuführen. Ohne die institutionellen Verflechtungen in EU, NATO, KSZE und UNO wäre ein derartiges Konfliktvermeidungs-Konzert ungleich schwieriger gewesen.
- Durch dieses Zusammenwirken internationaler Organisationen wurde es möglich, den Konfliktparteien die Chance zu einer friedlichen Einigung zu bieten. Daß dies bis heute nicht gelungen ist, kann kaum den internationalen Institutionen angelastet werden. Es liegt vielmehr in der Verantwortung der Konfliktparteien, vor allem der serbischen Seite, die sich bietenden Chancen aus engen und kurzfristigen Interessen nicht wahrgenommen zu haben. Dafür, daß die Institutionen – d.h. die in ihnen wirkenden Staaten – daraufhin nicht so weit eskaliert haben, daß sich Wohlverhalten hätte erzwingen lassen, gibt es vertretbare Gründe. Die Bereitstel-

lung von verfahrensmäßiger und substantieller Vermittlung in einem hochkomplexen Konflikt jedenfalls ist eine Leistung der Institutionen, die anerkannt werden muß.

Am deutlichsten ist der Unterschied im Verhalten Rußlands; während die Rote Armee Anfang der zwanziger Jahre ohne Rücksicht auf nationale und ethnische Eigenständigkeitsbestrebungen die zunächst von Rußland abgespaltenen Provinzen gnadenlos für die neue Sowjetunion akquirierte, bemüht sich Rußland für seine militärische Präsenz im sogenannten nahen Ausland um ein Mandat der Vereinten Nationen und der KSZE und verhandelte im Vorfeld des KSZE-Gipfels von Budapest im Wiener Sicherheitsforum über Richtlinien für friedenserhaltende Einsätze – möglicherweise mit KSZE-Beobachtern – an der russischen Peripherie.

Anpassungsleistungen der europäischen Institutionen

Wenn hier am Beispiel des Jugoslawien-Konflikts – eingestandenermaßen der bisherige europäische „Worst Case" seit Ende des Ost-West-Konflikts – die europäischen Institutionen durchaus verteidigt werden konnten, so stellt sich ihre Vitalität auch aus einer allgemeineren Perspektive durchaus eindrucksvoll dar. Hierbei geht es um ein Urteil in der Frage, inwieweit die Institutionen sich mit dem Ziel verändert haben, für die eingangs genannten sicherheitspolitischen Risiken Lösungsmöglichkeiten bereitzustellen.

Betrachtet man sich zunächst die OSZE als umfassendstes Organ im Gewebe europäischer Sicherheitsinstitutionen, so fällt die ungeheure Differenzierung des institutionellen und organisatorischen Apparates auf, die sich seit 1990 vollzogen hat.[27] Die OSZE ist heute eine zwar personell und finanziell bescheiden ausgestattete, aber im Kern voll entwickelte internationale Organisation. Die Etablierung eines ständigen Ausschusses und eines Generalsekretariats sind hierfür eindeutige Indikatoren. Die OSZE verfügt mit dem Zentrum für Konfliktverhütung und dem Forum für Sicherheitskooperation über zwei Organisationsteile, die beharrlich am weiteren Abbau des Sicherheitsdilemmmas in Europa arbeiten. Das Konfliktverhütungszentrum ermöglicht durch sein europaweites Informationsnetz Echtzeitkommunikation im Krisenfall. Auch seine Fähigkeit, militärische Aktivitäten an einem Normal-Standard zu messen und ungewöhnliche Bewegungen, die ihm von Mitgliedsstaaten gemeldet werden, an diesem Maßstab messen zu können, verdient Beachtung. Der sicherheitspolitische Verhaltenskodex, an dem das Forum gegenwärtig arbeitet, wird diesen Standard qualitativ erweitern. Der Krisenmechanismus ermöglicht ein schnelles, noch vorbeugendes Eingreifen in eskalierende politische Konflikte. Mit dem Entscheidungsverfahren Konsens minus eins hat die OSZE einen wichtigen Schritt getan, die drohende Blokkade, die aus dem vorherigen Einstimmigkeitszwang resultierte, zu vermeiden. Die Entsendung von Beobachtern (Jugoslawien; Estland; Lettland; Moldawien; Georgien; Tadschikistan; Nagorno-Karabach) und der Streitschlichtungs-Mechanismus stellen weitere Instrumente zur Behandlung von Konflikten dar. Mit dem von Frankreich angeregten und von der EU geförderten Stabilitätspakt ist der OSZE ein weiteres Instrument zur Verfügung gestellt worden, nunmehr auf subregionaler Ebene, um drohende Konflikte zwischen ihren osteuropäischen Mitgliedsstaaten im Vorfeld zu bereinigen. Die regionalen „Runden Tische" dürften bessere Chancen als die gesamteuropäischen Gremien bieten, die Details der Auseinandersetzungen ohne Gewaltanwendung zu bearbeiten. [28]

Damit sind auch innerstaatliche ethnische Konflikte eingeschlossen. Mit den Prinzipien zu den Minderheitenrechten und der Ernennung eines Hohen Kommissars für nationale Minderheiten, dem innerstaatlich Zugang zu den Betroffenen gewährt werden muß, haben die Mitgliedsstaaten die Konsequenz aus der internationalen Bedeutung von Minderheitenkonflikten gezogen. Die mögliche Beschlußfassung 53 minus eins über etwaige Maßnahmen in solchen Konflikten erhärtet diesen Anspruch der europäischen Staatengemeinschaft, die früher uneingeschränkte Souveränität von Staaten über „ihre" Subjekte zu relativieren. Daß der Minderheiten-Kodex noch unzureichend ist und KSZE-Maßnahmen, die als Antwort auf fortgesetzte schwerwiegende Menschenrechtsverletzungen nach dem Verfahren „Konsens minus eins" beschlossen werden, nur außerhalb des Territoriums des betreffenden Staates anwendbar sind, mag nicht befriedigen; angesichts des innovativen Charakters der gesamten Reform war dies jedoch wohl eine notwendige Einschränkung, um breite Zustimmung innerhalb der Mitgliedschaft zu erreichen.[29]

Schließlich verfügt die KSZE mit ihrem Warschauer Büro für demokratische Institutionen und Menschenrechte über eine weitere Instanz, der die Förderung der noch jungen und gefährdeten demokratischen Entwicklung im Osten des Kontinents aufgegeben ist. Wer auch hier an den begrenzten Kompetenzen Kritik üben möchte, sei gefragt, ob es wirklich realistisch wäre, eine weitreichende Einschränkung nationaler Souveränität in einem einzigen Schritt gerade in jenem Teil Europas zu erreichen, in dem Souveränität gerade erst wieder errungen wurde und Identitäten und soziale Mobilisierung sich weitgehend über die neue Nationalstaatlichkeit herstellen. Für den Augenblick, so scheint es, hat die KSZE die Möglichkeiten internationaler Eingriffe in innerstaatliche Entwicklungen bemerkenswert weit ausgereizt.

Auch die NATO hat sich in den vergangenen vier Jahren deutlich bewegt.[30] Nach der Ansicht vieler Beobachter ist sie unter den europäischen Institutionen am weitesten gefährdet, da ihre Grundlage, die transatlantische Sicherheitskooperation, auf der gemeinsamen Bedrohung beruhte. Diese „Geschäftsgrundlage" der westlichen Allianz ist weggefallen.

Die doppelte Aufgabe: Sicherheitsgewährleistung auch für den Osten Europas (durchaus im Sinne eines Gleichgewichts gegen das dort immer noch übermächtige Rußland) und Einbindung Rußlands gleicht natürlich der Quadratur des Kreises. Gibt man der Einbindung den Vorrang, so verfehlt man die Sicherheitsbedürfnisse der Osteuropäer und destabilisiert somit möglicherweise deren fragile politischen Systeme. Betont man die Ausdehnung des Allianzschirms durch schnelle Öffnung für die Vollmitgliedschaft osteuropäischer Länder, so zieht man neue Grenzen durch Europa und isoliert im Endeffekt Rußland, womit die ohnedies äußerst instabile innenpolitische Lage dort zugunsten der radikalen altkommunistischen oder hypernationalistischen Kräfte verschoben werden und so einen neuen russischen Expansionismus geradezu fördern könnte. Die „Partnerschaft für den Frieden“ versucht einen sinnvollen, aber prekären Kompromiß. Die Voraussetzungen für eine reibungslose Zusammenarbeit zwischen westlichen und östlichen Streitkräften für den Krisenfall werden geschaffen. Durch die Einbeziehung Rußlands wird aber eine Grenze nicht gezogen, solange Rußland wirklich ein Partner für den Frieden bleibt. Die Forcierung der NATO-Erweiterung hat diese kluge Gleichgewichtspolitik zerstört.

Die zweite größere Innovation ist der Versuch, anstehende Probleme der gesellschaftlichen Umgestaltung im militärisch/zivilen Handlungszusammenhang kooperativ mit den früheren Gegnern zu bewältigen. Der größte Teil des Aktionsprogramms des Nordatlantischen Kooperationsrats (NAKR) und ein guter Teil der Partnerschaft für den Frieden ist – offen gesagt – der Umerziehung des östlichen Militärs, seiner Einbeziehung in partnerschaftlich gestalteten Multilateralismus, der Etablierung ziviler Kontrolle über die Militärapparate sowie der Rüstungskonversion gewidmet.[31]

Außerdem dienen beide Einrichtungen dem weiteren Abbau des Sicherheitsdilemmas. Die Wichtigkeit von NAKR bei der Umsetzung des KSE-Vertrags nach dem Zusammenbruch der Sowjetunion kann nicht hoch genug eingeschätzt werden. Die kontinuierliche persönliche Zusammenarbeit zwischen den Militärs, gemeinsame Übungen usw. sollen die Vertrauensbildung weiter stärken.[32]

Schließlich hat sich die NATO neuer Sicherheitsprobleme angenommen: der Friedenserhaltung außerhalb des Bündnisgebietes sowie der Proliferation. Sie hat der KSZE (für Operationen innerhalb Europas bzw. des KSZE-Raumes) und der UNO angeboten, fallweise zur Ausführung von Mandaten zur Verfügung zu stehen. Angesichts der konkurrenzlosen Mittel des Bündnisses, multilaterale militärische Operationen auszuführen, und angesichts der Schwierigkeiten internationaler Organisationen gerade in diesem Bereich ist dieses Angebot nicht unwichtig.[33]

Kritische Anmerkungen sind hier allerdings unausweichlich. Die NATO insistiert auf einer „Kooperation“ und wendet sich gegen eine „Unterordnung“ unter die KSZE. Es ist nun aber für Operationen außerhalb des Bündnisgebietes – also außerhalb der legitimen Selbstverteidigung – ganz unvermeidlich, daß die KSZE als regionale Unterorganisation der Vereinten Nationen der NATO, einer Verteidigungsallianz, übergeordnet bleibt: sie vergibt das Mandat für friedenserhaltende Einsätze, und ihr obliegt auch letztlich die politische Kontrolle. (Für Kampfeinsätze wäre in jedem Fall ein Mandat des UNO-Sicherheitsrats erforderlich.)

Dennoch bleibt das Restrisiko bestehen, daß die Allianz sich selbst zum Meister europäischer Sicherheit machen will, und zwar auf Kosten der KSZE. Die Gefahr eines solchen Anspruchs liegt nicht zuletzt darin, daß Rußland seinen unverkennbaren Drang, eine ähnliche grenzüberschreitende Pazifizierungsrolle in seinem Umfeld zu beanspruchen, genau aus diesem Anspruch des westlichen Bündnisses rechtfertigt. Die Bindung aller NATO-Aktionen nicht nur an klare Mandate, sondern auch an eine politische Kontrolle durch UNO bzw. KSZE ist daher unerläßlich. Dabei geht es um die ständige Unterordnung militärischer Aktionen unter die vorgegebenen politischen Zielsetzungen, um die Sicherstellung des Verhältnismäßigkeitsprinzips beim Waffeneinsatz sowie um die Bedingungen und den Zeitpunkt, an dem die Aktion zu beenden ist. Andernfalls degeneriert institutionelle Sicherheitspolitik in eine herkömmliche und konfliktträchtige Machtgleichgewichtsstrategie der Allianz.[34]

Skepsis ist auch gegenüber der „Counterproliferation“-Initiative angebracht, die die USA in Brüssel eingebracht haben. Zunächst sah sie wie ein Alleingang des Pentagon aus, um Raketenabwehr und präventive Militäroperationen gegen Massenvernichtungswaffen-Programme zu einer neuen Zentralaufgabe des Bündnisses zu machen. Eine solche Entwicklung hätte die NATO überfordert und überdies den prekären Nord-Süd-Konsens in den diversen Nichtverbreitungsregimen untergraben. Mittlerweile ist durch konzertierte Aktion europäischer Regierungen und des State Department diese Initiative auf ein erträgliches Maß gebracht worden. Daß sich die NATO – wie auch der NAKR – in Bedrohungsanalyse und Streitkräfteplanung mit der Proliferationsgefahr befaßt, ist sinnvoll. Eine hypertrophe Feindbildproduktion sollte hieraus jedoch nicht resultieren.[35]

Zuletzt sollte nicht unerwähnt bleiben, daß die Neuorganisation der Streitkräfte zu einer vertieften Multinationalisierung führen wird; statt auf der Ebene der Armeegruppe gibt es nun bereits auf Korpsebene gemeinsame Stäbe. Die Integrationsleistung der NATO, die ja auch der stillschweigenden Vertrauensbildung unter ihren Mitgliedern (vor allem der Einbindung der Bundeswehr) dient, wird so fortgeführt und vertieft.[36]

Das Verdienst der EU war es, die aus der deutschen Vereinigung erwachsenden Gleichgewichts-Risiken durch die Vertiefung der Integration im Maastricht-Vertrag abzufangen.[37] Dies war geradezu ein Musterbeispiel dafür, wie an Stelle herkömmlicher Gleichgewichtspolitik Sicherheitspolitik durch institutionelle Bindung treten kann. Die neue Unions-Struktur von Maastricht ist heftig kritisiert worden.[38] Bemerkenswert ist jedoch, daß Integrationsbefürworter wie Skeptiker eines europäischen „Superstaats“ eine stärkere Europäisierung der nationalen Politiken erwarten: auf der einen Seite durch die „Fusion“ von nationalen, internationalen und supranationalen Entscheidungsprozessen in einer erweiterten Palette von Politikgebieten; auf der anderen Seite durch die konsequente Anwendung des Subsidiaritätsprinzips, das auch Entscheidungsinstanzen unterhalb der nationalen Regierungen in europäische Politikprozesse einbeziehen wird.[39] Trifft diese Diagnose zu, so ist hier ein dringend benötigtes Gegengewicht zu dem unverkennbaren Trend geschaffen worden, nationale Belange auch unter den Zwölf stärker in den Vordergrund zu stellen. Die Maastricht-Bestimmungen über die gemeinsame Außen- und Sicherheitspolitik dringen zwar in diesem Bereich gegenüber der nationalen Souveränität formal nur in geringem Umfang vor, sie enthalten aber einen erheblichen Druck zur Einigung. In diesem Zusammenhang ist die oben bereits erwähnte Tatsache bemerkenswert, daß der Anerkennungsstreit im Jugoslawien-Konflikt (Dezember 1991) nicht, wie Pessimisten prognostizierten, das Ende der Gemeinsamen Außen- und Sicherheitspolitik noch vor ihrem Beginn einläutete.

Erstaunlich ist auch die Bereinigung in der Konkurrenz zwischen WEU – nunmehr mit der EU verzahnt – und der NATO. Die Verlegung des WEU-Hauptquartiers nach Brüssel, die Koordinierung von WEU- und NATO-Rat durch die beiden Sekretariate, die Verschiebung von Eurogroup und Independent European Programme

Group (IEPG) von der NATO an die WEU, verbunden mit der Assoziierung der europäischen NATO-Mitglieder, die nicht der WEU angehören, die Klärung des NATO-Status von Eurocorps und anderen künftigen WEU-Einheiten stellen eine sinnvolle Rationalisierung dar, die vor wenigen Jahren – angesichts prinzipieller französischer Vorbehalte – so nicht denkbar gewesen wäre. Zwar besteht eine gewisse Konkurrenz zwischen NATO und WEU weiter, jedoch ist diese auf ein erträgliches Maß zurückgedrängt worden.[40]

Wenn an den sicherheitspolitischen Leistungen der Europäischen Union Kritik fällig ist, so bezieht sich diese auf ihren innersten Kernbereich, die wirtschaftliche Zusammenarbeit. Zwar hat man den früheren Verbündeten der Sowjetunion sowie den baltischen Staaten eine Beitrittsperspektive geöffnet, diese jedoch wohlweislich zeitlich nicht präzisiert. Viel schwerer wiegt jedoch, daß die EU kurzfristig aus parochialen, protektionistischen Gründen den Marktzugang für die konkurrenzfähigsten Exportartikel dieser Staaten, landwirtschaftliche Produkte, Stahl und Textilien erschwert und damit der marktwirtschaftlichen Entwicklung der östlichen Partnerländer unverantwortlicherweise Steine in den Weg gelegt hat. Zugleich wird dringend benötigte Hilfe – etwa im Nuklearsektor – mit der quälenden Langsamkeit eingefahrener Bürokratie abgewickelt; es gibt keinen „Fast Track“ für Projekte, die im ureigensten Sicherheitsinteresse der Zwölf liegen. Wenn von einem Anpassungsversagen der EU die Rede sein kann, dann in dieser Beziehung.[41]

Schluß: Kein Versagen, aber auch keine Erfolgsgarantie

Welches Fazit läßt sich aus der Analyse ziehen?[42] Zunächst einmal ist festzuhalten, daß ein Verfall der europäischen Institutionen unter dem Druck neuer Konflikte und Renationalisierung nicht feststellbar ist. Im Gegenteil, wir verzeichnen ein institutionelles Wachstum, das dem erkennbaren Bemühen folgt, für die Bewältigung der neuen, mittlerweile deutlich erkannten Probleme einen Rahmen zu schaffen.[43] Von einem „Versagen“ der Institutionen kann keinesfalls gesprochen werden.[44] Daß es gelungen ist, substantielle Präferenz-Unterschiede – etwa zwischen der deutsch/französischen und der britisch/niederländisch/italienischen zur Rolle der WEU – durch brauchbare Kompromisse zu überbrücken [45], ist angesichts der angeblich so starken „Renationalisierung“ der Sicherheitspolitik schon bemerkenswert.[46] Es bestätigt sich der Befund, daß die Arbeit in den Institutionen Strategien, ja sogar Interessen und Präferenzen von Staaten beeinflußt.[47]

Die starke Stellung der westlichen Allianz wirft hierbei ein doppeltes Problem auf. Sie birgt zum einen das Risiko, daß die fällige Übertragung von Sicherheitsaufgaben auf die regionale Unterorganisation der UNO, die KSZE, nicht nach Möglichkeit und mit der angemessenen Geschwindigkeit vollzogen wird. Zum anderen verleiht sie der militärischen Sicherheit im Vergleich zu den wichtigeren und tiefenwirksameren Demokratisierungs- und Entwicklungsstrategien ein allzu starkes Gewicht. Beide Probleme tragen die Gefahr in sich, daß ohne Not institutionelle Sicherheitspolitik in Richtung auf Gleichgewichtspolitik zurückgedrängt wird.[48] Zugleich bleibt die NATO jedoch unverzichtbar, sollten „Worst Case"-Entwicklungen im Osten Europas den Rückgriff auf eine verstärkte Gleichgewichtspolitik unvermeidlich machen.[49]

Drei weitere Vorbehalte sind hervorzuheben:

- Institutionen stellen relative, keine absoluten Einschränkungen für einzelstaatliches Handeln dar. Prononcierter: sie bieten Staaten die Chance für die gewaltfreie Bearbeitung ihrer Probleme. Weigern sich die Staaten, die Chance wahrzunehmen, so steht ihnen nach wie vor die Möglichkeit offen, unter höherem Aufwand und Inkaufnahme größerer Risiken und Kosten einen anderen Weg zu gehen. Wie zum Unterlassen, können Institutionen Regierungen auch nicht zum Handeln zwingen. Kostenträchtige Interventionen werden vor allem in Demokratien stets einer kritischen Prüfung unterzogen werden. Institutionen schaffen einen Handlungsrahmen; handeln müssen die Akteure nun einmal selbst.[50]
- In engem Zusammenhang damit stellt ein kräftiges Residuum nationaler Souveränität immer noch eine Schranke für institutionelle Problembewältigung dar. Die noch unzureichende Behandlung des Minoritätenproblems gerade auch durch gewisse westliche Staaten ist eine deutliche Erinnerung. Zwar ist es seit Ende des Ost-West-Konflikts gelungen, internationale Ansprüche erstaunlich weit gegenüber der Domäne der Souveränität vorzuschieben. Diese setzt den Eingriffsmöglichkeiten „von außen" aber immer noch beachtliche Grenzen.[51]
- Der Unterschied im politischen Zeitmaß zwischen krisenhaften Verwerfungen einerseits, institutioneller Bewältigung andererseits kann nicht wichtig genug genommen werden. Wir haben 1989 gelernt, daß Geschichte sich in unterschiedlichen Geschwindigkeiten bewegt. Dies gilt heute noch; die gesellschaftlichen Krisenprozesse im Osten Europas weisen eine sehr hohe Geschwindigkeit auf. Demgegenüber ist das institutionelle Wachstum – im Sinne der Einübung neuer Gewohnheiten – regelmäßiger und vor allem langsamer. So kann nicht ausgeschlossen werden, daß die Krise die Problemlösung hinter sich läßt; in diesem Falle wäre selbst wachsende Institutionalisierung nicht in der Lage, Europa Sicherheit zu gewähren.

Anmerkungen

* Für hilfreiche Kritik eines früheren Entwurfs danke ich Gert Krell, Hans-Dieter Lemke, Mary McKenzie, Peter Schlotter, Lars van Dassen und Michael Zürn

1 Eine besonders beißende Kritik bei Eyal 1993.

2 Der metaphorische Gebrauch im Begriff „technisches Versagen" erklärt sich genau daraus, daß der mit der Technik hantierende Akteur von diesem moralischen Verdikt entlastet werden soll.

3 Schneider/Werle 1989.

4 Siehe dazu sehr pointiert Hurd 1994; vgl. auch Kühnhardt/ Pöttering 1994 sowie Taylor 1993.

5 Vgl. Kühnhardt/Pöttering 1994, 73; Schlotter/Ropers/Meyer 1994, 107-109.

6 Greven 1983; Göhler 1987b, hier 17; Waschkuhn 1987 in: Göhler 1987a, 71-97.

7 Zu den Unterscheidungen vgl. Keohane 1989, Chap. 1.

8 Damit folge ich hier der Institutionsanalyse von Giddens 1992; eine vorzügliche Anwendung auf die Sicherheitspolitik ist Behnke 1993; vgl. auch Wendt/Duvall 1989, 51-73; Wendt 1992.

9 Senghaas 1994, 25; die institutionalistische Theorie kann daher nicht annehmen, daß neu gesetzte Normen sich unmittelbar und ohne Brüche durchsetzen; sie kann auch nicht vertreten, daß neue Akteure – etwa neue Nationalstaaten – gesetzte Normen ohne Friktionen Übergangsprobleme akzeptieren; dieser Irrtum unterläuft Gärtner 1992, hier 236; für die Periode 1989-1991 finden Keohane/Hoffmann sechs Rollen der europäischen Verhandlungsstrategien bestä-

tigt: Kanalisierung von Einfluß; Begrenzung von Verhandlungsstrategien; Balancieren gegen andere Institutionen; Informationsübertragung über die Absichten von Regierungen; Präzisierung von Verpflichtungen, die als „Templates" für politische Entscheidungen dienen; und Einflußnahme auf die Präferenzstrukturen von Staaten, aus denen sich deren nationale Interessen ableiten; vgl. Keohane/Hoffmann in: Keohane/Nye/Hoffmann 1993, hier 393-402.

10 Vgl. Buzan 1983; Jervis 1978, 167-214.

11 Senghaas 1992, 128 ff.

12 Vgl. Müller 1993a, Kap. 3 u. 6.

13 Vgl. Betts 1992, 5-43; Joffe 1992, 36-50; optimistischer Flynn/Scheffer 1990, 77-101.

14 Butfoy 1993, 400-510; grundsätzlich: Weber 1993, 633-680.

15 Vgl. Bodie 1993, 509-526; Arbatov 1994, 90-103.

16 Vgl. hierzu den Sammelband Forndran/Pohlmann (Hg.) 1993.

17 Putnam 1988, 427-460; Haftendorn 1989, 32-49; Müller 1993b, 361-388.

18 Eine dritte relevante Frage, auf die mich Michael Zürn aufmerksam gemacht hat: „Haben die Institutionen perverse Anreize für Dritte geschaffen, die den Krieg gefördert haben?" wird in diesem Beitrag nicht behandelt.

19 Schlotter/Ropers/Meyer, 49-50.

20 Ropers/Schlotter 1992; Preisinger 1994; Schlotter 1993b; Messervy-Whiting 1994, 13; Hurd 1994, 424.

21 Gow/Smith 1992, 53 ff.; Borinski 1993.

22 Rühle 1994, 81-90, hier 86-88.

23 Ebenda; Schlotter 1993; Mandelbaum 1994, 3-18; vgl. auch die lakonischen Bemerkungen von Lake, 21.9.1993, 13-19, hier 18.

24 Dean 1993, 126-128, hier 127.

25 Vgl. Ropers/Schlotter 1992; Vetschera 1994, 124-132; Remacle 1993, 109-123; Brandenburg 1994, 73-77; Schlotter/Ropers/Meyer 1994, 46-52.

26 Gow/Smith 1992, 55 f.; Messervy-Whiting 1994, 14-17.

27 Dazu Vetschera 1994, 95-154; Ropers/Schlotter 1993, 20-27; Meyer 1993, 147-152; Joetze 1994, 283-289.

28 *Atlantic News* Nr. 2626, 27.5.1994, 2-4; *Atlantic News* Nr. 2627, 31.5.1994, 2-3 u. Supplement „Atlantic Document No. 86".

29 Wie schwer dieser Fortschritt angesichts unterschiedlicher nationaler Positionen zu erzielen war und wie hoch er deshalb bewertet werden sollte, ist v.a. Lucas 1993 zu entnehmen. Siehe vor allem Möttölä, ebda., 1-30; Möller-Gulland, ebda., 31-60; Lucas/Mietsch, ebda., 83-108.

30 Steinberg 1994, 49-70, hier v.a. 52-54.

31 Vgl. Kamp 1993; Barrett/Peters 1994, 249-264; von Moltke 1994, 6.

32 George/Borawski 1993, 475-490; Baldwin, ebda., 545-566; Meyer 1993, 150-151.

33 Vgl. Berdal 1993.

34 Butfoy 1993, 498-500; vgl. auch die kritische Diskussion bei Clarke 1993/94, 22-40; Smith 1993, 305-316.

35 Müller/Dembinski/Kelle 1994.

36 Weston 1993, 156-158; Tuschhoff 1993, 28-39.

37 Paterson 1993, 9-18.

38 Vgl. Arnold 1993, 271-280.

39 Wessels 1993, 65-75; Zellentin 1993, 41-64; Borkenhagen 1994, 182-188.

40 Weston 1993, 137-143; vgl. auch Steinberg 1994, 54-56. Überzogen ist die Kritik von Moens 1993, 567-584.

41 Czempiel 1994, S. 94

42 Vgl. auch Ropers/Schlotter 1993; Peters 1994, 155-186; Staack 1994, 187-208.

43 „Seit dem Ende des Kalten Krieges wurden die bestehenden Institutioen immer wieder modifiziert, um mit neuen Sicherheitsproblemen durch die zahlreichste und einfallsreichste Ausweitung der Maßnahmen zur Konfliktvermeidung und zum Krisenmanagement fertig zu werden, die die Welt je gesehen hat. Als in den sowjetischen Nachfolgestaaten und in Jugoslawien die Kämpfe ausbrachen, stellten die europäischen Regierungen sowie die amerikanische und die kanadische Regierung fest, wie unvorbereitet sie auf die Bearbeitung der akuten Probleme der europäischen Sicherheit waren. Zu ihren Gunsten muß gesagt werden: sie begannen schnell, sich der Lage anzupassen." Dean 1993, 126.

44 Sehr richtig hierzu Joetze 1994, 287.

45 Vgl. Weston 1993, 137-140.

46 Vgl. Gärtner 1992, 233-258, hier 245/6; Pradetto 1994, 75-100, hier 81-85.

47 Keohane/Hoffmann 1993, 381-414.

48 Czempiel 1994, passim.

49 Die Unverzichtbarkeit der NATO wird im übrigen gerade von osteuropäischen Autoren häufig betont, z.B. Medvedev 1993, 317-322; Valki 1993, 502-544; vgl.auch George/Borawski 1993.

50 Dean 1993, 127.

51 Meyer 1993, 149/150; Peters 1994.

Literatur

Arbatov, Georgi, 1994: „A New Cold War?" in: Foreign Policy, No. 95, Summer 1994, 90-103.

Arnold, Hans, 1993: „"Maastricht„ – *Anfang oder Ende einer Entwicklung?" in: Außenpolitik, Jg. 44, Nr. 3: 271-280.*

Baldwin, Rosser, 1993: „Addressing the Security Concerns of Central Europe Through NATO", in: *European Security, Vol. 2, No. 4, Winter 1993: 545-566.*

Barrett, John/Peters, Hans Jochen, 1994: „NACC and the CSCE: A Contribution in the Context of the Concept of Interlocking Institutions", in: von Plate 1994: 249-264.

Behnke, Andreas, 1993: Structuration, Institutions and Regimes, Stockholm.

Berdal, Mats R., 1993: Whither UN Peacekeeping?, Adelphi Paper 281, London.

Betts, Richard K., 1992: „Systems for Peace or Causes of War? Collective Security, Arms Control and the New Europe", in: International Security, 17/1, Summer 1992, 5-43.

Bodie, William C., 1993: „Threats from the Former USSR", in: Orbis, Vol. 37, No. 4, Autumn, 509-526.

Borinski, Philip, 1993: Die neue NATO-Strategie: Perspektiven militärischer Sicherheitspolitik in Europa, Frankfurt/M.: HSFK (HSFK-Report 1).

Borkenhagen, Franz H.U., 1994: „Regionen in Europa", in: Außenpolitik, Jg. 45, Nr. 2: 182-188.

Brandenburg, Ulrich, 1994*:* „Frühwarnung und Konfliktverhütung durch die KSZE – Lehren aus dem Jugoslawien-Konflikt", in: Pühs/ Weggel/Richter, 1994: 73-77.

Butfoy, Andrew, 1993: „Themes Within the Collective Security Debate", in: The Journal of Strategic Studies, Vol. 16, No. 4, December: 400-510.

Buzan, Barry, 1983: People, States and Fear. The National Security Problem in International Relations, Brighton.

Clarke, Jonathan, 1993/94: „Replacing NATO", in: Foreign Policy, Nr. 93, Winter: 22-40.

Cuthbertson, Ian M. (Hg.), 1992: Redefining the CSCE. Challenges and Opportunities in the New Europe, New York: Institute for East-West Studies.

Czempiel. Ernst-Otto, 1994: Weltpolitik im Umbruch, München, 2.Aufl.

Dean, Jonathan, 1993: „Unter welchen Bedingungen kann eine Europäische Sicherheitsgemeinschaft errichtet werden?" in: Sicherheit und Frieden, Jg. 11, Heft 3: 126-128.

Eyal, Jonathan, 1993: Europe and Yugoslavia: Lessons From a Failure, London.

Flynn, Gregory/Scheffer, David J., 1990: „Limited Collective Security", in: Foreign Policy, No. 80, Autumn: 77-101.

Forndran, Erhard/Pohlmann, Hartmut (Hg.), 1993: Europäische Sicherheit nach dem Ende des Warschauer Pakts, Baden-Baden.

Gärtner, Heinz, 1992: „The Future of Institutionalization: The CSCE Example", in: Cuthbertson 1992: 233-258.

George, Bruce/Borawski, John, 1993: „Sympathy for the Devil. European Security in an Revolutionary Age", in: European Security, Vol. 2, No. 4, Winter: 475-490.

Giddens, Anthony, 1992: Die Konstitution der Gesellschaft: Grundzüge einer Theorie der Strukturierung, Frankfurt/M. u.a.

Göhler, Gerhard (Hg.), 1987a: Grundfragen der Theorie politischer Institutionen. Forschungsstand – Probleme – Perspektiven, Opladen.

Göhler, Gerhard, 1987b: „Institutionenlehre in der deutschen Politikwissenschaft", in: Göhler 1987a: 15-47.

Gow, James/Smith, James D.D., 1992: Peace-Making, Peace-Keeping: European Security and the Yugoslaw Wars, London.

Greven, Michael Th., 1983: „Gesellschaftliche Probleme als Anstoß und Folge von Politik – institutionelle Aspekte", in: Hartwich, Hans-Hermann (Hg.): Gesellschaftliche Probleme als Anstoß und Folge von Politik, Opladen: 510-525.

Haftendorn, Helga, 1989: „Außenpolitische Prioritäten und Handlungsspielraum. Ein Paradigma zur Analyse der Außenpolitik der Bundesrepublik Deutschland", in: Politische Vierteljahresschrift, Jg. 31, Nr. 1: 32-49.

Hrbek, Rudolf (Hg.), 1993: Der Vertrag von Maastricht in der wissenschaftlichen Kontroverse, Baden-Baden.

Hurd, Douglas, 1994: „Developing the Common Foreign and Security Policy", in: International Affairs, Vol. 70, No. 3, July: 421-428.

Jervis, Robert: „Cooperation Under the Security Dilemma", in: World Politics, Vol. 30: 167-214.
Joetze, Günter, 1994: „Zwischen Versagen und Erfolg: Die KSZE im Jahre 1994", in: Europa-Archiv, Jg. 49, Nr. 10: 283-289.
Joffe, Josef, 1992: „Collective Security and the Future of Europe: Failed Dreams and Dead Ends", in: Survival, Vol. 34, No. 1, Spring: 36-50.
Kamp, Karl-Heinz, 1993: Die Frage einer „Osterweiterung" der NATO, St. Augustin.
Keohane, Robert O., 1989: International Institutions and State Power. Essays in International Relations Theory, Boulder: Westview: Chap. 1.
Keohane, Robert O./Hoffmann, Stanley, 1993: „Conclusion: Structure, Strategies, and Institutional Roles", in: Keohane/Nye, Joseph S./Hoffmann 1993: 381-404.
Keohane, Robert O./Nye, Joseph S./Hoffmann, Stanley (Hg.), 1993: After the Cold War. International Institutions and State Structures in Europe, 1989-1991, Cambridge/London.
Kühnhardt, Ludger/Pöttering, Hans-Gert, 1994: Weltpartner Europäische Union, Zürich/Osnabrück: 46-55.
Lake, Anthony, 1993: From Containment to Enlargement, Vital Speeches of the Day, Washington, D.C., GPO: 21.9.1993.
Lucas, Michael R. (Hg.), 1993: The CSCE in the 1990s: Constructing *European Security and Cooperation*, Baden-Baden.
Lucas, Michael R./Mietsch, Oliver, 1993: „Peaceful Dispute Settlement and the CSCE", in: Lucas 1993: 83-108.
Mandelbaum, Michael, 1994: „The Reluctance to Intervene", in: *Foreign Policy*, No. 95; Summer: 3-18.
Medvedev, Sergei, 1993: „European Security After the Cold War", in: *Security Dialogue*, Vol. 24, No. 2: 317-322.
Messervy-Whiting, Graham, 1994: Peace Conference on Former Yugoslavia: The Politico-Military Interface, London, Centre for Defence Studies.
Meyer, Berthold, 1993: „Das Hamburger Modell und die Realität gesamteuropäischer Sicherheitskooperation", in: Sicherheit und Frieden, Jg. 11, Heft 3: 147-152.
Moens, Alexander, 1993: „The European Security and Defence Identity and the Non-Concert of Europe", in: European Security, Vol. 2, No. 4, Winter: 567-584.
Möller-Gulland, Niels, 1993: „The Forum for Security Cooperation and Related Security Issues", in: Lucas 1993: 31-60.
Moltke, Gebhardt von, 1994: „How the Partnership Works and Where It's Designed to Lead", in: International Herald Tribune, 24./25.6.1994, 6.
Möttölä, Kari, 1993: „Prospects for Cooperative Security in Europe. The Role of the CSCE", in: Lucas 1993, 1-30.
Müller, Harald, 1993a: Die Chance der Kooperation. Regime in den internationalen Beziehungen, Darmstadt: Wissenschaftliche Buchgesellschaft.
Müller, Harald, 1993b: „The Internalization of Principles, Norms, and Rules by Governments: The Case of Security Regimes", in: Rittberger, Volker (ed. with the assistance of Peter Mayer), Regime Theory and International Relations, Oxford: Clarendon Press: 361-388.
Müller, Harald/Dembinski, Matthias/Kelle, Alexander, 1994: NATO and Nonproliferation: A Critical Appraisal, Frankfurt/M.: HSFK (PRIF Report No. 33).
Paterson, William E., 1993: „Muß Europa Angst vor den Deutschen haben?" in: Hrbek 1993: 9-18.
Peters, Ingo, 1994: „Normen- und Institutionenbildung der KSZE im Widerstreit politischer Interessen: Die Durchsetzung des Gewaltverzeichts als Prüfstein für die KSZE", in: von Plate 1994, 155-186.
Plate, Bernard von (Hg.), 1994: Europa auf dem Wege zur kollektiven Sicherheit? Konzeptionelle und organisatorische Entwicklungen der sicherheitspolitischen Institutionen Europas, Baden-Baden.
Pradetto, August, 1994 : „Europäisierung oder Renationalisierung? Europa nach dem Ende des Ost-West-Konflikts", in: Glaeßner, Gert-Joachim/Sühl, Klaus (Hg.): Auf dem Weg nach Europa. Europäische Perspektiven nach dem Ende des Kommunismus, Opladen: 75-100.
Preisinger, Johannes, 1994: Die EG-Beobachtermission im ehemaligen Jugoslawien, Frankfurt/M.: HSFK (HSFK-Report 3).

Pühs, Wolfgang/Weggel, Thomas/Richter, Claus (Hg.), 1994: Sicherheitspolitisches Symposium Balkankonflikt. Instrumente des Internationalen Krisenmanagements, Baden-Baden.

Putnam, Robert D., 1988: „Diplomacy and Domestic Politics: The Logic of Two-Level Games", in: International Organization, Vol. 42, No. 3: 427-460.

Remacle, Eric, 1993: „The Yugoslav Crisis as a Test Case for CSCE's Role in Conflict Prevention and Crisis Management", in: Lucas 1993, 109-123.

Ropers, Norbert/Schlotter, Peter, 1992: Die KSZE: Multilaterales Konfliktmanagement im weltpolitischen Umbruch, Frankfurt/M.: HSFK (HSFK-Report 11/12).

Ropers, Norbert/ Schlotter, Peter, 1993: „Vor den Herausforderungen des Nationalismus: Die KSZE in den neunziger Jahren", in: Aus Politik und Zeitgeschichte, B 15: 20-27.

Rühle, Michael, 1994: „Krisenmanagement in der NATO", in: Pühs/Weggel/Richter 1994: 81-90.

Schlotter, Peter (Hg.), 1993a: Der Krieg in Bosnien und das hilflose Europa. Plädoyer für eine militärische UN-Intervention, Frankfurt/M.: HSFK (HSFK-Report 5/6).

Schlotter, Peter, 1993b: „Vom Scheitern einer Vermittlung: Europäische Gemeinschaften und Vereinte Nationen im Krieg auf dem Balkan", in: Schlotter 1993a

Schlotter, Peter/Ropers, Norbert/Meyer, Berthold, 1994: Die neue KSZE. Zukunftsperspektiven einer regionalen Friedensstrategie, Opladen: 107-109.

Schneider, Volker/Werle, Raymund, 1989: „Vom Regime zum korporativen Akteur. Zur institutionellen Dynamik der Europäischen Gemeinschaft", in: Kohler-Koch, Beate (Hg.): Regime in den internationalen Beziehungen, Baden-Baden: 409-434.

Senghaas, Dieter, 1992: Friedensprojekt Europa, Frankfurt/M..

Senghaas, Dieter, 1994: Wohin driftet die Welt? Über die Zukunft friedlicher Koexistenz, Frankfurt/M.

Smith, Dan, 1993: „Between Urgencies and Impossibilities. New Security Architecture for Europe", in: Security Dialogue, Vol. 24, No. 3: 305-316.

Staack, Michael, 1994: „Eine europäische Sicherheitskultur; Aussichten für eine regionalspezifische Normen- und Regimebildung", in: von Plate 1994: 187-208.

Steinberg, James B., 1994: „Overlapping Institutions, Underinsured Security: The Evolution of the Post-Cold War Security Order", in: von Plate 1994, 49-70.

Taylor, Paul, 1993: International Organization in the Modern World. The Regional and the Global Process, London: Pinter, Chap. 4.

Tuschhoff, Christian, 1993: „Die politischen Folgen der Streitkräfte-Reform der NATO", in: Aus Politik und Zeitgeschichte, B 15-16, 28-39.

Valki, Laszlo, 1993: „A Future Security Architecture for Europe?" in: European Security, Vol. 2, No. 4, Winter: 502-544.

Vetschera, Heinz, 1994: „Die Rolle der KSZE als Einrichtung kooperativer Sicherheit im Rahmen des 'interlocking institutions'-Konzept", in: von Plate 1994: 95-154.

Waschkuhn, Arno, 1987: „Politische Institutionen und allgemeine Institutionentheorie. Allgemeine Institutionentheorie als Rahmen für die Theorie politischer Institutionen", in: Göhler 1987: 71-97.

Weber, Steve, 1993: „Shaping the Postwar Balance of Power: Multilateralism in NATO", in: International Organization, Vol. 46, No. 3, Summer: 633-680.

Wendt, Alexander, 1992: „Anarchy Is What States Makes Of It: The Social Construction of Power Politics", in: International Organization, Vol. 46, No. 2.

Wendt, Alexander/Duvall, Raymond, 1989: „Institutions and International Order", in: Czempiel, E.-O./Rosenau, James N.: Global Changes and Theoretical Challenges. Approaches to World Politics for the 1990s, Lexington/Mass., 1989: 51-73.

Wessels, Wolfgang, 1993: „Auf dem Weg zur Staatswerdung? Politwissenschaftliche Anmerkungen", in: Hrbek 1993: 65-75.

Weston, Charles, 1993: Transatlantische Neuorientierung. Amerikanisch-europäische Bündnispolitik nach der Ära des Kalten Krieges, München.

Zellentin, Gerda, 1993: „Staatswerdung Europas? Politikwissenschaftliche Überlegungen nach Maastricht", in: Hrbek: 41-64.

Gerda Zellentin

Systemtransformation durch europäische Integration? Der Beitrag der EU zur Stabilisierung der Reformen in Mittel- und Osteuropa

Methodische Vorbemerkung

Die politikwissenschaftlichen Untersuchungen der Ostpolitik der EU sind meistens methodisch ebenso angelegt wie die Analysen der europäischen Integration: Input-orientiert folgen sie der Selbstdarstellung der EU (-Organe) und beurteilen die Politik nach den Vor- und Eingaben von Eliten in den Willensbildungsprozeß.

Da, wie in der EU zu beobachten, deklarierte supranationale Absichten und operative nationale Umsetzung bei zunehmendem Mangel an Rechtsdisziplin immer weiter auseinanderfallen, verbreiten diejenigen, die die Politik der EU aus dem Input erklären, ein realitätsfernes Bild aus Brüsseler Vorsätzen, die im Verlaufe der Implementierung von widerständigen Interessen vor Ort stark abgeändert oder gänzlich in Frage gestellt werden bzw. trotz ordnungsgemäßem Vollzug konträre Wirkungen (Outcomes) zeigen können.

Darüber hinaus kann der Verordnungs- und Richtlinien-Input der EU, wie die Vereinbarungen mit den mittel- und osteuropäischen Staaten, auf die hier eingegangen wird, zeigen, auch von vornherein als „symbolische Politik" und in der Absicht formuliert sein, den deklarierten Output zu verhindern.

In Deutschland haben nach den Maastrichter Vereinbarungen vor allem Journalisten und Politiker aus den Bundesländern damit begonnen, die Politik der EU an ihren Outcomes, in bezug auf die Landespolitik zu beurteilen. Eine realistischere Wahrnehmung der EU, vor allem ihrer Gemeinsamen Außen- und Sicherheitspolitik (GASP), könnten auch die Integrationswissenschaften erreichen, wenn sie ihr Augenmerk mehr auf Politik-Outputs und -Outcomes, auf das, „was [für die Büger] hinten 'rauskommt" (H. Kohl) an Kosten, Nutzen oder Schäden, richten würden.

Outputs sind nach D. Easton bindende Entscheidungen und Handlungen, durch die die Ressourcen und Energien der Mitglieder eines Systems so organisiert, fokussiert und verpflichtet werden, daß seine Stabilität gewahrt werden kann. Stabilität wird verstanden als die Erhaltung wesentlicher Systemeigenschaften auch bei Störungen oder sonstwie veränderten Bedingungen. Bezogen auf das Internationale System bedeutet Stabilität, daß alle Mitglieder koexistieren und kein einziges dominant wird bzw. meint, Vorteile aus einer gewaltsamen Veränderung des Systems ziehen zu können[1]. Im westlichen Verständnis wird internationale Stabilität mit der Schaffung und Erhaltung eines Systems marktwirtschaftlicher liberal-demokratischer Rechtsstaaten gleichgesetzt (vgl. Mesjasz 1994: 53).

Outcomes sind die Konsequenzen und Auswirkungen des Output. Da sie sowohl beabsichtigt als auch gänzlich unbeabsichtigt auftreten können, bewertet Easton sie nicht als integralen Teil des Output (Easton 1965: 393). Die Verantwortungslücke, die darin zum Ausdruck kommt, wird in der politischen Praxis entwickelter Industriegesellschaften seit den 60er Jahren in bestimmten Bereichen durch institutionalisierte Folgenabschätzungen der Outcomes noch *vor* einem geplanten Input, wenn auch mehr schlecht als recht aufzuheben versucht[2].

Eine vorsorgliche Bewertung möglicher Politikfolgen ist dann unmöglich, wenn Vereinbarungen, wie z.B. die Europa-Verträge zur Assoziierung zwischen der EU und den mittel- und osteuropäischen Staaten, Klauseln enthalten, durch die Zweck und Sinn der Übereinkunft, aus wirtschaftlichen oder politischen Opportunitätsgründen praktisch wieder aufgehoben werden können, wenn die Diskrepanz zwischen Input, Output und Outcomes also rechtlich angelegt ist.

Der analytische Zugriff auf das „Paradox der Gesetzesbefolgung“ (Münch) in der EU, auf symbolische oder kontraproduktive Integrationspolitik ist von der Input-Seite her versperrt; er wird erst möglich durch die Gegenüberstellung von Vertragsbestimmungen, ihrer praktischen Umsetzung und deren Folgen, die besonders an den Reaktionen der zwar vereinbarungsgemäß zu Begünstigenden, in Wirklichkeit aber Benachteiligten zu erkennen sind.

Im Folgenden wird versucht, das Augenmerk auf die Outcomes der EU-Ostpolitik zu richten und damit die Perspektive aufzuzeigen, in der eine methodisch abgeklärte Wirkungsanalyse vorgenommen werden könnte.

1. Auswirkungen westlicher Eingriffe in die Systemtransformation mittel- und osteuropäischer Staaten

Europa, so der slowenische Präsident Kucan[3], sei auch nach Ende des Kalten Krieges weiter geteilt „zwischen Ost und West, Arm und Reich, Krieg und Frieden“. Die Gründe dafür schreiben Kritiker aus Mittel- und Osteuropa nicht zuletzt den Auswirkungen der Ostpolitik der EU zu, die diese Teilung nicht verhindere, sondern sie, trotz gegenteiliger Absichtserklärungen, eher vertiefe. Dieser Behauptung ist nachzugehen.

Einer raschen, mit westlicher Hilfe geförderten Stabilisierung Mittel- und Osteuropas stehen vielfältige Hindernisse entgegen. Zunächst blockieren sich in West- und Osteuropa zwei Prozesse: Das Ende des Systemantagonismus führt im *Westen* zur Erschlaffung der Integrationsbemühungen; „Vertiefung“ und Erweiterung der EU nach Osten haben ihre politisch-strategische Dringlichkeit verloren. Darüber hinaus hat die von der Wettbewerbsfähigkeit am Weltmarkt diktierte Deregulierung in der EU zur Folge, daß Staaten und Unternehmen wohlfahrtsstaatlichen Ballast abwerfen und versuchen, wirtschaftliche Krisen auf Kosten von Unterprivilegierten (z.B. im Osten Europas) abzuwehren. Nach den letzten Weißbüchern der Europäischen Union zu urteilen, ist ihr vornehmstes Ziel, innerhalb der Triade Japan-USA-EU die weltbeste technologische Leistungs- und Wettbewerbsfähigkeit am Weltmarkt zu erlangen. Als subventionsberechtigte Vollmitglieder der EU wären die mittel- und osteuropäischen Staaten diesen Bestrebungen hinderlich.

In *Mittel- und Osteuropa* hat eine dreifache, keineswegs gesicherte Transformation der realsozialistischen Regime eingesetzt: die Umbildung in demokratische Rechtsstaaten und liberale Marktwirtschaften sowie die kulturelle Verwestlichung. Die Umstellung auf die Marktwirtschaft verursacht in allen Reformstaaten Mittel- und Osteuropas wirtschaftliche Depression, Rückgang der Industrieproduktion, zunehmende soziale Ungleichheit, Verminderung der effektiven Arbeitskraft, Arbeitslosigkeit, Kriminalität etc. (Ellman 1994: 4-5.).

Gleichzeitig geht die Transformation von Institutionen, Strukturen, politischen Prozessen, Werten und Verhaltensweisen mit (gewaltsamen) Protesten, ethnonationaler Sezession und Rechtsradikalisierung als Reaktion auf die negativen Folgen der wirtschaftlichen Liberalisierung einher. Diese Turbulenzen konnten durch die Stabilisierungshilfen internationaler Organisationen nicht behoben werden, denn anders, als sie annahmen, stellten sich staatliche Unternehmen und Banken nicht rasch auf marktwirtschaftliche Prinzipien um. Die von IWF, Weltbank, OECD, EBRD und EU befürwortete „Schocktherapie“ für eine zwar schmerzvolle, aber kurze Anpassung scheiterte. „...the laissez-faire approach cannot free the economy from its inefficient structure. Instead it frees the inefficient structure itself“ (Yavlinsky / Braguinsky 1994: 91).

Je weiter östlich, desto eher wird aus der laissez-faire – eine laissez-souffrir -, laissez-mourir-Maxime: In Rußland hat die Lebenserwartung der Männer zwischen 1987 und 1993 um sechs Jahre abgenommen (vgl. WHO 1994).

Indem nun die externen Eingriffe zur Schaffung marktwirtschaftlich-kapitalistischer Bedingungen schockartig die Transformationsdepression vertiefen, der „in einigen Ländern sicher nötige Inflationsabbau mit einem unnötig hohen Preis an Rezession und Deindustrialisierung erkauft“ wird (Dauderstädt 1994: 8), wächst politischer Unmut. Je rascher und radikaler die Loslösung von den bestehenden Strukturen vorangetrieben wird, desto schwieriger ist es für die neuen Demokratien, Reformkonsens und Stabilität zu erhalten, desto leichter für radikale Kräfte, das neue System in Frage zu stellen.

In diesem Zusammenhang sei daran erinnert, daß die Transformation autoritärer Regime in der Vergangenheit durch die gleichzeitige Einführung von Demokratie *und* liberaler Marktwirtschaft nicht gefördert wurde. Im Zweiten Französischen Kaiserreich vollzog sich die allmähliche wirtschaftliche Liberalisierung und Demokratisierung unter autoritärer Herrschaft, während die Weimarer Republik die sich in der Wirtschaftsdepression radikalisierenden Parteien und Gruppen mit demokratischen Mitteln nicht mäßigen konnte (Pickel 1993: 143), mit den Ermächtigungsgesetzen aber dem Faschismus Vorschub leistete.

Der polnische Reformer L. Balcerowicz (1994: 42) plädiert mit Blick auf die wirtschaftlichen und sozialen Auswirkungen externer Eingriffe daher (rückblickend) dafür, die Veränderungen der Wirtschaft in der ersten Phase der Transformation einzuleiten, in der an Runden Tischen noch das Gemeinwohl im Vordergrund stünde, damit die sich in der zweiten Phase herausbildende Parteiendemokratie nicht von Anfang an mit unpopulären Entscheidungen unter Hochdruck gesetzt würde.

In Wirklichkeit hatten weder die Runden Tische zu Beginn der Transformation noch die neuen Parteien eine Chance, die fremden Eingriffe i.S. des eigenen Gemeinwohls zu steuern. Sie waren den Experimenten (hauptsächlich westlicher) liberaler Wirtschaftstheoretiker auf Gedeih und Verderb ausgeliefert (Yavlinsky / Braguinsky 1994: 114f.).

Den Deklarationen der internationalen Organisationen zufolge sollen die Reformen in Mittel- und Osteuropa durch finanzielle Hilfeleistungen sowie durch die Erleichterung von Handel, internationaler Kooperation und europäischer Integration gefördert werden. Um mit dem Letztgenannten zu beginnen: Eine Vollmitgliedschaft der mittel- und osteuropäischen Staaten in der EU scheint – trotz der Beteuerungen, sie würde um die Jahrtausendwende zugelassen – illusorisch zu sein. Für die EU würde sie Einbußen und Kosten bedeuten. Die abzusehende Vergrößerung des innergemeinschaftlichen Wohlstandsgefälles würde eine Verschlechterung der Position der EU gegenüber ihren Hauptkonkurrenten auf dem Weltmarkt bedeuten. Das durchschnittliche Pro-Kopf-Einkommen einer um Polen, Tschechien, Slowakei und Ungarn erweiterten EU betrüge jährlich ca. 10% weniger als das der „EU15".

Darüber hinaus entstünden der EU immense Kosten bei der Aufstockung der Agrar-, Struktur- und Kohäsionsfonds. Nach Schätzungen des Haushaltsausschusses des Europäischen Parlaments[4] würden das Pro-Kopf-Einkommen 1999, beim frühestmöglichen Beitritt der Visegrad-Staaten, unterhalb von 75 % des Durchschnitts der EU liegen und infolgedessen über 50 Mrd. Mark pro Jahr allein aus dem Kohäsionsfonds zusätzlich fällig. Die Subventionen an die Bauern aus diesen Ländern würden die derzeitigen Ausgaben der EU von 70 Mrd. jährlich verdoppeln. Nur eine drastische Reform der sozial und ökologisch ohnehin problematischen Hilfsfonds könnte die Osterweiterung bezahlbar machen. Die dazu notwendigen Verzichte der Südländer auf Transferleistungen sind jedoch nicht zu erwarten. Dementsprechend erklärt die EU, die mittel- und osteuropäischen Staaten ohne feststehenden Termin an die Union bzw. den Binnenmarkt „heranführen" zu wollen[5]. Die bereits erkennbaren Wirkungen ihrer ostpolitischen Strategien lassen Schlüsse in bezug auf die Entwicklung Gesamteuropas sowie auf die künftige Form der EU selbst zu.

1.1 Hilfe statt Handel?

Die mehrmals wegen der Zulassung relativ geringer Mengen östlicher Landwirtschafts- und Industrieerzeugnisse in den Binnenmarkt von östlicher Seite ausgesetzten Verhandlungen über die „Europa-Verträge"[6] haben bereits erkennen lassen, daß die EU keine neue Handelskonkurrenz aus dem Osten aufpäppeln will. Ihre Unterstützung gleich nach dem Umbruch bestand daher hauptsächlich in Entwicklungskrediten, die nach Berechnungen der Weltbank etwa den gleichen Umfang haben wie die durch Handelsbeschränkungen der Geberländer verhinderten Exporte der Hilfeempfänger (Weede 1994: 62-84)[7].

Da Kredite, selbst bei niedrigen Zinsen, grundsätzlich die Verschuldung der Empfänger vertiefen, führt „Hilfe statt Handel“ sowohl in die Abhängigkeit als auch in die ökonomische Quarantäne für potentielle Konkurrenten.

Bilanziert man außerdem den Schuldendienst mit den Krediten, ergibt sich nach Berechnungen der ECE ein Ressourcenabfluß aus den Reformländern nach Westen. „CEE countries have been supporting the West“ (Ellman 1994: 5).

Positiv, auch i.S. der Kreditnehmer, sind bestenfalls solche Hilfen, die den materiellen Teil eines multilateralen Kooperations- und Integrationsprojekts darstellen. Auf eine zweckgebundene multilaterale Allokation der Mittel für Osteuropa im Rahmen eines *gesamteuropäischen Entwicklungsplans* hat sich die EU bislang nicht einigen können. Er hätte indessen ein Gegenstück zur (nichtgewollten) Osterweiterung der Union sein können.

Der in diesem Zusammenhang als Vorbild gepriesene *Marshall-Plan* von 1948 war mehr als nur ein großer Topf mit Geldmitteln. Er diente der Hilfe zur Selbsthilfe – „not aid to down-and-out-nations“ (Price 1955: 4) – und förderte die regionale multilaterale Zusammenarbeit bei der Aufstellung eines europäischen Wiederaufbauplans mit der entscheidenden Auflage, daß die Verteilung der Mittel multilateral beschlossen werden und die verfeindeten Staaten in Westeuropa zu dem Zweck zum Konsens, zur friedlichen Einigung gelangen mußten. Zwar wurde den Europäern der freie Markt in einem bundesstaatlichen Gebilde nach Art der USA vorgehalten[8], jedoch nicht zur Bedingung für die Mittelvergabe gemacht.

Nun sind die Verhältnisse Ende der 40er und Anfang der 90er Jahre insgesamt zwar nicht vergleichbar; ähnlich wie im Kalten Krieg verhindert aber die anhaltende „Sucht nach Konfrontation“ (Senghaas), daß der Westen eine multilaterale Verflechtung zwischen den Staaten des ehemaligen RGW finanziert – sie wird nach wie vor der Vergrößerung des russischen Einflusses verdächtigt. Dementsprechend unterließ die EU nach dem Umbruch eine Stabilisierung des mittel- und osteuropäischen Bereichs durch den Erhalt der östlichen Märkte. Da auch die fortgeschrittensten mittel- und osteuropäischen Wirtschaften ihren Handel mit den Staaten der ehemaligen SU einerseits nicht zu den alten Konditionen fortführen, andererseits nicht einfach durch Westhandel ersetzen konnten, erwarteten sie eine westliche Kreditierung ihres Ostexports[9]. Auf diese Weise hätte einerseits der starke Erwartungsdruck der mittel- und osteuropäischen Staaten von der EU genommen, andererseits die stabilisierende Wirkung der GUS gestärkt werden können. Der russische Reformer G. Yavlinsky (1994: 5) schlägt zu diesem Zweck eine wirtschaftliche Zusammenarbeit zwischen Rußland, Ukraine, Weißrußland und Moldawien in einer Zoll- und Zahlungsunion vor, um wirtschaftliches Wachstum in einem großen Markt anzureizen. Während Moskau sich die Erschließung der ukrainischen und weißrussischen Märkte mit vorübergehenden Diskontpreisen für Öl und Gas erkaufen könnte, sollten westliche Finanzhilfen die Marktreformen im „nahen Ausland“ unterstützen und die Handelsbilanzen der genannten Länder mit Rußland ausgleichen. Dergestalt in multilateralen Wirtschaftsstrukturen und konföderativen politischen Organisationen verflochten, könnten russische Hegemoniegelüste (Rossija) möglicherweise in ökonomische Expansion umgelenkt werden.

Die Wirklichkeit sieht anders aus. Die Austauschbeziehungen der mittel- und osteuropäischen Staaten mit der ehemaligen SU sind großenteils zum Erliegen gekommen. Die EU tut aus „realpolitischen" Gründen nichts, um die von amerikanischen „Schocktherapeuten" eingeleitete Transformation mit sanfteren Mitteln sozial abzufedern bzw. anders zu steuern, nichts, um den regionalen Ausbau wirtschaftlicher Verflechtung und Konfliktregelung in Mittel- und Osteuropa tatkräftig zu unterstützen.

Ein kooperativer Ausgleich zwischen Rußland, dem sogenannten „nahen Ausland" sowie den mittel- und osteuropäischen Staaten in einem gesamteuropäischen Rahmen ist allerdings unverzichtbar, um die Furcht vor neuer Machtpolitik (cordon sanitaire oder russischen Übergriffen) in Europa gegenstandslos zu machen.

Im Unterschied zum Marshall-Plan sind die westlichen Gelder heute mit keiner politischen Form der Vergabe und der gesamteuropäischen Entwicklung verbunden. Fehlt aber ein derartiges Leitbild, fehlt auch die Zweckbindung der westlichen Gelder, die infolgedessen zur Stabilität der Reformsysteme und zur Verbesserung des Investitionsklimas weniger beitragen können, als möglich wäre. Da sich die Empfänger zudem nicht an der Allokation der Mittel beteiligen können, sind schätzungsweise nur 10 % der projektierten westlichen Gelder für Osteuropa am dortigen Bedarf orientiert, Milliarden kommen dagegen westlichen Beratungsfirmen und Aufbauexperten zugute, wie dem entsprechenden Bericht des Bundesrechnungshof (von 1994) zu entnehmen ist. Diese Fehlallokation der Mittel ist zwar auch mit den unklaren Rechts- und Produktionsverhältnissen im Osten zu erklären; hauptsächlich aber ist sie die Folge der politischen Konzeptionslosigkeit der Geberstaaten. Es mangelt an einem Orientierungsrahmen, der kreatives Denken und politisches Gestalten leitet. „...Ziele und Interessen [der westlichen Länder werden] gegenwärtig von ... äußerem Druck und nicht von einer auf die Zukunft gerichteten Gesamtstrategie bestimmt. Dieser Mangel an Kohärenz und Vision verursacht unkoordinierte, ja chaotische Aktivitäten und vergrößert die Instabilität der Länder dieser Region" (Skubiszewski 1994: 32).

1.2 Bilateralismus verhindert Regionalisierung

Die bilateralen Beziehungen zwischen der EU und den Staaten Mittel- und Osteuropas dienen in einer Zeit, in der sich machtpolitisches Mißtrauen nicht nur gegenüber Rußland, sondern auch gegenüber Deutschland breitmacht, dazu, einerseits wie eh und je einzelne mittel- und osteuropäische Staaten dem Moskauer Zugriff zu entziehen, andererseits ein regionalisiertes „Zwischeneuropa" und damit einen potentiell germanophonen multilateralen Zusammenschluß zu verhindern. Statt ihre eigenen erprobten Prozesse und Prinzipien multilateraler Konfliktregelung auf die instabilen, unruhigen osteuropäischen Gebiete und Bereiche zu übertragen, regrediert die EU ins Realpolitische. Sie tritt den einzelnen Visegrad-Staaten gegenüber als machtvoller überstaatlicher Akteur auf und treibt sie in die Konkurrenz um den Beitritt zur Union. Machtpolitisch gerechtfertigte Westanbindung rangiert vor gesamteuropäischem Ausgleich.

Die durch den Bilateralismus auf die EU fixierten Erwartungen der einzelnen mittel- und osteuropäischen Staaten haben bewirkt, daß z.B. der Handel zwischen ihnen stark – zwischen 1989 und 1992 um über 50% (vgl. Stehn 1994: 196) – rückläufig ist. Die 1992 vereinbarte Zentraleuropäische Freihandelszone (CEFTA) besteht bislang nur aus „murky bilateral deals ... and ... instantaneous barter" (Brabant 1994: 181); ihr fehlt nicht nur die wirtschaftliche Basis sondern auch der politische Konsens. Die hier herrschenden zwischenstaatlichen Handelsbeschränkungen übersteigen sogar diejenigen, die die EU vor ihnen aufbaut.

Der Kooperation untereinander und der Verbesserung des Klimas messen die mittel- und osteuropäischen Staaten immer weniger Bedeutung bei, obwohl sie vor den gleichen Übergangsproblemen stehen, nämlich Kapazitäten zu nutzen und Nachfrage zu schaffen, und obwohl die Proximität, der Ost-Ost-Austausch und die eingeübten gutnachbarschaftlichen Beziehungen wichtige Voraussetzungen für den Erfolg der Reformen und die internationale Verflechtung (nicht zuletzt auch im Rahmen der EU) wären. Die regionalen Austauschbeziehungen könnten wenigstens solange als Wachstumsstimulus dienen, bis die Handelsablenkung nach Westen konsolidiert ist[10].

Die bilateralen Europa-Verträge mit den Visegrad-Staaten sehen keine Förderung eines regionalen Arrangements, z.B. der CEFTA vor (vgl. Stehn 1994: 201). Zur Rechtfertigung wird vor allem von den „Schocktherapeuten" (J. Sachs u.a.) behauptet, der Ost-Osthandel ziehe die Reformregime in einen „Arme-Leute-Club", der die Entwicklung blockiere (zit. bei Brabant 1994: 190). Dieses Argument kann den Eigennutz der Westeuropäer allerdings nicht verdecken. „...das Fehlen einer Freihandelszone zwischen den Reformländern wirkt bei gleichzeitiger Assoziierung an die EU wie ein künstlicher Standortvorteil für Produktionsstandorte innerhalb der Union" (Stehn 1994: 202), da ausländische Investitionen vor allem von der Marktgröße am Standort, den Transaktions- (u.a. Transport-)kosten zwischen den Standorten sowie von den Skalenerträgen aus zentraler Produktion abhängen.

Die Transaktionskosten übersteigen die vorteilhaften Produktionskosten in Mittel- und Osteuropa so weit, daß West-Anleger vorzugsweise in der EU investieren. Bei Assoziierung ermäßigen sich diese Kosten durch Angleichung der Regeln zwar, es bleibt aber immer noch ein, wenn auch geringerer Standortvorteil der EU. Erst innerhalb einer mittel- und osteuropäischen Freihandelszone könnten ausländische Investoren wegen der Liberalisierung des Ost-Ost-Handels Standortvorteile realisieren. Darüber hinaus wären auch die wohlfahrtsökonomischen Effekte der Assoziierung zwischen mittel- und osteuropäischen Staaten und EU erst bei einer Handelsliberalisierung im Osten zu erzielen[11]. Die negativen Wirkungen der bilateralen Europa-Verträge ließen sich zudem in einer Europäischen Zahlungsunion aufheben, durch die sowohl ein liquiditätsgestützter multilateraler Zahlungsausgleich stattfinden, als auch die Koordinierung der nationalen Wirtschaftspolitiken erleichtert werden könnte.

Der Bilateralismus läßt derartigen Projekten wenig Chancen. Die bereits eingetretene deutliche Handelsumlenkung in die EU sowie die in Aussicht gestellte (wenn auch vorerst nicht zu realisierende) Osterweiterung der EU vereiteln die Kooperation der mittel- und osteuropäischen Staaten untereinander, wecken nationalstaatliche Rivalitäten und versehen jegliche multilaterale Eigeninitiative im Osten mit einem Hinfälligkeitsdatum – dem Beitritt zur EU.

1.3 „Heranführung" der mittel- und osteuropäischen Staaten an die EU

Den erleichterten Marktzugang aufgrund der 1991 mit den Visegrad-Staaten, 1993 mit Bulgarien und Rumänien abgeschlossenen Präferenz- und Assoziierungsvereinbarungen hat die EU unterschiedlich geregelt: für solche Ostprodukte, die auf dem Einheitlichen Binnenmarkt nicht wettbewerbsfähig sind, ist er am größten. Würden sie allerdings durch technologische Verbesserung wettbewerbsfähig, stünden sie alsbald vor den protektionistischen Barrieren der „safeguard clause" der Europa-Verträge (Art. 30)[12].

Eine ähnliche Behandlung erfahren bereits die hauptsächlichen (konkurrenzfähigen) Exportgüter der mittel- und osteuropäischen Staaten (Stahl, Agrar- und Chemieprodukte, Textilien, Schuhe etc.). Sie werden EU-„sensibel" genannt, stark kontingentiert und erst nach zehnjähriger Übergangsfrist (kürzere Fristen sind Empfehlungen) liberalisiert. Bedenklicher noch ist, daß jegliche Güter, die wegen niedriger osteuropäischer Löhne billig sind (insgesamt bis zu 15 % der EU-Importe von Industriewaren aus Mittel- und Osteuropa, vgl. Stadler 1994: 402), des Sozial-Dumpings bezichtigt werden können. Nehmen die osteuropäischen Exporte in die EU über das bisherige minimale Volumen hinaus zu, kann sich die EU, indem sie „wirtschaftliche Schwierigkeiten" (Art. 30 Europa-Verträge) geltend macht, als Schutzgemeinschaft für subventionierte (veraltete) Industrien von der Konkurrenz abschotten. Sie ist weder fähig noch bereit, Energien für einen Modernisierungsschub in Ost- (und West-)europa freizusetzen und die Anpassung der Mittel- und Osteuropäer an den Weltmarkt abzustützen.

Aber nicht nur die EU bedient sich des Art. 30 „gleichsam als ein Ventil zur Feinsteuerung des Güterstroms in relativ eng definierten Produktgruppen" (Stehn 1994: 201); von Interessenten bedrängt, können sich auch die Ostreformer auf die Protektionsklausel berufen. Die marktwirtschaftliche Transformation (Zweck der Europaverträge) wird dadurch konterkariert.

Steht die EU also vor der Wahl, einerseits die Förderung der Systemtransformation im Osten durch größere Freizügigkeit voranzutreiben und andererseits den sozialen Frieden in den Mitgliedstaaten zu wahren, dann optieren die wahlabhängigen Politiker, in Sorge um eigene Produktion und Arbeitsplätze, für Protektionismus (vgl. Weede 1994: 80). Damit aber trägt die EU zum Abbau des Reformkonsenses und zur Stärkung der reformhemmenden politischen und protektionistischen Kräfte bei. Die angestrebte gesamteuropäische Friedenszone, beruhend auf Freihandel und Demokratisierung, dürfte dabei auf der Strecke bleiben.

Je länger ein autonomes Wachstum der mittel- und osteuropäischen Produktion indessen auf sich warten läßt, desto größer könnte der brain-drain der Facharbeiter und Ingenieure nach Westen werden, der die manpower-Basis einer Modernisierung in Mittel- und Osteuropa schmälern würde[13].

Welche Chancen einer wirtschaftlichen Entfaltung bleiben den Reformstaaten im Wartestand vor der EU?

Inzwischen verlagern große Firmen aus der EU und insbesondere aus Deutschland arbeitsintensive Bereiche ihrer Fertigung nach Mittel- und Osteuropa. Sowohl die Lohnveredelung als auch die Mehrzahl der ausländischen Investitionen werden allerdings vorwiegend von den billigen Arbeitskräften und den günstigen Rohstoffpreisen angezogen. Die einheimischen Modernisierungskräfte sind, wie die nachholende Entwicklung in Ostasien gezeigt hat, durch Produktionsverlagerungen nicht zu mobilisieren. Modernisierung entsteht aus Zugewinnen an Produktivität, Wettbewerbsfähigkeit aufgrund niedriger Kosten, höherer Produktqualität, besseren Produktionstechniken, verbesserten Fertigkeiten, diversifizierten Märkte etc., die die gesamte Wirtschaft durchdringen (vgl. Brabant 1994: 183). Die verlagerte Herstellung pflegt gerade nicht auf Modernisierung, sondern auf den Erhalt der im Westen nicht mehr wettbewerbsfähigen Produktion gerichtet zu sein. Außerdem verwandelt sich die „verlängerte Werkbank" nicht selten in eine Tochtergesellschaft, deren Gewinne in die Mutterfirmen abfließen und somit zur Wohlfahrtsminderung in den mittel- und osteuropäischen Staaten beitragen. Strukturell gesehen, ist der Osten der „Hinterhof" der EU, die hier die Chance sieht, „einen Produktionsverbund mit einer Niedriglohnregion vor der Haustür einzugehen, wie sie die Weltmarktkonkurrenten in ihrem Bereich schon länger haben" (Dauderstädt 1994: 8). Ob die mittel- und osteuropäischen Staaten eine Peripherisierung vermeiden können, hängt auch davon ab, daß sie nicht in autoritäre Regime regredieren[14].

Daß die Strategie zur „Heranführung" der mittel- und osteuropäischen Staaten an die EU[15] hieran etwas zum Besseren ändern könnte, dürfte, nach ihren abschätzbaren Wirkungen zu urteilen, fraglich sein. Der EU geht es darum, die mittel- und osteuropäischen Staaten hinzuhalten, um sie weiterhin als „non-market economies" z. B. des Dumpings bezichtigen zu können (Stehn 1994: 206, Stadler 1994: 402). Um westlichen Exporteuren und Investoren „ein vertrautes Rechtsumfeld in Mittel- und Osteuropa zu schaffen" (Dauderstädt 1994: 7), empfiehlt die EU-Kommission den durch „Europaverträge" Assoziierten einschließlich Slowenien und den baltischen Staaten, i.S. der „Heranführung" ihre Gesetzesreformen am geltenden EU-Recht auszurichten, staatliche Unternehmenssubventionen offenzulegen, Kartellämter einzurichten und Preisabsprachen zu verbieten. Die West-Ost-„Vernetzung" in den Bereichen Energie, Verkehr und Telekommunikation durch große Projekte soll auf gemeinsamen Ministertagungen eingeleitet werden, die darüber hinaus auch in der Außen- und Sicherheits-, Asyl-, Wirtschafts- und Finanzpolitik sowie in Kultur- und Erziehungspolitik für einen „strukturierten Dialog" sorgen sollen. Den Beitrittskandidaten wird in der Übergangsperiode bereits die legislative Parallelschaltung abverlangt, ohne daß sie am Willensbildungsprozeß der EU anders als mit empfehlendem Votum beteiligt wären. Schließlich erwartet die EU, daß die assoziierten Länder enger miteinander kooperieren und Freihandelszonen bilden.

Die von der EU so genannte „Heranführung" ist aus den genannten Gründen zutreffender als Abwehrstrategie zu bezeichnen. Der Beitritt der mittel- und osteuropäischen Staaten wird an folgende Bedingungen der Systemkonvergenz geknüpft: Annahme des „acquis communautaire", Gewährleistung von Rechtsstaatlichkeit, Lösung von Minderheitenproblemen, Herstellung politischer Stabilität, Funktionieren der Marktwirtschaft, Wettbewerbsfähigkeit[16].

1.4 Kann die EU-Mitgliedschaft zur Liberalisierung und Demokratisierung Mittel- und Osteuropas beitragen?

Was in der Kritik mittel- und osteuropäischer Politiker gelegentlich anklingt, findet allmählich auch in der Wissenschaft Gehör, nämlich die Sorge, daß die Stabilität der Reformsysteme in Mittel- und Osteuropa weniger von links- oder rechtsradikalen Parteien als von den technokratisch-autoritären, schocktherapeutischen Eingriffen westlicher Organisationen bedroht werden, die die neuen demokatischen Regierungen als zu schwach, den legislativen Prozeß als zu langsam (vgl. Pickel 1993: 146) erscheinen lassen.

Ohne „billige Parallelen ziehen" zu wollen, weist der tschechische Außenminister J. Zieleniec darauf hin, daß den ehemaligen kommunistischen Systemen „das Funktionieren der Bürokratie ohne demokratische Kontrolle... vertraut [ist]. Deswegen sind wir da sehr empfindsam" (Frankfurter Rundschau, 28.9.1994). Die stark dirigistische EU ist in den Augen der benachteiligten Mittel- und Osteuropäer keine glaubwürdige Anwältin für freien Handel und Marktwirtschaft, zumal sie ihre eigene Wettbewerbsschwäche gegenüber Osteuropa durch protektionistische Abschottung und vertraglichen Planhandel zu kaschieren sucht[17]. Die EU als „Nutznießer der Annäherung" (Santer) verfügt zudem über einen jährlichen Handelsbilanzüberschuß von fast 12 Mrd. DM (1990: 2 Mrd. DM), der sich sogar auf den Agrarbereich erstreckt – von der angeblichen Hilfe durch (asymmetrischen) Handel kann also keine Rede sein (Frankfurter Allg emeine Zeitung, 2.3.1995).

Die Mittel- und Osteuropäer im EU-Warteraum müssen überdies erkennen, daß Markt und Demokratie durch die Organe der EU auseinandergehalten werden, weil eine an der Weltmarktkonkurrenz orientierte übernationale Integration nur jenseits demokratischer Kontrollen politische Form annehmen kann. Der supranationale Absolutismus sorgt dafür, daß die transnationale Kapitalverflechtung und -verwertung nicht durch soziale Interessenkonflikte behindert wird. Den östlichen Reformsystemen als Mitgliedern der EU böte die Union die Möglichkeit, Marktdisziplin zu üben, ohne daß ihnen die abträglichen Folgen – Arbeitslosigkeit, Geldentwertung, Aufbrechen sozialer Unterschiede etc. – direkt demokratisch zugerechnet würden. Der europäische Multilateralismus könnte den Reformern eine gewisse Karenzzeit einräumen, allerdings mit dem Risiko, daß sich der Brüsseler Absolutismus wie Mehltau auf die jungen demokratischen Strukturen legt. In der bürokratisch vermachteten EU nämlich „wird von vornherein dafür gesorgt, daß sich die liberaldemokratischen Formen veräußerlichen und ihnen keine gesellschaftliche Substanz entspricht" (Narr / Schubert 1994: 193 und 195).

Gegner einer frühen Osterweiterung der EU warnen vor der „Subventionsmentalität", die die Mittel- und Osteuropäer, ähnlich wie die Südeuropäer, (z.B. im Hinblick auf die „Kohäsionsmittel" zur Kompensation der Binnenmarkt-Nachteile) befallen könnte. Die Mentalitätsprobleme sind allerdings weniger gravierend als die sozialen, ökologischen und ordnungspolitischen Outcomes der Strukturfonds. Jede Erweiterung der EU verbreitet die subventionierte Erzeugung, Verschleuderung und Vernichtung landwirtschaftlicher Überschüsse und schafft neue Alimente für veraltete Industrien und benachteiligte Regionen, die wegen mangelnder supranationaler Kontrollen und nationaler Prioritäten den intendierten sozialen Ausgleich verfehlen; die heillosen Betrügereien in diesem Zusammenhang bilden ein Kapitel für sich[18].

Sollen die fatalen Fehlentwicklungen nicht zu Lasten von Demokratie, Sozial- und Ökosystem auf ganz Europa ausgedehnt werden, müßten die Strukturfonds und Subventionssysteme der EU einer grundlegenden Reform unterzogen werden. Die Aussicht darauf ist allerdings schlecht, da die EU ihre eigene Wettbewerbsfähigkeit auf dem Weltmarkt zu Lasten der Schwächeren innerhalb und außerhalb ihrer Grenzen zu stärken trachtet. J. Delors fragt daher, ob sie noch etwas anderes werden kann als ein „*großer Wirtschaftsraum* ohne Solidarität und ohne politischen Willen".

Die deutsch-französische Antwort auf diese Frage, ein „Kerneuropa" von fünf Staaten (Deutschland, Frankreich, Benelux), das sich unter machtpolitischem Druck „vertiefend verfestigt"[19] oder auch – als französische Präferenz das Directoire der fünf Größten in der EU – enthält unmißverständliche Herrschaftsansprüche. Die jeweiligen Fünf agieren im Zentrum eines abgestuften Systems von Wirtschaftsmächten als Platzanweiser in Europa: Die in engeren und weiteren Kreisen um den „Kern" gruppierten Beitrittskandidaten werden unter der Bedingung „einbezogen", d.h. kooptiert, daß sie zur Problemlösung der Kernländer beitragen. Die Politik des (solidarischen) Schleppverbandes zur europäischen Einigung wird damit durch ein gesamteuropäisches Herrschaftsmodell abgelöst, in dem der wirtschaftlichen Entwicklung und Demokratisierung für die mittel- und osteuropäischen Staaten nur periphere Bedeutung zukommt.

Zusammengefaßt, sind die Einflüsse der EU auf die Transformation von Politik und Wirtschaft in Mittel- und Osteuropa eher ambivalent einzuschätzen. Multilaterale Schocktherapie und bilaterale „Heranführung" an die EU können die typische Reformdepression und die sich vertiefende soziale Polarisierung nicht verhindern; der Westen zieht vielmehr seinen Gewinn aus der Situation, anstatt die wirtschaftliche Basis der jungen Demokratien zu ihrem eigenen Nutzen zu stärken und stabilisieren.

2. Gesamteuropäische Stabilität durch gemeinsame Sicherheitspolitik?

Da der „Stabilitätsanker" der EU weder der Wirtschaft noch der Demokratie in den östlichen Reformländern genügend Halt und Festigkeit geben kann, setzen diese ihre Hoffnung auf eine rasche sicherheitspolitische Kooperation, an der sie nicht lediglich als Kostgänger, sondern als „Produzenten" europäischer Sicherheit teilnehmen könnten.

Ein entsprechendes europäisches Arrangement würde nicht nur die militärische Annäherung an den Westen beschleunigen, sondern außerdem die Erwartungssicherheit potentieller Investoren stärken; Grenzen und Eigentumsrechte müssen vor gewaltsamen Veränderungen geschützt sein, wenn das wirtschaftliche Risiko die Investitionsbereitschaft nicht verhindern soll. Das Zögern der Banken, selbst großen Unternehmen Kredite für Anlagen in Osteuropa einzuräumen, wird mit dem Hinweis auf außenpolitische Unsicherheiten (etwaige russische Übergriffe, Sezessionen, Terrorismus) und fehlenden wirtschaftsrechtlichen Sanktionen, z.B. gegenüber nicht solventen Schuldnern und Bankrotteuren erklärt (Frankfurter Allgemeine Zeitung, 15.12.1994).

Die bestehenden westlichen Militär- und Sicherheitsorganisationen – NATO, WEU, OSZE – dürften angesichts ihres Scheiterns bei der Lösung der Konflikte im Osten wenig hilfreich sein. Weder die KSZE-Charta von Paris 1990 zugunsten stabiler Grenzen, Gewaltverzichts und friedlichen Wandels noch das KSE-Abrüstungsabkommen halten machtpolitischen Zugriffen stand[20].

Die NATO zeigt sich den Kriegen in Europa gegenüber hilflos, unfähig sowohl zur „vorbeugenden Diplomatie“ als auch zu wirksamen friedenserhaltenden oder -schaffenden Maßnahmen.

Indem die Europäer trotz der negativen Bilanz an den multilateralen Militärbündnissen festhalten, die mittel- und osteuropäischen Staaten ihre Sicherheit allein in der NATO garantiert sehen, plädieren sie (Havel 1.1.1995) für den Verbleib der USA in Europa. Damit kommen die Supermächte ins Spiel, deren eigene Probleme einer Stabilisierung Europas indessen hinderlich sind.

Die Bereitschaft der USA, Rußland eine Einflußsphäre in den Ländern der ehemaligen SU zuzubilligen sowie das „Recht“, im „nahen Ausland“ zu intervenieren „just like the US has been involved in the last several years in Panama and Grenada near our area“ (Clinton), dient der gegenseitigen Stabilisierung der Großmacht-Dominanz und nimmt Blutbäder in Kauf (Krauthammer 1994: 5).

Die Wort- und Tatenlosigkeit der USA (und der NATO) gegenüber dem Bruch der Genfer Konvention und der Verletzung der Menschenrechte in Tschetschenien sowie die während der Kämpfe abgeschlossenen amerikanisch-russischen 15 Kooperationsvereinbarungen über Raumfahrt, Energie, Gesundheit, Verschmutzung der Arktis und über Rüstungskonversion (International Herald Tribune, 17./18.12.94) bestätigen die „Russia-First“-Politik der USA.

Die USA setzen weiterhin auf ein (sich reformierendes) Rußland, das stark genug ist, um sowohl Ordnung in seinem eurasischen Einflußbereich als auch ein Gegengewicht zum vereinigten Deutschland herzustellen. Angesichts der neo-imperialistischen Bestrebungen Moskaus wächst allerdings bei den hardliners der republikanischen Mehrheit im US-Kongreß die Bereitschaft, die NATO nach Osten (auf Polen, Tschechien, Slowakei, Ungarn) auszudehnen. Wie aber ist zu verhindern, daß eine derartige Ostexpansion in eine Isolierung Rußlands, zum „Kalten Frieden“ (Jelzin: 1994) und, wie Außenminister Kinkel befürchtet, in die „Rückkehr zur Konfrontation und Blockbildung in Europa“ führt? Würden die mittel- und osteuropäischen Staaten in der NATO infolgedessen „zu echten Frontstaaten“ (Kinkel: 1994), wäre abzusehen, daß Rußland seinen Zugriff auf das „nahe Ausland“ verstärken würde.

Mit der Unabhängigkeit der Rußland vorgelagerten Staaten, insbesondere Weißrußlands, der Ukraine und des Baltikums hat Moskau seine vorgeschobenen Positionen, militärische Infrastrukturen und Rüstungsindustrien und damit sowohl sein Verteidigungsglacis als auch seine Offensivfähigkeit in Richtung Westen eingebüßt (Rühl 1994: 115). Dieser für die Region vorteilhafte russische Status würde mit der Osterweiterung der atlantischen Allianz von erneuter Instabilität und Konfrontation abgelöst.

Angesichts dieser Auswirkungen werden „weichere“, nicht bedrohliche Formen der Sicherheitskooperation erwogen: Ein „Vertrag zwischen NATO und Rußland über strategische Partnerschaft“ sowie die Mitgliedschaft der mittel- und osteuropäischen Staaten in der WEU, die (obschon mit der NATO verquickt) als militärischer Arm der EU vornehmlich an deren Belange gebunden ist. Die neun mittel- und osteuropäischen Staaten, die entweder vertraglich oder durch das Konsultationsforum mit der EU verbunden sind, gehören der WEU als assoziierte Partner (nicht assoziierte *Mitglieder*) an[21]. Dieser Status gewährt ihnen im politischen Bereich einen zweiwöchigen Zugang zum Ständigen Rat der WEU, fallweise zu ihren Arbeitsgruppen; im militärischen Bereich erlaubt er die Beteiligung an „humanitären und Rettungsmaßnahmen, friedenserhaltenden Aufgaben sowie Aufgaben kämpfender Truppen im Krisenmanagement, einschließlich Friedensschaffung [gleich: Friedenserzwingung] im Sinne der Petersberg-Erklärung der WEU vom 19.6.1992“ (Sutton 1994: 155). Die Streitkräfte der Reformsysteme können sich zur Verteidigung der EU also auch an internationalen Strafaktionen bzw. humanitären Interventionen beteiligen.

Kann ein Bündnis mit weltweiten Kampfaufträgen aber eine (von K. Deutsch eindeutig defensiv konzipierte) „Sicherheitsgemeinschaft“ sein, in der sowohl die Transformation der politischen und wirtschaftlichen Systeme als auch die Verdichtung der Ost-West-Beziehungen schützend flankiert werden?

Um die konfrontativen Auswirkungen einer Osterweiterung westlicher Sicherheitsbündnisse zu vermeiden, plädiert der deutsche Außenminister für inklusive statt exklusive Organisationen. In diesem Sinne will er die NATO ergänzt sehen „durch ein von der KSZE getragenes System kooperativer Sicherheit und ... durch ein Netzwerk politischer und wirtschaftlicher Beziehungen abgestufter Bindungsintensität zu Staaten wie Rußland und der Ukraine, die nicht als Mitglieder der EU in Frage kommen“. Der deutschen Präferenz einer inklusiven „kooperativen Sicherheitsordnung für ganz Europa“ (Kinkel 1994) steht der vordringliche Wunsch der mittel- und osteuropäischen Staaten nach kollektiver Verteidigung gegenüber; atlantische Kreise bevorzugen dagegen einen neuen kooperativen Sicherheitsrahmen mit den Hauptmächten der NATO (Pfaff 1994: 6) sowie ein förmliches Rußland-NATO-Forum mit Ministerrat, Generalsekretär und Ausschüssen zu ständiger Beratung und Information (Bertram 1994: 4).

Zieht man in Betracht, daß exklusive Militärallianzen Bedrohung und Konfrontation fortsetzen und inklusive Sicherheitssysteme militärisch erfolglos bleiben (es sei denn, sie dienen Militärinterventionen von Großmächten als Feigenblatt), stellt sich die Frage, mit welchen nichtmilitärischen Mitteln die demokratisch-marktwirtschaftliche Transformation Osteuropas abgesichert und in Gang gehalten werden könnte.

Ein diesem Ziel verpflichtetes Projekt wurde mit großem Aufwand im Mai 1994 von der in Paris einberufenen Inauguralkonferenz von 52 Staaten zur Stabilität Gesamteuropas vorgestellt und im 1995 abgeschlossenen „Stabilitätspakt“ (März '95) formuliert. Dem Gemeinsamen Beitrag von Kohl und Mitterrand entsprechend wurde an zwei Regionaltischen – dem einen mit Estland, Lettland, Litauen und Polen, dem anderen mit Bulgarien, Ungarn, Polen, Rumänien, Slowakei und Tschechien (unter Teilnahme von OSZE, Europa-Rat und Ostseerat an beiden Tischen) versucht,

- ...„ein Netzwerk bilateraler Vereinbarungen über gute Nachbarschaft zwischen allen mittel-, ost- und südosteuropäischen Ländern zu fördern... ein Klima des Vertrauens sowie Verfahren zur Zusammenarbeit zu schaffen",
- die Unverletzlichkeit der Grenzen und die Rechte von Minderheiten zu sichern,
- den entsprechenden Grundprinzipien der UN, KSZE und des Europarats uneingeschränkte Geltung zu verschaffen,
- den mittel-, ost- und südosteuropäischen Staaten einen Rahmen zur Ausgestaltung guter Nachbarschaft zu bieten, und sie „mit dem wirtschaftlichen und politischen Gewicht der Europäischen Union" zu unterstützen,
- und die „assoziierte Partnerschaft" mit der WEU i.S. des „wirtschaftlichen und sozialen Fortschritts und [der] Sicherung von Frieden und Freiheit" auszubauen (Kohl / Mitterrand: 1994).

Der Stabilitätspakt wird verstanden als „regionaler Ansatz ... präventiver Diplomatie", der Frieden und soziale Gerechtigkeit in einer „Zone gutnachbarlicher Beziehungen" verwirklichen soll (Stabilitätspakt für Europa, 20.3.1995). Warschau und Prag argwöhnen, dieser Pakt könnte die Osterweiterung der EU noch mehr bremsen. Tatsächlich hat der Rat der EU vor allem das Bekenntnis der 52 Staaten zur guten Nachbarschaft und Achtung von Minderheitsrechten sowie seine Umsetzung in nationales Recht zur Grundbedingung gesamteuropäischer Stabilität und zur Voraussetzung der „Heranführung" der mittel – und osteuropäischen Staaten an die Union erklärt. Das bedeutet, die entscheidenden osteuropäischen Stabilitätsprobleme – Reformdepression, Sezession ethnonationaler Gruppen, Minderheitenkonflikte, Grenzstreitigkeiten – müssen die mittel-, ost- und südosteuropäischen Staaten in bilateralen Verträgen und Freihandelszonen untereinander regeln, bevor sie mit einer engeren Bindung an die EU rechnen können.

Im Unterschied zum Beginn der westeuropäischen Aussöhnung und Integration, auf die die Initiatoren des Pakts anspielen, kann die angestrebte Stabilisierung Mittel- und Osteuropas durch gutnachbarschaftliche Beziehungen nur mit dem symbolischen „Gewicht" der EU, nicht mit verhaltensinduzierenden positiven Sanktionen rechnen. Anders als die Wiederaufbaupläne nach dem 2. Weltkrieg setzt der „Stabilitätspakt" nicht auf die materiellen Vorleistungen dominanter oder hegemonialer Mächte, sondern auf Nachbarschaftsverträge, die allein den Goodwill der Beteiligten beglaubigen. Es ist fraglich, ob die entsprechenden Deklarationen, die derzeit an den Runden Tischen formuliert werden, ein praktisches Konfliktmanagement zwischen z.B. den baltischen Staaten und Rußland, Ungarn und Rumänien, Griechenland, Türkei, Makedonien und Zypern erleichtern können.

Der Vorschlag der Mittelmeerländer (Frankreich, Italien, Spanien), künftig jedem ECU für Osteuropa einen ECU für die südlichen Mittelmeeranrainer der EU folgen zu lassen, hat außerdem die vorrangige Bedeutung des „Stabilitätspakts" stark relativiert.

Die finanziellen Zuwendungen an die Südanrainer der EU bezwecken vor allem die Minderung des „Einwanderungsdrucks“. Mit einem Wirtschafts- und Sicherheitspakt soll zudem der islamische Fundamentalismus besonders in Nordafrika eingedämmt werden und bis zum Jahr 2010 innerhalb des Paktgebiets eine Freihandelszone aus 40 Staaten und 800 Millionen Einwohnern entstehen (Frankfurter Allgemeine Zeitung, 18.4.1995).

Mit der „privilegierten Assoziierung“ dieser Staaten soll der insbesondere von Deutschland angestrebten Einflußsphäre durch Osterweiterung der EU eine Interessenzone der Südländer gegenübergestellt werden, um eine Verlagerung des Schwerpunkts der Union nach Norden zu verhindern. Mitterrand hält in dieser Konstellation „letale Widersprüche“ für möglich, die den deutsch-französischen Führungs„kern“ sprengen könten. Die Kandidaten für die Nachfolge Mitterrands zeigen, angesichts der Erweiterung der EU um die germanophonen EFTA-Staaten, ein neues Interesse am de Gaulleschen „Directoire“, einem frankophonen, in der EU nicht zu majorisierenden Club aus Frankreich, Deutschland, Großbritannien, Italien und Spanien (Dale 1994: 5).

Eine Abkehr vom föderativen Leitbild vollzieht sich (insbesondere nach dem BVG-Urteil zum Maastrichter Vertrag) auch in der Bundesrepublik zugunsten der Vorstellung einer Integration „von Fall zu Fall, in mehreren Bahnen, mehreren Geschwindigkeiten und mehreren Schichten“ (J. Major, vgl. (Mertes / Prill 1994: 11) ohne einheitliche Vorgaben über Ziel und Richtung des Einigungsprozesses.

Für die Revisionskonferenz 1996 planen die Integrationsbefürworter, sich für die Verallgemeinerung der sogenannten Inter-se-Abkommen einzusetzen, durch die Vorreiter in kleinen Gruppen die Integration im Unionsrahmen (ähnlich wie in den Vereinbarungen von Schengen, über Sozialpolitik, Eurokorps, Währungsunion) funktional statt konstitutionell vertiefen. Setzt sich die Tendenz fort, den Gemeinschaftsprozeß durch unterschiedliche Integrationsgeschwindigkeiten interessierter Mitglieder in ausgewählten Bereichen aufzuheben, dürfte die EU zu einer Arena werden, in der Interessenkoalitionen von Mitgliedern mit Hilfe der EU-Organe zum Ausgleich gelangen und zur Durchsetzung ihrer Beschlüsse die EU-Verwaltung in Anspruch nehmen.

Die Formierung des europäischen Wirtschaftsgroßraums wird durch eine dergestalt flexibilisierte EU erleichtert. Die westliche Durchdringung der östlichen Transformationssysteme, die Beteiligung an der Privatisierung, der Einsatz billiger östlicher Arbeitskräfte für eigene Zwecke, aber auch die Öffnung westlicher Märkte sowie die Leistung von Strukturhilfen sind in interessanten Teilbereichen leichter zu realisieren als auf dem Wege einer systematischen und kostspieligen Einbindung durch Beitritt (Huffschmid 1994: 171). Soll die dadurch eingeleitete abhängige Entwicklung nicht zu einer neuen Spaltung zwischen Ost und West führen und die Stabilität und Sicherheit Europas in Frage stellen, muß die EU einen engen Produktionsverbund (Dauderstädt) mit Mittel- und Osteuropa schaffen, institutionell absichern und für die beiderseitige gleichgewichtige Ausweitung des Außenhandels sorgen, damit mittelfristig auch im Osten die Bedingungen für prosperierende Märkte und stabile Demokratien entstehen können.

Anmerkungen

1 Vgl. die Zusammenfassung verschiedener Stabilitätsdefinitionen von Deutsch, Singer und Gilpin; bei Mesjasz 1994: 44ff.
2 Vgl. dazu die Environmental Impact-Prozesse in den USA sowie die UVP-Richtlinie der EG, die inzwischen in den Mitgliedstaaten Gesetz ist.
3 Auf der Konferenz der Mitteleuropäer in Alpach (Tirol) vom 21.-22.8.1994.
4 Zitiert in: Der Spiegel 50/94, S. 29.
5 Vgl. das Treffen der 22 Außenminister aus West- und Ost-Mitteleuropa am 31.10.1994 in Luxemburg.
6 Assoziierungsvereinbarungen vom 9.5.1994.
7 Zwischen 10% und 20% des Bruttoinlandprodukts der MOE-Staaten werden von der restriktiven Handelspolitik der EU beeinflußt. Etwa 1/5 der Hilfe besteht aus nicht rückzahlbaren Beträgen. Die angekündigte Hilfe wird zu höchstens 20 % realisiert (Stadler 1994: 397).
8 Vgl. Truman-Doktrin vom März 1947, aus der der Marshallplan vom 5.6.1947 hervorging.
9 So vorgesehen im sogenannten „Dienstbier-Plan“; vgl. Europa-Archiv 13-14/1990, S. 397-407.
10 „...trade diversion in the true sense (that is, the rerouting of trade flows previously earmarked for the East to the West) has been minimal, and these trade gains have not yet compensated for the loss of (formerly) domestic and regional markets“ (Brabant 1994: 177).
11 Ausführlich zu den Gründen: Stehn 1994: 204-205.
12 Eingehende ökonomische Analysen zitiert Stehn 1994: 197ff.
13 Ardittis 1992: 88. Die ebenfalls zu erwartende allgemeine Wanderbewegung in die EU soll sich an den Grenzen der östlichen Beitrittskandidaten brechen, denen bereits Aufgaben migrationspolitischer Abschirmung von der EU übertragen werden.
14 Der autoritäre Weg zur stabilen europäischen Entwicklung wird in der sozialwissenschaftlichen Literatur bereits ernsthaft erwogen (vgl. Pickel 1993).
15 Vgl. hierzu das Luxemburger Kommuniqué der 22 Außenminister vom 30.10.94.
16 Polen, Tschechien, die Slowakei und Ungarn erreichten 1994 4,0%, 3,0%; 3,5% und 2,5% Wachstum; die OECD prognostiziert für 1996 ein BSP-Wachstum von 5,0%; 5,0% und 1%. Bei einem jährlichen Wachstum von 6% bräuchten die Länder 22, 14, 26 und 18 Jahre, um 75% des durchschnittlichen EU-Bruttoinlandprodukt zu erreichen (Der Spiegel 50/94, S. 29, zit. den Haushaltsausschuß des E.P.). Vgl. zu den Konvergenzkriterien das EU-Weißbuch zur „Heranführung“ (Frankfurter Allgemeine Zeitung, 11.4.1995).
17 So der polnische Abgeordneten M. Swiecicki auf einem Kongreß der Bertelsmann-Stiftung, Gütersloh; zit. in Frankfurter Rundschau, 23.9.1994. Die negative Handelsbilanz der Assoziierten ist durch den eingeschränkten Zugang zum Binnenmarkt bedingt.
18 Vgl. die Jahresberichte des Europäischen Rechnungshofs.
19 Lamers-Schäuble-Positionspapier vom 1.9.1994, in: Blätter für deutsche und internationale Politik 10/94, S. 1271-1280.
20 Nicht nur die russischen Gebietsansprüche gegenüber den baltischen Staaten sowie der KSE-Vertragsbruch mit dem Aufbau einer russischen Kaukasusarmee, auch die Nichtanerkennung der mit der ehemaligen jugoslawischen Regierung 1975 und 1983 vereinbarten Lösung der Istrien-Frage durch Italien deuten darauf hin, daß die Helsinki-Prinzipien ihre normative Kraft an die neue Realpolitik in Europa verlieren.
21 So die Kirchberg-Erklärung des WEU-Rates vom 9.5.1994.

Literatur

Ardittis, S., 1992: The New Brain-Drain, in: The International Spectator 1.

Balcerowicz, Leszek, 1994: Democracy Is No Substitute for Capitalism, in: Eastern European Economics 2, 39-49.

Bertram, Christoph, 1994: Kein Platz für Rußland?, in: Die Zeit, 9.12.1994.

Brabant, Jozef M. van, 1994: Trade, Integration and Transformation in Eastern Europe, in: Journal of International Affairs 1, 165-192.

Dale, Reginald, 1994: Bigger EU Awakens de Gaulle's Ghost, in: International Herald Tribune, 20.12.1994.

Dauderstädt, Michael 1994: Europas schwieriger Osten: Konkurrent oder Armenhaus, FEST Reihe Europakolleg 28.

Easton, David, 1965: A Systems Analysis of Political Life, New York.

Ellman, Michael, 1994: Transformation, Depression, and Economics: Some Lessons, in: Journal of Comparative Economics 1, 1-21.

Huffschmid, Jörg, 1994: Wem gehört Europa. Bd. 1: Wirtschaftspolitik in der EG, Heilbronn.

Jelzin, Boris, 1994: Rede auf dem KSZE-Gipfel in Budapest, 10./11.12.1994
Joetze, Günter, 1994: Zwischen Versagen und Erfolg. Die KSZE im Jahre 1994, in: Europa-Archiv 10, 183-289.
Karaganov, Antonin, 1993: Russia, the State of Reforms, Gütersloh.
Kinkel, Klaus, 1994: Rede vor dem Heeresführungskommando, Koblenz 6.10.1994.
Kohl, Helmut / Mitterrand, Francois, 1994: Gemeinsamer Beitrag, in: Frankfurter Allgemeine Zeitung, 27.5.1994.
Krauthammer, Charles, 1994: Spheres of Influences for Americans and Russians? in: International Herald Tribune, 10.10.1994.
Mertes, Michael / Prill, Norbert, 1994: Es wächst zusammen, was zusammengehören will, in: Frankfurter Allgemeine Zeitung, 9.12.1994.
Mesjasz, C., 1994: International Stability..., in: *Balasz, Judit u.a.,* International Stability... WZB, July 1994
Narr, Wolf-Dieter / Schubert, Alexander, 1994: Weltökonomie, Die Misere der Politik, Frankfurt/M.
Pfaff, William, 1994: For Security to the West of Russia, in: International Herald Tribune, 16.12.94.
Pfeiler, Wolfgang, 1994: Konflikt, Krisen, Kriege. Rußlands Geopolitik und die künftige europäische Sicherheit, in: Aus Politik und Zeitgeschichte B 18-19, 20-31.
Pickel, Andreas, 1993: Authoritarianism or Democracy? Marketization as a Political Problem, in: Policy Sciences 3, 139-163.
Price, Harry, 1955: The Marshall-Plan and its Meaning, Washington.
Rühl, Lothar, 1994: Europäische Sicherheit und Osterweiterung der NATO, in: Außenpolitik II., 115-122.
Shapiro, Margaret, 1994: Gore Discounts Talk of a „Cold Peace“, in International Herald Tribune, 17.-19.12.1994.
Skubiszweski, Krzysztof, 1994: Das heutige Mitteleuropa und der Westen, in: liberal 4.
Stadler, Andreas, 1994: Funktioniert die asymmetrische Handelsliberalisierung in den „Europaabkommen“?, in: Österreichische Zeitschrift für Politikwissenschaft 4, 395-406.
Stehn, Jürgen, 1994: Stufen einer Osterweiterung der Europäischen Union, in: Die Weltwirtschaft 2, 194-219.
Sutton,Michael, 1994: France and the EU's Enlargement Eastward, in: The World Today 9.
Weede, Erich, 1994: Determininanten der Kriegsverhütung während des Kalten Krieges und danach: Nukleare Abschreckung, Demokratie und Freihandel, in: Politische Vierteljahresschrift 1, 62-84.
WHO, 1994: „Gesundheit in Europa“, Kopenhagen.
Yavlinsky, Grigory, 1994: For an Economic Union Linking. Russia and its Western Neighbors, in: International Herald Tribune, 12.10.1994.
Yavlinsky, Grigory / Braguinsky, Serguey, 1994: The Inefficiency of Laissez-Faire in Russia: Hysteresis Effects and the Need for Policy-Led Transformation, in: Journal of Comparative Economics 1, 88-116.

Lothar Brock

Selbsthilfe und Selbstbegrenzung im internationalen System
Die EU im neuen Ost-West-Verhältnis

1. Einleitung

Im vorliegenden Beitrag wird die Rolle der EU im neuen Ost-West-Verhältnis erörtert. Dabei sollen die konkreten Ansätze der westlichen und insbesondere der westeuropäischen Ostpolitik nach 1989 zum Anlaß genommen werden, einige grundsätzliche Überlegungen zu den Möglichkeiten gemeinschaftlichen Handelns auf der Ebene des internationalen Systems, seiner Bedingungen und Auswirkungen, anzustellen. Diese Überlegungen sollen dann im Schlußteil wiederum auf die Rolle der EU im neuen Ost-West-Verhältnis bezogen werden.

Der Ausflug ins Grundsätzliche folgt dem Thema der *Regime-Debatte*, nämlich dem Zustandekommen von Kooperation auf der Ebene des internationalen Systems. Die *Regime-Debatte* ist auf das politische Handeln in der Anarchie, also auf das Problem der *Selbsthilfe*, ausgerichtet. Sie fragt nach Möglichkeiten einer Einhegung der Selbsthilfe und ihrer Überführung in Kooperation. Dabei geht es letztlich nicht nur um punktuelle Verhaltensänderungen, sondern um eine Transformation der internationalen Politik. Diese Transformation erscheint aus *utilitaristischer Sicht* als spieltheoretisch modellierbarer Lernprozeß, in dessen Verlauf die Spieler den Vorteil der Kooperation gegenüber der Kooperationsverweigerung bezogen auf bestimmte Spielsituationen erkennen. Es bleiben jedoch erhebliche Kooperationslücken, die sich aus der Situationsgebundenheit des Interessenkalküls und aus dem unterschiedlichen Engagement der Kooperationspartner (Trittbrettfahrer-Effekt) ergeben. Hier kommen die *liberalen Intitutionalisten* zu Hilfe, indem sie auf die Selbsteinkreisung der Politik als nicht-intendierte Folge eines ursprünglich instrumentell gedachten *institution-building* verweisen: Die Institutionen verwandeln sich von einer abhängigen in eine unabhängige Variable, von außenpolitischen Instrumenten zu Bestimmungsfaktoren der Außenpolitik (Keck 1991).

Die im Theorie-Diskurs der Internationalen Beziehungen sogenannten *Realisten* melden diesbezüglich Zweifel an. Aus ihrer Sicht ist das System stärker als die List der Institutionenbildung: der Zwang zur Machtpolitik unter den Bedingungen der Anarchie läßt bestenfalls eine punktuelle Einhegung der Selbsthilfe im Sinne einer *Kooperation unter Vorbehalt* zu. Letztere ist jederzeit widerrufbar und muß es aus *realistischer* Sicht sein, soll den „Gesetzen" der Politik auf der Ebene des internationalen Systems nicht (zum unausweichlichen Schaden aller Beteiligten) zuwidergehandelt werden.

So gegensätzlich diese Positionen erscheinen, so haben sie doch eines gemeinsam: die Fixierung auf die Abwesenheit eines Gewaltmonopols in den zwischenstaatlichen Beziehungen. Ich argumentiere demgegenüber, daß das Problem der Selbsthilfe und ihrer Einhegung sich nicht erst bei Abwesenheit eines Gewaltmonopols stellt, sondern als allgemeines Problem der Sozialbeziehungen verstanden werden kann. Es erfährt auf der Ebene des internationalen Systems eine bestimmte Ausprägung, ohne auf diese Ebene beschränkt zu sein. Auch dort, wo ein Gewaltmonopol existiert, hängt das Funktionieren des Gemeinwesens von einer Einhegung der Verhaltensoptionen der sozialen Subjekte ab, die die Kontrollfähigkeit des Gewaltmonopols ebenso wie die Fähigkeit des einzelnen, sich stets im Einklang mit seinem wohlverstandenen Eigeninteresse zu verhalten, *prinzipiell* überfordert. Mit anderen Worten, das Zustandekommen und Funktionieren jeglicher Gemeinschaft ist darauf angewiesen, daß deren Mitglieder ihr eigenes Verhalten bestimmten Grenzen unterwerfen, auch ohne daß sie dazu gezwungen oder durch ein konkretes Interessenkalkül getrieben werden. Hier wird die These vertreten, daß, sofern diese Form der Selbstbegrenzung auf innergesellschaftlicher Ebene möglich ist, dies auch für die internationale Ebene gilt. Das würde wiederum bedeuten, daß die politische Gemeinschaftsbildung nicht auf den staatlichen Rahmen (bzw. die Ausprägung eines Gewaltmonopols) beschränkt ist, sondern sich auch auf die internationale Ebene erstrecken kann und damit Regieren ohne Gewaltmonopol möglich wird.

Die Horizonte eines möglichen Fortschritts auf der Ebene des internationalen Systems wären damit weiter gesteckt als bei einer Fixierung auf die Abwesenheit des Gewaltmonopols erkennbar ist. Eine Renationalisierung der Politik nach dem Kalten Krieg wäre unter dieser Perspektive keineswegs als unausweichlich zu betrachten. Diese Thesen sollen nach einer kurzen Darstellung und Systematisierung der neuen Ost-Politik Westeuropas im zweiten Teil des Textes erläutert werden. Dabei reiht sich der vorliegende Versuch, die Fixierung der Analyse auf die Abwesenheit des Gewaltmonopols aufzubrechen, in Diskussionen ein, die seit Jahren vor allem im Rahmen der Regimetheorie-Bewegung geführt werden und durch die Ereignisse von 1989 weiteren Auftrieb erhalten haben (Kohler-Koch 1989, Czempiel/Rosenau 1992, Zürn 1992, Müller 1993, Rittberger 1993, Cox 1994, Senghaas 1993).

2. Die Reaktion der EG auf den Umbruch in Osteuropa

Die Europäische Gemeinschaft reagierte auf den Umbruch im Osten in vier Stufen. Die erste Stufe bildeten die Handels- und Kooperationsabkommen, die die EG in der Zeit des unmittelbaren Umbruchs auf der Grundlage der gemeinsamen Erklärung mit dem RGW von 1988 mit acht Staaten der Region abschloß. Es handelte sich weitgehend um Abkommen zur „Normalisierung“ der Handelsbeziehungen mit den östlichen Partnern (teilweise Gewährung der Meistbegünstigung), ohne daß diese damit schon anderen Außenhandelspartnern völlig gleichgestellt worden wären (Spanger 1993, Kramer 1993, Brock/Hauchler 1993, Deubner/Kramer 1994, Weber 1994, Jopp 1994).

Die zweite Stufe bildete das auf dem Pariser Weltwirtschaftsgipfel (G 7) im Juli 1989 initiierte Hilfsprogramm der OECD-Länder (G 24), das zunächst den Reformprozeß in Polen und Ungarn unterstützen sollte, in das im Laufe der Jahre 1990, 91 und 92 aber auch Rumänien, Bulgarien, die CSFR (später ihre Nachfolgestaaten), Jugoslawien (nur 1990-91) sowie Albanien und die Baltischen Staaten aufgenommen wurden. Die EG, der in Gestalt der Kommission die Federführung bei der Koordinierung der G 24-Aktivitäten übertragen wurde, bildete in diesem Rahmen ein eigenes Hilfsprogramm heraus (PHARE).

Das EG-Programm und die Aktivitäten der übrigen G-24-Länder sollen dreierlei gewährleisten: den Abbau von Restriktionen im Handel mit den ehemals sozialistischen Ländern, technische Hilfe für den Transformationsprozeß in verschiedenen Sektoren und finanzielle Hilfe für gesamtwirtschaftliche Stabilisierungsmaßnahmen (Schuldenmanagement, Außenhandelsfinanzierung). Die Gewährleistung der Hilfe ist mit ordnungspolitischen Auflagen verbunden. Teilnahmeberechtigt sind nur Länder, die sich zur Einführung von Demokratie und Marktwirtschaft bekennen. Bei der Konkretisierung dieser allgemeinen Festlegung spielen IWF und Weltbank die entscheidende Rolle. Mit ihnen müssen sich prospektive Empfängerländer auf die Durchführung von Strukturanpassungsmaßnahmen geeinigt haben, bevor die Hilfe im Rahmen der G 24-Initiative anlaufen kann.

Als dritte Stufe der EG-Reaktion auf den Umbruch im Osten leitete der Europäische Rat auf eine französische Initiative hin im Dezember 1989 die Gründung einer Europäischen Bank für Wiederaufbau und Entwicklung (EBRD) ein. Die Bank wurde zu Beginn des Jahres 1991 mit Sitz in London unter Leitung von Jacques Attali eingerichtet. Die US-Regierung stand dem Vorhaben zunächst skeptisch gegenüber, da sie offenbar eine Einschränkung ihres Einflusses auf die westlichen Ostaktivitäten durch die Schaffung einer Konkurrenz-Organisation zu Weltbank und IWF fürchtete (Weber 1993). Solche Befürchtungen haben sich inzwischen als gegenstandslos erwiesen. Im Rahmen der EG-Hilfe spielt die EBRD nur eine ergänzende, keine koordinierende oder gar steuernde Rolle. Die Bank verfügt immerhin über ein Grundkapital von 10 Mrd. ECU. Ihre Aufgabe ist es, die Privatisierung der Wirtschaft in den ehemals sozialistischen Ländern voranzutreiben und dabei gleichzeitig die regionale Integration und den Umweltschutz zu unterstützen.

Als vierte Stufe der EG-Reaktion auf den Umbruch im Osten kann der Abschluß von Assoziierungsabkommen mit Polen, Ungarn und der damaligen CSFR im Dezember 1991 gelten. Diese „Europa-Verträge“ sehen die schrittweise Einrichtung einer Freihandelszone und eines politischen Dialogs vor. Sie stellen damit einen gewissen Kompromiß zwischen den Beitrittsbestrebungen der östlichen Vertragspartner und den Gegnern einer Erweiterung innerhalb der EG dar.

Was die westliche Hilfe gegenüber den GUS-Staaten betrifft, so zeichnete sich erst Anfang 1992 eine Koordinierung der Einzelmaßnahmen und -programme ab. Ausgangspunkt war die von der US-Regierung initiierte multilaterale Konferenz über die GUS-Hilfe, die im Januar 1992 in Washington stattfand. Sie führte zur Einrichtung von fünf Arbeitsgruppen zur Koordinierung der GUS-Aktivitäten. Ende des Jahres trat die EG mit den GUS-Staaten in Verhandlungen, um die eigene Hilfe in sogenannten Abkommen über Partnerschaft und Zusammenarbeit „bilateral" zu regeln. Damit wurde die Möglichkeit eröffnet, die den GUS-Staaten gewährte Hilfe auf eine mittelfristig abgesicherte, vertragliche Grundlage zu stellen.

3. Unzulänglichkeit der EG-Politik

Mit Blick auf die Größenordnung der Probleme, um die es bei der Transformation der ehemals sozialistischen Länder geht, sind die EG-Aktivitäten und Programme schon vom Ansatz her schwerlich als angemessen zu werten. Was zunächst die handelspolitischen Maßnahmen betrifft, so hat die EG zwar einige Anstrengungen unternommen, um durch Gewährleistung der Meistbegünstigung, die Einbeziehung der ehemals sozialistischen Länder in das Allgemeine Präferenzsystem und den Abbau politischer Hemmnisse im Osthandel die Export-Chancen der osteuropäischen Länder zu verbessern. Sie hat sich aber auch hier den Schutz sensibler Branchen vorbehalten und selbst in den „Europa-Verträgen" auf eine dem eigenen liberalen Credo entsprechende Öffnung der Märkte verzichtet. Weder bei den Agrareinfuhren noch bei Stahl und Textilien wurden bedeutsame Konzessionen gemacht. So hängt gerade über den erfolgreichen Produzenten des Ostens, die die Kompetenz hätten, sich auf dem westeuropäischen Markt zu behaupten, das Damoklesschwert der Bestimmungen gegen „unfairen Wettbewerb" und zum Schutz sensibler Branchen. Von daher scheint die Feststellung nicht übertrieben, daß „von der strategischen Vision der "Europa-Verträge„ (...) in einem zentralen Bereich, der Freiheit des Warenverkehrs, wenig mehr geblieben (sei) als das taktische Gefeilsche um die Interessen niedergehender Wirtschaftszweige" (Spanger 1993, 230). Es kann angesichts dieses Sachverhalts nicht überraschen, daß die Verhandlungen über die Europa-Verträge mehrfach dem Scheitern nahe waren. Daß sie schließlich doch zustande kamen, liegt nicht an substantiellen Zugeständnissen der EG, sondern ist Ausdruck der einseitigen Abhängigkeit ihrer Vertragspartner.

Die EG übt insgesamt im Verbund mit den anderen OECD-Ländern über die Hilfsmaßnahmen einen erheblichen ordnungspolitischen Druck auf die ehemals sozialistischen Länder aus, ohne selbst einen spürbaren Beitrag zur Verbesserung der außenwirtschaftlichen Bedingungen zu leisten, unter denen die Transformation im Sinne der von der EG formulierten Konditionen durchgeführt werden muß. Trotz der angedeuteten Hilfsmaßnahmen wird es auf absehbare Zeit bei der lapidaren Feststellung der Weltbank aus dem Jahre 1991 bleiben, daß sich die Transformation unter ungünstigen außenwirtschaftlichen Bedingungen vollzieht (Weltbank 1991, 15 bei Spanger 1993, 233). Die Entwicklungsländer wissen hiervon seit Beginn der 80er Jahre ein nicht gerade erheiterndes Lied zu singen.

Die Hilfsprogramme und -maßnahmen sind weder durch großen Wagemut noch eine besondere Innovationsbereitschaft gekennzeichnet (Kramer 1993, 234). Unkonventionelle Ideen wie die Durchführung eines Programms in Analogie zum Marshall-Plan, die Einrichtung einer Mittel- und Osteuropäischen Zahlungsunion, die Einführung neuer Formen der Anbindung der mittelosteuropäischen Staaten über die „Europa-Verträge“ hinaus oder die Formulierung von Alternativen zur herkömmlichen ordnungspolitischen Auflagenpolitik wurden nicht ernsthaft verfolgt (Kramer 1993, 234; Spanger 1993, 235). Damit wurde die Chance vergeben, auf breiterer Basis Vertrauen schaffende Perspektiven der Zusammenarbeit zu eröffnen und die allgemeine politische Widerstandskraft gegen regressive Problemlösungen (Chauvinismus, Ethnisierung von Konflikten, etc.) zu erhöhen.

Die eine Institution, die speziell für die Bearbeitung der neuen Herausforderungen gegründet wurde, die EBRD, wurde nicht nach der „maximalistischen Konzeption“ der Franzosen, sondern der „minimalistischen Konzeption“ des zur Bearbeitung des französischen Vorschlages eingerichteten Vorbereitungskomitees gegründet. Nicht zentrale Koordination der Gesamthilfe, sondern Ergänzung dessen, was im Rahmen anderer Programme und von anderen Organisationen gemacht wurde, sollte ihre Aufgabe sein. Was dabei bisher geleistet wurde, nimmt sich angesichts des Bedarfs recht bescheiden aus. Die EBRD hat überdies einen langsamen Start gehabt – möglicherweise auch deshalb, weil sie sich zumindest bis zur Resignation von Jacques Attali genausoviel mit sich selbst wie mit den Problemen Mittel- und Osteuropas beschäftigte.

4. Restriktionen der westeuropäischen Politik

Die eben geäußerte Kritik an den konkreten Ansätzen gemeinschaftlicher Politik gegenüber den ehemals sozialistischen Ländern ist wohlfeil. Ein Weg zu größerer Ausgewogenheit bestünde darin, sich genauer mit der Zielsetzung, Funktionsweise und Leistungsfähigkeit der neu geschaffenen Institutionen und Programme zu befassen. Ich will mich demgegenüber der Frage zuwenden, welchen Schwierigkeiten der Versuch einer gemeinschaftlichen Politik gegenüber der ehemals sozialistischen Staatenwelt begegnet. Dabei bietet sich zunächst die Unterscheidung von drei Problembereichen an: die Größenordnung der Aufgabenstellung, die Konstitutionsprobleme der EG als Akteur im neuen Ost-West-Verhältnis und die Wechselwirkung zwischen regionaler und globaler Politik.

4.1. Komplexität der Tranformationsprobleme

Was zunächst die Größenordnung der Problematik betrifft, um die es bei der Transformation in der ehemals sozialistischen Staatenwelt geht, so kann man der EG und der westlichen Staatengemeinschaft insgesamt vorwerfen, wie Vaclav Havel dies noch Ende 1992 getan hat, sie habe das Ausmaß des Umbruchs nicht begriffen (Spanger 1993, 200). Aber gerade wenn es stimmt, daß es hier um einen Prozeß geht, der dem Zerfall des Weströmischen Reiches vergleichbar wäre, wie Havel meinte, wird klar, daß jeder denkbare Versuch, in der Form kooperativ und in der Sache konstruktiv auf das Geschehen von außen einzuwirken, zwangsläufig am Rande der Überforderung und damit des Scheiterns operiert (Merkel 1994; Brock/Hauchler 1993).

Der Zusammenbruch des Realsozialismus erfolgte zwar in einer Kettenreaktion, bei der historische Zufälligkeiten eine Rolle spielten, er war aber das Ergebnis einer langen „Entwicklung der Fehlentwicklung", um dieses Wort Andre Gunder Franks zu paraphrasieren, in deren Verlauf die Funktionsschwächen des Systems akkumulierten und das Projekt der revolutionären Modernisierung einer rückständigen Gesellschaft von seinem Geburtsfehler, dem bolschewistischen Voluntarismus, eingeholt wurde (Spanger 1993, Przeworksi 1991, Jahn 1982). Weder durch Repression nach innen und militärische Machtentfaltung nach außen, noch durch Entstalinisierung und Entspannung oder ökonomische Reformen und verstärkte materielle Anreize für das einst als revolutionäres Subjekt gedachte Proletariat gelang es, die Grundlagen für eine sich selbst tragende und als Alternative zum Kapitalismus bewährende Entwicklung zu schaffen. Im Gegenteil, wo vor der realsozialistischen Machtübernahme eine materielle Modernisierung eingesetzt hatte, wie in den meisten mittelosteuropäischen Staaten, wurden diese im Dienste einer „komplexen sozialistischen Arbeitsteilung" ausgehöhlt.

1989 offenbarte sich, wie brüchig die materielle und ideelle Basis der angestrebten wirtschaftlichen Entwicklung war. Der eingeschlagene Modernisierungspfad war durch Raubbau an den natürlichen Ressourcen, ideologische Camouflage der Selbstprivilegierung auf seiten der politischen Klasse und politische Kompensation wirtschaftlicher Ineffizienz in eine Sackgasse geraten. Die Gorbatschowsche Reformpolitik eröffnete keinen Ausweg mehr, sondern beschleunigte die Einsicht in die Ausweglosigkeit. So war es zwar verblüffend, aber auch logisch, „daß die Parteibürokraten", wie Adam Przeworski festgestellt hat, „nichts zur Verteidigung ihrer Macht zu sagen hatten." (Przeworski 1992, 92)

Das heißt zugleich aber auch, daß man 1989 nicht einfach auf Vorhandenem aufbauen konnte, sondern ein wesentlicher Aspekt der Transformation darin bestand, mit dem zerfallenden Erbe des Realsozialismus fertig zu werden. Die Ausgangslage für die Einführung von Demokratie und Marktwirtschaft nach westlichem Vorbild war von daher denkbar schlecht. Es ging nicht darum, per ordnungspolitischer Richtungsvorgabe von außen ein aufgestautes Entwicklungspotential im Innern der ehemals sozialistischen Staatenwelt freizusetzen und in diesem Sinne Prometheus erneut zu entfesseln. Vielmehr stellte sich die Aufgabe, gleichzeitig mit der Formulierung ordnungspolitischer Alternativen zum alten System die politischen und gesellschaftlichen Bedingungen zu schaffen, unter denen ein umfassender Neuanfang überhaupt erst möglich wird.

Es war so gesehen richtig, daß zunächst in der ostmitteleuropäischen und später in der westlichen Reformdiskussion der Herausbildung von Ziviligesellschaften (verstanden als die Schaffung neuer sozialer Infrastrukturen und die Konstituierung neuer Subjekte der Modernisierung) so große Bedeutung beigemessen wurde. Die Debatte verwies auf Zeithorizonte der Transformation, die die unmittelbaren Handlungsperspektiven der Umbruchsituation bei weitem überschritten. Sie verdeutlichte außerdem, daß eine zügige Transformation Anforderungen an die betroffenen Gesellschaften ebenso wie an die internationale Gemeinschaft stellte, die sich der fixen politischen Machbarkeit im Rahmen einer wie auch immer gearteten Zusammenarbeit entzogen.

Die „friedlichen Revolutionen" waren keine Revolutionen, sondern Zusammenbrüche. Es gab keine breite Bewegung zur Überwindung des Bestehenden, die den Prozeß der Veränderung in die neue Zeit hätte tragen können. Der Versuch, die politische Lücke, die die vorübergehende Sprachlosigkeit der ehemals sozialistischen Eliten schuf, durch ordnungs- und technopolitische Vorgaben des Westens zu füllen, führte unter diesen Bedingungen nur zu Selbsttäuschungen des Westens über die Bedingungen des Wandels im Osten.

Ich breche hier die Erörterung der Schwierigkeiten ab, die in der Sache selbst liegen. Das Gesagte mag genügen, um die Präzendenzlosigkeit der Aufgabe, um die es geht, zu unterstreichen und damit den Horizont zumutbarer Erwartungen gegenüber der Politik der westeuropäischen Staaten herunterzuschrauben. Die Schwierigkeiten liegen jedoch nicht nur in der Sache selbst, sondern auch in der EG und heutigen EU als internationalem Akteur.

4.2. Konstitutionsprobleme der EG/EU als kollektiver Akteur

Nach den Jahren der Eurosklerose zeichneten sich in den 80er Jahren neue Linien einer inhaltlichen Ausweitung und prozeduralen Vertiefung der Gemeinschaftsbildung in Westeuropa ab. Diese Bemühungen liefen nicht einfach auf eine Wiederbelebung der funktionalistischen Logik der Intregration hinaus. Sie sollten vielmehr der weiteren Erlahmung der Integrationsdynamik angesichts neuer Herausforderungen auf (welt-)wirtschaftlichem und politischem Gebiet entgegenwirken.

Zu den wirtschaftlichen Herausforderungen gehörte die sich verschärfende Konkurrenz im Rahmen der Triade; zu den politischen Herausforderungen die viel diskutierte „Selbstbehauptung Europas" im Kontext der sich zu Beginn der 80er Jahre wieder rapide verschärfenden Konfrontation zwischen den Supermächten.

Die Wahrnehmung dieser Herausforderungen und ihrer integrationspolitischen Implikationen war auf seiten der Mitglieder jedoch keineswegs einheitlich. Im wesentlichen bildeten sich drei Positionen heraus, deren Hauptprotagonisten Frankreich, Großbritannien und die Bundesrepublik waren und sind. Frankreich betrachtet die inhaltliche Ausweitung und Vertiefung der Gemeinschaftsbildung als Möglichkeit, innerhalb der EG bestehende Machtungleichgewichte zu kompensieren und die eigene Position in der Weltpolitik zu stärken, Großbritannien sieht in der Forcierung der Gemeinschaftsbildung eine Gefahr für den eigenen politischen und wirtschaftlichen Handlungssspielraum und die Bundesrepublik eine Chance, die westeuropäische und zugleich die atlantische Aktzeptanz ihrer Suche nach einer neuen Rolle in der Weltpolitik zu erhöhen.

Die Kompromißlinie, die in den 80er Jahren als Antwort auf diese Interessenunterschiede gefunden wurde, bestand in der Einigung auf den Binnenmarkt, auf eine perspektivische Vertiefung und Erweiterung der politischen Zusammenarbeit und schließlich auf eine Anbindung der EFTA-Staaten an die EG in Gestalt des Europäischen Wirtschaftsraumes.

Der Umbruch von 1989 ließ die Tragfähigkeit dieser Kompromißlinie ins Wanken geraten. Zentrale Probleme der Gemeinschaftsbildung wurden durch den Umbruch akzentuiert, so das Verhältnis der EG zum europäischen Umfeld, die globale politische Handlungsfähigkeit der Gemeinschaft und die Position und Rolle der Bundesrepublik in der Gemeinschaft. Die EG-Staaten reagierten mit einem weiteren kühnen Schritt nach vorn. Innerhalb eines Jahrs wurde das Vertragswerk von Maastricht ausgearbeitet und verabschiedet, das die nunmehr so genannte Europäische Union auf die Schaffung einer Politischen und einer Währungsunion festlegt.

Diese Flucht nach vorn brachte keinesfalls aus sich selbst heraus eine Stärkung der internationalen Handlungsfähigkeit der Gemeinschaft hervor, vielmehr offenbarten gerade die weitreichenden Beschlüsse von Maastricht im Kontext der Umbruchsituation Schwächen und Defizite der Gemeinschaftsbildung in Westeuropa, die das in den 80er Jahren sichtbar gewordene Maß weit überschritten. Es zeigte sich, wie weitgehend auch der westeuropäische Zusammenhalt durch den Ost-West-Konflikt bestimmt worden war, und daß weit geringere Forschritte auf dem Weg zu einer substantiellen Europäisierung der Politik erzielt worden waren, als man zuzeiten des Kalten Krieges (mit einigem Optimismus) hatte vermuten können.

Gerade die Reichweite der Beschlüsse von Maastricht liefert neuen Zündstoff für die EG-interne Debatte über Sinn und Zweck der Integrationspolitik, und auch die Entwicklungen im westeuropäischen Umfeld wirkten sich nicht einfach als Verstärkung des Integrationsdrucks von außen aus, sondern verschärften die Streßsituation, die sich innerhalb der EG aufgebaut hatte. Von besonderer Bedeutung war hier die Vereinigung der beiden deutschen Staaten und die Aufhebung der Ost-West-Demarkationslinie, die die politisch-strategische Position der Bundesrepublik und über sie hinaus die gesamte Macht- und Interessenkonstellation in West- und Mitteleuropa veränderte.

So schien auch in der Bundesrepublik die bis dahin weitgehend nicht hinterfragte Europa-Orientierung brüchig zu werden. Mit der radikal veränderten Lage stellte sich die Frage nach dem Selbstverständnis der Bundesrepublik, die sich nunmehr wieder als Deutschland begriff, neu. Dementsprechend drehte sich der Wahlkampf 1994 zum Europa-Parlament in der Bundesrepublik weniger um Europa als um deutsche Probleme und Interessen.

Es mag sein, daß die Entscheidungen zum Ausbau der Integration nicht *nur* eine Reaktion auf äußere Veränderungen darstellten, sondern auch „in der institutionellen Struktur der Europäischen Gemeinschaft angelegt" waren (Schneider/Werle 1989, S. 409) Was die Handlungsfähigkeit der EU betrifft, so besteht jedoch kein Anlaß, die diesbezüglichen Depressionen der 70er und frühen 80er Jahre durch eine neue Integrationseuphorie zu ersetzen. Die EU kommt auf dem Weg von der regulativen zu einer korporativen Form kollektiven Handelns nur mühsam voran (Commons 1961, S. 342; Schneider/Werle 1989, S.414). Aber wie sollte es auch anders sein. Mit Blick auf die Veränderungen, mit denen sich die EG auseinanderzusetzen hatte und hat (zu denen neben dem Ende des Ost-West-Konflikts, der Verschärfung der weltwirtschaftlichen Konkurrenz und der deutschen Vereinigung auch noch die Strukturkrise des Wohlfahrtsstaates kommt), ist eingedenk der europäischen Geschichte allein schon die Tatsache bemerkenswert, daß die Selbstverpflichtung der EG-Staaten auf die Weiterentwicklung der Integration überhaupt aufrechterhalten wurde.

Die Decke des Europäismus ist dünn. Umso schwieriger ist es, sie noch weiter zu strecken, um neue Mitglieder zu akkommodieren. Von daher erscheint das Angebot der „Europa-Verträge" als das äußerste, was die EU zur Zeit den ostmitteleuropäischen Beitrittskandidaten bieten kann. Zwar haben sich die EFTA-Staaten mit dem Anliegen durchsetzen können, über ihre einseitige Anbindung an die Gemeinschaftspolitik (ohne eigene Mitsprachemöglichkeiten) hinauszugelangen und den Europäischen Wirtschaftsraum auf ein bloßes Durchgangsstadium zur vollen Mitgliedschaft zu reduzieren. Das erhöht aber nicht automatisch die Chancen anderer Beitrittskandidaten, sondern könnte eher Anlaß bieten, diese weiter hinzuhalten.

4.3. Transatlantische Bindungen

Die Handlungsfähigkeit der EU ist im eben angedeuteten Sinne nicht nur durch ihre Binnenprobleme beschränkt, sondern auch durch das ins Wanken geratene Verhältnis zu den USA als dem wichtigsten außerregionalen Akteur. Ich komme damit zum dritten Problembereich einer gemeinschaftlichen Ostpolitik. Es ist bereits darauf hingewiesen worden, daß der EG-Kommission die Federführung bei der Koordinierung der G 24-Aktivitäten gegenüber den ehemals sozialistischen Ländern übertragen wurde. Damit wurde die Bedeutung der EG als Träger der neuen westlichen Ostpolitik unterstrichen. Andererseits trugen und tragen die EG-Staaten aber auch den Löwenanteil der finanziellen Belastungen dieser Politik, so daß die Übertragung der Federführung eigentlich nur als Nachvollzug der tatsächlichen Leistungen und nicht als Zugeständnis an die Westeuropäer gewertet werden muß. Außerdem hat Washington darauf geachtet, daß in Europa keine Initiativen ergriffen wurden, die die eigene Rolle in der neuen westlichen Ostpolitik hätten einschränken können. Dies trifft sowohl auf die allgemeine Bedeutung von IWF und Weltbank als ordnungspolitische Hüter der Transformation zu als auch auf die Einrichtung der EBRD. Daß sich hier die minimalistische Position durchsetzte, lag zwar nicht nur – aber eben auch – an der Haltung, die die USA in der Frage der Daseinsberechtigung und des Mandats der Bank einnahmen.

Außerdem sind die USA weitgehend bestimmend, was die westliche Politik gegenüber Rußland und anderen Nachfolgestaaten der SU betrifft. Hier setzt sich das besondere Engagement fort, das in der Zeit des Kalten Krieges entstanden ist. Die Haltung in der Europäischen Gemeinschaft gegenüber diesem Engagement ist unterschiedlich. Während die Franzosen ihre Europa-Politik auch unter dem Gesichtspunkt der Emanzipation von den USA betreiben, bietet die Aufrechterhaltung und der Ausbau einer atlantischen Dimension der neuen Ostpolitik aus britischer Sicht eine Art Rückversicherung gegen Formen der Gemeinschaftsbildung in der Ostpolitik, die Großbritannien nicht genehm sind, weil sie der Schaffung exklusiver deutscher Einflußzonen in der ehemals sozialistischen Staatenwelt und der Stärkung der deutschen Machtposition auf diesem Wege Vorschub leisten könnten.

Für die Bundesrepublik selbst haben sich die Parameter ihrer transatlantischen Beziehungen gründlich geändert. Die alte deutschland- und sicherheitspolitische Abhängigkeit von den USA besteht nicht mehr. Die Bundesrepublik hat aber weiterhin ein Interesse daran, bei ihrer Europa-Politik die Pflege eines guten Verhältnisses zu den USA nicht aus den Augen zu verlieren, weil davon die innereuropäische Akzeptanz der nach dem Ende des Ost-West-Konflikts erforderlich gewordenen Neuorientierung ihrer Politik abhängt.

Als Fazit läßt sich festhalten, daß in der Ostpolitik die Verflechtung der westeuropäischen und transatlantischen Handlungsebenen fortbesteht. Das bringt auf der einen Seite eine gewisse Entlastung der westeuropäischen Politik mit sich, bedeutet aber anderseits, daß nach wie vor nur von einer begrenzten Autonomie westeuropäischer Gemeinschaftsbildung in der Ostpolitik gesprochen werden kann.

5. Unklare Herausforderungen

Die bisher herausgearbeiteten Restriktionen der westeuropäischen Gemeinschaftsbildung in der Ost-Politik, die in der Sache selbst, in den Konstitutionsproblemen des Akteurs sowie den inter-regionalen Interessen- und Machtkonstellationen liegen, sollen im folgenden durch die Einbeziehung eines weiteren Bestimmungsfaktors der westeuropäischen Ostpolitik ergänzt werden, nämlich die Schwierkeiten, den Handlungsbedarf zu bestimmen.

Meine These ist, daß der Umbruch von 1989 für Westeuropa nicht nur eine komplexe, sondern auch eine ziemlich diffuse Herausforderung darstellt. Weder die Chancen noch die Risiken der Entwicklung in den ehemals sozialistischen Ländern sind klar abschätzbar. Hier kommt man nicht ohne Vermutungen und Projektionen aus, für deren Überprüfung es noch wenige Anhaltspunkte gibt. Umso größere Bedeutung ist der Frage beizumessen, unter welchen theoretischen Prämissen die Problematik betrachtet wird. Bevor hierauf eingegangen wird, soll zunächst in aller gebotenen Kürze der Handlungsbedarf für die Europäische Gemeinschaft bzw. Union gegenüber dem neuen Osten erörtert werden.

5.1. Ökonomische Interessen

Was die ökonomischen Aspekte des Umbruchs betrifft, so ging es für die westeuropäischen Staaten und vor allem auch für die Bundesrepublik zunächst um Schadensbegrenzung. Der Beginn der westlichen Kooperation in der neuen Ostpolitik bezog sich auf den Versuch, die Schuldenproblematik in den Griff zu bekommen. Darüber hinaus besteht natürlich das Interesse, die Wirtschaftsbeziehungen zu den ehemals sozialistischen Ländern auszubauen. Deren gesamtwirtschaftliche Bedeutung für die westeuropäischen Staaten ist jedoch bisher gering, und trotz niedriger Ausgangswerte ist die Dynamik der Entwicklung aus westeuropäischer Sicht nicht sehr beeindrukkend. Es ist klar, daß Westeuropa seine Wettbewerbsprobleme im Rahmen der Triade nicht durch stärkere Kooperation mit dem Osten lösen kann. Zwar gibt es einen gewissen Anreiz, klassische Standortvorteile im Osten zu nutzen. Aber gerade daraus ergeben sich Probleme für wettbewerbsschwache Branchen im Westen. Statt deren Produktivtät zu steigern oder die Strukturanpassung voranzutreiben, wird das Problem mangelnder Wettbewerbsfähigkeit in den Osten exportiert. Da die klassischen Standortvorteile gegenüber den dynamischen Wettbewerbsvorteilen – also vor allem gegenüber der Innovationsfreundlichkeit des politischen und gesellschaftichen Umfeldes – immer mehr an Bedeutung verlieren, handelt es sich überdies bei der jetzigen Investitionspolitik weitgehend um die bloße Ausnutzung von Gegebenheiten im Osten, um deren Überwindung es eigentlich gehen müßte. Zugleich bietet die bloße „Mitnahmemöglichkeit" von klassischen Standortvorteilen keine hinreichenden Investitionsanreize. Deshalb sind die Erwartungen, die ursprünglich bezogen auf das Investitionsinteresse westlicher Unternehmen bestanden, auf breiter Front enttäuscht worden.

5.2. Politische und gesellschaftliche Implikationen

Größere Bedeutung als den wirtschaftlichen Implikationen des Umbruchs kommt den mit ihm verbundenen gesellschaftlichen und politischen Risiken zu.

In diesem Zusammenhang ist zunächst der Migrationsdruck zu erwähnen, der im Zuge des Umbruchs entstanden ist. Mit fortschreitender Fehlentwicklung im alten Osten würde der Migrationsdruck auf den Westen zweifellos weiter steigen. Da ihm angesichts der begrenzten Aufnahmekapazität der westlichen Länder nicht unbegrenzt nachgegeben werden kann, muß er kurzfristig abgewehrt und langfristig abgebaut werden. Die Crux ist, daß Abwehrmaßnahmen unter tagespolitischen Gesichtspunkten billiger sind und größere innenpolitische Legitimationsmöglichkeiten bieten als Strategien zur Behebung der Ursachen des Migrationsdrucks, obwohl erst sie eine wirkliche Lösung des Problems bringen würden und dem eigenen westlichen Normen- und Wertesystem besser entsprächen als bloße Abwehrmaßnahmen. Die Beschränkung auf Abwehrmaßnahmen nach außen würde außerdem als Bestätigung eines Festungsdenkens im westlichen Europa erscheinen und dazu beitragen, den Geltungsanspruch des vom Westen vertretenen Universalismus in der Menschenrechtsfrage zu unterminieren. Dieses Dilemma stärkt das innerwesteuropäische Interesse an einer Internationalisierung der Asyl- und Migrationspolitik. Sie trägt aber offenbar wenig zur Stärkung des Wir-Gefühls in der Gemeinschaft bei, sondern fördert innerhalb Westeuropas eine „beggar thy neighbour"- Politik, die von der stillen Hoffnung getragen wird, zumindest einen Teil der Migrationsprobleme auf andere abwälzen zu können.

Was die Gefahr des Nationalismus und einer erneuten machtpolitischen Konfrontation betrifft, so besteht auch in dieser Frage eine hohe Ungewißheit. Eindringlichen Warnungen davor, daß eine erneute Politik der Stärke „in der politischen Kultur Rußlands einen Nährboden" habe und keineswegs auf den Denkhorizont eines Schirinowski beschränkt sei, stehen andere Beobachtungen entgegen, die den transitorischen Charakter neuer alter Nationalismen betonen (Alberecht 1994, Mommsen 1992, Jahn 1991).

6. Theoretische Einschätzung

6.1. Zustandekommen internationaler Kooperation

Die vorausgegangenen Beobachtungen lassen sich dahingehend zusammenfassen, daß wir es mit einer diffusen Interessenlage, einer hohen Komplexität der Problematik und gravierenden Konstitutionsproblemen der EG als kollektivem Akteur zu tun haben. Unter diesen Bedingungen stellt sich vorrangig nicht die Frage, warum es so wenig Kooperation oder eine Kooperation mit nur geringer Reichweite gegenüber den ehemals sozialistischen Staaten gibt, sondern warum es sie überhaupt gibt. Warum sind die EG-Staaten nicht mit dem Ende des Ost-West-Konflikts zur alten bilateralen Politik zurückgekehrt? Warum wurde die KSZE-Linie der Ost-West-Politik weiterverfolgt, warum die NATO dieser Linie angepaßt, warum die Idee der gemeinsamen Sicherheit nicht aufgegeben?

Diese Fragen bieten Anlaß zu dem angekündigten Ausflug ins Allgemeine.

Ich knüpfe an das Anliegen der Regime-Theorie an, das darin besteht, das Zustandekommen von Kooperation in Abwesenheit eines Gewaltmonopols zu erklären. Harald Müller hat zur Eröffnung der neuen Zeitschrift für Internationale Beziehungen einen interessanten Versuch vorgelegt, eine von ihm diagnostizierte Lücke der utilitaristisch ansetzenden Theorie der internationalen Kooperation zu schließen. Müller (1994) bemängelt, daß sowohl Ansätze, die sich auf das Coase-Theorem berufen, wie auch spieltheoretisch begründete Ansätze nicht in der Lage seien, das Zustandekommen internationaler Regime wirklich zu erklären. Coase konstatiert das Zustandekommen von Kooperation ohne staatliche Regulation in Nichtnullsummenspielen. In der Übertragung dieser Beobachtung auf die Ebene des internationalen Systems, so Müller, werde übersehen, daß es sich bei Coase um Kooperation in einem staatlich sanktionierten Rechtsrahmen handelt. Die utilitaristisch ansetzende Regimetheorie würde das Zustandekommen eines analogen Verhandlungsrahmens als Ergebnis der Regimebildung betrachten und damit den Prozeß durch seine nicht bestehenden Voraussetzungen erklären.

Einen ähnlichen Mangel weise Axelrods Versuch auf, Kooperation als spontane Anpassung der Akteure an die Gesetzmäßigkeiten ihrer interdependenten Handlungssituation zu erklären. Hier würden Spielregeln vorgegeben, deren Zustandekommen aber gerade zu erklären wäre. Modifizierungen und Weiterentwicklungen der Regimetheorie, wie sie in Deutschland vor allem von der Tübinger Schule und vorgenommen worden seien, würden sich auf die Identifizierung regimebegünstigender Rahmenbedingungen konzentrieren. Damit würden zwar wichtige aber keine hinreichenden Schritte zur Erklärung des tatsächlichen Zustandekommens von Kooperation unter den Bedingungen der Anarchie unternommen.

Müller selbst bietet als weitergehenden Ansatz die Einführung der Kategorie des nicht-strategischen Handelns an, wie sie im Kontext der Theorie des Kommunikativen Handelns bei Habermas entwickelt bzw. gehandhabt wird (Habermas 1993). Damit soll die Vielschichtigkeit der Kommunikationsprozesse in Verhandlungen thematisiert und herausgearbeitet werden, daß Situationsstrukturen als abhängige Variablen zu betrachten sind, die im Verlaufe von Kommunikationsprozessen immer wieder neu definiert und damit fortlaufend verändert werden. Solche Veränderungen können als Ergebnis eines verständigungsorientierten Handelns betrachtet werden, das neben dem strategischen Handeln als eigenständiger Bestimmungsfaktor der Interaktion gewertet wird.

Diese Überlegungen sind der reflexiven Kritik rationalistischer Theorieansätze verpflichtet, denen Elster bescheinigt, sie seien „out of touch with the real world" (Elster 1991, 120, Habermas 1993, 408). Die Erhöhung des Realitätsbezuges vollzieht sich hier nicht in der Suche nach möglichst vielen oder stabilen funktionalen Äquivalenten für das auf staatlicher Ebene bestehende Gewaltmonopol, vielmehr wird ein neues Verständnis der Natur sozialer Interaktion und damit auch internationaler Politik angestrebt (Vgl. Schaber und Ulbert 1994). Das ist ein wesentlicher Schritt nach vorn.

6.2. Nachhaltigkeit und Breitenwirksamkeit internationaler Kooperation

Nun bleibt Müller aber bei der Frage nach dem Zustandekommen internationaler Regime stehen. Er fragt wie es in Verhandlungsprozessen zu einer Verständigung in Wechselwirkung mit einer Veränderung der Situationsstruktur durch den Kommunikationsprozeß selbst kommt. Das dahinter stehende Problem wird nicht thematisiert: nämlich die Nachhaltigkeit und Breitenwirksamkeit von Kooperation im internationalen System. Es gilt also weiterzufragen, was Akteure zu Verhandlungen bringt und was die internationale Politik generell in einen Verhandlungsprozeß überführen und die Gemeinschaftsbildung vorantreiben könnte. Ich schlage vor, sich hier mit der Selbstkontrolle bzw. Selbstbegrenzung sozialer Akteure auseinanderzusetzen, d.h. mit ihrer Disposition, das eigene Verhalten bestimmten Grenzen zu unterwerfen, auch ohne daß sie dazu gezwungen oder durch ein Interessenkalkül veranlaßt werden.

Dieser Vorschlag sei hier in aller gebotenen Kürze erläutert.

In landläufiger Sicht konstitutiert sich eine Gesellschaft als Staat durch die Herausbildung eines Gewaltmonopols. In ihm manifestiert sich die öffentliche Ordnung. Ein Staat jedoch, in dem die öffentliche Ordnung nur über die Ausübung von Zwangsgewalt aufrechterhalten werden sollte, müßte untergehen. Zwar ist Repression über viele Jahre möglich, sie führt aber letztlich dazu, daß sie die Gesellschaften aufreibt, die sie in den Griff zu bekommen versucht. Für beides, die mögliche Dauer der Repression, aber eben auch für die von ihr ausgehende Zerstörung der Gesellschaft, bieten die ehemals sozialistischen Länder, wie oben angedeutet wurde, hinreichendes Illustrationsmaterial.

Jede lebensfähige staatliche Ordnung hängt von der Bereitschaft ihrer Bürger ab, sie gelten zu lassen. Dieses Geltenlassen beruht darauf, daß die Grenze, die die Gewaltandrohung des Staates dem eigenen Verhalten setzt, als Selbstbegrenzung verinnerlicht wird, wobei es nicht nur um vorauseilenden Gehorsam und opportunistische Anpassung geht, sondern um die Befriedigung des Bedürfnisses nach „ethischen Orientierungen und moralischen Gründen" für das eigene Leben in der Gesellschaft (Elster 1986 17, Habermas 1993, 409). Selbstbegrenzung ist in diesem Sinne eine Manifestation von Kultur, wobei Kultur hier wiederum nicht als „Kunst am Bau", sondern als lebensnotwendige Verständigung der Gesellschaft über sich selbst verstanden wird (Geertz 1991, B.Jahn 1993).

Durch Selbstbegrenzung konstituiert sich der Einzelne als soziales Wesen und entwickelt sich zugleich als solches weiter. Selbstbegrenzung ist in diesem Sinne eine Variante des nicht-strategischen Handelns. Sie ist als archaisches Erbe im Sinne der von den Ethologen beobachteten Tötungshemmung zu verstehen, zugleich aber auch als zivilisatorischer Fortschritt auf der Basis zunehmender Affektkontrolle (Elias 1978/79, Senghaas 1988, 16), als ein nicht aus Interessenkalkülen ableitbarer Sinn für Fairness, auf den Rawls seine Theorie der Gerechtigkeit baut (Rawls 1975), und als moralisches Handeln gemäß der von Triepel herausgearbeiteten „Selbstbändigung der Macht". (Triepel 1974, S. 41).

Mit dem Theorem der Selbstbegrenzung soll nicht bestritten werden, daß die Einhegung der Anarchie bzw. der Selbsthilfe auch durch Machtgleichgewicht und Abschreckung, einen aufgeklärten Umgang mit den eigenen Interessen oder durch nicht-intendierte Prozesse der Institutionalisierung von Kooperation erfolgt. Es soll lediglich gesagt werden, daß die Einhegung der Anarchie über diese Prozesse hinausgeht. Machtbalance und Abschreckung, reflexive Interessenpolitik und die List der Institutionenbildung erfolgen im Rahmen einer ihnen vorgelagerten Gesellschaftlichkeit (Geselligkeit) des einzelnen, die die machtpolitische, utilitaristische oder institutionalistische Verhaltensregelung untermauert bzw. transzendiert. Man könnte hier zur Verdeutlichung auch zwischen einer taktischen, akzidentiellen und substantiellen Einhegung von Anarchie sprechen. Die taktische Einhegung wäre nach Zeit und Raum begrenzt, die substantielle Einhegung würde demgegenüber auf eine Umwandlung der zwischenstaatlichen Beziehungen in eine dauerhafte politische Gemeinschaft hinauslaufen. Die akzidentielle Einhegung in Gestalt der nicht-intendierten Selbsteinkreisung der Politik durch Institutionen könnte als Zwischenschritt, (Herausbildung problemspezifischer Regime) verstanden werden.

Die tatsächlich praktizierte Selbstbegrenzung ist Ausdruck der Schwierigkeit, das eigene Interesse und das diesem in je spezifischen Entscheidungssituationen entsprechende Maß der Macht zu erkennen. Sie ermöglicht in diesem Sinne das Leben mit Komplexität und Ambivalenz (Bauman 1992, Beck 1993). Dabei wächst mit der Schwierigkeit der Situationsdeutung die Bedeutung der Selbstbegrenzung für das Gelingen sozialer Interaktion. Die Frage ist nun, unter welchen Bedingungen die Disposition zur Selbstbegrenzung in welchem Ausmaß zur Geltung kommt und inwieweit hier historische Veränderungen in Wechselwirkung mit der Modernisierung von Gesellschaften zu erwarten sind.

Im Rekurs auf die gegenwärtige Debatte über Weltgesellschaft ließe sich argumentieren, daß die Chancen für eine substantielle Einhegung der Machtanarchie in einem Regionalsystem und damit die Chancen der Gemeinschaftsbildung nach innen (also nicht gegenüber anderen Staatengruppen) in dem Maße wachsen, in dem die Vereinheitlichung der Erfahrungshorizonte zunimmt und die Erwartung sich verfestigt, daß die bestehende Situation als eine gemeinsam geteilte gesehen und ihre Bearbeitung als gemeinsam gestaltbare und zu gestaltende Herausforderung der betroffenen Staaten gedeutet wird (Kohler-Koch 1993, 131).

Wie sieht es unter diesem Aspekt mit den Chancen der Gemeinschaftsbildung zwischen Westeuropa und den ehemals sozialistischen Ländern aus?

6.3. Gemeinschaftbildung in Europa

(1) Was die Vereinheitlichung der Erfahrungshorizonte betrifft, so fallen zunächst eher die Unterschiede als die Gemeinsamkeiten der Lebensumstände in den ehemals sozialistischen Ländern und denen der Europäischen Gemeinschaft auf. Das Gros der Menschen in den ehemals sozialistischen Ländern lebt unter ganz anderen Bedingungen als die Menschen im Westen. Die Entwicklungsdisparitäten zwischen Ost und West in Europa haben durch den Umbruch weiter zugenommen. Ein Teil des Ostens ist zur Dritten Welt geworden. Und auch die übrigen Länder lassen sich kaum noch als Teil des industrialisierten Nordens dem Süden gegenüberstellen (wenn es je sinnvoll war, dies zu tun).

Dieser Beobachtung ist jedoch zweierlei entgegenzustellen:

Erstens, mit dem Umbruch haben sich die Interpretationsmuster sozialer Realität insbesondere zwischen den ostmitteleuropäischen Ländern und Westeuropa wieder angenähert. Die Unterschiede und Gegensätze in der Selbstdefinition der Gesellschaften, die zwischen Realsozialismus und Kapitalismus bestanden, sind weitgehend eingeebnet worden.

Zweitens, Wachstumsprobleme, Arbeitslosigkeit, Umweltzerstörung, soziale Zerklüftung, Wertewandel und Wertezerfall, kurz, das Bewußtsein, sich in einer krisenhaften Umbruchsituation zu befinden, hat sich im Westen wie im Osten verbreitet. Mit Blick auf dieses Krisenbewußtsein kann man doch von einer gewissen Vereinheitlichung der Erfahrungshorizonte in Gesamteuropa sprechen.

(2) Wie steht es mit der Verquickung der Erwartungshorizonte, also der Herausbildung der Vorstellung, daß es bei den vorherrschenden Problemen um gemeinsame Herausforderungen geht. Hier kann man zunächst einmal festhalten, daß in Ansätzen schon vor 1989 eine Verquickung der Erwartungshorizonte – und zwar im Rahmen der KSZE – erfolgte. Entscheidend waren hierfür die Aporien der nuklearen Konfrontation, die zur Ausarbeitung des Konzeptes der gemeinsamen Sicherheit führten. Im „neuen Denken" wurde dieses Konzept verallgemeinert und es entstand die Vorstellung vom gemeinsamen Haus Europa. Die Zäsur von 1989 hat die Verquickung der Erwartungshorizonte eher gedämpft. Die Faszination des „neuen Denkens" verflog schnell. An seine Stelle trat die geschilderte, eher unspektakuläre und schnell von Routine überwucherte Form der Zusammenarbeit. Die Diffusität der neuen Herausforderungen unterschied sich in verwirrender Weise von den klaren Verhältnissse der Zeit des Kalten Krieges. Die Komplexität der Probleme, die die Umbruchsituation mit sich bringt, lassen es schier unmöglich erscheinen, sich von außen ein halbwegs realistisches Bild von den Risiken der Transformation und den Aufgaben zu machen, die es im Zuge der Transformation zu erfüllten gilt. Um so kühner erscheinen die ordnungspolitischen Vorgaben, mit denen der Westen sich in die Transformation eingeschaltet hat. Von einer gemeinsamen Situationsdefinition durch die Kooperationspartner kann hier nur in sehr beschränktem Maße die Rede sein. Man hat es offenbar nicht mit der gemeinsamen Bewältigung gemeinsamer Probleme

zu tun, als vielmehr mit einer „konditionierten" Hilfe der einen Seite für die Bearbeitung der Probleme der anderen. Hier besteht die Gefahr, daß die Verquickung der Erwartungshorizonte, die sich im „neuen Denken" manifestierte, auf die Herausbildung von Klientelbeziehungen reduziert wird, wie sie im Nord-Süd-Verhältnis typisch sind.

Andererseits ist die EG durch ihre institutionellen Arrrangements und Programme in den ehemals sozialistischen Ländern präsent, und diese Präsenz wird von östlicher Seite offenbar auch weiterhin als Ausdruck einer kooperativen Perspektive gesamteuropäischer Politik akzeptiert. Die Erwartung fortgesetzter Kooperation wird durch die Erfahrung gestützt, daß kein Teil des ehemals sozialistischen Lagers von Invasion und Einverleibung bedroht ist. Dies wird in Rußland selbst offenbar als einmalig in der Geschichte kollabierender Imperien verstanden (Albrecht 1994, vgl. Mommsen in diesem Bande). Bis heute geht es in der westeuropäischen Politik gegenüber dem ehemaligen Osten nicht um klassische zwischenstaatliche Machtpolitik, sondern um die Fortschreibung und Anpassung des kooperativen Ansatzes der Ost-West-Beziehungen, der zu Zeiten sowjetischer Stärke im Rahmen der KSZE entwickelt wurde. Insofern kann man hier von einer bemerkenswerten Selbstbindung der Akteure sprechen.

(3) Damit zur politischen Gestaltung der Herausforderungen im Ost-Westverhältnis: was hier den Beitrag der EG betrifft, so hat sie sich bisher vor allem um die Institutionalisierung der ordnungspolitischen Einflußnahme und die Kanalisierung von Beziehungen und Aktivitäten bemüht, die aus ihrer Sicht der marktwirtschaftlichen Umgestaltung und der Demokratisierung dienlich sind.

Das Institutionen- und Programmgefüge, das in diesem Zusammenhang auf EG-Seite geschaffen wurde, ist unter Effizienzgesichtspunkten nicht optimal. Der Versuch Frankreichs, mit der EBRD eine Superinstitution zur Koordination der Gesamtaktivitäten zu schaffen, wurde, wie oben geschildert, zugunsten der „minimalistischen Lösung" aufgegeben. Die materiellen Leistungen sind – wie ebenfalls dargelegt – gemessen an der Größenordnung des Problems gering. Hinzu kommt, daß der Integrationsschub, den die EG durch Maastricht erhielt, nicht als Erhöhung ihrer Handlungsfähigkeit zu interpetieren ist, sondern im Binnenverhältnis erhebliche Legitimationsprobleme geschaffen hat und mit Blick auf Osteuropa eher darauf hinausläuft, eine restriktive Linie in der Frage der Erweiterung festzulegen (Deubner/Kramer 1994).

Aber gerade die unter output-orientierten Gesichtpunkten nicht optimale Organisation der Ost-Aktivitäten dient möglicherweise eher der Gemeinschaftsbildung als dies eine Superbehörde könnte, die die hierarchische Komponente der Ost-West-Beziehungen noch verstärken würde. Es geht hier wohlgemerkt nicht um das Argument, daß bei weniger Effizienz der EG-Hilfe auch weniger Schaden angerichtet werden kann. Es geht vielmehr darum, daß gerade die Komplexität und Reichweite der Transformationsprobleme andere als technisch-bürokratische Bearbeitungsmuster verlangen und von daher dem auf Verständigung und Selbstbindung ausgerichteten nicht-strategischen Handlungstyp neben dem strategischen eine erhebliche Bedeutung zukommt.

Zur Illustration: Weiter oben ist festgestellt worden, daß die EBRD einen langsamen Start hatte. Vielleicht war dies die einzig angemessene Form, in der vorfindlichen Umwelt etwas Sinnvolles zu tun. Die Größe und Geschwindigkeit des Ressourcendurchflusses kann an sich kein Erfolgskriterium und Indikator für die Bedeutung der Bank sein. Wichtiger ist hier, inwieweit die Bank dazu beiträgt, durch die Art ihrer Entscheidungsfindung das Vertrauen in die Legitimität der Ost-West-Kooperation zu stärken und die Erwartung zu stabilisieren, daß die bestehenden Probleme auf mittlere und längere Sicht kooperativ bearbeitet werden. Auf diesem Wege könnte die EG einen positiven Einfluß auf das psychologische und operationale Umfeld ausüben, innerhalb dessen die ehemals sozialistischen Länder die Transformation zu bewerkstelligen haben (Weber 1993, Allen/Smith 1990, 20, Hill 1993, 309).

7. Fazit

Die neue Ost-West-Kooperation in Europa bietet keinen Anlaß zu euphorischen Erwartungen, was die Zukunft der internationalen Beziehungen in dieser Weltregion betrifft. Einerseits kann man die „flexible und multidimensionale Präsenz" der EG (Allen/Smith 1990, 20) als positiven Indikator für die Etablierung nachhaltiger und breitenwirksamer Kooperationsverhältnisse werten. Andererseits dominieren im neuen Ost-West-Verhältnis die ordnungspolitischen Strategien des Westens zur Reduktion bestehender gesellschaftlicher Komplexitäten. Die Erfahrungen mit den Entwicklungsländern zeigen, daß solche Strategien auch „nach hinten" losgehen können. Die von außen aufgezwungene Strukturanpassung hat in vielen Entwicklungsländern zwar das Gerüst für eine wirtschaftliche Modernisierung geschaffen, zugleich aber jene Kräfte gelähmt, die den Modernisierungsprozeß selbst tragen müßten. Ob die Lehren aus diesen Erfahrungen in der Ordnungspolitik gegenüber dem neuen Osten angekommen sind, ist fraglich. Zuweilen hat man den Eindruck, als würde der Westen den drohenden inneren Legitimationsverlust seiner ordnungspolitischen Grundorientierungen dadurch zu kompensieren versuchen, daß er diese Orientierungen weltweit um so rigoroser vertritt.

Was ist also von der zukünftigen Entwicklung zu erwarten?

Aus realistischer Sicht würde man die geschilderten Restriktionen westeuropäischer Osteuropapolitik als ein Anzeichen für die Rückkehr zur Normalität der Staatenpolitik nach einer Phase des Übergangs von der nuklearen Bipolarität interpretieren können. Hier böte sich die These an, daß in der bisherigen kooperativen Gestaltung des Umbruchs die Erfahrung der nuklearen Konfrontation nachwirke, mit deren Absinken in die Geschichte auch der Kooperationsimpuls erlahmen werde.

Einem solchen zirkulären Geschichtsverständnis wird im vorliegenden Text der Versuch entgegengesetzt, die Möglichkeit qualitativer Veränderungen der Sozialbeziehungen auch auf der Ebene des internationalen Systems neu oder zumindest erneut zu begründen. Die qualitativen Änderungen vollziehen sich in der Form einer staatenübergreifenden Gemeinschaftsbildung im Milieu der weiter voranschreitenden Globalisierung von Kommunikation und Produktion. Die damit einhergehende Selbstbindung bzw. Selbstbegrenzung staatlicher Machtausübung kann insoweit als relativ stabil eingeschätzt werden, als in ihr strategisches und nicht-strategisches Handeln zusammenfließen und ausgehandelte Normen als Bestandteil der eigenen Deutungsmuster von Welt verinnerlicht bzw. akkulturiert werden. Hier zeigt sich jedoch auch die Problematik der neuen Ost-West-Beziehungen. Die Normen sind nicht ausgehandelt, sondern vom Westen vorgegeben, ihre Verinnerlichung stößt auf starke Widerstände. Sie konkurrieren mit anderen, partikularistischen Deutungsmustern.

Diese Konkurrenz von Deutungsmustern verweist auf die Vielschichtigkeit von Prozessen der Gemeinschaftsbildung.

Wir haben es nicht mit *einem* ins globale drängenden Prozeß zu tun, sondern mit einer Vielzahl von Prozessen dieser Art auf den unterschiedlichen Ebenen der Sozialbeziehungen, die miteinander konkurrieren, sich ergänzen oder wechselseitig tolerieren können. So fördert die westeuropäische Integration einerseits, nämlich als Träger der Ost-West-Kooperation, die Transformation der gesamteuropäischen Beziehungen, andererseits behindert sie diese insofern, als jede Vertiefung die Hürden für eine Erweiterung erhöht.

Es ist unübersehbar, daß Internationalisierungs- und Fragmentierungsprozesse Hand in Hand gehen; denn daß der Ruf nach der internationalen Gemeinschaft in den vergangenen Jahren immer lauter geworden ist, hängt nicht zuletzt damit zusammen, daß bestehende Gemeinschaften zerfallen. Dieser Sachverhalt hat wiederum Vermutungen ausgelöst, daß es zu einer erneuten globalen Polarisierung, diesmal entlang der geographischen Bruchlinie zwischen islamischer und christlicher Welt, kommen könne (Huntington 1993). Dem entspricht die Vorstellung, daß der westliche, von aufklärerischem Denken getragene Universalismus sich in zunehmendem Maße einer Gegenkultur konfrontiert sehe, in der der Partikularismus und Nationalismus nicht vorübergehender sondern prinzipieller Natur seien. Der westliche Partikularismus erscheint hier als zeitlich begrenztes Phänomen nachholender Entwicklung oder aber, was die Gegenwart betrifft, als bloßer Reflex auf den Verdrängungswettbewerb der neuen Industriekulturen Ostasiens oder der Armutswanderung aus den Regionen gescheiterter Modernisierung (Menzel 1994). Die Konstruktion solcher polarer Idealtypologien vermeidet einen kritischen Blick auf den Selbstwiderspruch des westlichen Universalismus als Kolonisations- und Zivilisationsprojekt, also als partikularistischen Universalismus, der den Nationalismus des Fernen Ostens ebenso wie die Armutswanderung zumindest *auch* als Antwort auf die westliche Aneignung der Welt erscheinen lassen müßte.

Die Gleichzeitigkeit von Globalisierung und Fragmentierung darf nicht als Überwältigung der westlichen Kultur, sie muß als „Widerspruch einer sich entwikkelnden Moderne“ (Beyme 1994, 18, im Rückgriff auf Marquard 1987) begriffen werden. Dieser Widerspruch besteht nicht nur zwischen dem Westen und dem mit ihm durch die Modernisierung verbundenen Rest der Welt, sondern innerhalb des Westens – als Gleichzeitigkeit von Effizienzrevolution und Verschwendungswirtschaft, Naturberrschung und Naturzerstörung, Innovation und Zerfall, Integration und Marginalisierung. Dies zur Kenntnis zu nehmen, gehört zur notwendigen Selbstkritik der Sozialwissenschaften, die sich davor hüten sollten, von der Selbsttäuschung über die Krise des Realsozialismus zur Selbstäuschung über die Krise von Marktwirtschaft und Demokratie im Westen überzugehen. Es besteht kein Anlaß, neue Beiträge zur alten Triumphalikonographie des christlichen Abendlandes leisten zu wollen.

Erst auf der Grundlage einer solchen Selbstkritik können die Sozialwissenschaften ihr Scherflein dazu beitragen, die Horizonte einer tragfähigen Kooperation im neuen Ost-West-Verhältnis zu klären. Daß eine friedensdienliche Transformation der gesamteuropäischen Beziehungen im Grundsatz möglich ist, sollte durch den vorliegenden Text plausibel gemacht werden. Sinn solcher Bemühungen ist es, die Definition der Situation und der ihr innewohnenden Dynamik und damit den Raum für eine Ausweitung der Kooperation zumindest in der Form offen zu halten, daß aus den bestehenden Ungewißheiten nicht voreilig auf die Existenz eines Kooperationsrisikos geschlossen wird, welches es angebracht erscheinen lassen würde, sich möglichst schnell auf eine neue militärische Konfrontation mit Teilen des alten Ostens, also vor allem Rußland, einzustellen. Warum soll es immer nur negative sich selbst erfüllende Prophezeihungen geben? Wenn der Glaube Berge versetzen kann, so tut die Wissenschaft gut daran, dies nicht zu bestreiten.

Literatur

Albrecht, Ulrich, 1994: Wie gefährlich ist Rußland?, in: Frankfurter Rundschau, Nr. 190, 17. August, 16.

Allen, David/Smith, Michael, 1990: Western Europe's Presence in the Contemporary International Arena, in: Review of International Studies, 16,1, 19-37.

Bauman, Z., 1992: Moderne und Ambivalenz. Das Ende der Eindeutigkeit, Hamburg.

Beck, Ulrich, 1993: Die Erfindung des Politischen. Zu einer Theorie reflexiver Modernisierung, Frankfurt.

Beyme, Klaus von, 1994: Der Zusammenbruch des Sozialismus und die Folgen für die sozialwissenschaftliche Theoriebildung, in: WZB-Mitteilungen, 63, März, 9-18.

Beyme, Klaus von, 1994 a: Ansätze zu einer Theorie der Transformation der ex-sozialistischen Länder Osteuropas, in: *Merkel/Rinza*, 1994, 141-172.

Brock, Lothar/Hauchler, Ingomar (Hrsg.), 1993: Entwicklung in Mittel- und Osteuropa. Über Chancen und Risiken der Transformation, Bonn.

Commons, John R., 1961: Institutional Economics: Its Place in Political Economy, Madison.

Cox, Robert W., 1994: Global Restructuring. Making Sense of the Changing International Political Economy, in: *Richard Stubbs/Geoffrey R.D. Underhill* (Hrsg.): Political Economy and the Changing Global Order, New York, 45-59.

Deubner, Christian/Kramer, Heinz, 1994: Die Erweiterung der Europäischen Union nach Mittel- und Osteuropa: Wende oder Ende der Gemeinschaftsbildung?, in: Aus Politik und Zeitgeschichte B 18-19, 6. Mai, 12-19.

Elias, Norbert, 1978, 1979: Über den Prozeß der Zivilisation. Soziogenetische und psychogenetische Untersuchungen, 2 Bde., Frankfurt am Main.

Elster, Jon, 1991: The Possibility of Rational Politics, in: *David Held* (Hrsg.): Political Theory Today, Oxford, 115-142.

Elster, Jon, 1986: The Market and the Forum, in: *J. Elster/A. Hylland* (Hrsg.): Foundations of Social Choice Theory, Cambridge

Geerts, Clifford, 1991: Dichte Beschreibung. Beiträge zum Verstehen kultureller Systeme, Frankfurt.

Habermas, Jürgen, 1993: Faktizität und Geltung. Beiträge zur Diskurstheorie des Rechts und des demokratischen Rechtsstaats, Frankfurt (3. Aufl.).

Hill, Christopher, 1993: The Capability-Expectations Gap, or Conceptualizing Europe's International Role, in: A Journal of Common Market Studies, 31, 3, September, 305-328.

Huntington, Samuel, 1993: The Clash of Civilizations?, in: Foreign Affairs, 72,3, Sommer, 22-49.

Jahn, Beate, 1993: Humanitäre Intervention und das Selbstbestimmungsrecht der Völker. Eine theoretische Diskussion und ihre historischen Hintergründe in: Politische Vierteljahresschrift 34, 4, 567-587.

Jahn, Egbert, 1982: Bürokratischer Sozialismus: Chancen der Demokratisierung?, Frankfurt.

Jahn, Egbert, 1992: Die staatensprengende Kraft des Nationalitätenproblems in Europa, in: *Beate Kohler-Koch* (Hrsg.): Weichenstellungen für ein neues Europa, Mannheim (Mannheimer Zentrum für Europäische Sozialforschung Tagungsberichte Nr. 1), Mannheim, 115-147.

Jopp, Mathias, 1994: Langer Weg – kühnes Ziel: Gemeinsame Verteidigungspolitik, in: Europa-Archiv 49, 13.-14. Folge, 25. Juli, 397-404.

Keck,Otto, 1991: Der neue Institutionalismus in der Theorie der Internationalen Politik, in: Politische Vierteljahresschrift, 32. Jg., Heft 4, 635-653.

Kohler-Koch, Beate, 1993: Die Welt regieren ohne Weltregierung, in: *Carl Böhret/Göttrik Wewer* (Hrsg.): Regieren im 21. Jahrhundert – zwischen Globalisierung und Regionalisierung. Festgabe für Hans-Hermann Hartwig zum 65. Geburtstag, Opladen, 109-141.

Kohler-Koch, Beate (Hrsg.), 1989: Regime in den Internationalen Beziehungen, Baden-Baden.

Kramer, Heinz, 1993: The European Community's Response to the „New Eastern Europe", in: Journal of Common Market Studies, 31,2, Juni, 213-244.

Menzel, Ulrich, 1994: Global und im Dickicht der Städte: Stammesverhalten, in: Frankfurter Rundschau, Nr. 194, 22. August, 12.

Merkel, Wolfgang/Marianne Rinza (Hrsg.), 1994: Systemwechsel 1. Theorien, Ansätze und Konzeptionen, Opladen.

Mommsen, Margareta, 1992: Von der UdSSR zur GUS, in: *dies.* (Hrsg.): Nationalismus in Osteuropa. Gefahrvolle Wege in die Demokratie, München.

Müller, Harald, 1993: Die Chance der Kooperation: Regime in den Internationalen Beziehungen, Darmstadt.

Müller, Harald, 1994: Internationale Beziehungen als kommunikatives Handeln. Zur Kritik der utilitaristischen Handlungstheorie, in: Zeitschrift für Internationale Beziehungen, 1. Jg., Heft 1, Juni, 15-44.

Przeworski, Adam, 1991: Democracy and the Market: Political and Economic Reforms in Eastern Europe and Latin America, New York/Cambridge.

Przeworski, Adam, 1992: Wird der „Osten" zum „Süden"?. Der „Herbst des Volkes" und die Zukunft Osteuropas, in: Prokla 22/86, März, 89-97.

Rawls, John, 1975: Eine Theorie der Gerechtigkeit, Frankfurt.

Rittberger, Volker/Mayer, Dieter (Hrsg.), 1993: Regime Theory and International Relations, Oxford.

Rosenau, James N./ Czempiel, Ernst-Otto (Hrsg.), 1992: Governance Without Government: Order and Change in World Politics, Cambridge.

Schaber, Thomas/Ulbert, Cornelia, 1994: Reflexivität in den Internationalen Beziehungen. Literaturbericht zum Beitrag kognitiver, reflexiver und interpretativer Ansätze zur dritten Theoriedebatte in: Zeitschrift für Internationale Beziehungen, 1. Jg., Heft 1, Juni, 139-170.

Schneider, Volker/Werle, Raymund, 1989: Regionale Integration unter Regimeperspektive in: *Kohler-Koch.*

Senghaas, Dieter, 1993: Global Governance: How Could it be Conceived?, in: Security Dialogue 24,3,247-256.

Senghaas, Dieter, 1988: Konfliktformationen im Internationalen System, Frankfurt.

Spanger, Hans-Joachim, 1993: Europa nach den Revolutionen – mehr als die Summe seiner Teile?, in: *Brock / Hauchler*, 199-250.

Triepel, Heinrich, 1974: Die Hegenomie: Ein Buch von führenden Staaten, Aalen.

Weber, Steven, 1994: Origins of the European Bank for Reconstruction and Development, in: International Organization 48,1, Winter, 1-38.

Weltbank, 1991: World Development Report 1991, Washington D.C..

Zürn, Michael, 1992: Interessen und Institutionen in der Internationalen Politik. Grundlegung und Anwendung des situationsstrukturellen Ansatzes, Opladen.

Wilfried von Bredow

Weltpolitische Ambitionen und Mini-Regionalistische Perspektiven.

Europa im internationalen System

„Betrachtet man gelassen die Ähnlichkeit der Lebensbedingungen und Gewohnheiten, der Sitten und Unsitten, der gemeinschaftlichen Torheiten und Klugheiten in den letzten Jahrzehnten, das scheinbare Glück und das heute allzuwirkliche, durchgreifende, nirgends verschonende, einhellige Leid, könnte man annehmen, Europa sei längst ein Staat, und man habe es bis jetzt nur noch nicht gewußt." Diese Sätze wurden nicht etwa nach dem Zweiten Weltkrieg formuliert, vielmehr schon ein paar Jahrzehnte früher, in Europas Umbruchjahr 1918. Ihr Autor, ein seinerzeit viel gelesener Kultur-Schriftsteller, Alexander von Gleichen-Russwurm (1918, S. 9), ist heute kaum noch jemandem bekannt. Übersetzen wir seine Beobachtung in die Sprache der Politologen, stoßen wir auf das Homogenitäts-Theorem: Gesellschaften, wenn sie einander äußerlich und innerlich immer ähnlicher und mit den gleichen Herausforderungen konfrontiert werden, entwickeln ein starkes Kooperations- oder sogar Integrationspotential. Gesetzt, die Beobachtung von Gleichen-Russwurm war damals richtig[1], welche Rolle spielt dann das „man habe es bis jetzt nur noch nicht gewußt?" Man hat es ja auch, bis auf Ausnahmen, nach 1918 nicht wissen wollen. Und als man es nach 1945 nolens volens unter dem Schock der Zerstörungen in Europa anstrebte, war Europa geteilt. Die Jahrzehnte des Ost-West-Konflikts, erst als Kalter Krieg, dann in der Entspannungsphase und kurz vor seinem Ende in erneuter Verschärfung, präsentierten zwei Homogenisierungs-Modelle in charakteristischer Konfrontation.

Aber auch nach dem Ende des Ost-West-Konflikts gibt es kaum Aussichten auf einen europäischen Staatswerdungs-Prozeß. Manche prognostizieren sogar die Rückentwicklung früherer Integrationsprozesse. Oder geschieht etwas ganz anderes, und wir haben nur die falsche Brille auf?

1. Die Frage nach dem Akteur Europa

Wer mit der falschen Brille trotzdem in der Regel recht scharf beobachtet, sind die Neo-Realisten. Deshalb (und weil man sich über deren verquere Scharfsicht gehörig ärgern kann) ist es nützlich, zuerst bei ihnen anzufragen, wenn es um Identifikation der Akteure geht. Gibt es in der sich entwickelnden Struktur der internationalen Politik einen Akteur Europa? Die Antwort lautet simpel so: „Wirtschaftlich und militärisch sind die Möglichkeiten rasch aufzuzeigen. Erreicht Europa die Einheit, wird es schlagartig eine Großmacht, komplett ausgerüstet mit nuklearer Zweitschlags-Kapazität. Politisch ist die Sachlage indes recht kompliziert.Viele glauben, daß die Europäische Gemeinschaft schon so weit auf dem Wege zur Einheit vorangekommen ist, daß sie nicht mehr umkehren, jedenfalls nicht sehr weit zurückgehen kann. Das ist vermutlich richtig, aber ebenso ist richtig, daß sie auch kaum noch weiter vorankommen kann". Die politische Einheit Europas könne sich vielleicht ergeben, weil sehr viele Europäer über die politische und wirtschaftliche Kraft Deutschlands beunruhigt sind und die Vorstellung eines nuklear aufgerüsteten Deutschland fürchten. Außerdem sähen viele Europäer, auch Deutsche, daß nur ein politisch vereintes Europa mit Japan und den USA erfolgversprechend konkurrieren kann. „Auch wenn die Europäische Gemeinschaft nicht zu einer politischen Einheit wird, wird es künftig auf dem Globus vier oder fünf Großmächte geben, gleichviel ob die auf dem europäischen Kontinent nun Deutschland heißt oder Vereinigten Staaten von Europa." (Waltz 1993: 69 f.)

Was für Kenneth Waltz letztlich egal ist, scheint nun aber doch eine wichtige Frage zu sein: Wird es einen politisch handlungsmächtigen Akteur Europa im internationalen System geben oder wird es ein einzelner europäischer Nationalstaat (oder eine Koalition mehrerer) sein, von dem (bzw. von der) Europa im Inneren auf vielen Politikfeldern bestimmt und nach außen auf der Ebene inter-nationaler Politik vertreten wird?

Welche Akteure sind es, bei denen weltpolitische Ambitionen auszumachen sind, denen weltpolitische Ordnungsfunktionen auferlegt werden? Und welche Folgen hat die erfolgreiche oder nicht erfolgreiche, rasche oder verzögerte, neue Vernetzungen knüpfende oder sich gegen sie sträubende Integration Europas für die Binnen-Kohäsion? Oder andersherum gefragt: Welche Auswirkungen hat das Gemisch von binnen-europäischen Integrations-Impulsen und mini-regionalistischen Grenzziehungs-Tendenzen auf die Rolle und Gestalt sowie auf das Auftreten Europas im internationalen System? Weidenfeld hat kürzlich von dem „eigenartigen Profil des europäischen Akteurs" geschrieben und hinzugefügt: „Europa sitzt in der Erfolgsfalle: Einerseits zieht der Magnetismus der Integration immer mehr politische Materien und beitrittswillige Staaten an sich, andererseits hält der Ausbau supranationaler Handlungsfähigkeit damit nicht mehr Schritt. Der Kontinent droht nicht zuletzt am eigenen Erfolg zu scheitern." (Weidenfeld 1994: 367) Hier wackelt die Begrifflichkeit ein wenig. Falsch ist die Beobachtung freilich nicht, und nicht alle würden ein solches Scheitern mit neo-realistischer Gelassenheit registrieren und sagen: Nun ja, dann macht es eben Deutschland.

2. Zur künftigen Gestalt des internationalen Systems

Aussagen über die künftige Gestalt des internationalen Systems variieren zwischen sehr zuversichtlichen Prognosen über dessen bestimmende Kräfte bis hin zu sehr vorsichtigen Annahmen über die Voraussetzungen des internationalen politischen

Kräftespiels. Henry Kissinger etwa meint: „Das neue internationale System wird durch einen scheinbaren Widerspruch geprägt sein: Auf der einen Seite wird die Zersplitterung zunehmen, auf der anderen Seite wird ein Prozeß wachsender Globalisierung zu verzeichnen sein ... Sechs große Kräfte werden neben einer Vielfalt kleinerer Länder die Hauptrolle spielen: die USA, Europa, China, Japan, ein neues, aus der Sowjetunion entstehendes Staatengebilde und wahrscheinlich auch Indien." (Kissinger 1992: 7) Von Dieter Senghaas stammt demgegenüber die zurückhaltende Anmerkung, es müsse unterstellt werden, „daß sich trotz allen Umbruchs Weltpolitik auch in Zukunft in einer Struktur abspielen, also strukturiert sein wird." (Senghaas 1994: 3) Diese Struktur genauer zu bestimmen, fällt allerdings vor allem dann ziemlich schwer, wenn man sich nicht auf die staatlichen Akteure allein konzentriert, sondern die zahlreichen Transnationalisierungs-Prozesse ebenfalls mit in den Blick nimmt. Globalisierung und Zersplitterung bilden dann nur einen der Spannungsbögen zwischen gegenläufigen, aber doch auch aufeinander bezogenenen Abläufen: vermehrte Koordinations- und Kooperations-Kompetenz steht einer neuen Konflikt-Militanz gegenüber; einem säkularisierten humanistischen Universalismus stellen sich erneute politisch-religiöse Bewegungen mit Transzendenz-Bezügen entgegen; die Modernisierungs-Anstrengungen im größten Teil der Gesellschaften auf dem Planeten stoßen auf post-moderne Renaturierungs-Konzepte in den westlichen Gesellschaften. Vor dem Hintergrund solcher Ankündigungen von neuen weltpolitischen Turbulenzen ist es dringend notwendig, sich darüber Gedanken zu machen, woher denn Ordnungs-Impulse für das internationale System kommen könnten und, eng damit verbunden, was in solchen Konstellationen den Kern desjenigen Phänomens ausmacht, womit solche Ordnungs-Impulse, auch gegen Widerstand, durchgesetzt werden können: also von Macht. Heute sei die Struktur der Macht, schreibt Joseph S. Nye, Jr., wie ein drei-dimensionales Schachspiel. „Oben liegt das Brett für militärische Macht; es hat nur einen Pol, weil allein die USA fähig sind, militärische Gewalt in globaler Projektion anzuwenden. Das mittlere, das Brett für ökonomische Macht, hat drei Pole. Die USA, die Europäische Union und Japan stehen allein für zwei Drittel der Weltwirtschaft. Chinas dramatisches wirtschaftliches Wachstum könnten bewirken, daß es auf diesem Brett im Jahr 2000 vier Pole geben wird. Auf dem unteren Brett spielen sich diverse transnationale Beziehungen und Vorgänge außerhalb der Kontrolle von Regierungen ab, dazu gehören Finanzströme, Drogenhandel, Terrorismus und die Verdünnung der Ozonschicht. Auf diesem Brett gibt es keine Pole." (Nye, Jr. 1994: 87)

Das Problem dieser Differenzierung ist ja nicht, daß die einzelnen Ebenen nichts miteinander zu tun hatten: vielmehr im Gegenteil, daß zwischen diesen Ebenen dauernd Macht-Einsätze geplant und ausgeführt werden, wobei die damit angepeilten Ziele oftmals grandios verfehlt werden, weil die Einsatzregeln auf jeder Ebene anders sind.

Trotz dieser Unwägbarkeiten, so scheint mir, läßt sich die These aufstellen, daß sich im internationalen System eine Entwicklung weiter fortsetzen wird, die in den letzten Jahren auch und gerade außerhalb Europas an Dynamik gewonnen hat: die Ausbildung von Groß- oder Makroregionen.

Europäer sind es vielleicht zu sehr gewohnt, jeden Makro-Regionalisierungs-Prozeß anhand der westeuropäischen Integration zu betrachten und mit ihr als Vorbild zu beurteilen. Darum geht es aber nicht. Makro-Regions-Ausbildung ist in der Regel ein sehr viel luftiger Prozeß. Hier lassen sich auf den ersten Blick keine einfachen und klaren Grenzziehungen identifizieren wie bei Staaten. Makro-Regionen definieren sich zwar auch, aber sozusagen mit ungewohnter Flexibilität nach geographischen Kriterien. Viel relevanter sind sektoriale Gemeinsamkeiten. Es kann vorkommen, daß andere Lebensbereiche von der Regions-Ausbildung kaum oder gar nicht berührt werden. Solche Sektoren mit großer, aber auch wieder beschränkter Bedeutung sind vor allem: militärische Sicherheit; Wirtschaft; Kultur[2].

Die Integration West-Europas während des Ost-West-Konflikts kann man als starke regionale Integration bezeichnen, weil mit ihr das Ziel verbunden war, möglichst viele Lebensbereiche und in langer Perspektive alle Politikfelder in die Integration einzubeziehen. Das war ein Sonderfall.

Die Frage, ob es bei der Kennzeichnung dieses Makro-Regionalisierungs-Prozesses als „stark" bleiben kann, bewegt die politischen Auguren seit dem Ende des Ost-West-Konflikts mit neuer Heftigkeit.

3. Auf dem obersten Brett: Militärische Sicherheit

Viele sympathetische Beobachter der Integration Europas (die ja nach dem Ende des Ost-West-Konflikts wirklich und notwendig mehr als nur West-Europa involviert) haben der Meinung Ausdruck gegeben, daß mit dem Vertrag von Maastricht der Integrationsprozeß eine neue Qualität angenommen habe. „Die EG hat, in gewisser Weise, den Rubikon überschritten. Interne und externe Faktoren haben sie in eine ungewisse Zukunft gestoßen, in der die innere und die äußere Handlungsfähigkeit zu erhalten und auszubauen immer wichtiger wird." (Lodge 1993: 377) Dies kann man auf den inzwischen zahlreich gewordenen Politikfeldern europäischer Politik, von der Agrarpolitik bis zur Raumordnungspolitik, von der Energiepolitik bis zur Umweltpolitik, von der Bildungspolitik bis zur Regionalpolitik demonstrieren.

Wie aber sieht es auf dem obersten Brett in Joseph Nayes dreidimensionalen Schachspiel aus? Muß nicht jegliche Handlungsfähigkeit nach innen durch entsprechende Handlungsfähigkeit nach außen abgesichert sein? Wird nicht erst ein europäischer Akteur mit gemeinsamer Außen- und Sicherheitspolitik zu einem weltpolitisch gestaltungsmächtigen Akteur? Die Fähigkeit der Union zu einer aktiven und nicht nur reaktiven Rolle bei der Verteidigung eigener Interessen wird entscheidend sein bei der Antwort auf die Frage, ob die Europäische Union wirklich eine weltpolitische Rolle spielen kann. (Burghardt 1993: 225)

In diesem Zusammenhang spricht übrigens einiges gegen die Waltz'sche Unschärfe bezüglich Europa oder Deutschland als kontinentaler Weltmacht. Trevor Taylor z.B. hat das am Ende eines Aufsatzes mit Vorschlägen zur Verbesserung der Sicherheits- und Verteidigungskooperation in Europa lapidar so formuliert: „solche

Kooperation ist zweifellos politisch nur schwer durchzusetzen. Viele nationale Kompromisse sind nötig, und gelegentlich müßten sogar Opfer gebracht werden. Vor allem müßte offen anerkannt werden, was schon längst ganz klar ist, daß nämlich das Potential für nationale militärische Aktionen bereits jetzt minimal ist und daß West-Europa in Angelegenheiten der Sicherheit und der Verteidigung ein gemeinsames Schicksal hat. Entweder werden die nationalen Ressourcen effektiver koordiniert, oder West-Europa wird eine ineffektive und machtlose Ansammlung von Staaten sein und unfähig, mit den USA als kohärenter und effektiver Partner zusammenzuarbeiten." (Taylor 1994: 16)

Gut gebrüllt, Löwe. Aber selbst, wenn dieses Entweder-Oder eine korrekte Zukunfts-Alternative vorstellt, bleiben doch noch immer die schier enormen Implementierungs-Probleme. Der Artikel J im Titel V des Vertrags über die Europäische Union (Maastrichter Vertrag) sagt schlicht: „Hiermit wird eine Gemeinsame Außen- und Sicherheitspolitik eingeführt ...". Artikel J.4 definiert dann in Absatz 1: „Die Gemeinsame Außen- und Sicherheitspolitik umfaßt sämtliche Fragen, welche die Sicherheit der Europäischen Union betreffen, wozu auf längere Sicht auch die Festlegung einer gemeinsamen Verteidigungspolitik gehört, die zu gegebener Zeit zu einer gemeinsamen Verteidigung führen könnte." Und im Absatz 4 wird dort ausdrücklich darauf hingewiesen, daß „der besondere Charakter der Sicherheits- und Verteidigungspolitik bestimmter Mitgliedsstaaten" von diesem Vertrag nicht berührt werde. Es soll an dieser Stelle nicht im einzelnen auf das organisatorische Gewirr europäischer Sicherheitspolitik eingegangen werden – NATO, KSZE und WEU haben gewiß jeweils ihre spezifischen Funktionen, die sich nicht randscharf voneinander abgrenzen lassen. Nur einer der problematischen Aspekte soll kurz in den Blick genommen werden: Die NATO, von den meisten sicherheitspolitischen Experten als unverzichtbar akzentuiert, ist ein transatlantisches Sicherheitsbündnis und damit auf der Ebene inter-(makro)regionaler Zusammenarbeit angesiedelt. Das ist die KSZE, die viel von ihrem Nimbus von 1990 eingebüßt hat, auch. Auch in ihrem Falle wäre es nicht besonders fruchtbar, die transatlantischen Verbindungslinien zu kappen. Ein nicht unbeträchtlicher Teil europäischer Außen- und Sicherheitspolitik oberhalb der jeweils besonderen Charaktere einzelstaatlicher Außen- und Sicherheitspolitik ist also gar nicht makroregional begrenzt – und das scheint sinnvoll zu sein. Kann man das so verstehen, daß es vielleicht gar nicht rational ist, eine eigenständige, neo-realistische Kriterien erfüllende globale Projektion militärischer Macht anzustreben, vielmehr kooperative Arbeitsteilungen auf einer höheren (z.B. der G 7-)Ebene anzustreben? Oder würde das die Implementierungs-Probleme noch vergrößern?

Stärkung der Sicherheit der Union und ihrer Mitgliedsstaaten in allen ihren Formen und Stärkung der internationalen Sicherheit als unabdingbare Voraussetzung für das eigene Wohlergehen (mit den wenigsten Kosten für andere) – vielleicht läßt sich, wenn man dies „weltpolitische Ambitionen" nennt, diese viel eher befriedigen, wenn das Modell eines Super-Staats Europa, das für viele noch immer das Ziel der europäischen Integration ist, ernsthaft verabschiedet würde.

Die Anzeichen dafür, daß dies passiert, mehren sich seit dem Vertragsabschluß von Maastricht. Als ein behender Philosoph zu Beginn dieses Jahres ein Buch mit dem Titel „Was soll aus Europa werden? Abschied vom Superstaat" veröffentlichte (Lübbe 1994), war das Echo unter den Experten eher gering. Niemand fühlte sich provoziert. Auch die eifrigsten Verfechter der Unions-Idee halten inzwischen Distanz zum Konzept eines mit viel Kompetenzen in seiner Zentrale ausgestatteten Bundesstaates.

Es gibt mehrere Gründe dafür. Im Vordergrund steht zweifellos der Legitimations- und Akzeptanzverlust, den das Integrations-Konzept in den letzten Jahren erfahren hat. Das Stichwort, das die Bestrebungen gegen den Fortgang dieses schleichenden Verlusts, zusammenbindet, lautet: Subsidiarität. Ziel dieses Prinzips ist die Erhöhung der Teilnahme von den Menschen in Europa, die von bestimmten politischen Entscheidungen betroffen werden, bei der Vorbereitung dieser Entscheidungen. Damit soll vor allem erreicht werden, „daß die ... Integrationspolitik nicht länger an den unmittelbaren Interessen und Bedürfnissen der Bürgerinnnen und Bürger" vorbeigeht. (Borkenhagen 1994: 184). So interpretiert es jedenfalls ein Verfechter der (Klein- oder Mini-)Regionalisierung Europas. Dieser Prozeß begann, bevor er zum europapolitischen Projekt wurde, als Protest gegen die als lebensfremd und feindlich empfundenen Entscheidungen der Zentrale(n). Die Protest-Konstellation ist übrigens sehr oft älter als die europäische Integration und bezieht Proteste gegen die Vernichtung der kulturellen kollektiven Identität von ethnischen Minderheiten ein. Diese Proteste waren und sind vor allem an die nationalstaatliche Zentrale gerichtet. Die Ausbildung von Klein-Regionen ist in der Europäischen Union inzwischen formalisiert. Das „Europa der Regionen" nimmt Formen an.

Welche Auswirkungen hat dieser Vorgang auf das Selbstverständnis und die Fremdwahrnehmung des eigentümlichen Akteurs Europa? Aus der Beschreibung der Ziele und Aktivitäten der einzelnen Regionen in Europa und des Regionen-Verbundes ließen sich „nur bei bösem Willen Gefährdungen und Trends zu Regionalismus, Separatismus und Provinzialismus ablesen." Die Regionen wollten sich nicht von der europäischen Integration abkoppeln. Sie würden sich zu einer „dritten Ebene" europäischer Kooperation entwickeln. So die Perspektive von Lobbyisten der (Mini-) Regionalisierung.

Die Gegen-Perspektive, das überrascht nicht, wird vor allem von den Vertretern der nationalen Regierungen eingenommen, die ihre Verhandlungsmacht in innereuropäischer Diplomatie eingeschränkt sehen. „Doch indem die Länder immer mehr Kompetenzen auf der europäischen Verhandlungsebene für sich in Anspruch nehmen, fördern sie die Abnahme der Einflußmöglichkeiten Deutschlands insgesamt. Ist der deutsche politische Wille erst einmal in ein Stimmengewirr von Ländervertretern gespalten, läßt er sich von den Partnern oder Kontrahenten um so leichter umgehen." (Von Senger und Etterlin 1992: 24) Die bestmögliche Durchsetzung „des politischen Willens" eines Staates benötigt dann eben möglicherweise umständliche Vorabstimmungen, in denen sich seine Gestalt vielleicht sogar vorteilhaft ändert. Eine andere Frage ist, ob der Prozeß der (Mini-)Regionalisierung sich wirklich so reibungslos in die Integration einfügt, wie seine Verfechter behaupten. Könnte er nicht doch weit eher zur Erosion europäischen Bewußtseins beitragen als zu dessen Konstituierung? Könnte er nicht ablenken (Ressourcen, Aufmerksamkeit usw.) vom Aufbau europäischer Handlungsfähigkeit nach außen? Könnte er nicht die Quelle neuer Binnen-Konflikte werden?

Auch wenn es nicht so aussieht, als würden derartige Antizipationen mit hoher oder auch nur mittlerer Wahrscheinlichkeit eintreffen – unmöglich ist es nicht.

5. Deutschlands Europa?

Dieser Gedankengang führt von der Makro-Region Europa über den Prozeß der Ausbildung von Mini-Regionen zu den europäischen Nationalstaaten, also dorthin, wo, wie mancheiner denkt, auch bei der europäischen Integration die Musik gemacht wird.

Deswegen ja auch die relative Gleichgültigkeit von Kennth Waltz: Europäische Union oder Deutschland ...

Die west-europäische Integration in ihren konkreten Formen war zu Anfang mehr als nur die Konsequenz der klugen Kombination nationaler Interessen. Es gab nicht nur sozusagen intrinsische Motive und Impulse. Dennoch war ihr Erfolg über die Jahrzehnte davon abhängig, daß die Regierungen der Mitgliedsstaaten und bis zu einem gewissen (steigenden) Grad auch ihre Bevölkerungen sie als in ihrem jeweiligen nationalen Interesse liegend (und, bei bestimmten Gruppen, wenigstens die Rekompensationen für entgangene Einkünfte als hochinteressant) wahrnahmen.

Solche Kalküle wurden und werden immer wieder neu durchgerechnet. Wie es scheint, ist in manchen Ländern die interne Auseinandersetzung über die Interessen-Bilanz schärfer geworden. Zum Beispiel in Deutschland. So wird das ja von uns selbst, aber auch von unseren Nachbarn gesehen. Zwar sei die Integration immer noch der Kern von Deutschlands Vorstellung vom künftigen Europa, schrieb kürzlich der Economist. In dem folgenden Artikel wurde dann untersucht, wie denn Deutschland seine nationalen Interessen mit und über die Europäische Union künftig realisieren wird – ohne eine klare Antwort zu präsentieren. Weil auch die anderen Unions-Mitglieder erkennen, daß sie auf zahlreichen Sachfeldern entgegenlaufende Interessen verfolgen, der Abklärungsprozeß dieser Interessen immer komplizierter wird, weil schließlich europäische Kompromisse in den Mitgliedsländern immer schwieriger zu „verkaufen" sind, warten manche Euro-Beobachter geradezu auf eine sehr viel aktivere Führungsrolle Deutschlands. Das ist nun heikel, weil ein sicherlich nicht kleinerer Teil der Euro-Beobachter genau das fürchtet. (The Economist, 11.6.1994)

Ob man sich hier auf die Dauer mit kernigen sowohl-als auch oder einerseits „bestimmt"-andererseits „nie"-Formeln aus der Affäre ziehen kann? „Deutschlands Interesse besteht also in der Schaffung europäischer Strukturen, die ihm seine Entfaltung erlauben, ohne es in eine hegemoniale Position zu bringen". (W. Link, zit. bei Piepenschneider 1994: 44) Gewiß. Aber wie macht man das?

6. Anämische Visionen/ Randvoller Alltag

Wir sollten uns nicht täuschen:

- Die Einheits-Vision eines Gleichen-Russwurm mag als Ansporn für politisches Handeln wirken; sie beschreibt indes nicht das politisch relevante Ergebnis eines Prozesses, der hinter unserem Rücken schon abgelaufen ist und das wir, machten wir nur unsere Augen richtig auf, zum Greifen nahe vor uns sähen.
- Weder die internen Integrations-Impulse nach Maastricht noch bestimmte Ordnungs-Anforderungen aus dem internationalen System wirken derart mächtig, daß der eigentümliche Akteur Europäische Union automatisch an weltpolitischer Gestaltungskraft gewinnen wird.
- Die neo-realistische Perspektive, wonach es für die künftige Weltpolitik eigentlich egal ist, ob Politik aus Europa von einem multinationalen Europäischen Akteur (der EU) oder von Mitteleuropas potentiell stärkstem Nationalstaat, nämlich Deutschland, betrieben wird, blendet völlig die gegenwärtige und noch für lange Zeit geltende Gestalt der historischen Erfahrungen in Europa zwischen Deutschland und seinen Nachbarstaaten aus.
- Die „großen Visionen" für Europa und, von hier ausgehend, für die Welt, etwa die emphatische Alternativstellung von „Zivilisierung oder Regression" bei Dieter Senghaas (1994) oder die „transnationale europäische Republik" bei Erich Kitzmiller (1994: 101) vermögen doch wohl nur eine Minderheit zu enthusiasmieren. Derweil wursteln sich die Macher durch und, falls sie dazu Zeit haben, wundern sich über die ambivalenten Einlassungen der Politologen. Die aber, sind wir vor fünf Jahren nicht einmal mehr daran erinnert worden, sind eigentlich nicht so gut im Formulieren von Prognosen politischer Entwicklungen. Spitze sind wir allerdings, wenn es dann später darum geht zu erklären, warum unsere Fehlprognosen so falsch auch wieder nicht waren.

Anmerkungen

1 Die These von der „sozialen Integration" des westlichen Europa während der letzten einhundert Jahre wird illustriert Kaelble 1987: bes. 149-159.

2 Die Implikationen von Regionalisierungs-Prozessen auf dieser Ebene sind näher untersucht in von Bredow/Jäger 1994.

Literatur

Borkenhagen, Franz H.U., 1994, Regionen in Europa, in: Außenpolitik, 45. Jg. H. 2.

von Bredow, Wilfried, 1994, Turbulente Welt-Ordnung. Internationale Politik am Ende des 20. Jahrhunderts, Stuttgart.

von Bredow, Wilfried/Jäger, Thomas (Hg.), 1994, Regionale Großmächte. Internationale Beziehungen zwischen Globalisierung und Zersplitterung, Opladen.

Burghardt, Günter, 1993, European Union – a Global Power in the Making?, in: Weidenfeld, Werner/Janning, Josef (Hg.). Europe in Global Change. Strategies and Options for Europe, Gütersloh.

The Economist, 11.6.1994.

von Gleichen-Russwurm, Alexander, 1918, Der befreite Mensch, Berlin.

Hocking, Brian, 1993, Localizing Foreign Policy. Non-Central Governments and Multilayered Diplomacy, New York, N.Y.

Kaelble, Hartmut, 1987, Auf dem Weg zu einer europäischen Gesellschaft. Eine Sozialgeschichte Westeuropas 1880-1980, München.

Kissinger, Henry A., 1992, Die sechs Säulen der Weltordnung, Berlin.

Kitzmiller, Erich, 1994, Europa – aber welcher Typ von Moderne? Die versäumte Debatte um das politische Vorhaben Europa, in: Österreichische Zeitschrift für Politikwissenschaft, 23. Jg., H. 1.

Lodge, Juliet, 1993, Toward a Political Union, in: Lodge, Juliet (Hg.), The European Community and the Challenge of the Future, London.

Lübbe, Hermann, 1994, Was soll aus Europa werden? Abschied vom Superstaat, Berlin.

McInnes, Colin, 1993, The Military Security Agenda, in: G. Wyn Rees (Hg.), International Politics in Europe. The New Agenda, New York, N.Y.

Michelmann, Hans, J., 1994, *Panayotis Soldatos.* The Hard Core of European Integration Theories and Approaches: A Multivariate Track of Variable Geometry, in: Michelmann, Hans J., Panayotis Soldatos (Hg.),European Integration. Theories and Approaches, Lanham und New York, N.Y.

Nye, Joseph S., 1994, Peering into the Future, in: Foreign Affairs, 73. Jg., H. 4.

Petersen, Nikolay, 1993, The European Union and Foreign and Security Policy, in: Ole Nordgaard, Thomas Pedersen, Nikolaj Petersen (Hg.), The European Community in World Politics, London und New York, N.Y.

Piepenschneider, Melanie, 1994, Europäische Integration als nationales Interesse. Aktuelle Begründungen für die deutsche Europapolitik, in: J. Borchert, Elmar Brock, Melanie Piepenschneider (Hg.), Europäische Integration als deutsches Interesse, St. Augustin.

Rummel, Reinhardt, 1994, West European Cooperation in Foreign and Security Policy, in: Annals, H. 531.

Rummel, Reinhardt (Hg.), 1992, Toward European Union. Planning a Common Foreign and Security Policy in the European Community, Baden-Baden.

von Senger, Stefan und Etterlin, 1992, Das Europa der Bürokraten. Zentralismus, Partikularismus und die Rolle des Nationalstaats, in: Aus Politik und Zeitgeschichte B42 v. 9.10.1992.

Senghaas, Dieter, 1994, Wohin driftet die Weltpolitik? Denkbare weltpolitische Makrostrukturen, in: Reader Sicherheitspolitik. Beilage zu: Information für die Truppe, H.8.

Soetendorp, Ben, 1994, The Evolution of the EC/EU as a Single Foreign Policy Actor, in: Walter Carlsnaes, Steve Smith (Hg.), European Foreign Policy. The EC and Changing Perspectives in Europe, London und Thousand Oaks, CA.

Taylor, Trevor, 1994, West European Security and Defence Cooperation: Maastricht and beyond, in: International Affairs, 70. Jg., H.1.

Waltz, Kenneth N., 1993, The Emerging Structure of International Politics, in: International Security, 18. Jg., H.2.

Warmenhoven, Henri, J., 1993, Western Europe, Guilford, Conn. 3. Aufl.

Weidenfeld, Werner, 1994, Jenseits des Selbstverständlichen: Europa und USA brauchen einen Neubeginn, in: Europa-Archiv, 49. Jg. Folge 13/14.

Hanns W. Maull

Europa als internationaler Akteur

Jede Betrachtung der zukünftigen Rolle „Europas“ – hiermit meinen wir im folgenden die Europäische Union in ihrer gegenwärtigen und zukünftigen (d.h. erweiterten) Gestalt – als internationaler Akteur hat sich zunächst mit der Tatsache auseinanderzusetzen, daß die europäische Integration sich derzeit in einer tiefen Krise befindet. Hat Europa als internationaler Akteur überhaupt eine Zukunft? Man könnte es bezweifeln, wenn man dem Chor des Unbehagens, ja den Abgesängen auf das Vertragswerk von Maastricht Glauben schenken wollte. Europa hat derzeit keine Konjunktur: diese Einsicht betrifft nicht nur die schwere Wirtschaftsrezession mit ihren eingewobenen strukturellen Verwerfungen, sie betrifft auch den Zustand der europäischen Integration insgesamt.

Daß sich die europäische Integration derzeit in einer schwierigen Phase befindet, kann zunächst nicht überraschen: Der Zusammenhang zwischen der wirtschaftlichen Entwicklung und dem Zustand der europäischen Integrationsbemühungen ist über Jahrzehnte hinweg gut dokumentiert und erklärt auch diesmal einen Teil der Europa-Verdrossenheit, die derzeit im Westen des alten Kontinents ihre Kreise zieht (Platzer/Ruhland, 1994: 143f). Hinzu kommt, daß die Europäische Union seit Mitte der achtziger Jahre einen wichtigen, in vielerlei Hinsicht neue Bahnen brechenden Integrationsschub hinter sich hat und nunmehr mit den Folgen der kühnen Schritte zu einem gemeinsamem Binnenmarkt, zum Maastrichter Vertragswerk und zur Öffnung für neue Mitglieder vollauf beschäftigt ist. Schließlich erklärt ein drittes die gegenwärtige Integrations-Verdrossenheit: das „Versagen Europas“ in der Krise im ehemaligen Jugoslawien und vor den Herausforderungen der Systemtransformationen in Mittelost- und Osteuropa. Nach einer insbesondere in den Medien verbreiteten Einschätzung hat Europa in Jugoslawien demonstriert, daß es als internationaler Akteur unreif und unglaubwürdig ist, und es hat – so diese Lesart weiter – bislang auch versäumt, sich den Herausforderungen der neuen Situation in Mittelosteuropa glaubwürdig zu stellen (Reuter 1993; Jopp 1994b).

I. Die Krise der europäischen Integration: Anlässe und Ursachen

Versucht man, die gegenwärtige Krise der europäischen Integration zu erklären, so erscheint es sinnvoll, zwischen Oberflächenphänomenen und tieferen Ursachen zu unterscheiden. In mancher Hinsicht ist die Europa-Müdigkeit, die derzeit im Westen des Kontinents grassiert, Ausdruck von ungerechtfertigten Projektionen und Mißverständnissen, in denen die Europäische Union zum Sündenbock gemacht bzw. als

Buhmann vorgeführt wird. So ist es derzeit Mode, den Brüsseler Zentralismus, die Demokratiedefizite der Europäischen Union und den Kompetenzverlust nationalstaatlicher Politik an die Union zu beklagen. Diese Sichtweise, die Europa gewissermaßen zur Ursache aller Übel erklärt, weist bei näherer Untersuchung einen Wahrheitsgehalt auf, der höchstens bei 20 % liegt – 80 % der Kritik sind schlicht unberechtigt oder an die falsche Adresse gerichtet. Erkennbar wird die Europäische Union, und insbesondere die Kommission in Brüssel, zum Sündenbock einer allgemeine Malaise: Vieles, was sich in Kritik an Brüssel ausdrückt, ist im Grunde hausgemachte Politikverdrossenheit, reflektiert Unzufriedenheit mit dem Zustand der Politik, mit dem Verhalten der politischen Klassen und mit der Unfähigkeit der Politik im eigenen Lande, Probleme wirksam anzupacken. Umfragen, in denen nicht nur nach der Glaubwürdigkeit der Europäischen Union, sondern auch nach der der nationalen Regierungen gefragt wird, zeigen dies deutlich: hier rangiert die nationale Politik in aller Regel bei aller Kritik an Brüssel in der Gunst der Befragten noch tiefer.

Muß Brüssel also einerseits als Sündenbock und Blitzableiter herhalten, um Westeuropas Politikverdrossenheit eine Entladungsmöglichkeit zu bieten, so wird die Europäische Union andererseits zugleich immer wieder zum Buhmann hochstilisiert. Doch die Angst vor einem europäischen Superstaat, die manchen klugen Beobachter umtreibt (Lübbe 1993), ist weiter nichts als ein Mißverständnis der Natur des europäischen Integrationsprozesses: es wird keinen europäischen Superstaat geben, weil dies der Logik dieses Prozesses völlig widersprechen würde. Die europäische Integration will und wird den Nationalstaat nicht durch eine europäische Gesamtkonstruktion ersetzen, sie will ihn vielmehr in einem politischen Prozeß eigener Art durch politische Architektur *sui generis* überwölben (Platzer/Ruhland 1994: 140f).

Wie die Zukunft der Europäischen Union in ihren politischen Strukturen aussehen wird, läßt sich im einzelnen heute sicherlich nicht vorhersehen und vorhersagen: Andrew Shonfield hatte recht mit seiner Vermutung, es handle sich hier um eine „Reise zu einem unbekannten Ziel". Es geht im europäischen Integrationsprozeß nicht darum, nationale Identitäten, nationale Politik und gewachsene nationale Traditionen zu verdrängen, sondern darum, sie sinnvoll zu ergänzen und zusammenzuführen, um so die Fähigkeit zu behalten, Probleme angemessen verarbeiten zu können.

Doch die Krise der europäischen Integration ist mehr als die Folge von Sündenbock-Phänomenen und Mißverständnissen. In ihr spiegeln sich tiefgreifende Veränderungen der internationalen Gesellschaft und damit des innen- wie außenpolitisches Umfeldes der Politik. Jürgen Habermas hat dies einmal in anderem Zusammenhang auf den nützlichen Begriff der „neuen Unübersichtlichkeit" gebracht (Habermas 1991), während Hans Magnus Enzensberger drastischer vom „molekularen Bürgerkrieg" spricht und dazu ausführt: „Wir machen uns etwas vor, wenn wir glauben, es herrsche Frieden, nur weil wir beim Brötchenholen nicht von Heckenschützen abgeknallt werden"(Enzensberger 1993: 19).

Die Unübersichtlichkeit des Umfelds der Politik ist durch klingende Leerformeln wie die von der „Rückkehr der Geschichte" (Michael Stürmer) oder durch gefährliche Vereinfachungen wie der Vorstellung eines „Kampfs der Kulturen" (Samuel Huntington) nicht angemessen auszuloten. Ehrlicher und konstruktiver ist es da schon, die eigene Ratlosigkeit vor diesen Umbrüchen einzugestehen, wie dies Pierre Hassner in einem neueren Beitrag getan hat (Hassner 1994). Der bislang aus meiner Sicht überzeugendste theoretische Erklärungsansatz für diese Welt im Umbruch stammt von dem amerikanischen Politikwissenschaftler James Rosenau. Seine an mathematische Überlegungen der Chaos-Theorie anknüpfenden konzeptionellen Ansätze zur Interpretation der Gegenwart stellen in den Mittelpunkt weltweit zu beobachtende Prozesse der Beschleunigung von Phänomenen des sozialen Wandels im Soge dramatisch ausgeweiteter technologischer Gestaltungs- und Innovationspotentiale mit der Folge gleichzeitig zunehmender Integration und Fragmentierung der internationalen Gesellschaft.

In Anlehnung an Rosenau könnte man vielleicht sogar von einer Dialektik von Integration und Fragmentierung sprechen, die die internationale Politik nach dem Ende des Kalten Krieges bestimmt. Die vielleicht wichtigste Konsequenz dieser Dialektik von Integration und Fragmentierung ist die Krise des Nationalstaates bis hin zu seinem Zerfall – eine Krise, die ihrerseits wiederum nur ein – wenn auch zentraler – Ausschnitt aus dem Phänomen einer allgemeinen Überlastungskrise der Politik ist. Die Politik hat in der jetzigen Situation ja die schwierige Aufgabe zu meistern, tragfähige Synthesen aus der Notwendigkeit zu radikalem Umlernen und Anpassung einerseits und dem Erhalt individueller und sozialer Sicherheit und Identität andererseits herzustellen. Dem Nationalstaat kommt in diesem Zusammenhang eine zentrale Bedeutung zu. Zugleich findet er sich jedoch wie die Opfer des mythologischen griechischen Wegelagers Prokrustes in ein Bett gesteckt, für das er entweder zu lang oder zu kurz ist oder, wie Daniel Bell es schon vor etlichen Jahren treffend formulierte: „Der Nationalstaat ist für die großen Probleme zu klein, für die kleinen Probleme zu groß“.

Allerdings ist es, wie erwähnt, keineswegs nur der Nationalstaat, der von der Krise der Politik betroffen ist. Sie erfaßt alle Ebenen des politischen Prozesses – von der lokalen und regionalen bis zur Ebene internationaler Organisationen, zu denen eben auch die Europäische Union zählt. Tut sich die Politik ganz allgemein schwer, mit den neuen Herausforderungen umzugehen, so gilt das in besonderem Maße für die Europäische Union: Auf der einen Seite gilt sie vielen (nicht ohne Grund) als Verkörperung und Agent jener gebieterischen Modernisierungszwänge, deren materielle, soziale und psychische Kosten immer schwerer zu wiegen scheinen. Auf der anderen Seite fehlt der Union jedoch (und dies ist ebenso eine wichtige Ursache der gegenwärtigen Krise der europäischen Integration wie der Protest gegen die geforderten Anpassungsleistungen) in vieler Hinsicht noch das Instrumentarium zur Bewältigung der anstehenden Probleme. Europa ist zu fragmentiert, um gemeinsam handeln zu können, seine Mitglieder sind jedoch zu sehr integriert, zu stark voneinander abhängig, um sich nationale Autonomie leisten zu können. Um ihre verflochtenen Interessen geltend zu machen, ist die Europäische Union im wesentlichen auf politische Vermittlung, auf wirtschaftliche Anreize und gelegentlich auf wirtschaftliche Sanktionen angewiesen; die Schwerfälligkeit der Entscheidungsprozeduren, anachronistische Souveränitätsvorbehalte und auch unterschiedliche Interessenakzente und Interessenperzeptionen behindern jedoch selbst diese beschränkten Möglichkeiten der Einflußnahme immer wieder. Das Ergebnis ist ein politisches Instrumentarium, das eindeutig unzulänglich ist – die Krise im ehemaligen Jugoslawien hat das nachdrücklich klargemacht. Bei aller Kritik an diesem Sachverhalt ist jedoch auch zu fragen: Hat die internationale Staatengemeinschaft *überhaupt* Instrumente zur Vefügung, um mit den Problemen zerfallender politischer Autorität und zerfallender Staaten wirksam umzugehen?

II. Die Fundamente der Zukunft Europas als internationaler Akteur

Die europäische Integration steckt derzeit also unbestreitbar in einer Krise. Doch diese Krise ist, wie uns das chinesische Schriftzeichen für den Begriff lehrt (es setzt sich zusammen aus den Radikalen für „Gefahr“ und „Chance“), zugleich auch eine Möglichkeit des sozialen Lernens, der Fortentwicklung. Und es spricht einiges dafür, daß auch diese Krise der europäischen Integration vorübergehen wird, daß sie im Ergebnis eine Weiterentwicklung der Gestaltungsmöglichkeiten Europas in den internationalen Beziehungen mit sich bringen wird. Dieser Optimismus gründet sich allerdings weniger auf die bestehenden institutionellen Grundlagen der gemeinsamen Außen- und Sicherheitspolitik, sondern vielmehr auf drei andere Gesichtspunkte: die gebieterische Kraft des Faktischen, die die Europäische Union zwingen wird, neue Handlungsmöglichkeiten zu entwickeln – oder zu zerbrechen; die Tatsache, daß keine der zentralen Herausforderungen heute in Europa durch den Nationalstaat im Alleingang zu meistern ist; und schließlich die historischen, sozialen und kulturellen Wurzeln der europäischen Integration, die sie in die Lage versetzen, sich von Krisen und Rückschlägen immer wieder zu erholen.

Defizite in den institutionellen Grundlagen

Aber warum können die institutionellen Voraussetzungen des Maastrichter Vertragswerkes im Bereich der Außen- und Sicherheitspolitik die Zukunft Europas als internationaler Akteur nicht sicherstellen? Immerhin beansprucht dieses Vertragswerk ja, Weichenstellungen für eine solche Rolle geliefert zu haben. Aber der Anspruch trügt: Im wesentlichen ist die Gemeinsame Außen- und Sicherheitspolitik (GASP) nur eine Fortentwicklung der Europäischen Politischen Zusammenarbeit (EPZ) mit wenigen neuen Elementen. Im Bereich der Außenpolitik ist die wichtigste Innovation die gemeinsame Aktion; bei der Sicherheitspolitik ist es der – allerdings überaus verklausulierte – Einstieg in eine gemeinsame Sicherheitspolitik. Das Ergebnis der Vertragsverhandlungen ist ein Zwitter aus primär intergouvernementalen und schwach ausgeprägten vergemeinschafteten Elementen. Praktisch-politisch ist die GASP defizitär in ihren Zielsetzungen, in ihren Entscheidungsprozessen und in ihren Instrumenten. Der intergouvernmentale Charakter der GASP wird erkennbar an der zentralen Rolle des Europäischen Rates, am weitgehend durchgehaltenen Einstimmigkeitsprinzip und an der Tatsache, daß das Europäische Parlament und der Europäische Gerichtshof in der

GASP weitgehend bedeutungslos bleiben. Die schwach ausgeprägten Elemente der Vergemeinschaftung werden erkennbar vor allen Dingen in der institutionellen Ausgestaltung der GASP (z.B. der Übertragung ihrer Vorbereitung an die ständigen Vertretungen in Brüssel), an den *passerelles* des Vertragswerkes (also den rechtlichen und institutionellen Verbindungen zwischen der GASP und Gemeinschaftsaktivitäten) und an inhaltlichen Überschneidungen zwischen der GASP und denjenigen Aspekten der gemeinsamen Außenpolitik, die in den Gestaltungsbereich der Kommission fallen (Jopp 1994a; Jopp 1994b; Thränert (Hrsg.) 1992; European Parliament 1992; Taylor 1994).

Die *Zielsetzungen* der GASP, wie sie in der Präambel, im Artikel B und im Artikel J.1 sowie in der sogenannten „Asolo-Liste" festgelegt sind, sind entweder überaus allgemein formuliert oder dort, wo sie präzisiert sind, bemerkenswert eng. Die Asolo-Liste spricht von vier Bereichen für die gemeinsame Außenpolitik – KSZE, Abrüstung und Rüstungskontrolle, Non-Proliferationsprobleme und wirtschaftliche Aspekte der Sicherheit wie Technologie-Transfer und Waffenexporte. Schon auf den ersten Blick erkennbar fehlen hier wichtige Bereiche wie etwa die Beziehungen zu Mittelost- und Osteuropa, die Beitrittsverhandlungen mit den EFTA-Staaten, der Nahe und Mittlere Osten, die Bemühungen um eine europäische Rüstungsindustrie oder die Beteiligung an UN-Blauhelm-Operationen (Europäisches Parlament, 1993). Einige dieser Bereiche sind inzwischen zwar in die Überlegungen der GASP einbezogen worden (Jopp, 1994b), doch zeigt die Verengung der definierten Zielsetzungen die Probleme der Souveränitätsübertragung in einem so sensitiven Bereich. Die *Entscheidungsprozesse* der GASP haben zwar bei gemeinsamen Aktionen Mehrheitsentscheidungen eingeführt – aber diese Mehrheitsentscheidungen im Detail setzen zunächst drei *einstimmige* Entscheidungen des Europäischen Rates voraus: eine einstimmige Entscheidung darüber, ob ein Problem Gegenstand gemeinsamer Aktionen werden soll, die einstimmige Entscheidung über eine Implementierung, und schließlich, ebenfalls einstimmig, die Entscheidung darüber, welche Implementierungs-Entscheidungen mit qualifizierter Mehrheit beschlossen werden können.

Innovativer als die Ausgestaltung der gemeinsamen Außenpolitik ist im Rahmen des Vertragswerks von Maastricht und der nachfolgenden Entscheidungen die *gemeinsame Sicherheitspolitik* der Europäischen Union (Jopp 1994a; Jopp 1994b; European Parliament 1992). Schon die Entwicklung einer genuinen sicherheitspolitischen Aufgabenstellung bedeutet angesichts der Ausklammerung dieser Thematik in der Vergangenheit einen wichtigen Fortschritt; zugleich implizierte die Zuordnung der Westeuropäischen Union (WEU) zur GASP als ausführendes Organ der europäischen Sicherheitspolitik, daß auf bestehende organisatorische Grundlagen zurückgegriffen werden konnte. Allerdings gibt es auch im Bereich der gemeinsamen Sicherheitspolitik noch eine Reihe von Problemen und offenen Fragen: So ist in den Dokumenten von Maastricht und in der folgenden Ausgestaltung ein eher enger, militärischer Sicherheitsbegriff Grundlage der GASP. Zweitens wurde im Rahmen des Tauziehens zwischen Frankreich und Amerika um die zukünftige Rolle der WEU dieser neben ihrer Aufgabe als ausführendes Organ der gemeinsamen europäischen Sicherheitspolitik zugleich die Rolle eines europäischen Pfeilers der NATO übertragen, was nicht unbeträchtliche Kompatibilitätsprobleme mit sich bringt. Und schließlich gibt es innerhalb der Europäischen Union keine formalisierten Beistandsgarantien und die Mitgliedschaften von WEU, Europäischer Union und europäischen NATO-Staaten sind nicht deckungsgleich.

Insgesamt läßt sich also über die gemeinsame Außen- und Sicherheitspolitik bestenfalls sagen, daß sie einer Weiterentwicklung der Vergemeinschaftung der Politik auf diesen Gebieten nicht im Wege stehen wird. Die institutionellen Grundlagen sind nicht dazu angetan, selbst entscheidende Impulse zu geben – dazu sind sie zu widersprüchlich, zu vorsichtig und zu durchsetzt mit nationalen Souveränitätsvorbehalten.

Krisenhafte Bedrohungen von außen und Problemdruck als Katalysatoren gemeinschaftlichen Handelns

Die eigentlichen Anstöße für eine Entwicklung hin zu einer stärker gemeinschaftlichen Außen- und Sicherheitspolitik werden aus zwei anderen Richtungen kommen: dem Problemdruck von außen und dem Konsistenz-Gebot von innen. Mit den Umbrüchen in Mittelosteuropa, mit dem Zerfall der Sowjetunion und den Krisensymptomen im Maghreb sieht sich Westeuropa mit Situationen konfrontiert, in der die Zahl der Akteure (staatlicher wie nichtstaatlicher) zu- und damit die Möglichkeit, Entwicklungen zu beeinflussen und zu steuern, abnimmt, in der vor allem von der ehemaligen Sowjetunion destabilisierende Einflüsse ausgehen, und in der schließlich drittens gewaltige Zerstörungspotentiale konventioneller wie nicht-konventioneller Art sowie gefährliche Großtechnologien in gesellschaftlichen Zusammenhängen vorzufinden sind, die immer mehr durch den Zerfall politischer und sozialer Disziplin und die Proliferation regionaler und örtlicher Gewaltkonflikte gekennzeichnet sind. Erkennbar wird zudem immer deutlicher, daß die bestehenden kollektiven Verteidigungs- und Sicherheitsorganisationen diese neuen Gefahrenpotentiale nur unvollkommen beherrschen können. Europa wird also insgesamt mit Gefährdungen konfrontiert, in denen nationales Handeln im Sinne der Prävention kaum oder gar nichts bewirken kann und in krisenhaften Zuspitzungen ohnehin zum Versagen verdammt sein dürfte, in denen also der Imperativ kollektiven Handelns nicht zu übersehen ist. Klar ist zudem, daß der Europäischen Union in diesem Zusammenhang eine entscheidende Verantwortung zukommt, die im übrigen von ihr ja auch durchaus anerkannt wird. Dennoch hat sie sich bislang dieser Verantwortung nicht hinreichend gestellt. Überspitzt formuliert, ließe sich durchaus sagen, daß das Maastrichter Vertragswerk die zweitbeste Lösung für das falsche Problem war: die Schlüsselaufgabe der europäischen Integration in dieser Situation bestand nicht so sehr in der Ausgestaltung der Vertiefung der Gemeinschaft, sondern in der Formulierung umfassender Strategien zur Unterstützung der Transformationsprozesse in Mittelosteuropa, in der ehemaligen Sowjetunion und im Maghreb. Diese umfassenden Strategien wurden bislang nicht entwickelt, es existieren dazu lediglich einige Versatzstücke. Die Zukunft dürfte die Union jedoch zwingen, sich mit diesen Herausforderungen stärker auseinanderzusetzen und dafür auch institutionelle Antworten zu entwickeln.

Die Anforderungen der Kongruenz und Konsistenz als Katalysatoren gemeinsamen Handelns

Aber die Impulse für eine stärkere Vergemeinschaftung der Außen- und Sicherheitspolitik kommen nicht nur von außen. Sie rühren auch aus der inneren Logik des Integrationsprozesses, der danach drängt, Binnenordnung und Außenbeziehungen kongruent zu machen. Dies gilt, wie ich meine, sogar in einem doppelten Sinne. Zum ersten ist es Erfahrungstatsache, daß erfolgreiche Integration weiteren Integrationsbedarf nach sich zieht. Im Bereich der Außenwirtschaftsbeziehungen dürfte sich dieser Zusammenhang in Zukunft besonders bemerkbar machen: Die außenwirtschaftspolitischen Implikationen der Realisierung eines gemeinsamen Binnenmarktes und gar einer europäischen Währungsunion sind im einzelnen noch nicht abzusehen, sie dürften jedoch angesichts der zunehmenden Verflechtung von wirtschaftlichen und außenpolitischen Fragen durchaus in den Bereich der Außenpolitik hineinwirken.

Noch bedeutsamer allerdings erscheint mir fast ein zweiter Aspekt der Kongruenz-Thematik: Auf Dauer wird die europäische Integration nur dann überleben können, wenn es ihr gelingt, ein ihr kongeniales internationales Umfeld zu erhalten bzw. zu schaffen. Die Europäische Union als Sicherheitsgemeinschaft und als zivilisierter politischer Raum läßt sich langfristig nur dann gewährleisten, wenn es gelingt, Zivilisierungsprozesse auch im Umfeld, speziell in Mittelost- und Osteuropa sowie an den Gegenküsten des Mittelmeer-Raumes durchzusetzen. Ein Europa als „Insel der Seligen“ kann und wird es kaum geben; regressive Tendenzen im internationalen Umfeld der Union dürften letztlich auf diese durchschlagen. Die Schlußfolgerung aus diesen Überlegungen kann und muß nur sein, daß die Europäische Union sich aktiv um eine Zivilisierung der internationalen Beziehungen in ihrem Umfeld bemühen muß. Dies wird jedoch nur über eine Zusammenfassung nationaler außenpolitischer Möglichkeiten und Ressourcen möglich sein.

Politischer Wille zu einer gemeinsamen Außen- und Sicherheitspolitik

Wird die Europäische Union den politischen Willen finden, diesen Aufgaben gerecht zu werden? Trotz der gegenwärtigen Malaise spricht dafür einiges. Zum ersten kann sich die europäische Integration auf eine historische Logik stützen, die nicht erst seit gestern offensichtlich wurde, sondern bereits seit Jahrhunderten thematisiert wird. Die verheerenden historischen Erfahrungen der beiden Weltkriege in diesem Jahrhundert haben dieser Logik zum Durchbruch verholfen; sie werden (hoffentlich) nicht so bald vergessen. Die außenpolitischen Eliten sind heute in einem Maße gemeinschaftlich sozialisiert, daß eine Weiterentwicklung der Kooperation und Integration in diesem Bereich durchaus möglich ist. Spitzenbeamte der Außenministerien der Union verbringen heute im Durchschnitt zwei Arbeitstage pro Woche in Gesprächen mit ihren Kollegen aus anderen Ländern. Hinzu kommt, daß die Integrationsphänomene der Europäischen Union inzwischen nicht nur eine hohe Dichte, sondern auch eine Vieldimensionalität erreicht haben, die starke Impulse gemeinsamen Handelns mit sich bringt. Albert Bressand hat darauf hingewiesen, daß die europäische Integration aus mindestens fünf Schichten besteht: aus einem gemeinsamer Binnenmarkt, aus gemeinsamen Rechtsnormen und Verfahrensweisen, aus der wechselseitigen Anerkennung von Normen, aus industrieller Ko-Produktion und schließlich aus Elementen der Ko-Dezision, wie sie im Maastrichter Vertragswerk weiterentwickelt wurden (Bressand 1994). Diese Integrationsmuster sind inzwischen in vielfältigen Interessengeflechten tief verankert. *Last but not least* sollte nicht übersehen werden, daß die Europäische Union in vielleicht beschränkter, aber durchaus realer Weise auch eine Werte- und Solidargemeinschaft geworden ist. Die deutsche Vereinigung hat das beispielhaft gezeigt. Als mit der Möglichkeit der Vereinigung auch die Frage auftauchte, wie die ehemalige DDR in die Europäische Gemeinschaft integriert werden könnte und in welchem Umfang sich dabei auch finanzielle Ansprüche der vereinigten Bundesrepublik auf Mittel der europäischen Strukturfonds ergeben würden, wurde diese Problematik durch einen doppelten Akt der Solidarität gelöst. Zunächst verzichtete die Bundesregierung ausdrücklich auf Ansprüche an Mittel aus den europäischen Strukturfonds, um so die Zustimmung der ärmeren Mitglieder der Gemeinschaft zur Vereinigung zu erleichtern und diese nicht auf Kosten jener zu gestalten. Die Europäische Gemeinschaft akzeptierte diesen Verzicht in einem zweiten Akt der Gemeinschafts-Solidarität jedoch nicht und beschloß, Mittel der Sturkturfonds für die neuen Bundesländer verfügbar zu machen. Die Finanzzusagen beliefen sich für die Jahre 1991-1993 auf ECU 3 Milliarden – ein angesichts der gewaltigen Transferleistungen der alten Bundesländer vergleichsweise bescheidener, absolut betrachtet jedoch durchaus substantieller Solidar-Beitrag der anderen Mitgliedsländer zur deutschen Vereinigung (Anderson/Goodman 1993: 31ff). Auch der Kohäsionsfonds der Europäischen Gemeinschaft ist, wie die *Financial Times* jüngst feststellte, durchaus besser als sein Ruf – auch hier wird erkennbar, daß die Europäische Union in begrenzter, aber realer Weise eine Werte- und Solidargemeinschaft darstellt.

Strukturelle Macht und „Soft Power" als Grundlagen einer europäischen Rolle in der Weltpolitik

All diese Überlegungen deuten darauf hin, daß der politische Wille zu gemeinsamem Handeln durchaus gefunden werden könnte. Aber hat die Europäische Union auch die Voraussetzungen, hat sie die Fähigkeit zu wirksamer außenpolitischer Gestaltung? Hat sie, in einem Wort, Macht? Die Antwort auf diese Frage muß lauten: ja, doch diese Macht ist besonderer Art – sie zeichnet sich aus durch besondere Stärken und Schwächen. Die Stärken der europäischen Macht liegen in den Bereichen der Strukturbildung und in dem, was Joseph Nye als *soft power* bezeichnet (Nye 1989); man könnte auch vom Modellcharakter der Europäischen Union und der Ausstrahlung dieses Modells sprechen. Die Defizite der Gestaltungsfähigkeit der Europäischen Union liegen im Bereich militärischer Machtmittel und z.T. auch in wirtschaftlichen und technologischen Rückständen.

Die *strukturelle Macht* der Europäischen Union beruht vor allem auf ihrem großen Binnenmarkt. Die Implikationen dieser Markt-Macht zeigte sich an den Beitrittsverhandlungen der EFTA-Staaten zum Europäischen Wirtschaftsraum: die Verhandlungen ergaben, daß rund 90 % der Normen und Regeln der Europäischen Gemeinschaft auch für den EWR übernommen werden. Die meisten EFTA-Länder haben inzwischen auch Beitrittsgesuche gestellt und Verhandlungen eingeleitet, und eine Reihe von weiteren Anwärtern für die Mitgliedschaft in der Europäischen Union klopft bereits an die Tür – ein weiterer Hinweis auf die Attraktivität der Mitgliedschaft in der Europäischen Union für Außenstehende.

Die strukturelle Macht der Europäischen Union zeigt sich naturgemäß vor allen Dingen im Bereich der internationalen Wirtschaftsbeziehungen. Dort ist die Gemeinschaft seit langem ein gewichtiger Akteur – man denke nur an die GATT-Verhandlungen, aber auch an die Gestaltung der Nord-Süd-Beziehungen im Rahmen der Vereinbarungen mit den AKP-Staaten. Der amerikanische Wirtschaftswissenschaftler Lester Thurow geht sogar davon aus, daß die Spielregeln der Welthandelsordnung in Zukunft von Europa bestimmt werden (Thurow 1992) – eine durchaus plausible Annahme, wenn damit gemeint ist, daß diese Spielregeln auch in Zukunft als Kompromisse in Verhandlungen entstehen werden, in denen die Europäische Union aufgrund ihres wirtschaftlichen Gewichts eine besonders bedeutsame Rolle spielen wird.

Die Attraktivität der Europäischen Union beruht jedoch nicht nur auf ihren wirtschaftlichen Möglichkeiten, sondern ohne Zweifel auch auf ihrem Modellcharakter, auf ihrer *soft power*. Bei allen Schwächen ist die europäische Integration nach wie vor ein Modell der inneren wie äußeren Konfliktbewältigung und der Schaffung supranationaler Strukturen. Bei aller berechtigen Kritik an Defiziten dieses europäischen Modells (dessen Stärke im übrigen ja u.a. darin besteht, daß es Einheit in Vielfalt ermöglicht und begünstigt) ist die Attraktivität des Modells Europa nach wie vor ungebrochen, und sie wird auch in Zukunft erhalten bleiben, wenn es der Europäischen Union gelingt, die neuen Herausforderungen zu bewältigen. Die Attraktivität des Modells Europa ist nicht zuletzt an der großen Zahl regionaler Zusammenschlüsse abzulesen, die in den letzten Jahren weltweit in mehr oder weniger expliziter Anlehnung an die europäische Integration entstanden sind.

Unbestreitbar ist auf der anderen Seite, daß die Europäische Union in ihrer Gestaltungsmacht durchaus defizitäre Bereiche aufweist. Die offensichtlichste Schwäche ist hierbei die *militärische Dimension* der Macht. Dies wirft zwei Fragen auf: Kann Europa in Zukunft zu einer militärischen Großmacht werden? Und: Welchen Stellenwert wird militärische Macht in der Zukunft der internationalen Beziehungen überhaupt aufweisen?

Daß Europa in absehbarer Zeit tatsächlich zu einer militärischen Großmacht werden könnte, ist eher zu bezweifeln. Die Dilemmata kollektiven Handelns sind im Bereich der militärischen Sicherheit zweifellos besonders ausgeprägt, und die bestehenden Ansätze zu einer gemeinsamen Sicherheitspolitik und der Entwicklung eines integrierten Instrumentariums (Eurokorps) liefern noch keine Hinweise darauf, daß diese Dilemmata wirklich überwunden werden könnten. Realistisch betrachtet, wird man sich wohl damit bescheiden müssen und können, daß die Europäische Union die Fähigkeit entwickelt, sich gemeinsam gegen traditionelle äußere Bedrohungen angemessen zu verteidigen und sich um die Schaffung einer kollektiven Sicherheitsordnung in und für Gesamteuropa auch weiterhin bemüht.

Diese eher bescheidenen Erwartungen an die zukünftigen Möglichkeiten der militärischen Sicherheitspolitik der Union sind m.E. zugleich allerdings durchaus auch vereinbar mit einer wirksamen Außenpolitik, mit einer gestalterischen Rolle der Europäischen Union in den internationalen Beziehungen. Denn es ist zu bezweifeln, ob militärische Macht im Sinne der konstruktiven Gestaltung und Beeinflussung der internationalen Entwicklungen in Zukunft tatsächlich noch einen zentralen Stellenwert haben kann und haben wird. Die gegenwärtigen internationalen Beziehungen erscheinen mit Blick auf militärische Machtmittel durch eine auffällige Asymmetrie gekennzeichnet: auf der einen Seite sind sie in hohem Maße anfällig für organisierte soziale Gewaltanwendung, weil die Komplexität und das hohe Niveau der Arbeitsteilung in modernen Gesellschaften und zwischen ihnen große Verwundbarkeiten und daher attraktive Möglichkeiten schafft, durch Gewalt Aufmerksamkeit zu erregen und die politische Tagesordnung zu beeinflussen. Soziale Gewalt ist in diesem Sinne also nicht nur problematisch als Phänomen der Anomie, sondern durchaus auch als Ausfluß zweckrationalen Verhaltens. Auf der anderen Seite sind jedoch die konstruktiven Gestaltungsmöglichkeiten sozialer Gewalt und militärischer Machtmittel gering: die Grundlagen modernen Wohlstandes beruhen immer mehr auf freiwilliger Kooperation, auf Öffnung hin zum Weltmarkt und auf attraktiven Standortbedingungen für transnationale Unternehmen und andere Wirtschaftsakteure, die durch soziale Gewalt nur allzu leicht abzuschrecken sind. Dieses Paradox hoher Anfälligkeit und Verwundbarkeit einerseits, aber sehr begrenzter konstruktiver Gestaltungschancen mit militärischen Machtmitteln andererseits dürfte die internationalen Beziehungen in den kommenden Jahren prägen. Ob die erwähnten Defizite der Europäischen Union in diesem Bereich tatsächlich ein entscheidendes Handicap sein werden, erscheint vor diesem Hintergrund offen.

Die Defizite Europas im *wirtschaftlich-technologischen Bereich* mögen sich da längerfristig als schwerwiegender erweisen. Die Rückstände gegenüber Amerika und Japan bzw. der ostasiatisch-pazifischen Region sind hier eindeutig, sie könnten sich jedoch grundsätzlich durchaus als temporär erweisen. Längerfristig freilich wird für die strukturelle Macht wie für die Attraktivität der Europäischen Union als Modell viel davon abhängen, ob es ihr gelingt, die bestehenden Rückstände und Schwächen zu überwinden (Seitz 1992).

III. Die Zukunft Europas als internationaler Akteur: Drei Szenarien

Noch ist es also zu früh, Europa als außenpolitischen Akteur abzuschreiben – wenngleich auch in Zukunft die Gestaltungschancen der Europäischen Union ganz eindeutig vor allem im Bereich der Strukturbildung und der Projektion von Stabilität, kaum dagegen im Bereich der Krisenbewältigung mit militärischen Mitteln liegen werden. Andererseits besteht für Europa in diesem Sinne natürlich nicht mehr als eine realistische Chance, keine historische Zwangsläufigkeit. Vor diesem Hintergrund läßt sich die Zukunft Europas als internationaler Akteur in drei alternativen Szenarien skizzieren, die jeweils plausibel und in sich konsistent sind: Das Scheitern Europas als internationaler Akteur mit der Konsequenz des Zerfalls der europäischen Integration; die

Öffnung der Union für Mittelosteuropa und den osteuropäischen Raum unter gleichzeitiger Lockerung der Bindungen an andere Regionen und damit eine Entwicklung hin zu einem gesamteuropäischen Isolationismus, zur „Festung Europa“; und schließlich die erfolgreiche Bemühung Europas um eine Zivilisierung der internationalen Politik. In den Kategorien der Diskussion um Erweiterung und Vertiefung der Union ließen sich diese drei Szenarien auf die folgenden Nenner bringen: In Szenario 1 läge die Priorität weder auf Vertiefung noch auf Erweiterung, sondern primär auf der Erhaltung des integrationspolitischen Status quo – mit dem Ergebnis, daß auch die Integrationsleistungen der Vergangenheit unter dem Druck der äußeren Anforderungen zerfallen dürften. Szenario 2 impliziert gelungene Vertiefung und begrenzte Erweiterung mit der Konsequenz der Bildung eines „gesamteuropäischen Blocks“; Szenario 3 schließlich impliziert gelungene Vertiefung und Erweiterung im Sinne eines grundsätzlich offenen Prozesses, in der die Logik der Binnenbeziehungen innerhalb der Union immer stärker auch die Logik der Beziehungen im Umfeld der Union wie in den internationalen Beziehungen insgesamt prägt. Nichts anderes besagt ja die Idee einer Ausrichtung der internationalen Politik am „zivilisatorischen Hexagon“ mit den Dimensionen der Einhegung und Entprivatisierung von Gewalt (im Falle der internationalen Gesellschaft: nationalstaatlicher wie substaatlicher Gewalt), der Stärkung rechtsstaatlicher Elemente, der Schaffung von Interdependenzen und der Kontrolle von Affekten, demokratischer Partizipationsmöglichkeiten, sozialer Ausgewogenheit und einer konstruktiven (außen-) politischen Konfliktkultur (Senghaas 1994: 19ff).

Szenario 1: Stagnation der Integration und Zerfall der Europäischen Union

Wesentliche Voraussetzungen für die Herausbildung dieses Szenarios wären die Überforderung der Gestaltungsfähigkeit bzw. mangelhafter Gestaltungswille Europas. Syndrome der Überforderung lassen sich angesichts der aufziehenden sozialen und politischen Konfliktpotentiale insbesondere in Osteuropa und im Maghreb wie auch der steigenden Binnenanforderungen (etwa: Wiedergewinnung internationaler Wettbewerbsfähigkeit, Reform des Sozialstaates unter Bedingungen rasch fortschreitender demographischer Alterung und massiver Zuwanderung) nur allzu leicht vorstellen. Unter den Voraussetzungen allgemein ungünstiger weltpolitischer und weltwirtschaftlicher Rahmenbedingungen sowie der Annahme weiterhin sinkender Wettbewerbsfähigkeit der europäischen Volkswirtschaft(en) würde diese Konfiguration weiter an Plausibilität gewinnen.

Die Gestaltungsfähigkeit Europas nach außen könnte also durchaus unter der Bürde der Probleme und mangels Unterstützung durch andere Mächte zerfallen. Eine Variante dieses Szenarios sähe die Ursachen für das Scheitern nicht in der Last der Herausforderungen, sondern in dem mangelnden politischen Willen, diese Herausforderungen anzunehmen. Die Integrationspolitik würde sich unter diesen Annahmen nach dem Vollzug des Beitritts der vier EFTA-Staaten inneren Reformen der Vertiefung verschließen und damit entweder unfähig zur Aufnahme weiterer Mitglieder aus Mittelosteuropa oder (nach deren Beitritt) nicht mehr im alten Ausmaß handlungsfähig sein (Tebbe 1994). In jedem Falle wäre unter diesen Umständen zu erwarten, daß unter dem Eindruck ungelöster Binnen- und Außenprobleme die Zentrifugalkräfte innerhalb der Union an Bedeutung gewinnen würden: Unbearbeitete äußere Herausforderungen würden in die Union hineinstoßen und ihren Zusammenhalt untergraben. Das Ergebnis wären mit hoher Wahrscheinlichkeit Erosionsprozesse im *acquis communautaire* wie in der *finalité politique* der Union sowie Veränderungen der Innenpolitik in den Mitgliedsstaaten hin zu dem, was Ralf Dahrendorf einmal als „Wohlstandsfaschismus" bezeichnet hat.

Szenario 2: Die Einkrümmung auf Europa

Die Grundannahmen dieses Szenarios implizieren gelungene Vertiefung und begrenzte Erweiterung der Union, jedoch einen weiteren Verfall der wirtschaftlichen Wettbewerbsfähigkeit im Weltmaßstab und/oder eine Erosion der internationalen Kooperation zwischen den großen Wirtschaftsregionen. Unter diesen Voraussetzungen (und unter der Annahme eines halbwegs günstigen Verlaufs der wirtschaftlichen, sozialen und politischen Transformationsprozesse im Osten und Süden) könnte Europa zwar in der Lage sein, sein unmittelbares Umfeld erfolgreich zu gestalten, sich in größeren Zusammenhängen jedoch blockbildend-dissoziativ statt zivilisierend-assoziativ verhalten. Auf der wirtschaftlichen Ebene der internationalen Beziehungen würde dies die Herausbildung einer protektionistisch orientierten „Festung Gesamteuropa", also eines Wirtschaftsblockes in merkantilistischer Konkurrenz zu Nordamerika und Ostasien bedeuten, in sicherheitspolitischer Hinsicht eine europäische Gegenmachtbildung zu Rußland.

Auch im Rahmen einer solchen gesamteuropäischen Strategie stellt sich jedoch die Frage, inwieweit sich dieser Raum tatsächlich erfolgreich gegen Turbulenzen in seinem Umfeld (Osteuropa, Nordafrika, Naher und Mittlerer Osten) abschotten könnte. Vorstellbar wäre dies wohl nur unter Preisgabe der liberalen Demokratie und des partizipatorischen Wohlfahrtstaates, weil wirksame Wälle um das neue Reich (Rufin 1992) nur um den Preis empfindlicher Einschnitte im liberalen Rechtsstaat zu haben und der tendenzielle Rückzug aus der weltwirtschaftlichen Arbeitsteilung mit Wohlstandseinbußen verbunden wäre.

Szenario 3: Die Gestaltung der Welt im Bilde Europas

Dieses Szenario unterstellt eine insgesamt sicher eher unwahrscheinliche Konstellation günstiger Umstände. Es geht davon aus, daß Europa sowohl gestaltungsfähig wie gestaltungswillig ist, daß es also gelingt, die wirtschaftlichen Defizite abzutragen, die Union erfolgreich zu vertiefen und zu erweitern und diese Prozesse im Grundsatz offenzuhalten. Das Szenario unterstellt zugleich günstige äußere Rahmenbedingungen, insbesondere fähige und willige Partner (USA, Japan, Rußland, China?) im Sinne der Gestaltungsaufgaben einer Zivilisierung der internationalen Politik.

Ohne Frage ist dieses Szenario höchst anspruchsvoll. Dies gilt insbesondere hinsichtlich der Anforderungen an die außenpolitische Kultur in den Mitgliedsstaaten: Die Bürger und Wähler müßten einer vermutlich recht erheblichen Umverteilung von Ressourcen aus dem Bereich der Innenpolitik in diejenigen der Außenbeziehungen für Zielsetzungen präventiver Stabilitäts- und Wachstumspolitik zustimmen. Zugleich ist dieses Szenario in besonderem Maße anfällig für organisierte soziale Gewaltanwendung, gegen die Europa als internationaler Akteur gerade aufgrund seiner Orientierung am Zivilmachts-Modell und seiner spezifischen Beschränkungen keine offensichtlichen Antworten hat, sondern auch weiterhin auf Unterstützung durch andere bzw. durch leistungsfähige internationale Organisationen angewiesen bleibt.

Der paradigmatische Charakter der Europäischen Integration

Man mag mit guten Gründen bezweifeln, ob die nationalstaatlichen Binnenvoraussetzungen für eine solche Zivilisierung der internationalen Beziehungen bestehen. Meine Gegenfrage an diese Zweifler heißt: Gibt es eine ebenso tragfähige, aber realistischere Perspektive? Ich sehe sie nicht – und wenn dies nicht der Fall ist, dann gewinnt die Europäische Integration – in ihren Grundzügen, sicherlich nicht in der Ausgestaltung im Detail – wohl auch paradigmatische Bedeutung für die Gestaltung der internationalen Beziehungen insgesamt (Duchene 1973). Ich bin mir natürlich durchaus darüber im klaren, daß dies höchst eurozentrisch klingt, und wäre der Erste, der die Problematik einer solch eurozentristischen Sichtweise zugestehen würde. Dennoch halte ich an der beispielhaften Bedeutung der europäischen Erfahrungen für andere Regionen wie für die internationale Politik insgesamt fest, meine freilich, daß Europas Aufgabe nur darin bestehen kann, andere auf diese Erfahrung aufmerksam zu machen, ihnen selbst jedoch die zu ziehenden Schlußfolgerungen aus diesen Erfahrungen für ihre eigenen Gestaltungsaufgaben zu überlassen. Die *mission civilisatrice* Europas wäre also vor allem die systematische Reflexion und Umsetzung dieser Erfahrung und das Angebot des Diskurses darüber mit anderen Regionen und Kulturkreisen.

Der paradigmatische Kern dieser Erfahrung liegt m.E. in der Tatsache, daß die Krise der Politik, daß die relative Machtlosigkeit des Nationalstaates heute selbst die einzige verbleibende Supermacht, die USA, erfaßt hat. Die Zukunft der internationalen Politik wird eindeutig bestimmt durch die Fähigkeit oder Unfähigkeit zu effektivem kollektiven Handeln, also zur wirksamen Zusammenarbeit von Nationalstaaten zur Durchsetzung gemeinsamer (individuell jedoch sicherlich unterschiedlich ausgeprägter) Interessensprofile. Voraussetzung hierfür ist die Überwindung des nationalstaatlichen Souveränitätsvorbehaltes, wie dies in Europa exemplarisch – und bislang in der Moderne historisch einmalig – gelang. Eine wichtige Frage für die Forschung in der Disziplin Internationale Politik wäre es zu prüfen, ob dies als qualitativer Sprung oder als Ergebnis gradueller Verdichtung zwischenstaatlicher Kooperation aufzufassen ist. Die internationale Regimeforschung (Kohler-Koch (Hrsg.) 1989; Rittberger (Hrsg.) 1990; Krasner (Hrsg.) 1983; Müller 1993) sieht ja in aller Regel internationale Kooperation als Kontinuum – eine Sichtweise, die zwar plausibel, aber keinesfalls zwingend ist und möglicherweise den Zugang zu wichtigen qualitativen Veränderungen verstellt.

Wie dem auch sei: Die Europäische Union hat diesen entscheidenden Schritt zu einer grundlegenden Neubestimmung der zwischenstaatlichen Beziehungen getan – wenngleich auch hier in Europa die Möglichkeit der Regression bis hin zu einer Wiederkehr des Krieges niemals auszuschließen ist. In anderen Teilen der Welt und bei anderen Akteuren steht diese Transformation noch aus. In Amerikas außenpolitischer

Brust wohnen zwei Seelen: Die (außenpolitisch dominante) idealistische Tradition transportiert die Idee einer Zivilisierung der internationalen Beziehungen (im Sinne des „Modells Amerika“) ebenso wie die Scheu vor den „foreign entanglements“ (George Washington) und der Konzentration auf die eigenen Probleme. Und der ostasiatische Raum, der in den letzten Jahren durch bemerkenswerte Wirtschaftsdynamik im Gefolge informeller wirtschaftlicher Integrationsprozesse um den Wachstumspol Japan Aufmerksamkeit auf sich zog, präferiert derzeit mehrheitlich eben diese informellen Formen der *„shallow integration“* (Albert Bressand/Takatoshi Ito/Robert Lawrence). Noch ist jedoch völlig unklar, ob und in welchen Formen diese Region den außen- und sicherheitspolitischen Steuerungs- und Stabilisierungsbedarf zu decken vermag, der im Gefolge machtpolitischer Konkurrenz unter Bedingungen wachsender Verflechtungen auftritt. Mag Europa wirtschaftlich auch ins Hintertreffen geraten sein: Die außen- und sicherheitspolitische Innovation der Integration ist im Weltmaßstab nicht nur nach wie vor einzigartig, sondern auch in hohem Maße aktuell und zukunftsträchtig. Überleben kann diese Innovation freilich nur dann, wenn es ihr gelingt, auszustrahlen, Prosperität und Stabilität in ihre Umwelt hineinzuprojizieren. In diesem Sinne hat die europäische Integration überhaupt nur dann wirklich Zukunft, wenn Europa sich als internationaler Akteur bewährt.

Literatur

Anderson, Jeffrey J./Goodman, John B, 1993: Mars or Minerva? A United Germany in a Post-Cold War Europe, in: Keohane, Robert O./Nye, Joseph S./Hoffmann, Stanley (Hrsg) 1993: After the Cold War, International Institutions and State Strategies in Europe, 1989-1991, Cambridge, Mass., 23-62

Bressand, Albert/Ito, Takatoshi/Lawrence, Robert Z, 1994: Vision of 2020, Paris (unpubl.Manuskript)

David, Dominique, 1993: La Communauté entre la paix et la guerre, in: Politique Etrangère, 58:1, 79-91.

Duchene, Francois, 1973: Die Rolle Europas im Weltsystem: Von der regionalen zur planetarischen Interdependenz, in: Kohnstamm, Max/Hager, Wolfgang (Hrsg.), Zivilmacht Europa – Supermacht oder Partner? Frankfurt.

Enzensberger, Hans Magnus, 1993: Aussichten auf den Bürgerkrieg, Frankfurt/M.

*European Parliament, Directorate-General for Research,*1992: The Prospects of a Foreign and Security Policy of the „European Union“ After Maastricht, Luxembourg (= Political Series 2).

Habermas, Jürgen, 1991: Die neue Unübersichtlichkeit, Frankfurt/M.(= Edition Suhrkamp No.1321).

Hassner, Pierre, 1994: Changement et insécurité en Europe ou: les surprises d'un quart de siècle, in: Winkler, Theodor H./Ziegler, Peter (Hrsg.), The World of Tomorrow, Die Welt von morgen, Le Monde de demain, Bern, 195-198.

Mathias Jopp, 1994a: Langer Weg – Kühnes Ziel: Gemeinsame Verteidigungspolitik, in: Europa Archiv, 49:13-14, 397-404.

Jopp, Mathias, 1994b: The Strategic Implications of European Integration, London (=Adelphi Paper No.290)

Kohler-Koch, Beate (Hrsg.), 1989: Regime in den internationalen Beziehungen, Baden-Baden.

Kissinger, Henry, 1994: Diplomacy, New York.

Krasner, Stephen (Hrsg.), 1983: International Regimes, Ithaka, NY.

Lübbe, Hermann, 1994: Abschied vom Superstaat, Vereinigte Staaten von Europa wird es *nicht* geben, Berlin.

Maull, Hanns W., 1992: Zivilmacht: Die Konzeption und ihgre sicherheitspolitische Relevanz, in: Wolfgang Heydrich et al. (Hrsg.), Stabilit, Gleichgewicht und die Sicherheitsinteressen des Vereinigten Deutschland, Baden-Baden: 771-786.

Müller, Harald, 1993: Die Chance der Kooperation, Regime in den internationalen Beziehungen, Darmstadt.

Nye, Joseph S., 1989: Bound to Lead, The Changing Nature of American Power, New York.
Platzer, Hans-Wolfgang/Ruhland, Walter, 1994: Welches Deutschland in welchem Europa? Bonn.
Reuter, Jens, 1993: Jugoslawien: Versagen der internationalen Gemeinschaft? in: Südosteuropa, 42:6, 333-343.
Rittberger, Volker (Hrsg.), 1990: International Regimes in East-West-Politics, London.
Rosenau, James N., 1990: Turbulence in World Politics, A Theory of Change and Continuity in World Politics, Brighton/New York.
Rufin, Jean-Christophe, 1992: Das Reich und die neuen Barbaren, Berlin.
Seitz, Konrad, 1992: Die japanisch-amerikanische Herausforderung, in: APuZ B 10-11/92, 3-15
Senghaas, Dieter, 1994: Wohin driftet die Welt? Frankfurt/M. (= Edition Suhrkamp 1916).
Shonfield, Andrew, 1973: Europe: Journey to an Unknown Destination, Harmondsworth.
Taylor, Trevor, 1994: West European Security and Defence Cooperation: Maastricht and Beyond, in: International Affairs, 70:1, 1-16.
Tebbe, Gerd, 1994: Wunsch und Wirklichkeit: Das Problem der Osterweiterung, in: Europa Archiv 49:13-14, 405-413.
Thränert, Oliver (Hrsg), 1992: Die EG auf dem Weg zu einer Gemeinsamen Außen- und Sicherheitspolitik, Bonn.
Thurow, Lester, 1992: Head to Head, The Coming Economic Battle Among Japan, Europe, and America, New York.

Gastvorträge

Seymour Martin Lipset

The Social Requisites of Democracy Revisited

The recent expansion of democracy, what Samuel Huntington (1991) has called „the third wave," started in the mid-1970s, first in southern Europe, then throughout Latin America and Asian countries like Korea, Thailand and the Philippines in the early and mid-1980s, as well as in eastern Europe and the Soviet Union in the late 1980s and early 1990s, and parts of sub-Saharan Africa in the same period. Not long ago, the overwhelming majority of the members of the United Nations had authoritarian systems. As of 1993 over half, 99 out of 186 countries, have competitive elections and various guarantees of political and individual rights, over twice the number two decades earlier in 1970 (*Freedom Review*, 1993, 3-4, 10). Democracy is weakest in Islamic countries, where, as will be discussed later, few nations are democratic, and in parts of Africa. However, through not fully democratic, „more than 30 African countries are in the process of transition from an authoritarian civilian or military government to one that is more pluralistic" (Schneidman, 1992, 1; Diamond, 1992b, 38-39; Diamond, 1993b 3-4).*

*

The move toward democracy is not a simple one. Countries which previously had authoritarian regimes may find it difficult to set up a legitimate democratic system, since their traditions and beliefs may be incompatible with the workings of democracy.

In his classic work *Capitalism, Socialism and Democracy*, Joseph Schumpeter defined democracy as „that institutional arrangement for arriving at political decisions in which individuals acquire the power to decide by means of a competitive struggle for the people's vote" (1950, 250).[1] This definition is quite broad and a discussion of this length cannot hope to investigate it exhaustively. Instead, I focus here on such things as cultural and economic variables, the debate between electoral systems (presidents vs. parliaments), the importance of a participatory civil society, and the methods through which political parties should be structured to set up and maintain stability.[2] This paper starts with a survey of the development of democracy in nations in which it has been stabilized. Then, drawing on the generalizations about factors which are important, it seeks to apply this analysis to the prospects for democracy in the former Soviet bloc and „third world" countries which are in the process of political change. In short, this paper deals with the factors and processes affecting the prospects for the institutionalization of democracy.

How does democracy arise?

Politics in Impoverished Countries

In discussing democratic governance, I want to make my biases or assumptions clear at the outset. I agree with the basic concerns of the American founding fathers that government, a powerful state, is to be feared (or suspected, to use the lawyer's term), that it is necessary to find means to control governments through checks and balances. In our time this has been particularly evident in low income nations' development, as economists have documented. The „Kuznets curve," (Kuznets, 1955, 1963; 1976) although still debateable, indicates that in less developed nations which start to grow and urbanize, income distribution worsens, but then becomes more equitable as economies industrialize (Olson, 1963; Weede and Tlefenbach, 1981; Todaro, 1981, 134; Bollen and Jackman, 1985b; Muller, 1988; Chan, 1989; Weede, 1993).[3] In the former, the class income structure resembles an elongated pyramid, very fat at the bottom, narrowing or thin towards the middle and top (Lipset, 1960/1981, 51). Under such conditions, the state is a major, usually the most important, source of capital, income, power and status, particularly in statist systems, but even in many so-called free market economies. To be willing to give up control because of an election result is astonishing behavior, not normal, not on the surface a „rational choice," particularly in new, less stable, less legitimate polities.

Karl Marx frequently noted that intense inequality is associated with scarcity and therefore, that socialism, which he believed would be an egalitarian and democratic system with a politically weak state, could only occur under conditions of high abundance (Marx, 1958, 8-9). To try to do it under conditions of material scarcity would result in sociological abortions, in repression. The Communists proved him to be correct. The Brazilian scholar of democracy, Francisco Weffort (1992, 22), argues strongly that, while efforts to inaugurate political democracy, „the political equality of citizens," are „possible in societies marked by a high degree of inequality," the contradiction between the two „opens the field for tensions, institutional distortions, instability and recurrent violence .... [and prevents] the consolidation of democracy." And contemporary social scientists find that greater affluence, higher rates of well-being, have been correlated with the presence of democratic institutions (Lipset, Seong and Torres, 1993, 156-158 see also Diamond 1992a). Beyond the impact of national wealth and economic stratification, contemporary social scientists also agree with Tocqueville's analysis that social equality, perceived as equality of status and respect for individuals regardless of economic condition, is highly conducive for democracy (Tocqueville, 1976, vol. II, 162-216; Lipset, 1960/81, 439-450; Dahl, 1971, 85-104; Sartori, 1987, 343-345; Dogan, 1988, 11-12). But as Weffort (1992, 18) emphasizes, „such a 'minimal' social condition is absent from many new democracies ... [which can] help to explain these countries typical democratic instability."

The Economy and the Polity

In the nineteenth century, many political theorists noted the relationship between a market economy and democracy (Lipset, 1992, 2). As Ronald Glassman (1991, 65) documents „Marxists, classical capitalist economists, even monarchists accepted the link between industrial capitalism and parliamentary democracy." Such an economy, including a substantial independent peasantry, produces a middle class that can stand up against the state and provide the resources for independent groups, as many twentieth century scholars such as Max Weber (1906, 346 ff), Joseph Schumpeter (1950, 297), Barrington Moore (1966), Theda Skocpol (1979) and Peter Berger (1986; 1992) have also concluded. Schumpeter held that „modern democracy is a product of the capitalist process." Moore (1966, 418), noting his agreement with the Marxists, concludes: „no bourgeois, no democracy."

Berger (1992, 9), from the conservative side, notes that while there „has been no case of political democracy that has *not* been a market economy ... [t]here have been numerous cases of *non*democratic market economies." That is, capitalism has been a necessary, but not sufficient condition (Diamond, 1993a). As reported earlier (Diamond, Linz and Lipset, 1988, XXI) those democracies „most advanced in their capitalist development (size of market sector of the economy, autonomy of their entrepreneurial class) are also those that have been most exposed to pressures for democracy ..."

Carlos Waisman (1992, 140-155), in seeking to explain why some capitalist societies, particularly in Latin America, have not been democratic, suggests that private ownership of the means of production is not enough to foster democracy. He suggests that a strong market economy is necessary. Where the state limits the market, where it fosters autarkic self-sufficiency, a closed economy which restrains competition, it spawns authoritarianism. A free market needs democracy and vice versa.

But while the movement towards a market economy and the growth of an independent middle-class have contributed to weakening state power and enlarging human rights and the rule of law, the expansion of the suffrage, of the rights of parties, have, more often than not, stemmed from deprived strata, particularly in the West from the working class (Thernborn, 1977; Rueschemeyer, Stephens and Stephens, 1992, 59, 97-98, 140-143). And as John Stephens (1993, 438) notes, „capitalist development is associated with the rise of democracy in part because it is associated with a transformation of the class structure strengthening the working class ..."

Corruption, one of the major problems of governance, is inherent in systems built on poverty (Klitgaard, 1991, 86-98). The state must allocate resources it controls, such as jobs, contracts, and investment capital. When the state is poor, it places more emphasis on particularistic, personalistic criteria. The elimination of personal networking on resources controlled or influenced by the state is obviously impossible. To reduce its impact by developing laws and norms that require the application of impersonal meritocratic standards is desirable, but doing so took a long time to institutionalize in the now wealthy countries, and usually goes against traditions and needs of people in less affluent ones. Hence, as Jefferson, Madison and others argued in the late 18th century, the less the state has to do the better; the fewer economic resources the state can directly control the greater the possibilities for a free polity.

A competitive market economy can therefore be justified in sociological and political terms as the best way to reduce the impact of nepotistic networks. The wider the scope of market forces, the less room there will be for rent-seeking by elites with privileged access to state power and resources. Beyond limiting the role of the state, there is the need to raise standards of propriety in new and poor regimes, to advise governments as to more effective economic policies, to insist on the application of explicit objective standards in the allocation of aid, loans and other sources of capital which are from the outside. And doing this, of course, will be facilitated by an efficient civil service selected by meritocratic standards. It took many decades for civil service reforms to take hold in Britain, the United States and various European countries, (Johnston 1991, 53-56). To change the norms and rules in contemporary impoverished countries will not be achieved easily, although South Korea appears unique in having done so in a relatively short period (Seung-Soo, 1992; Macdonald, 1992).

The Centrality of Political Culture

Democracy requires a supportive culture, the acceptance by the citizenry and political elites of principles underlying freedom of speech, media, assembly, religion, of the rights of opposition parties, of the rule of law, of human rights, and the like (Almond, 1956, 34-42; Pye, 1965, 3-26; Dahl, 1971, 1-16; Bobbio, 1987, 63-78; Diamond, Linz and Lipset, 1990, 16-18). Such norms do not evolve overnight. Attempts to move from authoritarianism to democracy have failed more often than not after most revolutions, from the French in 1789 to the February in Russia in 1917, from those in most new nations in Latin America in the nineteenth century to those in Africa and Asia after World War II. Juan Linz (1988) and Samuel Huntington (1991, 17-21) note that the two previous waves of democratization were followed by „reverse waves," which witnessed the revival of authoritarianism. „Only four of the seventeen countries that adopted democratic institutions between 1915 and 1931 maintained them throughout the 1920s and 1930s ... [O]ne-third of the 32 working democracies in the world in 1958 had become authoritarian by the mid-1970s." These experiences do not bode well for the current efforts in the former Communist states of eastern Europe and Latin America.

The institutionalization of democracy, almost everywhere that it has occurred, has been a gradual process in which opposition and individual rights have emerged in the give and take of politics, (Sklar 1987, 714). As I and my then students Martin Trow and James Coleman (1956, 15-16) wrote almost 40 years ago in *Union Democracy*:

> „Democratic rights have developed in societies largely through the struggles of various groups – class, religious, sectional, economic, professional, and so on – against one another and against the group which controls the state. Each interest group may desire to carry out its own will, but if no one group is strong enough to gain complete power, the result is the development of tolerance. In large mea-

> sure the development of the concept of tolerance, of recognition of the rights of groups with whom one disagrees to compete for adherents or power, arose out of conflicts among strong and indestructible groups in different societies. There were a number of processes through which tolerance became legitimate. In some situations groups such as the Catholic and the Protestant churches attempted to destroy the opposing faction, but finally recognized that the complete victory of one group was impossible or could occur only at the risk of destroying the very fabric of society. In these conflicts minority or opposition groups developed a democratic ideology, an insistence on specific minority rights, as a means of legitimating their own right to exist. These groups might then force the dominant power group to grant these rights in order to prevent a revolutionary upsurge or achieve power themselves. For them to reject their own program may then mean a considerable loss of support from adherents who have come to hold the democratic values."

As a result, democratic systems developed gradually, at first with a limited suffrage linked to property and/or literacy. Elites yielded slowly in admitting the masses to the franchise and tolerating and institutionalizing opposition rights (Almond and Verba, 1963, 7-8; Rustow, 1970, 357). As Robert Dahl (1971, 36-37) has emphasized, parties such as the Liberals and Conservatives in nineteenth-century Europe, which were formed for the purpose of securing a parliamentary majority rather than to win the support of a mass electorate, were not pressed to engage in populist demagoguery.

Comparative politics suggest that the more the sources of power, status and wealth are concentrated in the state, the harder it is to institutionalize democracy, since under such conditions the political struggle tends to approach a zero-sum game in which the defeated lose all. The greater the importance of the central state as a source of prestige and advantage, the less likely it is that those in power – or the forces of opposition – will accept rules of the game that institutionalize party conflict and result in turnover of those in office. Hence, the chances for democracy are greatest where, as in the early United States and to a lesser degree in other Western nations, the interaction between politics and economy is limited and segmentalized. In northern Europe, enhanced democratization left the monarchy and the aristocracy with their elite status, even as their power was curtailed. In the United States the central state was not a major source of privilege for the first half-century or more, and those at the center thus could yield office easily.

Democracy never developed anywhere by plan, except where it was imposed by a democratic conqueror, as in post World War II Germany and Japan. From the United States to northern Europe, freedom, the suffrage, the rule of law grew in piecemeal, not in a planned fashion. To legitimate themselves, governmental parties ultimately had to recognize the right of oppositions to exist and compete freely, but they did not like it. Almost all the heads of young democracies, from John Adams and Thomas Jefferson to Indira Gandhi, attempted to repress their opponents. As noted, most new democracies have been overthrown in the past, as in France prior to 1871, in various parts of Europe after 1848, in eastern, central and southern Europe after World War I and repeatedly in Latin America and Africa. Democratic successes have reflected the varying strengths of minority political groups and lucky constellations, as much or more than commitments by new office holders to the democratic process.

Cross-national historical evaluations of the correlates of democracy have found that cultural factors appear even more important than economic ones (Lipset, Seong, and Torres, 1993, 168-170; see also Huntington, 1991, 298-311). Robert Dahl (1970, 6), George Kennan (1977, 41-43) and Bernard Lewis (1993, 93-94) have emphasized that the first group of countries, some 20 or so, which became democratic in the nineteenth century, were Northwest European or settled from them. Kennan went on to say in 1977 that „The evidence has yet to be produced that it is the natural form of rule for peoples outside these narrow perimeters." That contradictory evidence, of course, emerged in Latin America and other countries descended from Southern Europe from the mid-seventies on. Writing in 1993, Middle East authority Bernard Lewis (93-94) reiterates the point: „No such system has originated in any other cultural tradition; it remains to be seen whether such a system transplanted and adapted in another culture can long survive."

More particularly, recent statistical analyses of the aggregate correlates of political regimes indicates that having been a British colony shows a higher relationship than other variables (Lipset, Seong and Torres, 1993, 168). As Myron Weiner (1987, 20) points out, beyond the experiences in the Americas and Australasia in the nineteenth century: „Every country with a population of at least 1 million (and almost all the smaller countries as well) that has emerged from colonial rule and has had a continuous democratic experience is a former British colony." The factors underlying this relationship are not simple. In the British/non-British comparison, it may be noted that many former British colonies, such as those in North America before the revolution, or India and Nigeria in more recent times, had elections, parties, and the rule of law before they became independent. The Spanish, Portuguese, French, Dutch, and Belgian Colonies, and former Soviet-controlled countries were different. They did not allow for the gradual incorporation of „out groups" into the polity. Hence democratization was a much more gradual and successful process in the ex-British areas than elsewhere. Their pre-independence experiences were important as socialization processes and helped ease the transition to freedom.

Religious Traditions

Religious tradition has also been a major differentiating factor (Huntington, 1993, 25-29). Historically, there has been negative historic relationships between Catholicism, Orthodox Christianity, Islam, and Confucianism, as contrasted to Protestantism, with democracy. These have been explained by a) the much greater emphasis on individualism in the latter and b) the closer links between religion and the state in the former four. Tocqueville and Bryce emphasized that democracy is furthered by a separation of religious and political beliefs, so that the latter are not required to meet absolute standards set down by the church.

Scholars from Tocqueville's time to the mid-1970's have observed that Protestant countries have been more likely to have given rise to democratic regimes than Catholic ones among European countries and their overseas offspring (Lipset, 1960/1981,

57-58; Bollen, 1979, 83). Catholics, as Pierre Trudeau (1960, 108-124; Lipset, 1970/1988, 90; Huntington, 1991, 79-82), writing as a political scientist, noted in 1958, have been closely linked to the state, hierarchical and „authoritarian in spiritual matters, and since the dividing line between the spiritual and the temporal may be very fine or even confused, they are often disinclined to seek solution in temporal affairs through the mere counting of heads.“ Protestants, particularly the non-state related sects, have been less authoritarian, more congregational, participatory, and individualistic. Catholic countries, however, have contributed significantly to the third wave of democratization during the 1970s and 1980s, reflecting „the major changes in the doctrine, appeal, and social and political commitments of the Catholic Church that occurred ... in the 1960s and 1970s.“ (Huntington, 1991, 281, 77-85). The modifications which have occurred are in large part a product of the delegitimation of so-called ultra-rightist or clerical fascism in Catholic thought and politics as a result of the behavior and defeat of fascism in Europe, and considerable economic growth in many major Catholic areas, such as Italy, Spain, Quebec, Brazil and Chile, in post-war decades.

Conversely, Moslem, particularly Arab, states have not taken part in the third wave. Almost all remain authoritarian. Growth of democracy in the near future in most of these countries is doubtful because „notions of political freedom are not held in common ... they are alien to Islam“ (Vatikiotis, 1988, 118). As Robin Wright (1992, 133) has stated, Islam „offers not only a set of spiritual beliefs but a set of rules by which to govern society.“ Ernest Gellner (1991, 506) notes that „Muslim societies in the modern world present a picture which is virtually a mirror image of Marxist ones. They are suffused with faith, indeed they suffer from a plethora of it ...“ In elaborating on the past and present relationship of Moslem beliefs to the polity, Bernard Lewis (1993, 96, 98) notes:

> „The Islamic state was in principle a theocracy – not in the Western sense of a state ruled by the Church and the clergy, ... but in the more literal sense of a polity ruled by God ... In principle, the state was God's state, ruling over God's people; the law was God's law ... Not surprisingly, ... the history of Islamic states is one of almost unrelieved autocracy.“

Ali Kazancigil (1991, 345, 347) has parallelled the explanations of the weakness of democracy in Islamic with those for Orthodox Christian lands as flowing from their failures „to dissociate the religious from the political spheres.“ In eastern Europe, particularly Russia, the Orthodox Church has closely linked the two. As Greg and Alec Guroff (1993, 10-11) emphasize: „The Church has always been an organ of the Russian state, both under the Tsar and under the Soviet Union ... Neither in Tsarist Russia, nor in the Soviet Union has the Orthodox Church played an active role in the protection of human rights or religious tolerance.“

Noting that in Confucian China „no church or cultural organization ... existed independently of the state,“ and that „Islam has emphasized the identity between the religious and political communities,“ S.N. Eisenstadt (1968, 25-27) stresses the resultant „important similarity between the Chinese and Islamic societies.“ Huntington

(1993, 15) reports that „No scholarly disagreement exists regarding the proposition that traditional Confucianism was either undemocratic or antidemocratic" (see also Whyte, 1992, 60). Lucian Pye (1968, 13, 16, and Pye with Pye, 1985) has pointed up the similarities between Confucian and Communist beliefs about „authority's rights to arrogance ... both have been equally absolute ... upholding the monopolies of officialdom ... It is significant that ... both Confucianism and Maoism in ideological content, have explicitly stressed the problems of authority and order." Though somewhat less pessimistic, He Baogang's (1992, 134) evaluation of cultural factors in mainland China finds the „evidence reveals that the antidemocratic culture is currently stronger than the factors related to a democratic one." Only a single Confucian country, the most diluted one, Japan, „had sustained experience with democratic government prior to 1990 ... [although its] democracy was the product of an American presence." (Huntington, 1991, 15) The others – Korea, Vietnam, Singapore, and Taiwan – were autocratic. As in the other less democratic cultures „Confucianism merged society and the state and provided no legitimacy for autonomous social institutions at the national level." The situation, of course, has been modified in recent years in response to rapid economic growth, reflecting the ways in which such changes impact on the political system undermining autocracy.

But Hindu India which has become democratic prior to industrialization is different. As Eisenstadt (1968, 32) points out:

> „The most salient feature of Indian civilization, from the point of view of our discussion, is that it is probably the only complete, highly differentiated civilization which throughout history has maintained its cultural identity without being tied to a given political framework ... [T]o a much greater degree than in many other historical imperial civilizations politics were conceived in secular forms ... Because of the relative dissociation between the cultural and the political order, the process of modernization could get underway in India without being hampered by too specific a traditional-cultural orientation toward the political sphere."

These generalizations about culture do not augur well for the future of the third wave in the former Communist countries. The Catholic Church played a substantial role in Poland's move away from Soviet Communism. But as noted previously, historically deeply religious Catholic areas have not been among the most amenable to democratic ideas. The country is now troubled by conflicts flowing from the Church's efforts to affect politics in the East, while it has modified and relaxed its policies in western Europe and most of the Americas. Orthodox Christianity is hegemonic in Russia and Belarus. The Ukraine is dominated by both the Catholic and Orthodox Churches. Moslems are a significant group in the Central Asian parts of the former Soviet Union, the majority in some; the latter are among the least democratic of the successor Soviet states. Led by the Orthodox Serbians but helped by Catholic Croats and Bosnian Moslems, the former Yugoslavia is being torn apart along ethnic and religious lines with no peaceful, much less democratic, end in sight. We would be fooling ourselves if we ignore the continued dysfunctional impact of diverse cultural values and the institutions linked to them.

But belief systems change, and the rise of capitalism, a large middle class, an organized working class, increased wealth and education are associated with secularism and the institutions of civil society which can help create autonomy for the state and facilitate other preconditions for democracy. Nowhere has this been more apparent in recent years than in the economically successful Confucian states of East Asia, once thought of as nearly hopeless candidates for both development and democracy. Tu Wei-ming (1993, viii) notes their totally „unprecedented dynamism in democratization and marketization. Singapore, South Korea, and Taiwan all successfully conducted national elections in 1992, clearly indicating that democracy in Confucian societies is not only possible but also practical.“ Reporting on „the first scientifically valid national sample survey done in China on political behavior and attitudes,“ Nathan and Shi (1993, 116) report: „When compared to residents of some of the most stable, long-established democracies in the world, the Chinese population scored lower on the variables we looked at, but not so low as to justify the conclusion that democracy is out of reach.“ The many surveys which have been taken in Russia inspire similar conclusions (Gibson and Duch, 1993). The cultures must change further, and they seem to be doing so in all except the most fundamentalist and least industrialized Moslem states and some nations in Africa and the former Soviet Union. But the end is not in sight. The requisite cultural changes are still not strong enough in many new democracies to justify a conclusion that the „third wave“ will not be reversed.

Institutionalization

New democracies must be institutionalized, consolidated, become legitimate. They face many problems, among which are creating a growing, hopefully more equalitarian economy, reducing the tensions with the old civil and military elites, perhaps replacing them, and formulating workable democratic electoral and administrative systems, which rest on stable political parties (Linz and Stepan, 1989. Whitehead, 1989; Di Palma, 1990, 44-108; Huntington, 1991 208-279). To deal with all the issues inherent in institutionalization would require a book. I limit myself to a few: legitimacy, electoral systems, civil societies and political parties, the rule of law and economic development.

Legitimacy

Political stability in democratic systems cannot rely on force, police power.[4] The alternative is legitimacy, an accepted systemic „title to rule.“ Most of the northern European and British Commonwealth nations, for example, developed democratic institutions while retaining what is known as traditional legitimacy derived from a continuing monarchy. Without these institutions and traditions already present, democracy might not have developed as it did, if at all.

The fountainhead of legitimacy theory, Max Weber, named three ways in which an authority may gain legitimacy (Weber, 1946, 78-9; Lipset, 1963/1979, 17):

1) *Traditional* – through „always" having possessed the authority, the best example being the title held in monarchical societies.
2) *Rational-legal* – when authority is obeyed because of a popular acceptance of the appropriateness of the system of rules under which they have won and held office. In the United States, the Constitution is the basis of all authority.
3) *Charismatic* – when authority rests upon faith in a leader who is believed to be endowed with great personal worth, either from God, as in the case of a religious prophet or simply from the display of extraordinary talents. The „cult of personality" surrounding many leaders is an illustration of this.

Legitimacy is best gained by prolonged effectiveness, effectiveness being the actual performance of the government, the extent to which it satisfies the basic functions as most of the population and key power groups (such as the military and economic leaders) see them (Lipset, 1960/1981, 64-70; Lipset, 1963/1979, 16-23; Linz, 1978, 67-74; Linz (1988, 79-85); Diamond, Linz and Lipset, 1990, 9-16). That generalization, however, is of no help to new systems. Here, the best immediate institutional advice is to separate the source and agent of authority.

The importance of this cannot be underestimated. The agent of authority may be strongly opposed by the electorate and may change with the will of the voters, but the essence of the rules, the symbol of authority, must remain respected and unchallenged. Hence, citizens obey the laws and rules, even while disliking those who enforce them. Post-Franco Spain did this successfully and very usefully by restoring the monarchy, although few, if any, countries today can do the same. Japan, thanks to MacArthur, made dramatic changes under the aegis of the Emperor. By doing so, the Allies avoided the error made by their predecessors at the end of World War I. They deposed the German monarchy and supported what became the Weimar Republic. Winston Churchill strongly opposed this action, correctly anticipating that the new democratic system would be opposed by adherents of the old empire, and would not command their allegiance.

Rational-legal legitimacy is weak in most new systems since the law had previously been identified to much of the population with the interests of a foreign exploiter or domestic dictator. Efforts to construct rational-legal legitimacy are necessarily linked to the rule of the law and the prestige of the courts, which should be as independent of the rest of the polity as possible. In new democracies, these requirements imply as Bruce Ackerman (1992; Weingast, 1993) notes the need to draw up a „liberal" constitution *as soon as possible*. The constitution can provide a basis for legitimacy, for limitations on state power, and for political and economic rights, (Ackerman, 1992, 60-62). Attaining legitimacy, of course, takes time.

The postwar democratic regimes of the former fascist states, established – like the Weimar Republic – under the auspices of the conquerors, clearly had no legitimacy at birth. But they had the advantage of the postwar „economic miracles", which produced jobs and a steadily rising standard of living. They have been economically effective for over four decades. The stability of their new democratic systems is also linked to the discredit of anti-democratic right-wing forces by their identification with fascism and military defeat, and more recently the breakdown of the Soviet Union.

To reiterate, if governments which lack traditional legitimacy are to survive, they must be effective, or as in the example of some Latin American and post-communist new democracies have acquired a kind of negative legitimacy, an inoculation against authoritarianism in reaction to the viciousness of the previous dictatorial regimes. Newly independent countries, post-revolutionary, post-coup, post-authoritarian regimes, are inherently low in legitimacy. Thus most of the democracies established in Europe after World War I as a result of the overthrow of the Austro-Hungarian, German and Czarist Russian empires did not last. As of 1920, 26 of the 28 European states were parliamentary democracies, by 1938 only 12 were (Mann, 1993, 2; Lee, 1987). As noted earlier, the post-World War II Latin American and African records were equally dismal. Beyond failures of economic effectiveness, it was difficult for these countries to satisfy the many demands stimulated by cross-national reference groups and revolutionary parties. They lacked the resources needed to win over the loyalties of both popular and elite strata, and efforts at crescive democracy thus repeatedly broke down (Linz and Stepan, 1978).

All other things being equal, an assumption rarely achieved, non-traditional authoritarian regimes are more brittle than democratic ones. Almost by definition, they are less legitimate. They rely on force rather than belief to retain power. Hence, it may be assumed that as systems, they are more prone to be disliked and rejected by major segments. And if they are less legitimate, there will be more resentment, more corruption, and more violations of the rules. Systems low in acceptance are inherently unstable, more likely to break down in the face of a crisis. Even rapid economic success will not keep them going, as Tocqueville noted in pointing out that pre-revolutionary France had been doing well. For as Larry Diamond (1989a, 150; Huntington, 1968, 5, 41) indicates, autocracies, particularly in an age of democratic diffusion, face a catch-22 situation, that if like Franco Spain, South Korea, Chile, „they do perform in delivering socioeconomic progress, they tend to refocus popular aspirations around political goals for voice and participation that they cannot satisfy without terminating their existence.“

Conversely, if they fail economically, and/or socially, their lack of legitimacy will facilitate a breakdown. The record, as in the case of the Soviet Union, may seem to contradict this, since that regime remained in power for three-quarters of a century. But a brittle, unpopular system need not collapse. Repressive police authority, a powerful army, a willingness by rulers to use brute force, may maintain a regime's power almost indefinitely. A major catalytic event, a defeat in war, a drastic economic decline, a break in the unity of the government elite, may be necessary to produce a breakdown. But a variety of economic and social data, available before Gorbachev, indicating enormous weaknesses, declines in productivity and increases in mortality, suggested serious malfunctions in the Soviet system, much as the size and scope of its secret police attested to a low level of legitimacy (Feshbach, 1978; 1982; 1983; Amalrik, 1970; Todd, 1979). What happened in East Berlin in 1953, in Budapest in

1956, in Prague in 1968, in Poland on a number of occasions from 1955 on, could and did finally occur in Moscow. Now, of course, we know that the most extreme critics were right. And while the situation did not produce a political breakdown until recently, it resulted in highly inefficient and relatively unproductive economies.

Conversely, a democratic system relies on and seeks to activate popular support and constantly competes for such backing. Government ineffectiveness need not spill into other parts of the society and economy. An opposition is necessary to act as a communication mechanism, calling problems to the attention of the society and government. Freedom of opposition encourages a free flow of information about the economy, as well as the polity.

Max Weber (1946, 232-4) noted that an autocrat is often less powerful than a democratic ruler. He suggested that because of the restrictions on freedom of information, the dictator may not know when his orders are ignored by the bureaucrats or interest groups which oppose them. He cited as an example the failure of Frederick the Great's land reforms. The Prussian state bureaucracy and local authorities, linked to the landed aristocracy, simply disobeyed the new laws. And no one told Frederick. In a democracy, by contrast, the opposition and/or the press, can expose such sabotage.

Mikhail Gorbachev, at least twice in his first few years in office, made speeches noting the dysfunctional consequences of one- party regimes in similar terms to Weber. He pointed out that the bureaucracy ignored orders, reforms they opposed. He said this could not happen in a multi-party system. He, of course, did not advocate more parties. Rather, he called on the Soviet press and the intelligentsia to fulfill the communication and exposing functions that are handled in democratic countries by the opposition (Gorbachev, 1987, R24; Gorbachev, 1988, 33).

Non-traditional authoritarian regimes seek to gain legitimacy through the use of cults of personality, e.g., Napoleon, Toussant, Diaz, Mussolini, Hitler. New autocrats lack the means to establish legal-rational legitimacy, the rule of law. Communist governments, whose Marxist ideology explicitly denied the importance of „great men" in history and stressed the role of materialist forces and „the people" were forced to resort to efforts at charismatic legitimacy. They produced the cults of Lenin, Stalin, Mao, Tito, Castro, Ho, Kim, and others. It is interesting to note that the four Communist regimes which experienced large-scale revolt – East Germany (1953), Hungary (1956), Poland (1955-1980), and Czechoslovakia (1968) – were those with the weakest personality cults, much like the Soviet Union in 1989-91.

But charismatic legitimacy, in any event, is inherently unstable. As mentioned earlier, a political system operates best when the source of authority is clearly separated from the agent of authority. If the ruler and his or her policies are seen as oppressive or exploitive, the regime and its rules will also be rejected. People will not feel obligated to conform, to be honest. Force alone cannot convey a „title to rule."

Democracy may be recommended not only on moral grounds, but as ultimately facilitating systemic stability, which in turn facilitates economic growth. Democracy enables the citizenry to see the polity as including all elements, not simply those in power. The electorate becomes part of the legitimating structure. They, rather than the government, hold the ultimate authority. They are encouraged to work for a change of government while remaining loyal to the system. However, it must be reiterated that efforts to institutionalize freedom in low income countries face severe difficulties inherent in the fact that new democratic rights encourage demands and actions which destabilize the economy.

But as Canadian sociologist Metta Spencer has emphasized, an equally important concern is „the protection of the rights of minorities from infringement by *the majority*.“ Where minorities, particularly ethnic-linguistic-religious ones, feel that they cannot share power, that they will be „invariably out voted under the conditions of majority rule“ and they form majorities in prescribed areas, they, as in various parts of Yugoslavia and the former Soviet Union, may try to gain local autonomy or secede as a way of turning a cultural minority into a majority (1991, 427). Democracies will lack legitimacy in the eyes of minorities who feel excluded from access to power. Hence, transition to electoral regimes will often destabilize multi-cultural polities, as the situation in many post-Communist states has demonstrated. John Calhoun's (1947) early nineteenth-century theory of concurrent majority and Arend Lijphart's (1977) more contemporary notion of consociational systems are suggested solutions to this problem. They propose constitutional structures which give minorities veto power in the policy development process when their interests are affected. Efforts to do so in Cyprus and Lebanon failed. Switzerland is an apparent success. Canada and South Africa are currently looking for comparable arrangements. Ironically, Lani Guinier proposed the same reform as Calhoun, the latter to preserve the interests of the masters, the former to facilitate the demands of the descendants of their slaves.

Federalism, of course, is the oldest and in many ways the most satisfactory means to manage such conflicts, where ethnic or other sharp sources of conflict coincide with regional political boundaries. As Donald Horowitz (1985, 598) argues, federalism permits five different conflict reducing mechanisms to operate: taking „heat off a single focal point,“ devolving power and office among ethnic lines, offering inducements for ethnic coalitions, encouraging intra-ethnic conflict within provinces, thus allowing for cross-cutting cleavages, and promoting efforts to „reduce disparities between groups.“ But clearly federalism is no panacea. It has its failures as well as successes.

Electoral Systems

In considering the relation of government structure to legitimacy it has been suggested that republics with powerful Presidents will, all other things being equal, be more unstable than parliamentary ones, in which powerless royalty or elected heads of state try to act out the role of a constitutional monarch. In the former, where the executive is head of state, symbolic authority and effective power are combined in one person while in the latter, they are divided. Since the former case, it is difficult to separate feelings toward the regime from those held toward the policy makers, they are more unstable. The difficulties in institutionalizing democracy in the many Latin American presidential regimes over more than a century and a half may reflect this problem. The United States presents a special case, in which, despite combining the symbolic authority and power, the Constitution has been so hallowed for over 200 years, that it, rather than those who occupy the offices it specifies, has become the source of authority. Legal-rational, constitutional, legitimacy took many decades to develop. Strong secessionist efforts occurred a number of times before the Civil War, e.g., by New England states during the War of 1812, by South Carolina in 1832, and by leading abolitionists in the 1840s who rejected a Constitution that upheld slavery. Basically, it took the Civil War and subsequent long-term economic growth to legitimate the American constitutional regime.

Juan Linz (1990a; 1990b) and Fred Riggs (1993) argue that parliamentary systems are to be preferred because executive power is dispersed within the cabinets among MPs representing different groups or parties in the legislative chamber, which can also keep better control over their bureaucracies. Conversely, where power is concentrated in one person in presidential systems, groups with which the president is not directly involved (even within his own party) feel less loyal to the regime and its policies. Linz also criticizes the rigidity and zero sum character of presidential systems. He and Riggs believe that the problems inherent in presidential systems explain much of the history of recurrent democratic failure in Latin America and elsewhere.

These arguments are debatable (Lipset, 1990a; Horowitz, 1990). As noted, many pre-World War II parliamentary systems in Germany, Italy, Spain and eastern Europe collapsed. In 1958, Charles de Gaulle, attributing the instability of the Third and Fourth French republics to multi-party parliamentary systems, which produced short-lived and ineffective cabinets, introduced a complex system with a powerful President who shares power with a Prime Minister and Cabinet. In France, the change has made for more effective and longer lived governments.

Evaluation of the relative worth of presidential and parliamentary systems must also consider the nature of each type. In the former, the power to enact legislation, pass budgets, appropriations, and make high level appointments are divided among the president and usually two legislative Houses, while the latter is a unitary regime system, in which the Prime Minister and Cabinet can have their way legislatively. A Prime Minister with a parliamentary majority, as usually occurs in most Commonwealth nations and a number of those in Europe, is much more powerful and less constrained than a constitutional President who can only propose while Congress disposes (Lijphart, 1984, 4-20). The weak divided authority system has worked in the United States, although producing much frustration and alienation at times. But, as noted, it has repeatedly broken down in Latin America, although one could argue that this is explained by cultural legacies and lower levels of productivity. Many parliamentary systems have not produced stable governments because of a lack of operating legislative majorities. For instance, of the seven eastern European countries moving away from communism, only one, Albania, has voted in a majority party. In Poland, 29 parties won seats in the parliament in 1991 (*Economist*, 1993a, 5). As of March 1, 1993, there are 14 organized factions, each with 48 or more deputies in the Russian Congress of People's Deputies, plus 199 who do not belong to any (*Economist*, 1993b, 59). Whether these situations will settle down with time remains to be seen. There is no consensus among political scientists as to which system, presidential or parliamentary, is superior, since it is possible to point to many failures for both types.

The procedures for choosing and changing the administrations are also among the factors affecting legitimacy (Lipset, 1979, 293-306). Elections which offer the voters an effective way to change the government and vote the incumbents out will provide more stability and acceptance of the decisions than those systems in which the electoral rules or distribution of forces, varying party strengths, make change difficult.

Electoral systems with emphasis on single member districts, such as those in the United States and much of the Commonwealth, for the most part press voters to choose between two major parties. The voters know that if they turn against the government party, they can replace it by the opposition. The parties in such systems are heterogeneous coalitions, and while many voters frequently opt for the „lesser evil," since the opposition usually promises to reverse course, the incumbents can be punished for unpopular policies or for presiding over depressing events.

Where pure proportional representation, assigning representation to parties which corresponds to their proportion of the vote, existed, as in pre-Hitler Germany or pre-fascist Italy, much of Eastern Europe during the 1920s and early 1930s, and contemporary Israel, Italy or much of eastern Europe and parts of the former Soviet Union, the electorate may not be able to determine the composition of the government. Where no party has a majority, changing coalitions must be formed out of diverse forces. A party in a government coalition may gain votes, but then be excluded from the new cabinet formed after the election. Small, opportunistic, or special interest parties may hold the balance of power, and determine the shape and policies of post-election coalitions. The tendency toward instability and lack of choice in proportional systems may be reduced by setting up a minimum vote barrier for representation, such as exists in Germany, where it is five percent. In any case, electoral systems cannot guarantee particular types of partisan results (Lipset, 1963/1979, 293-306; Gladdish, 1993).

Civil Society and Political Parties

More important than electoral rules in encouraging a stable system is a strong civil society, the presence of myriad „mediating institutions," including „groups, media, and networks" (Diamond, 1993b, 4), operating independently between individuals and the state. These constitute „subunits, capable of opposing and countervailing the state" (Gellner, 1991, 500). Forty years ago, my first major effort to analyze „the conditions that favor democracy" (Lipset, Trow, Coleman, 1956, 15) emphasized this approach, noting that „in a large complex society, the body of the citizenry is unable to affect the policies of the state. If citizens do not belong to politically relevant groups, if they are atomized, the controllers of the central power apparatus will completely dominate the society."

These groups must become the bases of, the sources of support for institutionalized parties which are a necessary condition for, nay part of, the very definition of a modern democracy. As Merkl (1993, 257-258), reiterating Schumpeter, correctly emphasizes: „The major device for facilitating the formation of the popular will, its generation of meaningful choices and its impact upon government have been political parties." Or as Francisco Weffort (1992, 111) puts it: „Democracy-building is a process of ... institutionalizing conflict."

We owe our awareness of the importance of civil society to Alexis de Tocqueville, who saw in the widespread existence of civil associations the secret to why Americans did so well politically and economically as compared to the European nations of his day.[5] He noted „that people cannot belong to these associations for any length of time without finding out how order is maintained among a large number of people and by what contrivance they are made to advance, harmoniously and methodically, to the same object ... Political associations may therefore be considered as large free schools, where all the members of the community go to learn the general theory of association ..." (1976, vol. II, 116).

> „In their political associations the Americans, of all conditions, minds, and ages, daily acquire a general taste for association and grow accustomed to the use of it ... they are mutually stimulated to all sorts of undertakings. They afterwards transfer to civil life the notions they have this acquired and make them subservient to a thousand purposes" (1976, vol. II, 119).

A fully operative civil society is likely to also be a participant one. Organizations stimulate interests and participation in the larger polity. They can be consulted by political institutions about projects that will affect them and their members, and transfer this information to the citizenry. Resistance to unanticipated changes will be reduced because political institutions are not isolated from the polity and are able to smooth over, or at least recognize, interest differences beforehand.

In a twist on Schumpeter's definition of the democratic method, certain democratic values and rights have evolved primarily through group conflict as well. Instead of struggling for attaining elite power, various groups – class, religious, economic, professional and the like – each compete with one another, and the state, for popular attention, for the power to carry out their own will and agenda. As noted earlier, opposition groups must legitimate themselves by encouraging the rights of other opposition groups as well, thus providing a basis for democracy. Through these conflicts and their differing ideologies, these groups form an alternative to the state and to its control of society.

Totalitarian systems, however, do not have effective civil societies. Instead, they either seek to eliminate groups mediating between the individual and the state or to control these groups so there is no competition. And while by so doing they may undermine the possibility for *organized* opposition, they also reduce group effectiveness generally, and reduce the education of individuals for innovative activities (i.e., Tocqueville's „civil partnerships"). In the West, polities are based on a wide diversity of groups which form the basis for parties, e.g., unions, ethnic and religious groups, veterans' organizations. Fortunately, most of the new democracies outside of the ex-Communist bloc, such as Argentina, Chile, South Korea, Taiwan and Spain, were not totalitarian and, as Robert Scalapino (1989) emphasized, had some of the pluralistic institutions of civil society while under autocratic rule. They must be encouraged to form more. Yet the „newly created" leaders of these interest groups more often than not only have „become ... [favorable to democracy] during the transition period." (Weffort, 1992, 12)

The countries of Eastern Europe and the former Soviet Union, however, are faced with the consequences of the absence of modern civil society, which makes it difficult to institutionalize democratic polities. They have not naturally formed the groups necessary to coalesce into parties, except for churches in some countries such as Poland and assorted small autonomous illegal networks (Sadowski, 1993, 171-180). Instead, they have had the necessity to create parties thrust upon them. Ideologically splintered groups must confront the former communists, who have been well organized and have constructed their own coalitions over many years. The *Economist* notes, „instead of consolidation, there is fragmentation: 67 parties fought Poland's most recent general election, 74 Romania's." (1993a, 4) As a result, the former communists (now „socialists") have even been voted in as the majority party in parliament, as in Lithuania, or have become the largest party, as in Poland, heading up a coalition cabinet. And in January 1992, the communist-backed candidate for President in Bulgaria garnered 43 percent of the vote (Malia, 1992, 73). They are, of course, aided by the fact that the difficulties in replacing the breakdown of the command economies by market processes frequently make conditions much worse before they can begin to improve.

In addition to these political maneuverings, surveys indicate the continued impact of nearly 45 or 75 years of communist rule. An overwhelming majority, about 70 percent, of the population in nearly all of the countries in Eastern Europe agree that „the state should provide a place of work, as well as a national health service, housing, education and other services." (*Economist*, 1993a, 5) The success of democracy in these countries depends in large part on their ability to adapt to freedom, of their population's ability to break away from their former views on the role of the state, and their willingness to accept the cyclical nature of the free-market system, and of course, on successful economic performance. Timothy Garton Ash (1990), Erazim Kohák (1992) and Giuseppe Di Palma (1991) have written eloquently on the persistence of communist structures and mindsets, as did Hungarian politician and scholar G.M. Tamás when he noted

> „All the surveys and polling data show that public opinion in our region rejects dictatorship, but would like to see a strong man at the helm; favors popular government, but hates parliament, parties, and the press; likes social welfare legislation and equality, but not trade unions; wants to topple the present government, but disapproves of the idea of a regular opposition; supports the notion of the market (which is a code word for Western-style living standards), but wishes to punish and expropriate the rich and condemns banking for preying on simple working people; favors a guaranteed minimum income, but sees unemployment as an immoral state and wants to punish or possibly deport the unemployed." (1992, 73)

It cannot be emphasized too strongly that political parties themselves must be viewed as the most important mediating institutions between the citizenry and the state (Lipset, 1993). And a crucial condition for a stable democracy is that major parties exist which have an almost permanent significant base of support. That backing must be able to survive clearcut policy failures by the parties. If such commitment does not exist, they may be totally wiped out, thus destroying the conditions for effective opposition. The American Republicans, for example, though declining sharply in electoral support, remained a major opposition party in the early 1930s, despite the fact that the Great Depression started under their rule and reached economic depths – unemployment, bankruptcies, radical stock market instability — never seen before.

If, as in new political systems, parties do not command such allegiance, some can be easily eliminated. The Hamiltonian Federalist party which competed in the early years of the American Republic with the Jeffersonian Democratic-Republicans, declined sharply after losing the Presidency in 1800 and soon died out (Lipset, 1979, 40-1; Dauer, 1953). In more recent post-authoritarian European polities, early democratic movements which appeared to have mass support – the Party of Action in Italy, the Union of the Democratic Center in Spain which formed a majority government in the first post-Franco election, the Civic Union in East Germany, Solidarity in Poland – were eliminated or declined greatly in early elections. As mentioned earlier, the same pattern has occurred in a number of former Soviet countries. Curiously, then, it may be argued that having at least two parties with an uncritically loyal mass base comes close to being a necessary condition for a stable democracy. Democracy requires strong parties which offer alternative policies and criticize each other. Historically, the cross-cutting cleavages of impoverished India linked to allegiances to caste, linguistic and religious groupings have contributed to the institutionalization of democracy by producing „strong commitment to parties" on the part of a large majority (Das Gupta, 1989, 95; Diamond, 1989, 19). More recently, volatility and decay in the party system has been associated with a decline in the quality and stability of democracy in India, (Kohli, 1992).

Sources of Party Support

Twenty-five years ago, Stein Rokkan and I tried to systematize the structural factors underlying the diverse support base of European party systems. In *Party Systems and Voter Alignments* (1967), we analyzed modern political cleavages as the outgrowth of two revolutions, the National Revolution and the Industrial Revolution.

These transformations produced various social cleavages which became linked to party divisions and voting behavior. The first political revolution resulted in a *center-periphery* conflict between the national culture and assorted subordinate ones, such as ethnic, linguistic, or religious groups often located in the peripheries, the outlying regions. This political revolution also resulted in tensions between the state, which sought to dominate, and the church, which tried to maintain its historic corporate rights. The second economic revolution gave rise to a *land-industry* cleavage between the landed elite and the growing bourgeois class. This was followed by the cleavage Marx focused on, that between *capitalists* and *workers*.

These four sources of cleavage, each of which has continued to some extent into the contemporary world, have provided a framework for the party systems of the democratic polities, particularly in Europe. And as Rokkan and I noted, class became the most salient source of conflict and voting, particularly after the extension of the suffrage to all adult males. Both Tocqueville (1976, 89-93) early in the nineteenth century and Bryce (1901, 335) at the end of it noted that at the bottom of the American party conflict lay the struggle between aristocratic and democratic interests and sentiments. The partisan expressions of the four cleavage models obviously have varied greatly internationally (Lipset, 1970/1988, 227-266; 1985, 187-252). They have been most fully expressed in multi-party systems and condensed into broad coalitions in two-party ones like those of the United States or Australia. Given all the transformations in western society over the first half of the twentieth century, it is noteworthy how little the formal party systems changed. Essentially the cleavages had become institutionalized, and the western party systems of the 1990s resemble those of pre-World War II. The main changes relate to the rise and disappearance of fascist movements, and to the division of the working class parties prior to the collapse of Communism into two major ones in some countries. The latter, of course, were much stronger in the post World War II political arenas than earlier. In recent decades, all the Social Democrats and most of the much weakened Communists have changed ideological direction, giving up advocacy of state ownership in favor of market driven economies (Lipset, 1991).

The western world appears to have entered a new political phase which roughly dates from the mid-1960s with the rise of so-called „post-materialistic issues, a clean environment, use of nuclear power, a better culture, equal status for women and minorities, the quality of education, international relations, greater democratization, and a more permissive morality, particularly as affecting familial and sexual issues" (Lipset, 1981, 503-521). These have been perceived by some social analysts as the social consequences of an emerging third „revolution," the Post-Industrial, which is introducing new bases of social and political cleavage. Ronald Inglehart (1990) and others have pointed to new cross-cutting lines of cleavage between the adherents of the industrial society's emphasis on production, who also hold conservative positions on social issues, and those who espouse the post-industrial stress on the quality of life and liberal social views when dealing with ecology, feminism, and nuclear energy. Quality of life concerns are difficult to formulate as party issues, but groups such as the Green parties and the New Left or New Politics – all educated middle class tendencies within the traditional left parties – have sought to foster them.

Stable party-social cleavage relationships recurred in the post-fascist systems, as well as in more recent new post-authoritarian democracies like Spain and Chile, but as mentioned earlier *not* as yet in post-Communist ones, with the possible exception of Hungary. The ex-Communists have reassembled in „socialist" parties, while the non-Communists form a variety of unstable liberal (laissez-faire), populist-nationalist, regional and religiously linked parties. The latter lacks consistent ideologies or ties to fixed structural cleavages, particularly social classes. The one traditional basis of party cleavage which seems to be clearly emerging in Russia is the center-periphery conflict, the first one which developed in the West. The second, church-state or church-secular, also is taking shape to varying degrees. Land-industry or rural-urban tension is somewhat apparent. Ironically, the capitalist-worker struggle is as yet the weakest, perhaps because a capitalist class and an independently organized working-class do not yet exist. Unless stable parties can be formed, competitive democratic politics is not likely to last in many of the eastern European and central Asian polities. There is some evidence of a trend toward consolidation in Hungary and Poland.

Economic and Social Order

Finally, it is important to note the importance of order and predictability for the economy, polity and society. The Canadian Fathers of Confederation who drew up the newly unified country's first constitution in 1867 described its objective as „peace, order, and good government" (Lipset, 1990b, xiii). Basically, they were talking of the need for the „rule of law," for establishing rules of „due process," and an independent judiciary. Where power is arbitrary, personal and unpredictable, the citizenry will not know how to behave, will fear that any action may produce an unforeseen risk. Essentially, the rule of law means at least two things: one, that people will be treated equally by the institutions administering the law, the courts, the police, and the civil service; second, that they can predict with reasonable certainty the consequences of their actions, at least as far as the state is concerned. As the World Bank (1991, iii) has emphasized: „The rule of law is a key element of predictability and stability where business risks may be rationally assessed, transaction costs lowered, and governmental arbitrariness reduced." Here once again, we see the needs of the polity and economy joining.

In discussing „the social requisites of democracy," I have repeatedly stressed the relationship between the level of economic development and the presence of democratic government. As noted, a host of empirical research has continued to find significant correlations between such socio-economic variables as GNP, educational attainments, level of health care, on the one hand, and political outcomes, free polities, and human rights, on the other. (Lipset, Seong and Torres, 1993; Diamond, 1992a; Inkeles, 1991; Bollen and Jackman, 1985a; Bollen and Jackman, 1985b; Bollen, 1979, 1980; Flora, 1973; Flanigan and Fogelman, 1971; Olsen, 1968; Neubauer, 1967; Cutright, 1963).

Some of the countries that have moved towards democracy in recent years exemplify the implications of the economic development model, e.g. Chile, Spain, South Korea and Taiwan. Prior to democratization, they moved up rapidly on economic measures, as well as in human welfare terms. But the relationship is far from unitary (Lipset, Seong and Torres, 1993). The characteristics of the most populous democracy in the world, India, contradict this relationship, as do those of Botswana, Papua New Guinea and Sri Lanka. The diffusion of democracy to some poor LDCs in recent years also undermines the correlation, although this has happened in large part due to the end of a bi-polar world (on diffusion, see Di Palma, 1990, 15-21). Third World dictators can no longer take advantage of the tension between the Soviet Union and the West.

Clearly, the socioeconomic correlations only point to probabilities. Other factors, such as the force of historical incidents in domestic politics, cultural factors, events in neighboring countries, diffusion effects from elsewhere, leadership and movement behavior, can also affect the nature of the polity. Thus, the outcome of the Spanish Civil War, determined in part by the behavior of other European states, placed Spain in an authoritarian mold, much as the allocation of Eastern Europe to the Soviet Union after World War II determined the political future of that area and western nations to seek preventing the electoral victories of communist aligned forces. Currently, international agencies and foreign governments are more likely to endorse pluralistic regimes.

Terry Karl and Philippe Schmitter (1991, 270-271) argue that the search for democratic prerequisites is misguided. They account for democratic transitions through observations of the pact-making process by political regimes and parties. Karl contends, „Rather than engage in a futile search for new preconditions, it is important to clarify how *the mode of regime transition (itself conditioned by the breakdown of authoritarian rule) sets the context within which strategic interactions can take place because these interactions, in turn, help to determine whether political democracy will emerge and survive ...*“ (emphasis in original, Karl, 1990, 19). Karl and Schmitter see analysis of elite behavior in constructing pacts as mutually exclusive from the study of democratic prerequisites.

I disagree. Social requisite analysis is concerned with the foundations for successful democratic consolidation. Since pacts are means toward institutionalizing democracy, whether they emerge or hold is linked to probabilities associated with the presence or absence of these requisites. As Weffort (1992, 18) emphasizes: „*The minimal procedural working of a political democracy implies certain minimal social conditions*“ (emphasis in original). Thus, it is not necessary to make an „either-or“ choice between the study of democratic conditions and pact-building as they are complementary.

Conclusion

Democracy is an international cause. A host of democratic governments and parties, as well as various N.G.O.s dedicated to human rights, are working, providing funds, to create and sustain democratic forces in newly liberalized systems, or to press autocratic ones to change (*Economist*, 1993c, 46). Various international agencies and units like the European Community, NATO, the World Bank and the IMF are requiring democratic institutions as a condition for membership or aid. A diffusion, a contagion or demonstration effect seems operative, as many have noted, which encourageS democrats to press for change and authoritarian rulers to agree. It is becoming both uncouth and unprofitable to avoid free elections, particularly in Latin America, east Asia, eastern Europe, and to some extent in Africa (Ake, 1991, 33). Yet the proclamation of elections does not ensure their integrity. The outside world can help, but the basis for institutionalized cleavage, for interest and value articulation, must come from within.

The research results suggest the need for considerable caution about the long-term prospects for stable democracy in many of the newer systems given their low level of legitimacy. As the Brazilian scholar, Francisco Weffort (1992, 20) has reminded us: „In the 1980s, the age of new democracies, the processes of political democratization occurred at the same moment in which those countries suffered the experience of a profound and prolonged economic crisis that resulted in social exclusion and massive poverty ... Some of those countries are building a political democracy on top of a minefield of social apartheid ..." Such conditions can easily produce breakdowns of democratization as have already occurred in Algeria, Haiti, and Peru, and the deterioration of democratic functioning in countries like Brazil and the Philippines and some of the trans-Ural republics or „facade democracies."

What new democracies need, above all, to attain legitimacy is efficacy, particularly in the economic arena, but also in the polity. If they can take the road to economic development, they can keep their political house in order. But I have tried to show the strains flowing from economic growth may undermine democratic stability. As Larry Diamond (1992b, 41) noted in comments on Africa, which apply to much of the former Communist lands as well: „how can structural adjustment [in the economy], which imposes so much short-term pain ..., be reconciled with democracy?" And some argue that *perestroika*, economic and social reform, *must precede glasnost*, political freedom. They contend that perestroika is more possible without the latter, in impoverished lands.

I would like to conclude on a methodological note. Part of my discussion has sought to draw conclusions from the experiences and/or structural traits of democratizing countries that emphasize the relationship with economic growth and changes in stratification. But as I have noted, there are many exceptions to the rule. Given the multivariate nature of whatever causal nexus is suggested, it is inevitable that any given variable or policy will be associated with contradictory outcomes. Huntington (1991, 37-38) reports that the democratization literature includes 27 independent explanatory variables.

The appropriate analogy in this field is with medicine, where probability statistics based on thousands of individuals cannot tell the physician what to do about a given case. Even our most obvious generalizations concerning the beneficent effects of economic development need not work in any particular country. We know that development efforts, projects which require disrupting the life styles and the social relationships of people and changes in levels of expectation, may as a result, make them available for recruitment by extremist movements, religious or secular. As noted, Tocqueville studying the French Revolution, in line with Gorbachev's experiences in the recent Soviet one, concluded that a political system may break down precisely when conditions are improving as a result of rising expectations and the undermining of traditional beliefs and loyalties (1976, vol. I, 6-13).

The profusion of empirical, historical and comparative work since World War II and especially in recent years has added considerably to our understanding of the conditions for democracy. There are a number of assertions we can now advance, with some considerable confidence, about the structural, cultural, and institutional factors that are conducive to the development of democracy. But specific outcomes depend on particular contexts, whether the initial electoral and other political institutions are appropriate to the ethnic and cleavage structures of the given country, the state of the economy, as well, of course, the abilities and tactics of the major actors, e.g., Washington and Lincoln, Lenin and Gorbachev, Nehru and DeGaulle. Each had a profound effect on the prospects for democracy in his time and country.

Clearly we cannot apply generalizations formulistically. The various factors reviewed here shape the structural probabilities for democracy, but they do not determine outcomes. Our record as futurologists is not good. Two of the leading explicators of the structural conditions approach, Robert Dahl (1971, 208) and Samuel Huntington (1984) were extremely pessimistic about the prospects for more polyarchies or democracies prior to Gorbachev's rise to power, much like the failure by most Sovietologists to anticipate the possibility of the collapse of the U.S.S.R. (Lipset and Bence, 1993). Whether democracy succeeds or fails continues to depend significantly on the choices, behaviors, and decisions of political leaders and groups.

Remarks

* This paper was written with assistance provided by the Hoover Institution of Stanford University and the Woodrow Wilson Center for International Scholars. It incorporates and generalizes beyond my earlier more quantitative work on the social requisites of democracy over three decades (Lipset, 1960; Lipset, Seong and Torres, 1993). I am indebted to Chris Winters for research assistance and to Larry Diamond for intellectual commentary. An earlier version was presented as a Stein Rokkan Memorial Lecture at the University of Bergen in November 1992.

1 For elaborations, see Lipset (1960/1981, 27); Dahl (1970, 78; 1971, 150-162; 1982, 11); Huntington (1991, 5-13); and Schmitter and Karl (1993, 40-46).

2 For a discussion of the way definitions affect analyses of democracy, see Sartori (1983, 28-34; 1987, 257-277).

3 These generalizations do not apply to the East Asian NICS, South Korea, Taiwan and Singapore.

4 The most comprehensive recent writings on legitimacy are in Dogan (1988).

5 A leading Marxist scholar, Antonio Gramsci, also emphasized the need for a "dense civil society," arising out of capitalism which made democratic discourse possible (Stephens, 1993, 414), as did more recently Lipset (1960/1981, 52-53) and Huntington (1984, 202-203).

Bibliography

Ake, Claude. 1991. „Rethinking African Democracy." *Journal of Democracy* 2 (Winter): 32-47.

Ackerman, Bruce. 1992. *The Future of Liberal Revolution*, New Haven: Yale University Press.

Almond, Gabriel. 1956. „Comparative Political Systems." Pp. 34-42 in *Political Behavior, a Reader in Theory and Research*, edited by H. Eulau, S. J. Eldersveld and M. Janowitz. Glencoe, IL: Free Press.

Amalrik, Andre'. 1970. *Will the Soviet Union Survive Until 1984?*. New York: Harper and Row.

Berger, Peter. 1986. *The Capitalist Revolution*. New York: Basic Books.

—. 1992. „The Uncertain Triumph of Democratic Capitalism." *Journal of Democracy* 3 (July): 7-17.

Blondel, Jean. 1972. *Comparing Political Systems*. New York: Praeger.

Bobbio, Norberto. 1987. *The Future of Democracy: A Defense of the Rules of the Game*. Minneapolis: University of Minnesota Press.

Bollen, Kenneth. 1979. „Political Democracy and the Timing of Development." *American Sociological Review* 44: 572-587.

—. 1980. „Issues in the Comparative Measurement of Political Democracy." *American Sociological Review* 45: 370-390.

Bollen, Kenneth and Robert Jackman. 1985a. „Economic and Noneconomic Determinants of Political Democracy in the 1960s." *Research in Political Sociology* 1: 27-48.

Bollen, Kenneth and Robert Jackman. 1985b. „Political Democracy and the Size Distribution of Income." *American Sociological Review* 50: 438-457.

Bryce, James 1901. *Study in History and Jurisprudence*. New York: Oxford University Press.

Calhoun, John. 1947. *A Disquisition on Government*. New York: Political Science Classics.

Chan, Steve. 1989. „Income Inequality Among LDCs: A Comparative Analysis of Alternative Perspectives." *International Studies Quarterly* 33: 45-65.

Cutright, Phillips. 1963. „National Political Development:

Measurement and Analysis." *American Sociological Review* 28: 253-64.

Dahl, Robert. 1970. *After the Revolution: Authority in a Good Society*. New Haven: Yale University Press.

—. 1971. *Polyarchy: Participation and Opposition*. New Haven: Yale University Press.

—. 1982. *Dilemmas of Pluralist Democracy*. New Haven: Yale University Press.

Das Gupta, Jyotirindra 1989. „India: Democratic Becoming and Combined Development." Pp. 53-104 in *Democracy in Developing Countries: Asia*, edited by L. Diamond, J. Linz and S. M. Lipset. Boulder, CO: Lynne Rienner.

Dauer, Manning. 1953. *The Adams Federalists*. Baltimore: Johns Hopkins Press.

Diamond, Larry. 1989a. „Beyond Authoritarianism and Totalitarianism: Strategies for Democratization." *The Washington Quarterly* 12 (Winter): 141-163

—. 1989b. „Introduction: Persistence, Erosion, Breakdown and Renewal." Pp. 1-52 in *Democracy in Developing Countries: Asia*, edited by L. Diamond, J. Linz and S. M. Lipset. Boulder, CO: Lynne Rienner.

—.1992a. „Economic Development and Democracy Reconsidered." Pp. 93-139 in *Reexamining Democracy: Essays in Honor of Seymour Martin Lipset*, edited by G. Marks and L. Diamond. Newbury Park. CA: Sage Publications.

—. 1992b. „The Second Liberation." *Africa Report* 37: 38-41.

—. 1993a. „Economic Liberalization and Democracy." unpublished paper, The Hoover Institution, Stanford University.

—. 1993b. „Ex Africa, A New Democratic Spirit Has Loosened the Grip of African Dictatorial Rule." *The Times Literary Supplement* No. 4709. July 2: 3-4.

Diamond, Larry, Juan Linz and Seymour Martin Lipset, eds. 1989. *Democracy in Developing Countries: Africa*. Boulder: Lynne Rienner.

Diamond, Larry, Juan Linz and Seymour Martin Lipset, eds. 1990. *Politics in Developing Countries, Comparing Experiences with Democracy*. Boulder, CO: Lynne Rienner.

Di Palma, Giuseppe. 1990. *To Craft Democracies. An Essay on Democratic Transitions*. Berkeley: University of California Press.

—. 1991. „Legitimation from the Top to Civil Society: Politico-Cultural Change in Eastern Europe." *World Politics* 44 (1): 49-80.

Dogan, Mattei, ed. 1988. *Comparing Pluralist Democracies: Strains on Legitimacy*. Boulder, CO: Westview Press.

Economist. 1993a. Survey on Eastern Europe (special supplement). March 13: 1-22.

Economist. 1993b. „Russia into the Swamp." May 22: 59-60.

Economist. 1993c. „Aid for Africa: If You're Good." May 29: 46.

Eisenstadt, S. N. 1968. „The Protestant Ethic Theses in the Framework of Sociological Theory and Weber's Work." Pp. 3-45 in

The Protestant Ethic and Modernization: A Comparative View, edited by S. N. Eisenstadt. New York: Basic Books.

Feshbach, Murray. 1978. „Population and Manpower Trends in The U.S.S.R." paper prepared for the conference on the Soviet Union Today, sponsored by the Kennan Institute for Advanced Russian Studies, Woodrow Wilson International Center for Scholars, April.

—. 1982. „Issues in Soviet Health Problems." in U.S. Congress. Joint Economic Committee. *Soviet Economy in the 1980s: Problems and Prospects. Part 2*. 97th Congress. 2nd Session. Washington. DC: Government Printing Office. December 31: 203-227.

—. 1983. „Soviet Population, Labor Force and Health.“ in U.S. Congress. Joint Hearings of the House Committee on Foreign Affairs and Joint Economic Committee. *The Political Economy of the Soviet Union*. 98th Congress. 1st Session. Washington. DC: Government Printing Office. July 26 and September 29: 91-138.

Flanigan, W. H. and E. Fogelman. 1971. „Patterns of Political Development and Democratization: A Quantitative Analysis.“ Pp. 441-474 in *Macro-Quantitative Analysis: Conflict, Development, and Democratization*, edited by J. Gillespie and B. Nesvold. Beverly Hills: Sage.

Flora, Peter. 1973. „Historial Processes of Social Mobilization: Urbanization and Literacy. 1850-1965.“ Pp. 213-59 in *Building States and Nations: Models and Data Resources* vol. I, edited by S.N. Eisenstadt and S. Rokkan. Beverly Hills: Sage Publications.

Freedom Review. 1993. „Freedom Around the World.“ (special issue) 24 (1): 3-67.

Garton Ash, Timothy. 1990. „Eastern Europe: The Year of Truth.“ *New York Review of Books* February 15: 17-22.

Gellner, Ernest. 1991. „Civil Society in Historical Context.“ *International Social Science Journal* 43 (August): 495-510.

Gibson, James L. and Raymond M. Duch. 1993. „Emerging Democratic Values in Soviet Political Culture.“ Pp. 69-94 in *Public Opinion and Regime Change*, edited by A. A. Miller, W. M. Reisinger and V. Hesli. Boulder, CO: Westview Press.

Gladdish, Ken. 1993. „The Primacy of the Particular.“ *Journal of Democracy* 4 January: 53-65.

Glassman, Ronald. 1991. *China in Transition: Communism, Capitalism and Democracy*. Westport, CN: Praeger.

Gorbachev, Mikhail. 1987. Text of Report delivered to plenary meeting of CPSU Central Committee. *Foreign Broadcast Information*

Service Daily Report: Soviet Union January 28: R2-R48.

—. 1988. Text of Report delivered to CPSU Central Committee at 19th All-Union CPSU Conference. *Foreign Broadcast Information Service Daily Report: Soviet Union* June 28, (supplement): 1-35.

Guroff, G. and A. Guroff. 1993. „The Paradox of Russian National Identity.“ Russian Littoral Project, Working Paper #16. University of Maryland-College Park and The Johns Hopkins University SAIS.

He Baogang. 1992. „Democratization: Antidemocratic and Democratic Elements in the Political Culture of China.“ *Australian Journal of Political Science*. 27: 120-136.

Horowitz, Donald. 1985. *Ethnic Groups in Conflict*. Berkeley: University of California Press.

—. 1990. „Comparing Democratic Systems.“ *Journal of Democracy* 1 (Fall): 73-79.

Huntington, Samuel. 1968. *Political Order in Changing Societies*. New Haven: Yale University Press.

—. 1984. „Will More Countries Become Democratic?“ *Political Science Quarterly* 99 (2): 193-218.

—. 1991. *The Third Wave: Democratization in the Late Twentieth Century*. Norman: University of Oklahoma Press.

—. 1993. „The Clash of Civilizations.“ *Foreign Affairs* 72 (Summer): 22-49.

Inglehart, Ronald. 1990. *Culture Shift in Advanced Industrial Society*. Princeton: Princeton University Press.

Inkeles, Alex, ed. 1991. *On Measuring Democracy: Its Consequences and Concomitants*. New Brunswick: Transaction Publishers.

Johnston, Michael. 1991. „Historical Conflict and the Rise of Standards.“ *Journal of Democracy* 2 (Fall): 48-60.

Karl, Terry Lynn. 1990. „Dilemmas of Democratization in Latin America.“ *Comparative Politics* 23 (October): 1-21.

Karl, Terry Lynn and Philippe C. Schmitter. 1991. „Modes of Transition in Latin America: Southern and Eastern Europe.“

International Social Science Journal 43 (May): 269-284.

Kazancigil, Ali. 1991. „Democracy in Muslim Lands: Turkey in Comparative Perspective.“ *International Social Science Journal* 43 (May): 343-360.

Klitgaard, Robert. 1991. „Strategies for Reform,“ *Journal of Democracy* 2 (Fall): 86-100.

Kohák, Erazim. 1992. „Ashes. Ashes ... Central Europe after Forty Years.“ *Daedalus* 121 (2): 197-215.

Kohli, Atul. 1992. „Indian Democracy: Stress and Resiliance.“ *Journal of Democracy* 3 (January): 52-64.

Kuznets, Simon. 1955. „Economic Growth and Income Inequality,“ *American Economic Review* 45: 1-28.

—. 1963. „Quantitative Aspects of the Economic Growth of Nations VIII: The Distribution of income by size.“ *Economic Development and Cultural Change* 11: 1-80

—. 1976. *Modern Economic Growth; Rate, Structure and Spread.* New Haven: Yale University Press

Lee, S. J. 1987. *The European Dictatorships. 1918-1945.* London: Methuen.

Lewis. Bernard. 1993. „Islam and Liberal Democracy.“ *Atlantic Monthly*, 271 (2): 89-98.

Lijphart, Arend. 1977. *Democracy in Plural Societies: A Comparative Exploration.* New Haven: Yale University Press.

—. 1984. *Democracies, Patterns of Majoritarian and Concensus Government in Twenty-one Countries.* New Haven: Yale University Preess.

Linz, Juan J. 1987. *The Breakdown of Democratic Regimes: Crisis, Breakdown, and Reequilibrium.* Baltimore: Johns Hopkins University Press.

—. 1988. „Legitimacy of Democracy and the Socioeconomic System.“ Pp. 65-97 in *Comparing Pluralist Democracies: Strains on Legitimacy*, edited by M. Dogan. Boulder, CO: Westview Press.

—. 1990a. „The Virtues of Parliamentarianism.“ *Journal of Democracy* 1 (Fall): 84-91.

—. 1990b. „The Perils of Presidentialism.“ *Journal of Democracy* 1 (Spring): 51-69.

Linz, Juan J. and Alfred Stepan, eds. 1978. *The Breakdown of Democratic Regimes.* Baltimore: Johns Hopkins.

—. 1989. „Political Crafting of Democratic Consolidation or Destruction: European and South American Comparisons.“ Pp. 41-61 in *Democracy in the Americas: Stopping the Pendulum*, edited by Robert A. Pastor. New York: Holmes and Meier.

Lipset, Seymour Martin 1960/1981. *Political Man: The Social Bases of Politics* (expanded paperback edition). Baltimore: Johns Hopkins.

—. 1963/1979. *The First New Nation* (expanded paperback edition). New York: Norton.

—. 1970/1988. *Revolution and Counterrevolution: Change and Persistence in Social Structures* (revised ed.). New Brunswick: Transaction Publishers.

—. 1985. *Consensus and Conflict: Essays in Political Sociology.* New Brunswick: Transaction Publishers.

—. 1990a. „The Centrality of Political Culture.“ *Journal of Democracy* 1 (Fall): 80-83.

—. 1990b. *Continental Divide: The Values and Institutions of the United States and Canada.* New York: Routledge.

—. 1991. „No Third Way: A Comparative Perspective on the Left“. pp. 183-232 in *The Crisis of Leninism and the Decline of the Left, The Revolutions of 1989*, edited by Daniel Chirot. Seattle: University of Washington Press.

—. 1992. „Conditions of the Democratic Order and Social Change: A Comparative Discussion.“ Pp. 1-14 in *Studies in Human Society: Democracy and Modernity*, edited by S. N. Eisenstadt. New York: E.J. Brill.

—. 1993. „Reflections on Capitalism, Socialism and Democracy.“ *Journal of Democracy* 4 (April): 43-53

Lipset, Seymour Martin and Gyorgy Bence. 1993. „Anticipations of the Failure of Communism.“ *Politics and Society* (forthcoming).

Lipset, Seymour Martin and Stein Rokkan. 1967. „Cleavage Structures, Party Systems and Voter Alignments.“ Pp. 1-64 in *Party Systems and Voter Alignments*, edited by S. M. Lipset and S. Rokkan. New York: The Free Press.

Lipset, Seymour Martin, Kyoung-Ryung Seong and John Charles Torres. 1993. „A Comparative Analysis of the Social Requisites of Democracy.“ *International Social Science Journal* 45 (May): 155-175.

Lipset, Seymour Martin, Martin Trow and James Coleman. 1956. *Union Democracy: The Inside Politics of the International Typographical Union.* New York: Free Press.

Macdonald, Donald S. 1992. „Korea's Transition to Democracy.“ Pp. 19-28 in *Democracy in Korea: The Roh Tae Woo Years*, edited by C. Sigur. New York: Carnegie Council on Ethics and International Affairs. Papers published from the June 22. 1992 Merrill House conference.

Malia, Martin 1992. „Leninist Endgame.“ *Daedalus* 121 (2): 57-75.

Mann, Michael. 1993. „The Struggle Between Authoritarian Rightism and Democracy. 1920-1975." Working Paper 1993/45. Madrid: Juan March Institute. Center for Advanced Study in the Social Sciences.
Marx, Karl. 1958. *Capital* vol. I. Moscow: Foreign Languages Publishing House.
Merkl, Peter H. 1993. „Which are Today's Democracies?" *International Social Science Journal* 45 (May): 257-270.
Moore, Barrington. 1966. *Social Origins of Dictatorship and Democracy: Lord and Peasant in the Making of the Modern World.* Boston: Beacon Press.
Muller, E.N. 1988. „Democracy, Economic Development and Income Inequality." *American Sociological Review* 53: 50-68
Neubauer, Deane. 1967. „Some Conditions of Democracy." *American Political Science Review* 61: 1002-1009.
Olsen, Marvin E. 1968. „Multivariate Analysis of National Political Development." *American Sociological Review* 33 (October): 699-712.
Olson, Mancur, Jr. 1963. „Rapid Growth as a Destabilizing Force." *Journal of Economic History* 23: 453-72.
Nathan, A. J. and T. Shi. 1993. „Cultural Requisites for Democracy in China: Findings from a Survey." *Daedalus* 122 (2): 95-124.
Pye, Lucian W. 1965. „Introduction: Political Culture and Political Development." Pp. 3-26 in *Political Culture and Political Development*, edited by L. Pye and S. Verba. Princeton: Princeton University Press.
—. 1968. *The Spirit of Chinese Politics*. Cambridge: MIT Press.
Pye, Lucian with Mary W. Pye. 1985. *Asian Power and Politics. The Cultural Dimensions of Authority.* Cambridge: Harvard University Press.
Riggs, Fred. 1993. „Fragility of the Third World's Regimes." *International Social Science Journal* 45 (May): 199-244.
Rueschemeyer, Dietrich, Evelyne Huber Stephens and John D. Stephens. 1992. *Capitalist Development and Democracy*. Chicago: University of Chicago Press.
Sadowski, Christine M. „Autonomous Groups as Agents of Democratic Change in Communist and Post-Communist Eastern Europe." Pp. 163-195 in *Political Culture and Developing Countries*, edited by Larry Diamond. Boulder, CO: Lynne Rienner.
Sartori, Giovanni, ed. 1983. *Social Science Concepts: A Systemic Analysis*. Beverly Hills: Sage.
—. 1987. *The Theory of Democracy Revisited.* Chatham, NJ: Chatham House Publishers.
Scalapino, Robert H. 1989. *The Politics of Development. Perspectives on Twentieth Century Asia.* Cambridge: Harvard University Press
Schmitter, Philippe. C. and Terry Lynn Karl. 1993. „What Democracy Is ... and Is Not." Pp. 39-52 in *The Global Resurgence of Democracy*, edited by L. Diamond and M. F. Plattner. Baltimore: Johns Hopkins University Press.
Schneidman, W. W. 1992. „Africa's Transition to Pluralism: Economic and Investment Implications." *CSIS Africa Notes* (November): 1-7.
Schumpeter, Joseph. 1950. *Capitalism, Socialism and Democracy.* third edition. New York: Harper and Row.
Seung-Soo, H. 1992. „Democracy and Economic Development: An Economic Historical Perspective." Pp. 79-90 in *Democracy in Korea: The Roh Tae Woo Years*, edited by C. Sigur. New York: Carnegie Council on Ethics and International Affairs. Papers published from the June 22. 1992 Merrill House conference.
Sklar, Richard. 1987. „Developmental Democracy." *Comparative Studies in Society and History* 29 (October): 686-714.
Skocpol, Theda. 1979. *States and Social Revolutions*. Cambridge: Cambridge University Press.
Smith, T. 1978. „A Comparative Study of French and British Decolonization." *Comparative Studies in Society and History* 20 (January): 70-102.
Spencer, Metta. 1991. „Politics Beyond Turf: Grassroots Democracy in the Helsinki Process." *Bulletin of Peace Proposals* 22 (4): 427-435.

Stephens, John D. 1993. „Capitalist Development and Democracy: Empirical Research on the Social Origins of Democracy.“ Pp. 409-47 in *The Idea of Democracy*, edited by David Copp, Jean Hampton, and John Roemer. Cambridge: Cambridge University Press.

Therborn, Göran. 1977. „The Rule of Capital and the Rise of Democracy.“ *New Left Review* 103: 3-41.

Tamás, G. M. 1992. „Socialism, Capitalism, and Modernity.“ *Journal of Democracy* 3 (3): 60-74.

Tocqueville, Alexis de. 1976. *Democracy in America*. vols. I & II. New York: Knopf.

Todaro, Michael P. 1981. *Economic Development in the Third World*. New York: Longman.

Todd, Emanuel. 1979. *The Final Fall: Essay on the Decomposition of the Soviet Sphere*. New York: Karz Publishers.

Trudeau, Pierre. 1960. „Some Obstacles to Democracy in Quebec.“ Pp. 241-259 in *Canadian Dualism*, edited by M. Wade. Toronto: Toronto University Press.

Tu, Wei-ming. 1993. „Introduction: Cultural Perspectives.“ *Daedalus* 122 (2): vii-xxii.

Vatikiotis, P. J. 1987. *Islam and the State*. London: Croom Helm.

Waisman, Carlos. 1992. „Capitalism, the Market and Economy.“ Pp. 140-155 in *Reexamining Democracy*, edited by Gary Marks and Larry Diamond. Newberry Park, CA.

Weber, Max. 1906. „Zur Lage der bürgerlichen Demokratie in Russland.“ *Archiv für Sozialwissenschaft und Sozialpolitik* 22: 234-353.

—. 1946. *From Max Weber: Essays in Sociology*, edited and translated by H. H. Gerth and C. W. Mills. New York: Oxford University Press.

Weede, Erich. 1993. „The Impact of Democracy or Repressiveness on the Quality of Life, Income Distribution and Economic Growth Rates.“ *International Sociology* 8: 177-195.

Weede, Erich and H. Tiefenbach, 1981. „Some Recent Explanations of Income Inequality.“ *International Studies Quarterly* 25: 255-82.

Weffort, Francisco C. 1992. „New Democracies, Which Democracies?“ Washington, DC: The Woodrow Wilson Center, Latin American Program, Working Paper #198.

Weiner, Myron. 1987. „Empirical Democratic Theory.“ Pp. 3-34 in *Competitive Elections in Developing Countries*, edited by M. Weiner and E. Ozbudun. Durham: Duke University Press.

Weingast, Barry. 1993. „The Political Foundations of Democracy and the Rule of Law.“ (Manuscript, Stanford: The Hoover Institution).

Whitehead, Lawrence. 1989. „The Consolidation of Fragile Democracies: A Discussion with Illustrations.“ Pp. 79-95 in *Democracy in the Americas: Stopping the Pendulum*, edited by Robert A. Pastor, New York: Holmes and Meier.

Whyte, Martin King. 1992. „Prospects for Democratization in China.“ *Problems of Communism* 42 (May-June): 58-70.

World Bank 1991. *Managing Development: The Governance Decision*. Washington. D.C.: World Bank.

Wright, Robin. 1992. „Islam and Democracy.“ *Foreign Affairs* 71 (3): 131-145.

Charles S. Maier

Die Sozialwissenschaften und die Wende: Grenzen der Prognosefähigkeit

Als Amerikaner, und als Historiker von Haus aus, stehe ich vor Ihnen gewissermaßen als ein doppelter Außenseiter. Mein Interesse für die politischen und kulturellen Entwicklungen in Deutschland reicht bereits Jahrzehnte zurück. Und was meine Fachzugehörigkeit betrifft, stehe ich oft unter Verdacht, wegen meiner Neigung zu methodologischen Fragen und zur Zeitgeschichte ein getarnter Politologe zu sein. Auf die Frage, wann denn für mich die Zeitgeschichte als Geschichte ende, habe ich stets eine leichte Antwort parat: beim der Frühstückslektüre der *New York Times*. Spätere Ereignisse darf der Historiker nicht in Betracht ziehen; da fehlt ihm die notwendige Perspektive. Jedenfalls erscheine ich hier in diesem Forum als eine Art Grenzverletzter oder, mit dem Begriff einer vergangen Epoche vielleicht besser ausgedrückt, als ein Mauerspringer.

Obwohl ich seit langem manche unter Ihnen als Freunde und Kollegen kenne, wird die mir hier gestellte Aufgabe dadurch keineswegs erleichtert. Das Thema Ihrer Tagung heißt: Wandlungen in Deutschland und Europa seit 1989. Ein Schwerpunkt der Beiträge ist die Neugründung der Demokratie in Osteuropa und in den neuen Bundesländern mit all ihren Schwierigkeiten. Ein weiterer betrifft die theoretischen Implikationen der Transformationsprozesse nach dem Zerfall der sowjetischen Herrschaft. Ein dritter Schwerpunkt behandelt die internationalen und transnationalen Rahmenbedingungen dieser Wandlungen. Mein eigener Beitrag liegt am Schnittpunkt dieser Themen; doch heute möchte ich den methodologischen Herausforderungen der sogenannten Wende besondere Aufmerksamkeit widmen. Um dieses Thema richtig anzupacken, ist es natürlich erforderlich, daß ich nicht nur die Transformationen betrachte, die nach dem Kollaps der Sowjetherrschaft eingetreten sind, sondern auch diejenigen, die gerade diese Implosion verursachten. Daher heißt mein Thema: Wissenschaft und Wende.

Die Gelegenheit, mit Ihnen über die theoretischen Implikationen, also über die Schlußfolgerungen für die Theoriebildung in den Sozialwissenschaften zu diskutieren, kommt für mich zu einem besonders günstigen Moment, weil ich vor dem Abschluß einer Geschichte des Zusammenbruchs der alten DDR stehe. In den letzten vier Jahren habe ich mich mit einer historischen Darstellung und Analyse beschäftigt, bei der sich die Veränderungsprozesse im Osten als absolut zentral erwiesen. Für den Forscher bietet das Vorhandensein wichtiger Aktenbestände bis zur Auflösung der DDR (und ich meine nicht nur die berühmten Stasiakten, sondern die eben so ergiebigen Bestände des ZK und des Politbüro sowie der Staatlichen Plankommission und des Ministerrats) eine Gelegenheit zu wirklicher zeitgeschichtlicher Forschung. Trotzdem wird meine Untersuchung heute nicht in erster Linie die Art dieser Wandlungen selbst behandeln – obwohl diese genauer zu beschreiben und zu verstehen gewiß Herausforderung genug bleibt. Ich meine, daß es jetzt endlich an der Zeit wäre, über die Empirie ein wenig theoretisch zu reflektieren.

1. Ich kenne keinen besseren Weg, die Implikationen der Transformationsprozesse für die Sozialwissenschaften anzugehen, als folgende provozierende Frage aufzuwerfen: Hätten wir als Sozialwissenschaftler (und für heute zumindest zähle ich mich als Historiker zu Ihnen) nicht die dramatischen und unerwarteten Ereignisse der späten achtziger Jahre besser voraussehen können und sollen? Haben die Sozialwissenschaften eine ihrer Hauptaufgaben verfehlt? Standen sie sozusagen ohnmächtig und stumm vor der Geschichte? Der Anstand gebietet es einzuräumen, daß bis zum Schluß die überwiegende Mehrzahl unter uns nicht zu glauben gewagt hat, daß der Kommunismus als Herrschaftssystem einfach zugrunde gehen könnte, daß die Nomenklatura ihre Ansprüche als Einparteienregierung schlicht aufgeben müßte, daß die geopolitische Teilung von Europa, die als notwendige Folge der ideologischen Rivalität zwischen den Systemen jahrzehntelang unsere Hoffnungen so eingeschränkt hatte, sich so plötzlich und fast ohne Widerstand auflösen ließe. Noch konkreter: Bis zum Ende hat die überwiegende Mehrzahl unter uns Politologen – und unter Ihnen Deutschen – nicht zu hoffen gewagt, daß ein vereinigtes Deutschland innerhalb eines begrenzten Zeithorizonts wirklich erreichbar würde. Die deutsche Einheit, so konnte man in jener nicht allzu weit zurückliegenden Zeit argumentieren, sei nur eine Episode von siebzig Jahre gewesen; langfristig habe es immer mehrere deutsche Staaten gegeben. Wenn mir in diesem Zusammenhang eine persönliche Erinnerung gestattet ist: Gerade im Oktober 1989, zwei Wochen nach der großen Montagsdemonstration in Leipzig, hatten wir in unserem *Harvard Center for European Studies* eine Tagung von führenden Vertretern der deutschen öffentlichen Meinung einberufen, um den 40. Jahrestag der alten Bundesrepublik zu feiern. Keiner unserer Gäste – darunter Spitzenvertreter des Journalismus, der politischen Wissenschaft, der Deutschlandpolitik – dachte an eine mögliche Auflösung des Staatsgebildes DDR, deren Autorität sich gleichsam vor unseren Augen verflüchtigte.

Ich erinnere an diese Prognosefehler nicht aus Besserwisserei. *Et mea culpa*; ich bin auch mitschuldig – wenn man in diesem Zusammenhang von Schuld sprechen kann. Jedenfalls wird den Sozialwissenschaften vorgeworfen, ihre kollektive Prognoseunfähigkeit stelle ein spektakuläres Versagen dar. Zumindest in den Vereinigten Staaten birgt dieser Vorwurf eine politische Absicht. Im Kreuzfeuer der Kritik gelten die Sozialtheoretiker, ob sie sich als Politologen oder als Soziologen verstehen, wegen ihrer vermeintlichen linksintellektuellen Neigung als wissenschaftlich bankrott. Ihren Verächtern zufolge sind die Sozialwissenschaften ein nutzloses geistiges Unternehmen, besonders schlimm, weil sie ein halbes Jahrhundert der Kompromisse mit der Tyrannei implizit rechtfertigten. Letzten Endes, so diese konservative Kritik, hätten diejenigen recht, allen voran unser Präsident Reagan in den achtziger sowie der alte Adenauer in den fünfziger Jahren, die nie die Dauerhaftigkeit des „*evil Empire*" akzeptierten hatten, während Sozialwissenschaftler, die für die friedliche Koexistenz oder die Ostpolitik eingetreten waren, sowohl moralische wie wissenschaftliche Verantwortung für die Toleranz gegenüber den kommunistischen Diktaturen trügen.

Über die Historiker wird jetzt ähnlich geurteilt: Alle die einst modischen strukturgeschichtlichen Perspektiven oder die Forschung über langfristige gesamtgesellschaftliche Determinanten – wie sie zum Beispiel durch die französische Zeitschrift *Annales* oder hierzulande die sogenannte Bielefelder Schule vertreten werden – werden jetzt zum Mißerfolg erklärt. Nur diejenigen Historiker, die nicht mit der neuen Sozialgeschichte kokettierten, sondern ihre erzählerische Mission unkorrumpiert erhalten haben, sind dieser Anklage enthoben. Die Historiographie müsse nun zurück zu der *histoire événementielle* – die Geschichte soll wieder erzählerisch werden, ein *return to narrative*, noch einmal eine Darstellung der Ereignisse. Natürlich bleiben solche Plädoyers nicht ohne politische Implikationen: Eine Rückkehr zum Historismus muß nicht, aber kann oft ein Abschwören reformistischer Ansätze in der Geschichtswissenschaft bedeuten, und kann auch zu einem Abschied von den sozialwissenschaftlichen Methoden der sechziger und siebziger Jahre führen. Gesellschaftsbezogene Erklärungen, die die Spannungen innerhalb einer hierarchisierten Sozialordnung unterstreichen, räumen das Feld für Erklärungen durch schwammige psychologische Ursachen, die kollektive Einheiten ziemlich naiv darstellen.

Nun wäre es nicht schwer zu zeigen, daß die sogenannten Fehler der Sozialwissenschaften über das gesamte politische Spektrum verteilt sind. Klaus von Beyme hat kürzlich die verschiedenen theoretischen Ansätze, die die Sowjet- und Osteuropaforschung geprägt haben, kritisch rezensiert und betont, daß die Totalitarismustheorie, die bei eher konservativen Wissenschaftlern viel länger Dienst getan hat als bei linksorientierten Forschern, nicht imstande war, die Brüchigkeit des Systems anzudeuten. Genau in den achtziger Jahren wurde zumindest in unserem amerikanischen Diskurs der angebliche Unterschied zwischen den sogenannten normalen autoritären Rechtsdiktaturen, die sich eventuell eines Tages demokratisieren lassen würden, und den totalitären kommunistischen Regierungen entwickelt, die sich angeblich aller endogenen Reformimpulse mit völliger Immunität erfolgreich zu erwehren vermochten.

Ich will aber nicht mißverstanden werden: Was das heutige Klima betrifft, ist es mir gleichgültig, ob die Prognosefehler sich etwa mehr links oder rechts häufen. Mein Interesse ist kein politisches, sondern ein wissenschaftliches: Welche Lehren sollen wir für die Politikwissenschaft aus der Konfrontation von Theorie und Transformation ziehen? Bei unserem Watergate-Skandal vor zwei Jahrzehnten fragten die Senatoren immer: „What did you know and when did you know it?“ Jetzt handelt es sich um: „What could you have known, and when might you have known it?“ In welchem Ausmaß konnten die revolutionären Wandlungen in Osteuropa und deren Nachwirkungen vorhergesehen werden?

2. Ich nehme meine Antwort sehr knapp vorweg und formuliere zwei Thesen. Erstens behaupte ich, daß die Sozialwissenschaften für Prognosefehler hinsichtlich der Ereignisse, die 1989/91 kulminierten, überhaupt keine Verantwortung tragen. Ich werde argumentieren, daß wir am besten alternative Zukunftsmöglichkeiten zu skizzieren vermögen, aber nie eine davon mit Sicherheit vorhersagen können. Für festere Vor-

hersagen sollte man seinen örtlichen Astrologen aufsuchen. Sozialwissenschaftler arbeiten Paradigmen und Typologien aus, die notwendigerweise eine gewisse Kontinuität und Dauer voraussetzen, ebenso wie die Volkswirtschaftler ein System im Gleichgewicht postulieren müssen. Aber der schnelle Kollaps des sowjetischen Herrschaftssystems stellte einen politischen Zusammenbruch ohne Parallele in Friedenszeiten dar.

Allerdings beabsichtige ich damit keine pauschale Absolution des sozialwissenschaftlichen Unternehmens. Wenn wir eine gewisse Verantwortung tragen, besteht sie aber nicht darin, daß wir den Zusammenbruch des Kommunismus nicht prognostizierten, sondern daß wir diesen Ausgang überhaupt nicht als eine von vielen Möglichkeiten erwogen haben.

Es gibt noch einen zweiten Grund zur Enttäuschung hinsichtlich der Theoriebildung. Auch wenn die Sozialwissenschaften von irgend einer Prognosepflicht entlastet werden sollten, bedeutet das nicht, daß ihr Beitrag in diesen letzten Jahren sehr erheblich war, oder daß ihre theoretischen Erkenntnisse viel leisteten, um unser Verständnis der Ereignisse zu fördern. Wo hätten wir solche Einsichten vielleicht erwarten sollen? Auf der einen Seite hatten Sozialwissenschaftler Modelle von Revolution entwickelt, von denen vielleicht neue Einsichten in die osteuropäischen Umwälzungen zu gewinnen wären. Gerd-Joachim Glaeßner hat kürzlich die einschlägigen Ansätze (unter anderem von Skocpol oder Chalmers Johnson) zusammengefaßt, doch mit dem wenigstens für mich deprimierenden Ergebnis, daß sie nicht viel zu bieten haben, weil sie bloße Taxonomie – Etiketten auf Schubladen – bleiben. Leicht ist es, gemeinsame Elemente eines revolutionären Prozesses hervorzuheben – Spannungen, die aus raschem Gesellschaftswandel und Druck des internationalen Wettbewerbs entstehen, Spaltungen innerhalb der Elite, schneller Verlust von Akzeptanz – aber diese Klassifikationsarbeit lohnt sich nur, wenn sie bisher unbemerkte Elemente enthüllt: so etwa die stillschweigenden Verhandlungen zwischen Nomenklatura und Vertretern einer latenten Zivilgesellschaft. Obwohl es unmöglich wird, einfach zu bestimmen, warum solche Faktoren in dem einen Fall ein marodes Herrschaftssystem endlich umzustürzen vermögen, aber nicht im anderen, können wir wenigstens verlangen, daß der Sozialwissenschaftler sich nicht auf tautologische Erklärungen einläßt oder zirkulär argumentiert.

Auf der anderen Seite finden wir Modelle, die nicht den revolutionären Prozeß, sondern die Merkmale der anfälligen Gesellschaften analysieren wollen. Freilich waren diese Theorien nicht dafür gedacht, das Versagen des kommunistischen Systems zu erklären, sondern sein Funktionieren. Einige beruhten auf dem alten, wenngleich überarbeiteten Totalitarismus-Paradigma, andere auf einer Analyse von rivalisierenden Interessengruppen. Ihre jeweiligen Beiträge und Überzeugungskraft hängen aber nicht so sehr von dem grundlegenden Muster ab, als vielmehr von der Fülle des empirischen Materials, das im Schema eingewoben werden konnte. Allerdings kann jegliches Modell nur Teilaspekte eines fast unüberschaubaren politischen Systems, einer gesellschaftlichen Evolution, und einer dichten kulturellen Erbschaft darstellen. Auch unter Verhältnissen von langfristiger Stabilität bringt jedes Modell die Gefahr des Reduktionismus mit sich; um so mehr wird jedes Paradigma prekär und verflüchtigt sich, sobald sich die vertrauten Ordnungsmerkmale aufzulösen beginnen. Nur auf den ersten Blick ist es auffallend, daß kein Modell einen so rasanten Zusammenbruch vorhersah, denn es liegt in der Natur solcher Modelle, daß sie keine selbstauflösenden Momente in ihrer Erklärungsstruktur einbauen können. Also sind wir offenbar dazu verurteilt, uns auf Schemata zu verlassen, die entweder Transformationen retrospektiv mit einer gelegentlich irreführenden Genauigkeit klassifizieren oder aber die Selbsterhaltungsprinzipien von stabilen Herrschaftsstrukturen feststellen. Diese eingebauten und unausweichbaren Grenzen der Theoriebildung geben keinen Anlaß zur Reue.

Eine solche bedingte Rechtfertigung der Politikwissenschaft ist wahrscheinlich nicht allzu trostreich. Allerdings scheint mir eine robuste Verteidigung der real existierenden Theorien des Sozialismus weniger angebracht, als ein Plädoyer für die Bescheidenheit von Theorien überhaupt. Noch wesentlicher scheint es mir, zu überlegen, wann unsere Theorien als nicht länger relevant anerkannt werden sollten. Es ist keine Schande, ein von neuen Daten überholtes Modell aufgeben zu müssen. Sobald Gorbatschow seinen Reformkurs antrat, hätte irgend ein Historiker früherer Revolutionen darauf hinweisen können, daß tiefgreifende Interventionen in jedem lang angestauten Herrschaftssystem auf dieses eher destabilisierend wirken. Genau diese Gefahr betonte Tocqueville vor anderthalb Jahrhunderten sehr treffend in seinem glänzenden Werk über das *Ancien Régime*. In der Tat sind es normalerweise konservative Beobachter, die *ex ante* vor dem revolutionären Potential eines Reformkurses warnen; im Falle von Gorbatschows Initiativen blieben unsere *habitués* des kalten Krieges jedoch zu skeptisch, um an die Echtheit der sowjetischen Entwicklung zu glauben. Um so mehr hätten wir anerkennen sollen, daß die DDR nicht immun gegenüber den Gorbatschow-Reformen bleiben konnte. Diese Prognosefehler entsprangen aber weniger Mängeln unserer Sozialwissenschaft als unserem unzureichenden Vorstellungsvermögen. Dieses Unvermögen teilten auch Journalisten und Diplomaten. Nur zögernd haben wir den Indikatoren von tiefer Entfremdung hinreichende Aufmerksamkeit gezollt, und wir fürchteten uns wohl auch, als utopisch zu erscheinen. Ob links oder rechts, wir litten alle an unserer Realpolitik.

Meine zweite These folgt aus diesen Bemerkungen: Zwar konnte nicht erwartet werden, daß die Sozialwissenschaften den sozialistischen Zusammenbruch prognostizierten. Dagegen hätten wir aber vorhersehen müssen, wie schmerzlich sich nach 1989 der Transformationsprozeß in Osteuropa und Ostdeutschland gestalten würde. Diese Veränderungen – die ja das Thema dieses Kongresses bilden – mußten ohnehin tiefgreifend und schmerzlich sein: Auch eine sogenannte nachholende Revolution ist kein Sommernachtstraum. Aber wie schwierig diese Umwandlungen auch immer waren, so stellen sie doch nicht die besondere Herausforderung für unser theoretisches Verständnis dar, die die unerwarteten Zäsuren bis 1989 verlangten. Alle Beobachter waren sich dessen bewußt, wie beträchtlich die Defizite im Osten dem Westen gegenüber waren. Obwohl der wahre Ausmaß der Wirtschaftsmisere sich nur allmählich offenbarte, hätten die westlichen Experten daran denken müssen, daß auch die suboptimalen Austauschverhältnisse der RGW-Staaten sich nicht ohne massive wechselseitige Verluste hätten zerstören lassen. Das heißt, daß die Schwierigkeiten der

Transformation auch innerhalb der Grenzen einer „normalen Wissenschaft" (im Sinne von Thomas Kuhn) zu erwarten waren.

Zu oft haben wir uns vom allgemeinen Jubel verleiten lassen und retrospektiv erklärt, warum die roten Hochburgen so schnell und mühelos gefallen sind. Eine frischfröhliche Vereinigung war ebensowenig von irgend einer sozialwissenschaftlichen oder geschichtlichen Perspektive zu erhoffen wie der frischfröhliche Krieg von 1914.

Um ein vorläufiges Fazit zu ziehen: Es war kein grundlegendes Versagen der Sozialwissenschaften, daß sie den Zusammenbruch der kommunistischen Herrschaftsstrukturen nicht vorausgesehen haben, wenngleich es sicherlich wünschenswert wäre, daß jede Theorie oder jedes Modell in seine jeweilige Erklärungsstruktur ein mögliches Szenario von *systems failure* einbaut. Viel gravierender war es, daß wir nicht besser vor den Schwierigkeiten der postkommunistischen Ära gewarnt haben. Für diese Aufgabe hätten unsere lang vorhandenen theoretischen Ansätze genügt. Ich möchte im folgenden diese Urteile belegen und zum Ende meiner Ausführungen die Frage aufwerfen, inwieweit wir unsere Theorieansätze besser auf das Unerwartete in der Geschichte ausrichten können.

3. In Bezug auf die erste These: Obwohl eine klare Prognose des kommunistischen Zusammenbruchs – man könnte fast von einer Abdankung sprechen – nicht zu erwarten war, lohnt es sich dennoch zu fragen, warum die Entwicklung unter Gorbatschow eine solche Überraschung blieb. Sicher gab es auch vor Gorbatschow ein paar kühne und zutreffende Prognosen bezüglich der Wahrscheinlichkeit eines Zusammenbruchs des sowjetischen politischen Systems. Man denke vor allem an Andrej Amalriks berühmtes, 1970 erschienenes Buch: „Kann die Sowjetunion das Jahr 1984 erleben?" Hélène Carrère d'Encausse lieferte in „L'Empire éclate" (Ein Reich zerbricht) ebenfalls ein düsteres Zukunftsbild der Sowjetunion als multinationaler Verband. Die beiden Beiträge repräsentierten das analytische Genre der scharfsinnigen sozialen Beobachtung und der momentanen Reportage, ohne freilich ein formales Modell oder eine Theorie der Sowjetherrschaft zu konstruieren. Wir stehen vor dem Paradox, daß die a-theoretisch arbeitenden Erklärungsmuster mehr, oder zumindest andere Realitäten enthüllen und bewerten konnten, und zudem die inneren Risse der sowjetischen Reichs klarer zu erkennen vermochten, als der *mainstream* der Sozialwissenschaften. Sicher lassen sich aus dieser Erfahrung auch für die Sozialwissenschaften Lehren ziehen, und das müssen wir am Schluß versuchen. Aber die genialen Erfolge dieser Beschreibungen, so glücklich sie uns retrospektiv auch erscheinen mögen, erlauben uns doch nicht einfach, alle wissenschaftlichen Theoriebildung zu disqualifizieren.

Wir sollten vielmehr darauf bestehen, daß die Sozialwissenschaften keine eindeutigen Vorhersagen liefern können, und daß solche von ihnen nicht verlangt werden dürfen. Wir sind und wollen keine Propheten sein. Die Theorie erlaubt uns, ein Spektrum von Alternativen zu schildern und vielleicht eine probabilistische Rangordnung der alternativen zukünftigen Entwicklungen unter normalen Verhältnissen zu erwägen. Wie wir wissen, erweist sich die Wahrscheinlichkeitslehre für Einzelfälle als von sehr beschränktem Wert. Als Sozialwissenschaftler betrachte ich mich, um mich einer vereinfachenden Metapher zu bedienen, als einer, der vor einem Restaurant steht. Der Name des Lokals – wählen wir ein gutes deutsches Restaurant wie „Dalmatien“ oder ein gut amerikanisches Gasthaus wie „Beijing Palast“ oder sogar, ein wenig raffinierter, „Le Relais de Bourgogne“ verrät mir die von der Speisekarte gebotenen kulinarischen Möglichkeiten. Aber welches Essen von den einzelnen Gästen bevorzugt werden wird, ob es nun – gestatten Sie mir jetzt vor dem französischem zu verweilen – der *Coq au vin* oder *Biftek au poivre* sein wird, bleibt mir unbekannt.

Welche Möglichkeiten haben uns die Sozialwissenschaften vor 1985 geboten? Man kann unsere Ansätze nach Disziplinen ordnen: Soziologische Abhandlungen versuchen die Funktionen von komplexen gesellschaftlichen Systemen zu stilisieren und nach inneren Handlungsmustern zu analysieren, oft in Bezug auf sogenannten Subsysteme. Die politische Wissenschaft tendiert eher dazu, Maximen der Macht, die Strukturen oder Operationen von Herrschaft durch Gruppen oder Einzelnen zu entwickeln. Wir Historiker bemühen das, was jetzt so modisch als „path dependency“ genannt wird, d.h. das Wesen der kausalen Erklärung liegt für uns in der Zeitfolgeabhängigkeit der Entschlüsse, eines nach dem anderen. Für uns alle dienen die jeweiligen Modelle gleichsam als stilisierte Gesellschaftsprozesse, wie Algorithmen einer Realität, die immer viel komplexer und unregelmäßiger als irgend eine Beschreibung bleiben muß.

Unabhängig von Disziplinen kann man *grosso modo* zwei Ansätze der Theoriebildung unterscheiden. Der eine betrifft die sogenannte Handlungstheorie; er ist akteurbezogen und beruht auf psychologischen Maximen. Beispiele, die gegenwärtig überzeugte Anhänger gewonnen haben, sind *rational-choice*-Modelle oder Theorien der *perceived utility maximization*. Albert Hirschmans geniale Formulierung von „Exit, voice, and loyalty“ läßt sich in die spieltheoretischen Ansätzen eingliedern. Ihre formelle Struktur hängt immer von verschiedenen *payoff matrices* ab, die optimale Strategien und stabile Ergebnisse bestimmen. Solche Theorien besitzen den großen Reiz, klar und transparent zu sein. Sie leiden aber auch unter der beachtlichen Beschränkung, daß die voraussagenden Ergebnisse erheblich gering ausfallen, wenn man den Wert der Koeffizienten der erwarteten *payoffs* nicht weiß. Sie bieten somit nur retrospektive Analysen des sozialen Handelns. Gelegentlich erlauben ihre Anwendungen bescheidene, trotzdem aber wichtige Einsichten, wie zum Beispiel in der Theorie der wiederholten Spiele, die beweisen, daß ein *„Tit for Tat“*-Lernprozeß sich als durchaus möglich erweist, daß wir also nicht bloß in einem *Prisoner's Dilemma* gefangen bleiben, sondern daß kooperatives Verhalten auch rational ist.

Im Gegensatz zu diesen Handlungstheorien bleiben die Theorien von Makroprozessen hauptsächlich system- und nicht akteurbezogen. In diesen Theorien erscheinen Gruppen und sogar Staatsmänner, wenn überhaupt, mehr als Objekte denn als Subjekte der Geschichte, vorwärts getrieben von umfassenden gesellschaftlichen und wirtschaftlichen Impulsen. Diese Szenarien dienen oft als Erklärungsversuche von politischem und sozialem Wandel, so wie die vertrauten Modernisierungsmodelle, die trotz all ihrer bekannten Fehler nicht so leicht zu entbehren sind. In diesem Zusammenhang seien auch die von Barrington Moore oder Charles Tilly vertretenen soziologisch orientierten Entwicklungsgeschichten von demokratischen, autoritären und revolutionären Regimes sowie die verschiedenen „globalization" Modelle erwähnt, unter anderen das von Karl Deutsch oder, aus einer marxistischen Inspiration, von Immanuel Wallerstein. Ähnlich den berühmten Totalitarismus-Paradigmen sind diese Modelle Stilisierungsmuster bereits existierender und scheinbar stabiler Systeme. Unser Arsenal von Modellen des Kommunismus bestand hauptsächlich aus Typologien dieser Art. Solche Theorien implizierten oder erlaubten verschiedene Prognosen: so zum Beispiel das Totalitarismus-Modell bezüglich Sowjetrußland auf der Voraussetzung, daß die enormen Macht- und Terrorressourcen des Systems ihre Stabilität gewährleisteten (dagegen nicht im Falle des Dritten Reichs, dessen expansionistischen Züge als selbst destabilisierend erkannt wurden). Dagegen suggerierten die Konvergenzprognosen der sechziger Jahre, daß alle industriellen Gesellschaften der Entwicklungslogik untergeordnet waren und deshalb zu einer Fusion tendieren müßten. Natürlich haben die Ergebnisse von 1989 keine dieser Alternativen bestätigt.

Endlich gibt es einflußreiche synkretistische Versionen der Theoriebildung, die zwar Handlungstheorien bleiben, doch mehr Struktur- als akteurbezogen sind. In diesem Bereich finden wir Modelle, die die Dialektik zwischen System und Subsystemen zu entwickeln versuchen, sei es im Bereich der Wirtschaft, Politik, Wissenschaft, und dem affektiven Verhalten, jedes natürlich mit seinen eigenen Spielregeln. Die liberale Variante dieser Theorien, die von Parsons und später von Luhmann entwickelt und vertreten wurde, insistiert auf der Zweckrationalität jedes Subsystems und warnt vor irgend einer moralischen Hierarchisierung jedes solchen. Eine ursprünglich vom Marxismus beeinflußte Variante, von Habermas und Offe vertreten, beansprucht dagegen, daß eine höhere oder substantielle Rationalität die ganze Struktur einbindet, und daß die Hypertrophie irgend eines der Subsysteme die quasi organische Vitalität des Ganzen verzerren muß. Dieser Diskurs spricht von Kolonisation der Lebenswert und Steuerungsfehler und obwohl es beiden Autoren mehr um die Fehler des Kapitalismus vor 1990 ging, waren beide schnell genug zur Hand, ihre Analyse auch auf den maroden Kommunismus zu wenden. Wohlgemerkt: Auch dies geschah nur retrospektiv. In dieser Hinsicht waren alle Theorieansätze gleich.

4. War diese Beschränkung aber überhaupt vermeidbar? Als Sozialwissenschaftler befinden wir uns zwischen der Lage von Moses und der von Lots Weib: Wir besitzen leider nicht die Fähigkeit, in ein verheißenes Land zu schauen, aber uns ist es wenigstens nicht verboten, unseren Blick rückwärts auf die Szene der Katastrophe zu richten. Warum brachen die Ereignisse der späten achtziger Jahre so unerwartet über uns herein? Die Tatsache ist, daß in allen unseren Perspektiven und theoretischen Ansätzen ein *bias for continuity* liegt, eine Neigung zur Kontinuität, eine Priorität für das Inkrementale.

Die Formalisierung der Sozialwissenschaften hat diese Tendenz untermauert. Die Sozialwissenschaften haben in den letzten Jahrzehnten eine Welt von linearem Wandel vorausgesetzt; nichtlineare Transformation mußten anderen, vielleicht erzählerischen, Erfassungsmöglichkeiten überlassen werden. Uns ist es lieber, eine Welt von Differentialgleichungen zu bewohnen, d.h. wir haben kontinuierliche Funktionen als

Prämisse postuliert. Unser Erklärungsmuster von Kausalität bleibt oft eine Regressionsgleichung, die auch eine kontinuierliche Funktion als Basis nimmt, auch wenn sie Reste unerklärter Varianz anerkennt. Gesellschaftliche Transformation und politischer Wandel haben wir sicher als unser intellektuelles Gebiet beansprucht, aber Wandel vor allem als tendenzielle Extrapolation der Systemregel begriffen. In diesem Sinne waren wir nicht darauf vorbereitet, uns einen bevorstehenden nichtlinearen Wandel vorzustellen.

Ich halte diese Beschränkung durchaus nicht für einen wissenschaftlichen Skandal. Gewiß bleiben die Ursachen und Auswirkungen von Revolution auf der Tagesordnung. Doch jede *ex ante*-Erklärung des Revolutionszäsur weicht dem Positivismus aus und bleibt der hermeneutischen Interpretation und der historischen Soziologie überlassen. In der Revolution bleiben Reste von Dezisionismus, der außerhalb der Grenzen des Voraussehbaren bleiben muß.

Gerade deshalb liegt ein zweiter Grund für unsere methodologische Verlegenheit in der Natur der Ereignisse selbst. Die großen Transformationen zum Ende der achtziger Jahren waren nicht unvermeidbar. Sicher funktionierte der Kommunismus als suboptimales System, trotzdem haben solche Systeme auch epochenlang gedauert, auch im Spannungsverhältnis der internationalen Konkurrenz. Die politischen Reformen hätten auch abgeschafft werden können. Daß gerade diejenigen Kollegen, die früher die Ernsthaftigkeit der Umwälzung nicht anerkennen wollten oder die Zivilcourage der Akteure geringschätzten, jetzt oft dieselben sind, die die Unvermeidlichkeit der Wende behaupten, ist kein befriedigender Beweis, daß es tatsächlich so hätte ausgehen müssen. Im Gegenteil – die Weltgeschichte zeigt uns viele revolutionäre Situationen, die keine Revolution hervorbringen. Unsere Schuld – wenn der Begriff überhaupt in diesem Zusammenhang angebracht ist – besteht nicht darin, daß wir den erfolgreichen Systemzwang nicht voraussahen, sondern daß wir dessen Möglichkeit nicht ernsthaft in Erwägung zogen.

Daß wir uns mit Theorien des inkrementalen Wandels so vertraut fühlen, bestätigt aber meine zweite These: Wir hätten viel klarer die Schwierigkeiten der Probleme nach 1989 vorhersehen müssen. Sie kamen als keine gesellschaftliche Überraschung und hatten viele Analogien in der Geschichte von Umwälzungen, die sehr den Ereignissen von 1989 ähnelten. Hier seien dazu nur die Zusammenbrüche der alten Reiche 1918-1919, das darauffolgende Entstehen neuer Staaten und auch leider die gleichzeitige Zerstörung eines alten Wirtschaftsgebietes erwähnt. Sowohl die historischen Präzedenzfälle wie die Erklärungsmöglichkeiten von schon existierenden Theorien des Nationalismus oder des volkswirtschaftlichen Gleichgewichts hätten uns ausreichend geholfen, die tiefgreifenden Schwierigkeiten dieser letzten Jahre vorausblikkend aufzuzeigen. Statt dessen haben wir zuerst die Privatisierung als Allheilmittel frühzeitig begrüßt, nur um danach in einen Übermaß von Pessimismus zu verfallen, als wir den neuen Bundesländern die Zukunft des italienischen Mezzogiorno zugeschrieben haben, ohne Verständnis für die erheblichen Unterschiede zwischen den jeweiligen Gebieten und ihren eigentümlichen Probleme zu zeigen. Diese Tagung dient dem Bemühen, die Schwierigkeit der Transformationsprozesse zu begreifen und zu erklären. Sicher sind Aspekte eines so riesigen und komplexen historischen Wandels nur rückblickend in ihrer Vielfältigkeit adäquat zu erfassen. Trotzdem, alle unsere schon vorhandenen Modelle, und unser ganzer Habitus von linearen Erklärungen hätten uns genügendes Wissen vermitteln können, daß Schwierigkeiten zu erwarten waren, ob nun im wirtschaftlichen oder im ethnischen Bereich. Was überraschend bleibt, ist vielmehr der relative Erfolg der osteuropäischen Transformation. Ihn zu erklären ist tatsächlich die interessantere Herausforderung.

5. Mir scheint, daß wir als Sozialwissenschaftler vor einer Wahl stehen: Wir können diejenigen formalen Methoden weiter ausbauen, die geeignet sind, die gewöhnlichen, linearen Prozesse des gesellschaftlichen Lebens transparent zu machen, d.h. wir können das Arsenal der axiomatischen Theorien weiter entwickeln – aber um den Preis des Verständnisses der wirklichen Diskontinuitäten und Zäsuren. Oder wir können unsere Ansätze und Modelle weiter historisieren, d.h. die Zeitabhängigkeit und Pluralität der möglichen Ergebnisse anerkennen. Dies ist ein Weg, der ein viel tieferes Verständnis der revolutionären Potentiale erlaubt – aber um den Preis einer eindeutigen Prognosefähigkeit.

Es ließe sich fragen, ob die neuen Ansätze von Katastrophen- oder Chaostheorien, die von gewissen Schwärmern kolportiert werden, vielleicht einen Ausweg aus dieser harten Wahl zwischen der Offenheit der Geschichte und der begrenzten Prognosefähigkeit der „normalen" Sozialwissenschaft anbieten können. Es ist kein Zufall, daß die theoretische Erfassung von sogenannten komplexen Systemen und nichtlinearem Wandel heute die Bemühungen sowohl von Natur- wie von Sozialwissenschaftlern beansprucht. Die Beiträge von Biologen und Paläontologen – zum Beispiel das *punctuated equilibrium* (oder „unterbrochene Gleichgewicht") von Steve Gould – suggerieren, daß die Evolution kein allmählicher Fortschritt ist, sondern eine unregelmäßige Serie von qualitativen Sprüngen. *Natura sic fecit salta.* Liegen darin Ansatzpunkte für die Sozialwissenschaften? Man muß hier sehr sorgfältig vorgehen. Verlockend mag es sein, zu solchen Analogien wie Katastrophen- oder Chaostheorie zu greifen. Tatsächlich aber bietet die Katastrophen-Theorie für die Sozialwissenschaften nur eine neue *ex post*-Stilisierung der Ereignisse. Sie erlaubt keine *ex ante*-Bestimmung der Knotenpunkte oder *cusps* („Höcker") politischer oder gesellschaftlicher Prozesse. Die neueren Chaos-Theorien werden auch oft mißverstanden: Sie beweisen nicht nur die stochastische Natur von komplexen Systemen, sondern auch ihre grundlegenden Regelmäßigkeiten. Jedenfalls dienen solche Theorien in den Sozialwissenschaften bisher nur als Metapher.

Am Ende erscheint mir als eine wichtige Lektion aus der Konfrontation der Sozialwissenschaften mit der Wende, daß jegliche sozialwissenschaftliche Theorie zwei Kriterien erfüllen muß. Zunächst sollte sie damit rechnen, daß auch ein scheinbar stabiles System sich rasch und radikal verändern kann. Alle Theorien sind Überraschungen ausgesetzt: **die** gibt es wirklich. Der Ausnahmefall, die Katastrophe bleiben Konstante mit ihrer immer wiederkehrenden Störkapazität. Nur wenn man dies anerkennt, wird es dem Wissenschaftler möglich sein, die Bedingungen fundamentalen Wandels festzustellen. Wir brauchen Theorien nicht nur der Systemerhaltung, sondern auch des Systemversagens. Wichtig ist nicht, daß unsere Theorien Zusammenbrüche oder Revolutionen eindeutig voraussagen, sondern daß sie solche Resultate nicht ausblenden. Ein Sinn für die Bedingtheit oder für das prekäre Wesen aller gesellschaftlichen Systeme bleibt unerläßlich. Keiner hätte das wechselseitige Genozid in Ruanda in diesem Sommer voraussehen können; aber irgend ein Modell jener unseligen Gesellschaft müßte mit dieser tragischen Möglichkeit rechnen, und irgend ein Modell muß auch – so unwahrscheinlich es auch scheinen möge – mit einer Versöhnung oder wenigstens einem Verlöschen des Mordimpulses rechnen. Nicht nur die Transformationen in Osteuropa, sondern die politische Stabilisierung in Europa nach dem ersten Weltkrieg, der unerwartete Erfolg der Demokratie in West Deutschland nach 1945, der friedliche Übergang in Spanien nach 1975, die rasche Auflösung des Apartheidsystems in Südafrika, , das Ende der jahrzehntelang schwelenden Inflation in Lateinamerika, usw. beweisen, daß rasche Wandlungen ziemlich häufig in der Geschichte vorkommen.

Zweitens soll eine Theorie des sozialen oder politischen Wandels auf mehr als eine Gesellschaft oder ein Herrschaftssystem anwendbar sein. Das scheint vielleicht eine Einladung zu nutzlosen Verallgemeinerungen, aber verhindert zugleich Konstruktionen, die nur *ad_hoc* gebastelt werden. Wenn zum Beispiel eine Erklärung des sowjetischen Zusammenbruchs entweder die wirtschaftspolitischen Fehler oder die nationalen Konflikte hervorhebt, dann sollte der entsprechende kausale Mechanismus auch auf andere Herrschaftsstrukturen anwendbar sein. Das bedeutet nicht, daß westliche Gesellschaften dieselben ökonomischen Schwächen wie der Sozialismus besitzen – im Gegenteil. Aber es bedeutet, daß Wirtschaftskrisen unter bestimmten Verhältnissen auch in den nichtsozialistischen Staaten destabilisierend wirken können. Wir kamen in den siebziger Jahren nahe daran. Wenn Krisentheorien ernst zu nehmen sein sollen, dann müssen sie potentiell für alle Gesellschaften gelten. Sonst werden sie nur Varianten des Triumphalismus oder reine *ad hoc*-Konstruktionen bleiben.

Sicher dürfen wir nicht auf Theorie verzichten. Klaus von Beyme hat unlängst geschrieben, daß wir als Sozialwissenschaftler wieder den Mut zu irren finden müssen. Diesem Satz stimme ich völlig zu. Aber wir müssen weiter den Mut pflegen, unsicher zu sein, offen zu der Unbestimmtheit und *open-endedness* der Geschichte zu bleiben, vertrauensvoll an die Potentiale der individuellen und kollektiven Akteure glauben, die ihre eigene Geschichte außerhalb der ihnen auferlegten Strukturen schaffen, wenn nötig sogar auf der Straße. In ihrer Spontaneität und ihren langfristigen Emanzipationsbemühungen liegen die Grenzen, aber auch die Ermutigung für unsere Sozialwissenschaft.

Eröffnungsvortrag

Gerhard Lehmbruch

Die Politikwissenschaft im Prozeß der deutschen Vereinigung

Der Politikwissenschaft hat die deutsche Vereinigung einen erheblichen Landgewinn gebracht. Im Gebiet der ehemaligen DDR, wo das Fach zuvor nicht existierte, ist es inzwischen an elf Universitäten und anderen wissenschaftlichen Hochschulen mit insgesamt mehr als 50 Professorenstellen vertreten. Das bedeutet eine Stellenzunahme um etwa 15 Prozent gegenüber dem Stand, der in der „alten Bundesrepublik" erreicht war. Dieser Vorgang ist nicht nur für die Wissenschaftsgeschichte unseres Faches von erheblichem Interesse. Er ist zugleich ein Fallbeispiel für die eigentümliche Dynamik des Vereinigungsprozesses, für seine institutionellen Bedingungen und seine Rationalitätsschranken. Im folgenden soll daher eine Bilanz versucht werden. Sie wird zu diesem frühen Zeitpunkt einen in vieler Hinsicht vorläufigen Charakter haben müssen. Aber dieser Zeitpunkt könnte es zum anderen erleichtern, die Zeugnisse beteiligter Akteure festzuhalten.[1]

1. Dimensionen einer vergleichenden Analyse

Die Wissenschaftsentwicklung unserer Disziplin sollte, um fruchtbar zu sein, vergleichend untersucht werden. Dieser Vergleich läßt sich auf mehreren Dimensionen anlegen: dem internationalen Vergleich zwischen West und Ost, der zugleich eine longitudinale Dimension hat, dann in der Perspektive der Transformationsforschung der deutsch-osteuropäischen Vergleichsdimension, schließlich auch dem Vergleich der Entwicklung verschiedener sozialwissenschaftlicher Disziplinen.

1. Die Nachkriegsentwicklung der westdeutschen Politikwissenschaft wird allzu oft isoliert gesehen. Sie gehört aber in den Zusammenhang der Entwicklungen in der Gesamtheit der westeuropäischen Länder, in denen es zum Teil bis in die sechziger Jahre keine ausdifferenzierte und professionalisierte Politikwissenschaft gegeben hatte. Bei einer solchen vergleichenden Untersuchung werden sich gewisse Regelmäßigkeiten entdecken lassen – charakteristische Entwicklungssequenzen, endogene und exogene Antriebskräfte, transnationale Diffusionsprozesse einerseits, andererseits eigentümliche, institutionell und kulturell bedingte nationale Entwicklungspfade. Das kann hier nicht systematisch verfolgt werden, wir müssen es aber für unser Thema im Auge behalten.[2]

Von daher liegt nun auch die Hypothese nahe, daß der Entwicklungsprozeß der Politikwissenschaft im Osten Europas parallel zu den Entwicklungen verlaufen wird, die sich seit den fünfziger Jahren in Westeuropa vollzogen haben. Die Frage wäre somit, ob wir in den postsozialistischen Ländern mit vergleichbaren Regelmäßigkeiten zu rechnen haben, oder inwieweit spezifische Rahmenbedingungen abweichende Muster erwarten lassen. Es wäre unrealistisch anzunehmen, daß ein vom Westen ausgehender Diffusionsprozeß es erlauben wird, das Fach in seinem in Westeuropa erreichten Ausdifferenzierungs- und Professionalisierungsgrad in kurzer Zeit in Osteuropa zu reproduzieren. Vielmehr wird man nicht nur wegen externer Restriktionen – insbesondere ausgeprägter Ressourcenknappheit – davon ausgehen müssen, daß es in der Startphase zunächst außerordentlich schwer halten wird, schnell den Anschluß an den im Westen mittlerweile erreichten *state of the discipline* zu erreichen. Vor allem brauchen die wissenschaftsinternen Lernprozesse ihre Zeit, und die Neudefinition von Wissenschaftsdomänen und Domänengrenzen tangiert etablierte Besitzstände und wird daher auch Widerstände provozieren. Das war auch in Westeuropa so.

Wenn wir uns die Startphase der westeuropäischen Politikwissenschaft anschauen – etwa während der fünfziger Jahren in der alten Bundesrepublik –, dann gab es hier ganz charakteristische Entwicklungssequenzen: Die Politikwissenschaft hatte ihre *Gründer,* die einen eigentümlichen Typ wissenschaftlicher Innovatoren repräsentierten: Als „wissenschaftliche Unternehmer" waren sie bestrebt, zuerst einen Markt für ein neues Produkt zu schaffen und dann allmählich das Produkt weiter zu entwickeln. Diese Gründer entstammten in erster Linie verschiedenen geisteswissenschaftlichen Disziplinen, die von Haus aus auch mit politiknahen Problemstellungen befaßt waren. In der alten Bundesrepublik waren das insbesondere Juristen (von Abendroth bis Fraenkel), Historiker (z.B. Eschenburg), Volkswirte (Eynern, Hermens) oder auch Philosophen. Die Gründergeneration lancierte die Politikwissenschaft, indem sie sich von ihren Herkunftsdisziplinen abnabelte und untereinander eine fachliche Verbindung einging: Dafür standen die Bezeichnungen „Politische Wissenschaft", „Wissenschaftliche Politik" oder ähnliches. Das war zuweilen nur schwach gestützt durch ein verbindliches Paradigma, und die in dieser Gründergeneration beliebte Bezeichnung des neuen Faches als „synoptische" oder „Integrationswissenschaft" machte ihre noch nachwirkende Verwurzelung in den Herkunftsdisziplinen sehr deutlich. Aber verbindend war der Wille, gemeinsam ein aus den Herkunftsdisziplinen ausdifferenziertes Feld mit einer neuen disziplinären Identität zu besetzen.

Die Antriebe dafür waren keineswegs ausschließlich – oder auch in erster Linie – wissenschaftsimmanenter Natur. Zumindest in Deutschland gab es einen enges Zusammenhang mit politischen Reformstrategien. Schon unmittelbar nach dem ersten Weltkrieg hatte der spätere preußische Kultusminister C.H. Becker den Ausbau der Sozialwissenschaften „einschließlich der wissenschaftlichen Politik" im Interesse der staatsbürgerlichen Erziehung gefordert (Becker 1919, 9). Die Rolle, welche die programmatischen Vorstellungen der amerikanischen Besatzungsmacht über die demokratische „re-education" Deutschlands in den Jahren nach dem zweiten Weltkrieg spielten, ist hinlänglich bekannt, ebenso die ausgeprägte Ausrichtung auf die Praxis der politischen Bildung und des staatsbürgerlichen Unterrichts, die noch lange nachwirkte.

Dieser Gründungsvorgang wurde nun in den Herkunftsdisziplinen vielfach angefeindet, weil die Konstitution einer neuen Disziplin dort Sorge um die eigene Organisationsdomäne weckte. Insbesondere in der Rechtswissenschaft und in der Geschichtswissenschaft wurde argumentiert, für das neue Fach bestehe kein Bedürfnis, das könne man ganz gut selbst besorgen (vgl. auch Blanke u.a. 1975, 62f.). Ihm wurde sein naturgemäß zunächst geringer Professionalisierungsgrad vorgeworfen, und das verband sich vielfach mit dem Ideologieverdacht – etwa bezogen auf das Reizwort „Demokratiewissenschaft“, das einige aus der Gründergeneration aufgebracht hatten. Vergleichbare Domänenkonflikte hat es auch bei der Gründung der Politikwissenschaft in anderen westeuropäischen Ländern gegeben.

Die Gründergeneration kannte sehr wohl die Grundzüge des ausdifferenzierten politikwissenschaftlichen Curriculums, wie es sich insbesondere in den USA etabliert hatte. Dies mußte aber in jenen Anfangszeiten in seiner Breite zunächst von Einzelkämpfern bewältigt werden, wenn wir von der Berliner Hochschule für Politik absehen. Es gab zunächst meist nur einen Lehrstuhl, und dessen Inhaber hatte das ganze Spektrum des Faches zu behandeln, von der aristotelischen Politik über das Weimarer Parteiensystem bis hin zur Organisation der Vereinten Nationen. Ein angemessenes methodisches Instrumentarium und eine spezifische politikwissenschaftliche Begrifflichkeit mußten vielfach erst entwickelt werden. Der zweiten Generation, der ich selbst angehöre – den Schülern der Gründer –, war dies sehr deutlich bewußt. Deshalb ging, wer von uns auf sich hielt, zeitweise ins Ausland, um eine weiter entwickelte Politikwissenschaft kennenzulernen – die Mehrzahl wohl in die USA, einige auch (wie ich selbst) nach Paris. Mit solchen Anstößen hat dann die zweite Generation einen allmählichen Professionalisierungsprozeß zunächst in der alten Bundesrepublik mitgestaltet.[3] Das bedeutete organisatorische Verfestigung, Ausdifferenzierung in Teildisziplinen, und Spezialisierung. Und das vollzog sich zunehmend im Rahmen jener ausgeprägten Bürokratisierung, die sich insgesamt als eine der charakteristischsten Errungenschaften der Hochschulreform der siebziger Jahre erwiesen hat. Wer heute in die westdeutsche Politikwissenschaft hineinwächst, dem ist dies alles selbstverständlich. Aber in der Gründerphase war daran noch gar nicht zu denken.

Die erwähnte zweite Generation hat dann auch die Expansion des Faches an den westeuropäischen Universitäten miterlebt.[4] Überall ging die Politikwissenschaft in der beschriebenen Weise aus anderen sozialwissenschaftlichen Fächern hervor (in einem sehr weiten Sinne, denn das Spektrum der Herkunftsdisziplinen reichte auch dort von der Rechtswissenschaft bis zur Geschichte).[5] Und von solchen Erfahrungen her liegt es zunächst nahe, die Expansion der Politikwissenschaft in Osteuropa in einen ähnlichen Zusammenhang zu stellen: Man kann davon ausgehen, daß es vergleichbare Sequenzen der Gründung, des Wachstums und der Ausdifferenzierung geben wird, wobei dieser Prozeß zumindest die selben Zeiträume brauchen wird, oder – unter Bedingungen starker Ressourcenknappheit oder politischer Turbulenzen – noch länger.

2. Es bietet sich nun aber weiterhin an, bei unserem Thema das wissenschaftsgeschichtliche Interesse an den Entwicklungssequenzen der Entstehung, internen Ausdifferenzierung und Konsolidierung einer sozialwissenschaftlichen Disziplin zu verbinden mit der Fragestellung der Transformationsforschung, jetzt gewendet auf die Politikwissenschaft. Dabei sollten wir insbesondere die Perspektive des deutsch-osteuropäischen Vergleichs im Auge behalten. Denn in der Forschung über die Trans-

formation der ehemaligen DDR erweist es sich immer wieder als theoretisch fruchtbar, diese Entwicklung mit dem Transformationsprozeß in anderen postsozialistischen Ländern Osteuropas und besonders auch der früheren Sowjetunion zu vergleichen. Wie generell die deutsche Vereinigung für die DDR einen ganz anderen nachsozialistischen Entwicklungspfad bedeutete, als das sich sonst in Osteuropa abspielt, so gilt das auch für die Entwicklung der Politikwissenschaft in den „neuen Bundesländern“. Nicht daß es weit führen würde, kontrafaktisch darüber zu spekulieren, wie die ostdeutsche Transformation (und die Entwicklung einer ostdeutschen Politikwissenschaft) ohne staatliche Vereinigung verlaufen wäre – aber es ist sinnvoll, sich die eigentümlichen Startbedingungen des Prozesses in dieser Vergleichsperspektive deutlich zu machen.

3. Andererseits stellt sich die Frage, welche Bedeutung spezifisch deutsche Muster der Wissenschaftsentwicklung im Prozeß der Institutionalisierung der Politikwissenschaft in Ostdeutschland gespielt haben. Josef Ben-David (1962, 1984) hat in seinen historisch-vergleichenden Analysen zur Sozialgeschichte der Universitäten einen spezifisch deutschen Entwicklungspfad herausgearbeitet, bei dem (seit der Gründung der Universität Berlin 1810) dezentraler Wettbewerb als Innovationsmotor die zunehmende Ausdifferenzierung der akademischen Disziplinen gesteuert habe. Zwar sei – so seine Argumentation – dieser Prozeß bis zum Ende des 19. Jahrhunderts weitgehend zum Stillstand gekommen, vor allem seit der Entstehung der hierarchisch geleiteten Institute. Man kann aber sehr wohl auch noch die Institutionalisierung und Ausdifferenzierung der Politikwissenschaft nach dem zweiten Weltkrieg als einen Prozeß der Innovationen durch dezentralen Wettbewerb beschreiben. Die Frage ist dann, inwieweit dieses Muster auch noch die Entwicklung der Disziplin im ostdeutschen Transformationsprozeß bestimmt hat.

4. Schließlich ist es in der Transformationsperspektive von Interesse, inwieweit die Entwicklung der Politikwissenschaft in den „neuen Bundesländern“ konform zu oder abweichend von den Grundmustern in anderen Wissenschaftsdisziplinen verlaufen ist. Ein Vergleich bietet sich hier insbesondere mit anderen Sozialwissenschaften an, die einen ähnlichen Expansionsprozeß erlebt haben.

Man kann dies in den weiteren Zusammenhang eines intersektoralen Vergleichs stellen: Die Transformationspfade variieren in auffallender Weise von einem Sektor zum anderen (Lehmbruch 1994, Robischon et al. 1994). In einigen Sektoren ist es den dominanten Akteuren des westdeutschen Politiknetzwerkes gelungen, die institutionalisierten Sektorstrukturen Westdeutschlands auf den Osten zu übertragen – so besonders ausgeprägt im Gesundheitssystem oder im Forschungssystem. In anderen Fällen haben sich eigentümliche, in der Sonderentwicklung der DDR ausgebildete Strukturen als sehr viel resistenter erwiesen, so zum Beispiel in der Landwirtschaft. Diese Beobachtungen legen die Vermutung nahe, daß es auch innerhalb des Wissenschaftssystems variable, disziplinspezifische Transformationspfade gegeben haben könnte. Es wird sich zeigen, daß in dieser Perspektive die Einführung der Politikwissenschaft in Ostdeutschland einen Transformationspfad repräsentiert, wie er im deutschen Wissenschaftssystem nur ausnahmsweise anzutreffen ist.

2. Die Vorgeschichte: „Politikwissenschaft" in der DDR?[6]

Diese methodischen Überlegungen führen zunächst auf die Frage, wie der *status quo ante* der Politikwissenschaft in den ehemals realsozialistischen Ländern vor der Wende aussah, welche Transformationstendenzen sich dann abzeichneten, und inwiefern die Entwicklung in der ehemaligen DDR davon abwich. Wir werden somit fragen, ob es etwa eigenständige Entwicklungen zu einer ausdifferenzierten Politikwissenschaft gegeben hat, und wie hier die DDR im Ostblockvergleich dasteht. Dabei wäre als erstes festzuhalten, daß es zwischen den Ostblockländern bemerkenswerte Unterschiede gab. In Polen hatte sich nach der Stalinära eine ausdifferenzierte und eigenständige Politikwissenschaft und politische Soziologie entfaltet, die mit Persönlichkeiten wie Stanislaw Ehrlich oder Jerzy Wiatr auch international schon lange präsent war. Ähnliches vollzog sich dann in gewissem Maße auch in Ungarn und – außerhalb des Ostblocks im engeren Sinne – in Jugoslawien.

Im Blick auf die DDR ist natürlich die Entwicklung der Politikwissenschaft in der Sowjetunion von besonderem Interesse, weil es die SED ja mit der Parole hielt: „Von der Sowjetunion lernen, heißt siegen lernen". Nun erwies sich diese sowjetische Entwicklung aber seit der Mitte der sechziger Jahre als ein höchst ambivalentes Modell (Powell/Shoup 1970, Brown 1986, Beyme 1989). Es gab dort schon seit längerem eine *Sowjetische Vereinigung für Politische Wissenschaften*, dominiert von Juristen, die die Etablierung von Politikwissenschaft als einer selbständigen Disziplin ablehnten und sich von der westlichen Politikwissenschaft polemisch distanzierten. In der *International Political Science Association* (IPSA), der sie seit 1961 angehörte, verstand sie ihre Rolle vor allem als die eines Instruments der außenpolitischen Propaganda der Sowjetunion. In betontem Gegensatz hierzu wurde Anfang 1965 aus dem Parteiapparat der KPdSU das Programm einer „Politikwissenschaft" mit einem *Prawda*-Artikel des Philosophen Fjodor Burlacki lanciert.[7] Er hatte schon 1956 unmittelbar nach dem 20. Parteitag der KPdSU in der *Literaturnaja Gaseta* zusammen mit Georgi Schachnasarow eine Lanze für eine undogmatische Sozialwissenschaft gebrochen. Die Ära Chruschtschows mit ihrem utopischen Voluntarismus konnte dem aber kaum eine Entfaltungsmöglichkeit bieten. Erst Chruschtschows Sturz bot die Chance für einen neuen Anlauf. Zu dieser Zeit arbeitete Burlacki zusammen mit Schachnasarow und Georgi Arbatow als Mitglied des *Brain-trusts* von Juri Andropow im ZK-Apparat. Mit diesem organisatorischen Hintergrund forderte er nun in seinem *Prawda*-Artikel, die Politikforschung aus den Händen der Dogmatiker zu nehmen, denn wirkliche Forschung müsse Fragen stellen, auf die die Antworten noch nicht bekannt seien. Gegenstand einer marxistischen Sozialwissenschaft müsse die empirische Erforschung des Staates, der politischen Parteien und Massenorganisationen (etwa der Gewerkschaften oder des Komsomol), internationaler Organisation und der öffentlichen Meinung sein. Diese Gegenstände würden bisher nur in der Geschichts- und Rechtswissenschaft behandelt, mit dem Ergebnis, daß viele Probleme nicht in das Blickfeld der Wissenschaft träten. Ähnlich wie in der westeuropäischen Entwicklung produzierte diese Forderung nach einer autonomen Politikwissenschaft sofort einen vehementen Domänenkonflikt mit den so in Frage gestellten Disziplinen. Heftiger Widerspruch kam insbesondere von den Juristen im *Institut für Theorie des Staates und des Rechts* der Sowjetischen Akademie der Wissenschaften. Aber auch die Vertreter des „Wissenschaftlichen Kommunismus" reklamierten den Gegenstand für ihre eigene Disziplin.

Die Auseinandersetzung wurde nach einigen Jahren durch Kooptation beigelegt: Schachnasarow wurde mit Gleichgesinnten im Akademie-*Institut für Theorie des Staates und des Rechts* angesiedelt und wurde Präsident der *Sowjetischen Vereinigung für Politische Wissenschaften*. In diesem Rahmen war dann in der Folgezeit sein politischer Einfluß – er rückte in das Zentralkomitee der KPdSU auf – von großer Bedeutung, um das Programm einer eigenständigen Politikwissenschaft weiter zu verfolgen. Daß es Schachnasarow verstand, Breschnew für eine sowjetische Einladung an den IPSA-Weltkongreß 1979 in Moskau zu gewinnen, gab der Disziplin einen starken Auftrieb. Insgesamt kam es in der Breschnew-Zeit mit ihrer schleichenden Entwertung der Ideologie zu einem bemerkenswerten Ausbau der Sozialwissenschaften.[8] Für Promotoren dieser Entwicklung wie Burlacki und Schachnasarow war eine eigenständige Politikwissenschaft nicht zuletzt ein potentielles Vehikel politischer Reformen, und bezeichnenderweise rückte Schachnasarow unter Gorbatschow in dessen engsten Beraterkreis ein.

In der DDR begegnete die Politikwissenschaft dagegen erheblichen Widerständen. War die Politikwissenschaft, wie sie sich im Westen entwickelt hatte, in der Sowjetunion gerade bei den Innovatoren aus dem Parteiapparat auf zunehmendes Interesse gestoßen, so wurde sie in Honeckers DDR von den maßgebenden Parteiinstanzen – insbesondere dem für die Wissenschaftspolitik zuständigen Politbüromitglied Kurt Hager – bis zuletzt mit dem Verdikt belegt, sie sei eine „bürgerliche Wissenschaft", für die im marxistisch-leninistischen Wissenschaftssystem kein Platz sei. Ohne Zweifel war dem zentralen Parteiapparat die spezifische Reformorientierung prominenter sowjetischer Politikwissenschaftler nicht verborgen geblieben. Da aber aus der Sicht des harten Kerns der Parteiführung innere Reformen die Existenz dieses zweiten deutschen Staates unmittelbar bedrohen konnten – so Hager Anfang 1989 in aller Offenheit –, mußte er hier besonders vorsichtig bleiben.

Bekanntlich waren in der SBZ/DDR – nach dem kurzlebigen Experiment der zum Zweck der Kaderausbildung eingerichteten „Gesellschaftswissenschaftlichen Fakultäten" (Gewifa) – an den Hochschulen zunächst das „gesellschaftswissenschaftliche Grundstudium" etabliert und später die Fächer „Marxismus-Leninismus" (ML) und – als dessen Teildisziplin – „Wissenschaftlicher Kommunismus" (im folgenden: WK) ausgebaut worden,[9] also formell ausdifferenzierte Disziplinen, die den Anspruch erhoben, sich wissenschaftlich (im Sinne des marxistisch-leninistischen Wissenschaftsverständnisses) mit Politik zu befassen, deren primäre Funktion aber in der Legitimationsproduktion und in der ideologischen Indoktrination der Hochschulen bestand. Ihre Reputation war freilich schon dadurch beeinträchtigt, daß bei der raschen Einführung des Faches die wissenschaftliche Qualifikation des Lehrkörpers als Selektionskriterium hintangestellt wurde.[10] Soweit eine akademische Qualifikation vorlag, kamen die Lehrkräfte in erster Linie aus der (marxistisch-leninistischen) Philosophie und aus der Geschichtswissenschaft, und diese Herkunftsdisziplinen prägten im wesentlichen das wissenschaftliche Profil des WK/ML. Allerdings scheint auch in der Folgezeit bei der Personalrekrutierung die wissenschaftliche Leistung oft eine untergeordnete Rolle gespielt zu haben, und für den qualifizierten wissenschaftlichen Nachwuchs waren diese Sektionen in der Regel nicht sehr attraktiv.

Man wird zwar nicht unterschiedslos unterstellen können, daß allein schon die Zugehörigkeit zu einer ML-Sektion eine dogmatische Selbstbindung bewirkte, die sich kaum noch abstreifen ließ und den Zugang zu einem kritischen Wissenschaftsverständnis erschwerte. In der Agoniephase des Realsozialismus hatte sich offenbar vor allem in der Sowjetunion zunehmend eine ideologische Indifferenz ausgebreitet, die auch vor den von Haus aus stark ideologieträchtigen Fächern nicht halt machte, bis hin zu den ML-Sektionen. Wenn ich recht sehe, war dieser Glaubensverfall in der DDR deutlich weniger weit fortgeschritten. Während man nach 1985 in Moskau von Ökonomen mit der ironischen Frage konfrontiert werden konnte, ob es tatsächlich – wie zu hören sei – an westdeutschen Universitäten Sozialwissenschaftler gäbe, die die Marxsche politische Ökonomie noch wissenschaftlich ernst nähmen, kann ich mir das für die DDR bis 1989 sehr viel schwerer vorstellen. Es gab gewiß auch hier an den Hochschulen eine kritische Intelligenz mit „reformsozialistischer" Orientierung – Rainer Land und Ralf Possekel haben (insbesondere aus der Erfahrung der Humboldt-Universität heraus) ihr Profil und auch ihre Schwächen nuancenreich beschrieben (Land/Possekel 1992). Aber das waren gerade an den Hochschulen kleine und eher isolierte Gruppen.

Diese Ausgangslage mußte für eine autonome Entwicklung der Politikwissenschaft in der Endphase der DDR eine schwere Hypothek darstellen. Der Prozeß war zahlenmäßig offensichtlich dominiert durch das Überlebensproblem der ML-Sektionen, die einseitig auf die politische Indoktrination hin ausgerichtet waren, schon von daher deutlich weniger kritisches wissenschaftliches Potential haben konnten, und eher am unteren Ende der wissenschaftlichen Prestigehierarchie in den Universitäten rangierten, mit der Folge, daß hier deshalb auch wenig an eigenständigen wissenschaftlichen Leistungen produziert wurde. Das galt nach unseren Beobachtungen auch für die Sektion Wissenschaftlicher Kommunismus in Leipzig, die mit ihrem Diplomstudiengang für die Ausbildung von ML-Lehrern einen herausgehobenen Status hatte (dazu Greven/Koop 1993). Auf der Professorenebene gab es zwar einige respektable Intelligenzen, die aber offensichtlich keinen Zugang zu einer kritischen, erfahrungswissenschaftlich kontrollierten Sozialwissenschaft gefunden hatten. Es gab andererseits kluge und tendenziell selbständige Köpfe im Mittelbau, die inzwischen zum Teil mit bemerkenswerter Kompetenz den Anschluß an die westliche sozialwissenschaftliche Forschung suchten, und es gab ein paar brillante Studenten. Das konnte aber in unserer Sicht nicht rechtfertigen, etwa einer solchen Institution die Chance des Wandels zu geben, denn die Mediokrität des Gesamtprofils hätte sich kaum korrigieren lassen (so auch Greven 1993). Ich spreche hier, wohlgemerkt, von einer Institution des *Ancien Régime*.

Ausgehend von diesen Beobachtungen hat der Wissenschaftsrat in seinen „Empfehlungen zum Aufbau der Wirtschafts- und Sozialwissenschaften" vom 17.

Mai 1991 festgestellt, daß es „eine den Standards in den pluralistisch-demokratisch verfaßten Staaten entsprechende Politikwissenschaft ... in der DDR nicht gegeben" habe. Weil „die Einheiten, die als Wissenschaftlicher Sozialismus/Kommunismus ... bestanden, ... ganz besonders der umfassenden politischen Indoktrination des Hochschulpersonals in der DDR sowie der Selbstrechtfertigung des politischen Systems und seiner Ideologie" dienten, könne „Politikwissenschaft als wissenschaftliches Fach in den Hochschulen der neuen Bundesländer – anders als in der Soziologie – an keine vorhandenen Strukturen anschließen".[11] Diese Formulierung entsprach auch der Einschätzung durch die *Deutsche Vereinigung für Politische Wissenschaft*. Mit ihrer Fixierung auf die Rolle des ML/WK an den Universitäten projizierte sie allerdings implizit die uns vertrauten westdeutschen Strukturen, also die Dominanz der Universitäten, auf die DDR, und damit vernachlässigte sie die Auswirkungen der DDR-Hochschulreform von 1967 auf die Rolle der Sozialwissenschaften in der Wissenschaftsorganisation der DDR. Die Entwicklung, die durch diese Hochschulreform und die anschließende Akademiereform von 1970 bestimmt war, hatte der Wissenschaftsrat selbst in seinen Empfehlungen zur außeruniversitären Forschung der DDR auf die Formel gebracht, es habe eine Verlagerung der Forschung aus den Universitäten in die Akademien (vor allem die *Akademie der Wissenschaften*) stattgefunden, die es rückgängig zu machen gelte (so z.B. *Wissenschaftsrat* 1992, 7). Diese einfache Annahme war zwar falsch, weil sie eine komplexe Entwicklung zu sehr vereinfachte.[12] Aber sie war insoweit zutreffend, als die leitende Rolle in der Forschungsplanung in der Tat seither mehr und mehr in den zentralen außeruniversitären Forschungseinrichtungen angesiedelt war. Das galt auch für die Sozialwissenschaften.[13]

Wenn wir nach institutionellen Ansatzpunkten für eine Politikwissenschaft in der DDR fragen, sind darum nicht in erster Linie die Universitäten von Interesse, sondern die außeruniversitären Forschungseinrichtungen. Hier stoßen wir auf ambivalente Trendlinien. Bei allen Vorbehalten des Parteiapparats gegen diese Disziplin als „bürgerliche Wissenschaft" konnte sich die DDR nicht von einer Entwicklung abkoppeln, in der die Sowjetunion und andere Länder des Ostblocks den Anschluß an die internationale Politikwissenschaft suchten. Daraus resultierte nun eine eigentümlich gespaltene Anknüpfung an das sowjetische Modell mit konkurrierenden Entwicklungen.

Die eine hatte den Segen der Parteiinstanzen und wurde durch ein 1974 gegründetes *Nationalkomitee für politische Wissenschaften der DDR* repräsentiert, das im folgenden Jahr in die *International Political Science Association* aufgenommen wurde.[14] Das war kein Verband mit individueller Mitgliedschaft, sondern eher eine „halbstaatliche Briefkastenfirma" zur internationalen Repräsentation.[15] Auf dem IPSA-Weltkongreß in Edinburgh 1976 begegneten wir erstmals einer Delegation dieses *Nationalkomitees*, und der Höhepunkt dieser Entwicklung war eine 1987 in Ostberlin veranstaltete *Roundtable* der IPSA. Entsprechend dem sowjetischen Vorbild war es am *Institut für Theorie des Staates und des Rechts* der *Akademie der Wissenschaften* personell verankert: Präsident des Nationalkomitees war zuerst der Institutsdirektor Wolfgang Weichelt, später der im Herbst 1990 verstorbene Karl-Heinz Röder.[16] Hier wurde allerdings die Differenz zum sowjetischen Fall auch schon sichtbar. Nicht nur war Röder ebenso wenig wie der Hardliner Weichelt ein „Reformsozialist", sondern es war auch offenkundig, daß er keineswegs über den politischen Einfluß verfügte, wie ihn „Schach" in der KPdSU hatte. Das Mißtrauen des Parteiapparats gegenüber der Politikwissenschaft blieb sehr ausgeprägt, und so war auch der Spielraum für fachliche Kontakte mit der DVPW, der dem *Nationalkomitee* von der ZK-Abteilung Wissenschaften eingeräumt wurde, ersichtlich denkbar schmal.

Als eine Veranstaltung zur internationalen Repräsentation der DDR auf dem Forum der IPSA konnte das *Nationalkomitee für Politische Wissenschaften* allerdings nicht einfach bei der Denunziation der Politikwissenschaft als „bürgerlicher Wissenschaft" stehenbleiben. Vielmehr kam es in diesem Zusammenhang – wohl mit einer gewissen Zwangsläufigkeit, wenn man tatsächlich in der IPSA mithalten wollte – zu einer Beschäftigung mit der professionalisierten westlichen Politikwissenschaft, die auch einen bemerkenswerten Niederschlag in Veröffentlichungen fand. Nachdem die sowjetische Politikwissenschaft in den siebziger Jahren das im Westen entwickelte Konzept des „politischen Systems" und die vergleichende Analyse politischer Systeme rezipiert hatte (Brown 1986, 456 ff.), erschien in den achtziger Jahren unter Röders Federführung eine Reihe „Studien zum politischen System des Imperialismus" über die politischen Systeme der großen westlichen Länder und der EG.[17] Im Unterschied zu den Arbeiten aus der Staatsmonopolismusschule (etwa: Maier 1971) waren diese Bände ganz institutionell orientiert und lehnten sich eng an den Aufbau von westlichen Lehrbüchern der Regierungslehre an. Offensichtlich fanden die Juristen der AdW sehr viel eher einen Zugang zu einer institutionellen Regierungslehre im Sinne des älteren politikwissenschaftlichen *mainstream* als die WK/ML-Spezialisten – ein Umstand, der vermutlich viel mit fachspezifischer wissenschaftlicher Sozialisation zu tun hatte. Das Informationsniveau dieser Bände war zum Teil recht beachtlich, dagegen die ideologischen Bewertungen des Gegenstandes eher aufgesetzt denn theoretisch begründet. Zwar war die wissenschaftliche Qualität ungleichmäßig, und zudem beruhten die Arbeiten nicht auf Primärforschung, sondern vorwiegend auf der Auswertung der Literatur (auch aus der westlichen Politikwissenschaft). Aber es gelang zumindest einem Teil der Autoren doch in bemerkenswertem Maße, sozialwissenschaftlich fundierte und differenzierte Informationen über die großen politischen Systeme des Westens zu vermitteln.[18]

Hier werden allerdings auch die Grenzen dieses Unternehmens deutlich. Einmal abgesehen davon, daß der Terminus „Politikwissenschaft" in diesen Veröffentlichungen sorgsam vermieden werden mußte, war evident, daß sie aus einem bestimmten außenpolitischen Kontext heraus entstanden: Wenn die DDR sich in der Koexistenz mit dem Westen einrichten wollte, dann konnten wissenschaftliche Innovatoren den Aufsehern der Wissenschaft zwar plausibel machen, daß es dazu differenzierter Kenntnis der Funktionszusammenhänge westlicher Demokratien bedurfte. Was diese DDR-Politikwissenschaft aber von ihrem sowjetischen Vorbild unterschied, war der Umstand, daß die politischen Systeme des Sozialismus für sie tabu blieben. An dieser Schranke ist meines Wissens im *Nationalkomitee* nie gerüttelt worden.[19]

Es ist daher auch nicht weiter überraschend, daß diese Ausprägung einer Politikwissenschaft realsozialistischer Provenienz vom Zusammenbruch der DDR schnell und gründlich überrollt wurde: Im Laufe des Jahres 1990 besannen sich Röder und seine Kollegen auf ihre Ausgangsqualifikation und versuchten, ihr Akademieinstitut als der Grundlagenforschung gewidmetes *Institut für Rechtswissenschaft* weiterzuführen. Als dieses Konzept zur Evaluierung anstand, war von einer Anknüpfung an die früheren politikwissenschaftlichen Arbeiten nicht mehr die Rede, und sie wurden auch vom Wissenschaftsrat nicht zur Kenntnis genommen (Wissenschaftsrat 1952, 67 ff.). Röder ließ damals deutliche Distanz zu den neuen Unternehmungen erkennen, die sich als „Politikwissenschaft" definierten. Umgekehrt waren die Gründer der *Gesellschaft für Politikwissenschaft der DDR*, von denen noch zu reden sein wird und zu denen auch Röders Institutskollege Uwe-Jens Heuer gehörte, an einem Kontakt mit dem *Nationalkomitee* offensichtlich nicht interessiert.[20]

So war schon im Frühjahr 1990 das *Nationalkomitee für Politische Wissenschaften* praktisch nicht mehr existent, und damit erübrigte sich für die DVPW auch die Frage, wie sie mit dieser Gruppe umgehen sollte, die ja immerhin vor eineinhalb Jahrzehnten mit der Zustimmung der westdeutschen Politikwissenschaftler in die IPSA aufgenommen worden war. Statt dessen traten nun Entwicklungen in den Vordergrund, die in der DDR zunächst wiederum weitgehend parallel zu denen in anderen Ländern Osteuropas verliefen. Überall verschlangen sich zwei Phänomene, die man gleichwohl unterscheiden sollte. Einerseits begegnete man dem schon aus der westeuropäischen Entwicklung vertrauten Phänomen der Gründer, also der wissenschaftlichen Innovatoren aus verschiedenen geisteswissenschaftlichen Disziplinen: beispielsweise Historiker oder Philosophen, die mit westlicher Politikwissenschaft in einen – vielleicht relativ oberflächlichen – Kontakt gekommen waren und nun – wie man das in St. Petersburg beobachten konnte – eine *kafedra politologii* („Lehrstuhl für Politologie") ins Leben riefen. Es gab aber zweitens überall auch ein für diesen Wendeprozeß eigentümliches Phänomen, das besonders ins Auge fiel: Die bis dahin weitgehend obligatorische Grundausbildung in Marxismus-Leninismus wurde allenthalben abgeschafft, und damit wurden die dafür zuständigen Sektionen mit ihrem ganzen Personal überflüssig. Wenn etwa in der Sowjetunion in der späteren Phase Gorbatschows vielerorts die ML- und WK-Einheiten in „Politikwissenschaft" umfirmierten, hatte das sicher ganz wesentlich damit zu tun, daß man so eine akademische Existenzberechtigung zu retten hoffte. Das ließ sich auch in dem erwähnten Fall der Universität von St. Petersburg beobachten, wo sich zwischen dieser Sektion und der *kafedra politologii* eine scharfe Konkurrenz entwickelte. Ähnliches scheint – wohl mit unterschiedlichem Erfolg – in den meisten realsozialistischen Ländern geschehen zu sein, in denen die Politikwissenschaft nicht an den Hochschulen institutionell verankert war. Man wird sich hüten müssen, diese Entwicklung mit voreiligen Pauschalurteilen zu belegen – in den ML-Sektionen war die Spannweite der wissenschaftlichen Qualifikation offenbar besonders groß. Zwar wurden sie aus den schon erörterten Gründen in den Hochschulen vielfach eher skeptisch eingeschätzt, und jedenfalls war dies wohl nicht gerade die wissenschaftlich attraktivste Karriere, die es in den Ländern des Ostblocks geben konnte – woraus sich natürlich auch mehr oder weniger ausgeprägte Selektionseffekte ergeben haben dürften. Aber das mußte nicht ausschließen, daß sich hier auch sozialwissenschaftlich „anschlußfähige" Begabungen fanden.

Eine vergleichbares Nebeneinander des Gründerphänomens einerseits, der Existenzkrise der WK/ML-Sektionen andererseits gab es nun auch in der Endphase der DDR. Das seinerzeit in der Sowjetunion von Burlacki formulierte Programm einer Politikwissenschaft, die die *internen* Strukturen des sozialistischen Systems zum Gegenstand empirischer Forschung machen sollte, hatte in den achtziger Jahren ein vorsichtiges Echo bei Wissenschaftlern gefunden, die eher in anderen institutionellen Zusammenhängen arbeiteten als die zuvor erwähnten Juristen des *Nationalkomitees*.

Hier muß insbesondere die *Akademie* (bis 1976: *Institut*) *für Gesellschaftswissenschaft beim ZK der SED* (AfG) erwähnt werden, die in den sechziger Jahren als sozialwissenschaftlicher *think-tank* der Partei fungierte. Später scheint sie zwar an Einfluß verloren zu haben, doch wurden ihr von der ZK-Abteilung Wissenschaften sowohl mancherlei Privilegien – z.B. Reisemöglichkeiten – als auch gewisse Freiräume für kritische wissenschaftliche Arbeit eingeräumt (vgl. Schütrumpf 1993). Zumindest eine jüngere Generation begann in den achtziger Jahren, diese Spielräume auch zu nutzen.[21] Die wichtige Rolle, die die AfG in der sozialwissenschaftlichen Forschung der DDR spielte, hing nicht zuletzt damit zusammen, daß der Vorsitz in den „Wissenschaftlichen Räten", die Lenkungs- und Koordinierungsfunktionen für die einzelnen gesellschaftswissenschaftlichen Disziplinen wahrnahmen (vgl. Zimmermann 1985, 1522 ff.), in der Regel AfG-Institutsdirektoren zufiel.[22] Gegenüber solchen privilegierten Forschungsinstitutionen waren gerade die ML-Sektionen der Universitäten mit ihren von den Studenten wenig geschätzten Indoktrinationsfunktionen und ihren eingeengten wissenschaftlichen Entfaltungsmöglichkeiten von deutlich geringerer Attraktivität.

Aus der AfG kam unter anderem der seit 1985 amtierende Vorsitzende des „Rates für Wissenschaftlichen Kommunismus", Rolf Reißig, der dieses wissenschaftspolitische Steuerungsgremium zu nutzen versuchte, um eine tendenziell verselbständigte Politikwissenschaft zu propagieren.[23] Dahinter stand im Unterschied zum *Nationalkomitee* – und offenbar ähnlich wie bei Burlacki und Schachnasarow – die Vorstellung, eine solche Disziplin könne als Instrument für politische Reformen genutzt werden, mit denen die DDR Anschluß an die *perestroika* im Sinne Gorbatschows finden würde. Ein solches Programm stand explizit auch im Zentrum des Forschungsprojekts „Philosophische Fragen der Erarbeitung einer Konzeption des modernen Sozialismus", das 1988/89 an der Berliner Humboldtuniversität – unter dem Schutz des Prorektors Dieter Klein – von einer Anzahl jüngerer Wissenschaftler aus verschiedenen Fächern getragen war (Brie et al. 1989, Land 1990, Brie 1990, Segert 1991b; Land 1994). Eine institutionelle Konkretisierung fand diese Reformdiskussion insbesondere im der Forderung nach einer Rehabilitierung des Rechts und nach rechtsstaatlichen Sicherungen (Berg 1988, Heuer 1989, 449 ff., Will 1989).[24] Allerdings kamen diese Vorstellungen bis zum Ende der DDR über programmatische Überlegungen nicht weit hinaus, und an eine institutionell verselbständigte Politikwissenschaft war bis zum Sturz der alten Parteiführung angesichts der Widerstände im Apparat ebenso wenig zu denken wie an eine explizite Anknüpfung an westliche Forschung.

Die in den letzten Jahren ausgetragene Kontroverse über die Frage, ob es in der DDR Ansätze politikwissenschaftlicher Forschung gegeben hat (so Segert 1991a, Berg et al. 1992), bezieht sich auf diese Bestrebungen. Dabei ist die Behauptung von Berg/Reißig, daß speziell im „Wissenschaftlichen Sozialismus“ in ersten Ansätzen der Weg zu einer erfahrungskontrollierten Politikforschung beschritten worden sei, bei ehemaligen wissenschaftlichen Mitarbeitern der Leipziger WK-Sektion auf entschiedene Kritik gestoßen: „Die Disziplin hatte dafür weder das methodische Instrumentarium, noch eine adäquate Begrifflichkeit“ (Wartmann 1993, 19; vgl. auch Koop/Wartmann 1993). Diese Feststellung dürfte für den ML/WK im engeren Sinne, wie er in Anlehnung an das sowjetische Vorbild entwickelt worden war, weitgehend zutreffen und ist nicht kontrovers. Der zentrale Einwand gegen die Existenz einer „Politikwissenschaft *in statu nascendi*“ lautet vielmehr, daß die von Reißig ausgelösten Auseinandersetzungen innerhalb der Disziplin sich nicht um deren politikwissenschaftliche Profilierung gedreht hätten, sondern um „die Frage, ob man weiterhin die Beschlüsse der SED-Führung, oder die Idee von einem reformbedürftigen und reformierbaren Sozialismus propagieren wollte“ (Wartmann 1993, 20).

In der eingangs skizzierten analytischen Perspektive greift diese Kontroverse zu kurz. Berg/Reißig beschreiben eine frühe Sequenz der Entwicklungsgeschichte von Politikwissenschaft in der DDR, die die sowjetische Entwicklung nachvollzog. Diese Sequenz brach aber zwangsläufig ab, als der Beitritt der DDR zur Bundesrepublik auch die Integration der Wissenschaftssysteme nach sich zog und solche tastenden Versuche obsolet machte.[25] Die Leipziger Autoren arbeiten ihrerseits zwar zutreffend heraus, daß jene programmatischen Überlegungen zur Entwicklung einer Politikwissenschaft in der DDR beim Zusammenbruch dieses Staates kaum zur entwickelten westdeutschen Politikwissenschaft anschlußfähig waren, vernachlässigen allerdings den entwicklungsgeschichtlichen Kontext, innerhalb dessen sie sich seinerzeit bewegten.

Im Rahmen dieses analytischen Kontexts ist aber die Funktionalisierung des wissenschaftspolitischen Programms einer Politikwissenschaft für Reformpolitik grundsätzlich nichts Ungewöhnliches. Hier sei noch einmal daran erinnert, welche Rolle das Programm einer „Demokratiewissenschaft“ in den Anfängen der westdeutschen Politikwissenschaft in den fünfziger Jahren spielte. Eben dieser Zusammenhang hat auch – seit Burlackis *Prawda*-Artikel von 1965 – die sowjetische Entwicklung charakterisiert. Offenbar ist in den Frühphasen der Verselbständigung von Politikwissenschaft eine solche politische Funktionalisierung eine für wissenschaftliche Innovatoren naheliegende Strategie, um wissenschaftspolitische Koalitionspartner für ihr Unternehmen rekrutieren zu können. Ebenso vernachlässigt der Vorwurf, es habe an einem entwickelten methodischen Instrumentarium und einer angemessenen Begrifflichkeit gefehlt, die spezifische Ausgangssituation einer „Politikwissenschaft *in statu nascendi*“. Auch die frühe westdeutsche – oder dänische oder italienische – Politikwissenschaft hatten hier unverkennbare Defizite.

Die Differenz zu der Politikwissenschaft, wie sie sich unter pluralistischen Bedingungen ausgebildet hatte, lag – in entwicklungsgeschichtlich-vergleichender Perspektive – weder in der Reformintention noch in ihrem mangelnden methodischen und begrifflichen Entwicklungsstand. Vielmehr bestand, wenn ich recht sehe, die wirklich gravierende Schwäche jener Bemühungen um eine Politikwissenschaft als Instrument politischer Reform darin, daß ihre Protagonisten lange in einem Selbstverständnis befangen blieben, das einer der aktiv Beteiligten als das einer hegemonialen Avantgarde beschrieben hat (Land 1994), und damit auch in den Spielregeln einer Organisationskultur, die sich nach außen – nicht zuletzt gegenüber der entstehenden Opposition – abschloß. Damit aber blieb die Institutionalisierung von – politischer wie wissenschaftlicher – Öffentlichkeit blockiert. Mit dem Medium der wissenschaftlichen Öffentlichkeit fehlte den Reformsozialisten aber auch die wichtigste Voraussetzung dafür, daß ihre Arbeit anschlußfähig zur Politikwissenschaft einer pluralistischen Gesellschaft werden konnte. Diese Anschlußfähigkeit war die legitime Frage, die 1990 aus der westdeutschen Politikwissenschaft an solche Bemühungen gerichtet wurde, und angesichts der Ausgangslage ließ sie sich dann nur jeweils im Einzelfall beantworten.[26]

Die fortdauernde Befangenheit in jener Organisationskultur war aber wohl auch dafür verantwortlich, daß die reformsozialistischen Innovatoren das eigentümliche Profil dieser Bemühungen gegenüber den Überlebensstrategien der ML-Sektionen nicht abzugrenzen verstanden. Allenthalben setzte im November 1989 die Umfirmierung in „Politikwissenschaft" ein.[27] So faßte der *Rat für Wissenschaftlichen Kommunismus* einen entsprechenden Beschluß am 17. November 1989 unter dem Vorsitz Reißigs. Darin wurde implizit auf den Platz der Politikwissenschaft in der westlichen Wissenschaftsorganisation Bezug genommen – auch wenn man zunächst das Ziel einer „marxistischen Politikwissenschaft" ansteuerte. Aber hinter dieser Entwicklung stand offenbar eine Koalition, die von unterschiedlichen Motiven geleitet war. Ging es den einen (wie Reißig) darum, die Krise für die Etablierung von Politikwissenschaft als eigenständiger Disziplin zu nutzen, so wurde das doch überlagert von der Existenzgefährdung, der sich die vielen Angehörigen von ML-Sektionen mit ihrer schwach entwickelten professionellen Qualität ausgesetzt sahen. Selbst die Parteihochschule der SED versuchte, sich als „Hochschule für Politikwissenschaft" zu retten. Je häufiger ehemalige ML-Dozenten an westdeutsche Universitäten kamen, um sich über Prüfungsordnungen, Curricula und Lehrbücher zu informieren, um so mehr machte die anfangs unter unseren Kollegen verbreitete Hilfsbereitschaft einer zunehmenden Skepsis Platz.

Weniger spektakulär war die Gründung der *Gesellschaft für Politikwissenschaft in der DDR* im April 1990. Ihre Berliner Initiatoren rekrutierten sich aus den kleinen Kreisen der „Reformsozialisten" an der Humboldt-Universität, an der *Akademie der Wissenschaften* und an der *Akademie für Gesellschaftswissenschaft*.[28] Nach dem Sturz Honeckers beteiligten sich einige unter ihnen engagiert an der Diskussion über die programmatische Reform der SED/PDS, was dann allerdings auch dazu beitrug, daß man ihnen in der DVPW mit erheblichen Vorbehalten begegnete. In der Tat war auch bei dieser Gruppe die Zielvorstellung einer eigenständigen Politikwissenschaft mehr von den Reformdiskussionen in der zerfallenden DDR als von wissenschaftsimmanenten Professionalisierungskriterien bestimmt (Segert 1991b). Das war aber – aus den schon genannten Gründen – nicht das zentrale Problem. Das eigentümliche Handicap dieser Gruppe lag eben darin, daß sie es (trotz der zurückhaltenden Aufnahmepolitik der GPW) nicht verstand, gegenüber den spektakulären Umfirmierungen der ML-Sektionen ihr eigenes Profil unverwechselbar zu halten.[29] Daher stellte für die westdeutsche Politikwissenschaft die Umetikettierung als Überlebensstrategie ganzer ideologielastiger Einheiten das vordringliche Problem dar. Das überlagerte dann auch die Frage, ob es da nicht auch einzelne seriöse Versuche gab, einen politikwissenschaftlichen Ausbildungsgang zu starten, wie etwa im *Institut für Internationale Politik* der *Akademie für Staats- und Rechtswissenschaft* in Potsdam-Babelsberg, das als Diplomatenschule der DDR über einige qualifizierte Spezialisten verfügte.[30]

Daß sich die *Deutsche Vereinigung für Politische Wissenschaft* sehr schnell und nachdrücklich von der so firmierenden Politikwissenschaft der DDR distanzierte, wurde damals als ein deutlicher Unterschied zum Verhalten der Fachverbände einiger Nachbardisziplinen – etwa der Geschichte oder der Soziologie – wahrgenommen. Wir haben dazu auch mancherlei kritische Anmerkungen gehört. Der Unterschied lag darin, daß es sich bei jenen Fächern um in der DDR etablierte Disziplinen handelte – seit den siebziger Jahren auch im Fall der Soziologie –, und daß sich dort Kollegen fanden, die eine wissenschaftliche Reputation auch außerhalb der DDR hatten.[31] Infolgedessen bereitete es beispielsweise der *Deutschen Gesellschaft für Soziologie* (DGS) und dem *Berufsverband Deutscher Soziologen* (BDS) auch keine übergroßen Probleme, mit der am 7. Februar 1990 als Berufsverband gegründeten *Gesellschaft für Soziologie* (GfS) der DDR noch mehr als ein Jahr lang – bis zur Auflösung der letzteren – zu kooperieren (Lamnek 1992, Lepsius 1993, Meyer 1994).[32] Für die DVPW mußte sich die Situation ganz anders darstellen: Für uns hätte die disziplinäre Identität auf dem Spiel gestanden, wenn wir uns für die kollektiv gewendeten ML-Sektionen geöffnet hätten. Und während die Soziologen seit langem mit ihren Kollegen aus der DDR über die Mitgliedschaft in der *International Sociological Association* Kontakt hatten,[33] kannte kaum einer von uns die Gründer der kurzlebigen *Gesellschaft für Politikwissenschaft in der DDR*, so daß es schwer hielt, sich ein Urteil über ihre wissenschaftlichen Intentionen zu bilden.

Michael Greven hat im Schlußabschnitt des Buches über die Leipziger WK-Sektion und ihr eigentümliches Fortleben bis Ende 1990 die Frage aufgeworfen, „wie es zu der ungewöhnlichen Situation kommen konnte, daß der tiefgreifende Eingriff in die ideologischen Machtstrukturen des alten Regimes, der allenthalben seit Herbst 1989 Platz griff, diese ideologischen Bastionen der ehemaligen SED-Herrschaft im Windschatten liegen ließ" – es bleibe „zunächst unverständlich, warum Protest und Veränderungswille nicht von außen her in die Universitäten eindrang" (Greven/Koop 1993, 173 f.). In der Tat kam der Abwicklungsbeschluß für die Leipziger Sektion erst am 12. Dezember 1990. Dies war aber ein Sonderfall, denn die Aufhebung der ML-Sektionen hatte der DDR-Ministerrat schon am 23. Mai 1990 beschlossen. Außerdem wird man berücksichtigen müssen, daß sich in den Verhandlungen über den Beitritt der DDR zur Bundesrepublik eine zunehmende Orientierung an der institutionellen

Kompetenzordnung der alten Bundesrepublik ergab, mit der eigentümlichen Folge, daß die Universitäten insgesamt „im Windschatten" des Veränderungsprozesses blieben, weil es hier bis zur effektiven Konstituierung der Verwaltungen der neuen Bundesländer eine Kompetenzlücke gab (dazu ausführlicher: Lehmbruch 1994). Die Detailverhandlungen über die Wirtschafts- und Sozialunion ebenso wie die über den Einigungsvertrag wurden auf weite Strecken zwischen Bundesressorts einerseits, den korrespondierenden DDR-Ministerien andererseits geführt, und zwar jeweils in der sektoralen Perspektive des betreffenden Bundesressorts. Das Bundesministerium für Forschung und Technologie (BMFT) verhandelte dabei über die *Akademie der Wissenschaften* (AdW) und die anderen außeruniversitären Forschungsinstitute, und das Bundesministerium für Bildung und Wissenschaft (BMBW) – unter Mitwirkung der Kultusministerkonferenz (KMK) – über die Anerkennung von Hochschulabschlüssen. Für die innere Struktur der Universitäten war der Bund dagegen nicht zuständig, und die KMK, bei der es keine nennenswerten Kenntnisse über das Hochschulsystem der DDR gab (Kreyenberg 1994), hatte noch keinen möglichen korrespondierenden Verhandlungspartner, weil ja die Länder in der DDR noch nicht organisatorisch etabliert waren. Die relative Vernachlässigung der Universitäten in der Phase bis zum Herbst 1990 hat ihre institutionelle Ursache in diesem Nachhinken der Neuordnung im Bereich der Länder.

3. Die Landnahme der westdeutschen Politikwissenschaft[34]

Je deutlicher die Perspektive der staatlichen Vereinigung sichtbar wurde, um so stärker wurden nun die skizzierten Entwicklungen in der DDR zum Problem für die Politikwissenschaft in der alten Bundesrepublik und für ihren wissenschaftlichen Fachverband, die *Deutsche Vereinigung für Politische Wissenschaft*. Die Ausgangssituation war durch Umstrukturierungsprozesse an den einzelnen Universitäten der DDR gekennzeichnet, die nur begrenzt einer zentralen Steuerung oder Koordinierung unterlagen. Am 23. Mai 1990 beschloß der Ministerrat der DDR, die Lehrstühle und Dozenturen der Sektionen und Institute für Marxismus-Leninismus aufzuheben, die Hochschullehrer abzuberufen und die Stellen umzuwidmen und neu zu besetzen, wobei den Abberufenen die Möglichkeit zugestanden wurde, sich erneut zu bewerben. Nach einem diesen Beschluß erläuternden Schreiben des Ministers für Bildung und Wissenschaft, Hans Joachim Meyer, sollten an Stelle der ML-Sektionen insbesondere „Institutionen für Politikwissenschaften, Sozialwissenschaften oder für andere human- und gesellschaftswissenschaftliche Gebiete gegründet" werden.[35]

Der Ministerratsbeschluß wurde damals der DVPW nicht bekannt, hätte freilich ihre Besorgnis vor den erwähnten Bestrebungen insbesondere aus den ehemaligen ML-Sektionen, ihre Fortexistenz mit veränderten Lehrinhalten unter der Bezeichnung „Politikwissenschaft" zu sichern, nur teilweise ausgeräumt. Zwar ließen neue Universitätsleitungen – in unterschiedlichem Maße – zunehmend ihre Bereitschaft erkennen, dem Beschluß folgend bisherige ML-Dozenturen in neu zu besetzende Stellen für Politikwissenschaft umzuwidmen. Sie mochten dann auch westdeutsche Berater heranziehen, die man über schon vor der „Wende“ angebahnte Verbindungen auf Universitätsebene rekrutierte. Unter diesen Umständen rechneten sich aber auch Einzelgänger ihre Chancen aus, die inmitten der verbreiteten dezentralen Improvisation ihrem individuellen Aufstieg durch Kooperationsangebote nachzuhelfen suchten und sich dafür gelegentlich sogar mit ML-Sektionen verbündeten.[36] Die Rückwirkungen dieser unkoordinierten Entwicklungen auf die Position der Politikwissenschaft im Wissenschaftssystem eines künftigen vereinigten Deutschlands erschienen schwer kalkulierbar. Unter anderem betraf der Ministerratsbeschluß vom 23. Mai zur Abberufung der ML-Dozenten nicht die schon erwähnte frühere Sektion „Wissenschaftlicher Kommunismus“ in Leipzig, die im Unterschied von dem ML-Sektionen einen eigenständigen Studiengang hatte. Sie hatte sich Ende November 1989 – mit nachträglicher Billigung des Bildungsministers der Regierung Modrow – in Sektion „Politikwissenschaft und Soziologie“ umbenannt und begann im Sommer 1990, für ihre Absolventen Diplome in Politikwissenschaft auszustellen (Greven 1993). Solche Entwicklungen gaben der westdeutschen Fachvereinigung Anlaß zu steigender Besorgnis.

Die DVPW reagierte damit, daß sie sich nachdrücklich von den zuvor skizzierten Versuchen distanzierte, analog zu der Entwicklung in anderen Ostblockstaaten eine autochthone ostdeutsche Politikwissenschaft aufzubauen.[37] Daß diese Abgrenzung mit einer im Vergleich zu Nachbardisziplinen auffallenden Entschiedenheit vollzogen wurde, läßt sich nach meiner Überzeugung aber ausreichend nur verstehen, wenn man sich die eigentümlichen Identitätsprobleme der deutschen Politikwissenschaft seit ihren Anfängen vergegenwärtigt. Ihre disziplinäre Identität war im mehrfacher Hinsicht prekär. Im Verhältnis zu den Ursprungs- und Nachbardisziplinen war ein eindeutiger Konsens über die spezifische Problemstellung der Politikwissenschaft schwer zu erreichen. So gab es zum Beispiel oft wenig wissenschaftliche Kommunikation zwischen Kollegen, die das Fach in der Nachbarschaft der Zeitgeschichte ansiedeln wollten, und denen, die es eher – in dem einen oder anderen Sinne – als politische Ökonomie verstanden. Folgt man C.P. Snow (1964), dann waren solche Kommunikationsdefizite Anzeichen dafür, daß hier unterschiedliche Wissenschaftskulturen miteinander um die Vorherrschaft rangen. Das kulturelle Schisma innerhalb der westdeutschen Politikwissenschaft war schon in der Frühphase ihrer Entwicklung angelegt, doch die inneren Konflikte nach 1968 beeinträchtigten die Kommunikation zwischen konkurrierenden Lagern noch weiter.[38]

Nur wenn man die kulturelle Segmentierung und die prekäre Identität des Faches berücksichtigt, wird es verständlich, daß es 1983 zur Sezession einer *Deutschen Gesellschaft für Politikwissenschaft* kam – längst nach dem Abebben der seit 1968 ausgebrochenen Konflikte und mit einer eigentümlichen zeitlichen Verzögerung. Die DGfP trat damals mit dem Anspruch auf, die DVPW aus der Rolle des mit einem Repräsentationsmonopol ausgestatteten wissenschaftlichen Fachverbandes zu verdrängen. Dieser Versuch war zwar – aus für Politikwissenschaftler eigentlich naheliegenden Ursachen – zum Scheitern verurteilt, aber neben Venezuela war seither die Bundesrepublik das einzige Land der Welt, in dem zwei politikwissenschaftliche

Fachverbände mit konkurrierendem Vertretungsanspruch auftraten. Obwohl es weiterhin breite Überlappungen in der Mitgliedschaft gab, brachen die Initiatoren der Abspaltung weithin die wissenschaftliche Kommunikation mit denen ab, die sich ihnen nicht anschlossen, und dadurch wurde die Segmentierung in getrennte Wissenschaftskulturen noch schärfer akzentuiert.[39] Es kann daher nicht überraschen, daß durch die Sezession in der Außenwahrnehmung der Öffentlichkeit verbreitete stereotype Vorurteile gegen die Disziplin als ganze in konterproduktiver Weise verfestigt wurden.

In Reaktion auf diese Krise und das zugrundeliegende Identitätstrauma hatte es dann in den letzten anderthalb Jahrzehnten in der DVPW erhebliche und durchaus erfolgreiche Bestrebungen gegeben, die disziplinäre Identität der Politikwissenschaft zu festigen und das Fach auch in der Außenwahrnehmung zu stabilisieren. Dazu gehörte etwa die Abgrenzung gegen Nachbardisziplinen und Außenseiter mit Hilfe der (eigentümlich additiven) Kanonisierung von „Kernbereichen“ der Disziplin, aber auch die nachdrückliche Betonung der Professionalisierung des Faches. Den Erfolg dieser Anstrengungen wollte gerade die DVPW unter keinen Umständen aufs Spiel setzen. Ich habe keine Zweifel, daß dies ein wesentliches Motiv dafür war, einer autonomen ostdeutschen Entwicklung zur Politikwissenschaft mit so großen Reserven zu begegnen.

Hinzu kam aber der für die Integration des Hochschulsystems insgesamt zwingende Gesichtspunkt, daß eine West-Ost-Differenzierung im Wissenschaftsverständnis und in der Professionalisierung des Faches sich in der öffentlichen Wahrnehmung mit größter Wahrscheinlichkeit als ein Qualitätsgefälle dargestellt hätte. Die Arbeitsmarktchancen der ostdeutschen Absolventen auch im engeren ostdeutschen Einzugsgebiet wären prekär geblieben, und dies hätte wiederum einen erheblichen Zuwanderungsdruck auf die westdeutschen Hochschulen ausgelöst. Das galt *mutatis mutandis* für alle Fächer; in der Politikwissenschaft hätte sich das aber noch ganz erheblich zugespitzt, wenn es Anlaß für eine politische Stigmatisierung ostdeutscher politikwissenschaftlicher Hochschuleinrichtungen gegeben hätte.

Man kann dies auf die Formel bringen, daß der Fachverband der westdeutschen Politikwissenschaft angesichts der Entwicklungen, die sich seit Ende 1989 an den Hochschulen der DDR abzeichneten, das spezifische Selbstverständnis des Faches in Frage gestellt sah. Damit befand er sich in einer ähnlichen Lage wie etwa die *Max-Planck-Gesellschaft*, die gegenüber der *Akademie der Wissenschaften der DDR* ihre Identität wahren wollte (dazu Mayntz 1994a, 123 ff.), oder die Kassenärztlichen Vereinigungen gegenüber dem staatlichen Gesundheitssystem der DDR. Die Vorstellung, daß etwa die Aufnahme derer, die sich in der DDR als Politikwissenschaftler definierten, eine Expansionschance bieten könne, lag der DVPW völlig fern. Ein so ausgeprägtes Identitätsproblem hatten die meisten anderen Wissenschaftsdisziplinen ganz offensichtlich nicht.

Das strategische Ziel, die Identität des Faches zu wahren und die in der alten Bundesrepublik erreichte Konsolidierung der Disziplin nicht durch ungesteuerte Entwicklungen in der DDR gefährden zu lassen, wurde in dieser Phase auf zwei Wegen verfolgt. Der eine war die erwähnte Abgrenzungsstrategie des westdeutschen wissenschaftlichen Fachverbandes gegenüber den endogenen Entwicklungen in Ostdeutschland. Vorstand und Beirat der DVPW äußerten in einer Erklärung vom 17. Juli 1990, unter Hinweis darauf, daß die deutsche Politikwissenschaft im internationalen Vergleich inzwischen einen sehr hohen Rang einnehme, die Sorge, daß diese Entwicklung durch den Umstrukturierungsprozeß in der DDR gefährdet sei.[40] Insbesondere prangerte sie den „Etikettenschwindel" an, „bestehende Fachrichtungen (wie 'Marxismus-Leninismus') umzufirmieren und sie irreführend als 'Politikwissenschaft' auszugeben".[41] Des weiteren forderte die DVPW, die Politikwissenschaft auch an den Hochschulen der DDR aufzubauen, und bot an, dafür „ihre Sachkompetenz ... einzubringen".

In diesem Zusammenhang wurde weiterhin im Spätsommer 1990 auf Initiative der DVPW-Vorsitzenden, Beate Kohler-Koch, ein „Arbeitskreis Politikwissenschaft" eingerichtet, zu dem von der DVPW auch die noch aktiven Repräsentanten „gewendeter" ML-Sektionen und anderer DDR-Einrichtungen eingeladen wurden, die sich um den Aufbau politikwissenschaftlicher Einheiten bemühten. Er sollte als zentrales Kommunikationsforum auf die dezentralen Umstrukturierungsprozesse an den Universitäten in der DDR nach Möglichkeit koordinierend so einwirken, daß die in der alten Bundesrepublik durchgesetzten Standards des Faches gewahrt blieben. Insbesondere sollte dem von uns wahrgenommenen „Wildwuchs" an den DDR-Universitäten dadurch begegnet werden, daß die damals in der DDR engagierten ost- und westdeutschen Akteure auf die innerhalb der Disziplin akzeptierten Qualitätskriterien und Verfahren gleichsam eingeschworen wurden.[42] Ihr strategisches Ziel konnte die DVPW in dieser Phase nur so verfolgen, daß sie selbst eher moderierend als steuernd zu wirken suchte.

Diese Zurückhaltung ergab sich auch aus der Situation der westdeutschen Politikwissenschaft. Denn angesichts der diffusen Segmentierung, die hier seit den siebziger Jahren charakteristisch ist, war die angestrebte Koordinierung eine delikate Aufgabe. Während bei der Soziologie offensichtlich ein kleiner und relativ kohärenter Kreis von Ordinarien die Strategieentwicklung in dieser Phase recht geräuschlos und unangefochten zu steuern wußte, war die Politikwissenschaft nicht nur mit erheblichen Kommunikationsdefiziten zwischen Fraktionen konfrontiert, sondern mußte auch damit rechnen, daß die vordergründige Politisierung von Fragen der fachlichen Ausrichtung, wie sie in der alten Bundesrepublik seit den siebziger Jahren um sich gegriffen hatte, auf dem Wege über parteipolitische Querverbindungen in die neu entstehenden Länder der DDR getragen würde. Der „Arbeitskreis Politikwissenschaft" hat dazu beigetragen, daß es in aufwendigen Kommunikationsprozessen mit einer Reihe von Sitzungen und Arbeitstagungen gelang, eine relativ weitgehende Verständigung innerhalb des Faches auch über die Grenzen rivalisierender Fraktionen zustande zu bringen. Ich bin überzeugt, daß dies ohne das ausgeprägte Vermittlungsgeschick der DVPW-Vorsitzenden nicht so gut erreicht worden wäre.

Die relativ kurze Phase einer dezentralen Umstrukturierung auf Universitätsebene ging nach der Konstituierung der neuen Bundesländer in eine politisch gesteuerte Umstrukturierung über. Das begann mit der effektiven Abwicklung der (formell schon von der Regierung de Maizière aufgelösten) ML-Sektionen durch die neuen

Länderregierungen um die Jahreswende 1990/91. Die weitere Entwicklung wurde dann aber dadurch bestimmt, daß die Bundesregierung sich bereit zeigte, den Ausbau der Sozialwissenschaften (einschließlich der Rechts- und Wirtschaftswissenschaft) an den ostdeutschen Hochschulen im Rahmen des Hochschulerneuerungsprogramms (HEP) großzügig zu finanzieren. Damit wurden die Weichen für einen Entwicklungspfad gestellt, der im Ergebnis zu einer großangelegten *„Landnahme"* durch die westdeutsche Politikwissenschaft führte. Diese historische Metapher kann die Ambivalenz des Vorganges verdeutlichen: Landnahme, die Besitzergreifung eines Landes durch neue Bodenverteilung und Besiedlung konnte in der Geschichte durch Raub und Eroberung geschehen, sie konnte im Rahmen des älteren Kriegsrechts vertraglich geregelt werden, aber sie kann sich auch durch Schaffung neuen Rechtes in herrenlosem Land vollziehen. Um im Bilde zu bleiben: Das sozialwissenschaftlich relevante Territorium im DDR-Wissenschaftssystem war, wie wir gesehen haben, in der Sicht der westdeutschen Politikwissenschaft herrenloses Land, das für die Disziplin erschlossen werden mußte.

Mit dem Hochschulerneuerungsprogramm kamen die Mechanismen der Politikverflechtung in der Wissenschaftspolitik ins Spiel. Insbesondere dem Wissenschaftsrat fiel hier eine zentrale Rolle zu. Er gab auch für den Aufbau der Politikwissenschaft entscheidende Anstöße (dazu u.a. Krull 1992, 23). Das geschah in der Regel in informeller Rückkopplung mit den wissenschaftlichen Fachverbänden. Beide unterlagen aber eigentümlichen Schranken kollektiver Rationalität, die aus der Wahrnehmung eines ausgeprägten Handlungs- und Zeitdrucks resultierten. Zum einen mußte sich bei der Implementation des Hochschulerneuerungsprogramms auch eine unübersehbare Verteilungskonkurrenz zwischen den verschiedenen Fächern ergeben. Die Politikwissenschaft mußte damit rechnen, daß sie in den neuen Bundesländern auf manche historisch bedingten Vorurteile treffen würde. Nun bot ihr das HEP die Chance, sich gewissermaßen an den – ganz unumstrittenen – Neuaufbau der Rechts- und Wirtschaftswissenschaften in den neuen Bundesländern anzuhängen. Das war insbesondere dem Umstand zu verdanken, daß im Wissenschaftsrat die selbe Strukturkommission sowohl für die Wirtschafts- als auch die Sozialwissenschaften zuständig und die Politikwissenschaft dort durch angesehene und entscheidungsfreudige Kollegen repräsentiert war.[43]

Die Wahrnehmung eines ausgeprägten Zeitdrucks erfuhr noch eine Verstärkung durch den Umstand, daß das Hochschulerneuerungsprogramm in der Phase des fiskalischen Illusionismus der Jahre 1990/91 entstanden war, als weithin die Vorstellung begegnete, daß die „Kosten der Einheit" aus der Wachstumsdividende des erwarteten selbsttragenden Aufschwungs bezahlt werden könnten. Wer sich demgegenüber seinen Wirklichkeitssinn als Sozialwissenschaftler bewahrt hatte, der mußte es schon damals mit Letitia Bonapartes geflügeltem Wort (nach Napoleons Machtergreifung als *premier consul*) halten: *„pourvou que ça doure"*. Das HEP wurde ja vom Bund – ohne die Beteiligung der westdeutschen Länder – gemeinsam mit den neuen Bundesländern finanziert, wobei die Hauptlast dem Bund zufiel. Selbst wenn man nicht – auf der Basis fiskalpolitischer Alltagserfahrung – mit der Zyklizität der Haushaltspolitik des Bundes rechnete, war deutlich, daß die in der Mischfinanzierung vertraute „Angebotsdiktatur" des Bundes nur für begrenzte Zeit wirken konnte, weil nach der Anschubphase die neuen Länder die neugeschaffenen Stellen schließlich allein würden finanzieren müssen. Ging man aber von der Hypothese aus, daß unvermeidliche Rückschläge im Einigungsprozeß in absehbarer Zeit auch zu tiefgreifender fiskalpolitischer Ernüchterung führen würden, dann lag es in der *free-rider*-Logik einer pluralistischen Verteilungspolitik (der sich auch Politikwissenschaftler nicht entziehen können) nahe, die Gunst der Stunde für eine Landnahme der Politikwissenschaft zu nutzen, die – waren die bewilligten Stellen einmal mit auf Lebenszeit ernannten Professoren besetzt – auch unter widrigeren haushaltspolitischen Bedingungen nicht mehr grundsätzlich umkehrbar sein würde.[44]

Im Prinzip ergab sich daraus für alle Fächer ein strategisches Kalkül mit einem zwangsläufig hohen Maß der hier beschriebenen *„bounded rationality*". Für die Politikwissenschaft kam nun aber ein eigentümliches Dilemma hinzu, weil – anders als weithin in der Rechts- und Wirtschaftswissenschaft – über eine kanonische Untergliederung des Faches in Subdisziplinen und Lehrstuhleinheiten nur ein sehr begrenzter Konsens besteht. Zwar galt seit langem als Mindeststandard die Ausstattung mit drei planmäßigen Professuren entsprechend der Empfehlung der 1961 für die DFG erstellten „Lepsius-Denkschrift", die auch gerne in Beziehung zu der dort zugrunde gelegten „Trias" von Theorie der Politik, Innenpolitik und Internationaler Politik gesetzt wurde.[45] Doch mit der Bildungsexpansion der siebziger Jahre war das Fach vielerorts über diesen Mindestbestand hinausgewachsen, und dabei hatte sich als Konsequenz des dezentralen föderalen Systems mit beträchtlicher Hochschulautonomie gerade in Fragen des Fächerzuschnitts ein sehr vielgestaltiges Bild ergeben. Aus dem verbreiteten faktischen Konsens über die Existenz von „Kerngebieten" des Faches konnte sich schon deshalb kein kanonischer Zuschnitt von Lehrstuhlausrichtungen ergeben, weil es um den „Kern" herum *per definitionem* eine breite Kontingenzzone geben muß. Es ließ sich zwar argumentieren, daß die fortgeschrittene Ausdifferenzierung des Faches inzwischen weithin dazu geführt hatte, daß ein ausreichend ausgebautes Institut mindestens sechs Professuren mit unterschiedlichen Aufgabenbereichen umfassen müsse.[46] Aber diese Ausdifferenzierung hatte ja von einer Hochschule zur anderen ein durchaus unterschiedliches Gesicht. Für einen Verteilungskonflikt mit Disziplinen, die sich durch sehr viel verbindlichere Differenzierungskriterien auszeichnen, waren dies ungünstige Ausgangsbedingungen.

Im System der wissenschaftspolitischen Politikverflechtung war eine ausreichende Legitimation für Forderungen, die über den Elementarbestand der „Trias" hinausgingen, so nicht zu gewinnen. Ein Ausweg bot sich hier durch den Rekurs auf die Empfehlungen der von der Kultusministerkonferenz eingesetzten Studienreformkommission, die den dann von der KMK verabschiedeten Musterprüfungsordnungen für die Diplom- und Magisterstudiengänge zugrundelagen. Diese Empfehlungen definierten sechs „Problemfelder", die den „Kernbereich" eines politikwissenschaftlichen Studiums ausmachen.[47] In einer Erklärung des „Arbeitskreises Politikwissenschaft" vom 9. November 1990 („Ziele und Grundsätze für die Verankerung der Politikwissenschaft in Lehre und Forschung an den Universitäten der neuen Bundesländer") wurden die ersten fünf dieser Felder als „Kernbereiche" bezeichnet, die in einem politikwissenschaftlichen Studiengang „angemessen" berücksichtigt werden müßten. An diese Einteilung knüpfte dann der Wissenschaftsrat an, als er in seinen Empfehlungen zum Ausbau der Wirtschafts- und Sozialwissenschaften den ostdeutschen Universitäten vom 17. Mai 1991 für sechs Universitäten der neuen Bundesländer von einer Regelausstattung der Politikwissenschaft mit jeweils vier Professuren (C4/C3) ausging, die den in der Regel den Bereichen „Politische Theorie und Ideengeschichte", „Deutsches Regierungssystem", „Vergleichende Regierungslehre" sowie „Internationale Politik und deutsche Außenpolitik" zugeordnet werden sollten. Gegebenenfalls sei „dieser Kernbestand für örtliche Schwerpunktsetzungen um weitere Professuren zu erweitern".[48]

Der Rekurs auf die KMK-Musterprüfungsordnungen ist insofern bemerkenswert – und problematisch –, als bislang von einer Korrespondenz zwischen den dort fixierten „Kernbereichen" und spezialisierten Stellenausrichtungen in der Politikwissenschaft der alten Bundesrepublik nur in begrenztem Maße gesprochen werden konnte.[49] Es ließe sich auch fragen, ob sie in dieser Weise überhaupt zweckmäßig und sachgerecht wäre. Aufgabe der Studien-Reformkommission war seinerzeit ja nicht die Ausbauplanung, sondern die Fixierung von Standards für die Lehre. Da aber die Strukturkommission des Wissenschaftsrats nicht auf eine modernisierte Wissenschaftssystematik rekurrieren konnte, war der Rekurs auf die Musterprüfungsordnungen rational (im Sinne einer die Probleme vereinfachenden *bounded rationality*), wenn man die Chance für die Landnahme des Faches nutzen wollte. Der Entscheidungsmechanismus der Politikverflechtung erlaubte im Falle des Hochschulerneuerungsprogramms angesichts der zuvor dargestellten Restriktionen keine langwierigen wissenschaftssystematischen Klärungsprozesse. Vielmehr mußte es der künftigen Praxis an den Hochschulen überlassen bleiben, etwaige Rationalitätsdefizite der zentral koordinierten Vorgaben durch schrittweise Anpassung zu korrigieren.

Daß sich diese ausgeprägte Problemvereinfachung für die Disziplin zahlenmäßig ausgezahlt hat, ist jedenfalls nicht zu bestreiten. Gemessen an dem langsamen Wachstum der Politikwissenschaft in der alten Bundesrepublik erlebte sie eine nach Tempo und Umfang ganz ungewöhnliche Expansion. Nach meiner Erhebung gibt es heute an den Universitäten und Technischen Hochschulen in Ostberlin und den fünf neuen Ländern 53 neue Professuren.[50] Dies könnte allerdings die Frage aufwerfen, ob sich das Fach damit nicht übernommen hat, und ob es überhaupt gelingen konnte, so viele Stellen in so kurzer Zeit angemessen zu besetzen.

4. Der Aufbau der Politikwissenschaft in den „neuen Bundesländern"[51]

Die Antwort auf diese Frage mußte bei der Umsetzung des Hochschulerneuerungsprogramms gegeben werden. Die auch von der DVPW getragenen Vorgaben des Wissenschaftsrats hätten vielleicht eine zentral gesteuerte Uniformierung des Faches bei seinem Neuaufbau in Ostdeutschland inaugurieren können.[52] Doch mit der Rekonstitution des Föderalismus in der ausgehenden DDR schlug das von Ben-David herausgearbeitete deutsche Strukturmuster der dezentralen Konkurrenz sehr bald auch in der ostdeutschen Hochschulentwicklung durch (vgl. auch Schluchter 1994a, 17 ff.). Freilich war die Autonomie der ostdeutschen Universitäten gegenüber der Umbruchphase 1990 zeitweise stark eingeschränkt. Das ergab sich daraus, daß die neuen Länder allmählich soweit ihre administrative Handlungsfähigkeit gewannen, daß sie in die Entwicklung zumindest im Wege des Vetos einzugreifen vermochten. In diesem Zusammenhang spielten für eine Übergangszeit die „Landesstrukturkommissionen" eine unterschiedliche Rolle (zu Sachsen-Anhalt: Teichler 1994). Die Vorstellungen einzelner Sozialwissenschaftler in der Landesstrukturkommission konnten von denen der örtlichen Struktur- und Berufungskommission abweichen; insgesamt hatten aber wohl für den Aufbau der Politikwissenschaft die letzteren schon dank ihrer fachlichen Geschlossenheit das größere Gewicht.[53]

Auf Universitätsebene verlief der Aufbauprozeß zweistufig. Abweichend von dem Verfahren in der alten Bundesrepublik wurden die Strukturentscheidungen – in zeitweiser Einschränkung der Hochschulautonomie – nicht von den etablierten Fakultäten oder zentralen Universitätsgremien getroffen, sondern von einer Gründungs- oder Strukturkommission, in der durchweg die extern rekrutierten Mitglieder – ganz überwiegend Fachvertreter aus der alten Bundesrepublik – den Ton angaben. Ein gleiches galt für die sich anschließende zweite Stufe, also die Berufungsverfahren. In der Mehrzahl der Länder waren die Gründungs- oder Strukturkommissionen zugleich Berufungskommissionen. Wo dies – wie in Brandenburg – nicht der Fall war, gab es nach meinem Eindruck mancherlei Reibungsverluste.[54] Für den örtlichen Aufbau des Faches war aber die Figur des örtlichen Gründungsbeauftragten (oder „Gründungsdekans") vielfach von entscheidender Bedeutung, wenn er es verstand, seinen Gestaltungsspielraum zu nutzen.

Von der Soziologie hat Kreckel (1994, 12) gesagt, daß die Gründungs- und Berufungskommissionen „eine Koalition des soliden ... Mainstream" repräsentierten (ähnlich auch Lozac'h 1994, 27ff.). Das gilt der Tendenz nach auch für die Gründungsdekane und Strukturkommissionen in der Politikwissenschaft, wenngleich mit einem nicht unwichtigen Unterschied: Die tendenzielle Segmentierung des Faches in (eher diffuse, partiell aber auch politisch eingefärbte) Richtungen und Wissenschaftskulturen, wie sie seinerzeit zur Sezession der DGfP geführt hatte, fand auch hier einen gewissen Niederschlag, und daher war die informelle Kommunikation zwischen Struktur- oder Berufungskommissionen (auch innerhalb eines einzelnen Landes) wenig entwickelt.[55] Dementsprechend gab es auch bei den politikwissenschaftlichen Kommissionen nicht so ausgeprägte personelle Verflechtungen mit einer Reihe von Mehrfachmitgliedschaften, wie sie sich in der Soziologie beobachten ließen (Kreckel 1994, Tafel IV; Lozac'h 1994).[56] Auffallend ist zudem, daß nur in wenigen Fällen auch ausländische Fachvertreter für die Mitarbeit in diesen Kommissionen herangezogen wurden.[57]

Die dezentralen *Strukturentscheidungen* haben insgesamt – was nicht weiter überraschen kann – die Vorgaben der Wissenschaftsratsempfehlung nicht in Frage gestellt. Dem westdeutschen Vorbild aus den sechziger und siebziger Jahren folgend, wurde die Landnahme des Faches sehr stark mit seiner Bedeutung für die Lehrerausbildung und damit für die politische Erziehung begründet. Mochte dagegen auch angesichts der westdeutschen Erfahrungen mit der arbeitsmarktbedingten Instabilität des Lehramtsstudiengangs eine gewisse Skepsis angebracht sein, so war dies doch ein politisch wirkungsvolles Argument. Auffallend ist im Vergleich zur alten Bundesrepublik, daß ein hoher Anteil der Neugründungen mit politikwissenschaftlichen Diplomstudiengängen eingerichtet wurde, nämlich an vier Universitäten (Humboldt-Universität Berlin, Leipzig, Potsdam, Halle).[58] Das dürfte sich teilweise daraus erklären, daß in den ersten drei Fällen dieser Abschluß schon früh – noch vor Arbeitsbeginn der Struktur- oder Gründungskommissionen – durch die autonomen Restrukturierungsbemühungen der Universitäten präjudiziert war.

Der Ablauf der *Berufungsverfahren* unterschied sich in mancher Hinsicht vom vertrauten Regelfall an den westdeutschen Universitäten. Die Beratungen standen naturgemäß unter einem erheblichen Zeitdruck, weil es stets darum ging, Kommissionsmitglieder mit knappem Zeitbudget aus verschiedenen Herkunftsorten für die Behandlung einer Mehrzahl von Berufungen zusammenzubringen. Das erforderte häufig Verfahrensvereinfachungen insbesondere bei der Vorauswahl. Dies wurde andererseits dadurch erleichtert, daß die Kommissionen in der Regel fachlich homogener waren als normale Berufungskommissionen an westdeutschen Universitäten. Die Zusammensetzung geschah ja vor allem mit Rücksicht auf fachspezifische Kompetenz und Personenkenntnis, so daß die Informations- und Suchprozesse abgekürzt werden konnten. Nach allem, was ich aus Berichten und eigener Anschauung weiß, ist es jedenfalls in der Anfangsphase den meisten Kommissionen bemerkenswert gut gelungen, sich auf der Basis hoher und konsistenter Standards auf Berufungsvorschläge von bemerkenswerter Qualität zu verständigen.[59]

Dies wurde allerdings durch die oben schon angesprochenen Problemvereinfachungsroutinen einerseits, durch eigentümliche situative Ausgangsbedingungen andererseits erleichtert. Ein Element der spezifischen Ausgangssituation war der Umstand, daß es auch in der Politikwissenschaft in einem gewissen Maße jenen „Mobilitätsstau“ bei Nichtordinarien und Privatdozenten gab, den Kreckel (1994, 2) in der Soziologie seit den späten siebziger Jahren beobachtet hat. Daher konnten die Kommissionen zunächst durchaus auf ein Reservoir an gut und breit qualifizierten Kandidaten zurückgreifen. Zu den Routinen der Problemvereinfachung gehörte andererseits, daß die Selektionskriterien, die sich an den westdeutschen Universitäten nach den Turbulenzen der siebziger Jahren weithin durchgesetzt hatten, nicht in Frage gestellt wurden – so insbesondere das Habilitationserfordernis bei Bewerbern, die von deutschen Universitäten kamen.

Bekanntlich gab es eine Vereinbarung der Kultusminister, daß es bei Berufungen von Lehrstuhlinhabern aus der alten Bundesrepublik keine Rückverhandlungen geben solle; sie band freilich nicht die Universitäten. Aber insgesamt hat diese Bremse recht effektiv funktioniert, so hatte man hier insgesamt ganz überwiegend ernsthafte Bewerber.[60] Die Mehrzahl auch der C4-Stellen ist jedoch mit Nichtordinarien besetzt worden. Insofern ist der ganze Prozeß durch ein hohes Maß an *Aufwärtsmobilität* charakterisiert.

Die dominierende Orientierung an den westdeutschen Selektionskriterien ging allerdings in allen Sozialwissenschaften deutlich zu Lasten *ostdeutscher* Bewerber. Sie hatten, wie dies Kreckel (1994, 6ff.) für die Soziologie gezeigt hat, in der Konkurrenz mit Westdeutschen eindeutig die schlechteren Karten. Für die Politikwissenschaft galt dies aus den oben erörterten Gründen erst recht: Auf Professorenebene wurden nur ganz wenige ostdeutsche Bewerber berücksichtigt, die an den betreffenden Hochschulen schon vor der „Wende" gelehrt hatten. Und unter den ostdeutschen Bewerbern, die von den Berufungskommissionen vorgeschlagen wurden, wurden einige dann noch im weiteren Gang des Verfahrens von anderen beteiligten Akteuren (Personalkommissionen der Universitäten, Ministerien) aus nicht immer ganz nachvollziehbaren politischen Gründen abgelehnt.[61] Bewerber aus der außeruniversitären Forschung gab es nur in Ausnahmefällen, und sie kamen so gut wie nirgends zum Zuge. Dies hatte nicht zuletzt damit zu tun, daß „anschlußfähige" ostdeutsche Sozialwissenschaftler insbesondere in der *Akademie für Gesellschaftswissenschaft* gearbeitet hatten, die als Parteieinrichtung einfach untergegangen war.

Man muß hinzufügen, daß im Mittelbau ein höherer Anteil von Ostdeutschen eingestellt wurde. Zwar neigten die neu aus Westdeutschland Berufenen verständlicherweise vielfach dazu, in erster Linie Mitarbeiter mit einer dort erworbenen politikwissenschaftlichen Ausbildung mitzubringen. Diese Tendenz wurde aber dank residualer Mechanismen ostdeutscher Interessenrepräsentation korrigiert, denn den Neuberufenen wurden vielfach Beschäftigungsvorgaben für ostdeutsche Mitarbeiter gemacht, die sich aus Aushandlungsprozessen mit den örtlichen Hochschulleitungen ergeben hatten.

Gemessen an den Zahlenrelationen im Hochschulsystem der DDR ist der *Frauenanteil* nach dessen Neustrukturierung insgesamt unzweifelhaft zurückgegangen. Freilich waren die Frauen auch im DDR-Hochschulwesen auf der Professorenebene deutlich schwächer vertreten als im Mittelbau. Daß bei dem radikalen Personalabbau in den ostdeutschen Universitäten der Mittelbau überproportional reduziert wurde, ging daher auch zu Lasten des Frauenanteils an den Universitäten. Für die Politikwissenschaft ist diese Beobachtung allerdings nur begrenzt relevant, weil es hier ja aus den zuvor erörterten Gründen so gut wie keine institutionelle Kontinuität gegeben hat – man kann den Frauenanteil in den ML-Sektionen nicht gut gegen den Frauenanteil in den neuen politikwissenschaftlichen Instituten rechnen.

Es kommt hinzu, daß bei der Neubesetzung von Professuren nach meiner Umfrage der Frauenanteil bei den Bewerbungen verschwindend klein war (unter 10% bis hin zu 0 %). Angesichts dieser Ausgangslage ist der jetzt erreichte Frauenanteil von etwa 10% bei den Professuren jedenfalls kein Indiz für spezifische Diskriminierung im Prozeß der Neustrukturierung, zumal er deutlich über der in der alten Bundesrepublik erreichten Relation liegt.[62]

5. *Schlußfolgerungen*

Im Transformationsprozeß des ostdeutschen Wissenschaftssystems repräsentiert die Politikwissenschaft den Extremfall des völligen Neuaufbaus. Eine Alternative dazu hat es, so meine ich, grundsätzlich nicht gegeben. Das gilt auch dann, wenn man die Frage aufwirft, ob wir westdeutschen Akteure den eigenständigen ostdeutschen Ansätzen einer sozialwissenschaftlichen Politikforschung ausreichend gerecht geworden sind. Denn die staatliche Vereinigung, wie sie 1990 von beiden Seiten beschlossen wurde, hatte ihre eigentümliche institutionelle Logik: Wenn das Wissenschaftssystem im „Beitrittsgebiet" mit seinen gesellschaftlichen Dienstleistungen – insbesondere der Ausbildung von Studenten – innerhalb des gesamtdeutschen Wissenschaftssystems konkurrenzfähig werden sollte, mußte es sich den Standards des dominanten westdeutschen Systems anpassen. Für langsame Lernprozesse blieb wenig Raum.

Das heißt nicht, daß der Ablauf des Prozesses nur von der Funktionslogik eines dominanten Wissenschaftssystems bestimmt wurde. Sektorale Variationen im Vereinigungsprozeß haben mit spezifischen Interessenlagen, Handlungsressourcen und symbolischen Identifikationen der kollektiven Akteure in beiden Teilen Deutschlands zu tun. Daß die Handlungsressourcen der westdeutschen Seite im Fall der Politikwissenschaft weit überlegen waren, ist offenkundig. Darum dominierten auch deren eigentümliche Betroffenheit und Identitätsprobleme.

In ihren Untersuchungen über das Ende der *Akademie der Wissenschaften* hat Renate Mayntz (1992,1994) bei den westdeutschen Wissenschaftsorganisationen den institutionellen Konsens über die „wechselseitig akzeptierten Identitäten" einerseits, das Maß der eigenen Betroffenheit andererseits als handlungsleitende Faktoren herausgearbeitet (Mayntz 1992, 76 ff.). „Identitätskonform" war auch die Strategie des wissenschaftlichen Fachverbands der Politikwissenschaft: Das Identitätsproblem und das ausgeprägte Interesse an der institutionellen Konsolidierung einer Disziplin in wissenschaftspolitisch prekärer Lage, die für die DVPW in den achtziger Jahren Leitlinie gewesen waren, bestimmte nun auch ihren Umgang mit den programmatischen Ansätzen einer Politikwissenschaft in der ausgehenden DDR. Mit der staatlichen Vereinigung trat dann das Interesse hinzu, die eigene Organisationsdomäne relativ zu anderen Disziplinen zu behaupten – und das konnte in der gegebenen Situation nur mit einer Politik geschehen, die hier als „Landnahme" in Ostdeutschland charakterisiert wird. „Identitätskonform" agierte die DVPW insbesondere mit der nachdrücklichen Forderung, den Aufbau des Faches in Ostdeutschland an den historisch entwickelten „Kerngebieten" zu orientieren, mit denen sich die Politikwissenschaft gegen die Außenwelt abzugrenzen pflegt. Identitätskonform verhielten sich aber auch die große Mehrzahl der Gründungs- und Berufungskommissionen und der neuberufenen Politikwissenschaftler beim Umgang mit alternativen Studiengangskonzepten, die sich womöglich in der eigentümlichen ostdeutschen Situation hätten anbieten können.[63]

Diese Fallstudie hat sich auf die Entwicklungen beschränkt, die zur Etablierung der Politikwissenschaft an den Universitäten des „Beitrittsgebietes" führte. Die Herausforderungen, welche sich mit der deutschen Vereinigung an die politikwissenschaftliche Forschung – auch in der alten „Bundesrepublik" – stellen, können in diesem Rahmen nicht im einzelnen diskutiert werden.[64] Renate Mayntz hat unlängst bemerkt (1994b), „daß die deutsche Vereinigung die Sozialwissenschaft zwar angeregt, aber nicht weiter gebracht hat, d.h. zu keinem 'Theoriesprung' geführt hat", und überwiegend rein deskriptive Begleitforschung hervorgebracht habe.[65] Wenn das für die derzeitigen Lage der Forschung zutreffen sollte, so muß es nicht so bleiben. Die deutsche Vereinigung stellt einen so außergewöhnlichen Fall tiefgreifenden institutionellen Wandels dar, daß eine empirisch fundierte politikwissenschaftliche Institutionentheorie daran nicht wird vorbeigehen können.

Politikwissenschaftliche Forschung über die ostdeutsche Transformation wird sich nicht auf den „Institutionentransfer" beschränken und nicht erst im Jahre 1990 einsetzen können. Der Zusammenbruch des DDR-Regimes hat ja nicht einfach eine tabula rasa hinterlassen, und manches spricht dafür, daß es auf der institutionellen Mesoebene eigentümliche Kontinuitäten oder Pfadabhängigkeiten gibt, die das Modell der alten Bundesrepublik modifizieren können. Die Forschung wird sich daher auch mit den intermediären Strukturen der DDR als einer institutionellen Ausgangsbasis beschäftigen müssen. Hier gibt es außerordentliche Forschungslücken. Die prognostischen Fehler der früheren DDR-Forschung sind mit mancher wohlfeilen Schelte bedacht worden. Sie sind freilich – und zwar aus wissenschaftstheoretischen Gründen – eher entschuldbar als jene höchst spekulativen Fehlprognosen, die nach den Wahlen von 1990 den zu erwartenden Niedergang der PDS ankündigten.[66] Aber es gab in der DDR-Forschung deutliche Schwerpunkte und dementsprechend auch deutliche Lücken. Der eine Schwerpunkt war der Herrschaftsapparat, insbesondere die SED,[67] der andere die Basisstrukturen – insbesondere die politische Kultur der DDR. Dagegen wurden insbesondere die Institutionen der Mesoebene einschließlich der Verwaltung stark vernachlässigt, und hier besteht unzweifelhaft ein erheblicher Nachholbedarf nicht nur für die zeitgeschichtlche, sondern auch die politikwissenschaftliche Forschung.

Anmerkungen

1 Eine Reihe von Beteiligten haben mir mit Informationen und Kritik geholfen; sie werden bei den jeweiligen Abschnitten aufgeführt. Davon abgesehen beruhen meine empirischen Daten zu einem großen Teil auf teilnehmender Beobachtung, oder genauer: beobachtender Teilnahme, zunächst sechs Jahre lang (bis 1991) im Exekutivkomitee der IPSA und zugleich (als kooptiertes Mitglied) im Vorstand der DVPW, dann nach dem Ende der DDR insbesondere als Mitglied einer von der Universität Leipzig eingesetzten Kommission (mit Walter Euchner und Michael Greven) zur Evaluierung der ehemaligen Sektion "Wissenschaftlicher Kommunismus", als Mitglied von Gründungs- bzw. Berufungskommissionen in Leipzig, Potsdam und Frankfurt/Oder, und als zeitweiliger Gastprofessor an der Humboldt-Universität. Ich lege Wert auf die Feststellung, daß ich diese Analyse nicht im Namen der DVPW vorgelegt habe und meine Bewertungen nur mir persönlich zugerechnet werden sollten .

2 Ich sollte hier anmerken, daß ich das vor dem Hintergrund meiner eigenen Erfahrung dieser Geschichte sehe, seit ich vor 41 Jahren (nach einem abgeschlossenen Theologiestudium) wissenschaftlicher Mitarbeiter an dem neu eingerichteten Lehrstuhl von Theodor Eschenburg wurde - in einem Fach, das ich mir erst dann durch ein Zweitstudium näher zu erschließen begann.

3 Auch die frühen Schüler der Gründer kamen übrigens (wie ich selbst) noch überwiegend vom Studium anderer Disziplinen her.

4 Das European Consortium for Political Research (ECPR) spielte hier eine ungemein wichtige Mittlerrolle.

5 Hans Daalder bereitet einen Sammelband zur "intellectual autobiography of European comparative politics" vor, in dem diese Entwicklungen sehr anschaulich werden.

6 Für weiterführende und kritische Hinweise zu diesem Abschnitt danke ich Hans-Joachim Glaeßner, Bernd Hölzer, Rolf Reißig, Anna Schwarz, Dieter Segert und Holger Wartmann.

7 Während die erwähnte Vereinigung von den "politischen Wissenschaften" im Plural sprach (Sowjetskaja Assoziazija Polititscheskich Nauk), gebrauchte Burlacki den Terminus polititscheskaja nauka (im Singular).

8 Hierher gehörte insbesondere die Gründung einer Reihe interdisziplinärer Institute für Regionalstudien, unter anderem des bekannten Nordamerika-Intituts unter Arbatow.

9 Zeitweilig hieß diese Teildisziplin auch "Wissenschaftlicher Sozialismus". Die anderen drei Teilfächer, die in den ML-Sektionen gelehrt wurden, waren Philosophie, Geschichte und Politische Ökonomie. Die Einteilung geht vor allem auf Lenins Unterscheidung von "drei Bestandteilen des Marxismus" zurück.

10 Vgl. Wartmann 1993, 16 f. - Der Lehrkörpers des 1951 eingeführten "gesellschaftswissenschaftlichen Grundstudiums" wurde zunächst aus jungen Hochschulabsolventen rekrutiert und in "Intensivlehrgängen" ausgebildet.

11 Vgl. den Auszug aus der Empfehlung im Quellenanhang Nr. 8.

12 So gab es z.B. durchaus soziologische oder historische Forschung auch an den Universitäten.

13 Zum folgenden - am Beispiel der Osteuropaforschung - des näheren Heinrich et al. (1991).

14 Der Plural "politische Wissenschaften" markierte dabei - wie ursprünglich auch in der Sowjetunion - die Vorbehalte der Disziplinen, die ihre Organisationsdomäne nicht von einer verselbständigten Politikwissenschaft in Frage stellen lassen wollten.

15 So Hansgünter Meyer (1994, 27) über das parallel dazu eingerichtete Nationalkomitee für Soziologische Forschung. Wissenschaftliche Fachverbände, die auf freier Mitgliedschaft beruhten, gab es in den Sozialwissenschaften nicht.

16 Da Karl-Heinz Röder und ich selbst seit 1985 dem Exekutivkomitee der IPSA angehörten, beruhen die folgenden Informationen auch auf eigenen Beobachtungen. Bleeks Informationen über Röders Rolle in der IPSA (1990, 1680 f.; 1992, 683) sind korrekturbedürftig; so war er zu keiner Zeit Vizepräsident.

17 Die Reihe behandelte die USA (zuletzt: Röder 1987), Großbritannien (Röder 1982), die Bundesrepublik Deutschland (Röder 1985), die EG (Dost/Hölzer 1986) und Frankreich (Röder 1989). Das Erscheinen des EG-Bandes verzögerte sich wegen des Vorwurfs, der Europäischen Gemeinschaft werde mit dem ursprünglich vorgesehenen Titel "Das politische System der EG" Staatsqualität zugeschrieben; er erhielt dann den Verlegenheitstitel "Der politische Mechanismus der EG" (Hervorhebung von mir, G.L.). Ein letzter Band über Japan blieb 1990 halbfertig stecken.

18 Die Qualifizierung des Nationalkomitees als "eher plakativ" (Segert 1991, 114) vernachlässigt offensichtlich die politikwissenschaftlichen Publikationen dieser Gruppe. Aber auch der Wissenschaftsrat hat in seinem Bericht über die Evaluierung des früheren Instituts für Theorie des Staates und des Rechts (1992,67-74) diese Arbeiten völlig ignoriert.

19 Dies hat mir Röder im persönlichen Gespräch auch unumwunden bestätigt. Zu Einzelheiten dieses Tabus vgl. insbes. Berg et al. 1992.

20 Uwe-Jens Heuer - der in engem Kontakt zu den Reformsozialisten der Humboldt-Universität stand - war schon seit vielen Jahren das enfant terrible des Instituts gewesen, und die Auseinandersetzungen mit Weichelt und anderen konservativen Institutskollegen waren durchaus publik (vgl. die Kontroverse in: Heuer 1986). In seinem damals auch in Westdeutschland beachteten Buch "Marxismus und Demokratie"(1989; die westdeutsche Ausgabe mit einem Vorwort von Werner Maihofer) entwickelte er die theoretischen Grundlagen eines Reformprogramms, das in vieler Beziehung der sowjetischen perestroika verwandt war. Röder selbst beklagte sich bei mir im Frühjahr 1990, daß ihn Heuer als "alten Stalinisten" beschimpfe.

21 Ein Beispiel hierfür ist die seinerzeit als "parteiinternes Material" klassifizierte Habilitationsschrift von Anna Schwarz (1988): Sie ging in einer bemerkenswert differenzierten sozialwissenschaftlichen Analyse den Variationen im sozialstrukturellen und Wertewandel nach, die der unterschiedlichen Strategieentwicklung der italienischen und französischen Kommunisten zugrundelagen. Dabei war zwar nicht ausgeführt, aber offensichtlich impliziert, daß die reformistische Wendung der KPI die notwendige Konsequenz aus den Modernisierungsprozessen der italienischen Gesellschaft war. In einem mir vorliegenden Bericht, den Anna Schwarz nach einer erneuten Forschungsreise im Frühjahr 1989 erstellte, übermittelte sie denn auch die Kritik der italienischen Kommunisten am Kurs der SED-Führung in bemerkenswert deutlicher Weise.

22 Als Schaltstellen der Wissenschaftsorganisation der DDR waren die "Wissenschaftlichen Räte" organisatorisch jeweils an bestimmte wissenschaftliche Einrichtungen (in der Mehrzahl an die AdW) angebunden. Bei der AfG ressortierten unter anderem der Räte für Wissenschaftlichen Kommunismus, für Soziologische Forschung, für internationale Arbeiterbewegung, und für Ökonomie und Politik sozialistischer Länder. Sie wurden als Kern eines "komplexen, vertikal und horizontal gegliederten, subtil durch Fremd- und Selbstkontrolle verfestigten Kommunikations- und Leitungssystems der Gesellschaftswissenschaften" beschrieben (Heinrich et al. 1991, 12).

23 Vgl. den Bericht über ein Referat von Reißig im Quellenanhang Nr. 1.

24 Charakteristisch für den Zusammenhang der Reformprogrammatik mit einem sozialwissenschaftlichen Forschungsprogramm: Quellenanhang Nr. 2.

25 Die Autoren aus der AfG sahen die sozialwissenschaftlichen Defizite ihrer Arbeiten sehr gut (vgl. Adler/Reißig 1991).

26 Greven (1993, 172f.) hat dargestellt, wie die Evaluierungskommission bei der WK-Sektion Leipzig das Kriterium der "Anschlußfähigkeit" handhabte.

27 Die Initiative zur Umbenennung der Leipziger Sektion "Wissenschaftlicher Kommunismus" in "Sektion Politikwissenschaft und Soziologie" datierte vom 10. November 1989. Über die Abläufe in Halle s. Hartwich 1994, 89ff.

28 Siehe den Gründungsaufruf im Quellenanhang Nr. 3. Dem Vorstand gehörten Uwe-Jens Heuer (Jurist, AdW), Rosemarie Will (Juristin, HUB), Dieter Segert (Philosoph, HUB), Dieter Klein (Politökonom, HUB), Rolf Reißig und Frank Berg (beide früher AfG) an. Die Gesellschaft löste sich im Frühjahr 1991 wieder auf.

29 So insbesondere an der Humboldt-Universität, wo es einerseits die in "Politikwissenschaft" umfirmierten Reste der ML-Sektion unter der Federführung von Heinz Niemann gab (vgl. dazu Quellenanhang Nr. 4), andererseits das von Dieter Klein gegründete "Institut für interdisziplinäre Zivilisationsforschung" als eine Art Nachfolgeeinrichtung des "Projekts Moderner Sozialismus".

30 Auf die Entwicklungen in der Akademie für Gesellschaftswissenschaft kann ich hier nicht im einzelnen eingehen. Im Dezember 1989 löste sich der (inzwischen so genannte) Rat für Politikwissenschaft auf. Während die Mehrheit das Projekt einer - an die SED/PDS angelehnten - "parteinahen Stiftung" westdeutschen Musters verfolgte, gründete eine Minderheit unter Reißig das Berliner Institut für sozialwissenschaftliche Studien (BISS), das sich später von der PDS löste. Es findet inzwischen auch in der westdeutschen Sozialwissenschaft Beachtung.

31 Schluchter (1994, 114ff.) hat die unterschiedliche Ausgangslage für Soziologie und Politikwissenschaft am Leipziger Beispiel zutreffend herausgearbeitet.

32 Vgl. dazu auch die "Erklärung des Vorstands der Deutschen Gesellschaft für Soziologie (DGS) zur Lage der Soziologie in der ehemaligen DDR" (Zapf/Thurn 1990, 79f.).

33 Der Berliner Soziologe Arthur Meier war zuletzt Vizepräsident der International Sociological Association.

34 Hinweise zu diesem Abschnitt verdanke ich insbesondere Beate Kohler-Koch und Max Kaase.

35 Siehe Quellenanhang Nr. 5 und 6; vgl. auch Meyer 1993, 123.

36 Zu diesen Entwicklungen vgl. insbesondere den Bericht von einer Informationsreise durch die Universitäten der DDR, die Hans-Hermann Hartwich mit Unterstützung des BMFT geführt hatte (Auszüge im Quellenanhang Nr. 7).

37 Es gab darüber nach meiner Erinnerung innerhalb von Vorstand und Beirat der DVPW überhaupt keine Meinungsunterschiede. Die folgende Analyse sollte auch nicht als Distanzierung von einer Strategie verstanden werden, die ich selbst damals nachdrücklich befürwortet habe.

38 Daß in der Vergangenheit auch die Soziologie mit erheblichen Identitätsproblemen zu kämpfen hatte, hat Lepenies (1985) herausgearbeitet. Zum Problem der Wissenschaftskulturen vgl. jetzt auch Huber/Thurn (1993); allerdings konzentriert sich die Diskussion auch hier noch auf das Schisma von Natur-, Geistes- und Ingenieurwissenschaften. Aber es liegt m.E. auf der Hand, daß es eine solche kulturelle Segmentierung auch innerhalb einzelner Sozialwissenschaften gibt.

39 Die kulturelle Segmentierung wird besonders am Teilnehmerprofil der jeweiligen Kongresse deutlich.

40 Vgl. den Text im Quellenanhang Nr. 8.

41 Zugleich verschärfte der Vorstand die Aufnahmekriterien der DVPW mit dem Ziel, ehemalige Mitglied von ML-Sektionen ablehnen zu können, wenn sie nicht durch fachwissenschaftliche Publikationen ausgewiesen waren.

42 Diese Zielsetzung wurde von Hartwich (1990) besonders nachdrücklich formuliert. Hartwich, nach der Sezession der DGfP (1983) zum Vorsitzenden gewählt, hatte sich in seiner fünfjährigen Amtszeit mit großem Einsatz der Konsolidierung der DVPW als des wissenschaftlichen Fachverbandes der Disziplin gewidmet. Der "Arbeitskreis Politikwissenschaft" formulierte insbesondere am 9. November 1990 "Ziele und Grundsätze für die Verankerung der Politikwissenschaft in Lehre und Forschung an den Universitäten der neuen Bundesländer", die den Empfehlungen des Hartwich-Berichtes folgten.

43 Vorsitzender dieser Kommission war Max Kaase; außerdem gehörte ihr Peter Graf Kielmansegg an.

44 Es war unter diesen Prämissen auch verteilungspolitisch rational, möglichst jüngere Kollegen mit entsprechender Lebenserwartung zu berufen. Dies mag ein Grund dafür sein, daß die von den Kultusministern vereinbarte Aufhebung der Altersgrenzen für Berufungen in die neuen Bundesländer praktisch irrelevant blieb.

45 Das erwähnte Gutachten ließ aber offen, ob nicht die Zuordnung der Lehrstühle auch beispielsweise quer zur Aufgabenteilung in Innen- und Außenpolitik erfolgen könnte (Lepsius 1961, 111).

46 Parallel-Lehrstühle, wie sie im Zuge der Hochschulreformen seit den sechziger Jahren vielfach eingerichtet wurden, spielen bezeichnenderweise in der Politikwissenschaft immer noch kaum eine Rolle.

47 Dies waren: Politische Theorie und Philosophie, Politisches System der Bundesrepublik Deutschland, Analyse und Vergleich unterschiedlicher Systeme, Internationale Beziehungen und Außenpolitik, Methoden der Politikwissenschaft, Politik und Wirtschaft.

48 Vgl. den Text im Quellenanhang Nr. 9. - Eine fünfte, von den Fachvertretern anvisierte Professur für politische Didaktik fiel schließlich den Beratungen im Wissenschaftsrat zum Opfer (Mitteilung von Max Kaase). Auch für die Soziologie wurde übrigens eine Mindestausstattung mit vier Professuren empfohlen (vgl. Kreckel 1994, 5).

49 Allenfalls für die Internationale Politik wird man inzwischen an größeren politikwissenschaftlichen Einrichtungen fast überall eine faktisch so spezialisierte Stelle finden. Dagegen sind der politischen Theorie gewidmete Stellen keineswegs die Regel, und eine in Stellenzuweisungen fixierte Unterscheidung von "Deutschem Regierungssystem" und "Systemvergleich" (die im Lepsius-Gutachten von 1961 noch beide zur "Innenpolitik" gerechnet wurden) erst recht nicht. Die hier angeschnittene wissenschaftssystematische Problematik beabsichtige ich an anderer Stelle ausführlicher zu erörtern.

50 Das entspricht fast genau dem Zuwachs von 50 Professorenstellen bei den Soziologen (Kreckel 1994, 6).

51 Für Informationen zu diesem Abschnitt danke ich den Kollegen Fenner, Forndran, Hartwich, Kaase, Friedhelm Neidhardt, Oberndörfer, Oberreuther und Puhle.

52 Für die Soziologie hat Kreckel (1994) die Möglichkeit zumindest erwogen, daß die WR-Empfehlungen einen längerfristig wirksamen Standard der Wissenschaftssystematik gesetzt haben könnten.

53 In Thüringen waren die örtlichen Struktur- und Berufungskommissionen Unterkommissionen der Landesstrukturkommission.

54 Insbesondere war nicht immer gesichert, daß das Gründungskonzept einer Strukturkommission anschließend durch die Selektionsprozesse der Berufungskommission konsequent umgesetzt wurde.

55 Die in manchen westdeutschen Länderverwaltungen anzutreffende Neigung, Berufungen in der Politikwissenschaft als politische (sei es wissenschaftspolitische oder auch im engeren Sinne parteipolitische) Richtungsentscheidungen zu behandeln, fand gelegentlich wohl auch über die Verwaltungshilfe von Patenschaftsländern in ostdeutschen Länderverwaltungen und über die Querverbindungen mit parteinahen Stiftungen einen Niederschlag. Vgl. u.a. Schluchter 1994, 130.

56 Mehrfachmitgliedschaften gab es einerseits bei amtierenden und früheren DVPW-Vorsitzenden: Frau Kohler-Koch hat Berufungskommissionen an zwei Universitäten angehört (Leipzig, Frankfurt/O.), ich selbst an dreien (Leipzig, Potsdam, Frankfurt/O.). Zum andern gab es sie bei Kollegen, die szt. die DVPW verlassen hatten (Wolfgang Jäger, Rostock und Potsdam; Hans-Peter Schwarz, Rostock und LSK Thüringen). In Rostock gehörte keines der Mitglieder der Berufungskommission der DVPW an. Diese Fraktionierungen haben aber in den Berufungsvorschlägen überwiegend keinen erkennbaren Niederschlag gefunden.

57 Die bemerkenswerteste Ausnahme war hier wohl die neugegründete "Europa-Universität Viadrina" in Frankfurt/Oder.

58 In der Wissenschaftsratsempfehlung hieß es, daß ein Diplomstudiengang in den alten Bundesländern nur von wenigen Universitäten angeboten werde, und "gleiches sollte auch für die neuen Bundesländer gelten".

59 Inzwischen haben die Besetzungsschwierigkeiten offenbar stark zugenommen.

60 Allerdings haben sich relativ wenige C4 -Professoren (oder ausländische Äquivalente) beworben; unter ihnen haben dann nach meiner Erhebung sechs den Ruf angenommen (Behrmann, Potsdam, früher Vechta; Elsenhans, Leipzig, früher Konstanz; Forndran, Magdeburg, früher Braunschweig; Hartwich, Halle/S., früher Hamburg; Kitschelt, mit "dual appointment" an Humboldt-Universität und Duke University; Weiler, Frankfurt/O., früher Stanford) und drei abgelehnt.

61 In der Politikwissenschaft wurden bisher lediglich je eine C3-Professur neuen Rechts an der Humboldt-Universität, in Frankfurt/Oder und in Potsdam sowie zwei befristete C2-Hochschuldozenturen in Leipzig mit Ostdeutschen besetzt. Einem Berufungsvorschlag auf der C4-Ebene (ebenfalls an der Humboldt-Universität) ist die Verwaltung nicht gefolgt; der vorgeschlagene Kollege wurde auf einer Professorenstelle minderen Ranges weiterbeschäftigt. In der Soziologie liegt die Zahl der Ostdeutschen etwas höher (Kreckel 1994, 8).

62 Nach meiner Auszählung der Vorlesungsverzeichnisse der deutschen Hochschulen beträgt der Frauenanteil bei planmäßigen Professuren der Politikwissenschaft in Westdeutschland gegenwärtig etwa 6%, bei außerplanmäßigen und Honorarprofessuren 5%.

63 Das am Arbeitsmarkt bisher recht erfolgreiche Modell des interdisziplinären Konstanzer Verwaltungsstudiengangs, in dem die Politikwissenschaft die tragende Säule darstellt, ist zwar an verschiedenen Orten erwogen worden (vgl. Lehmbruch 1991), aber insgesamt überwogen Widerstände, die nach meinem Eindruck vor allem in den Identitätsängsten der Mehrzahl der auf den verschiedenen Entscheidungsstufen beteiligten Politikwissenschaftler wurzelten. Hier wurde m.E. eine Chance versäumt, die sich gerade angesichts der hinlänglich bekannten Rekrutierungsprobleme der ostdeutschen Verwaltungen hätte nutzen lassen. Das ist um so auffallender, als dieses Ergebnis auch deutlich hinter der - insoweit innovationsfreudigeren - Wissenschaftsratsempfehlung vom 17.5.1991 zurückbleibt.

64 Die Bilanz des Versuchs, die Begleitforschung zum ostdeutschen Transformationsprozeß mit einer "Kommission für die Erforschung des sozialen und politischen Wandels in den neuen Bundesländern" institutionell zu unterbauen (dazu die Empfehlung in: Wissenschaftsrat 1992, 13-17), wird derzeit wohl noch zurückhaltend ausfallen müssen. Die der KSPW gleichzeitig zugedachte wissenschaftspolitische Zielsetzung, qualifizierte Sozialwissenschaftler aus der ehemaligen DDR in den Neuaufbau der Sozialwissenschaft einzubeziehen und ihre Kontextkenntnisse zu nutzen, ist offenbar bei den beteiligten Politikwissenschaftlern nur auf begrenzte Gegenliebe gestoßen.

65 "Die Kontroversen, die dabei entstehen, sind nicht eigentlich theoretische Kontroversen, sondern unterschiedlich akzentuierte Interpretationen und Verlaufsprognosen, wobei es vor allem um das Prozeßergebnis geht und weniger um die kausalen Mechanismen, die es produzieren" (Mayntz 1994c).

66 Vgl. den Beitrag von Charles S. Maier in diesem Band.

67 Hier ist insbesondere im Zentralinstitut 6 der FU Berlin wichtige Arbeit geleistet worden.

Literaturverzeichnis

Adler, Frank/Rolf Reißig (1991), Sozialwissenschaftliche Forschung als „Modernisierungs-Ferment" des Realsozialismus – eine gescheiterte Illusion?, in: *BISS-Public*, Heft 4, 5-37.

Becker, Carl Heinrich (1919), Gedanken zur Hochschulreform (Quelle & Mayer, Leipzig).

Ben-David, Joseph/Abraham Zloczower (1962), Universities and academic systems in modern societies, in: *European Journal of Sociology* 3, 45-84.

Ben-David, Joseph (1984^2), The scientist's role in society: a comparative study (Prentice-Hall, Englewood Cliffs N.J.).

Berg, Frank (1988), Sozialismus, Demokratie und Menschenrechte in der internationalen Klassenauseinandersetzung, in: Informationsbulletin Wissenschaftlicher Sozialismus (Akademie für Gesellschaftswissenschaft beim ZK der SED, Institut für Wissenschaftlichen Kommunismus) 15, Heft 1.1, 33-38.

Berg, Frank/Bärbel Möller/Rolf Reißig (1992), Pro und contra politikwissenschaftliche Forschung in der DDR, in: *Politische Vierteljahresschrift* 33,256-277.

Beyme, Klaus von (1989), Wissenschaft und Politik im Sozialismus. Die Rolle der sozialwissenschaftlichen Empirie im Herrschaftsprozeß der Sowjetunion, in: Ralf Rytlewski, Hrsg., Politik und Gesellschaft in sozialistischen Ländern (Westdeutscher Verlag, Opladen), 63-76.

Beyme, Klaus von (1991), Selbstgleichschaltung: Warum es in der DDR keine Politologie gegeben hat, in: Giesen/Leggewie, a.a.O., 123-131.

Blanke, Bernhard/Ulrich Jürgens/Hans Kastendiek, Kritik der Politischen Wissenschaft (Campus Verlag, Frankfurt/Main 1975).

Bleek, Wilhelm (1990), Der Aufbau der Politikwissenschaft in der ehemaligen DDR, in: *Deutschland-Archiv* 23, 1678-1688.

Bleek, Wilhelm (1992), Der Aufbau der Politikwissenschaft in den neuen Bundesländern: ein Zwischenbericht, in: *Deutschland-Archiv* 25, 681-690.

Brie, Michael/Rainer Land/Hannelore Petsch/Dieter Segert/Rosemarie Will (1989), Studie zur Gesellschaftsstrategie (Dietz Verlag, Berlin).

Brie, Michael (1990), Die Erarbeitung einer Konzeption des modernen Sozialismus: Thesen in der Diskussion, in: *Deutsche Zeitschrift für Philosophie* 38, 218-229.

Brown, Archie (1986), Political science in the USSR, in: *International Political Science Review* 7, 443-481.

Dost, Axel/Bernd Hölzer (1986), Der politische Mechanismus der EG (Staatsverlag der DDR, Berlin).

Giesen, Bernd/Claus Leggewie, (1991a), Sozialwissenschaften vis-à-vis: Ein sozialer Großversuch, in: Giesen/Leggewie, a.a.O., 7-18.

Giesen, Bernd/Claus Leggewie, Hrsg. (1991), Experiment Vereinigung: Ein sozialer Großversuch (Rotbuch Verlag, Berlin)

Greven, Michael Th. (1993), Bericht über das Ende des Wissenschaftlichen Kommunismus und die Anfänge der Politikwissenschaft an der Universität Leipzig 1989 bis 1991, in: Greven/Koop, op.cit., 155-176.

Greven, Michael Th./Dieter Koop, Hrsg. (1993), War der wissenschaftliche Kommunismus eine Wissenschaft? Vom Wissenschaftlichen Kommunismus zur Politikwissenschaft (Leske+Budrich, Opladen).

Hartwich, Hans-Hermann (1994), Hochschulerneuerung an der Martin-Luther-Universität Halle-Wittenberg: ein Zwischenbericht, in: Mayntz 1994b, 83-110.

Heinrich, Manfred/Günter Pollach/Anna Schwarz/Manfred Stelter (1991), Die Osteuropa-Forschung in der DDR: Bilanz und Perspektiven (Berichte des Bundesinstituts für ostwissenschaftliche und internationale Studien 8/1991, Köln).

Heuer, Uwe-Jens (1986), Überlegungen zur sozialistischen Demokratie (Sitzungsberichte der Akademie der Wissenschaften der DDR, Gesellschaftswissenschaften, Jahrgang 1986, Nr. 7/G)

Heuer, Uwe-Jens (1989), Marxismus und Demokratie (Staatsverlag der DDR, Berlin; westdeutsche Lizenzausgabe: Nomos, Baden-Baden)

Huber, Joseph/Georg Thurn, Hrsg. (1993), Wissenschaftsmilieus: Wissenschaftskontroversen und soziokulturelle Konflikte (Edition Sigma, Berlin).

Huntington, Samuel (1968), Political order in changing societies (Yale University Press, New Haven).

Koop, Dieter (1993), Wissenschafts- und Politikverständnis im Wissenschaftlichen Kommunismus, in: Greven/Koop 1993, 35-48.

Koop, Dieter/Holger Wartmann (1993), Rück-Sichten auf „das gelebte Leben“, in: *Politische Vierteljahresschrift* 34, 98-104.

Kreckel, Reinhard (1994), Soziologie an den ostdeutschen Universitäten: Abbau und Neubeginn (Der Hallesche Graureiher 94-4, Forschungsberichte des Instituts für Soziologie, Martin-Luther-Universität Halle-Wittenberg, Halle/S.)

Kreyenberg, Peter (1992), Die Rolle der Kultusministerkonferenz im Zuge des Einigungsprozesses, in: Mayntz 1994b, 191-204.
Krull, Wilhelm (1992), Neue Strukturen für Wissenschaft und Forschung. Ein Überblick über die Tätigkeit des Wissenschaftsrates in den neuen Ländern, in: *Aus Politik und Zeitgeschichte*, B 51/92, 15-28.
Lamnek, Siegfried (1992), Anschluß oder Eigenständigkeit? Dilemmata der Soziologenverbände nach der Wende, in: Volker Eichener u.a., Hrsg., Organisierte Interessen in Ostdeutschland (Metropolis-Verlag, Marburg), 267-294.
Land, Rainer (1990), Hrsg., Das Umbaupapier (DDR) (Rotbuch Verlag, Berlin)
Land, Rainer/Ralf Possekel (1992), Intellektuelle aus der DDR: Diskurs und Identität (KSPW-Kurzstudie).
Land, Rainer (1994), Waren die Reformsozialisten verhinderte Sozialdemokraten?, in: Die real-existierende postsozialistische Gesellschaft. Wissenschaftliche Konferenz der Brandenburgischen Landeszentrale für Politische Bildung, Potsdam, 14-16. Dezember 1993 (Gesellschaft für sozialwissenschaftliche Forschung und Publizistik, Berlin), 233-248.
Lehmbruch, Gerhard (1991), Alternativen bei der Einrichtung eines Studiengangs „Politikwissenschaft mit verwaltungswissenschaftlichem Schwerpunkt" und ihre Voraussetzungen. Diskussionsbeitrag für die Sitzung der Gründungskommission Politikwissenschaft an der Universität Leipzig, 12.6.1991. (vervielf. Ms.).
Lehmbruch, Gerhard (1995), Sektorale Variationen in der Transformationsdynamik der politischen Ökonomie Ostdeutschlands, in: Wolfgang Seibel u.a., Hrsg., Regierungssystem und Verwaltungspolitik: Beiträge zu Ehren von Thomas Ellwein (im Erscheinen, Westdeutscher Verlag, Opladen).
Lepenies, Wolf (1985), Die drei Kulturen: Soziologie zwischen Literatur und Wissenschaft (Hanser, München).
Lepsius, M. Rainer (1961), Denkschrift zur Lage der Soziologie und der Politischen Wissenschaft (Steiner, Wiesbaden).
Lepsius, M. Rainer (1990), Zur Lage der Soziologie an den Universitäten der DDR, in: *Kölner Zeitschrift für Soziologie und Sozialpsychologie* 42, 313-323.
Lepsius, M. Rainer (1993), Zum Aufbau der Soziologie in Ostdeutschland, in: *Kölner Zeitschrift für Soziologie und Sozialpsychologie* 45, 305-337.
Lozac'h, Valérie (1994), La restructuration des facultés de sociologie dans l'ex-R.D.A.: Les examples de Berlin-Est, Halle et Leipzig, in: Les Cahiers de l'Observatoire de Berlin (Observatoire de Berlin – ROSES – CNRS, Berlin), 9-74.
Maier, Lutz, et al. (1971), Der Imperialismus der BRD (Institut für Gesellschaftswissenschaften beim ZK der SED, Berlin).
Mayntz, Renate (1994), Deutsche Forschung im Einigungsprozeß: Die Transformation der Akademie der Wissenschaften der DDR 1989 bis 1992 (Campus, Frankfurt/New York).
Mayntz, Renate, Hrsg. (1994b), Aufbruch und Reform von oben: ostdeutsche Universitäten im Transformationsprozeß (Campus, Frankfurt/New York).
Mayntz, Renate (1994c), Die deutsche Vereinigung als Prüfstein für die Leistungsfähigkeit der Sozialwissenschaften, in: *BISS-public*, Heft 13, 21-24.
Meyer, Hansgünter (1994), Soziologie in der DDR: Erfahrungen mit einer erodierten Disziplin, in: *WZB-Mitteilungen* 65, 27-31.
Meyer, Hans Joachim (1993), Zwischen Kaderschmiede und Hochschulrecht, in: Peer Pasternack, Hrsg., IV. Hochschulreform: Wissenschaft und Hochschulen in Ostdeutschland 1989/90: Eine Retrospektive (Leipziger Universitätsverlag, Leipzig), 116-135.
Mittelstraß, Jürgen (1993), Natur und Geist. Von dualistischen, kulturellen und transdisziplinären Formen der Wissenschaft, in: Huber/Thurn 1993, 69-84.
Powell, David E./Paul Shoup (1970), The emergence of political science in communist countries, in: *American Political Science Review* 64, 572-588.
Robischon, Thomas/Andreas Stucke/Jürgen Wasem/Hans-Georg Wolf (1994), Die politische Logik der deutschen Vereinigung und der Institutionentransfer: Eine Untersuchung am Beispiel von Gesund-

heitswesen, Forschungssystem und Telekommunikation (MPIFG Discussion Paper 94/3, Max-Planck-Institut für Gesellschaftsforschung, Köln).

Röder, Karl-Heinz, Hrsg. (1989), Das politische System Frankreichs: von der Französischen Revolution bis zur Gegenwart (Staatsverlag der DDR, Berlin)

Röder, Karl-Heinz, Hrsg. (1985), Das politische System der BRD: Geschichte und Gegenwart (Staatsverlag der DDR, Berlin)

Röder, Karl-Heinz (1980), Das politische System Großbritanniens: Von der englischen bürgerlichen Revolution bis zur Gegenwart (Staatsverlag der DDR, Berlin).

Röder, Karl-Heinz, Hrsg. (1980), Das politische System der USA: Geschichte und Gegenwart, 3. überarbeitete und ergänzte Auflage (Staatsverlag der DDR, Berlin; die erste Auflage erschien 1976 u.d.T. „USA: Aufstieg und Verfall bürgerlicher Demokratie").

Schluchter, Wolfgang (1994a), Die Hochschulen in Ostdeutschland vor und nach der Einigung, in: *Aus Politik und Zeitgeschichte* B25/94, 12-22.

Schluchter, Wolfgang (1994b), Der Um- und Neubau der Universität Leipzig, in: Mayntz 1994b, 111-136.

Schütrumpf, Jörn (1993), Steuerung und Kontrolle der Wissenschaft durch die SED-Führung am Beispiel der Akademie der Wissenschaften der DDR unter Berücksichtigung der Akademie für Gesellschaftswissenschaften beim ZK der SED, in: Deutscher Bundestag, Enquête-Kommission „Aufarbeitung von Geschichte und Folgen der SED-Diktatur in Deutschland", Protokoll Nr. 33 (Anhörung „Wissenschaft und Technik", 26. 3.1993).

Schwarz, Anna (1988), Neue Entwicklungstendenzen in der Klassenformierung der italienischen und französischen Arbeiterklasse in den 80er Jahren. Theoretische und politische Probleme für die kommunistischen Parteien im staatsmonopolistischen Kapitalismus (Dissertation B, Akademie für Gesellschaftswissenschaften beim ZK der SED, Institut für Internationale Arbeiterbewegung, mschr.)

Segert, Dieter (1991a), Die langen Schatten der Vergangenheit: Warum es in der DDR doch eine Politologie gab, in: Giesen/Leggewie, a.a.O., 111-122.

Segert, Dieter (1991b), Politische Visionen im Zerfallsprozeß der DDR – das Beispiel des Sozialismusprojekts (Ms.)

Snow, C.P. (1964), The two cultures and a second look. An expanded version of The two cultures and the scientific revolution (Cambridge University Press, Cambridge).

Teichler, Ulrich (1994), Zur Rolle der Hochschulstrukturkommissionen der Länder im Transformationsprozeß, in: Mayntz 1994b, 227-258.

Wartmann, Holger (1993), War der Wissenschaftliche Sozialismus eine Politikwissenschaft?, in: Greven/Koop, op. cit., 11-33.

Will, Rosemarie (1989), Rechtsstaatlichkeit als Moment demokratischer politischer Machtausübung, in: *Deutsche Zeitschrift für Philosophie*, 37, 801-812.

Wissenschaftsrat (1991), Empfehlungen zum Aufbau der Wirtschafts- und Sozialwissenschaften an den Universitäten/Technischen Hochschulen in den neuen Bundesländern und im Ostteil von Berlin (Köln, 17.5.1991, vervielf. Ms.).

Wissenschaftsrat (1992), Stellungnahmen zu den außeruniversitären Forschungseinrichtungen der ehemaligen Akademie der Wissenschaften der DDR auf dem Gebiet der Wirtschafts- und Sozialwissenschaften (Köln).

Zapf, Wolfgang/Thurn, Georg, Hrsg. (1990), Zur Lage der sozialwissenschaftlichen Forschung in der ehemaligen DDR: Wissenschaftliche Interessen, Forschungserfahrungen, Strukturprobleme, Kooperationswege. Konferenzbericht (WZB, P 90-008, Berlin).

Anhang I: Quellen

Nr. 1: *Margarete Guse: Bericht über die 39. Tagung des Rates für Wissenschaftlichen Kommunismus am 31. März 1989 (Auszug):*

Für die Entwicklung des wissenschaftlichen Sozialismus als politische Theorie des Marxismus-Leninismus, als marxistisch-leninistische Politikwissenschaft, als politische Grundlagenwissenschaft setzt Prof. Dr. sc. Reißig folgende Ausgangsprämissen:

4. Marxistisch-leninistische Politikwissenschaft (oder politische Theorie des Marxismus-Leninismus), Probleme ihrer theoretischen, methodischen Grundlegung und Entwicklung:

Es wurde darauf orientiert, zielgerichtet eine marxistisch-leninistische Politikwissenschaft auszuarbeiten und weiterzuentwickeln für die Realisierung praktischer, gesellschaftlicher Aufgaben und für die weitere Profilierung der Wissenschaftsdisziplin sowie für die ideologische Auseinandersetzung und den internationalen Dialog. Dazu ist es notwendig, die internationale Diskussion zur Politikwissenschaft (u.a. IPSA-Kongresse), besonders aber das theoretische marxistische Erbe weiter aufzuarbeiten. Besondere Bedeutung erlangt in diesem Zusammenhang eine gezielte Forschungsarbeit zur Theorie, Methodologie und Methode einer marxistisch-leninistischen politischen Wissenschaft.

Zentrale Frage in der Forschung der 90er Jahre ist: Wie muß Politik, wie müssen politische Verhältnisse (politische Beziehungen, politische Interessen, politische Systeme, politische Führungen) gestaltet und weiterentwickelt werden, damit sie als Triebkräfte im Sozialismus und als Vorzug im Wettstreit der Gesellschaftssysteme effektiver wirksam werden. Abschließend wurden erste Konsequenzen, die sich daraus für die weitere Entwicklung unserer Wissenschaftsdisziplin ergeben, dargelegt und die nächsten Schritte zur weiteren Diskussion und Ausarbeitung der Forschungsstrategie des wissenschaftlichen Sozialismus für die 90er Jahre bestimmt.

(Quelle: Informationsbulletin Wissenschaftlicher Sozialismus, Heft 1, 1989, 54-61)

Nr. 2: *Vorlage für die gemeinsame Tagung der Problemräte „Sozialismus und Systemauseinandersetzung" und „Politische Organisation der sozialistischen Gesellschaft" am 14.7.1989; Thema der Vorlage: „Theoretische Grundfragen des Verhältnisses von bürgerlicher und sozialistischer Demokratie" (Auszug):*

4.4. (...) hat der Zivilisationsfortschritt der Menschheit eine ganze Reihe allgemeiner Merkmale der Demokratieentwicklung hervorgebracht, deren Realisierung im Wettstreit der Gesellschaftssysteme und für sozialen Fortschritt in der inneren Entwicklung beider Systeme an Bedeutung gewinnen. Dazu gehören offensichtlich die folgenden allgemeindemokratischen Mechanismen und Prinzipien:

- öffentlicher Diskurs über die grundlegenden Fragen der gesellschaftlichen Entwicklung;
- politische Artikulierung und Durchsetzungsmöglichkeit der Interessen der verschiedenen sozialen Gruppen und Kräfte in der Gesellschaft in Übereinstimmung mit den gesamtnationalen bzw. gesamtgesellschaftlichen Interessen;
- Ausprägung demokratischer Mechanismen wie Wählbarkeit und Abberufbarkeit der Entscheidungsträger, Mehrheitsprinzip;
- Unterscheidung der Verantwortlichkeiten für Legislative, Exekutive, Judikative bei Priorität der Legislative;
- Verbindung von direkter und repräsentativer Demokratie;
- demokratische Ausgestaltung und Kontrolle aller gesellschaftlichen Leitungs- und Entscheidungsmechanismen;
- Einheit der Demokratieentwicklung in Wirtschaft, Staat und Gesellschaft;
- allseitiger Ausbau der Rechtssicherheit für den einzelnen Bürger und insgesamt der Rechtsstaatlichkeitsprinzipien (z.B. Ausbau der Rechtsmittel gegenüber Entscheidungen staatlicher Organe; Unabhängigkeit der Gerichte; Ausprägung der unterschiedlichen Funktionen von Staatsanwaltschaft und Rechtsanwaltschaft; Einheit von Rechten und Pflichten für Bürger und Staatsorgane; Priorität des Gesetzes im System der normativen Akte des Staates).

5. Es ist notwendig, einen marxistisch-leninistischen Systemvergleich zwischen bürgerlicher und sozialistischer Demokratie zu entwickeln.

5.1. Bisher findet man in der marxistisch-leninistischen Literatur der DDR nur vereinzelt Positionen zum intersystemaren Vergleich zur Demokratie bzw. zum politischen System, die meist in Verbindung mit der kritischen Auseinandersetzung zu bürgerlichen Vergleichsversuchen stehen. Insgesamt gesehen dominierte bislang eine ablehnende Haltung zur Notwendigkeit eines marxistisch-leninistischen Systemvergleichs auf diesem Gebiet.

Der ablehnende Standpunkt gegenüber intersystemaren Demokratievergleichen und die damit verbundenen Argumente weichen zunehmend einer konstruktiven Befürwortung eines international dialogfähigen marxistischen Systemvergleichs. Der Vergleich der Demokratien beider Systeme dient der exakteren Bestimmung der erbrachten Leistungen, Vorzüge und internationalen Wirkungsmöglichkeiten des Sozialismus, der weiteren Herausforderungen an die sozialistische Demokratie, befördert Erkenntnisse zur Bürgerlichen Demokratie, zu wirkungsvollerem politischen Dialog und ideologischer Auseinandersetzung. Er ermöglicht die Erschließung wissenschaftlich fundierter Möglichkeiten, vom jeweils anderen System zu lernen. Eine solche Lernfähigkeit bedeutet für den Sozialismus nicht, Anleihen von der bürgerlichen Demokratie vorzunehmen, sondern wird so verstanden, die dort in bestehenden oder neu entstehenden Formen, Funktionen und Erfahrungen – zumeist aus Forderungen , Aktionen und Auffassungen demokratischer Massenbewegungen herrührend – enthaltenen allgemeindemokratischen Lösungen aufzugreifen und auf die Bedingungen des Sozialismus zu adaptieren, um alle von der Menschheit hervorgebrachten demokratischen Errungenschaften für den Sozialismus zu nutzen. Insofern ist der Systemvergleich auch ein Instrumentarium, die bürgerlichen Demokratien als ein „Anregungspotential" für die Entwicklung der sozialistischen Demokratie offenzulegen und in die marxistische Diskussion einzubringen.

(Verfasser: Frank Berg, Gudrun Fechner, Helmut Kintzel, Wolfgang Schmidt, Dieter Segert)

Nr. 3: *Gründungsaufruf der „Gesellschaft für Politikwissenschaft in der DDR":*

Zur Gründung einer „Gesellschaft für politische Wissenschaften der DDR" rufen Gesellschaftswissenschaftler unseres Landes in einem Schreiben auf, das sie der Redaktion „Neues Deutschland" übergaben. Der Aufruf trägt die Unterschriften von Prof. Dr. Uwe-Jens Heuer (Akademie der Wissenschaften), Prof. Dr. Rolf Reißig (Akademie für Gesellschaftswissenschaften), Prof. Dr. Dieter Segert und Prof. Dr. Rosemarie Will (beide Humboldt-Universität).

Die Politik sei in unserem Land bis vor kurzem ein Bereich gewesen, der wissenschaftlichen Analysen weitgehend entzogen war, heißt es darin, Ansätze einer soliden wissenschaftlichen Forschungsarbeit habe es allerdings auf verschiedenen Gebieten gegeben, „Jetzt hat sich eine neue Situation in der Gesellschaft herausgebildet, deren Chancen wir nutzen wollen. Moderner Sozialismus benötigt mit Kompetenz betriebene politische Wissenschaften, Staat und Gesellschaft bedürfen der wissenschaftlichen Politikberatung. Wir rufen die sich als Politikwissenschaftler verstehenden Gesellschaftswissenschaftler verschiedener Disziplinen dazu auf, sich in einer Gesellschaft für politische Wissenschaften zusammenzuschließen."

Diese Gesellschaft wolle für eine freie Entwicklung politischer Theorien und für eine sozialverantwortliche Politikberatung wirken und stelle sich dafür folgende Aufgaben:

erstens den Dialog zwischen Politikwissenschaftlern unseres Landes zu führen, die sich von verschiedenen weltanschaulichen Grundstandpunkten aus einem menschlichen und demokratischen Sozialismus verpflichtet fühlen;

zweitens: die Herausbildung und Entwicklung einer empirischen Politikforschung (intersystemarer Rechts- und Politikvergleich, politische Soziologie und politische Psychologie) und moderner Theorien von der Politik nach Kräften zu unterstützen;

drittens: das fachliche Niveau der Politikwissenschaft in der DDR deutlich zu heben, dazu gehört eine radikale Verbesserung der politikwissenschaftlichen Ausbildung an den Universitäten, die Weiterbildung für Lehrkräfte und die Herausgabe bisher unveröffentlichter Standardwerke der Politologie. Unverzichtbar ist die Gründung einer eigenen Zeitschrift für politische Wissenschaften;

viertens: die wissenschaftliche Zusammenarbeit von Politikwissenschaftlern in Ost und West, unter anderem zwischen Wissenschaftlern der DDR und der BRD, der DDR und der UdSSR zu unterstützen, sowie befähigten jungen Politikwissenschaftlern bei der Anbahnung von Studienaufenthalten im Ausland zu helfen.

Die Unterzeichner des Aufrufes schlagen vor, daß sich diese Gesellschaft, die individuelle und kollektive Mitglieder haben wird, im Februar 1990 in Berlin gründet.

(Quelle: „Neues Deutschland" 22.12.1989)

Nr. 4: *„Antrag auf Gründung eines politikwissenschaftlichen Instituts an der HUB" (nicht gezeichnet, aus der Sektion Marxismus-Leninismus der Humboldt-Universität, Anfang 1990 – im Auszug):*

Gewinnung der Kader

Die Mitarbeiter des Instituts für Politikwissenschaft werden auf vier Ebenen gewonnen:

1. Mitarbeit von erfahrenen und ausgewiesenen Politikwissenschaftlern der BRD und des Auslands zunächst in der Anfangsphase der Konstituierung des Instituts (Mentorschaft, Gastprofessur, ständige Mitarbeiter, Aspiranten).

2. Mitarbeit von gesellschaftswissenschaftlich ausgewiesenen Vertretern verschiedener Parteien, Organisationen und Bewegungen der DDR, um sowohl ihre Interessen mit in Aus- und Weiterbildung ihrer Funktionäre als auch in die Forschung mit einbringen zu können. Gespräche mit Vertretern der Kirche, SPD u. a. werden geführt, um zwei Mitarbeiter zusätzlich einzustellen.

3. Vertreter anderer Sektionen und Institute der Universität, die zeitweilig oder ständig auf politikwissenschaftlichem Gebiet arbeiten möchten (im Austausch mit ehemaligen Mitgliedern der Sektion Marxismus-Leninismus).

4. Der überwiegende Teil der Mitglieder des Instituts für Politikwissenschaft (ca. 32-35) wird aus ehemaligen Mitarbeitern der Sektion Marxismus-Leninismus gebil-

det, die entsprechende Forschungsvorbelastungen oder -eignungen aufzuweisen haben.

5. Das Institut berücksichtigt in der Kadergewinnung den entsprechenden Anteil weiblicher Wissenschaftler bzw. Mitarbeiter, wie er in der Sektion Marxismus-Leninismus vorhanden war, und 50 % Nachwuchskader. (Die Ausbildungs- und Betreuungsverhältnisse der an das Institut übernommenen Wissenschaftler werden an dem Institut weitergeführt (Forschungsstudenten, Aspiranten, befr. Assistenten bis zur Promotion).

6. Nach Institutsgründung wird der Direktor des Instituts, wofür Prof. H. Niemann vorgeschlagen ist, die provisorischen Bereichsleiter ernennen, Mitglieder der bisherigen Sektion Marxismus-Leninismus haben die Möglichkeit, sich an den zu konstituierenden Bereichen zu bewerben (bei den vorgesehenen Bereichsleitern). Bewerbungen, anstelle eines der provisorisch ernannten Bereichsleiter, als Bereichsleiter eingesetzt zu werden, sind an den Direktor des Instituts zu richten. Der personelle Konstituierungsprozess ist bis zum 31. 03. 1990 abzuschließen.

Nr. 5: *An den Prorektor für Gesellschaftswissenschaften der Humboldt-Universität, Prof. Dr. Klein: Vorschlag zur Gründung eines politikwissenschaftlichen Institutes an der Humboldt-Universität (v. 29.11.89):*

Die neue Entwicklungsphase der sozialistischen Gesellschaft muß sich auf ein gewandeltes Verhältnis von Gesellschaftswissenschaften zu Politik und Öffentlichkeit stützen. Ein Ausdruck der gewollten Unselbständigkeit der Gesellschaftswissenschaften gegenüber der Politik war der fortgesetzte Widerstand gegen die Konstituierung einer eigenständigen Wissenschaft von der Politik, wie sie sich in den bürgerlichen Gesellschaften in den letzten 50 Jahren herausgebildet hat und auch in einigen sozialistischen Ländern in letzter Zeit im Entstehen begriffen ist. Der Wissenschaftliche Sozialismus hat sich seit der Übernahme der Ratsleitung durch Rolf Reißig im Jahre 1984 als Politikwissenschaft verstanden und er hat sich vor kurzem in Politikwissenschaft umbenannt.

Um eine wirklich produktive Politikwissenschaft zu entwickeln, bedarf es einer gewissen Zeit und der Konzentration der tatsächlichen wissenschaftlichen Potenzen, die nicht nur aus dem bisherigen W.S. kommen können, sondern auch aus der Staats- und Rechtswissenschaft, der Soziologie und der Psychologie. Ein Weg zur Konzentration dieser Potenz kann die Gründung eines eigenständigen Institutes für Politikwissenschaften an der HU sein.

Eine wichtige weitere Voraussetzung für einen produktiven Neuanfang ist allerdings, daß dieses Institut nicht etwa die undankbare Aufgabe einer „Nachlaßverwaltung“ der Sektion M.-L., oder auch nur des gesamten Bereiches W.S. übertragen bekommt.

(gezeichnet: Dieter Segert)

Nr. 6: *Beschluß des Ministerrats der DDR vom 23. Mai 1990 „zur Abberufung von Hochschullehrern aufgehobener Berufungsgebiete“:*

Der Ministerrat faßte am 23.05.1990 den Beschluß zur Abberufung von Hochschullehrern aufgehobener Berufungsgebiete.

(...)

Zur weiteren konsequenten demokratischen Erneuerung des Bildungswesens ist es erforderlich, die Berufungsgebiete für jene Hochschullehrer (Professoren und Dozenten) neu festzulegen, die an ehemaligen Struktureinheiten (Sektionen, Institutionen u.a.m.) für Marxismus-Leninismus tätig sind, um die Übereinstimmung von Struktureinheit und Berufungsgebiet zu gewährleisten. Zur Realisierung dieser Aufgabenstellung wird folgendes beschlossen:

1. Der Minister für Bildung und Wissenschaft wird beauftragt, die Lehrstühle und Dozenturen der ehemaligen Struktureinheiten (Sektionen, Institutionen u.a.m.) für Marxismus-Leninismus aufzuheben und die Hochschullehrer abzuberufen. Die Berufungsgebiete der Lehrstühle und Dozenturen dieser Struktureinheiten sind in Übereinstimmung mit der neuen Zielstellung neu zu bestimmen.

Dies Lehrstühle sind auszuschreiben und neu zu besetzen.

2. Gleichzeitig ist zu sichern, daß mit den jeweiligen Hochschullehrern, entsprechend den gegebenen Voraussetzungen, eine Vereinbarung abgeschlossen wird, die ein neues Arbeitsverhältnis, den Vorruhestand bzw. die Berentung begründet.

Dabei ist davon auszugehen, daß den abzuberufenden Hochschullehrern das Recht zur Weiterführung ihrer Titel eingeräumt werden kann.

3. Den abzuberufenden Hochschullehrern ist die Möglichkeit einzuräumen, sich erneut um eine Berufung zu bewerben.

Nr. 7: *Schreiben des Ministers für Bildung und Wissenschaft, Prof. Hans Joachim Meyer, an die Rektoren der Universitäten vom 7. Juni 1990 zur Erläuterung des Ministerratsbeschlusses vom 23. Mai (Auszug):*

Ich gehe davon aus, daß in folgenden Positionen Konsens besteht:

1. Die bisherigen Sektionen, Institute und Abteilungen für Marxismus-Leninismus werden nicht in andere Institutionen umgewandelt, sondern aufgelöst.
2. Im Interesse des akademischen Profils der Universitäten und Hochschulen werden Institutionen für Politikwissenschaften, Sozialwissenschaften oder für andere human- und gesellschaftswissenschaftliche Gebiete gegründet.
3. Es erfolgt keine automatische Überführung von Hochschullehrern der aufgehobenen Einrichtungen in die neu gegründeten Einrichtungen.

Ich bitte, die inhaltlich neu bestimmten Lehrstühle und Dozenturen mir zur Bestätigung einzureichen, damit sie im Rahmen von Berufungsverfahren ausgeschrieben werden können.

Dabei gehe ich davon aus, daß sich auch Angehörige der ehemaligen Struktureinheiten für Marxismus-Leninismus auf der Grundlage nachgewiesener wissenschaftlicher Kompetenz um solche Berufungen bewerben können. Zugleich liegt es m.E. im eigenen Interesse der Universitäten und Hochschulen, sorgfältig auf eine ausgewogene wissenschaftliche und weltanschauliche Pluralität zu achten.

In den vergangenen Monaten sind an Universitäten und Hochschulen an Stelle der aufgehobenen Struktureinheiten für Marxismus-Leninismus neue Institutionen für Politik- oder Sozialwissenschaften bzw. für andere wissenschaftliche Gebiete durch Urkunden meines Vorgängers eingerichtet worden.

Sollten in diesem Zusammenhang in den zurückliegenden Monaten Umberufungen von Hochschullehrern des Marxismus-Leninismus bereits erfolgt sein, deren Berechtigung in Frage gestellt werden kann, so sind sie in jedem konkreten Fall nach rechtsstaatlichen Gesichtspunkten zu überprüfen.

Nr. 8: *Stellungnahme der Deutschen Vereinigung für Politische Wissenschaft zur Entwicklung des Faches Politikwissenschaft in der DDR (Juli 1990 – hier im Auszug):*

Die tiefgreifende Umstrukturierung der Hochschulen und wissenschaftlichen Einrichtungen der DDR gerade im Bereich der Gesellschaftswissenschaften erfüllen uns mit Sorge. Besonders problematisch erscheint uns die Entwicklung des neu zu etablierenden Faches Politikwissenschaft.

A. Forschung

Die Politikwissenschaft hat in der Bundesrepublik in den letzten zwei Jahrzehnten ihr Ausbildungs- und Forschungsprofil abgerundet; neben der Lehrer- und Erwachsenenbildung hat sie zunehmend auch Ausbildungsaufgaben für die öffentliche Verwaltung und die Privatwirtschaft übernommen, neben der Grundlagenforschung wurde die begleitende politische Programmforschung ausgeweitet und fest etabliert. Im internationalen Vergleich nimmt die deutsche Politikwissenschaft inzwischen einen sehr hohen Rang ein.

Diese Entwicklung sehen wir durch den Prozeß in der DDR gefährdet. Wenn die dortigen Umstrukturierungsprozesse nicht sehr sorgfältig gehandhabt werden, wird dies auch zu höchst negativen Rückwirkungen für die Politikwissenschaft in der Bundesrepublik führen. Deshalb möchten wir einige konkrete Anregungen und Angebote unterbreiten:

1. An den gesellschaftswissenschaftlichen Instituten der Akademie der Wissenschaften der DDR sind erhebliche Personalkürzungen geplant. Wir stimmen mit der Auffassung überein, daß der Bestand an Dauerstellen nicht gehalten werden kann, und daß die gegenwärtige Personalstruktur den Aufgaben einer innovationsorientier-

ten Forschung nicht entspricht. Die Kürzungen müssen sich jedoch an wissenschaftlicher Qualifikation und an Forschungsprioritäten bezogen auf die Forschungsperspektiven des vereinigten Deutschland orientieren. Dazu bedarf es der Zeit – es ist zu begrüßen, daß das Moratorium aufrechterhalten wurde – und geeigneter Verfahren. Wir sind bereit, in einem Peer-Review Verfahren unseren Sachverstand zur Verfügung zu stellen und auch geeignete internationale Fachkollegen zu benennen.

2. Mit erheblicher Irritation verfolgt unsere Vereinigung die Bestrebung an Universitäten der DDR, bestehende Fachrichtungen (wie „Marxismus-Leninismus") umzufirmieren und sie irreführend als „Politikwissenschaften" auszugeben. Wir unterstützen deshalb nachdrücklich die zahlreichen Bemühungen unserer Fachkollegen, auf individueller Ebene für einen seriösen Aufbau der Politikwissenschaften in der DDR Sorge zu tragen. Darüber hinaus möchten wir auch bezogen auf die Universitäten dringend darum ersuchen, daß durch ein externes Gutachtersystem solchem Etikettenschwindel Einhalt geboten wird. Wir sind gerne bereit, unsere Erfahrungen zur Verfügung zu stellen, um den Aufbau politikwissenschaftlicher Forschungskapazitäten an den Universitäten der DDR zu unterstützen, die den internationalen wissenschaftlichen Standards entsprechen.

3. Den jungen Sozialwissenschaftlern in der DDR sollte die Chance der Weiterqualifikation geboten werden, um den internationalen Forschungsansprüchen Stand zu halten. Dies ist am besten durch die Einbeziehung in Forschungsprojekte auf der Basis von Zeitverträgen gewährleistet. Zu diesem Zweck schlagen wir vor, den gegenwärtigen institutionellen Umbau der DDR durch ein Programm sozialwissenschaftlicher Begleitforschung zu erfassen. Diese Begleitforschung sollte

a) von forschungserfahrenen Fachkollegen aus der Bundesrepublik oder dem westlichen Ausland verantwortlich getragen werden,
b) praxisbezogen so angelegt werden, daß Zwischenergebnisse im laufenden Reformprozeß berücksichtigt werden können,
c) die Quellensicherung dieses historisch beispiellosen Vorgangs, die mit jeden Monat schwieriger wird, gewährleisten.

B. Lehre

1. Die Politikwissenschaft muß auch an den Hochschulen der DDR vertreten sein. Sie ist ein unverzichtbarer, integraler Teil der Sozialwissenschaften in Forschung und Lehre; ein differenziertes politikwissenschaftliches Lehrangebot für die Lehrerausbildung, die Weiterbildung, Verwaltung und Privatwirtschaft und den wachsenden Bedarf an Politikberatung ist gerade in der DDR dringend erforderlich. Die Politikwissenschaft sollte hier an ihre Tradition als „Demokratiewissenschaft" aus den Anfangsjahren der Bundesrepublik anknüpfen.

2. Nach vielen individuellen Gesprächen zwischen Wissenschaftlern aus der DDR und der Bundesrepublik erscheint es zunehmend dringlicher, zu einer Koordination der Planung, insbesondere der Ausbildungsplanung zu gelangen, die auch fachlich abgesichert ist. Die Politikwissenschaftler der Bundesrepublik sind daran interessiert, daß die Politikwissenschaft in der DDR so sachgerecht aufgebaut wird, daß

- der internationale wissenschaftliche Standard erreicht wird;
- alle Einrichtungen wissenschaftspluralistisch zusammengesetzt sind (die bloße Um-Etikettierung von ML-Studienprogrammen diskreditiert nicht nur die neu aufzubauenden Politikwissenschaft in der DDR, sondern die gesamte deutsche Politikwissenschaft);
- Die Studiengänge von den Studierenden wirklich angenommen werden, so daß Interessierte nicht an die westlichen Universitäten abwandern;
- gegenüber westdeutschen politikwissenschaftlichen Studiengängen die Vergleichbarkeit und Durchlässigkeit von vornherein gewährleistet wird.

Nr. 9: *Hans-Hermann Hartwich, „Bericht für den Arbeitskreis Politikwissenschaft: Entwicklungspotentiale für eine grundständige Forschung und Lehre, Schwerpunktbildungen, Wissenschaftsstrukturen und Studiengänge“ (Stand: 3.11.1990 – hier in Auszügen):*

1. Eine dem westdeutschen und internationalen Standard vergleichbare Politikwissenschaft hat es in der DDR nicht gegeben. Deshalb kann prinzipiell nicht von einer „Bewahrung“ gewisser Traditionen ausgegangen werden. An den Universitäten der neuen Bundesländer wird gegenwärtig auf unterschiedlicher Grundlage und vor allem mit unterschiedlichen Zielen an der Konstituierung und Strukturierung der Politikwissenschaft als einer akademischen Disziplin mit selbständigen Studienabschlüssen gearbeitet. Eine Koordinierung der verschiedenen Ansätze fehlt ganz, jedoch ist es bislang noch möglich, von einer vertretbaren Schwerpunktbildung und Verteilung der Studiengänge auf die einzelnen Universitäten zu sprechen. Nicht unbegründet erscheinen allerdings die Sorgen in bezug auf die fachinhaltlichen Fragen, die in der Stellungnahme des DVPW-Vorstandes vom Juli 1990 geäußert wurden.

2. Das Bedingungsfeld für die Konstituierung einer Politikwissenschaft, die den in der Bundesrepublik allgemein anerkannten Standards, vor allem in bezug auf die Studienabschlüsse, entspricht, wird von diversen Faktoren bestimmt. Die wichtigsten scheinen durch folgende Interessen geprägt zu sein:

- Das von den Universitätsleitungen in Jena, Halle, Leipzig, Greifswald und Rostock ausdrücklich bekundete Interesse, möglichst schnell eine den westdeutschen Standards und Auslegungen vergleichbare Fächerstruktur solide zu konstituieren, diese von den Senaten beschließen zu lassen. Die Universitätsgesamtplanung und vor allem auch die vorgesehenen Studienabschlüsse (Magister, Diplom, Lehramtsexamen) müssen sodann den neuen Kultusministern zur Genehmigung vorgelegt werden. Die Kriterien für diese Genehmigung dürften den im Wissenschaftssystem der Bundesrepublik üblichen Usancen (Koordination über Wissenschaftsrat, Kultusministerkonferenz, Bund-Länder-Kommission) entsprechen.

- Das haushaltspolitische Interesse der Universitäten, die Entwicklung neuer Fachrichtungen primär aus den Stellen der abberufenen Hochschullehrer für Marxismus-Leninismus/Wissenschaftlicher Sozialismus u.ä. zu bedienen. Unter diesem Aspekt besteht – in unterschiedlichem Grade – die Bereitschaft, eine den westdeutschen Standards entsprechende Politikwissenschaft vom Stellenplan und von den als notwendig und sinnvoll erkannten Studiengängen her zu begründen.
- Das Interesse auf Seiten der Universitätsleitungen ist in der Regel nicht durch eine entsprechende eigene fachliche Kompetenz fundiert. So haben die neugewählten Rektoren, Prorektoren und Senate Beistand und Beratung bei westdeutschen Fachwissenschaftlern gesucht. Diese Suche erfolgte nicht systematisch. Erste Ansprechpartner waren und sind die Partneruniversitäten oder sie sind eher zufällig. Beratung und Begutachtung wird gelegentlich auch vom Philosophischen Fakultätentag erwartet. Daneben wurden und werden einzelne, eher zufällig genannten Fachwissenschaftler (auch über die sich ausbreitenden Gastprofessuren) um Rat oder gutachtliche Äußerungen gebeten. In den letzten Wochen hat es in diesem Punkt aber eine Rationalisierung und Systematisierung gegeben: Es werden in Zusammenhang mit der DVPW paritätische Kommissionen zur Vorbereitung der Strukturentscheidungen von den Universitätsleitungen einberufen.
- Die generelle Abberufung der ML-Professoren ist nicht allenthalben und lückenlos befolgt worden. Inwieweit das Verbleiben einiger weniger Professoren gerechtfertigt ist, ist nicht zu beurteilen. Fest steht aber, daß es an fast (Ausnahme ist die Universität Greifswald) allen Universitäten noch einige ehemalige Professoren der ML-Sektion gibt. Sie sind in der Regel die treibenden Kräfte einer Konstituierung der Politikwissenschaft an ihrer Universität. Ihr Interesse und ihr Rat werden von den Universitätsleitungen in unterschiedlichem Grade angenommen Aus derartigen Interessenlagen resultierende Aktivitäten in Richtung auf die Begründung einer „Politikwissenschaft" scheinen gelegentlich auch völlig ohne Berücksichtigung der neuen Universitätsleitungen, allein unter Zuhilfenahme westdeutscher Fachwissenschaftler, entstanden zu sein. Ihnen kann – überblickt man den jetzigen Entwicklungsstand an allen Universitäten – kaum eine Chance mehr eingeräumt werden.
- Es gibt auch ein Interesse der Studentenschaft, keine Politikwissenschaft von Professoren und Dozenten vermittelt zu bekommen, die bereits ML-Professoren waren. Ein erheblicher Druck in Richtung auf eine schnelle Einführung eines politikwissenschaftlichen Diploms geht von jenen Studenten aus, die im 3. – 5. Studienjahr Marxismus-Leninismus oder Wissenschaftlichen Kommunismus studiert haben und einen Abschluß brauchen. Diesem Druck wurde in Leipzig nachgegeben, wo bereits nach dem Sommersemester Studienjahr 1989/90 Diplome für „Politikwissenschaft" ausgegeben worden sind.
- Schließlich sollte das Interesse der westdeutschen Seite in die Überlegungen einbezogen werden. Es ist aspektreich. So gibt es offensichtlich Politikwissenschaftler aus der Bundesrepublik, die sehr schnell an den Universitäten der ehemaligen DDR Kontakte gesucht und gefunden haben und sehr frühzeitig ihre Ideen von einer angemessenen Struktur eines Politikwissenschaftlichen Instituts und Studien-

ganges zu Papier und zur Wirkung gebracht haben. Es gibt des weiteren die eher gelegentlichen Kommentare westdeutscher Gastdozenten zu den neuen, z. T. schnell von der noch verbliebenen Hochschullehrerschaft erarbeiteten politikwissenschaftlichen Studien- und Prüfungsordnungen gegenüber den neuen und eher unsicheren Universitätsleitungen. Die dadurch geschaffenen „Legitimationen" sind von zweifelhaftem Wert.

3. Das Interesse der Deutschen Vereinigung für Politische Wissenschaft, „Etiketten-Schwindel" und standardlose Konstituierungen zu verhindern, wird von den neuen Universitätsleitungen uneingeschränkt akzeptiert. Als fachinhaltliche Maßstäbe zur Beurteilung der Pläne zum Aufbau einer Politikwissenschaft überzeugen am stärksten die „Empfehlungen" der KMK-Kommission Politikwissenschaft/Soziologie, die bekanntlich auf einen fachwissenschaftlichen Konsens in der DVPW in den 70er Jahren zurückgehen. Durch diese Empfehlungen werden nicht nur die fachinhaltlichen Mindeststandards definiert, sondern auch bewertbare Strukturierungsvorschläge für die Konstituierung der Politikwissenschaft ermöglicht. Dieses wurde von den Universitätsleitungen in Jena, Halle, Leipzig und Greifswald ausdrücklich begrüßt. Hier haben die Universitätsleitungen z. T. um spezielle – auf die sich bei ihnen abzeichnenden Interessen und Möglichkeiten zielende – Strukturgutachten (Stellenauslegung), verbunden mit Empfehlungen zu Studiengängen, gebeten.

4. Aufgrund dieser Interessenkonstellationen und Problementwicklung können gegenwärtig und prinzipiell zwei Wege der Konstituierung der Politikwissenschaft an den ostdeutschen Universitäten unterschieden werden:

4.1. Diese Konstitutierung erfolgt unter Anknüpfung an Reste der ehemaligen Professorenschaft aus den ML-Sektionen und mit deren Initiative, allerdings in der Regel, aber nicht immer, verbunden mit der Suche der Hochschulleitungen nach Beurteilung und Bewertung der so zustandegekommenen Vorschläge durch westdeutsche Fachwissenschaftler.

4.2. Diese Konstituierung erfolgt ohne erkennbare Berücksichtigung personeller Vorgegebenheiten dadurch, daß die Universitätsleitung mit westdeutschen Fachwissenschaftlern „paritätische" Kommission (im folgenden „Strukturkommission" genannt) bilden und von diesen Kommissionen eine fundierte Empfehlung für eine Senatsentscheidung über die Fach- und Stellenstruktur nebst Studiengangvorschlägen erwartet.

Von einer solchen bei der Struktur des neuen Faches „Politikwissenschaft", „Soziologie" oder auch „Sozialwissenschaft" ansetzenden Kommission (paritätische „Strukturkommissionen" in Jena und Leipzig) zu unterscheiden sind solche „paritätischen" Kommissionen, die Studienpläne und Prüfungsordnung auf der Grundlage einer *bestehenden Stellenstruktur* und einer bereits gefällten Entscheidung über Studiengänge (paritätische „Curriculumkommissionen" ausarbeiten. Dieses Verfahren ist an der Humboldt-Universität zu Berlin bereits seit längerem im Gange und jetzt in Babelsberg eingeleitet. In Berlin fiel die Grundentscheidung über die Stellen und die Gründung eines „Instituts für Politikwissenschaft" vorausgehend und allein durch die Universität. Dort sind auch weitere Personalentscheidungen (Institut für Zivilisationsforschung) getroffen worden, die in nicht unerheblichem Ausmaß personelle Kontinuitäten schufen. Eine ähnliche Entwicklung scheint sich an der Hochschule für Verwaltung und Recht in Potsdam-Babelsberg abzuzeichnen.

Nr. 10: *Wissenschaftsrat, Empfehlungen zum Aufbau der Wirtschafts- und Sozialwissenschaften an den Universitäten/Technischen Hochschulen in den neuen Bundesländern und im Ostteil von Berlin, 17.5.1991 (S. 26-30):*

II.3. Politikwissenschaften

a) Entwicklung und Perspektiven

Die Politikwissenschaft gehört in allen demokratisch-pluralistischen Industriegesellschaften zum selbstverständlichen Fächerbestand der Universitäten.

Universitäten in den alten Bundesländern besitzen in der Regel mehrere Professuren für Politikwissenschaft. Insgesamt dürfte sich die Ausstattung mit Professorenstellen (C3 und C4) auf etwa 300 belaufen. Politikwissenschaft ist daher nicht nur als eigenständiges Fach in Forschung und Lehre an Universitäten präsent, sondern auch als ein andere Disziplinen – etwa die Soziologie, die Wirtschaftswissenschaften, die Rechtswissenschaften, die Geschichtswissenschaften und in bestimmten Fällen auch die Naturwissenschaften – ergänzendes und anregendes Fach.

Darüber hinaus lassen sich neben den genannten grundsätzlich noch drei weitere Gesichtspunkte anführen. In der DDR wie in den anderen ehemals sozialistischen Ländern Osteuropas hat man es beim Übergang von einer totalitären zu einer pluralistischen-rechtsstaatlichen politischen Ordnung erstens mit einer abrupten fundamentalen institutionellen Neuordnung zu tun, der gesellschaftliche Anpassungs- und Umstellungsprozesse in viel langsamerem Tempo folgen werden. In diesem Erfahrungshorizont liegt eine große Aufgabe und eine zusätzliche Chance für die politikwissenschaftliche Forschung.

Zweitens bedarf eine Region, die aus einem Staat hervorgegangen ist, der die freie wissenschaftliche Befassung mit seiner eigenen politischen Ordnung und den dort ablaufenden politischen Vorgängen so umfassend tabuisiert hat wie die DDR, in ganz besonderer Weise der wissenschaftlichen Analyse. Die Politikwissenschaft bietet für diese Forschung die notwendigen Konzepte, Fragestellungen und Methoden. In diesem Sinne ist der Aufbau ein Element der Entwicklung einer demokratischen politischen Kultur in den neuen Bundesländern.

Drittens liefert die Politikwissenschaft die fachwissenschaftliche Grundlage für die Ausbildung der Lehrer, in deren Händen zukünftig politische Bildung in den Schulen liegen wird.

b) Empfehlungen

An fast allen Universitäten in den alten Bundesländern kann Politikwissenschaft im Rahmen unterschiedlicher Studiengänge im Haupt- und Nebenfach studiert werden. Um eine Ausbildung im Hauptfach erbringen zu können, ist eine Ausstattung von vier Professuren (C4/C3) anzustreben, die in der Regel den folgenden Bereichen zugeordnet sind:

1. Politische Theorie und Ideengeschichte,
2. Deutsches Regierungssystem,
3. Vergleichende Regierungslehre (im Sinne von comparative politics),
4. Internationale Politik und deutsche Außenpolitik.

Gegebenenfalls ist dieser Kernbestand für örtliche Schwerpunktsetzung um weitere Professuren zu erweitern.

Für jede dieser Professuren sollten im Durchschnitt zwei befristet beschäftigte wissenschaftliche Mitarbeiter vorhanden sein.

Der Wissenschaftsrat empfiehlt, Politikwissenschaft zumindest an jeweils einer Universität der neuen Bundesländer – neben Berlin-Ost an einer Universität in Mecklenburg-Vorpommern sowie in Potsdam, Leipzig, Jena und Halle – mit der angegebenen Regelausstattung von vier Professoren einzurichten. Für den Ausbau des Faches an den genannten Standorten ist jeweils eine Gründungsprofessur, insgesamt also 6 Gründungsprofessuren, vorzusehen. Neben der Lehrerausbildung sollte dort das Fach als Haupt- und Nebenfach im Rahmen von unterschiedlichen Diplom-Studiengängen und Im Studiengang Magister Artium, in dem es in den vergangenen Jahren in den alten Bundesländern eine große Bedeutung erlangt hat, studiert werden können. Ein eigenständiger Studiengang zum Diplom-Politikwissenschaftler wird in den alten Bundesländern nur an wenigen Universitäten angeboten; gleiches sollte auch für die neuen Bundesländer gelten. In Abstimmung mit den Planungen zum Wiederaufbau der Soziologie sollte in einigen Fällen auch eine systematische Verbindung von Politikwissenschaft und Soziologie in einem Studiengang vorgesehen werden.

Über die genannten Standorte hinaus muß auch an Neugründungen eine ausreichende Fachvertretung gesichert werden. (...)

Der Wissenschaftsrat begrüßt sowohl aus fachlichen Gründen wie auch wegen der Komplementarität der Politikwissenschaft zu einer Reihe anderer Fächer die Absicht des Landes Berlin, an der Humboldt-Universität Politikwissenschaften einzurichten. Er begrüßt ferner die vorgesehene enge Verbindung von Politikwissenschaft und Soziologie, die an den West-Berliner Universitäten so nicht besteht. Die Politikwissenschaft ist jedoch im Berliner Raum bereits mit einer sehr starken Personalkapazität vertreten. Der Wissenschaftsrat empfiehlt daher, den laufenden Aufbau der Politikwissenschaft an der Humboldt-Universität so vorzunehmen, daß damit keine Erhöhung der Gesamtkapazität des Faches im Lande Berlin auf Dauer erfolgt.

Der Wissenschaftsrat regt ferner an, Politikwissenschaft auch an Technischen Universitäten einzurichten, wie sich das in den alten Bundesländern durchaus bewährt hat. Für einen vollen Ausbau der Politikwissenschaft kommt wegen der vorgesehenen Einrichtung von Rechtswissenschaft, Wirtschaftswissenschaften und Soziologie vor allem die Technische Universität Dresden in Frage. Damit kann einem verstärkt auftretenden Bedarf nach einer Verbindung von natur-, ingenieur- und sozialwissenschaftlichen Fächern Rechnung getragen werden. Ein solcher Bedarf ist in den alten Bundesländern bereits erkennbar geworden, z.B. im Zusammenhang mit Technikfolgeabschätzung. Solche Überlegungen könnten dazu führen, auch an anderen Technischen Universitäten in den neuen Bundesländern kleinere Einheiten für Politikwissenschaft einzurichten, um dort ein Nebenfachstudienangebot zu sichern.

Verwaltungswissenschaftliche Schwerpunktsetzung im Rahmen eigenständiger oder sozialwissenschaftlicher Studiengänge haben sich in den alten Bundesländern bewährt. Angesichts der umfassenden Neuordnung der Verwaltungen in den neuen Bundesländern entsprechend den Erfordernissen einer föderativen Ordnung hält es der Wissenschaftsrat für geboten, beim Neuaufbau der Politikwissenschaft auch Verwaltungswissenschaften angemessen zu berücksichtigen.

Anhang II: Professorenstellen der Politikwissenschaft an den ostdeutschen Hochschulen[68]

Humboldt-Universität **Berlin**:
C 4 Innenpolitik der Bundesrepublik Deutschland
C 4 Vergleichende Analyse politischer Systeme
C 3 Ökonomische Grundlagen der Politik
C 4 Theorie der Politik
C 4 Internationale Politik
C 4 Verwaltungslehre
C 3 Vergleichende Analyse politischer Systeme mit Schwerpunkt Osteuropa
C 4 Sozialpolitik

Universität **Potsdam**:
C 4 Innenpolitik/ Regierungssystem der BRD
C 4 Verwaltung und Organisation
C 4 Internationale und Außenpolitik
C 4 Politische Theorie
C 4 Didaktik der politischen Bildung /Sozialwissenschaften
C 3 Vergleichende Politikwissenschaft
C 3 Vergleichende Politikwissenschaft mit Schwerpunkt Ostasien

Europa-Universität **Frankfurt/Oder**:
C 4 Vergleichende Politikwissenschaft
C 3 Politische Soziologie

Universität **Leipzig**:
C 4 Politische Theorie
C 4 Politisches System der BRD
C 4 Internationale Politik
C 3 Innenpolitik
C 3 Internationale Wirtschaftsbeziehungen
C 3 Osteuropa
C 2 Politische Theorie

Technische Universität **Dresden**:
C 4 Politische Theorie und Ideengeschichte
C 4 Politische Systeme und Systemvergleich
C 4 Internationale Politik
C 3 Didaktik der politischen Bildung

Universität **Chemnitz**:
C 4 Politische Systeme/ Politische Institutionen
C 4 Politische Theorie
C 3 Internationale Politik

Universität **Jena**:
C 4 Vergleichende Regierungslehre
C 4 Internationale Beziehungen
C 4 Deutschland im internationalen Vergleich
C 4 Politische Theorie
C 3 Didaktik der Politikwissenschaft

Pädagogische Hochschule **Erfurt**:
C 4 Politische Theorie
C 4 Vergleichende Regierungslehre
C 3 Internationale Beziehungen

Universität **Halle/Saale**:
C 4 Regierungslehre und Policy-Forschung
C 4 Systemanalyse und vergleichende Politik
C 4 Politische Theorie und Ideengeschichte
C 4 Internationale Beziehungen und deutsche Außenpolitik
C 4 Politik und Gesellschaft des modernen Japan (Stiftungsprofessur)
C 3 Didaktik der Sozialkunde

Universität **Magdeburg**:
C 4 Politische Theorie und Internationale Politik
C 4 Vergleich politischer Systeme und Vorurteilsforschung
C 3 Politisches System und politische Soziologie der Bundesrepublik
C 3 Didaktik der Politik

Universität **Rostock**:
C 4 Internationale Politik
C 4 Vergleichende Regierungslehre
C 3 Politische Theorie/Ideengeschichte

Universität **Greifswald**:
C 4 Politische Theorie

Anmerkungen

68 Informationen nach den Stand von Herbst 1994.